谨以此书献给盛产平凡英雄和轻奢温暖的时代

I dedicate this book to an era that abounds with ordinary heroes and exudes subtle warmth

徐晓华/著

空间·生产·文化
全球主导力量的变迁逻辑

Space · Production · Culture
THE LOGIC OF CHANGE IN GLOBAL DOMINANCE

团结出版社
UNITY PRESS

©团结出版社，2025 年

图书在版编目（ＣＩＰ）数据

空间·生产·文化：全球主导力量的变迁逻辑 / 徐晓华著. -- 北京：团结出版社，2025.9. -- ISBN 978-7-5234-1729-4

Ⅰ.G11

中国国家版本馆 CIP 数据核字第 2025AD3213 号

责任编辑：闫　妮
封面设计：徐承惠

出　　版：团结出版社
　　　　　（北京市东城区东皇城根南街 84 号　邮编：100006）
电　　话：（010）65228880　65244790 （出版社）
网　　址：http://www.tjpress.com
电子邮箱：zb65244790@vip.163.com
经　　销：全国新华书店
印　　装：三河市东方印刷有限公司

开　　本：155mm×230mm　　16 开
印　　张：37.25　　　　　　　　字　　数：477 千字
版　　次：2025 年 9 月 第 1 版　　印　　次：2025 年 9 月 第 1 次印刷

书　　号：978-7-5234-1729-4
定　　价：128.00 元
　　　　　（版权所属，盗版必究）

序一

帝国变迁与世界变局

魏礼群

当今世界,正经历着纷纭复杂的、百年未有之大变局。国际经济中心由海洋国家向大陆国家转移,地缘政治及世界治理格局正在重塑,人类社会从经济全球化迈向命运一体化。持续且惨烈的俄乌冲突及中东战争,既是世界剧变的直观反映,同时又推动着世界格局的进一步演变。

那么,我们所经历的世界大变局的动因到底是什么?而在人类社会历史进程中,每一次发生的巨大变局又呈现出怎样的发展方向和演变趋势?

亚当·斯密、卡尔·马克思、鲁道夫·契伦、阿诺德·约瑟夫·汤因比、亨利·阿尔弗雷德·基辛格、塞缪尔·P·亨廷顿这些人类思想的巨擘,分别从经济、资本、地缘政治、文明和秩序等不同的视角，发掘和解析人类社会不断发展的动力基础和客观规律，都给人们以深刻的思想启迪。

　　本书作者徐晓华似乎想另辟蹊径，力图通过探讨人类社会不同历史时期最为强大国家（世界性帝国）的发展缘由及变迁的动力机制，来寻求人类社会发生重大变局的深刻原因，并以此为基础审视中国在当今时代崛起的历史基因和内在规律。

　　作者的努力显然是次难能可贵的冒险。一方面，世界性强国（帝国）的崛起和变化受诸多因素的影响和制约，它们变迁、发展及终结的规律，对中华民族伟大复兴未必具有洽合性；另一方面，对世界性强国（帝国）发展的研究早已汗牛充栋，从中探求能够经受历史检验的规律性，无异于在历经千万次淘洗的沙石中拣取金粒，充满了劳而无获的风险。

　　然而，徐晓华的探究努力是有成果的。他从千百年历史进程发现，世界性强国（帝国）的每一次变迁都会在人类社会不同的历史时期形成巨大变局，而这种变局正是人类文明不断发展、进步的集中体现。他认为，影响和推动强国（帝国）变迁的主要有生产势力、地理势力和文化势力等三种力量，其中生产势力是世界性帝国变迁的主要推动力，地理势力虽是从属性因素，但对帝国变迁的方向和走势往往发挥着主导性作用，而文化势力则随着生产势力的发展和变化而调整，成为推动帝国变迁的"拖拽性"力量。正是这三种力量的相互作用，形成了推动帝国变迁和发展的动力，决定了世界性强国（帝国）变迁的面貌。也正是在这三种势力相互作用下，世界性强国（帝国）变迁具有在"成本洼地"和守成帝国边缘地带形成、向着更大的领土和市场发展、中介性帝国和中心性帝国交相更替，并最终形成帝国变迁的全球地理闭环的规律性。

作者以生产势力、地理势力和文化势力为尺牍，分别度量了波斯、马其顿、罗马、东罗马、阿拉伯、葡萄牙、西班牙、荷兰、英国等这些历史上不同的世界性帝国兴起和衰落的史迹，并以此为基础，进一步探讨了美国帝国势力的衰落和中国强盛的缘由，提出中国必将结束传统的逢强必霸的历史，开辟人类命运共同体新纪元——而这也是当今世界正经历百年未有之大变局的应有之意。

颇具神秘主义色彩的是，无论世界性强国（帝国）变迁的哪条规律，都契合了作为帝国终结者的当代中国正走向世界舞台的中央。而这样的结果，并非出于爱国者的偏执和浪漫主义的情怀，它是符合马克思主义历史唯物发展观的——这是因为，青藏高原、印度河大沙漠和中亚辽阔的大草原及大沙漠，在生产力不发达的时代，将传统的中华帝国和中国以西的中亚及西方帝国区隔成两个不同的世界，在"三股势力"推动下，一方在东亚大陆以中原为中心相对固定的区域进行"钟摆式变迁"，另一方则在不断变化的地域实现"迁徙式变迁"，而不断流动且充盈于整个世界的水，为世界性强国（帝国）变迁最终形成世界地理闭环，提供了纽带和媒介。

处于世界百年大变局中的中国，由于其超大规模的体量和诸多优势，显然不只是这一变局的受力者，她本身就是这一变局的施动者。中国的崛起，也并不仅仅受益于得天独厚的地理条件和人类不断发展的生产势力，徐晓华认为中国当代文化的先进性对引领世界百年大变局的风向发挥着关键作用。本书用较多篇幅，对中国当代文化的先进性进行了深入探讨，指出经过无数革命和变革，中国当代文化已经成功地将中华传统文化、西方优秀文化和社会主义文化成果融为一体，使其既将东西方优秀文化交融互鉴，又吸收封建社会、资本主义社会和社会主义（共产主义）社会等人类不同发展阶段优秀文化成果，从而拥有了无与伦比的先进性——而这也正是中国在当今世界大变局中快速崛起的不竭动力。

阅读了《空间·生产·文化：全球主导力量的变迁逻辑》，我们不难感受到本书结构宏大、视野开阔、资料丰富、立意深远，这是它得以呈现在我们面前诸多优势、特色的基础和条件。这部书的面世，对于向身处世界急遽变局中的读者传达中国文化自信和崛起信念，将大有裨益。

在此部书付梓之际，应邀写了以上文字。

是为序。

魏礼群

2024 年 10 月

（国务院研究室原主任、原国家行政学院常务副院长）

序二

从全球史视野来理解"人类命运共同体"

干春松

近年来,全球史的视野越来越受到人们的关注。当人类满怀憧憬开始探索地球以外的世界的时候,自身并没有建立起互相认知和关爱的世界观,基于地域和文化本位的立场来理解这个世界越发显示出其内在的困境。20世纪末,日裔美国学者福山曾乐观地预言"历史的终结",但随后的地缘政治冲突和中国的发展,则让他在2015年接受日本《外交官》杂志采访的时候承认"亚洲在重塑世界秩序"。这里面一个最为让人惊异或感受到矛盾的是,中国的政治制度和经济发展之间的良性运行。

其实,类似的对全球社会发展形态和路径的研究,一直吸引着试图为人类发展提供方向的思想家和政治学家。福山如此,一百多年前的马克思、韦伯皆如此。距改革开放近半个世纪的今天，这样的议题自然也会吸引越来越具有全球视野的中国学者。

从某种意义上说，徐晓华可能不算是学院式的国际问题学者或全球史的专家，但这并没有阻挡他建构一个理解人类发展范型的"雄心"。这个宏大的想法就弥漫在他最近将由团结出版社出版的《空间·生产·文化：全球主导力量的变迁逻辑》一书中。

这部以"帝国"为考察对象的作品，不同于已经泛化或贬义性的各种"帝国"观念，而是将视野聚焦于那些在帝国存续期内，其国土面积、人口数量、经济实力、贸易总量、军事实力、文化软实力等综合影响力遍及三大洲以上的"世界性强国"，具体包括波斯帝国、马其顿帝国、罗马帝国、东罗马帝国、阿拉伯帝国、葡萄牙帝国、西班牙帝国、荷兰帝国、大英帝国和美国。作者解释说，之所以没有把古埃及、莫卧儿、奥斯曼等帝国纳入考虑范围，要么是这些帝国在地理结构上不具有世界性，要么与同时代其他强国相比，这些帝国不具备综合影响力最强的唯一性。为此，徐晓华建构了一个帝国建立、发展和消亡的基本要素系统：首先是以科技为动力的生产势力的发展。无论是金属冶炼技术所引起的武器的进步、轮船制造技术提升所推动的航海能力的扩展、蒸汽机的应用所带来的规模化大生产的发展，还是现代科技的突破所形成的新生产力的进步，由此，导致具有统制力的强国都在某一个特殊阶段形成"成本洼地"，从而获得独占性的资源和生产优势。但生产优势唯有与地理环境和文化力量相结合，才能真正促进国家力量的增长并发展为"世界性帝国"。

徐晓华上述认识并非经验事实的简单堆砌，而是有其坚实的理论基础。对于新生产力所造成的成本优势最后转换为生产方式的革命，他引述马克思、恩格斯的著名论断："任何新的生产力，只要它不是迄今已知的生产力单纯的量的扩大（例如开垦土地），都会引起分工的进一步发展。"异曲同工的是，人类社会某一国家生产势力得到较大的积累和提升，势必会引起国家之间力量对比和国际政治秩序的进一步发展，这种发展成为世界性帝国变迁的主要推动力。

从波斯帝国到美国，经历农业帝国、殖民帝国和工商帝国几个阶段。徐晓华认为农业帝国时期的生产势力的优势主要体现在武器，战争是转移帝国势力和实现帝国变迁的先决条件和重要基础。到了以葡萄牙、西班牙为代表的殖民帝国时期，战争的目的不再是单一的征服土地和掠夺人口，而主要是为了控制航运和贸易。而进入工商帝国时期，贸易规则和全球制度体系的建构成为文化和生产技术的双重推动力，这个时期最有代表性的国家是英国和美国。相应地，军事实力在生产势力中的占比不断弱化。

如果说蒸汽机的发明和应用将英国带上世界帝国的顶峰，而电力的广泛使用则让美国取代了英国世界性帝国的地位。诚然，美国在以计算机和互联网为主的第三次工业革命中巩固了强国势力的制高点。但在这个制高点上，美国也开始走向了帝国势力瓦解的下降通道中。

徐晓华的判断并非来自虚幻的信念，而是来自他对全球发展趋势的了解。首先，以互联网为特征的新经济形态突破了地域的限制，使得兼具劳动力规模和素质优势的中国成为全球"成本洼地"。其次，中国完整的生产体系和有效的整合能力所体现出来的制度优势，让其在基于新质生产力所形成的国际竞争中占有胜机。最关键的是，中华优秀传统文化提倡和谐、共生的理念，是克服以军事征服和经济掠夺为理念的传统大帝国的内在困境的重要精神力量，从而成为未来世界强国的价值基础。

在这个分析中,徐晓华发现了在全球视野下"世界强国"的迁徙轨迹。他强调"迁徙式"变迁的世界性帝国并非是他有意要找到一个玄学式的"决定论"图景,而是人类历史发展自然显现出来的"节点":人类第一个世界性帝国波斯,其疆域东至印度河平原、青藏高原的喜马拉雅山麓和帕米尔高原一带,随后帝国转向地中海沿岸,逐步横跨大西洋发展到美国。美国是位于大西洋和太平洋中间的一个大陆,它成为强国势力由西方转回东方、由海洋势力回归大陆势力的一个"跳板"。这样,如果将已经存在过的世界性帝国和即将成为世界帝国终结者的中国依次连接起来,就会发现它在地球上形成了一个完整的闭环。

通读本书,有三点令人印象深刻:第一是经验研究和理论研究的结合。对于世界历史的研究,首先是要掌握丰富的史料。对于十个帝国的历史及其兴衰的了解是一项巨大的工程,但徐晓华抓住了生产、地理和文化这三个关键点,由此入手去把握帝国的形成、兴盛到"晚期光晕"各阶段,最终实现帝国权势转移。这是以文献研究去提炼规律,以理论方式来观照现实的双向推动,从而让人觉得理论逻辑和实践逻辑完美"嵌合"。

第二是对于世界历史的新认识。从某种意义上,徐晓华的地理"闭环"论是对福山的"历史终结论"的批判,也是对形形色色的西方中心主义历史观的解构。当然,它也有可能被人视为是以一种新的"终结"论来取代以往的"终结"论。但徐晓华并非如福山那样简单断定某一种制度形态是历史发展的终极形式,而是更多诉诸生产力和生产方式的历史发展基本动力,这就使其分析有了坚实的唯物论基础。此外,他又创造性嵌入文化因素和具有原创性的历史研究概念，这些因素及概念往往被以前学者所忽视或不曾论及，其论述或许尚有完善空间，但有力强调了中国文化的内在价值在未来世界秩序建构中的巨大意义。

第三是对人类命运共同体思想的深刻领会。以往帝国势力的转移，或倚靠武力，或凭借武力辅助下的贸易、金融霸权，这些都是基于强势国家对弱势国家的侵略和掠夺。而徐晓华一方面从秩序批判的角度，对以往的帝国形态所存在的社会达尔文主义的倾向进行了批判；另一方面，则从"服务"成为未来经济社会发展的动力出发，强调从文明共生共存共赢的维度为人类的未来发出一个"理想国"式的倡导。这与其说是对中国成为世界强国的预期，不如说是对中国文明为未来世界提供价值导向的责任感的一种"宣示"。

在世界各地依然战火缭绕、不平等的世界格局依然"坚固"的今天，如何反思以"民族国家"为基本单元的世界格局，在尊重各国主权的基础上，不断求同存异，以文明互鉴的态度去建设人类命运共同体，是中国作为一个文明国家的呼吁。在这样的历史节点上，徐晓华的著作是一本可以让我们从历史的轨迹中探索人类未来的启发性作品。

2024 年 9 月

（北京大学哲学系、南开大学哲学院教授）

自 序

本书构思始于 2020 年初。

由于那一年突如其来的新冠疫情，此后世界各地在疫情肆虐中度过了异常难熬的三年。根据世界卫生组织统计，新冠大流行以来全球至少有 2000 万人在这次疫情中丧生。感染新冠病毒的国家和地区有 200 多个，几乎无一幸免。

无独有偶，世界历史上曾多次发生惨烈的"瘟疫"事件。每一次全球性疫情肆虐，大多是人类经济和社会发展的重大转折期：15 世纪中期，欧洲的黑死病夺走了超过三分之一欧洲人的生命，彻底改变了欧洲的历史进程，客观上促使天主教会的专制地位被打破，对文艺复兴、宗教改革都产生了重要影响，甚至间接推动了伊比利亚半岛的大航海运动和欧洲近代社会的诞生。15 世纪末发现新大陆后，欧洲探险家给美洲"带去"了"瘟疫"，导致西半球大约 90% 的原住民死亡，印加文明和阿兹特克文明瓦解，全球主导力量不经意间开始了迈向美洲的步伐。而1918—1920年发生的"西班牙大流感"，有5亿人成为受害者，其中约有五分之一的感染者丧命。由于疫情发生在"一战"之时，病毒在士兵中的传播速度和致死性很高，战争最后草草收场与此密切相关。

每每发生世界性重大疫情，人类社会都处于文明发展的重要转折期——其实这并不难理解：一方面，由于经济跨区域快速发展和人员、贸易交流的加速，一个地区的病毒被带到了另一个毫无免疫力的地区，难免造成人员的重大伤亡。疫情大面积传播，从侧面说明了世界开放和交流的加深；另一方面，大规模疫情造成了大量人员伤亡，对社会原有秩序形成严重冲击，区域人口数量、国家力量平衡状态、社会治理模式、人们的工作方式和生活价值取向都会发生重大改变，经济发展动能和社会发展样式将因之出现重大调整。

尽管新冠疫情暴发的具体原因和背景尚未明确，但很显然人类正经历着又一次重大变局——人类命运共同体意识的升华，抗击疫情组织能力的展示，对强国势力造成的冲击，都将使这次疫情对世界大变局产生更为深远的影响。值得我们深思的是，面对如此共同的重大灾难，已经高度文明化的人类并没有形成同仇敌忾、共同进退的价值取向，也没有采取步调一致、守望相助的共同措施，更没能共同享受人类文明发展理应带来的成果——反而出现了大量自行其是、指责甩锅、争夺资源的情形。尽管人类应对疫情的科技水平取得了巨大进步，但国与国之间相互协调、统一部署、相互支持、经验互享的"抗疫"意愿和组织能力，较之于数百年前并无根本改观。

1648年签订的《威斯特伐利亚和约》对于消弭当时的战争积怨、建立新型国际关系发挥了重要作用。但随着全球化的发展，其弊端越来越明显，它无法很好协调和解决诸如世界疫情这样的人类共同的灾难和问题——该条约确立的民族独立、主权完整和平等、国家利益不容干涉的国际关系原则，其本质上将世界割裂成一个个互不相干而又互相竞争甚至相互敌对的国家实体。这样自然难以让不同的国家站在人类命运共同体的高度统筹世界的发展，以解决人类所面临的诸多共同问题。

事实上，随着人类交往的不断深入，不同国家的主权已经"多孔化"——其主权、利益和平等性日益被解构和杂糅，世界正在加速向全球化文明迈进。而与之相矛盾的是，以《威斯特伐利亚和约》为基础确立的民族国家原则又以自身利益为依归，这就使人类解决全球性问题陷入了困境。由此，我们不得不思考这样一些相关问题：人类从原始社会走到今天，社会发展和文明进步的内在动力到底是什么？人类为什么会产生国家乃至规模庞大的帝国，它们形成的动因是什么？而这些帝国名单又总在不停地发生变化，究竟是什么力量推动其变迁的？与三百多年前《威斯特伐利亚和约》签订时相比，人类社会已经发生了翻天覆地的变化，帝国是否还有存在的基础？而在新的文明条件下，民族国家之间千疮百孔的关系，是否应该向超越于国家之上的人类命运共同体转型？这种转型又是否与当前出现的百年大变局存在某种必然的联系？

正是对这些问题的思考，帮助我形成了这部书稿。很显然，这些问题过于宏大和复杂，并非笔者所能思虑周详和尽善尽美回答的，只愿我的绵薄之力能为人们触发更多的思想火花。

2024 年 6 月 6 日

目 录

序 一 帝国变迁与世界变局 / i
序 二 从全球史视野来理解"人类命运共同体" / v
自 序 / xi
导 论 世界的脚步清晰可见 / 1
第一章 帝国变迁动力 / 25
  一、帝国变迁的相关概念 / 25
    帝国与世界性帝国 / 25
    帝国势力 / 29
    帝国变迁 / 31
  二、地理势力 / 38
    水与帝国变迁 / 41
    东方与帝国变迁 / 47
  三、生产势力 / 54
    军事与帝国变迁 / 59
    贸易与帝国变迁 / 71
  四、文化势力 / 89

第二章 帝国变迁规律 / 105

一、"成本洼地" / 105
农业帝国时期 / 106
殖民帝国时期 / 111
工商帝国时期 / 116

二、边缘地带 / 124
外边缘地带 / 125
姻边缘地带 / 131
洋边缘地带 / 140

三、中介性帝国 / 145
地理中介 / 146
文化中介 / 149
贸易中介 / 153

四、更大的领土和市场 / 156
农业帝国时代 / 158
殖民帝国时代 / 160
近现代工商帝国时代 / 163

五、帝国变迁闭环 / 166

第三章 帝国变迁进程 / 173

一、帝国的孕育 / 173

二、波斯帝国 / 180
帝国的创建 / 180
帝国势力的形成 / 182
帝国的衰败 / 189

三、马其顿帝国 / 193
　　帝国的创建 / 193
　　帝国势力的形成 / 195
　　帝国的衰败 / 201

四、罗马帝国 / 207
　　帝国的创建 / 207
　　帝国势力的形成 / 210
　　帝国的衰败 / 219

五、东罗马帝国 / 227
　　帝国的创建 / 228
　　帝国势力的形成 / 231
　　帝国的衰败 / 237

六、阿拉伯帝国 / 245
　　帝国的创建 / 246
　　帝国势力的形成 / 249
　　帝国的衰败 / 259

七、葡萄牙帝国 / 267
　　帝国的创建 / 268
　　帝国势力的形成 / 271
　　帝国的衰败 / 281

八、西班牙帝国 / 286
　　帝国的创建 / 286
　　帝国势力的形成 / 289
　　帝国的衰败 / 303

九、荷兰帝国 / 310

帝国的创建　/ 310

　　　帝国势力的形成　/ 314

　　　帝国的衰败　/ 331

　十、大英帝国　/ 338

　　　帝国的创建　/ 338

　　　帝国势力的形成　/ 344

　　　帝国的衰败　/ 359

第四章　当今帝国势力的转移与嬗变　/ 367

　一、地理势力的转移　/ 367

　　　美国地理势力的衰落　/ 368

　　　中国的海陆枢纽地位　/ 380

　　　统一大市场推动陆权回归　/ 392

　二、生产势力的转移　/ 404

　　　计算机及互联网　/ 405

　　　现代交通　/ 417

　　　新能源及数字经济　/ 431

　　　生产关系变革　/ 438

　三、文化势力的转移　/ 454

　　　美国文化的衰落　/ 455

　　　中国文化再认识　/ 467

　　　中国文化先进性　/ 489

第五章　帝国的终结与后帝国时代　/ 497

　一、服务强国　/ 497

历史发展大趋势 / 499

全球文明建设需求 / 501

中国的基础与条件 / 505

二、地缘政治 / 508

CIR / 510

亚洲 / 513

欧洲 / 522

美洲 / 530

非洲 / 534

大洋洲 / 540

三、全球秩序 / 543

世界由迷乱走向秩序 / 546

以近现代国家兴起而建立的秩序走向衰落 / 549

区域分裂与世界融合 / 552

地区世界和世界国家 / 556

后记 / 561

参考文献 / 564

导论　世界的脚步清晰可见

达尔文创立的进化论揭示了生物界物种进化及变异的规律，人类历史上煊赫一时的全球主导力量的变迁与演进是否也具有某种规律性——星罗棋布而又茹毛饮血的原始部落为何会发展成为全球一体化的文明社会？世界性帝国为何从横跨亚欧非大陆的波斯变迁到"两洋夹峙"的美国？中国走向世界舞台的中心是否为人类发展进程中的必然性事件？中国又为何将会成为构建人类命运共同体的支柱性力量？

对于这些涉及全人类及中国未来发展的宏大主题，我们似乎难以窥探其内在规律。但是，如果我们将其放到人类社会漫长的发展进程中加以观照——就像我们抬头仰望天际的星辰，因距离遥远反而能够更加清晰地观察到它们起起落落的规律。因此，要回答前述重大问题，比较好的方法就是跳出事件本身的认知范畴，剔抉诸般迷障，聚焦对人类社会发展产生重大影响的帝国，探寻其变迁的历史背景、发展脉络和内生动力，并从错综复杂的现象中抽丝剥茧，提炼出具有规律性的东西来。

一

秦统一六国之后，中国长期成为称雄东方的大国。继起的汉朝综合实力更是不输于同期亚欧大陆另一端声名赫赫的罗马帝国。中国的历史，如汤因比所称，曾经在三千年内代表"半个世界"。① 由于中国东临浩瀚的太平洋，北接冰冻的西伯利亚干草原，因巨大的山脉、沙漠和大草原而与大陆的其他部分相分隔，致使中国在地理上具有封闭性。② 这在近代以前十分明显。除了短暂的蒙元时期以外，古代中国的势力往往囿于东亚一带，影响力难以投射到世界更广大的区域，其帝国变迁往往呈现出以中原为中心、朝代更替的"钟摆式变迁"。

而与中华传统帝国变迁大异其趣的是，中国以西的世界其他帝国的变迁往往呈现出地理区域的迁移性，我们称之为"迁徙式帝国变迁"。这样的世界性帝国发展到美国一共有 10 个。第一个世界性帝国是诞生于公元前 550 年、国土横跨欧亚非的波斯帝国，此后相继是马其顿帝国、罗马帝国、东罗马帝国、阿拉伯帝国、葡萄牙帝国、西班牙帝国、荷兰帝国、大英帝国和美利坚帝国（有些影响较大的帝国，因不符合构成要件并非世界性帝国，如奥斯曼帝国、神圣罗马帝国、俄罗斯帝国等，详见第一章论述）。

我们知道，人类第一个世界性帝国波斯的疆域东至印度河平原、青藏高原的西麓和帕米尔高原一带，而中国疆域的西部大体抵

---

① 朱维铮：《音调未定的传统》，中信出版社，2018 年，第 8 页。
② [美]斯芬·斯塔夫罗斯·斯塔夫里阿诺斯：《全球通史：从史前到 21 世纪》（上），吴象婴、梁赤民译，北京大学出版社，2020 年，第 108 页。

达这一带。因此，如果将世界性帝国和作为帝国终结者中国的本土区域依次连接起来，就会发现它在地球上形成了一个近乎完整的闭环——从青藏高原向西，经过伊朗高原、美索不达米亚平原、地中海，在地中海与大西洋交界处的葡萄牙沿大西洋岸线北上，到西班牙、荷兰、英国，然后跨过大西洋抵达美国，再从美国跨过太平洋到达帝国的终结者——中国，恰好围绕地球一圈，形成"帝国变迁闭环"。有意思的是，这样的"帝国变迁闭环"还不仅仅是世界性帝国变迁的全球地理闭环，它还实现了现代强国文明（美国）与承续不断的古老强国文明（中国）在现代社会的交接。

人类社会发展的根本动力源于生存和发展的需要。世界性帝国总是通过不断扩充地理边界，累积远超邻国的强国势力，从而获得帝国生存的安全感和发展优势，这就决定了帝国总在向外探求更远的世界，获取更大的国土面积、更多的人口或更广大的市场。

然而，地理条件对帝国的雄心和欲望形成了有力的制约。在西亚、欧洲和东方的中国、印度之间，间隔着青藏高原、中亚地区和塔尔沙漠及印度大沙漠——青藏高原山高路险、空气稀薄，横亘其间的喜马拉雅山脉的多座山峰海拔都在 8000 米以上，人迹罕至；而中亚地区气候干燥，草原、戈壁、丘陵和荒漠辽阔；塔尔沙漠及印度大沙漠则高温炎热，对人类居住和生活并不友好，不适合军队大规模调度和征战，更不利于强国势力的形成和巩固，波斯帝国及马其顿帝国东征和唐朝军队西征，都曾在这一带折戟沉沙。因此，在生产力并不发达的农业帝国时期，高耸的青藏高原、中亚地区连绵的高山荒漠、印度半岛炎热的大沙漠，成为古代中国向西、西亚和欧洲帝国向东扩张的难以逾越的天堑。它极大推迟了人类奔向全球一体化的进程。

但是，人类的欲望和雄心总能打通阻碍的环节，而帮助人类推进全球化的关键载体则是浩瀚的海洋。海洋里的水轻盈灵动，随波而行可抵达世界各地。它与人类的雄心相结合，将世界各个分割的陆地联结成命运相通的整体，将人类的欲望贩运到世界的各个角落，从而大大密切了人类不同族群间的交往。

大自然在中亚、南亚设置了阻碍东西方沟通的壁垒，却又在欧亚非大陆之间留下了一条沟通三者的通道——位于三大洲交界处的地中海。地中海形体狭长，从美索不达米亚平原、阿拉伯半岛，向西联结起大西洋；而地中海沿岸气候温和，农产丰富，是人类文明的重要发祥地。在农业帝国时期，受限于技术水平，世界性帝国一直围绕在地中海一带徘徊、变迁，波斯帝国、马其顿帝国、罗马帝国、东罗马帝国和阿拉伯帝国征战的铁蹄，一直受困在陆地的滚滚尘烟之中。

直到中国的指南针、火药、航海知识传到了欧洲，西欧学会了制造可以逆风航行的阿拉伯三角帆船，且人类有了地球可能是圆的的认知，世界历史终于又一次跨出了一大步——葡萄牙开启了人类大航海时代，西欧也因此跨进了人类现代文明的中心地带。

人类不同区域的文明呈现出螺旋式交替领先的态势。一方面，文明低阶位地区的人们一旦掌握文明高阶位地区的先进技术，往往能形成包括军事成本在内的低生产成本的洼地，从而能在军事上获得战争的胜利，使文明进入又一轮发展周期，推动帝国势力发生转移和变迁，比如西哥特人之于罗马、蒙古人之于金宋、满洲人之于明朝。另一方面，从更广大的区域空间看，东西方文明也呈现出结构性交替上升的状态。欧洲进入黑暗的中世纪之前，以古希腊和罗马为代表，创造了灿烂的古典时期的文明。而进入中世纪后，由于中国拥有更适合农耕的地理和气候条件，更适应农耕时代生产力的发展，以中国为代表的东方创造了胜于西方的物质文明和社会文明。

人类进入轰轰烈烈的大航海时代之后，东方世界还守滞在农耕文明的惯性里难以自拔；西方则通过对东方、非洲及美洲财富的掠夺为资本主义发展积累了财富基础——由此，人类社会不同地区在漫长的农耕时代积累的财富通过不公平贸易和掠夺，集中到西欧狭小的地域，从而培育了一大批有钱的资本家、有闲的思想家和发明家以及有消费能力的城市居民，形成了以消费推动生产、以生产积累资本、以资本投入生产的资本主义生产方式。历史也从此把人类现代文明的发令枪交给了西方。因此，东西方文化根子上没有孰优孰劣的问题，只是阶段性表现有差异。总体来看，它们呈现出相互依存、相互促进的螺旋式发展态势——符合了人类相应历史阶段生产力发展要求的，则会表现得比对方更具活力和创造性。

二

那么，是什么决定了世界性帝国变迁的方向和走势呢？

人们通常认为是生产力发展，但更确切地来说，真正推动世界性帝国变迁的实际上是"成本洼地"——哪个国家生产经营和军事成本低，强国势力就会向这个国家转移——或许，这样的"成本洼地"正是得益于生产力发展而形成的。

这种低成本引流强国势力的现象，在人类进入殖民帝国和工商帝国时代之后，表现得更为明显。

葡萄牙位于欧洲的西南端。葡萄牙人沿着非洲西海岸绕过好望角，前往非洲东海岸和印度进行海上探险的成本，是欧洲国家中最低的；其将从殖民地收购或掠夺的物品运回国内的成本也是最低的。葡萄牙人正是依仗低成本的探险和运输优势，率先确立了世界性殖民帝国的地位。由于其国土面积相对狭小、人口数量少，一方面随着航海人员需求量增加，且漫长的航运线需要保护带来军事投入的增加，推动航行成本迅速增长；另一方面由于国内市场小，贩运回来的香料、丝绸和金银等奢侈品在国内难以及时消化，还得转运到西班牙或欧洲其他地区销售，带来销售成本的提高。与葡萄牙相比，后发的西班牙在这两方面则尽占优势，加上其开拓了美洲航线，从西班牙到美洲航线的距离比葡萄牙绕过非洲大陆南端前往印度的航线更短，也相对顺风顺水。这使得西班牙与殖民地之间的海运成本远低于葡萄牙，强国势力因此快速从葡萄牙向西班牙转移。西班牙由此成为地球上第一个"日不落帝国"。

在世界性帝国变迁过程中，发生了大量频繁而持久的海洋战争，以至于人们普遍认为是军事实力决定了世界性帝国的变迁和走势——荷兰帝国的崛起则说明了这种认识的片面性。面积仅4万平方千米、1648年才建立联省共和国的荷兰，其相对弱小的国力难以维持庞大军事力量的存在。它能够出人意料地一跃而成为辉煌一时的殖民帝国，一个十分重要的原因在于：荷兰不仅位居欧洲大西洋沿岸的中心地带，还处于水运条件优越且流域内经济发展水平日益提高的莱茵河下游，占据了海运和河运交汇的有利位置，交通枢纽和商品集散的中心地位十分突出。随着葡萄牙、西班牙、法国、荷兰、英国相继在世界各地殖民，运回西欧的货物和运出欧洲的商品大量增加，而这一时期只有荷兰人承接运输的成本是最低的，这才是荷兰登顶世界性帝国的关键所在。

荷兰由于国家整体实力有限，自身的经济能力难以长期维持军事和运输优势的存在，不得不在资金运作上大做文章，这就极大促进了荷兰的银行业、证券业和民间资本的发展。即使是行使国家特权的荷兰东印度公司，也是以股份制的形式募集资金，并以企业经营的方式运营。因此，现代资本主义金融制度大多初创或形成于荷兰帝国。但这并不能阻止强国势力又迅速从荷兰向英国转移，而推动其转移的根本原因是英国此时又形成了"成本洼地"。

得益于大西洋上循环流动的加那利寒流、北赤道暖流和墨西哥湾暖流的共同影响，英国开辟了大西洋"三角贸易"——杂货、武器从西欧运到非洲，黑人奴隶从非洲运到美洲，而金银、烟草、棉花、白糖则从美洲运到了欧洲。"三角贸易"的开辟使运输成本极大降低，同时，使英国作为悬浮于欧洲大陆之外的大西洋岛国的运输枢纽和商品集散中心的地位彰显出来，这又反过来进一步降低了运输成本。

推动运输成本降低的因素还不止这些。1688年，英国发生"光荣革命"，推翻英国国王詹姆斯二世，荷兰总督威廉在英国议会邀请下，就任英国国王，因此，成为荷兰和英国的共主，直接统治两国长达8年之久。威廉成为两国共主后平息了两国间旷日持久的战争，并减少了彼此海洋运输航道的军事侵扰。与此同时，将荷兰相对成熟的银行、资本、金融等资本主义制度要素传授给英国，还将其东印度公司原来开展的部分运输业务转让给英国的东印度公司。可以说，荷兰的帮助，加快了英国成为新进的世界性帝国的脚步。

通常认为蒸汽机的发明将英国带入了世界性帝国的行列。事实或许相反，正是英国强国势力的兴隆，催生了蒸汽机的出现。"三角贸易"和"光荣革命"推动英国经济实现更快发展，拥有较强消费能力的富裕人口大量增加。人们在寒冷冬季因烤火对煤炭的需求激增，使得煤矿老板和技术人员不得不花费更多精力，琢磨将矿井里的渗水抽排到井外的办法。在托马斯·萨弗里（他将自己发明的蒸汽抽水机命名为"矿工之友"）、托马斯·纽科门和詹姆斯·瓦特的接力下，制造出真正可以商业化的蒸汽机，并于1775年在伯明翰附近的布鲁姆斯尔德煤矿安装成功。

其实早在公元1世纪，亚历山大港的希罗就发明了最早的蒸汽动力驱动的装置。1690年，法国科学家丹尼斯·帕潘就制造出一台简易的运用大气压力做功的发动机模型。① 此后，许多国家开始进行实施工作并最终发明了蒸汽机。这也说明，先进的技术并不必然引发强国变迁，而或许是强国催生了新技术的出现和广泛应用。从另一个角度可以这样认为，即使瓦特没有发明蒸汽机，英国仍然会

---

① [英] 查尔斯·辛格、[英] 埃里克·约翰·霍姆亚德、[英] 阿尔弗雷德·鲁珀特·霍尔等主编：《技术史 第Ⅳ卷：工业革命》，辛元欧、刘兵主译，中国工人出版社，2021年，第192、195页。

成长为世界性帝国。

令人奇怪的是，同在欧洲大西洋沿岸地带，为什么葡萄牙、西班牙、荷兰和英国均成为世界性帝国，而地理条件、港口条件及综合国力都十分优越的法国却被跳过了呢？

法国作为传统的欧洲陆地强国，开始的时候并不重视对海洋霸权的争夺。在人类进入大航海时代，葡萄牙、西班牙已经在全球争夺殖民地之时，法国的主要精力还放在欧洲陆地霸权的斗争上，与意大利、神圣罗马帝国争夺领土的战争绵延不断。尽管从16世纪起，法国资本主义生产关系开始萌芽和发展，其对外贸易的重点从地中海转到了大西洋；而从17世纪起，法国也在北美、中美、非洲、印度开始了殖民扩张。但是，法国人陆地霸主的心态，使其不屑将海洋政策置放于帝国扩张策略的优先地位，而在大陆上与诸多大国的抗争，又极大地牵制了其迈向海洋的精力。1789年法国大革命爆发，结束了法国1000多年的封建统治。此后，法国此起彼伏的对外战争"内卷"为持续不断的国内革命。从1789年法国大革命到1871年巴黎公社运动，这个时期堪称"革命的世纪"。在82年中，法国共进行了1789年资产阶级大革命、1830年七月革命、1848年二月革命、1870年9月4日革命、1871年巴黎公社运动等5次大革命。战争和革命，极大地损耗了法国的强国势力，使其无法专注于和西班牙、荷兰、英国竞争海洋霸权。

事实上，法国并非没有争夺世界性帝国桂冠的机会。1714年，法国国王路易十四之孙安茹公爵在西班牙王位继承战争之后，其腓力五世的西班牙国王身份正式得到承认，这使得18世纪的西班牙沦落为法国的附庸国①，法国的大陆势力盛极一时。但此时，荷兰、英国的海洋势力均已崛起。而拿破仑·波拿巴于1804年12月2日加冕称帝，创立法兰西第一帝国，其在位最辉煌时期，欧洲更是除英

---

① 成振珂主编：《世界帝国简史：人类变迁中的文明与真相》（下），中国商业出版社，2017年，第1128页。

国、俄罗斯等少数国家之外，其余各国均向拿破仑臣服或结盟，形成了庞大的拿破仑帝国体系。1852年12月2日建立的法兰西第二帝国，广泛实行促进资本主义工商业发展的经济政策，建立了大工业，完成了法国工业革命。其经济发展十分迅速，而金融资本的发展尤为突出，巴黎已成为世界金融中心之一。在争夺欧洲大陆优势和进行海外殖民侵略中，第二帝国也取得了很大的进展：击败俄国确立了在欧洲大陆的优势，派遣军队侵略叙利亚、墨西哥、印度支那和非洲，建立若干殖民地，掠夺了大量财富。世界性帝国有着向更大的国土面积和更大的市场变迁的规律，国土面积广阔、海洋交通条件优越，且具有辐射欧洲大陆腹地优势的法国，理应具有问鼎世界性帝国宝座的机会。

然而，在法国强国势力走强之时，世界地缘政治和经济版图正在发生根本性改变，法国不得不与世界性帝国擦肩而过。

1789年，法国爆发大革命走上了资本主义发展道路。此前的1782年，瓦特制成复动式蒸汽机，并在棉纺织业中得到应用，包括法国在内的欧洲大陆在工业革命推动下迎来了经济大发展时期。几乎在同一时期，远在北美大陆的美国取得了独立战争（1775—1783年）的胜利，并迅速扩张成两洋国家。从此，一个国土面积远大于法国、地理区位和交通条件远胜于法国、市场可培育性远强于法国的潜在超级大国，加入世界性帝国的竞争行列。

1852—1870年的法兰西第二帝国，是法国的强国势力获得极快发展的重要时期。在此期间的1861—1865年，美国经历了南北战争，开始建设太平洋铁路，开创了美国国内铁路大建设高潮。而此前的1838年，世界第一艘蒸汽轮船横渡大西洋。美国南北战争的结束，为美国资本主义迅速发展扫清了道路；蒸汽轮船与火车的广泛使用，将"大西洋缩小成内湖，大陆压缩成村镇"，海洋运输与大陆运输实现了更为快捷的联动，世界地理空间的距离感得以颠覆，货物跨洋运输的成本大幅降低，英国与美国的贸易成本甚至比与法国的内陆地区还低。美国由此成为工业生产新的"成本洼地"。很显然，英国和包括法国在内的老欧洲势力，再也无力阻止以蒸汽轮船和火车为代表的新科技力量，将世界性帝国的王冠漂洋过海地运到美洲新大陆。

美国人很会享受其得天独厚的地理位置。老罗斯福认为，美国地位独特（经济上充满活力，是唯一没有地区竞争者的国家，既是大西洋国家，也是太平洋国家），可以利用地位优势掌握发言权，决定东西两侧大洋的命运。美国可以保护西半球不受外来大国的侵扰，也可以插手干预其他战略地区，保持力量平衡，因而将崛起成为全球平衡乃至国际和平的坚定卫士。[①]

美国人或许以为，其强国的优势是上帝赐予的，并是永恒的。美国人也确实在建国创业精神的推动下，将地理优势转化成强大的强国势力，塑造了"美国例外"的超强霸权。

然而，世界性帝国的名头从来不是终身制的，地理位置的优越性也是相对的，美国的强国势力一如既往地发生了转移。

三

世界性帝国总是向着"成本洼地"变迁，但影响世界性帝国变迁方向和走势的因素主要有三个：以革命性科技力量为主体的生产势力是主导因素，它帮助守成帝国之外的国家形成新的"成本洼地"，推动强国势力向其转移；以适应生产力发展为主要任务的文化势力是从属因素，它拉拽强国势力进入新的势力范围；以被动接受生产力激发而形成的地理势力[②]，虽是制约因素，但往往支配着世

[①] [美] 亨利·基辛格：《世界秩序》，胡利平、林华、曹爱菊译，中信出版社，2015年，第326页。

[②] "地理"与"空间"概念的内涵及外延交叉、重叠较大，但又不能完全覆盖和代替，比如"地理"可涵有"矿产""人文"等元素，"空间"则难以涵有；而"空间"涵有"太空"等元素，"地理"却难以涵有。本书除封面及个别地方用"空间"一词之外，文内述及"地理势力""空间势力"时，均用"地理势力"。

界性帝国的变迁方向。

正是以上三个因素的相互作用,在当下推动了美国强国势力的衰落和中国作为世界性力量的崛起,同时也使中国成为世界性帝国的终结者。

先看生产势力。世界性帝国的形成和变迁大都受到技术变革的驱动,重要的新技术往往能在守成帝国之外的区域形成"成本洼地",打破守成帝国长期形成的生产优势和军事优势。特别是人类社会进入工商帝国时代之后,技术革命对帝国变迁的影响更为显见。以蒸汽机发明为先导的人类第一次工业革命,帮助英国巩固了世界性帝国地位。从实际情形来看,蒸汽轮船、火车的广泛应用,既帮助英国进一步登顶帝国巅峰,同时也在潜移默化中将强国势力向美国转移。以电的发明和广泛应用为主体的人类第二次工业革命,则铸就了美国世界性帝国的地位。而以计算机和互联网为主体的第三次工业革命,则在将美国送上强国势力制高点的同时,又悄然将世界性强国力量的接力棒送往中国的手中。这一时期以互联网为重要特征的新经济,正成为世界经济的重要驱动力。成立于20世纪末的百度、阿里巴巴和腾讯三家中国互联网公司(俗称BAT),在此后10多年取得了爆炸性增长的业绩。这也充分说明发轫于20世纪90年代的世界互联网浪潮,成为改变中国这一时期经济发展面貌的关键性因素。

这种改变最主要的影响,是使中国更深地融入世界经济大循环的体系。一方面,互联网技术的应用,使位于产业高端的美国等西方国家的企业主和工程技术人员,可以不出家门将产品外包到中国生产,并进行有效的远程管理和控制,以获得低成本生产的超额利润;另一方面,它使中国更加有效地整合人力资源、矿产资源、政府及社会协作资源,将中国打造成体系完善、反应快捷、价格低廉的无与伦比的世界工业的供应链。中国日益成为世界制造业大国、强国,成为世界生产的"成本洼地"。与此相对应的是,美国产业则日趋空心化，世界性强国的生产势力日渐向中国转移。

互联网对中国崛起的贡献远不止这些。互联网"开放、共享、平等"的理念，穿透了美国和西方国家打造的技术和制度的壁垒，推动了技术和知识的平民化，以及世界治理的平权化。同时，互联网对中国国家治理和社会变革发挥的作用，远胜于美国。中国作为传统的中央集权制国家，幅员辽阔，人口众多，互联网对时空的极限压缩，既有效打通了从中央到基层繁多的管理层级所形成的诸多阻塞，又为全社会人员的组织、管理提供了极为简便、有效的工具。与美国相比，互联网使中国既保持了中央集权体制资源统筹、组织有序、执行有力的优势，又获得了信息传递快捷、反应灵活、公开透明的新优势。正是从互联网革命，特别是几乎覆盖全民的移动互联网广泛使用开始，中国"经济高速增长，社会高度稳定，国家集中资源办大事"的体制优势日益显现出来。

地理势力不是世界性帝国变迁的主导力量，却是支配性因素。世界性帝国变迁形成的闭环，位于最适合人类生活的北半球温暖、湿润的地带。这一地带人口众多，容易形成帝国需要的规模和动员能力。在地理势力与生产势力适配的条件下，即使像葡萄牙、荷兰这样规模的小国，也可能称霸一时——尽管这并不能改变它们作为中介性世界帝国的身份。

如果我们将面积宽广、人口众多、势力强大且在人类发展史上具有重要影响力的世界性帝国视为中心帝国，那么在每两个中心帝国之间几乎都会出现一个中介性帝国——这类世界性帝国面积相对狭小、势力相对贫弱、强盛时间往往不是很长。当然，中心帝国与中介性帝国并非固定不变，当选择的参照系不同，中心帝国与中介性帝国可能发生相应改变。如果我们站到更远的历史纵轴上观察，会发现当今势力笼罩全球的美利坚帝国，也将只是海洋型帝国（英国）向大陆型强国（帝国的终结者中国）变迁的中介性帝国。

中亚恶劣的地理环境阻碍了强国势力向东方发展，而地中海、大西洋、太平洋连为一体的水体条件，使强国势力以向西绕道的方式向东方挺进。自15世纪葡萄牙掀开大航海的帷幕起，人类进入了西方主导的以海洋秩序为主体的新时代。但是，这绝不是终点，人类终将找到将东西方文明整合为一体的办法和通道。

2000年前后，随着生产势力向中国转移，东方的地理势力被重新激发出来，世界开始由海洋秩序向大陆秩序转移。除了生产势力的推动之外，两个方面的地理条件对美国帝国秩序瓦解和中国崛起发挥着关键作用。其一，中国位于世界最大洋太平洋与世界最大陆地亚欧大陆交汇处，东部地区临海近洋，而西部地区深入亚欧大陆腹地，区位优势明显，海陆枢纽的地位十分突出，使中国业已形成了远胜美国的运输"成本洼地"。其二，中国身处的亚欧大陆面积巨大、人口众多，随着经济全球化深入发展，亚欧大陆统一的大市场正在形成，其内部贸易已远超这一地区与美国的贸易总量；加之数字经济兴起、石油通过管道运输量增加、长距离输变电技术广泛应用，以及亚欧大陆现代陆上运输体系突飞猛进，海洋运输的重要性日益降低，从而带动陆权秩序的回归。亚欧市场日益一体化，这使得美国与中国的竞争实则是同整个亚欧大陆的一体化市场竞争。

由此，当今美国维护帝国霸权地位陷入了多重两难的境地。其一，随着亚洲经济崛起，美国要保持产品竞争力，则需要将产品的创意、设计和管理总部放在国内，而将产品加工、生产放到以中国为主体的亚洲。问题是，这样一来，美国的产业机会大量外流，而且美国越想赚更多的钱，其产业就越空心化、贸易就越虚拟化，而其强国势力也就越虚弱化。其二，美国在欧亚大陆强化军事投入，以维护美元的霸主地位，但其边际效应在减弱。政治、军事的强势投入不能获得良性的回报，维护美元霸权地位的投入越大，美国负债越多，促使美元越是走弱。其三，美国主导的商业秩序推进了全球一体化进程，包括中亚地区和伊斯兰世界等世俗化进程较为落后的国家和地区，也被卷进了经济一体化进程。吊诡的是，美国越是推动以其为主导的商业秩序普世化，欧亚大陆越是加快形成统一的大市场，相应地，美国反而越会相对边缘化。

生产势力由美国向中国发生转移，必然有先进的文化势力与之相适应和相匹配。

在中国共产党领导下，中国人民历经百年革命和探索，中国文化的先进性日益显现。一百年前，孙中山晚年"在他的'融贯'中外文化的思想中又注入了新的时代内涵，他试图将古老的中华传统文化、成熟的西方资本主义文化和新兴的苏俄社会主义文化结合起来，荟萃精华，'融通瞭悟'，以期为中华民族创造更高远的文明理想"[1]。中华传统文化、西方成熟资本主义文化[2]和社会主义文化[3]，分别是封建社会、资本主义社会和社会主义社会等人类不同发展时期的优秀文化，孙中山融贯中外和不同历史阶段优秀文化的理想，经过中国共产党百年探索、奋斗和建设，已化为成功实践。

近代以来，随着西方经济的崛起和政治霸权的确立，以商业和发展经济见长的西方文化成为笼罩世界的强势文化，并日渐浸染中国。"一八四〇年鸦片战争以后，由于西方列强入侵和封建统治腐败，中国逐步成为半殖民地半封建社会，国家蒙辱、人民蒙难、文明蒙尘，中华民族遭受了前所未有的劫难。"[4]在农耕土壤里发育、成长的中华传统文化，是以自给自足为主要特征的"生存型文化"，着重解决的是人的生存、安全和社会稳定的问题，形成了安土乐天、重农轻商、中庸和谐、宗法治理的文化特征。在经济全球化的浪潮里，这一文化不可避免地显露出过分追求稳定、保守，缺乏竞争力的相对落后的内在特质，难以抵挡以"自由、竞争、成就事

---

[1] 冯天瑜、何晓明、周积明：《中华文化史》，上海人民出版社，2005年，第821页。

[2] 西方成熟资本主义文化，因吸收其精华的必然性，我们更愿将其称为"西方优秀文化"。

[3] 社会主义文化，早期主要体现在中国共产党对马克思主义和苏联社会主义文化的传播和借鉴上，后来更多地体现为马克思主义的中国化和中国共产党在社会主义建设事业中创造的文化成果。

[4]《中共中央关于党的百年奋斗重大成就和历史经验的决议》，人民出版社，2021年，第3页。

业"为主要特征的西方"发展型文化"的扩张。

西方文化大规模入侵不可避免引致中华传统文化的反抗，中华仁人志士前赴后继发起图强改良的自救运动和社会革命，中国进入烽火连天的多事之秋。"太平天国运动、洋务运动、戊戌变法、义和团运动接连而起，各种救国方案轮番出台，但都以失败告终。"①1900年前后，中国传统文化受到西方文化严重冲击，中国被迫深深卷入西方主导的现代世界体系中。以新文化运动为代表，中国人在接受西方文化的同时，展开了同传统文化的深度决裂，将传统文化视为中国积贫积弱的总根源，全盘西化和完全抛弃传统文化的两大思潮同时达到顶峰。②

孙中山先生领导的辛亥革命推翻了统治中国几千年的君主专制制度，并建立起共和政体，虽然不久革命果实为袁世凯所窃取，但西方文化在中国政治体系、经济体系、文化体系中的影响力更加广泛和深入。即使是袁世凯执政以后的北洋政府，也颁布了许多振兴实业的法律法规，对国内商业尤其是私人资本主义经济的发展起到了很大的推动作用。③稍后建立的南京国民政府，无论是从组织的理念还是从组织的形式上看，都是一个比北洋军阀政府更加先进的资产阶级性质的政权。④而在社会生活方面，也是西风日长。

然而，由于中国幅员辽阔、人口众多，传统文化实在根深蒂固，西方文化根本无法将中华传统文化全面覆盖和摧毁，双方由此在中国展开了旷日持久的争夺。一方面，袁世凯复辟、张勋复辟、溥仪复位的闹剧不时上演；另一方面，二次革命、护国战争、护法运动等以建立西式资产阶级政体为目的的战争也此起彼伏，最终中国陷

---

① 《中共中央关于党的百年奋斗重大成就和历史经验的决议》，人民出版社，2021年，第3页。
② 邹广文等：《当代中国文化自信研究论纲》，中国青年出版社，2020年，第44页。
③ 杨光斌：《中国政治认识论》，中国社会科学出版社，2018年，第118页。
④ 杨光斌：《中国政治认识论》，中国社会科学出版社，2018年，第129页。

入了军阀混战、民不聊生、民族危亡的深渊。

"十月革命一声炮响,给中国送来了马克思列宁主义。五四运动促进了马克思主义在中国的传播"①,社会主义文化开始成为中国文化场域的重要一翼。社会主义文化对中国现当代文化的影响至少体现在以下方面。一是丰富了中国文化的内涵,决定着当前我国文化的根本性质,成为当代中国的主流文化。②二是西方文化的"深层结构"具有动态的"目的"意向性,不断追求变动;而中国文化的"深层结构"则具有静态的"目的"意向性,总是维持整个结构的平稳和不变。③两者相遇难免激烈碰撞,社会主义文化对中华传统文化和西方文化,发挥了制衡和统领的作用,使三者逐步形成了稳定的相对平衡的结构。三是社会主义文化优秀的组织体系和强大的动员机制,为"刚性的平民化制度与软性的儒家纲常伦理相辅相成地共同维系着的中国社会"④注入了血性和动员能力。四是明确了中国革命和社会发展的目标和方向。中国共产党成为中华民族坚强的领导核心,"它从一开始就坚持以马克思主义为行动指南,始终把为中国人民谋幸福、为中华民族谋复兴作为初心和使命"⑤。

1949年新中国成立之后,由于西方国家对新中国的封锁,以及执政党自身对经济建设经验的匮乏,以商业文明和发展经济见长的西方先进文化近乎被清除出中国,给中国共产党领导的社会主义事业带来了重大挫折:"由于我们党领导社会主义事业的经验不多,党的领导对形势的分析和对国情的认识有主观主义的偏差,'文化大革命'前就有过把阶级斗争扩大化和在经济建设上急躁冒进的错误,

---

① 《中共中央关于党的百年奋斗重大成就和历史经验的决议》,人民出版社,2021年,第4页。
② 于凌炜:《新时代中国特色社会主义文化自信研究》,知识产权出版社,2020年,第14页。
③ [美]孙隆基:《中国文化的深层结构》,中信出版社,2015年,第10页。
④ 寒竹:《中国道路的历史基因》,上海人民出版社,2018年,第170页。
⑤ 《中国共产党简史》编写组:《中国共产党简史》,人民出版社、中共党史出版社,2021年,第15页。

后来又发生了'文化大革命'这样全局性的、长时间的严重错误。"①邓小平在总结1957年以来历史经验时指出:"二十年的经验尤其是'文化大革命'的教训告诉我们,不改革不行,不制定新的政治的、经济的、社会的政策不行。"②

改革开放之后,中国开始引进西方的现代市场机制,用具有中国特色的社会主义对市场进行规范,形成了中国独有的市场经济体系。显而易见,共产党、马克思主义、社会主义、市场经济这些概念都源自西方,但在中国的土壤中已经成为现代中华文化的有机组成部分。③改革开放让以商业和市场经济见长的西方优秀文化融入中国经济社会中来,并通过政治、经济和社会体制的改革,使中华传统文化、西方优秀文化和社会主义文化融合贯通为一体,形成了集东西方和人类不同历史发展阶段文化精髓、适应中国实际和时代发展要求的中国特色社会主义文化——这种文化,从历史发展的角度看,因集不同社会发展阶段的优秀文化为一体而优于中华传统文化;从空间的视野看,因融合东西方先进文化为一身而优于其他文化。

由于形成、发展及成熟的历史时期不同,社会主义文化、西方优秀文化和中华传统文化在政治层面、经济层面和社会层面具有不同的优势,中国"经济高速发展,社会高度稳定,集中资源办大事"的体制优势,正是中国特色社会主义文化先进性的客观反映。"富强、民主、文明、和谐;自由、平等、公正、法治;爱国、敬业、诚信、友善"的社会主义核心价值观,正是在特定的社会主义初级阶段,社会主义文化、西方优秀文化、中华传统文化融合共通

---

① 《关于若干历史问题的决议》《关于建国以来党的若干历史问题的决议》,中共党史出版社,2010年,第47页。

② 《中国共产党简史》编写组:《中国共产党简史》,人民出版社、中共党史出版社,2021年,第215页。

③ 寒竹:《中国道路的历史基因》,上海人民出版社,2018年,第189页。

的直观体现。而中国文化的先进性，也正适应了以互联网和数字技术为先导的新科技革命的发展要求，为强国势力从美国向中国转移提供了强大驱动力。

四

世界性帝国为什么最终将走向崩溃？人们常常把军事力量的衰落、帝王的穷兵黩武与昏聩无能、将军大臣们争权夺利相互倾轧、贵族及上流社会的穷奢极侈、苛捐杂税导致民不聊生等作为重要原因。事实上，这些只是帝国走向崩溃的表象。底层的逻辑是，随着生产力的发展，生产势力带动地理势力发生了转移，而原先的文化势力也不再适应现有生产势力的发展，致使强国势力此消彼长，并促使守成帝国走向了衰败。显而易见的例子是，第一次工业革命壮大了英国的强国势力，但蒸汽机应用所催生的轮船和火车使跨洋运输和远距离陆地运输成本极大降低，由此推动强国势力由英国不断向地域辽阔而市场统一的美国转移。这不是国王大臣们所能阻止的，而穷兵黩武、苛捐杂税或许正是他们为阻止强国势力转移所做的最后挣扎。

每一个世界性帝国，后期都存在"垂死光晕"的现象。由于人们被帝国威权统治得太久，对帝国实力的心理认知往往超出实际情况，帝国即使早已败絮其中，但其光晕笼罩的庞大身躯依旧使人们不敢轻举妄动。但是，一旦捅破这层窗户纸，帝国光晕里虚幻的身躯必将轰然倒塌。公元4世纪初，罗马帝国统治着北至大不列颠，南至北非撒哈拉沙漠，西起直布罗陀海峡，东至波斯的广大疆域。罗马城的居民坚信这座城市的赫赫威名能够掌控整个世界，并且承诺哪怕有一个蛮族人进入他们的城市，所有罗马人都将血战到底。然而，公元410年8月，哥特人的军队翻过阿尔卑斯山，冲入了罗马城,如入无人之境,洗劫了这座永恒之城。①

世界性帝国统治的区域越大,其需要维持的军队和维护秩序的支出也越大,到了一定点就会入不敷出。而表面强大的帝国,其内部可能松懈和虚弱到不堪一击。即使是强国势力强大的费利佩统治时期,西班牙帝国国家债务的总数是岁入的 8 倍,"一代以后,在奥利瓦雷斯担任大臣时期,大约 93% 的国家支出都是花在对外政策上"②。由于西班牙国力强大,且国王卡洛斯一世长期担任神圣罗马帝国皇帝(查理五世),西班牙一直依赖其君主制下其他伙伴国家的合作,即使是强国势力顶峰的时期,它依旧是非军事化的、大体上没有什么防御的国家。为了平息 1570 年格拉纳达的摩里斯科人起义,国家不得不从意大利引入几乎所有必要的军队。而 1596 年英国人占领西班牙最重要的港口之一的加的斯,竟未遭遇任何抵抗。③

帝国"垂死光晕"现象还体现在先进技术的应用方面。帝国后期思想日益保守,先期建立起来的技术优势、基础设施优势、先进设备优势和人才储备优势,反而成为接受和应用最新科技的阻碍力量,形成"技术梗阻"。1900 年,英国所占殖民地面积为 3271 万平方千米,人口 3.67 亿,是人类亘古未有的大帝国,但此时帝国"技术梗阻"已经病入膏肓。"一战"爆发后,维护英国海上霸权的关键就是皇家海军了。但是,它在战争中的表现确实令人失望。它无法击败德国在北海的舰队,在日德兰半岛近海展开的一场大规模的水上战舰遭遇战中,技术的落后暴露无遗:虽然在开战之前,丘吉尔已经用烧油的战舰替换了烧煤的战舰,但是英国还是在舰载炮的射击精准程度上落后于德国,这不仅仅是因为海军部拒绝使用被称为

---

① [美]拉尔斯·布郎沃斯:《拜占庭帝国:拯救西方文明的东罗马千年史》,吴斯雅译,中信出版社,2016 年,第 59—60 页。
② [英]雷蒙德·卡尔:《不可能的帝国:西班牙史》,潘诚译,东方出版中心,2019 年,第 163 页。
③ 参见 [英] 雷蒙德·卡尔《不可能的帝国:西班牙史》,潘诚译,东方出版中心,2019 年,第 163—164 页。

Ango Clock 的射程调整系统（它在计算射击数据时会把船只的晃动幅度考虑在内）；德国人还在无线通信方面占据优势，虽然他们常常用"明码"，或者极易破解的密码发报。最初，英国皇家海军仍然用纳尔逊时代的旗语来沟通，虽说远处的敌军不可能看清，但是对旗语的目标接收者来说，也很不方便。①

当然，世界性帝国的衰落有的是阶段性的调整，美利坚帝国就曾经历了多次严重的经济危机和其他国家的追赶。如何判断一个世界性帝国是处于间歇性衰退，还是"垂死光晕"笼罩下的衰败，主要看两点：其一，世界性帝国所面对的竞争对手，是否位于帝国变迁闭环上，其国土面积、人口数量、地理区位是否足以形成吸引强国势力向其流淌的"成本洼地"；其二，一种新的足以撬动世界走向的技术革命，是否更有利于新崛起国家，并已经帮助后者累积了明显的强国势力。而当下中国恰恰成为美利坚帝国合格的结构性竞争对手。

在强国势力转移的过程中，中美之间是否会发生战争一直是人们关注的焦点。《注定一战：中美能避免修昔底德陷阱吗？》的作者格雷厄姆·艾利森 2019 年 3 月 20 日在清华大学所做的演讲中，着重阐述了作为新崛起的大国中国与统治大国美国之间是否会发生战争的问题。他回顾了人类社会过去 500 年的历史，找到 16 个有关崛起大国将要取代主要统治大国的案例，其中 12 个案例均以战争告终，但还有 4 个案例没有引起战争。他由此认为，战争并非不可避免，但他又极为担心第三方的行动和挑衅很可能引发一场无人希望的战争。比如，第一次世界大战，以新崛起大国德国与统治大国英国为争夺世界统治权的战争，就是奥地利王储斐迪南大公在萨拉热窝被刺杀而引发的。②

---

① [英] 尼尔·弗格森：《帝国》，雨珂译，中信出版社，2012 年，第 260 页。
② 参见朱民主编：《未来已来：全球领袖论天下》，中信出版社，2021 年，第 113—145 页。

然而，人类发展到今天，战争的逻辑早已发生了根本改变。在农业帝国时代，土地和人口是最能体现强国势力强弱的因素，战争的目的就是争夺土地和人口，新兴强国与守成帝国谁获得战争的胜利，谁就能获得更多的土地和人口，谁就能成为真正的世界性帝国。在殖民帝国时代，掌控制海权是走上世界性帝国宝座的唯一途径。因此，无论是西班牙、荷兰还是英国，都是在取得海洋控制权后，才获得世界性帝国的皇冠的。进入工商帝国时代，对没有边际的无形市场的控制成为展示帝国力量最重要的诉求，美国因此放弃了通过大规模殖民走上帝国宝座的选项。这种情形下，强国势力可能潜移默化地完成了由守成帝国向新兴强国的转移。

人类进入21世纪后，在互联网及数字经济加持下，全球经济走向深度一体化。世界各国经济加速融合，欧亚大陆统一大市场趋于形成，陆权正走在回归的路上。因此，强国势力向大陆国家转移，既无须以掠夺土地和人口的方式予以兑现，也无法通过控制海洋来充分实施，而战争更多地成为帝国虚张声势的背景板。更何况至少还有以下三个因素，为守成帝国和新崛起强国之间树起了大动干戈的"防火墙"：一是足以摧毁对方的核武器，为双方争强斗勇划出了底线；二是全球经济深度融合，已经无法将双方大规模的市场交易进行物理切割；三是对"生命宝贵"的认知，已经胜过个人英雄主义对国家行为理念的影响。总体而言，大国间竞争更趋理性化。事实上，当人们怀着惴惴不安的心情，等待新兴强国与守成帝国以某次战争为标识举行新老强国交接的仪式时，强国势力可能已经悄无声息地加快了转移步伐。

著名社会学家、世界体系理论代表人物沃勒斯坦提出的"中心—边缘"结构论认为：资本主义世界经济体是以世界范围的劳动分工为基础而建立的，在这种分工中，世界经济体的不同区域（我们名之为中心区域、半边缘区域和边缘区域）被派定承担特定的经济角色，发展出不同的阶级结构，因而使用不同的劳动控制方式，从世界经济体系的运转中获利也就不平等。……发达国家构成中心区域，不发达国家和地区构成边缘区域。中心区域由于在近代率先发展出现代国家形式，凭借先发优势得以形成对全球的经济、法律、资本等各种秩序的掌握，并可以政治、军事手段强化之，在国际格局当中获得对于边缘区域的不对称竞争优势，全球贸易的红利会不成比例地流入中心国家，而边缘国家由于后发劣势，永远没有机会进入中心国家的圈子，或者说永远没有机会成为发达国家。①

《枢纽：3000年的中国》作者施展认为，中国以一种沃勒斯坦完全无法想象、也是任何人都无法想象的方式实现了经济崛起，打破了"中心—边缘"结构，催生了"双循环"结构。事实上，中国崛起的速度之快和影响之大，一次次解构了西方经济学的经典理论。他的"双循环"转型理论认为："中国与西方国家之间的经贸关系构成一个循环（第一循环），中国向西方国家出口制成品，从西方进口技术、资金以及各种高端服务业贸易；中国与其他非西方国家之间的经贸关系构成另一个循环（第二循环），中国向发展中的亚非拉国家出口制成品，从后者进口原材料等，两个循环通过中国而联系起来。"②他在认定中国已经成为"双循环"的枢纽时，又专门注释说："需要强调的是，中国转换为新结构中的枢纽地位，并不是说中国从此成为世界的中心，而是说中国作为中介，使得全球经贸循环得以完成；但中国并未因此成为全球经济的首要发动机。在可预见未来，全球经济的首要发动机仍然是美国为主的西方世界，它拥

---

① 参见施展：《枢纽：3000年的中国》，广西师范大学出版社，2018年，第548—549页。不知是译者有误，还是伊曼纽尔·沃勒斯坦对版本作了修订，施展所引述的"中心—边缘"论与其他版本阐述的内容并不一致。在郭方、刘新成、张文刚译社会科学文献出版社出版的版本中（2013年），沃勒斯坦强调中心区域由于具有先发优势，而在经济分工中占有了一定的不平等优势，但他同时指出：我们要强调一个既定的世界经济的边缘地区和世界经济的外部竞争场之间的区别。一个世纪里的外部竞争场经常在下一个世纪变成边缘或半边缘地区。而中心国家可以变为半边缘地区，半边缘地区也可以变为边缘地区。详见该版本《现代世界体系》第一卷，第194页。

② 施展：《枢纽：3000年的中国》，广西师范大学出版社，2018年，第548页。

有最强大的创新能力，也提供最重要的市场需求；但是这个首要发动机要拉动全球经济，却必须以中国作为一个必要中介。"①

实际上，中国的发展俨然超出了施展界定的"枢纽"地位，其崛起成色也超出了一般理论家的想象。这可以从两个方面来看。一方面，因为新兴强国比守成帝国拥有更广大的疆域、更多的人口和更现代的技术需求，当强国势力的转移一旦形成结构性趋势，这种转移的速度将是几何式增长的。更何况各类生产要素在互联网的加持下，将迸发出无与伦比的效率。另一方面，问题也许出在人们给予中国的坐标原本就发生了错误。作为幅员辽阔、人口众多、文明独树一帜的东方大国，中国即使不是世界的中心，至少也是另外"半个世界"（汤因比）。当中国这"半个世界"与西方另外半个世界在人类历史的进程中碰撞、整合后，世界才阴阳合璧般地形成一个整体，人类将因此开创另一个不同以往的文明进程。当下，中国本质上并不是崛起，更不是从边缘地带来到了中心区域，而是像中国历史上多次遇到周边侵袭那样，只是短暂地蛰伏和调适，以便将其他文明收纳和融化于自身文明的母体之中，从而绽放出更具普世主义的文明光芒。

世界体系理论重要奠基人之一的安德烈·冈德·弗兰克（1929—2005年）在其所著的《白银资本》中就认为，中国一直是（或几乎一直是）这种单一世界体系的中心。他认为，欧洲"兴起"的时间只限于19世纪和20世纪的部分时间，并将它视为是这种以中国为中心体系的暂时中断。他指出，我们中的那些论证现代世界体系起源于欧洲——不管是在16世纪还是更早一些的人是犯了欧洲中心论的错误。②

是的，中国一直就是以自我为体系的强国——自西汉起就拥有

---

① 施展：《枢纽：3000年的中国》，广西师范大学出版社，2018年，第549页。
② [美] 伊曼纽尔·沃勒斯坦：《现代世界体系》第一卷，郭方、刘新成、张文刚译，社会科学文献出版社，2013年，第12页。

了与罗马帝国大致相当的实力地位。除了近代百年的衰弱期以外，它一直就是世界上最为强大的国家之一。如今世界强国势力正在向中国转移，中华民族正走在伟大复兴的征途上，古代中国的"钟摆式变迁"和西方帝国的"迁徙式变迁"得以在这块古老的大地上交汇和重合。人类社会帝国变迁的地理闭环即将完成，全球化由此进入新时代。中国不再是世界性帝国的承续者，而是世界霸权主义的终结者。

与人类历史上任何时期崛起的世界性帝国不同，当代中国的崛起并不依靠对外殖民和扩张。此前世界性帝国崛起之初，通常是守成帝国的边缘小国，要形成引流强国势力的"成本洼地"，形成足够大的市场和绝对的竞争实力，就必须对外扩张和殖民，成为人口流入地和殖民扩张国家——无论是农业帝国时代的波斯帝国、马其顿帝国、罗马帝国、阿拉伯帝国，还是殖民和工商帝国时代的葡萄牙帝国、西班牙帝国、荷兰帝国、大英帝国、美利坚帝国，莫不如此。而当代中国则不同，在世界帝国变迁的闭环上，中国一直就是人口最为众多、疆域最为辽阔的国家，只要生产势力符合时代发展要求，地理势力和文化势力被充分激发出来，中国的崛起根本无须依靠残酷的对外扩张和殖民征服——这也是中国强而不霸的基础和底气。中国走向世界舞台的中心，人类将真正形成休戚与共的命运共同体，不断开创人类文明的新篇章——这既是中国崛起的必然要求，也是世界赋予中国的使命担当。

第一章　帝国变迁动力

影响和推动帝国变迁的条件和力量自然有很多。但是，在漫长的历史长河中，推动帝国顺应某种规律进行变迁的核心因素主要有生产势力、地理势力、文化势力三种势力。正是这三种势力的相互影响和作用，推动了全球主导力量的演化和变迁，并决定了帝国变迁的走向和趋势，使人类文明前进的脚步清晰可见，并影响着当今世界文明的发展轨迹。

一、帝国变迁的相关概念

帝国与世界性帝国

尽管有众多的学者从事对帝国及其对人类文明影响的研究，但对"帝国"概念作出恰如其分的阐述并非易事，以至于赫尔弗里德·明克勒在试析何为"帝国"时，先从"帝国"的反面进行论述。他指出，帝国有别于制度化的国家，后者遵从完全不同的准则和行动逻辑，包括内部人口整合方式和对属地边界的理解。① 简·伯班克、费雷德里克·库珀在《世界帝国史：权力与差异政治》一书中，则对"帝国"给出这样的定义：庞大的政治单元，是扩张主义的或是曾将权力扩及广大空间的，以及当其兼并新民族时仍维持差异和等级制度的诸政治形态。② 此解释应为"帝国"的狭义概念，事实上其已无法涵盖美国这种现代帝国的特征。在现代国际政治范畴内，"帝国"的概念更加中性和宽泛：在一个较大地理区域内、涵盖较多人口，建立有鲜明特征的政治、经济、社会、军事体系与人文价值观，形成一定的国际政治体系，并在世界较大范围内推广、维护这种体系的国家。很显然，狭义的帝国概念强调的是领域及权力的扩张性。在 15 世纪西欧进行大航海和大殖民运动之前，帝国的这一特征十分明显。而广义的帝国概念，强调的是帝国综合实力对塑造世界方面的影响。大航海之后，帝国广义概念的特征则更加突出。这也说明，帝国概念是随着历史发展和人类文明进步而不断发展和演化的。

　　本书所论述的帝国变迁的主体是指世界性帝国。这里首先要对世界性帝国与世界帝国作出区分：世界帝国可指世界上同时期存在的不同帝国，比如 19 世纪的英国、法国、德国、美国等列强；而世界性帝国具有唯一性和洲际性两大核心特征，专指那些在其承续期内，包括国土面积、人口数量、经济实力、贸易总量、军事力量、

---

① ［德］赫尔弗里德·明克勒：《帝国统治的逻辑：从古罗马到美国》，程卫平译，社会科学文献出版社·联合出版中心，2021 年，第 10 页。
② ［美］简·伯班克、费雷德里克·库珀：《世界帝国史：权力与差异政治》，柴彬译，商务印书馆，2017 年，第 11 页。

文化软实力等指标在内的综合影响力遍及三大洲以上[1]且强于其他所有对手的帝国。行文中必要时为驱除"帝国"的贬义意味,"世界性帝国"与"世界性强国"有时会通用。

在人类社会发展史上,所有帝国都伴随着对外征服和殖民掠夺,这也是帝国的基本特征。与过去所有帝国不同的是,美国并不追求对殖民地的直接占领,而是要建立其所庇护国家组成的非正式帝国。[2]但这只是当下的表象,实际上美国建国之后持续的领土和殖民扩张为其"二战"后攫取世界霸权奠定了坚实的基础。也正是帝国,特别是世界性帝国大规模对外征服和掠夺,客观上推动了世界的一体化。当人类文明进入更高阶段,生产力得到充分发展后,帝国不再以掠夺土地和人口为主要特征,而将建立自身主导的世界政治经济秩序与价值观体系作为主要诉求。

为便于阐述有关帝国变迁的概念和内容,我们尝试着对帝国做出如下分类:

按历史阶段分:奴隶制帝国、封建主义帝国、资本主义帝国;

按国家政体分:君主制帝国、共和制帝国;

按地理特点分:大陆帝国、内海帝国、陆海帝国、海洋帝国、海陆帝国;

---

[1] 鉴于在包括汉语在内的大多数语言体系中,超过"三"的复数事物,通常具备了这一类事物的普遍性特征。因此,我们在本书中把实控领土跨越三大洲以上的帝国视为世界性帝国的必备特质之一。有人会认为,洲界原本就是人为划线的结果,以洲际来区分帝国的世界性或许并不合理。比如,中东及地中海东岸的亚非欧三大洲交界处诞生的帝国,在世界性帝国的评定中就可能获得地理之利。但是,对于地理及其相关事物的研究,本就建立在人为厘定的概念基础之上。既然领土横跨了三大洲,帝国必然吞并了众多小国、打破了区域界限、统治了众多人口,其自然而然具备了世界性的条件。

[2] [英]迈克尔·曼:《社会权力的来源(第四卷·下)——全球化(1945—2011)》,郭忠华、徐法寅、蒋文芳译,上海人民出版社,2015年,第346页。

按生产方式分：农业帝国、殖民帝国、工商帝国、金融帝国。

我们需要对"陆海帝国（海陆帝国）"做出进一步说明和解释。在马汉的"海权论"行世之后，"大陆帝国"和"海洋帝国"的概念流行甚广。我们以为，"海洋帝国"的概念并非切实——人类始终工作和生活在陆地上，几乎所有的社会价值和绝大多数的经济价值都产生于陆地，任何一个帝国，哪怕其在海洋争霸中夺取了统治世界的权力，海洋也仅仅作为交通联系、物资运输和作战平台而存在。"海洋帝国"概念之所以大行其道，深层次的原因在于——客观上，海洋的交通资源优势适应了工商时代大工业、大贸易和大物流的发展要求，凸显了海洋的重要性；主观上，凭借西方统治世界的话语权，塑造和确立以海洋文明起家的西方所创造的海洋秩序，并以此为世界领导秩序，从而将其他帝国的治理体系压制为次等级的大陆秩序，以实现西方的霸权利益。

鉴于大陆帝国、海洋帝国的概念已具有广泛影响，为了更好论述世界性帝国变迁问题，我们应用了这一概念的分类，但是增加了"陆海帝国（海陆帝国）"的概念，原因有三。一是增加"陆海帝国"和"海陆帝国"概念，能够更为直观地反映世界性帝国由大陆向海洋变迁，再由海洋向大陆变迁的过程。二是诚如上文所述，人类的根本在于陆地，纵使可将大西洋中的岛国英国和本土陆地面积不大的帝国——葡萄牙及荷兰视为海洋帝国，但将美国冠之海洋国家则有失偏颇。美国横贯北美大陆，将其认定为大陆帝国亦无不可。考虑到北美大陆相对亚欧大陆面积较小的特点，以及更好体现美国从海洋帝国（英国）向大陆强国转移的中介性特征，将美国定位为"海陆帝国"更为恰当。三是人类文明的发展、变迁并非至海洋文明为止。埃伦斯特·卡普把世界史分为河流文明、内海文明和海洋文明三个阶段。事实上，人类文明是从河流文明（大陆文明）、陆海文明、内海文明、海洋文明、海陆文明再回归到全球意义上的陆海文明，最终实现全球普世文明的过程。而本书所揭示的帝国变迁规律，还将说明世界性帝国变迁是向着生产"成本洼地"以及更大国土、更大市场推进的，并且在世界地理上呈现闭环式结构。

帝国势力

是什么力量在推动世界性帝国发生变迁？为什么变迁的目的国是此帝国而非彼帝国？又是什么决定着世界性帝国的变迁方向？为了更好解答这些问题，我们引入"帝国势力"的概念。汉语语境中的"势力"是指政治、经济、军事等方面的力量。[①]影响帝国变迁的因素有很多，如经济、技术、军事、政治、贸易、地理、文化等不胜枚举。这些因素不断变化调整、提升和组合，使某些帝国累积了强大的物质性力量，相应地生成了软实力光环，从而对众多国家产生了巨大威慑力或吸引力，我们将其归并称之为"帝国势力"。帝国势力主要由三种基础性因素构成，即地理势力、生产势力和文化势力。与前述"世界性帝国"与"世界性强国"相对应，"帝国势力"与"强国势力"有时会通用。

帝国势力是一个不断变化调整的过程，其地理势力、生产势力和文化势力在其中所占的分量各不相同，并且相互影响和彼此作用。当世界性帝国的某种或多种势力受到较大削弱时，其帝国势力难以支撑该国对其他国家的控制和影响，帝国则不可避免地走向衰弱和消亡。从17世纪开始，英国经过殖民扩张、资产阶级革命和工业革命，形成了巨大的帝国势力。在它20世纪初达到鼎盛时，拥有占全世界1/4的人口和土地，面积一度达到3400多万平方千米，成

[①]《现代汉语词典》第7版，商务印书馆，2016年，第1193页。

为"日不落帝国"。但是，美国南北战争的胜利，使英国原有的岛国——大西洋欧洲商路和贸易的枢纽的地理优势，让位于美国新兴的统一大市场的地理势力；而随着铁路的广泛建设、煤炭的普遍开采和钢铁的大量使用，以及电话、电报、汽车、飞机等新技术、新产品的应用，美国在生产势力上又领先英国一筹，且这些新技术让美国与亚欧大陆各方面的联系更加紧密。此消彼长，20世纪中叶美国承接英国世界性帝国的地位水到渠成。

与人们通常的观念所不同的是，前一个世界性帝国（守成帝国）的失败或者消亡，根本原因并非源于和后一个世界性帝国（新兴帝国）之间发生残酷的军事斗争——这只是表象，其实质是新兴帝国对守成帝国形成了帝国势力的压制。作为世界性帝国，推动其诞生、消亡、更替的变迁并不简单是个人英雄主义和领袖勇往直前的战争精神所能达成的。即使是旷世枭雄亚历山大建立的帝国也是如此。亚历山大16岁即代父统治马其顿，20岁继承王位，一年后即统一希腊全境，后又相继在格拉尼库斯河战役、伊苏斯战役及高加米拉战役中大破波斯帝国军队，横扫小亚细亚、中东及伊朗高原，占领埃及全境，并于公元前330年吞并波斯帝国，13年内征服了约500万平方千米的领土。亚历山大取得如此成就，一方面源于其天才能力，更重要的却是在亚历山大继位之前，其父腓力二世统领的马其顿已经累积了极为强大的帝国势力，同时波斯的帝国势力又经内乱损耗殆尽。马其顿位于古希腊北部山地，东部濒临爱琴海，独特的地理位置使其既能接受波斯的大陆文明辐射，又具有希腊海洋文明优势，国家管理能力高于波斯。而马其顿人剽悍的体格和军事能力又强于希腊人，腓力二世还创造了具有极强打击力的"马其顿方阵"，组建了强大的海军船队。正是马其顿拥有了强大的帝国势力，才使亚历山大得以如愿以偿，实现"打到世界尽头"的鸿鹄之志。

地理势力、生产势力和文化势力的交汇和相互作用，形成了推动世界性帝国变迁的主要动力,但这三股势力的作用和影响并不相同:生产势力为主动力,是积极的推动性因素,它的变化和形成成为推动世界性帝国变迁的主要动能;地理势力,是被动的配合性因素,但对世界性帝国变迁具有能动的支配力;文化势力,是最活跃而变化多端的适应性因素,对帝国变迁形成正向或反向的拉拽力。其他众多因素,诸如地缘政治、民族特质、领袖的英雄主义、某种重要而丰富的矿藏等,或因包含在这三种势力之中,或不是基础性因素,故不予列入世界性帝国变迁的研究范畴之内。

帝国变迁

由于技术发展和社会变革,世界性帝国所处区域、地形地貌和历史渊源各不相同,其变迁因此呈现出不同的样貌:有的在大体相同的区域,以地理为轴线随时间的钟摆来回摆动,我们称之为"钟摆式变迁";更多的是在历史的轮毂上,受生产势力推动跟随地理的走势而变迁,我们称之为"迁徙式变迁"。

前者如古代中国,自从先人们在东亚立国,尽管政权频繁更迭,但除较为特殊的蒙元帝国之外,主体地理环境并没有太大改变。这为中华文明从未中断创造了条件,以致英国著名学者马丁·雅克将中国定位为"文明型国家"。俄国是另一个"钟摆式变迁"的帝国。尽管俄国土地上的政权几经变换,但俄国作为欧洲东部的强大帝国则长期存在着。

本书更多关注的是"迁徙式变迁"的世界性帝国。呈现这一变迁轨迹的帝国,其变迁呈现某种地理结构上的规律性。波斯帝国、马其顿帝国、罗马帝国、东罗马帝国、阿拉伯帝国、葡萄牙帝国、西班牙帝国、荷兰帝国、大英帝国和美利坚帝国等 10 个世界性帝国变迁在时间上具有承续性,而在地理结构上具有大体一致的趋向性——从地中海东岸的波斯、马其顿，转移到以地中海为中心的罗马帝国，随后又回到地中海东岸附近（这一时期为欧洲中世纪）；此后，则从地中海进入大西洋（欧洲进入了近现代）。从葡萄牙开始，世界性帝国沿着欧洲西海岸一路北上，先后到达西班牙、荷兰和英国，最终越洋过海在北美洲登陆，美国由此成为当今世界最为强大的国家。这条世界性帝国变迁的线路如此清晰可见。

下面的"世界性帝国概况一览表"，为我们直观地呈现了世界性帝国变迁历程、帝国建立时间、崛起和衰落的标志性事件以及疆域范围和面积大小。需要说明的是，标志世界性帝国崛起的事件，并非其建国时间，而是在其已经具备一定实力的基础上，能充分挖掘自身巨大潜力的重大事件，比如：罗马于公元前509年就已建立共和国，但形成巨大帝国势力并奠定其帝国崛起基础的，却是发生于公元前241年——这一年罗马取得了第一次布匿战争胜利，并在西西里建立第一个海外行省。美国作为英国的殖民地独立建国后，初期国力还相对弱小，真正奠定其大国地位并推动世界性帝国势力不可逆地向其转移的，却是1865年美国南北战争结束。一方面，此时美国国土面积比建国初期扩张了10多倍，为其成长为世界性帝国奠定了坚实基础；另一方面，南北统一之后，美国开始全面实行资本主义，经济实力迅猛增长，短短30年时间就成为世界第一工业大国。而帝国衰落的标志性事件，并非指作为政治实体的国家的瓦解或消亡，而是其帝国势力发生了不可逆转的衰败。标志性事件的发生说明其已不可能再回到世界性帝国的地位。当然，帝国崛起或衰落的标志性事件，学者意见不可能相同，此处仅为笔者一家之言。

世界性帝国概况一览表

帝国名称	首都	帝国建立时间	崛起的标志性事件	衰落的标志性事件	所跨大洲及最大统治疆域①	最大面积（平方千米）②
波斯帝国	苏萨、巴比伦、波斯波利斯	公元前550年	公元前550年，波斯消灭米底王国	公元前480年，波斯与希腊展开萨拉米斯海战与普拉提亚陆战，损失惨重，从此失去进攻能力，转入守势③	地跨亚、欧、非三大洲。西起色雷斯、小亚细亚和尼罗河流域，东到帕米尔高原和印度河平原，北抵黑海、高加索山脉、里海、咸海和锡尔河	695万
马其顿帝国	维尔吉纳、佩拉、巴比伦城	公元前336年	公元前336年夏，马其顿军同反马其顿联军决战于中希腊的克罗尼亚，取得大胜，各邦被迫承认马其顿的霸主地位④	公元前323年，亚历山大突然病亡，中央权力迅速解体，各地总督拥兵自重，帝国走向分裂	地跨亚、欧、非三大洲。西起希腊、马其顿，东到印度河流域，南临尼罗河第一瀑布，北依多瑙河和黑海	约550万
罗马帝国	罗马	公元前27年	公元前241年，罗马取得第一次布匿战争胜利，在西西里建立第一个海外行省	395年，皇帝提奥多西临终前把帝国东西部分别交长子和次子独立治理，帝国正式分裂为东、西罗马帝国	地跨亚、欧、非三大洲。西起西班牙、高卢与不列颠南部，东到幼发拉底河上游，南至非洲北部，北达莱茵河与多瑙河一带，地中海成为帝国的内海	750万（含地中海面积）

续表

帝国名称	首都	帝国建立时间	崛起的标志性事件	衰落的标志性事件	所跨大洲及最大统治疆域	最大面积（平方千米）
东罗马帝国	君士坦丁堡	公元395年	554年，东罗马帝国查士丁尼一世派兵灭亡东哥特王国⑤	1071年，在曼奇克特之战中，东罗马被塞尔柱突厥苏丹击败，皇帝罗曼努斯四世被俘虏，昭示着东罗马帝国的最终衰落⑥	地跨亚、欧、非三大洲。包括多瑙河以南的巴尔干半岛、黑海及其沿岸地区、幼发拉底河以西的小亚细亚、叙利亚、巴勒斯坦、尼罗河第二瀑布以北的埃及、北非的马格里布地区、西班牙、高卢和意大利	356万
阿拉伯帝国	麦地那、大马士革、巴格达	公元632年	632年，穆罕默德逝世，阿拉伯半岛基本统一，开启了阿拉伯帝国四大哈里发时代	756年，逃至伊比利亚半岛的倭马亚王室后裔，建立后倭马亚王朝（756—1492年），与阿拔斯王朝分庭抗礼	地跨亚、欧、非三大洲。东起印度河及葱岭，西抵大西洋沿岸，北达高加索山脉、里海以及法国南部，南至阿拉伯海与撒哈拉沙漠	1340万
葡萄牙帝国	里斯本	公元1415年	1415年，葡萄牙完成对非洲北部城市休达的征服	1582年，西班牙国王菲利普二世获得葡萄牙王位，葡萄牙正式并入西班牙	地跨亚、欧、非及南美四大洲。除欧洲本土外，主要包括非洲海岸的安哥拉、黄金海岸、莫桑比克等，美洲大陆的亚速尔群岛、巴西、乌拉圭等，亚洲巴林、马尔代夫、马六甲等沿海地区及岛屿	1040万

续表

帝国名称	首都	帝国建立时间	崛起的标志性事件	衰落的标志性事件	所跨大洲及最大统治疆域	最大面积（平方千米）
西班牙帝国	托莱多、马德里	公元1469年⑦	1469年，卡斯蒂利亚王国和阿拉贡王国合并成为当时欧洲最为强大的国家	1648年，《威斯特伐利亚和约》结束了三十年战争，严重削弱了哈布斯堡王朝的统治，确认了荷兰共和国的独立	地跨欧、亚、非及南、北美洲五大洲。除欧洲本土外，包括南美洲除巴西之外的大部分地区、中美洲一部分、北美洲一部分、亚洲菲律宾群岛、非洲摩洛哥和西撒哈拉等地	3150万
荷兰帝国	阿姆斯特丹	公元1581年	1648年，《威斯特伐利亚和约》签订后，西班牙承认荷兰独立	1780年12月，第四次英荷战争爆发，沉重打击了荷兰海上运输业	地跨欧亚非、南北美洲、大洋洲六大洲。除欧洲本土外，包括亚洲的中国台湾、印度尼西亚和马六甲；非洲南非；大洋洲新西兰；南美洲圭亚那和巴西海岸；北美洲新阿姆斯特丹	320万⑧
大英帝国	伦敦	公元1800年⑨	1763年"七年战争"结束，从法国手里夺取整个加拿大，标志着英国成为无可争议的海洋霸主	1913年，英国在世界制造业总产量中所占份额已减到13.6%，在世界贸易份额中只占14.1%，而工业实力已排到了美国和德国之后⑩	地跨欧亚非、南北美洲、大洋洲六大洲。除本土及欧洲爱尔兰、马耳他等外，包括乌干达、肯尼亚、埃及、南非、尼日利亚、冈比亚等非洲地区，亚洲的新加坡、中国香港、马来西亚、缅甸、印度等，北美洲的加拿大、纽芬兰等，大洋洲的新西兰、澳大利亚等，以及众多岛屿，地球上24个时区均有大英帝国的领土	3400万

续表

帝国名称	首都	帝国建立时间	崛起的标志性事件	衰落的标志性事件	所跨大洲及最大统治疆域	最大面积（平方千米）
美利坚国	华盛顿	公元1776年	1865年，美国南北战争结束，开始全面实行资本主义	2021年5月1日前，美国开始从阿富汗撤军，标志着美国历史上耗时最长的战争失败⑪	地跨北美洲、亚洲和大洋洲三大洲。疆域最大时包括北美洲中部的本土，北美洲西北部的阿拉斯加、亚洲的菲律宾、太平洋中部的夏威夷群岛，还有美国海外属地关岛。另外在各大洲还拥有众多盟国和海外军事基地	937万⑫

注：① 本栏统治疆域除特别注明外，均引自百度百科相关帝国（国家）的内容。

② 本栏最大面积除特别注明外，均引自百度百科相关帝国（国家）的内容。

③ 武寅主编：《简明世界历史读本》，中国社会科学出版社，2014年，第69页。

④ 武寅主编：《简明世界历史读本》，中国社会科学出版社，2014年，第133页。

⑤ 成振珂主编：《世界帝国简史：人类变迁中的文明与真相》，中国商业出版社，2017年，第479页。

⑥ [美]拉尔斯·布郎沃斯：《拜占庭帝国：拯救西方文明的东罗马千年史》，吴斯雅译，中信出版社，2016年，第59—60页。

⑦ 今天的西班牙国庆日是每年10月12日。1492年的这一天是哥伦布第一次踏足美洲大陆的日子，同时也是历史上西班牙真正结束四分五裂状况和外族统治，成为统一而强大的西班牙王国的日子。

⑧ 网易网：《你知道历史上哪个国家的国土留存到现在了么？》，https://www.163.com/dy/article/EEOFEA7L0512GA6O.html。

⑨ 英国于1284年成立Kingdom of England，是其最早的国家原型，当时只有英格兰；1535年控制了威尔士地区；1707年协议控制了苏格兰，建立Kingdom of Great Britain；1800年完全合并爱尔兰领土，建立United Kingdom of Great Britain and Ireland，这一年可视作现代英国成立的时间。

⑩ [英]保罗·肯尼迪：《大国的兴衰：1500—2000年的经济变革与军事冲突》（上），王保存、王章辉、余昌楷译，中信出版社，2013年，第237—238页。

⑪ 美国从阿富汗撤军不单是一场战争的失败，更为重要的是，它既表明美国霸权势力已无力通过整合"世界岛"而更深入地支配世界，又表明中国获得了打通欧亚大陆通道、推进亚欧市场一体化建设、强化自身势力的机会。

⑫ 数据来源：外交部官网。

在"迁徙式变迁"的帝国中,我们之所以没将一些深孚众望的强大国家,纳入世界性帝国变迁的研究范畴,是因为这些帝国存在以下三方面不足因素。

一是世界性特征不强。根据前文阐述的世界性帝国的概念,其领土管辖范围须地跨三大洲以上,或在现代国际政治范畴内,建立其主导的世界政治经济秩序与价值观体系。古代中国、俄罗斯帝国虽疆域宽广,综合实力雄厚,但除短暂的蒙元帝国时期外,古代中国长期居于东亚一带;而俄罗斯帝国仅短期拥有位于北美的阿拉斯加,两者的世界性特征并不显著,更为重要的是两者并非"迁徙式变迁"帝国。

二是不具备国家主体的性质。公元800年前后,欧洲建立了"神圣罗马帝国",但帝国皇帝的地位不是世袭的,而是由一些君主推举产生的(最初是7个君主,后来变成了9个),政治手腕、对宗教虔诚度的评价以及巨额贿赂通常决定了(君主的)选举结果。[①]16世纪哈布斯堡君主查理(1500—1558年)崛起,于1519年被推选为神圣罗马皇帝,但此前及此后其权力基本是依靠继承和联姻获得的。[②] 因此,缺乏强权的神圣罗马帝国,事实上只能作为联盟式国家甚或宗教象征性国家而存在;"二战"之后成立的欧盟,政治独立性大体与其相似。

三是不具有唯一性。在人类历史发展的进程中,曾出现埃及帝国、亚述帝国、莫卧儿帝国、奥斯曼帝国、瑞典帝国、法兰西第一帝国、德意志第二帝国、明治维新之后的日本等诸多著名的帝国。这些帝国要么在地理结构上不具有世界性,要么与同时代其他帝

---

① [美]亨利·基辛格:《世界秩序》,胡利平、林华、曹爱菊译,中信出版社,2015年,第5页。神圣罗马帝国皇帝权力基础极为薄弱,伏尔泰曾对此讽刺说:神圣罗马帝国一不神圣,二非罗马,三不是帝国。

② [美]亨利·基辛格:《世界秩序》,胡利平、林华、曹爱菊译,中信出版社,2015年,第5—6页。因为依靠联姻维持帝国战略上的统治,在哈布斯堡流传着一种说法:打仗的事留给他人,快乐的奥地利,你只管结婚就行了。

国相比，不具备综合影响力最强的唯一性，是世界性帝国变迁主体之外帝国权力消长的多样化补充。需要特别说明的是奥斯曼帝国。1258年，阿拉伯帝国灭亡后，奥斯曼和葡萄牙两大帝国分别在其原有疆域东西两端崛起。尽管奥斯曼帝国于1517年消灭了埃及马穆鲁克王朝，成为疆域横跨亚、欧、非三大洲的大帝国，在地理结构上具有了世界性，但其并非同时代世界上影响力最为强大的国家。同时期的葡萄牙与西班牙帝国，已将殖民势力扩张至非洲、亚洲和美洲各地。此后，世界性强国变迁的主流轨迹已从地中海沿岸转入大西洋沿岸，奥斯曼帝国是对内陆强国向海洋强国变迁留下地理真空的"拾漏补遗"，也是亚、欧、非交界地盛产世界性帝国的最后绝唱。

二、地理势力

地理势力是指特定的地理环境中，由位置、地形、地貌、洋流、风向、气候、矿产等地理元素，综合形成的推动世界性帝国变迁的力量。英国地理学家、地缘政治学家詹姆斯·费尔格里夫指出：地理因素对于世界历史具有支配作用，并对历史发展产生了重大影响。[1]

1487年8月，葡萄牙人巴尔托洛梅乌·迪亚士（约1450—1500年），奉国王若昂二世之命从里斯本率领3条小船开展前往印度的探险。他们沿着非洲西海岸南行，遇到风暴在海里漂流了13天之后，却意外地驶进了他们心心念念的印度洋。[2]迪亚士等人之所以能到达印度洋，这和葡萄牙与非洲的地理位置以及地理条件息息相关。

---

[1]［英］詹姆斯·费尔格里夫：《地理与世界霸权》，胡坚译，浙江人民出版社，2016年，第1页。
[2] 顾卫民：《葡萄牙海洋帝国史（1415—1825）》，上海社会科学院出版社，2018年，第88页。

葡萄牙位于欧洲大陆与非洲大陆交界处的直布罗陀海峡外侧，加那利寒流常年从其西海岸和非洲大陆西海岸向南流动。迪亚士一行前往印度探险有很长一段航程顺风顺水，途中还可停靠非洲海岸进行调整和补给粮食、饮用水。当他们的船队越过好望角，则会遇上每年固定在5—9月刮起的西南季风，可以将其一路送到印度洋沿岸。葡萄牙能够在15世纪崛起，成为引领航海革命的世界性帝国，其地理势力至关重要。这种作用主要体现在三个方面：一是位于地中海和大西洋交汇处，深得欧洲陆地文明和地中海文明的双重哺育；二是地处直布罗陀海峡外侧，通过战争占领了位于北非的直布罗陀海峡南端最突出部位的休达（北非摩尔人商业中心和军事重镇），从而扼守了地中海与大西洋东西通道的咽喉，控制了西欧和北非的贸易；三是沿岸顺行的加那利寒流为其前往非洲和亚洲殖民探险提供了得天独厚的条件。

不仅是葡萄牙，任何一个国家能够成长为世界性帝国，都会拥有自身独特的地理势力。只不过构成其地理势力的不同因素，会随着经济、技术的发展而处于不断的变化和调整之中，从而使帝国的地理势力不可能像其地理位置那样固定化、长期拥有。

考察地理势力的因素主要有：1.枢纽性；2.广域性；3.宜居性；4.资源性。这四个因素对地理势力的贡献度并非一成不变。随着帝国其他势力条件的变化，这几个要素的重要性也随之而改变。需要补充的一点是，并不是所有世界性帝国都具有这些要素的合理搭配。有的帝国在某一时期具有强大的地理枢纽性势力，但其广域性和资源性不够，影响了帝国势力的扩展性和长久性，比如15世纪的葡萄牙帝国；有的帝国拥有足够的广域性，面积庞大，人口众多，但枢纽性不足，无法在世界地理空间中找到帝国势力扩张的支撑点，如古代印度的帝国、俄罗斯帝国。当然，从世界性帝国的发展走势看，前一个帝国总是作为后一个帝国过渡性的存在——帝国势力的发展总在要求地理势力向更大空间、更大市场拓进。

与我们普遍所认为的不同，并非辽阔疆域和众多人口形成的广域性在世界性帝国的形成和变迁中发挥着更大作用。从历史实际来看，地理位置的枢纽性特质往往是更为重要的因素。从地理的广域性来看，荷兰可能是最没资格成为世界性帝国的国家，它的面积仅数万平方千米。而其建国的时间也较晚，1581年才摆脱西班牙的统治，成立"尼德兰联省共和国"。但是，荷兰地理势力中有一项突出的优势就是枢纽性，体现在三个方面：一是荷兰位于欧洲西北部，出入大西洋方便，地势低洼，沿海有1800多千米长的海坝和岸堤，沿岸均可做港口、码头，供商船贸易；二是荷兰地处莱茵河、马斯河和斯凯尔特河形成的三角洲，莱茵河深入经济发达的欧洲腹地，大小商船经莱茵河可前往德国、法国、奥地利；三是荷兰扼守英吉利海峡北大门，是北欧波罗的海、北海沿岸国家前往南欧的交通要道，也是葡萄牙、西班牙、法国等南欧一带国家前往北欧的必经之路。正是这一枢纽性助推荷兰成为16世纪、17世纪盛极一时的商贸中心——北欧盛产的粮食、木材、毛皮、鱼产品，经过荷兰运往南方和地中海一带；而葡萄牙、西班牙和英国的商人、殖民者从加勒比海运来的食糖，从印度及东南亚运来的棉花、香料，从中国运来的生丝、瓷器、茶叶，又源源不断地经过荷兰销往中欧和北欧各地。17世纪中叶，欧洲一共20000艘商船，荷兰一国商船数量就高达15000艘，被誉为"海上马车夫"。荷兰的地理势力在人类进入大航海时代被极大地激发了出来。

但是，在人类社会进入大工业时期后，缺少地理纵深的荷兰其帝国势力的薄弱性又马上显现了出来。英国利用自身位于荷兰外围的岛国优势，派出军队封锁海运，同时又允许海盗袭击荷兰商船，使荷兰地理势力的枢纽性因素逐渐丧失，从而令其在两者的争霸中败落下来。

地理势力的枢纽性因素在世界性帝国变迁中的支配性作用较强，而广域性、宜居性、资源性则对世界性帝国的成熟、稳定更为重要。人类进入"大工业、大物流、大贸易"时代之后,需要丰富的资源投入工业生产、众多的人口形成大规模消费、辽阔的水域联系世界市场。因此,缺失以上三个条件,任何一个国家在世界性帝国的争锋中,都很难有获胜的可能。这既是英国将荷兰的世界性帝国桂冠争夺过来,又拱手交于美国的重要原因,也蕴含着中国在全球化时代走向复兴的内在逻辑。

当今时代,在生产势力推动下,地理势力的消长正在发生重大演变,主要体现在三个方面。其一,世界经济一体化激发出亚欧大陆地理存量势力。统一的亚欧大市场前景,正带动世界经济中心由跨大西洋的美欧,向地理一体的亚欧大陆移转,由此带动世界性帝国势力向亚欧大陆转移。其二,服务业和数字经济的发展,改变了原有的原辅材料大出大进的传统工业经济发展模式,相对降低了海洋运输的重要性。其三,以高铁为主体的新兴交通网络,正重塑亚欧大陆的地理结构和地缘格局,推进世界市场秩序的重构。正是以上三点因素,世界正不可避免地经历着由大航海时代所确立的海洋秩序向大陆秩序的回归。

下面将重点阐述水和东方等地理势力因素对帝国变迁的影响,其他对帝国变迁发挥作用的地理因素,则穿插在相关章节中论述。

水与帝国变迁

地球上没有比水对人类更重要的物质了。占地球总面积71%的水域将人类居住和生活的亚洲、欧洲、非洲、南美洲、北美洲和大洋洲连为一体。对人类来讲,水的作用主要体现在三个方面:一是为人类提供生活必需品,满足人们的日常生活、生产需求;二是作为一种普遍存在的可资利用的自然力,成为交通运输的载体;三是作为广泛联系的纽带,使人类活动的区域无远弗届。这三个方面的作用,决定了水对世界性帝国的形成和变迁产生相当的影响。

帝国依水而生。水是世界性帝国存在的基础。有了充足的水源，人类的生活才能获得基本保障，并逐步安定下来，在此基础上形成集居的城市，建立统一的国家。因此，大凡强大的国家特别是世界性帝国的确立和生存，必然依赖丰富的水体。反过来讲，只有更为丰富的水体和广阔的水域，才能为帝国发展提供更加辽阔的空间支撑。波斯作为第一个横跨亚欧非大陆的世界性帝国绝非偶然。波斯帝国发祥地为波斯高原，四周被地中海、黑海、里海、阿拉伯海、波斯湾等巨大水体，以及幼发拉底河、底格里斯河等众多河流所环抱。波斯帝国在开疆拓土和四处征战之前，其周边就是早期人类文明最为丰富和发达的地区，出现了古巴比伦、埃兰、乌尔、亚述、米底等古代王国。正是良好的水体条件，为各王国及城邦的发展提供了良好的基础条件。也正因此，波斯帝国在走向世界性帝国的扩张途中，才得以获得大量的人力资源。波斯帝国通过征服战争兼并了新巴比伦、亚述、埃及等帝国，在鼎盛时期其统治的人口多达4200万人。[1]而波斯高原处于古埃及文明、古巴比伦文明、古希腊文明和古印度文明交汇处，波斯人很早就接受了不同文明的洗礼，消化吸收后既形成了高于周边地区的文明势力，又拥有游牧民族剽悍的军事作风，对周边国家形成了压制性的帝国势力。波斯帝国版图迅速扩张，与其境内水体丰富密切相关。而这同样是相随其后崛起的马其顿帝国、罗马帝国、阿拉伯帝国，迅速扩张为横跨亚欧非大陆的世界性帝国的基础条件。

地理大发现之后，世界性帝国由农业帝国转变为殖民—贸易帝国，水对帝国生存、发展的重要性更为突出，傍海依洋的优良港口成为帝国发展的先决条件。无论是葡萄牙、西班牙还是荷兰，濒临大洋是其在与陆地国家的竞争中获取优势的基础条件。工业革命

---

[1] [美]蔡美儿:《帝国的终结：从大历史的角度解读美国霸权兴衰的历程》，刘海清、杨礼武译，新世界出版社，2012年，第4页。

后，工业经济在欧洲和美洲蓬勃兴起，虽然拥有煤炭、钢铁等矿产资源地区的地理势力得以强化，但是将这些矿产资源和更多的消费品更快、更多地运送到更加广阔的地区，对港口和水运条件的要求反而更高了。因此，无论是农业帝国、殖民帝国还是工商帝国，水都是世界性帝国存在和兴起的基础性条件。

正因为水极大影响了帝国的生存和发展，是以对水域和水道的控制成为世界性帝国扩大帝国势力和延续帝国生命的必然举措。马其顿帝国通过对地中海东部海域的控制，实现了对希腊全境的统治，使其拥有了大陆和海洋的双重地理势力，并由此积累了胜过波斯的帝国势力；1415年7月，葡萄牙为了打破摩尔人对直布罗陀海峡的控制，若昂国王亲率7万大军征战位于北非的海峡南端的休达，从此控制了地中海出入通道，掌握了葡萄牙帝国崛起的主动权；英国为了获取世界海洋帝国的霸权，分别与荷兰、法国进行了长达60年的海洋战争，终将世界性帝国的权杖揽入手中；而美国为了维护世界性帝国地位，更是建立了强大的军事力量和众多海外军事基地，控制着世界海洋的秩序。

水影响了帝国变迁的走向。波斯帝国以及承续其后的马其顿帝国、阿拉伯帝国，其东部边界地区地理条件很差。往东过了印度河和印度河平原，是面积近30万平方千米的印度大沙漠，沙丘最高可达150米，夏季最热月气温达48—51摄氏度，5—6月则经常出现强烈的沙尘暴，气候极为恶劣。而从印度大沙漠向北，是苏莱曼山脉、喜马拉雅山脉、兴都库什山脉，以及帕米尔高原；帕米尔高原的西面、北面和东面，则分别横亘着辽阔的卡拉库姆沙漠、克孜勒库姆沙漠、塔克拉玛干沙漠，这些地方干旱少水，不适合人类大规模居住和生活。因此，天然缺水的地理环境，注定了农业（时代）帝国变迁的脚步无法直接穿越这些地方前往世界的东方。

同样，水也决定了世界性帝国难以向南方的非洲变迁。地中海北岸是典型的地中海气候，受暖流和太阳直射点转移的影响，在夏季时，太阳直射点在北回归线附近，下沉气流也随之北移，地中海北岸此时是干燥的，而到了冬季，太阳直射点在南回归线附近，下沉气流南移，地中海北岸受北大西洋暖湿气流影响，则潮湿多雨。然而，不管太阳直射点怎么偏移，北非都受下沉气流影响，很少有降雨，除了地中海沿岸一条狭长的地带外，南岸的广大地区为浩瀚的撒哈拉大沙漠，并不具备世界性帝国生存及发展的条件。

地中海北岸则有不同，不仅冬季有丰沛的雨水，而且欧洲大陆河流众多，且以希腊为代表的文明历史悠久，并形成了众多城邦国家，具备帝国存在和变迁的条件。当大陆帝国波斯被马其顿所灭，世界性帝国向海洋跨出了一大步，而罗马帝国则进一步建立起海洋秩序，将地中海变成了内海。从陆地帝国到海洋帝国，不只是区域地理结构的区别，更是人类对能量合理利用的规律体现。大规模的运输，海洋比陆地更有利于能量的节约——人的生命，即在于努力获取和使用尽可能多的能量，并尽可能减少能量的浪费。不管用什么方法，只要能获取更多或消耗更少的能量，就是一种进步，在世界历史上就占有重要的地位。①

地中海东西长约4000千米、南北最宽处约为1800千米，仿佛是上帝配置给帝国走向世界的天然通道，它使帝国变迁的脚步没有像前往东方那样受到崇山峻岭和大漠荒野的阻隔。人们在地中海上航行不必像在陆地上那样需要固定的道路，总可以选择合适的航行线路到达目的地，这使得水上的交通尤为便捷，消耗的能量更少。而像地中海这样扁平的海域，优势更为明显，从罗马帝国的罗马城到北非迦太基，海上距离约550千米，但若从岸上行走，则要绕行半个地中海，加之海岸多半岛和海湾，两者陆上距离要比海上距离多出七八倍。水上运输另一个优势也十分突出，就是运输量大、成

---

① [英]詹姆斯·费尔格里夫：《地理与世界霸权》，胡坚译，浙江人民出版社，2016年，第4页。

本低廉，这样也可以消耗更少的能量。在农业帝国时代，人们日常运输的通常是粮食、瓜果、蔬菜、木材、牛羊和出行的人员，运输量少，运输对成本的敏感度并不高。世界地理大发现之后，运输的距离更加遥远，运输的物品更加集中，作为内海的地中海越来越不能满足这种大批量运输的要求，且内海运输服务的辐射面相对有限，加之直布罗陀海峡最窄处只有13千米，水面洋流终年从西向东流动，都制约了地中海运输的发展。

世界性帝国如果要进一步发展壮大，就必然突破地中海对水域的限制，走出直布罗陀海峡，向大西洋方向拓展，葡萄牙开创的大航海时代由此而生。1522年9月6日，麦哲伦船队经过历时1082天航行，返回西班牙，他们的探险航行证明了地球是圆的。世界各地的人们因为水，从此进入了一体化的时代，这也使得水上运输的集散地由地中海转入大西洋沿岸，世界性帝国编年史也就此进入了大西洋纪元。

水引领世界走向一体化。水是地球上最浩大、流动性最强的物体。因其浩大，世界性帝国以其为中介不断扩大自身的影响；而因水具有流动性，帝国的欲望和梦想得以沿着特定的河岸、海岸不断涌动，这也使得帝国的变迁具有了地理结构上和方向上的规律性——世界性帝国总是向着更大的水域和更远的控制区域变迁。

走在世界地理大发现前列的葡萄牙和西班牙，曾经梦想瓜分海洋和世界。在罗马教宗对两者发现新大陆归属问题发表用词含糊的言论之后，葡萄牙和西班牙于1494年6月7日，在西班牙卡斯蒂利亚的托尔德西里亚斯签订了一份旨在瓜分新世界的协议——《托尔德西里亚斯条约》。该条约规定：在佛得角群岛以西370里格处，从南极到北极划一条直线，直线以东所有的已经发现的和即将发现的一切地方都属于葡萄牙，该线以西的则属于西班牙[①]。1529年，葡萄

---

① 顾卫民：《葡萄牙海洋帝国史（1415—1825）》，上海社会科学院出版社，2018年，第91页。

牙和西班牙私下又签订了《萨拉戈萨条约》，重新划分了两国的势力范围，并限制其他国家的船只和贸易。葡萄牙和西班牙私下瓜分世界的做法固然令人不齿，实际上反而推动了世界一体化进程，这是两者所不曾预想到的。

葡萄牙和西班牙对世界的瓜分是荷兰和英国所不能接受的。两国认可荷兰法学家格劳修斯提出的公海是公共财产、任何国家在公海上可自由航行的主张，认为要将海洋和各大陆连接在一起的话，公海这一概念是必不可少的。到了19世纪，"公海"概念成为世界各国的共识，而"公海"意味着这些水域是世界各国的公共空间，其余的海洋范围则为"领海"——是以从陆地开炮所能到达的水域来定义的。"这样一来，海洋的大部分是公海。英国认为维持这一海洋秩序是霸权国家——英国的责任和义务。"① "公海"自由航行的秩序，为后起帝国争夺海洋霸权提供了有利条件，同时亦利于世界各国对海洋的均等利用，特别是为顺利开展海洋运输贸易并将世界各国连为一体提供了可能。

无处不在的水，将帝国的统治引向了世界的每一个角落。然而，真正实现世界的一体化，还需要贸易文明的推动。葡萄牙和西班牙开创了殖民贸易，英国开创了大工业贸易，而美国开创了商业金融贸易，每一种贸易文明的开创都使原有国家范围内的部分主权遭到穿透和超越，世界更广泛地被连为一体。"海洋这个空间只有通过开展商业才能产生财富。"② 将水作为产生财富的联系平台和交通渠道，在工业革命后适应了大工业、大物流、大商业的发展需要，它为世界不断走向一体化提供了基础条件和源源不断的动力。

---

① [日] 宫崎正胜：《大国霸权》，米彦军译，浙江人民出版社，2020年，第128页。
② [日] 宫崎正胜：《大国霸权》，米彦军译，浙江人民出版社，2020年，第112页。

东方与帝国变迁

东、西方概念是怎样形成的,并没有一个令人满意的说法。有一种观点认为,公元前500年,希腊与波斯帝国爆发"希波战争",因波斯帝国位于希腊城邦的东边,于是古希腊人就把敌人所在的地方称为东方,自己则是西方。这种说法并不合理——既然是以自己所在的地方作为方位的较准点,就不可能自相矛盾地再将自己置于中心之外的西方。1581年,在马格德堡首次出版的《圣地旅行路书》中,绘有一幅三瓣苜蓿叶形式的世界地图——这是一幅以《圣经》内容为基础的世界地图,圣地耶路撒冷为世界的中心点,占据西边一片叶子的是"欧洲"、东边的叶子是"亚洲",而南边的叶子则是"非洲"。由此,有些人猜想东、西方概念正来自基督世界对世界地理的认知——位于耶路撒冷西边的欧洲为西方,位于其东边的亚洲为东方,而位于其南边的非洲为南方。由于受到20世纪中叶以美国为首的西方资本主义阵营和以苏联为首的东方社会主义阵营对峙的影响,东、西方概念成为世界政治、经济、军事和文化学说中的热点,而南方则少有人问津。

以基督世界对地理的认知来猜想东、西方概念的形成,未必符合历史文化的真实——基督教形成较晚,在此前漫长的年代,对东、西方的认知可能已经存在。事实上,世界性帝国与东方的历史正是一部残酷的战争史。无论是以耶路撒冷还是以希腊作为世界的中心,人类第一个世界性帝国——波斯的发祥地就位于东方。因此,世界帝国变迁史首先发生的是东方帝国对西方世界的征战,而非与此相反。此后,由于生产力发展处于低水平徘徊,东、西方农业帝国变迁以地中海东岸为轴线,呈现你来我往的状态。世界性农业帝国,不论是马其顿、罗马、东罗马还是阿拉伯帝国,尽管其政治中心有位于东西方的区别,但由于其领土均横跨了亚欧非三大洲,很难给它们作出究竟是东方帝国还是西方帝国的区分。最为突出的例子是阿拉伯帝国,它作为东西方中介性帝国和从农业帝国向殖民帝国过渡的流转性帝国而存在,以其政治中心大马士革为中点,疆域的东西两侧大致呈对称性结构。直到大航海之后葡萄牙帝国崛起,世界性帝国才一直在西方变迁、流转。

作为帝国"坟场"的东方。雄才大略的俄国沙皇彼得大帝曾告诉后人:谁征服了阿富汗,谁就征服了世界。[①]世界历史上那些伟大的征服者,比如亚历山大大帝、成吉思汗和跛足帖木儿,都曾到过这个"亚洲命运的十字路口"。近代以来,阿富汗更有一个令人毛骨悚然的绰号——"帝国的坟场"。事实上,阿富汗作为帝国的坟场并非始于近代,波斯帝国、马其顿帝国、阿拉伯帝国向东拓展疆界的努力总是功亏一篑,很难越过现代阿富汗的地理界线和印度河平原一带。这并不难理解。

阿富汗边境的东面和北面,分别横亘着苏莱曼、兴都库什等众多山脉,以及帕米尔高原和辽阔的卡拉库姆沙漠、克孜勒库姆沙漠、塔克拉玛干沙漠;而在印度河平原的东面、北面,不是一望无际的大沙漠,就是绵延的高山峻岭,气候恶劣,人迹罕至,根本不是人类生活的理想场所,更不适合规模庞大的帝国军队长期征战。正因为帝国疆界向东方拓展,将遭遇印度和中亚地区多山、多沙漠、多高原的复杂地形和干燥、沙暴频发的恶劣环境所形成的天然地理屏障,使世界性帝国征战者前行的欲望在此湮灭。公元前327年,马其顿亚历山大大帝率领军队经过开伯尔山口,南下侵入印度,在炎热、干燥和疾病中,士兵们拒绝前进,发生哗变。亚历山大不得不在公元前325年将东征部队撤出印度。别说是大部队征战,就是逃跑都难有生路。公元前330年,波斯大流士三世正是逃到帕米尔西部的巴克特里亚(即位于现今帕米尔以西的阿富汗一带),被追踪而至的亚历山大大军所杀,一代帝国至此终结。

[①] 刘啸虎:《帝国的坟场:阿富汗战争全史》,台海出版社,2017年,前言。

1842年1月6日,被阿富汗人推翻的英国统治者开始撤离喀布尔,英军残部及随行人员和家属1.6万人,最后只有一位身负重伤的名叫威廉·布莱顿的英国军医活着回到贾拉拉巴德,报告了英国人全体覆没的消息。[①] 这一被称为"地狱般的撤军",彻底击溃了大英帝国殖民阿富汗的心气。1989年2月15日,苏联入侵10年无果后从阿富汗撤出,1991年底就迎来了帝国解体的命运;2021年5月1日,美国也在入侵阿富汗20年后开始撤走。美国从阿富汗撤离并不会是一次独立的历史事件,它是否会成为美国作为世界性帝国崩溃、世界强国势力回归东方大陆的标志性事件,还需要等待稍后的历史做出回答。

倘若中亚地区并不是连绵起伏的山脉、一望无垠的沙漠和空旷苍茫的高原纵横交错,而是湖泊和河流密布的平原或一马平川的大草原,那么东方显然不会成为帝国的"坟场",且世界性帝国不会呈现出由地中海向大西洋、再向北美洲变迁的如此路径。

作为"天堂"的东方。如果对比东西方文明发达的程度,需要从不同的历史阶段进行比较。以欧洲历史传统划分的视角看,古典时代由于生产力低下,且东西方相互沟通交流并不广泛,两者文明发达程度不会有太多差异。亚历山大对波斯的征服,使得从埃及到如今的阿富汗到处可见遵照希腊模式建立的国家。"希腊人的生活方式、节日、体育竞赛、戏剧、哲学和科学迅速传播到东方,它们在那里生根发芽,形成新的流派和发展为新的力量。从这方面来看,希腊人的确优于其他民族。"[②] 这种比较还仅限于以希腊为中心的近东地区,缺少对比的全面性。当然,那个时期的希腊文明即使相对优于东方文明,也是可以解释和理解的:一方面,由于毗邻人类文明的起源地埃及和两河流域,希腊人开创文明的条件理应比遥远的

---

① 刘啸虎:《帝国的坟场:阿富汗战争全史》,台海出版社,2017年,第78页。
② [德] 克里斯蒂安·迈耶:《自由的文化:古希腊与欧洲的起源》,史国荣译,文化发展出版社,2019年,第40页。

东方具有优势；另一方面，在生产力极为低下的年代，尊重个性自由和创造的希腊文化更能激发创造力。进入中世纪后，铁制农具的广泛使用极大地促进了生产力发展，带动了农耕地区人口的快速增长，这使得农耕民族经济发展优势凸显出来。这也是欧洲中世纪同期以中国、印度为代表的东方文明成就普遍高于西方的主要原因。

也正是如此，中世纪的欧洲商人和旅行者从东方带回大量的财富和传说，加上地理阻隔给想象力提供了广阔空间，欧洲人将东方打造成以黄金和香料为代表的财富天堂。14世纪，商业资本主义开始在地中海沿岸的许多城市萌芽，黄金和白银成为西欧国家积累的主要资本，而香料、丝绸和珠宝成为贵族和上流社会普遍喜爱的奢侈品。① 那时，马可·波罗的"游记"已经在欧洲红极一时，他描述的"蛮子国王"（南宋皇帝）的宫殿令人惊诧：他的祖先圈了十英里的地方来建造王宫……大殿的屋顶由几排石柱支撑着，而这些圆柱则是用美丽的天蓝色和金黄色装饰的，面对大门，离王宫稍近的地方也有一座大殿，比那两座更加恢宏，其屋顶装饰得也更富丽，石柱是镀金的。② 而其对"爪哇海中的中世纪帆船"的叙述更是极尽诱惑：这里收集的金子的数量十分惊人，难以估算。刺桐和蛮子的商人常从这里输入大量的金子，至今也仍然如此，他们还从这里获得绝大部分香料，并把它们运往世界各地。③

东方还作为欧洲人精神的天堂而存在着。早在13世纪之前，西方民间传说有一位是古代朝拜耶稣的"东方三王"的后代，拥有极多的财富，并且具有极大的热忱参与西方世界收复圣地耶路撒冷的事业。后来，随着地理学的发展，人们逐渐将这位传说中的"长老

---

① 成振珂主编：《世界帝国简史：人类变迁中的文明与真相》（下），中国商业出版社，2017年，第963页。
② 《马可·波罗游记》第二卷：《忽必烈大汗和他的宫廷西南行程中各省区的见闻录》。参见中华典藏网：https://www.zhonghuadiancang.com/tianwendili/makeboluoyouji/121483.html。
③ 《马可·波罗游记》第三卷：《日本群岛、南印度和印度洋的海岸与岛屿》。参见中华典藏网：https://www.zhonghuadiancang.com/tianwendili/makeboluoyouji/121484.html。

约翰王"与印度联系起来。由此,东方成为大航海之前欧洲国家所向往的财富和精神的双重"天堂"。1498年5月,瓦斯科·达·伽马(约1469—1524年)率领他的葡萄牙船员第一次登上印度海岸线时,遇到两名会说卡斯蒂尔语的突尼斯人,突尼斯人问他们"是什么样的魔鬼把你们带到这里的",船员们回答说"我们是来寻找基督徒以及香料的"。[1]

寻找东方的"天堂",不会是欧洲人开启大航海时代的主要因素,但其产生的动力却影响着世界性帝国变迁的走势。被誉为"现代葡萄牙历史的开创者"[2]、葡萄牙航海以及海外扩张事业奠基者的恩里克(即亨利王子)(1394—1460年),应该是看过《马可·波罗游记》的——其哥哥佩得罗曾访问了马可·波罗家乡威尼斯共和国附近的特雷维索公国,并得到了《马可·波罗游记》。[3] 正是恩里克倾注于航海和海外扩张事业,使得葡萄牙走在欧洲大航海的前列,并由此引导世界性帝国从地中海沿岸向大西洋沿岸变迁,开创了世界政治、经济和军事格局的全新局面。

世界性帝国对东方"天堂"的发现,开启了西欧对财富疯狂掠夺的大殖民时代。随着战争的征服和帝国势力的推进,印度一些地区沦为葡萄牙的海外属地和政府财政的主要来源。葡萄牙王室垄断的贸易控制着胡椒、姜、肉桂、肉豆蔻、豆蔻、虫胶、天然硼砂等物品,"1518—1519年,香料贸易带来的利润已经达到30万克鲁扎多[4],超过了帝国政府在本国的收入(28.5万克鲁扎多),并远远超

---

[1] 顾卫民:《葡萄牙海洋帝国史(1415—1825)》,上海社会科学院出版社,2018年,第109页。
[2] 葡萄牙历史学家诺埃尔指出:"现代的葡萄牙人觉得他们国家的历史是从阿方索·恩里克开始的,这是非常正确的。"参见顾卫民:《葡萄牙海洋帝国史(1415—1825)》,上海社会科学院出版社,2018年,第27页。
[3] 顾卫民:《葡萄牙海洋帝国史(1415—1825)》,上海社会科学院出版社,2018年,第57页。
[4] 克鲁扎多,当时的葡萄牙货币。

过了黄金进口的收入"①。葡萄牙人从东方掠取的巨额财富引发的贪婪欲望驱动着西班牙人、荷兰人和英国人竞相将军舰开往印度、东印度群岛和中国等亚洲地区。早在1605年,荷兰人就击败葡萄牙守军,占领了位于班达海北岸的印度尼西亚马鲁古群岛一个南部小岛——安汶岛,1619年5月占领了雅加达(更名为巴达维亚)。此后,荷兰人将巴达维亚建成了荷属东印度公司在亚洲最大和最重要的根据地,并以此为中心建立了庞大的海外殖民事业。在17世纪中叶,荷兰人的势力已经扩张至摩鹿加群岛的大部分、马来西亚和锡兰,并重创葡萄牙在印度西海岸的殖民地。殖民扩张活动促成了荷兰东印度公司贸易的极大繁荣。"1688年,荷兰东印度公司在亚洲的要塞以及商站中的雇员达到12000名,除此以外,还有6000名雇员服务于往返欧洲与亚洲之间的舰队上,另外还有4000人在大约80艘的各类航行于亚洲海域的小船上服务,总共加起来有22000名雇员。"②欧洲人对东方及世界财富的掠夺,为此后西欧地区兴起的工业革命奠定了经济基础,并推动世界性帝国沿着欧洲大西洋海岸由南向北变迁。

西方和东方文明具有对称性。在时间的轴线上,东方给予世界性帝国截然不同的存在:公元前550—前310年,世界性帝国波斯就在东方;大航海之前,东方存在于西方的想象之中,它既是世界性帝国的铁蹄难以逾越的坟场,也是世界性帝国向往的天堂;大航海之后,东方则陆续匍匐于西方世界性帝国的基座之下,成为世界性帝国财富的来源地;在即将到来的世界,帝(强)国势力将重回东方、形成帝国变迁的地理闭环,并促成了帝国的终结。

"世界体系"理论的思想领袖和主要代表人物伊曼纽尔·沃勒斯坦在论述中世纪晚期的欧洲(1000—1450年)政治、经济、文化特

---

① 参见顾卫民:《葡萄牙海洋帝国史(1415—1825)》,上海社会科学院出版社,2018年,第120—121页。

② 顾卫民:《荷兰海洋帝国史(1581—1800)》,上海社会科学院出版社,2020年,第241页。

征时说:"通过对这种总体趋势的概括,我们应该记住的是它的对称性。各种经济变量先是上升,然后下降。社会结构首先沿着一个方向发生变化,而后沿着相反的方向变化。政治的等级结构(地主高于直接生产者,统治者高于一般贵族)先是变得越来越强,而后变得越来越弱。居中心地位的文化先是巩固了自身的地位,而后受到广泛质疑。此外,这种对称性不仅适用于作为一个整体的欧洲封建文明,而且适用于各个地方性区域。"① 很显然,从人类社会发展的宏观历史看,伊曼纽尔·沃勒斯坦所说的这种对称性,同样适用于东西方历史发展的阶段性对比。通过这种对比,我们发现东西方文明在某个对称轴上呈现出此起彼伏的状态。

如前所述,在古典时代以希腊为代表的西方文明发展成就领先于东方世界。根据沃勒斯坦的对称性理论,西方文明在这一发展阶段取得上升趋势之后,在下一个阶段则会呈现下降趋势。进入中世纪,以中国为代表的东方国家在经济社会方面走在了西方前列,这是由其生产势力和地理势力决定的——铁制农具的大量使用促进了生产力发展,大量的农耕土地得到开发,加上适合耕作的气候和土壤,使以农耕为主的东方国家获得了更好的发展势力,人口激增,文明发展成就胜过西方。而进入近现代,作为中世纪文明发展落伍的一方,又进入发展上升期,西方不断寻找、探索,最终形成了与自身海洋文明相得益彰的经济发展模式。航海技术和工业技术的发展,使西方国家能够更好地发挥依水而生的文化优势和临水而居的地理优势——殖民统治和大工业所需要的大贸易和大运输正是海洋所能够提供的。由此,西方自15世纪进入大航海时代再次崛起,其对东方的殖民掠夺又进一步拉大了双方的势力差距,为世界性帝国在西方轮流变迁,使之保持现代社会经济、文明的繁荣创造了条件。

---

① [美]伊曼纽尔·沃勒斯坦:《现代世界体系(第二卷)——重商主义与欧洲世界经济体的巩固:1600—1750》,郭方、吴必康、钟伟云译,社会科学文献出版社,2013年,2011年英文版第二卷序言第6页。

在经历了大工业、大贸易和大物流革命之后，世界进入全新的发展阶段。全球一体化进程使欧亚大陆逐渐形成一体化的超大市场，石化原料运输量减少以及服务贸易、数字贸易增加，使海洋运输的重要性相对减弱，世界秩序正由海洋向大陆回归。东方文明在与西方文明相比的对称性结构中，又一次处在了上升阶段，其在世界政治、经济、文化版图上再次崛起，已经是目所能及的事实。事物的发展往往具有双重性。当西方对东方进行疯狂的贸易掠夺和血腥殖民的时候，它也给东方国家带来了磨难中的成长。东方原来相对保守的农耕文明，在西方文明的冲击中获得了整体的成长性和开放性，并将西方文明的优秀成果融合到自身文明之中。东方原本就有宽广的大陆、众多的人口和广阔的海洋，比西方具有更多的发展潜力，世界强国势力的转移既顺理成章，也指日可待。

由此，我们不难对人们一直关注和争论的东西方文明孰优孰劣的问题，有一个更为明确的回答：现代化的到来并不象征着西方文明有着特殊的优秀，也不代表着什么历史的"进步"。[1] 无论是东方文明还是西方文明，其先进性只是历史发展的阶段性表现——符合了人类历史阶段的生产力发展特征，则会表现得比对方更具有活力和创造性。

三、生产势力

1904 年，英国麦金德[2] 抛出"世界岛"学说之后，地缘政治成

---

[1] 赵鼎新:《国家、战争与历史发展：前现代中西模式的比较》，浙江大学出版社，2015 年，自序第 1 页。

[2] 麦金德（1861—1947 年），英国近代地理学奠基人之一。1904 年，他在《历史的地理枢纽》一文中提出"陆心说"。麦金德从世界整体的角度出发，认为世界是由几个大岛构成的。其中欧亚大陆和非洲大陆面积是最大的，被称为"世界岛"。而其学说中所言"心脏地带"是指西起东欧平原、东至东西伯利亚高地、北临北冰洋、南达伊朗高原的"欧亚大陆中心地带"，或称之为"欧亚大陆心脏地带"。

为国际政治军事的显学,此后,美国人马汉①和荷兰裔美国人斯皮克曼②又相继发表"海权论"和"边缘地带理论",并被广泛解读成各自的"三段论"。③这三个学说,显然是提供给西方的"谋霸论"或"稳霸论",是站在欧美中心主义角度的"立场先行论",其本质是"地理决定论"。尽管地理势力在世界性帝国的变迁中具有某种支配性影响,但其作用的发挥却是被动的和应激性的,而生产势力所发挥的作用却具有主动性和先锋性。

生产势力是指由于新技术、新工具、新的生产资料和新的组织形式的出现和应用以及贸易发展带动经济进步而体现出来的物质性力量。马克思和恩格斯在《德意志意识形态》中提出:"任何新的生产力,只要它不是迄今已知的生产力单纯的量的扩大(例如,开垦土地),都会引起分工的进一步发展。"④异曲同工的是,人类社会某一国家生产势力得到较大的积累和提升,势必会引起国家之间力量对比和国际政治秩序的进一步发展,这种发展成为世界性帝国变迁的主要推动力。

无论是新技术、新工具、新的生产资料的发现和应用,还是与之相适应的组织形式的形成,都将推动军事、经济与贸易的发展,从而使帝国获得更为强大的势力。德国思想家卡尔·雅斯贝尔斯把

---

① 马汉(1840—1914年),美国海军将领、历史学家,海权论倡导者,毕业于安纳波利斯海军学校,参加过美国内战,并著有《海权对历史的影响(1660—1783)》等。

② 尼古拉斯·斯皮克曼(1893—1943年),荷兰裔美国人,地缘战略学家,也是美国外交政策的古典现实主义的发起者之一。

③ 麦金德"地缘政治学""三段论"主要观点:谁控制了东欧就控制了心脏地带;控制了心脏地带就控制了"世界岛";控制了"世界岛"就控制了世界。马汉"海权论""三段论"主要观点:谁掌握了世界核心的咽喉航道、运河和航线,谁就掌握了世界经济和能源运输之门;谁掌握了世界经济和能源运输之门,谁就掌握了世界各国的经济和安全命脉;谁掌握了世界各国的经济和安全命脉,谁就(变相)控制了全世界。斯皮克曼"边缘地带理论""三段论"主要观点:谁(无论以武力还是和平方式)统一或整合了欧亚大陆东西两端的边缘地带,谁就掌握了世界最具潜质的地区;谁掌握了世界最具潜质的地区,谁就能成为欧亚大陆上的世界帝国;谁能成为欧亚大陆上的世界帝国,谁就会成为美国最强有力的挑战者。

④《马克思恩格斯选集》(第一卷),人民出版社,2012年,第147页。

公元前 500 年前后同时出现在中国、西方和印度等地区的人类文化突破现象称之为轴心时代。这一时代的出现与冶铁技术发展和铁制农具的广泛使用密切相关。在公元前 1000 年，早期文明地区的人们已经基本掌握了冶铁技术，铁制农具逐步得到推广应用，人类改造自然和从事农业生产的能力得到极大提升，生产力获得快速发展，人口数量也随之大幅提升，人类在发展史上第一次摆脱了完全"靠天吃饭"的局面，哲学、宗教、艺术和技术等文明成果因此呈井喷式爆发。

作为那个时期的新生事物，炼铁技术的传播，铁制农具和兵器的应用，对人类第一个世界性帝国的诞生产生了决定性影响。波斯高原的亚述人是最早获得冶铁技术的游牧民族，他们将纵横草原的高超骑术与精良的铁制兵器完美组合，对周边国家形成了"超维"优势。亚述军队所向无敌，迅速占领西亚、北非广大地区，成为地中海东岸、美索不达米亚地区强盛一时的帝国。以此为基础，大流士在征服了亚述王朝之后，于公元前 550 年建立起版图空前的波斯帝国，把势力伸展到欧洲、印度和非洲北部。阿拉伯人发明了三角帆船，掌握了罗盘等新航海技术，其同样成为帝国辉煌的奠基石。阿拉伯强大的海军和卓越的航海技术，抑制了东罗马帝国海军力量的发展，限制了其对地中海的控制。而在波斯湾和印度洋则出现了新的局面，"阿拉伯海军在这里没有任何竞争对手，他们早期的统治范围从大西洋海岸经地中海、波斯湾、红海和印度洋一直延伸到印度，掌握了东西方海陆交通的锁钥"①。这种状况使阿拉伯人自然地成了商人，并长期控制了东西方贸易，为其帝国势力的积累提供了财富来源。

以宏观的地理现象学观之，一个国家的地理位置、地形地貌、气候洋流、矿产资源等，往往呈现出长期的静态特征，并且似乎是

---

① [英]詹姆斯·费尔格里夫：《地理与世界霸权》，胡坚译，浙江人民出版社，2016 年，第 116 页。

难以改变的。然而，这种静态的地理要素，却可能在变化和发展的生产势力激发下，爆发出强大的帝国势力。葡萄牙是寄寓伊比利亚半岛西南一角的小国，面积仅为9.22万平方千米，1179年才获得教宗通谕承认其独立建国。各种迹象表明，地理大发现之前的葡萄牙，国土贫瘠，经济落后，大部分土地没有开垦，境内道路的路况亦很差……在乡间，经济大部分依靠的是物物交换。① 葡萄牙发展成为世界性帝国很大程度上得益于造船业、航海技术、地理知识以及与之相适应的船员组织关系的形成。正是这种以航海为主要特征的新的生产势力，葡萄牙海陆中枢的地理势力被有效地激发出来，由原先处于欧洲大陆偏远地区一跃成为世界的航运中心。与葡萄牙相类似的荷兰，1609年4月9日与西班牙签署《十二年停战协议》，西班牙才答应在规定的休战时期内，对待荷兰联省共和国如同一个独立的国家。② 正是这样一个不起眼的小国，被航海大发现、殖民贸易、商业经济的发展、资本主义制度的形成等诸多新生产因素所激发，其濒海联河、沟通南北的地理优势才被最大限度地发挥出来，从而使荷兰仅用不到一个世纪的时间，就从一个蕞尔小国完成了向世界性帝国的蜕变。

人类在改造客观世界的实践中，实践能力的提升和认识水平的提高并非一蹴而就。而生产势力也是一个缓慢的、渐进的积累过程，往往在前一个帝国内部产生和形成，却在后一个帝国得以鼎盛，从而使生产势力具备了对世界性帝国变迁的先行性意义。独立之后的荷兰，是世界上第一个赋予商人阶层充分的政治权利的国家。经过德·维特和威廉三世的励精图治，荷兰不仅成为航运业最为发达的帝国，其水利工程、城市排水工程、建筑、磨坊建造、印刷、军事工程等领域也领先世界各国。此外，股份制、银行、股票

---

① 顾卫民：《葡萄牙海洋帝国史（1415—1825）》，上海社会科学院出版社，2018年，第37页。

② 顾卫民：《荷兰海洋帝国史（1581—1800）》，上海社会科学院出版社，2020年，第118页。

交易等一系列现代资本主义经济制度已经形成，进一步壮大了荷兰的生产势力。然而，荷兰较小的面积和较少的人口，无法承载先进生产制度所蕴含的巨大生产潜力，其注定成为具有资本主义开拓者和试验田性质的中介性帝国。英国"光荣革命"之后，全面学习和移栽了荷兰的资本主义制度，以更大的市场需求和丰富的煤炭资源为依托，取得了以瓦特发明蒸汽机为标志的工业革命的成功，并顺理成章取代了荷兰世界性帝国的地位。

火车的发明和应用，是另一个以新技术和新发明引导世界性帝国变迁的案例。1814年，斯蒂芬森发明了一台被称为"旅行者号"的蒸汽机车，并于1825年进行了实用化试验——"旅行者号"牵引着35节客车车厢以时速18千米行驶在达灵顿和斯托克顿之间，全长45千米，试车成功。①以煤作燃料的火车虽是英国人发明的，却在美国获得了最为广泛的应用。1828年，巴尔的摩和俄亥俄铁路创立，开始了美国铁路时代；1869年，美国第一条横贯大陆的铁路干线竣工，到20世纪10年代美国铁路发展达到顶峰。1914年，横贯全国的25万英里铁路线连通了幅员辽阔的美国（俄国当时有4.6万英里铁路，但延伸面积却是美国的2.5倍）。②火车的应用，极大提高了陆地运输效率，将统一之后的美国整合成最富竞争力的统一大市场，从而引致帝国势力由英国转向了美国。

生产势力是影响世界性帝国变迁的最活跃因素，即使是同一种新技术，对大国小国、穷国富国、海洋国家还是大陆国家产生的作用各不相同。这使得世界性帝国的变迁既具有丰富的可能性，又具有一定规律的导向性。以互联网技术为例，其在时间结构上压缩了历史，在空间结构上穿透了国界，它使原有依靠时间生成和积累的知识实现了普惠化，使依托地理壁垒受到保护的政治结构更具开放

---

① ［日］宫崎正胜：《大国霸权》，米彦军译，浙江人民出版社，2020年，第142页。
② ［英］保罗·肯尼迪：《大国的兴衰：1500—2000年的经济变革与军事冲突》（上），王保存、王章辉、余昌楷译，中信出版社，2013年，第252—253页。

性，从而使世界更加呈现出一体化、均质化的发展趋势。就美国和中国而言，互联网技术对两国的影响各不相同。互联网技术发展的两个最重要的基础性条件是使用规模和社会生活应用，这两个方面中国皆胜美国一筹。对于幅员辽阔、人口众多、实行中央集权制的中国来说，互联网技术更有助于打通繁多的管理层级、联通不同行政区块，有利于对更多区域和众多人口实施统一而有效的管理，这从中国整体社会事业发展和对公共卫生事件的有力应对上得以体现。这也一定程度上说明，为什么互联网广泛应用之后，中国的国家整体竞争实力对美国出现了明显的赶超势头。

很显然，科技发展是积聚生产势力最重要的力量。除此之外，军事和贸易在生产势力的构成中占有重要地位。它们相辅相成，成为促进世界性帝国变迁最为活跃的因素。

军事与帝国变迁

军事是帝国重要的生产势力。我们把军事纳入生产势力，是因为不管哪个帝国时期，军事始终是形成和保障生产势力的重要力量。帝国财富的增长主要依靠生产、掠夺和贸易三种手段。在农业帝国时期，大多数国家都是以自给自足的小农经济为主，人们靠天吃饭，农业生产的收成有限，财富积累缓慢。与此同时，国家或区域之间交通不便、联系较少，通过贸易创造的财富亦不多。此外，农业社会财富主要附着于土地和人口，而帝国本身拥有足够的力量和内生动力通过对外扩张攫取大量土地和人口。因此，军事征服成为农业帝国累积生产势力的有效途径，也是新兴帝国实现财富快速积累的必然选择。发动战争获胜的帝国，不仅可以获得其他国家长年累月生产和积累的大量财富，更重要的是帝国还从此获得了对被征服地区征收赋税、强制劳动的权力。

波斯帝国国王从每个被征服王国那里攫取"最有价值的财产"

和"产品","无论是地上结出的果实,养育的动物,或是当地生产的工艺品",都需进贡到波斯王宫。而罗马人仅仅攻占达契亚国(今罗马尼亚一带)就获取了上百万磅的银条和金块。① 而战争带来的好处如此显而易见——罗马人随着三次布匿战争获胜,清除迦太基后,坠入了一个连锁反应:征服导致进一步的征服——罗马得以从越来越多的新行省,获得源源不断的战利品、奴隶和贡物。② 而将失败一方的士兵和民众贬为奴隶,本身就能获得巨额财富。公元前177年,罗马占领撒丁尼亚岛,把8万名俘虏卖为奴隶。仅史料不完全记载的罗马人卖俘的数量,就在100万人以上。③ 可以说,农业帝国时期,战争本身就是帝国财富的生产方式,是生产势力发展的重要动力。

地理大发现之后,殖民帝国创立早期依旧需要通过残酷的战争和血腥的掠夺获得巨额财富。仅1503年至1520年,西班牙人从美洲往塞维利亚④ 就运回了14吨的黄金。⑤ 而从1503年至1660年,约有15000吨白银在墨西哥加工成银圆(即墨西哥银圆或者西班牙银圆),运往西班牙。这些银圆40%成为西班牙王室的收入,剩下的60%经日内瓦商人等行商之手运往欧洲各地。⑥ 这些掠夺的财富,不仅帮助西班牙成长为世界性帝国,而且为西欧资本主义发展积累了资本。

---

① [美]蔡美儿:《帝国的终结:从大历史的角度解读美国霸权兴衰的历程》,刘海清、杨礼武译,新世界出版社,2012年,第268页。
② [美]斯塔夫里阿诺斯:《全球通史:从史前到21世纪》(上),吴象婴、梁赤民译,北京大学出版社,2020年,第169页。
③ 武寅主编:《简明世界历史读本》,中国社会科学出版社,2014年,第161页。
④ 塞维利亚,现为西班牙安达卢西亚自治区和塞维利亚省的首府。公元前7世纪就有居民在该地生息。公元前43年建成塞城,此后,先后被罗马人、西哥特人占领。公元712年被阿拉伯人侵入。公元11世纪,摩尔人的一个部落在此建立独立王国。1248年,卡斯蒂亚国王费尔南多三世在"光复战争"中夺取该城,赶走摩尔人,设为都城,从此塞城逐渐繁荣起来。
⑤ [法]帕特里斯·格尼费、[法]蒂埃里·伦茨主编:《帝国的终结》,邓颖平、李琦、王天宇译,海天出版社,2018年,第169页。
⑥ [日]宫崎正胜:《大国霸权》,米彦军译,浙江人民出版社,2020年,第114页。

随着航海事业的发展，长航程、大批量、低成本运输成为可能，贸易创造财富的重要性日益凸显。来自遥远美洲地区的黄金白银，来自印度群岛地区的胡椒和香料贸易、加勒比海的食糖以及其他所谓的暴利贸易——从波罗的海到地中海再到非洲的咖啡、茶叶、可可粉、纺织品、烟草、珠宝和其他奢侈品的贸易。这些利润极为丰厚的贸易成为大国争相追逐的对象，于是获得巨额财富和世界霸权的关键转变成了对世界航运水域的控制权。控制全球财富的手段从陆地转移到海洋，从征服转移到贸易。"对于一个试图攫取遥远国度财富的超级强国来说，侵略、占领、吞并不再是最根本的前提条件。因为，征服和统治需要付出昂贵的代价，而进行贸易则显得更为有效。"① 这就使得军事领域发生了三个巨大的变化：一是发动战争进行财富掠夺，不再是后发帝国首要选项；二是海军的地位得到前所未有的提高；三是在推动世界性帝国生产势力发展上，军事的重要性有所弱化。

荷兰和大英帝国的崛起，正是这一变化的生动体现。荷兰在实现世界霸权的过程中，前所未有地弱化了征服和领土扩张方面的因素。"像美洲、非洲和东南亚地区（除了爪哇岛和锡兰等少数例外）等荷兰帝国的主要边疆，都只是通过贸易关系维系起来的，几乎完全是由当地居民和当地城市自行'管理'的，尽管这些经济前哨还需要由荷兰的海军保护，也还需要海军阻止来自欧洲国家的竞争。"② 其后的英国，虽然也发动和参与了多起旷日持久的争霸战争，但战争的性质已经不再是为了直接的财富掠夺，而是为了控制航线、贸易据点，获得贸易垄断权，军事征服对生产势力所起的作用大大降低。英国人甚至试图以宽容的统治或以立法的方式控制自

---

① 参见［美］蔡美儿：《帝国的终结：从大历史的角度解读美国霸权兴衰的历程》，刘海清、杨礼武译，新世界出版社，2012年，第268—269页。

② ［美］蔡美儿：《帝国的终结：从大历史的角度解读美国霸权兴衰的历程》，刘海清、杨礼武译，新世界出版社，2012年，第269页。

已征服的庞大疆域，创办学校、改善社会事业、开办工厂、组织生产，等等。

　　进入工商帝国时代之后，人类财富的生产方式发生了根本改变，原来以存量财富的贸易和掠夺来创造财富的方式，越来越难以满足快速发展的贸易和人们不断增长的消费需求，人类由此进入了由农业生产向工业生产、由存量财富向增量财富转变的新时期。反映在帝国势力的变化上，大英帝国体现得最为明显——前期出现了伊丽莎白一世开创的"第一帝国"时代，后期则以工业革命为起点进入了"第二帝国"时代。从此，超强的工业生产和商品贸易能力，成为帝国势力最为重要的体现。原来附着于土地之上的重要矿产资源，可以通过买卖和交易获取，而人口中最优秀、利用价值最高的人才，可以通过移民而获得，军事战争已经不再是推动帝国势力转移的首要条件。19世纪下半叶，帝国势力在潜移默化中加速向美国转移，守成帝国和新兴帝国之间，甚至没有发生一起正面的争霸战争。

　　可以这样说，农业帝国时期军事实力是生产势力的集中体现，发动战争是转移帝国势力和实现帝国变迁的先决条件和重要基础。殖民帝国时期，发动战争的目的不再是单一的征服土地和掠夺人口，而是为了控制航运和贸易，军事实力在生产势力中的分量不断弱化。而进入工商帝国时期，尽管英国海军实施了"双强"建军标准，[①]而美国现在的军备开支最高时占到地球上所有国家军费的一半左右，但是战争既不能作为直接掠夺财富的工具，也无法阻止帝国势力悄无声息地转移，军事成为生产势力的保障体系而存在。随着人类进一步跨入服务强国时期，无形的服务成为生产和财富的主体，生产势力与军事进一步剥离，用于占领和掠夺的军事力量与体现霸权和征服的帝国，将一起湮没于历史的尘埃之中。

---

① 1889年制定的英国海军建设标准，即英国海军力量必须等于世界上第二和第三海军强国力量的总和。

武器变革推动帝国变迁。每一次世界性帝国变迁，总会出现新的军事武器，或者原有的武器经过变革获得更好的应用。而且越是在重大的历史转折关头，武器装备的创新和变革越是加速，武器效能就越是能够获得革命性提升。这既是科技发展的结果，也为新兴帝国挑战和击溃守成帝国创造了条件。从军事武器的发展史看，武器的变革主要在以下三个方向拓展。

一个是杀伤距离越来越远。从手持的用于近距离格斗的匕首、宝剑、长枪，发展到投掷和射击用的标枪、弓箭，后来又发展到实施远距离打击的火枪、火炮，到最终发展为导弹和洲际导弹，发展到最后，使得不管敌人身处地球的哪个角落，攻击方都具备了将其有效杀伤的能力。另一个是杀伤面积越来越大。从匕首、枪、剑对一个人的伤害，到机枪、炮弹对一群人的杀戮，再到原子弹、氢弹对一个种族，甚至对一个小国的瞬间屠杀，人类拥有了对自身无以复加的伤害能力。还有一个是更加机动。人们总是希望在战争中处于灵活多变、能进能退的有利地位，因此，总在探索灵活机动的作战方式——从人跑动转移，到驾驭战马驰骋奔袭、驾驶战舰游弋穿插、开动飞机临空飞翔，最终到导弹快速追踪——人们还将这些机动方式分别与枪、箭、火药、炮弹相结合，形成了巨大的杀伤能力。

在帝国变迁的进程中，先进武器的发明和创新，往往由文明程度更高的守成帝国实现和完成，但新兴帝国更能将这些先进武器应用到自身灵活机动的作战方式中，获得远胜于守成帝国的作战效能，从而实现以寡敌众、以弱胜强、颠覆守成帝国的战略目标。波斯人将先进的铁制兵器与骑兵作战相结合，葡萄牙人和西班牙人将火炮与船舰结合起来，都使自身获得了杀伤距离更远、杀伤范围更大、更加灵活机动的作战能力，为建立庞大的帝国奠定了基础。

而武器在以上三个方向实现每一次突破，都可能推动一个新的世界性帝国的崛起和诞生。波斯人第一个建立起横跨三大洲的世界性帝国，除了其地理势力的发展适得其所之外，武器和作战技术的先进性也是必备条件。据考证,波斯东北部以及更偏东北的地区为最古老冶金术的故乡,①是最早利用铁制造工具和武器的地方。而波斯东北部的希萨尔(公元前 2000 年前后的 200 年间)还是最早利用马科动物牵引有辐车轮的地区。②公元前 2 千纪,游牧民就是驾着这种战车,掀起最早的入侵浪潮。驾车作战时,一名战士驭马,其他战士用强弩射箭。众弩齐射,飞箭如雨,没有几个步兵能长时间地抵挡,更不用说抵抗紧接着发起冲锋的密集的战车。③马的驯养和冶铁技术是两个至关重要的发明,它们使波斯游牧民获得无与伦比的作战能力,并帮助后来的波斯人在与米底、亚述、埃及等帝国部队作战时,成为最终的获胜者。

然而,在陆地作战中鲸吞四方的波斯,在对希腊征战时却遇到了难题——希腊位居地中海、爱琴海沿岸,海湾、岬角众多,岛屿遍布,人们自小熟悉水性,天生拥有海上航行和作战的技能,这是波斯人所不具备的。因此,不谙水战的波斯人在希波战争中败下阵来,并从此一蹶不振。与波斯人不同,生活于希腊北部山区的马其顿人,一方面拥有草原游牧部落剽悍善骑的特长,和赛萨利人一样,是少有的在战争中大量使用马匹的欧洲文明种族;④另一方面受希腊文化的熏陶和影响,拥有高超的水上作战技巧和能力。在陆地上,马其顿人组建了"亲随"骑兵,训练了著名的"马其顿方阵",整个部队装备优良,行动迅速,在战场上能够保持队形进行

---

① [英]查尔斯·辛格、[英]埃里克·约翰·霍姆亚德、[英]阿尔弗雷德·鲁珀特·霍尔等主编:《技术史 第 I 卷:远古至古代帝国衰落》,王前、李英杰、孙希忠主译,中国工人出版社,2021 年,第 680 页。
② [英]查尔斯·辛格、[英]埃里克·约翰·霍姆亚德、[英]阿尔弗雷德·鲁珀特·霍尔等主编:《技术史 第 I 卷:远古至古代帝国衰落》,王前、李英杰、孙希忠主译,中国工人出版社,2021 年,第 857 页。
③ [美]斯塔夫里阿诺斯:《全球通史:从史前到 21 世纪》(上),吴象婴、梁赤民译,北京大学出版社,2020 年,第 113 页。
④ [英]查尔斯·辛格、[英]埃里克·约翰·霍姆亚德、[英]阿尔弗雷德·鲁珀特·霍尔等主编:《技术史 第 II 卷:地中海文明与中世纪》,潜伟主译,中国工人出版社,2021 年,第 789 页。

调动；而在海洋中，马其顿人组建了舰队，在水面上拥有强大的作战能力。拥有水陆两方面的作战特长，马其顿人不仅迅速成为整个希腊地区的霸主，而且在与波斯帝国军队作战时，形成了摧枯拉朽的优势。

而罗马人改革了军队建制，推行义务兵役制，在借鉴和吸收"马其顿方阵"优点的基础上，组建了罗马军团，以其高效的适应性及机动性取得了一个又一个战役的胜利。但是，作为海洋王者的觊觎者，罗马的军事优势不单体现在陆地上。"他们在作战军舰上开发出一种铰链式的船舷梯，舷梯外端带有长尖钉，通常保持竖起，直到靠近敌方船舷才放下，用长尖钉刺穿敌船甲板，不仅使两艘船抓牢在一起，也为罗马士兵提供了登船的桥板。"① 通过这个桥板的联结，罗马人就将海洋作战转化为陆地的近身格斗战——而这更是罗马军队的优势所在。显然，罗马人对海军装备不算太大的改进，帮助自己在海战中取得了成功。

在帝国变迁的进程中，有时并非新兴帝国对守成帝国军队的武器拥有多大的优势，而是他们的民族特质和生活特点更适应于这种武器的使用。阿拉伯人仅用数十年时间，就将一个边陲部落缔造成疆域辽阔的大帝国。然而，阿拉伯人在大征服的旅程中，似乎并没有出现革命性的兵器，主要作战武器与周边的波斯、东罗马帝国并无二致，主要是剑和矛，但有两项并不起眼的军事技术和武器的应用发挥了至关重要的成效：一个是马镫，另一个是投石机。② 马镫发明于中国魏晋时期，在南北朝期间通过突厥人、阿瓦尔人、马扎尔人等欧亚大陆北部游牧民族传播到波斯地区、东罗马帝国，再从这些地区传播到阿拉伯半岛；而攻城的投石机，主要用于攻城战。

---

① [英] 查尔斯·辛格、[英] 埃里克·约翰·霍姆亚德、[英] 阿尔弗雷德·鲁珀特·霍尔等主编：《技术史 第Ⅱ卷：地中海文明与中世纪》，潜伟主译，中国工人出版社，2021年，第642页。

② 参见 [英] 休·肯尼迪：《大征服：阿拉伯帝国的崛起》，孙宇译，民主与建设出版社，2020年，第64页。

不管是马镫还是投石机,在波斯地区和东罗马帝国都已得到广泛应用,然而用在防守方的波斯人和东罗马人手中,与用在进攻方的阿拉伯人手中,其效果截然不同:马镫更能帮助作为游牧部落的阿拉伯人,在骑马时腾出双手射箭、投枪,并使进攻的队伍更机动灵活、更能长途跋涉,且能对波斯和东罗马占优的骑士武装和重装步兵形成冲击;而用攻城机攻打四处游走的阿拉伯人,显然难以发挥作用。与之相反,阿拉伯人用其来攻打帝国的城池,则威力巨大。据记载,"在伊斯兰大征服的第一阶段(632—650年),阿拉伯军对波斯首都泰西封攻城战中,使用了二十台投石机"①。

世界性帝国从欧亚大陆腹地变迁到伊比利亚半岛的葡萄牙和西班牙,是人类发展史上开天辟地的大事。它揭开了世界大航海的序幕,使人类从大陆文明迈向海洋文明,从区域文明迈向全球一体化,并谱写了资本主义大发展的序章。葡萄牙和西班牙偏居欧洲大陆西南角的伊比利亚半岛,当时从阿拉伯人的统治下独立不久。仅从军事角度看,如果没有出现划时代的武器革命,伊比利亚人根本无法担当这样的历史使命。正如斯塔夫里阿诺斯所指出的那样,"古典时代和中世纪时,游牧民的军事才能主要就建立在骑马作战这一基础上——这一技术最终导致成吉思汗在13世纪完成一系列惊人的征服——直到西方火器占据优势之后,诸文明中心才从游牧民频频入侵的威胁中解脱出来"②。

正是火器应用带来武器革命,才推动伊比利亚人走向人类历史发展的前沿。史料证明,存世最早的利用火药发射的枪炮出自1356年,在此前后,枪已经在欧洲战争中相当普遍地使用。③而到公元

---

① [英]休·肯尼迪:《大征服:阿拉伯帝国的崛起》,孙宇译,民主与建设出版社,2020年,第64页。

② [美]斯塔夫里阿诺斯:《全球通史:从史前到21世纪》(上),吴象婴、梁赤民译,北京大学出版社,2020年,第113页。

③ [英]查尔斯·辛格、[英]埃里克·约翰·霍姆亚德、[英]阿尔弗雷德·鲁珀特·霍尔等主编:《技术史 第Ⅱ卷:地中海文明与中世纪》,潜伟主译,中国工人出版社,2021年,第425页。

1500年以前，手枪、野战炮和攻城炮已经在战争中占了主导地位。[1] 枪与火炮的使用，在大航海时代中发挥的作用并不逊色于航海船只的改进和航海技术的应用——它使小支的队伍就拥有了前往千里之外，挑战一个部落群体并战而胜之的能力。我们可以设想一下，如果葡萄牙人、西班牙人依旧带着长矛、剑和弓箭等冷兵器装备，登陆遥远的非洲、亚洲和美洲海岸，几十个人、几百个人如何能战胜数以万计的部落武装，又如何能开辟和管理辽阔的殖民地呢？

然而，火枪和火炮使不可能变成了可能，它使得西班牙人和美洲当地的土著在斗争中属于两个世界的人：西班牙人按照欧洲模式进行现代意义的战争，他们使用火枪、火炮，并且将火炮安装到船上，使用火力将对手的阵营完全摧毁；阿兹特克人发动战争的目的似乎不是为了杀死敌人，而是为了捕获祭祀用的战俘，这使得西班牙人发动的战争几乎形成单方面屠杀，虽然参战的西班牙人只有阿兹特克人十分之一甚至百分之一。[2] 而"16世纪的前20年，佛兰德和德意志冶金学家发展了铸炮技术，这种大炮能射出弹丸，摧毁300码内的船只。海战因此发生了变化，由占领敌船的肉搏变成了舷炮齐射的炮战，它使欧洲人能占领并控制世界各大洋达4个世纪之久"[3]。

与葡萄牙一样，世界性帝国变迁到英国，人类社会同样面临重大转折——帝国由大洋沿岸变迁到海洋中的岛国，殖民帝国衍变为工商帝国。这同样会催生划时代的武器，或者新的时代需要这种武器推动帝国变迁。英国是最早采用先进的"搅炼"技术炼成的铁制

---

[1] [英]查尔斯·辛格、[英]埃里克·约翰·霍姆亚德、[英]阿尔弗雷德·鲁珀特·霍尔等主编：《技术史 第Ⅲ卷：文艺复兴至工业革命》，高亮华、戴吾三主译，中国工人出版社，2021年，第412页。

[2] [法]帕特里斯·格尼费、[法]蒂埃里·伦茨主编：《帝国的终结》，邓颖平、李琦、王天宇译，海天出版社，2018年，第170页。

[3] [美]斯塔夫里阿诺斯：《全球通史：从史前到21世纪》（上），吴象婴、梁赤民译，北京大学出版社，2020年，第342页。

造大炮的国家，大炮的成本由此大幅降低。在1794—1805年起步的关键几年中，英国政府购买了铁器制造商大约1/5的产品，几乎全部用于军备。①英国也是最早利用铁制造船舶的国家，早在1787年，英国中部就开始以铁代替木材来造船。②18世纪后几十年里，英国皇家海军又最早实现了两项重大的技术改进——用铜覆盖船底并使用炮筒短、口径大的卡隆炮。尽管实用的蒸汽机应用于轮船起始于法国，并给英国人带来了很大的恐慌，但英国很快顺应了这种变化，皇家海军不得已也开始在军舰上装备辅助的蒸汽发动机。③而英国人集中精力设计建造的新型超级战舰"无畏号"，速度高、火力猛，超过当时所有的战列舰，其速度达到21节，比当时航速最快的战列舰高出2—3节；舷侧配备10门12英寸口径的火炮，大大超过旧式战舰所能承载的发射重量。④1906年，这一巨舰下水，令其对手——尤其是德国海军纷纷暂停造船计划，直至堪与"无畏号"战舰比肩的设计方案出台。⑤

在海洋上，英国人依托先进的海军装备，放大了海岛的地理势力。而在陆地军事装备方面，一系列技术更加先进的枪炮也被英国人发明、改进出来，比如：滑膛枪炮、后膛炮、加农炮、格林机枪、轻型野战炮等。特别是1884年，英国人马克沁发明的马克沁机枪，射速可达每分钟550—600发，一俟投放到战场就能快速改变战争的形态。1898年，在英国政府插手埃及和苏丹的恩图曼战役中，

---

① [美]威廉·麦克尼尔：《竞逐富强：公元1000年以来的技术、军事与社会》，孙岳译，中信出版社，2020年，第168页。

② [英]查尔斯·辛格、[英]埃里克·约翰·霍姆亚德、[英]阿尔弗雷德·鲁珀特·霍尔等主编：《技术史 第V卷：十九世纪下半叶》，远德玉、丁云龙主译，中国工人出版社，2021年，第435页。

③ [美]威廉·麦克尼尔：《竞逐富强：公元1000年以来的技术、军事与社会》，孙岳译，中信出版社，2020年，第213页。

④ [美]威廉·麦克尼尔：《竞逐富强：公元1000年以来的技术、军事与社会》，孙岳译，中信出版社，2020年，第264页。

⑤ [美]威廉·麦克尼尔：《竞逐富强：公元1000年以来的技术、军事与社会》，孙岳译，中信出版社，2020年，第260页。

第一章 帝国变迁动力

英军使用马克沁机枪对德尔维希士兵实施了字面意义上的大屠杀。这场战役中，英军的损失是 48 人，而德尔维希方则是 11000 人。英国武器装备的改进和军事实力的提升，明显分为两个阶段：一个是 1588 年前后，英国海军战胜了西班牙"无敌舰队"；另一个是蒸汽机发明之后，大量的工业化成果被应用于军事武器的制造，这也为英国"第一帝国"和"第二帝国"的两次崛起，提供了充足的生产势力和强大的霸权保障。

  人类的军事斗争从内陆发展到内海，从内海发展到大洋，武器装备和战争形态随之发生重大变革，世界性帝国也随之而发生转移。当战争覆盖了陆地和海洋，天空无疑会成为人们新开发的战场。1903 年 12 月 17 日，人类将天空开发成战场的能力终于跨出极大的一步——在美国东海岸北卡罗来纳州的基蒂霍克，一位年轻的自行车制造者奥维尔·莱特（1871—1948 年），在人类历史上第一次进行了有动力的、持续的、受控制的飞行。①第二次世界大战爆发后，美国动员了在工业与大学中的力量，有效地进行了庞大的军事技术研究。这些是有史以来第一批应急的技术计划，结果获得了巨大的成就，生产了喷气式飞机、微波雷达（对航行是一项革命性的成就）、新型炸药、轰炸瞄准器、近爆引信和原子弹。②特别是飞机的发明和大规模应用，使人类作战模式和范围发生了重大改变，为帝国势力越过大西洋转移到美国提供了有效保障。苏联解体、冷战结束之后，美国形成了超强的军事实力，近乎主导了人类赖以生存的陆地、海洋和天空。然而，强盛至极的美国似乎没有了敌人，但也因此拥有了几乎所有的敌人。

  美国要维护世界霸权，热爱和平的国家要终结霸权主义，就都

---

① ［英］查尔斯·辛格、［英］埃里克·约翰·霍姆亚德、［英］阿尔弗雷德·鲁珀特·霍尔等主编：《技术史 第V卷：十九世纪下半叶》，远德玉、丁云龙主译，中国工人出版社，2021 年，第 483 页。

② ［英］特雷弗·I. 威廉斯主编：《技术史 第VI卷：20 世纪（上）》，姜振寰、张秀杰、司铁岩主译，中国工人出版社，2021 年，第 131—132 页。

需要向更高的维度和空间发展军事能力。因此，人类生活环境之外的外太空将成为军事发展的重要方向，新的文明形态和终结帝国霸权的力量也将由此获得支撑。由于从事太空行动如建立导航系统、超级风洞、太空基地和发展太空量子通信技术等成本极为高昂，只有极少数大国才有条件成为玩家，在可见的未来将有更多的中小国家退出分享军事权力的行列，世界治理权力不可避免地向一两个国家或其联盟集中。

而征服外太空，火箭是必备的基础性技术。它具备了武器发展重要维度的几乎所有特征：一是杀伤距离远，可以绕过地面防御对全球任何一个角落形成打击；二是杀伤面积大，携带核弹头的火箭可以对一国居民形成毫无抵抗力的大屠杀，世界却因此拥有了制止大规模战争的平衡性；三是机动性极强，它辅以导航技术，穿插灵活，飞行自如。

火箭似乎是人类武器发展的终极性产品，它对世界霸权主义的终结是否具有某种象征性意义？研究表明，火箭起源于中国，作为武器有记载的最早使用是在1232年，当时蒙古人在汴京围攻战期间使用了火箭。①而首次提出用火箭作为一种航空器提供推进动力的，是一位名叫万户（Wan-Hoo）的中国人。据说，他在1500年前后设计了一种用火箭推进的风筝，这比公认的首次用火箭推进的飞行早了400年以上。②如今中国现代火箭技术走在了世界的前列，北斗导航系统、中国空间站、月球探测等重大工程的实施，为人类实现更美好生活提供了强大保障，而这也将成为中国终结帝国霸权、推进人类命运共同体建设的有效手段。

---

① ［英］查尔斯·辛格、［英］埃里克·约翰·霍姆亚德、［英］阿尔弗雷德·鲁珀特·霍尔等主编：《技术史 第Ⅴ卷：十九世纪下半叶》，远德玉、丁云龙主译，中国工人出版社，2021年，第511页。

② ［英］查尔斯·辛格、［英］埃里克·约翰·霍姆亚德、［英］阿尔弗雷德·鲁珀特·霍尔等主编：《技术史 第Ⅴ卷：十九世纪下半叶》，远德玉、丁云龙主译，中国工人出版社，2021年，第511页。

贸易与帝国变迁

从某种程度上讲，贸易就是通过交换的方式占有本不属于自己的物品，从而满足自身的欲望。而人的欲望从历史长河来看永无止境，这就决定了贸易的范围会越来越广，贸易运输量也会越来越大，而辽阔无垠的海洋恰好可以满足这一发展要求。至于人类从什么时候开始从事贸易，开展大规模、长程商贸活动，既难有确切的标准，也无可资评判的实物。早在史前时期，波利尼西亚人就掌握了航海技术，他们那时就已经在夏威夷到塔希提之间长达 2350 英里的航线上作定期航行。① 而欧洲地中海一带多海湾、半岛，人们大多傍海而居，做生意和开展贸易可以自由航行，任凭个性肆意开拓。由此，以海洋贸易为主体的西方地中海一带形成了独特的贸易体制、贸易格局和贸易文化。《圣经·旧约》记载有推罗国王希兰与所罗门王的故事。推罗是腓尼基的远祖之一，据考古资料显示，腓尼基人早在公元前 11 世纪，就已进入兴盛的年代，他们的商贸活动已经遍及地中海。②

阿拉伯帝国是人类历史上极负盛名的贸易大国，其疆域东至印度，西至大西洋沿岸的西班牙（葡萄牙尚未独立），这使其得以轻松地控制亚洲、非洲和欧洲的贸易通道。当时，阿拉伯与中国贸易的通道有两条，一条是陆上以贩卖丝绸为主的"丝绸之路"，另一条是以从事香料贸易为主的海上"香料之路"。阿拉伯商人将从中国、东南亚和印度等地收买的丝绸、瓷器、香料、棉花等通过国内重要贸易中心巴格达、巴士拉、开罗、亚历山大等城市和港口分销到庞大的帝国内部，或者通过地中海沿岸城市，特别是威尼斯向欧洲大陆转卖，为帝国攫取了巨额贸易利润。如此丰厚的贸易利润，使葡

---

① [美] 斯塔夫里阿诺斯：《全球通史：从史前到 21 世纪》（上），吴象婴、梁赤民译，北京大学出版社，2020 年，第 50 页。

② 张笑宇：《商贸与文明：现代世界的诞生》，广西师范大学出版社，2021 年，第 42 页。

萄牙人和西班牙人不可能长久安于阿拉伯人的统治,两者先后开展了国家独立和争夺贸易权的斗争。

为了摆脱摩尔人(阿拉伯及非洲人混血后裔)对地中海贸易的侵扰和对直布罗陀海峡的控制,葡萄牙发起对直布罗陀海峡南岸突出部位——北非贸易重镇休达的征服战争,以及对非洲西海岸及印度的航海探索,揭开了人类大航海以及世界性帝国由内海向大洋变迁的时代序幕。而人类较早的最大规模的海洋活动,并非来自葡萄牙人。早在1405—1433年,东方大明王朝就派遣郑和的船队先后七次下西洋。与葡萄牙人不同的是,郑和下西洋的目的不是为了延伸帝国贪婪的欲望,而是试图构建一个以中国为主导的差序化的和谐世界秩序。船队所到之处,布散天朝物品,以"通好他国,怀柔远人"。然而,建立在理想主义色彩上的航海活动难以维系,不久明朝就实施了海禁政策。与此相反的是,葡萄牙人在征服欲望和成功信念的驱使下,一方面对北非实施军事占领,另一方面派出船队驶往印度和东南亚。1500年,曼努埃尔一世派遣卡布拉尔(1467—1520年)率领舰队去印度,中途因为偏离航道却抵达了巴西。葡萄牙人以及西班牙人所以能航行得更远,完成世界环球航行的壮举,正是得益于蒙古帝国从中国传来的指南针、造船技术,以及丰富的航海知识。①

在大航海时代之前,帝国贸易的商品多为奢侈品和香料,对货船的承载量要求并不高。但是,殖民者希望到达更远的地方、发现更多的陆地、收罗更多的奇珍异宝,而大洋正可以将帝国贸易的脚步引领得更远。在完成了环球征服之后,人们对航海贸易又提出了新的需求。海洋在人类经济社会发展和地缘政治影响中,占据了更为突出的地位。

大航海之后,贸易占据了世界经济史大部分章节,此后的各世

---

① [日] 宫崎正胜:《大国霸权》,米彦军译,浙江人民出版社,2020年,第100页。

界性帝国分别在贸易领域开创和形成了各具特色的贸易文化：葡萄牙大航海贸易、西班牙殖民贸易、荷兰资本贸易、英国大工业贸易、美国金融贸易。这些贸易文化推动了世界经济的发展进步，同时也成为世界性帝国"自我身份"识别的鲜明烙印。

而接棒美国的世界性强国又会开创怎样的贸易文化呢？我们可以从下面对人类社会不同的发展阶段贸易的主要标的、主体服务对象以及货币形式的比较中看出端倪。

农业帝国时代主要贸易物为农作物，如小麦、水稻、棉花等，服务对象主要为官僚和乡村士绅等富裕阶层，主要货币为重金属；殖民帝国时代贸易物主要为基于特殊农产品加工而形成的奢侈品，如丝绸、毛皮、香料等，服务对象主要为贵族及特权阶层，主要货币为银圆和钞票；工商帝国时代主要贸易物为工业产品和工业矿产原料，如车辆、家具、机器及煤、铁矿石、石油等，服务对象主要为城市居民和企业，主要货币是以英镑为主的钞票及有价凭证；金融时代贸易物主要为金融产品和服务产品，如银行借贷、基金、股票等，服务对象为全体大众。从中不难看出，贸易标的离农业生产越来越远，且呈现出由大宗物品到轻质化，再到大宗物品并再度轻质化的中心对称结构模式；服务对象由小众向大众扩展；货币则越来越向轻质化、虚拟化方向发展。

贸易发展规律及以上贸易特点，使贸易对世界性帝国及其变迁产生如下四个方面影响。

其一，贸易对世界性帝国的影响不断深入。为英王伊丽莎白（1558—1603年在位）效力的沃特·罗利曾说："控制海洋的国家就可以垄断贸易，垄断贸易的国家就可以称霸世界。"[①] 现代人很容易理解，如果不利用占地表面积七成的海洋从事贸易，是无法实现帝国势力增长的。然而，贸易并非与生俱来。早期的人们主要通过货

---

① [日] 宫崎正胜：《大国霸权》，米彦军译，浙江人民出版社，2020年，第127页。

物互换满足生活需求和朴素的享受心理,还谈不上贸易。第一个世界性帝国波斯帝国地域广阔,境内不同地区的人们对贸易的需求各不相同。但作为早期的大陆帝国,波斯帝国整体上并没走出生产力低下、交通不便、商品流通量小、国际贸易极为有限的局面,贸易对帝国势力的影响非常有限。而继起的马其顿帝国则极大地推进了贸易的发展。马其顿地处希腊东北边缘,根据自然地理条件,分为位于地域广大、森林密布、适于畜牧的上马其顿,濒临爱琴海的沿海平原、适于农业发展的下马其顿。马其顿人要战胜波斯人,就必须将大陆文明和海洋文明融为一体,以两个文明交合的优势统合相对单一的大陆文明——他们迅速统一了希腊半岛,并将非利士人、希伯来人和腓尼基人居住的地中海沿岸的低地和内陆丘陵地带整合进帝国版图,而这一地区商业文明历史悠久。既拥有陆地霸权又拥有了海洋霸权的马其顿帝国,迅即将海陆交融的文明以及地中海沿岸先进的商业文化,推及整个小亚细亚、埃及、美索不达米亚、波斯高原和图兰,甚至一度影响了印度民族。

　　海洋天生就是贸易运输最好的平台,而将地中海纳为内海的罗马帝国本就为贸易而生。罗马所在的亚平宁半岛位于地中海北岸的中部,像一只腿伸进了大海,成为地中海南北东西贸易往来的中枢。罗马帝国通过地中海东岸的贸易走廊,将贸易的触角伸向亚洲大陆;向南,通过北非的沿岸城市将贸易影响力向非洲渗透;而向北,则大肆修筑道路,形成"条条大路通罗马"的陆路交通格局,使其贸易通道得以伸展到欧洲大陆。贸易对罗马人的生活产生了深远影响,"即使是在偏远地区,即使是对卑贱者来说,日常生活也比罗马统治之前变得舒服得多"①。贸易对帝国的影响已经不再局限于经济领域:罗马人改变了城市,并将城市以一种适应性很强的模式

---

① [美]简·伯班克、[美]费雷德里克·库珀:《世界帝国史:权力与差异政治》,柴彬译,商务印书馆,2017年,第36页。

在帝国各处推广，形成了类似于今天开发商一样的商业模式，圆层顶的博物馆、公共浴室、体育设施、露天剧院、排水系统以及带有罗马石柱的凯旋门在各处建设，带动了大理石、铜制品、金饰件、家具等与建筑相关的商品贸易蓬勃开展；罗马帝国的法律体系已经相对健全，法学家在罗马出现了，人们用法律解决贸易中产生的经济纠纷问题；税收成为保障罗马整体运转的关键，罗马人对土地、人头、继承、拥有奴隶、进口以及出口都要征税。①

随着远洋贸易和殖民贸易的拓展，贸易已经成为世界性帝国财政和经济的支柱，对于疆域相对狭小的帝国更是如此。"葡萄牙帝国在若昂二世年代，从非洲西海岸输入的黄金在国家财政上已经占据了突出的地位。在15世纪80年代中期，每年平均有13艘船只往来于里斯本和埃尔米那的圣约翰堡之间，仅在1487—1489年就约有8000盎司的黄金运到里斯本。1494—1496年约有22500盎司的黄金运回葡萄牙。另一种统计是从1481年至1521年的40年中，王室每年平均从米纳城堡进口1500—1800马克的黄金。"②巨额贸易使葡萄牙、西班牙一夜暴富，大部分财富被用于消费，人们食用了大量从海外进口的糖和香料。"据测算，从哥伦布时代至18世纪末期的300多年间，欧洲每人每年消费的来自亚洲的商品大约为1磅——需要说明的是，这些商品大多数是食品。其他方面也显示出了这一地区的富有。到15世纪末，富裕家庭的室内都布置着各类奢侈品。领主和商人不仅需要承担精美的圣坛以及公开举行宗教仪式的费用，购买骏马、精美的盔甲、奢华的服饰、华丽的挂毯，同时也要购买制作精良的家具、亚麻织品、古董、绘画雕像、书籍手

---

① [美] 简·伯班克、[美] 费雷德里克·库珀：《世界帝国史：权力与差异政治》，柴彬译，商务印书馆，2017年，第35页。
② 顾卫民：《葡萄牙海洋帝国史（1415—1825）》，上海社会科学院出版社，2018年，第84页。

稿、光怪陆离的自然物品以及其他精美稀见的物品。"①巨额财富快速积累并非好事,人们容易形成游手好闲、不事劳作的恶习,甚至成为足以导致帝国势力最终崩溃的黑洞。16世纪中晚期,"西班牙贵族阶级形成了一种错误的想法,即认为劳动、工作是可耻的,而这时其他西欧国家的这种偏见正在消除。在低地国家(当今的荷兰、比利时一带)、法国、英格兰等其他欧洲地区,金银的流通推动了经济和社会变革。西班牙却是个例外,夜郎自大,仍然生活在盲目自信中"②。那时候,西班牙有钱人都喜欢购买公债,而支持其具有购买公债能力的,不是制造业的生产和农业技术的进步,而是进口白银——西班牙人购买的公债正是日后摧毁其帝国势力的荷兰银行所发行的。

  大航海时代,世界性帝国的形成有其地理特殊性和历史必然性。与其说帝国开展了贸易,不如说贸易催生了帝国,但贸易对世界性帝国的影响还更多地局限于经济和军事领域,贸易的成果也只是更多地被富裕阶层和特权者享用。而工业革命之后,贸易对帝国的影响则是全面的,贸易推动着工业产品不仅穿越了世界每个国家的边界,而且几乎占领了每个人生活的角角落落。贸易不再是为了壮大帝国的军事力量,也不再是为了巩固帝国的政治基础;相反,帝国政治几乎是为更好开展贸易而存在的,帝国的军事力量是为了保障帝国贸易在穿越其他国家边界和拒绝的习惯时而存在的。英国成为世界最强大帝国的标志,不是其皇家海军的力量相当于其他任何两个最大的舰队之和,且在全球各地都部署了效忠于大英帝国的军事力量,而是帝国拥有了世界上最大的商船队,运载着世界上最大的贸易国的货物。强大的贸易体系,成为英国跻身世界性帝国的标志。而到了1913年,英国在世界贸易中的份额,已经由有据可查

---

① [美]柯浩德:《交换之物:大航海时代的商业与科学革命》,徐晓东译,2022年,第16页。
② 成振珂主编:《世界帝国简史:人类变迁中的文明与真相》(下),中国商业出版社,2017年,第1113页。

的1880年时的23.2%下降到14.1%。①贸易大国地位的旁落，也标志着大不列颠帝国走下了"日不落帝国"的神坛。与英国相比，贸易对美国的影响更为全面。"二战"后，美国通过布雷顿森林体系，建立了一种以美元为中心、以国际货币基金组织和世界银行为主体的国际货币体系，推动全球确立了以外汇自由化、资本自由化和贸易自由化为主要内容的全球多边经济和贸易制度。可以说，贸易就是美国立国的根基，其贸易影响力早已渗透到世界各国的方方面面。

其二，贸易量增加改变世界性帝国变迁的方向。如果说海洋形塑了世界性帝国变迁的轨迹，那么贸易则为世界性帝国的变迁提供了动力。贸易作为生产势力的重要组成部分，对世界性帝国变迁的方向发挥着巨大作用，而贸易量的几何级数增长使这种作用体现更充分。

远古时期，人们生活在一个村庄或者一个部落，采摘果实、种植蔬菜、收割粮食，过着自给自足的生活。随着社会的发展，人们交流和寻求生活用品的范围越来越广，相互之间形成了商品贸易。国家特别是帝国产生后，人们不再满足陆地道路和河道的短距离、小批量的贸易运输，而是利用海洋自由航行、运载量大、联结更加遥远的优势，满足不断增长的贸易需求。显而易见，陆地贸易发展受到诸多限制。大陆内部不仅山重水隔，而且国家林立，在旧有的政治格局和交通条件下，形成了难以穿透的壁垒，使得贸易的显性成本和隐性成本远远高于海运。马其顿帝国成为人类大陆帝国（波斯帝国）向内海帝国（罗马帝国）发展的中介性帝国。这既是帝国贸易量增加推动陆地运输向海洋运输转变的必然选择，也是海洋运输及贸易胜过陆地的体现。它使得马其顿帝国获得了战胜波斯帝国的强国势力，从而推动了帝国变迁呈现出由陆入海的历史性转折。

历史的发展往往偶然中存在着必然。哥伦布发现新大陆并非源

---

① [英]保罗·肯尼迪：《大国的兴衰：1500—2000年的经济变革与军事冲突》（上），王保存、王章辉、余昌楷译，中信出版社，2013年，第237页。

于其正确策划和不懈的努力——他要去的是印度,并且认为一直向西航行就能到达船队要去的目的地,但受制于地理知识,他并不知道一块没被欧洲人熟知的新大陆正迎候在他驶往成功的道路上。哥伦布发现美洲大陆具有神秘主义的偶然性,但是随着航海技术的发展和地理知识的进步,欧洲人发现美洲大陆却会是历史的必然。葡萄牙成为世界性帝国由内海向大洋变迁的第一站,同样是偶然事件中的历史必然。葡萄牙人瓦斯科·达·伽马驶入非洲东海岸,打开了驶往印度的正确指南,而为他提供帮助的却是一场风暴——这场风暴使他穿过险象环生的好望角后发现了前往印度的航线。尽管印度航线的发现具有一定的偶然性,但是葡萄牙人担当起人类开拓大航海事业的角色却是历史必然的选择。

一是 14 世纪中晚期,资本主义萌芽已经在地中海和大西洋沿岸的南欧和西欧城市产生,两地之间的贸易需求越来越广泛,人们需要承载量更大的运输方式。二是阿拉伯人和土耳其人先后控制了欧洲与中国和印度等东方国家的贸易,无论是陆上的"丝绸之路"还是海上的"香料航线",贸易的成本都极其高昂,东方常见的香料、丝绸、瓷器成为西方人的奢侈品,打破阿拉伯人及土耳其人的贸易垄断,开拓海洋航线,赚取高额贸易利润成为大西洋沿岸国家和商人念兹在兹的事业。三是葡萄牙地处地中海与大西洋交通咽喉地带,扼守直布罗陀海峡,且加那利寒流沿着葡萄牙、北非西海岸一路南行,为葡萄牙拓展大航海事业提供了无与伦比的地理条件。当然,这些有利的航海和贸易条件最终能促成大航海的历史结果,更多的还是受到社会发展到这一历史阶段对贸易量提升的需求所驱动的。

许多世纪以来,孤悬海外的大不列颠岛一直是来欧洲大陆的许多部落最后的避难所,[①] 而帮助英国完成由孤岛向世界性帝国转变

[①] [英] 詹姆斯·费尔格里夫:《地理与世界霸权》,胡坚译,浙江人民出版社,2016 年,第 152 页。

的同样是世界贸易量的增加。一方面,继葡萄牙、西班牙之后,荷兰、法国、英国也相继走上对外殖民的道路,殖民地遍及世界,殖民地之间贸易及人员往来大幅增长,且集中在西欧较小的区域。荷兰虽然具有临海傍陆、河海联运的优势,但随着贸易量的增加,荷兰国土面积狭小、河道转运的船舶承载量有限的劣势显现出来,帝国的地理势力在中介性优势丧失的情况下受到抑制。相反,英国由于身处大洋之中,海岸线曲折,多优良港湾,对外可以容纳世界各地的货运船只,对内可以辐射西欧及北欧各国,地理优势随贸易量的增加日益凸显。1588年,英国在英吉利海峡打败了西班牙无敌舰队,掌握了大西洋的支配权,"从1610年至1650年的40年间,英国的贸易额增至原来的10倍"[1]。另一方面,英国完成工业革命之后,世界贸易已经发生了根本性改变,纺织、钢铁、造船等工业在欧洲特别是英国各地普遍兴起,世界贸易主要商品已经从农副产品、生活奢侈品和金银等贵重金属,转变为棉花、煤炭、钢铁等工业原料及其工业产品,而既有丰富煤炭、钢铁资源,又具有优良港口优势的伯明翰和曼彻斯特成为世界工业的中心。由此,英国进一步确立了世界性帝国的地位。

20世纪初,美国取代英国成为世界性帝国同样是贸易量增加催生的结果。而推动美国贸易量增加的因素主要有两个。

一个是美国国内统一大市场的形成。南北战争之后,美国形成了体量远超英国的大陆型统一大市场。美国统一之后,本就形成的欧洲移民潮更是经久不衰,1907年这一年就达到了128.5349万人的高峰值。[2]而有数据显示,在1820年之后的100年间,3600万欧洲人移居北美洲地区。[3]1914年,美国人口已达9800万,远超

---

[1] [日]宫崎正胜:《大国霸权》,米彦军译,浙江人民出版社,2020年,第133页。
[2] [美]弗雷德里克·刘易斯·艾伦:《大变革时代:光荣与梦想(1900—1950):全方位变革,走向全球权力之巅》,秦传安译,江苏人民出版社,2019年,第60页。
[3] [日]宫崎正胜:《大国霸权》,米彦军译,浙江人民出版社,2020年,第100页。

英国的 4500 万人，巨大的人口规模为市场及贸易发展提供了充分条件。另一个是工业发展提档升级。美国已经走过了纺织、钢铁生产的初期大工业时代，汽车、飞机、蒸汽轮船、石油制成品成为重要工业产品，且工业生产的集约化、批量化程度更高。仅就汽车生产而言，1915 年，美国登记在册的汽车不到 250 万辆；到 1920 年，超过了 900 万辆；到 1925 年，将近 2000 万辆；而到 1930 年，超过 2650 万辆。[①] 由此，对世界市场和海洋贸易运输提出了更高要求，而运载量巨大的蒸汽轮船和火车的广泛使用，正适应和推动了因贸易量增加而带来的世界性帝国由英国向美国变迁的进程。

其三，贸易技术和制度革新影响世界性帝国变迁进程。贸易离不开运输工具，运输工具的革新和发展一直伴随和影响着世界性帝国的变迁历史。罗马人发现"人和牲畜在平坦而坚实的地面上要比在起伏而柔软的地面上行动更为便利，而且在平地上使用车轮好处更多，在这种情况下，牲畜拉的货物重量要远大于它们所能驮载的"[②]。为此，罗马人在帝国建设了四通八达的陆路交通网络，并与地中海海洋贸易码头相连通，强化和巩固了帝国统治。但是，无论是马驮还是车运，运输量都相当有限。而随着帝国疆域的扩大和运输贸易的对外拓展，以人力或畜力为动力的运输工具都难以适应社会发展的要求。帝国向海洋发展，船舶成为贸易运输的主要工具也就成为历史的必然。阿拉伯帝国时期，阿拉伯人统治着地中海、红海、波斯湾、阿拉伯海等海域。为发展海洋运输，打开与印度、中国的海上贸易通道，阿拉伯人制造了一种可以逆风行驶的帆船。船帆呈三角形，装置在一根长桁条上面，长桁条又斜悬在一根短桅上面，可以转动，直到与船身轴线形成一线，其优点是帆可适应风向

---

① [美] 弗雷德里克·刘易斯·艾伦：《大变革时代：光荣与梦想（1900—1950）：全方位变革，走向全球权力之巅》，秦传安译，江苏人民出版社，2019 年，第 137 页。

② [英] 詹姆斯·费尔格里夫：《地理与世界霸权》，胡坚译，浙江人民出版社，2016 年，第 78 页。

的变化，能在狭窄的水域里抢风转变航向。三角帆船发明的意义是如此巨大，它利用自然力解决了贸易运输中依靠人力和畜力无法持续长距离运输的问题，使超远距离的海洋运输成为可能。这为阿拉伯帝国开辟"海上香料航线"提供了可能，为垄断海洋贸易并攫取巨额贸易利润创造了条件。

更为重要的是，正是三角帆船为葡萄牙人开辟大航海时代创造了极为有利的条件。此前，欧洲人使用的都是横帆，无法适应风向的变化。葡萄牙人引进阿拉伯三角纵帆船之后，可以适应风向不断变化的远距离海洋航行的要求。当然，葡萄牙人成功开辟与印度的贸易航线，依靠的远不止这些。这时候，一些航海家已经获得了"地球是圆的"地理知识，指南针和中国先进的造船技术已经引进到西欧，人们拥有"改进了的制图学、航海图、望远镜、气压计、海面高度仪和装有平衡架的罗盘等新仪器"①。被誉为葡萄牙"航海王子"的恩里克在非洲最南端的厄加勒斯角设立了培养航海家的学校、造船厂、天体观测所，聘请阿拉伯和意大利的船员们，给学员讲解航海技术和地理知识，把他们培养成航海家。②走过了航海探索而进入航海掠夺和贸易之后，荷兰人对航海船只进行了改良，他们更注重实在的收益，将夹板尽量缩小，而将"船肚"尽量做得更大一些，目的就是装载更多的货物运回荷兰本土。

作为后来的海洋帝国，英国早先在造船技术和航海技术上落在了后面，因而在与西班牙、法国、荷兰争夺制海权的战斗中处于劣势，只好奋力追赶。伊丽莎白一世时，英国人建造了一种"帆船式巨型舰"的大型船，上面能够安装四门朝前开火的大炮，打击力或许不如巨型舰，但是在速度和军火装运方面已经领先一步。在船只设计不断进步的同时，英国的枪炮也随着铁矿的发现和铁用途的增

---

① [英]保罗·肯尼迪：《大国的兴衰：1500—2000年的经济变革与军事冲突》（上），王保存、王章辉、余昌楷译，中信出版社，2013年，第28页。
② [日]宫崎正胜：《大国霸权》，米彦军译，浙江人民出版社，2020年，第106页。

加而得到了改进,英国人自己生产的铁制加农炮造价便宜(是一般加农炮价格的 1/5),这种技术优势差不多持续了一个世纪。①

然而,殖民竞争带来的小打小闹的造船技术革新,显然无法满足大工业生产对贸易运输提出的新要求,英国发明家瓦特发明的蒸汽机使之成为可能。1807 年,美国人富尔顿建造了一艘长 45 米、宽 9 米、排水量 100 吨的蒸汽轮船"克莱蒙特"号,"从纽约航行到了奥尔巴尼,150 英里的路程一共耗时 24 小时"②。如果说葡萄牙人掌握了三角帆船制造和航行技术,开辟了世界大航海时代,并将世界性帝国中心由地中海沿岸推进到大西洋沿岸,那么蒸汽轮船的发明则适应了由传统工业向"大工业、大商品、大物流"时代的发展,使跨越大西洋的欧美两地的低成本运输得以实现,从而加速了世界性帝国由英国向美国变迁的步伐。在 1869 年,从芝加哥运输 1 蒲式耳小麦到利物浦的成本为 37 美分,到 1905 年则降到了 5 美分,即便到了货币价值已有所下降的现在,这一成本也仅比 5 美分略高一点。③ 海运价格如此低廉,使美国这个当时最大的统一大市场对世界各国的贸易商拥有了巨大吸引力。

海洋运输发生着交通技术革命,船只吨位越来越大,运输的成本越来越低,必然要求陆地上的交通技术做出相应变革,以适应商品大批量运输和快速运抵客户端的要求,否则海洋运输技术革新就无法落实为客户提供更低成本和更快捷服务的优势。美国被誉为"汽车上的国度",而火车发展的历史地位更应该被人们充分认识。对新大陆的美国来讲,火车交通网建设的作用显而易见——铁路连接了村庄、港口、产棉区、产糖区、煤矿和铁矿,一座座城镇在铁

---

① [英]尼尔·弗格森:《帝国》,雨珂译,中信出版社,2012 年,第 9—10 页。
② [英]詹姆斯·费尔格里夫:《地理与世界霸权》,胡坚译,浙江人民出版社,2016 年,第 78 页。
③ [英]詹姆斯·费尔格里夫:《地理与世界霸权》,胡坚译,浙江人民出版社,2016 年,第 78 页。

第一章　帝国变迁动力

路沿线被建起来；而修建铁路，需要铺设铁轨，制造列车，修建车站、铁道桥、隧道，涉及的行业很多，成为牵引经济发展的重要动力。更为重要的是，横贯大陆的铁路网使通过蒸汽轮船越洋运输而来的大量货物得以快速地运往全国各地，美国海陆联运的统一大市场优势更加彰显，这使其在与大英帝国以及德国、法国和俄国的竞争中获得更为优越的帝国势力。

在贸易运输技术变革的同时，贸易制度和体系的变革同样对世界性帝国变迁产生着影响。作为两个最早从事大航海活动的帝国，葡萄牙、西班牙利用教皇权威以及相互签订的《托德西拉斯条约》和《萨拉戈萨条约》，企图划分世界殖民地势力范围。开展大航海活动稍晚但商船数量占有绝对优势的荷兰，为了打破葡萄牙、西班牙在殖民和贸易方面的垄断，进行了影响广泛的贸易理论、贸易制度和贸易体系方面的创新，提出了"公海"理论，将公海认定为公共财产，主张任何国家在公海上都可以自由航行，将海洋的贸易航行权与陆地的殖民权分离了出来。1602年，以奥登巴思米尔特为首的荷兰议会批准，允许和鼓励荷兰工商业者以阿姆斯特丹为主，联合其他城市的工商业界，建立"尼德兰联合东印度公司"，注册资本650万荷兰盾，除特别授予这家公司从好望角至印度洋、太平洋至南美南端麦哲伦海峡航线上的贸易垄断权外，还让其拥有开战、议和、建立殖民地、夺取海上外国船只、建立城堡及铸造货币等众多其他特权。因此，东印度公司实质上已成为荷兰这个国家对外侵略和殖民统治的权力机构。[1] 荷兰还创建了公债体制，使政府得以以很低的利息从公民手里借钱，它建立了现代央行的雏形，货币体系很健全，它的税收体系——主要基于货物税——也是简单有效的。[2] 以上一系列措施，使得东印度公司保留了民间企业的活力和

---

[1] 参见成振珂主编：《世界帝国简史：人类变迁中的文明与真相》（下），中国商业出版社，2017年，第1046页。

[2] [英]尼尔·弗格森：《帝国》，雨珂译，中信出版社，2012年，第9页。

对利润的贪婪，并能将民间资本聚拢起来用于征战和殖民，同时又将国家从道德的捆绑中解放了出来，东印度公司很快便向称霸世界的葡萄牙和西班牙发起了挑战，并最终获得优势地位。

尽管英国远比荷兰拥有更加突出的地理势力，英国的统治者也觉得自身理应接过荷兰的世界性帝国的地位，但是当其作为后来者挑战西班牙和荷兰的霸权地位时，英国人还是采取了一些作为弱者打破旧秩序的非常做法。一是以无耻的海盗传统为基础，发展"武装民船"或民间海战制度，将民间海盗行为合法化，对西班牙、荷兰军舰和商船实施骚扰和抢劫。仅在1585—1604年，每年差不多有100—200艘船只负责在加勒比海沿岸实施海盗行为，抢夺回来的财物每年至少价值20万英镑。① 二是在1650年仿效荷兰东印度公司，对英属东印度公司实施永久股份制改造，利用民间公司从殖民地贸易中牟取暴利。三是在1651年颁布《航海条例》（即《航海法案》），宣布所有进入英国及其殖民地的产品（数量一直在逐步增加），必须由英国或产品生产地（或制造地）的船只进行运输。四是在1688年夏，一个由英国新贵族组成的强大寡头集团发动了政变，他们邀请荷兰执政奥兰治亲王威廉进入英格兰，几乎是兵不血刃地驱逐了詹姆斯二世，史称"光荣革命"。这次革命是英国自由主义派和议会君主制的胜利，但同时它也带有英荷联盟的意味。荷兰的奥兰治亲王威廉实际上成了英国的领导者，而荷兰商人也成为英属东印度公司的大股东。英荷联盟让英国人首次得以了解荷兰重要的金融机构，以及它们先进的金融运行机制，成立了英格兰银行，并引入了荷兰的国家公共债务体系，还获得了荷兰在亚洲的殖民和贸易资源。②

其四，贸易格局推动世界格局变化。从前文的叙述，我们可以

---

① [英]尼尔·弗格森：《帝国》，雨珂译，中信出版社，2012年，第9页。
② [英]尼尔·弗格森：《帝国》，雨珂译，中信出版社，2012年，第6—7页。

看出贸易大国与世界性帝国存在如下相互交织的关系。

一是贸易大国先于世界性帝国诞生。大航海之后，贸易既是帝国生产势力发展的体现，也是帝国势力积累的条件。当帝国走过创业期进入快速发展阶段之后，首先体现出来的就是贸易实力的增长，并逐步成为世界最为强大的贸易体。这一方面反映出帝国具有强大的生产势力，另一方面说明帝国拥有了与之相适应的贸易保障能力。无论是葡萄牙、西班牙，还是荷兰、英国、美国，在成为公认的世界性帝国之前，它们都已经成为世界贸易大国。

二是世界性帝国必然是贸易大国。作为世界性帝国，无疑表明其掌握着世界贸易的关键资源，并拥有调配和保护这些资源的能力。相反，如果帝国不能掌控贸易资源，就无法对其他国家形成帝国势力的压制。尽管1894年美国的工业生产总值已经跃居世界首位，相当于英国的2倍，法国的3倍，接近全球工业生产总值的1/3，但其1913年外贸只占国民生产总值的8%左右，相比之下，英国则占26%。[①]这一方面源于美国提高海关税率，封杀欧洲各国解决贸易赤字的努力，另一方面说明贸易能力往往滞后于生产势力的发展，这也正说明1913年的美国还不是完全意义上的世界性帝国。而美国之前的葡萄牙、西班牙、荷兰和英国等国家，无不是在丧失了贸易霸主地位之后被请下世界性帝国宝座的。

三是世界贸易格局的变化就是陆权与海权关系的变化。人类的贸易无非在陆地和海洋两种介质中进行，海洋联系范围广、运输成本低，而陆地是人类生活、居住的场所，是贸易的本源和归属。随着生产力发展阶段不同，海洋运输和陆地运输相应地发挥不同的作用，人类贸易发展的历史也由此分为四个时期。（一）陆地贸易和海洋贸易平行期（大航海之前）。这一时期由于生产力低下，人们消费

---

① [英]保罗·肯尼迪：《大国的兴衰：1500—2000年的经济变革与军事冲突》（上），王保存、王章辉、余昌楷译，中信出版社，2013年，第254页。

能力有限，贸易大多在陆地和海洋各自的区域内进行，主要为短程贸易，贸易商品以农副产品为主，而阿拉伯和威尼斯承担着陆地贸易和海洋贸易为数不多的中间商角色。（二）海洋贸易主导期（大航海开始至1825年蒸汽火车的出现）。这一时期贸易主要在海洋与陆地沿海进行，海洋与大陆之间的长程贸易和区域内贸易相结合，贸易商品先期以农副产品、奢侈品为主，后期增加了手工业品和工业制成品。（三）海陆贸易转换期（1825年蒸汽火车的出现至2020年中国成为世界第一贸易大国）。这一时期贸易贯通海洋和大陆内部，世界日益走向一体化，贸易商品以工业原料、生产设备和生活消费品为主。（四）大陆贸易主导期（2020年中国成为世界第一贸易大国之后）。这一时期为陆权回归时期，贸易中心将逐步转移到欧亚非三大洲内部，贸易实行海陆联运，跨大洲的海洋贸易量及重要性下降，世界市场逐步走向深度一体化。需要指出的是，以2020年中国成为世界第一贸易大国为大陆贸易主导期的分界，是因为中国作为欧亚非大陆贸易力量的代表，具有标志性意义。事实上，世界贸易中心向欧亚大陆转移早已在进行之中。

四是贸易带动世界性帝国向更大的市场变迁。世界进入近现代社会，经济实力成为判定世界性帝国的最重要的标准，其他如政治、军事、文化实力无不依附于经济实力。而作为经济实力最重要的体现之一，贸易总在追寻更大的市场，即使像葡萄牙和荷兰那样的地理小国，也因为其拥有广大的殖民地和中介性地理优势，而成为那个时期世界商品集散市场中心。世界性帝国从英国变迁到美国也是如此。美国完成南北统一之后，人口和投资大量增加，迅速成为与英国相抗衡的统一大市场——从内战结束时的1865年到美西战争爆发时的1898年，美国小麦产量增加了256%，谷物增加了222%，精糖增加了460%，煤炭增加了800%，钢轨增加了523%，投入运行的铁路线的长度增加了567%以上（几乎从零开始的新型工业发展的速度是如此之快，以致用百分比计算显得毫无意义了)。①市场的扩大和消费能力的增长，必然推动帝国势力由英国向美国转移。1913年，美国现代燃料的能源消费已经等于英国、德国、法国、俄国和奥匈帝国的总消费量，它生产、拥有的汽车比世界其他国家的总和还要多。到1919年，美国的经济实力就已压倒了欧洲②，美国作为世界最大的新兴市场接过了世界性帝国的权杖。

当前，世界政治格局出现了新的特点，就是权力中心、财富中心和发展驱动力正在发生转移，国际规则和秩序正在经历重大变革。这种转移和变革正是世界贸易格局变化和推动的结果，它同时推动着世界性强国正在发生又一次历史性变迁。世界贸易格局变化主要体现在以下三个方面。

一是中国成为世界最大的贸易国。继2020年之后，2021年中国对外贸易进出口总额又一次位居世界第一，达到6.051万亿美元，占全球贸易总额的13.5%；美国外贸总额为4.692万亿美元，占全球贸易比重为10.47%。③二是中国与亚欧大陆区内国家（组织）贸易比重提高。2020年中国对亚洲的贸易总额为2.3954万亿美元，占中国贸易总额的51.4%；对欧洲的贸易总额为0.9097万亿美元，占中国贸易总额的19.5%；对北美洲的贸易总额为0.6514万亿美元，占中国贸易总额的14.0%。④其中，对亚洲和对欧洲贸易就占到了中国贸易总额的70.9%，是对北美洲贸易占比的5.06倍，这既说明中国对美贸易依存度明显降低，亚欧大陆区内贸易已经达到相当高度，同时也表明世界贸易中心已经不可逆转地转移到亚欧大陆。三

---

① [英]保罗·肯尼迪：《大国的兴衰：1500—2000年的经济变革与军事冲突》(上)，王保存、王章辉、余昌楷译，中信出版社，2013年，第252页。
② [英]保罗·肯尼迪：《大国的兴衰：1500—2000年的经济变革与军事冲突》(上)，王保存、王章辉、余昌楷译，中信出版社，2013年，第253页。
③ 数字财经智库，2022年4月26日，https://baijiahao.baidu.com/s?id=1731071457233857886&wfr=spider&for=pc。
④ 张琳、石先进等：《中国对外贸易报告（2020—2021）》，中国社会科学出版社，2021年，第36页。

是以服务贸易、数字贸易、文化贸易为主体的"轻"贸易蓬勃发展。随着科技发展和社会进步，世界已经走过了大工业、大物流、大贸易的发展高峰期，国际货物贸易特别是大宗石化、矿物产品的贸易量呈结构性下降趋势（石油可通过管道运输，煤炭可就地发电，电能通过超高压输变电技术实现长距离输送），海洋运输在世界贸易中的地位将会下降，而世界贸易的标的正从实物延伸到虚拟，市场交易的产品从有形实体拓展到无形领域。与之形成对照的是，国际服务贸易规模已经从1980年的3600亿美元扩大到2022年的约70000亿美元，增长了19.4倍，服务贸易已占全球32万亿美元贸易总额的21.88%。[1] 前世贸组织总干事阿泽维多指出，服务贸易已成为全球贸易中最具活力的贸易形式，并将在未来几十年发挥越来越重要的作用，他为此呼吁加强国际合作以应对未来的贸易趋势[2]。

以上贸易格局的变化，表面上受到了美国对中国挑起贸易战、中国分化贸易风险和世界贸易保护主义回潮的影响。然而，世界贸易格局的这三个变化，不是暂时的，而是长期结构性的，深层次的原因是受到了世界性帝国势力转化的影响。"二战"后期，美国为攫取世界秩序的领导权，主导建立了以布雷顿森林体系为基础的国际经济秩序，使世界经济、贸易发展走向了一体化。然而，当今美国维护世界霸权却陷入两难的境地：美国越是要保持世界性帝国地位，推动经济发展，亚欧大陆则越是走向经济一体化，美国则越是面临亚欧统一大市场的竞争压力，其帝国势力则越会在这种竞争压力下走向消解。美国霸权这种矛盾现象的产生，实质是其帝国势力进入了急遽衰退的轨道——陆权正在回归世界历史舞台的中心。

---

[1] 经贸新闻：《2022年全球贸易总额创下历史新高》，中华人民共和国商务部网站，2023年3月24日。

[2] 见世界贸易组织（WTO）《2019全球贸易报告》。

四、文化势力

我们观察世界性帝国变迁，会发现有的帝国基础条件很好，但始终没有成为世界性帝国，比如希腊，其位置恰好处于亚、非、拉三大洲交界区域，文明历史源远流长，古代经济就极为发达；而有的帝国对世界性帝国的霸权似乎并不迷恋，比如荷兰，其始终没有（或者没有能力）加强对殖民地区的军事控制，甚至在"光荣革命"之后，出手帮助英国加快世界性帝国势力的转移。这些国家对帝国的态度，一方面源于其薄弱的地理势力和生产势力无法支撑其更宏大的帝国梦想，另一方面则源于其文化对帝国事业并不热衷。希腊人的主要问题是，即使面对日益复杂的情况，他们也绝不允许自由受到任何形式的挑战，[①]不愿意屈就于某个群体而忍受制度的约束；而荷兰人的问题则是采用了联邦制，没有中央政府，欧洲各地的商人又云集于此，荷兰并不执着于取得霸权。[②]

显然，文化势力对世界性帝国的变迁产生着重要影响。它主要指一个国家的政治制度、法律规章、发展理念、风俗宗教以及人们群体性观念、行为所形成的文化实力。在推动世界性帝国变迁的三种势力中，文化势力处于从属地位。它在帝国生产力获得较快发展，并使帝国文化与之相适应之后，获得了较大的成长空间；而在新的生产要素出现之后，由于守成帝国的文化已形成历史惯性，致使文化势力成为帝国势力发展的制约性因素。因此，帝国文化势力具有先锋性和保守性的双重属性。

文化势力总是伴随生产势力的变化而调整。由于时间差，使得这种调整难以形成一致性——当文化势力与生产势力发展同步，并形成良性互动时，文化势力呈现先锋性特点；当其落后于生产势力

---

① [德]克里斯蒂安·迈耶：《自由的文化：古希腊与欧洲的起源》，史国荣译，文化发展出版社，2019年，第42页。
② [日]宫崎正胜：《大国霸权》，米彦军译，浙江人民出版社，2020年，第129页。

的发展要求时，文化势力则呈现出保守性特点。任何一个世界性帝国，在其形成发展的初期，为适应和促进生产势力发展和壮大，总是对旧有的文化势力进行变革，以促进生产力的释放，并推动和促成文化势力、地理势力和生产势力的深度融合，从而激发强大的帝国势力。葡萄牙航海文化、荷兰资本主义文化、英国大工业生产文化，都分别适应了各自在人类社会发展不同阶段生产势力的发展要求，从而推动了生产力发展，保障了其世界性帝国的形成。

而随着生产势力的调整和进步，文化势力的滞后性将日益显现，成为阻碍帝国发展的"拖拽性"力量。中华传统文化之于资本主义生产方式已有一定发展的清朝、伊斯兰教之于阿拉伯帝国的阿巴斯王朝、天主教之于后期的西班牙帝国等，莫不是文化势力的滞后性阻碍了帝国进一步发展。而在落后文化势力的阻挠下，生产势力就会向帝国的边缘地区甚至外部地区过渡或转移，世界性帝国因此开启了新一轮的变迁。下面以西班牙帝国为例。

在经历了大殖民掠夺之后，人类社会需要全新的财富创造方式，以对原有的已经阻滞生产力发展的文化进行大刀阔斧的革新。西班牙作为当时的世界性帝国，它站在了保守势力的一边，以天主教为代表的帝国文化已经不能适应和满足当时生产势力的发展。1517年，欧洲开展了影响深远的宗教改革运动。西班牙国王查理一世登基两年后，于1519年被推选为神圣罗马帝国皇帝。他拥护罗马天主教，极力压制马丁·路德及新教。而荷兰、英国等国家成为激进的宗教改革派，当时资本主义生产势力在这些国家已蓬勃发展，迫切需要新的文化势力与之相适配。而新教所倡导的重视个人职业自由发展和赚钱也是为了荣耀上帝的理念，显然更适应资本主义这一新的生产势力的发展。也因此，在地理势力与生产势力已经适配的情况下，文化势力同样成为推动帝国变迁的重大力量。1581年，荷兰建立联省共和国之后，在数十年时间内就从西班牙人手中接过世界性帝国的权杖，其建立的联邦体制和资本主义经济制度发挥了重要作用。

　　文化势力还具有流转性特点。一方面，在世界各地第一批高度发展的文化出现之后，文化的发展通常借助于与先前文化的交融，[①]这使文化势力的流转具有了纽带性；另一方面，新的社会变革理论和技术往往先在守成帝国内部出现，但是由于承平日久，帝国不可避免滋生骄傲自大心理以及基于保护既得利益而形成保守主义思想，使其难以在原有帝国内部获得推广，只能在新的较小的区域移植和成长，这使文化势力获得了流转的动力。从历史实际进程来看，马其顿帝国的崛起既得益于其身处希腊海洋文化的熏陶，也受益于波斯帝国大陆文化势力的流转；葡萄牙帝国开创地理大发现的先风，与其地理中介势力密不可分，但同样得益于罗马帝国及阿拉伯帝国海洋文化和商业文化的流转；英国以较快的速度崛起为全球性帝国，同样离不开荷兰开创的资本文化的流转。

　　帝国文化势力的流转，还反映在新兴帝国与守成帝国的文化杂交上，唯有对前一个世界性帝国文化进行有效传承、吸纳，并与自身文化融为一体，才能具备比前一个帝国更为强大的新文化势力。彼得·伯克在其研究文化杂交的专著中指出，对杂交文化过程持批评态度的学者无疑忽视了杂交文化积极的一面，即杂交导致合成的趋势，以及杂交引起新的文化形式的趋势。[②] 马其顿对波斯帝国、西班牙对葡萄牙帝国、英国对荷兰帝国、美国对大英帝国，文化的传承与杂交的特征十分明显。

　　与西方文化经常性内部流转所不同的是，近代以来中国是在被动接受西方文化入侵和主动开展自我革命的基础之上，将西方优秀文化吸纳与整合到中国文化的体系中来的。与人们普遍认知所不同的是，中国不仅是世界多元文化的集大成者，且多元文化在中国的

[①] [德] 克里斯蒂安·迈耶：《自由的文化：古希腊与欧洲的起源》，史国荣译，文化发展出版社，2019年，第6页。

[②] [英] 彼得·伯克：《文化杂交》，杨元、蔡玉辉译，译林出版社，2016年，第102页。

复兴大业中发挥着极为重要的作用。经过历次革命和变革，中国已经形成了中华传统文化、西方优秀文化、社会主义文化既相互融为一体，又各自侧重在社会和文化领域、经济领域、政治领域发挥其先进性的文化体系。这种"三元一体"性，应承了世界强国变迁对文化势力全球化的要求。正是"三元一体"文化的保障，使中国具有经济持续高速发展、社会长期和谐稳定、国家能够集中力量办大事的重大优势，为中国积累了极为强大的文化势力。

在迁徙式帝国变迁中，宗教是重要的文化载体，其在历史发展特别是帝国变迁中发挥的重要作用，特别能直观而系统地说明文化势力对帝国变迁的影响。

宗教在世界性帝国变迁中同样具有先锋性和保守性的双重属性：当宗教教义、组织和发展诉求符合新兴帝国生产势力的发展要求，宗教则能有效推动帝国势力快步走向强盛；相反则会对帝国势力形成阻滞和解构作用。从人类社会总体发展趋势看，宗教对帝国势力影响经历了由弱到强再由强变弱的过程。原始社会，宗教初现雏形，人们崇拜身边无法理解的显现巨大力量的事物，如风雨雷电、山河日月。费尔巴哈认为"自然是宗教的最初原始对象"[①]。后来，人们以为这些事物中存在着法力无边的神灵，于是出现了风神雨神雷神电神以及山神河神日神月神，宗教进入了多神教时期。

随着国家出现和战争发展，统治者需要塑造盖世而独立的英雄，以强化个人权威和号召力，维护国家的统一，对自然的崇拜由此被理性化为无所不包的、普遍的、唯一而同一的实体——上帝，[②] 宗教则进入一神教时期。帝国的出现，使宗教传播的范围越来越广，教会势力也越来越强大。在农业帝国时期，宗教迎来最为鼎盛的阶段。随着人们对自然认识能力的提升，特别是文艺复兴和随后的宗

[①] [德] 费尔巴哈：《宗教的本质》，王太庆译，商务印书馆，2010年，第2页。
[②] [德] 费尔巴哈：《宗教的本质》，王太庆译，商务印书馆，2010年，第11页。

教改革运动席卷整个欧洲，人类进入"祛魅"时代，宗教日渐无法主导人们对自然的认知——神性沉沦而人性崛起，宗教不断失势，并逐步从原先处理自然问题的领域退出，人类进入殖民帝国阶段。17—18世纪，欧洲爆发了以反封建、反教会为中心的启蒙运动，催生了欧洲工业革命，人类经济社会出现本质飞跃，世界性帝国也由此进入工商帝国时期，宗教的神性进一步衰落，而自由、民主、平等的人性诉求得以更好落实。宗教对社会的影响进一步从自然领域和政治领域退出，更多地侧重于精神领域。

农业帝国时期，宗教强化了帝国势力。农业帝国时期，我们发现每一个中心性世界帝国[①]几乎都与一个重要的宗教结伴而行，比如波斯帝国与琐罗亚斯德教、罗马帝国与基督教、阿拉伯帝国与伊斯兰教。这其实并不难理解：在科技水平和认知能力低下的时代，人们不能理解自然现象，更无法抵挡自然变化所产生的破坏性力量，往往愿意将命运依附于超自然的神和神的代言者。而帝国的统治者一方面需要依托宗教将自己塑造成神意的代表，以强化自身的号召力和权威性；另一方面，强化宗教的影响力有利于化解军事征服血腥的一面，并在统治的多民族人群中提升民众的凝聚力。由此，我们会看到精神王国的教主往往会通过征服人们的灵魂吸纳更多的教徒，以不断攫取世俗的王权；而帝国的最高统治者则会通过行使王权，将自身塑造成神的使者，不断侵占教主的特权。二者难免陷入倾轧和斗争的旋涡。

农业帝国早期，宗教发展较慢，教会力量比较有限，教权往往回避与王权发生正面碰撞，并且很大程度上依附于王权。但王权的统治受制于有形的国土，而宗教传播的精神王国却无远弗届，因而

---

① 中心性世界帝国，我们将面积宽广、人口众多、势力强大，且在人类发展史上具有重要影响力的帝国视为中心性帝国（如罗马帝国、大英帝国）；与之呈反向对应的那些面积较小、人口较少、势力相对弱小，且对人类文明发展的影响相对偏弱的帝国（如葡萄牙帝国、荷兰帝国），则视为中介性帝国。具体参见下一章内容。

会出现教主统治的地域远多于世俗的国王的局面。这种情势下教主拥有了与国王抗争的本钱，此时帝国往往会陷入混乱、黑暗的局面。世俗的王权和精神王国的教权，最好的发展结果是王权与教权最终统一为一体，二者利益一致、组织统一，从而形成无比强大的帝国势力。农业帝国发展的结果正是如此——历经罗马帝国皇帝与基督教会惨烈的斗争，后来的阿拉伯帝国正是统一了王权和教权，使帝国迅速崛起，开创了史无前例的大征服运动。尽管教会与王国之间矛盾重重、斗争不断，但总体上看农业帝国时期是宗教势力发展最为迅速的年代，宗教的发展为帝国势力的壮大提供了助力。

从为数不多的史料中，我们尚无法考证宗教为波斯建立强大的帝国提供了怎样具体而有利的条件。但波斯人创立的琐罗亚斯德教在帝国开疆拓土和巩固统治秩序的历史进程中，确实发挥了积极的作用。公元前 600 年左右，生活在伊朗高原西北隅的琐罗亚斯德 30 岁时，改革传统的多神教创立了一神教——琐罗亚斯德教（汉语中又称"拜火教"或"祆教"），很快琐罗亚斯德教就被确立为波斯人的宗教。"它是居鲁士大帝创建玛代波斯帝国，并于公元前 558 年至前 530 年统治该帝国时所信仰的宗教。"①而此后波斯帝国的统治者大流士，其父亲及母亲是很早皈依琐罗亚斯德教的信徒。大流士或许并不是虔诚的琐罗亚斯德教徒，但他显然期望从琐罗亚斯德教唯一真神阿胡拉马兹达那里，获得对其统治地位正当性的背书。当其作为一名篡位者，这种期望则显得更为迫切——在其自传和碑铭中，大流士总是提说阿胡拉马兹达的名字，几乎每隔一行就要颂扬伟大的造物主和立法者，谦卑地承认自己依靠神的帮助，或者祈求神保佑自己、自己的家庭和自己的所有业绩。②那时候，琐罗亚斯德教

---

① ［美］刘易斯·M.霍普费、［美］马克·R·伍德沃德：《世界宗教》，辛岩译，北京联合出版公司，2018 年，第 269 页。

② ［美］A.T.奥姆斯特德：《波斯帝国史》，李铁匠、顾国梅译，上海三联书店，2017 年，第 242 页。

第一章　帝国变迁动力

已经拥有了自己的社团，贵族、士兵、农夫等不同的人员都可能是社团（教会）的成员。我们有理由认为，在大流士开疆拓土和治理帝国获得的伟绩中，琐罗亚斯德教对民众发挥了有效的组织和号召的作用。

马其顿帝国没有形成一种影响力巨大的、可称之为国教的宗教，这与帝国存世时间极为短暂有着密切的关系。

罗马帝国是世俗王国与精神王国关系最为纠缠、矛盾冲突最为激烈的时期。共和国后期及罗马帝国早期，随着犹太人散布到罗马各地，犹太教在罗马帝国拥有较大的影响力。公元前后基督教诞生，然而却一直不为罗马帝国所承认，甚至在罗马帝国前300年的时间里，基督教备受帝国摧残和打击——基督教创立者耶稣被罗马总督彼拉多判处死刑并钉死在十字架上，耶稣最重要的使徒保罗被罗马皇帝尼禄斩首殉道，基督教最初的十几任教皇不是被罗马帝国处死就是被流放，而对于其他基督教徒，帝国要么要求其放弃信仰，要么将其投进竞技场与狮子、老虎搏斗。[①] 尽管教权和皇权的矛盾不可调和，但是这一时期的宗教（犹太教、基督教）还是有效强化了罗马帝国的势力。这主要是从两个方面实现的。一是宗教发挥了文化的凝聚作用，它使被征服地区的蛮族快速罗马化。公元前后，罗马通过对外征服，用了不到300年从一个城邦王国扩张成为地跨亚欧非大陆的帝国。然而，被征服的周边地区多为未开化的蛮族，如马扎尔人、东哥特人、日耳曼人、维京人。基督教会将罗马帝国从政治制度、法律、行政管理、司法审判到哲学、文字等优秀的文明成果，一步步传给了日耳曼人。[②] 二是宗教起到了抚慰的效果。公元1世纪的罗马帝国是一个政治稳定的世界，罗马人以极其

---

① 参见李筠：《西方史纲：文明纵横3000年》，岳麓书社，2020年，第160页。
② 参见李筠：《西方史纲：文明纵横3000年》，岳麓书社，2020年，第151页。

残暴的方式进行统治，但是他们却创造了一个相对和平的世界。①这种看似矛盾的情形，与犹太教、基督教教义大范围传播有着密切的关系。犹太教教导信徒爱上帝、爱自己的民族。基督教不仅倡导爱上帝、爱自己的民族，还要爱所有人，甚至包括敌人；要恒久忍耐，不自夸，不张狂，不做害羞的事，不求自己的益处，不轻易发怒，不计算人的恶，凡事包容，凡事相信，凡事盼望，凡事忍耐。②基督教还认为世界的最终结局是末日审判，好人上天堂，坏人下地狱。这种不计善恶的博爱和将美好的报应寄托于来世的诉求，无疑为罗马皇帝严酷无情的统治铺垫了平和的土壤。

颇为蹊跷的是，罗马皇帝君士坦丁在帝国东部建起了一座新城——君士坦丁堡（今天的伊斯坦布尔），使西部的罗马城逐渐被放弃、遗弃、抛弃。③而正是君士坦丁颁布了《米兰敕令》，宣布基督教不再是邪教，并宣布自己皈依基督教。罗马另一位皇帝狄奥多西一世于393年宣布基督教为国教，公元395年他在临终前将罗马帝国分给两个儿子，使罗马帝国正式分裂为东罗马帝国和西罗马帝国，从此罗马帝国再没有实现统一。君士坦丁既推动了王权和教权融合的进程，又推动了罗马帝国分治的进程；而狄奥多西一世既推进了王权与教权的统一，又完成了罗马帝国的分裂。

世俗的政权无法消灭出世的精神组织，而教会也难以僭越皇室的宝座，中世纪的欧洲就这样在政权和教权此起彼伏的纠缠和争斗中陷入连绵不断的战争，各国也因此分分合合，欧洲进入了"黑暗的中世纪"。那么，如何才能结束这种世俗组织与精神组织黑暗的斗争状态呢？可能的途径有两种：一种是打破政权与教权二元分

---

① [美]刘易斯·M.霍普费、[美]马克·R.伍德沃德：《世界宗教》，辛岩译，北京联合出版公司，2018年，第328页。
② [美]刘易斯·M.霍普费、[美]马克·R.伍德沃德：《世界宗教》，辛岩译，北京联合出版公司，2018年，第381页。
③ 李筠：《西方史纲：文明纵横3000年》，岳麓书社，2020年，第127页。

裂状态，将世俗的政治统治权与意识形态的统领权合为一体；另一种是从根本上砸碎宗教赖以存在的基础，把高高在上的上帝和神灵摔下神坛。作为前一种情形，穆罕默德创立伊斯兰教，建立了"乌玛"政权体制，在此基础上阿拉伯人建立起集政权、教权、军权、司法权为一体的哈里发国家体制，使得国家统治和社会治理的组织形式发生了根本改变，为阿拉伯帝国崛起提供了强大的帝国势力。[1] 作为后一种途径，欧洲人经过文艺复兴及其后的宗教改革、启蒙运动，使人性得到张扬，神性被科学所否定，宗教逐步从世俗的政治中剥离出来。

殖民帝国时期，宗教失势加速帝国变迁。农业帝国时代是宗教大发展时期，在西方社会教皇的影响力已经覆盖了整个欧洲。1073年，希尔德布兰德登上教皇宝座，被称为"格里高利七世"。他颁布了二十七条谕令《教皇如是说》，其中的条款将他推上了至高无上的地位，比如"他的头衔是世界上唯一的""他能废黜皇帝""他自己不受任何人审判"等。[2] 当时的神圣罗马皇帝亨利四世对教皇发兵征讨，最终征讨失败，皇帝被迫衣衫褴褛、光脚露臂跑到教皇度假的卡诺莎城堡下跪求饶，历史上把这一幕叫作"卡诺莎之辱"。[3] 然而到了1303年，皇帝和教皇的地位就发生了逆转，法国国王腓力四世派人在法国南部城市阿维尼翁囚禁了教皇卜尼法斯八世，并使其受尽折磨很快去世。自此之后，教廷就留在阿维尼翁，完全被法国国王控制，人们把教会在这一时期惨痛经历称为"阿维尼翁之囚"，教廷和教皇的威信荡然无存。[4] 欧洲宗教势力在攀至巅

---

[1] 人类社会在发明铁制工具之后，在相当长的时间里并没出现新的革命性生产工具推动生产力形成根本性突破。因此，国家和社会组织关系的变革成为推动生产力发展、促进帝国变迁的重要因素。政教合一使阿拉伯人的组织纪律和军事战斗力远胜周边的东罗马帝国、波斯萨珊王朝。

[2] 李筠:《西方史纲：文明纵横3000年》，岳麓书社，2020年，第191—193页。

[3] 李筠:《西方史纲：文明纵横3000年》，岳麓书社，2020年，第194页。

[4] 李筠:《西方史纲：文明纵横3000年》，岳麓书社，2020年，第215页。

峰之后又迅即失势，主要有三个方面的原因。

一是人们对自然的认识趋向理性。由于科学发展和认知水平的限制，中世纪的宗教成为人们认识自然、学习知识和衡量道德的权威，但由于神学的古老性，它的许多内容只不过是编造出来的、无知的东西，这就使得在开明时代本来不应保存下来的错误带有一种神圣的色彩。①宗教曾经试图将混沌无知的世界带向文明秩序，但随着科技的发展，它建立在无知和愚昧基础之上的混沌本身就成为人们破除的对象。随着科技的发展和视野的拓展，人们通过观察和科学实践获得的结论与宗教的权威形成了广泛冲突，宗教经文对客观存在和发生的自然现象的解释越来越难以自圆其说，宗教的权威性在经历了文艺复兴和宗教改革运动之后不断受到削弱。科学从此"夺取了一个又一个原本属于教会的地盘，天文学、天体演化学、年代学、生物学、物理学等领域先后成为科学的领地，按照与既定宗教教义背道而驰的方法进行了重组，而教会'丧城失地'的趋势仍将延续"②。

二是人性得以发现和弘扬。在中世纪，由于受到严重的宗教观念的束缚，人生活在无所不能的神的阴影之下，神的世界所映衬的人是自卑、消极、无所作为的，在自然界和整个世界上存在的意义不足称道。然而，14世纪爆发的文艺复兴运动发现了人和人性的伟大，肯定了人的价值和创造力；重视现世生活，要求发展个性，提倡为创造现世的幸福而奋斗的乐观进取精神。与之相对应的是，文艺复兴运动唤起了人们对天主教会及神学的怀疑和反感，藐视关于来世或天堂的虚无缥缈的神话，反对宗教禁欲主义，反对虚伪和矫揉造作；反对权威，重视科学实验，反对先验论；强调运用人的理智，反对盲从，从而把人们从中世纪基督教神学的桎梏下解放出

---

① [英]罗素：《宗教与科学》，徐奕春、林国夫译，商务印书馆，2010年，第22页。
② [英]阿诺德·汤因比：《历史研究》，郭小凌等译，上海人民出版社，2016年，第681页。

来，打破了宗教神秘主义一统天下的局面。文艺复兴运动，使人本主义在欧洲兴起，紧随其后的宗教改革运动，进一步打破了天主教对人的认识的桎梏，肯定了人的价值，体现了资产阶级要求自由、平等的愿望和反封建的思想，打碎了"赚钱"的道德枷锁，使人性得以弘扬，"人"与"上帝"的地位发生了根本翻转。"新教徒移动了宗教中权威的位置，起初是把权威从教会和《圣经》转移到单独的《圣经》方面，然后又把它转移到各个人的心灵里，人们渐渐承认，宗教生活并不是决定于对事实的看法的，例如历史上存在过亚当和夏娃与否，那是无关紧要的。"①

三是现代国家崛起。国家在奴隶社会就已存在，国家的现代性正建立在对神性的祛除和对教会权力攫取的基础之上。而现代国家的崛起，主要从两个方面削弱了宗教的势力。一方面，由葡萄牙、西班牙以国家行为开展的大航海和大殖民运动，从实践上击破了宗教编织的谎言和神秘主义论调。尽管大航海之前，人们已经有了地球可能是圆的的认知，但是当麦哲伦的船队经过环球航行于1522年9月7日回到西班牙时，对宗教产生的冲击并不亚于哥白尼的"日心说"——因为在宗教的世界普遍认为地球是平面的，且是不动的。而迪亚士、麦哲伦等人的航海活动充分表明，世界并非是由神的力量主宰的。很多以前人们无法理解的现象，只是自然变化所形成的，并不神秘。另一方面，现代国家的崛起是一个集权的过程，而更多的权力正是从教会让渡而来的。"古代政治共同体不能赤裸裸地谈权力，因为人们认为权力来自上帝、天命等更高级的存在，而并不来自皇帝本人，如果皇帝胆敢公然违反这种价值观，就会失去民心，严重危及统治基础和制度运转。"② 而在国家现代化进程中，对权力的追求成为皇帝理所应该的行为。西班牙统一之后，国王首

---

① [英] 罗素：《宗教与科学》，徐奕春、林国夫译，商务印书馆，2010年，第6页。
② 李筠：《西方史纲：文明纵横3000年》，岳麓书社，2020年，第229页。

先使中央管理、司法系统和军队摆脱了教会的影响，听命于自己。国王还加强了对教会事务的集权领导，具有任命主教的权力。在对信徒的法律判决问题上，国家司法官员拥有相对于教会法庭的优先权。这样一来，神职人员成了国家的忠实仆人。与此同时，国王还采取了宗教不宽容政策，分别于1492年、1502年和1609年采取了对犹太人、穆斯林和摩里斯科人等异教徒的驱逐运动，进一步收拢了宗教特权，从而强化了中央集权。对教权的打压，西班牙并非个例，中世纪之后的欧洲开始要求君主统治单个民族，拒绝来自罗马教会的外部干涉。国家统治者通过否认教会对官僚和军队的影响、教会对王权的授权、国家建设中的宗教使命、教会在国家管理体制中的立法权和司法权，而不断加强对官僚和军队的集权管理，强化君权的合法性，提升民族国家地位，同时确立国家主权高于司法权、立法权和行政权的地位，使得中央集权的现代国家确立起来，而宗教在政治生活中的影响日渐式微。因此，宗教改革之后，"当一种经过全新阐释的基督教可以被用来表达自己脱离罗马掌控的诉求时，欧洲国家的领袖们都愿意抓住这个机会"①。16世纪上半叶，英国国王亨利八世因为教皇拒绝废除自己离婚的请求，而决定另起炉灶，建立起英国国教会。表面上这是英国国王由婚姻引发的与教皇之间的矛盾，实际上它反映出英国国王对政治独立的渴望以及企图攫取背后更大的权力。

人性的觉醒及人类对自然认识趋于理性，从根本上动摇了教会的权力基础，而现代国家崛起更是一步步剥夺了教会世俗管理的权利。可以说，一部殖民帝国发展的历史就是一部宗教失势和解构史。宗教逐步失势给帝国变迁带来的最直接影响，是帝国变迁周期加快。以往的农业帝国，除急遽崩溃的马其顿帝国之外，无论是波

---

① [美]刘易斯·M·霍普费、[美]马克·R·伍德沃德：《世界宗教》，辛岩译，北京联合出版公司，2018年，第360页。

斯帝国、罗马帝国还是东罗马帝国、阿拉伯帝国，其世界帝国承续史都高达数百年。而从葡萄牙帝国开始到西班牙帝国、荷兰帝国，这些殖民帝国的世界帝国承续史不过一百来年。这是由以下几个因素造成的。

其一，人性的弘扬和神性的衰落，充分激发了人作为自身命运主体的积极性，发明创造不断涌现，科技发展提速，人类经济发展和社会变化的步伐加快。其二，大航海、大探险推动了殖民运动，使全球财富不断累积到地域狭小的西欧一带，为西欧小国轮流崛起为世界性强国提供了强大的资本支持。其三，海洋的重要性日益显现，争夺海洋控制权异常激烈。要控制海洋最重要的并不是拥有辽阔的疆域和众多的人口，而是占领直接影响海运交通的海岸、岛屿、半岛、海峡、港湾、岬角等海洋要地。但是，这些地域有一个明显的特点就是易攻难守，致使殖民帝国对海洋权益的维护并不稳固，形成了海洋控制权频繁易手的局面。其四，宗教失势助推了现代国家崛起，而现代国家自身利益的明确化、排他性以及对海外利益的激烈争夺必然带来更多的纠纷和矛盾，致使这些帝国的稳定性不强，变迁周期加快。

工商帝国时期，宗教及王权的衰落与帝国的强盛。文艺复兴运动拉开了宗教衰落的序幕。与农业帝国时期几乎每一个中心性世界帝国都依靠或产生一个新的有重大影响力的宗教不同，进入殖民帝国及工商帝国之后，尽管世界性帝国的变迁不断加快、统治区域日趋扩大，但再也没能产生和形成新的具有重大影响力的宗教。基督教成为所有殖民帝国的"国教"，这一方面是因为经过罗马和东罗马帝国的扩张与统治，基督教的影响力已经在整个欧洲地区根深蒂固，没有了生成新的、有重大影响力的宗教的空间。另一个重要的方面是，随着科学日益昌明，人们日渐认识大自然运行的规律，神性衰落而人性得以发现，生活日益世俗化，宗教走向衰落成为历史的趋势。

前面我们说过宗教的走弱伴随着欧洲现代国家的崛起。从 1143 年葡萄牙宣布正式独立开启欧洲民族国家独立的进程，到 1648 年确立威斯特伐利亚体系，曾经长时期主宰欧洲的神权世界已经无可避免趋于瓦解，民族国家纷纷登上历史舞台。在与神权作斗争、推动国家独立和民族解放的进程中，作为民族国家代表的君主发挥了极为重要的作用。他们领导民众推翻外来帝国统治，削弱了宗教神权，并使这些权力向国家集中，很多国家由此走上了集权发展的道路，为殖民扩张和帝国争霸提供了政治保障和物质基础。

既然君主在与神权的斗争中获得了决定性的胜利，从发展的走势看理所当然的结果似乎是王权获得无与伦比的荣耀、国王的治理不断巩固。然而，历史的事实并非如此。在宗教神权衰落之后，君主的权力很快就随神权一起走向了衰落。

为什么王权会随着神权一起走向衰落呢？至少有以下几个原因。其一，人文主义并非对君主有利。宗教改革和启蒙运动等思想文化运动固然瓦解了宗教特权，帮助君主取得了前所未有的巨大权力，然而人文主义的世界观本身与君主制相抵牾，神权主义的世界观才天然有利于君主制——君权神授是古代政治的基本逻辑，如果神靠边站了，君权神授自然不成立。神和人的关系翻转，意味着政治逻辑将从君权神授转为人民主权。世俗化的进程一旦开启，君主制就难逃被摧毁的厄运，最好的状况不过是像英国那样，留下一个不再掌握实权的王室作为象征罢了。① 其二，资本的自由扩张冲击了王权。既然神性被打破，人们更关注现世的幸福，而且通过自身努力和拼搏能够改善生活，因此发展经济和运作资本的热情被充分激发出来。由于资本的扩张和经济的运行是自由放任的，这与王权的专制和保守形成了根本对立。当殖民帝国通过殖民掠夺和贸易获得了大量的资本之后，君主也因此成了资本裹挟民意欲推翻的对象。其

---

① 李筠：《西方史纲：文明纵横 3000 年》，岳麓书社，2020 年，第 243 页。

三，社会发展的需要。无论是资本的运行还是贸易的开展，都需要在一个公平、理性和无政治特权干扰的环境中进行，而王权只能为这样的社会环境制造障碍。因而，随着全球贸易的深入发展和工业革命的进行，革完神的命再革王的命成为走上历史舞台的资产阶级必然的选择。

革完神的命，人文主义精神得以确立，人的探险精神、发明创造的需求和享受美好生活的欲望被极大地激发出来；而革完王的命，公平的竞争环境、自由的资本流动、安全的货物贸易和开放的人员交流被营造出来，西方由此进入自由资本主义快速发展阶段。《共产党宣言》指出："资产阶级在它的不到一百年的阶级统治中所创造的生产力，比过去一切世代创造的全部生产力还要多，还要大。"[①] 与此相应的是，世界性工商帝国比历史上任何帝国更加强盛。1900年的大英帝国是亘古未有的最大帝国，拥有1200万平方英里的土地和占世界1/4的人口。那时候的英国不是企图称霸世界，而是已经称霸于世界。[②]

[①] 中共中央马克思恩格斯列宁斯大林著作编译局：《共产党宣言》，人民出版社，2014年，第32页。

[②] [英]保罗·肯尼迪：《大国的兴衰：1500—2000年的经济变革与军事冲突》（上），王保存、王章辉、余昌楷译，中信出版社，2013年，第235页。

第二章　帝国变迁规律

在生产势力、地理势力、文化势力共同作用下，世界性帝国总在不断地变化着，呈现出虽复杂却又清晰的规律性——它总在守成帝国的边缘地带孕育，向着更广疆域、更大市场和更低的"成本洼地"变迁，并最终形成世界地理的闭环。

一、"成本洼地"

英国著名地理学家、地缘政治学家费尔格里夫认为："从意义最广泛的物质层面讲，'历史'就是人类不断提高其对能量的支配能力的故事。……做任何事都需要能量。人的生命，即在于努力获取和使用尽可能多的能量，并尽可能减少能量的浪费。不管用什么方法，只要能获取更多或消耗更少的能量，就是一种进步，在世界历史上就占有重要的地位。"①消耗更少的能量本质上就是降低成本。当更低的成本在一个广大的区域形成规模性优势后,帝国势力就会像水一样流向"成本洼地"。而当这种流动的帝国势力累积到一定程度,帝国就发生了变迁。可以说,"成本洼地"既是推动帝国变迁的动力,也是决定其落脚点的重要条件。当然,这里所指的"成本洼地"不是生产某件或少数几件产品的成本较低,而是大多数门类、体系的产品价格普遍较低,整体商品在世界市场具有明显的价格竞争优势。比如,中国在改革开放早期,服装、鞋帽、玩具等少数门类产品的生产成本低,这是由相对单一的廉价劳动力形成的竞争优势,技术、资金、人才、矿产等生产要素几乎尚未下场竞争,而机器、电子、化工、精密设备、汽车及高科技产品则生产成本昂贵,且大多无力生产。因此,那时的中国远远不能视作"成本洼地"。

影响帝国变迁的"成本洼地"构成主要有两块,一块是"生产成本",一块是"军事成本"。不同的帝国时期,不同类型的生产成本对强国势力转移的影响力并不相同。由于军事—战争是国家综合实力和科技应用最集中的体现,也是维持经贸秩序并使其保持低成本竞争优势的重要保障。因此,无论帝国在哪个时期,军事的低成本都是获取帝国势力的重要条件——"它也反映了战争的一个原则:谁能够最经济地使用自己的战斗力,胜利就属于谁"②。当一个国家能维持生产和军事—战争的低成本,它就能够获得强国势力的转移。

农业帝国时期

这一时期,由于多为自给自足的农业经济,商贸活动还不繁荣,

---

① [英]詹姆斯·费尔格里夫:《地理与世界霸权》,胡坚译,浙江人民出版社,2016年,第4页。
② [英]詹姆斯·费尔格里夫:《地理与世界霸权》,胡坚译,浙江人民出版社,2016年,第164页。

第二章　帝国变迁规律

谁能够在军事—战争和农业生产中保持较低成本，谁就能成为帝国势力转移的目的地。军事成本，主要包括了军事设备的采购成本、军事力量的后勤保障成本以及战争人员的动员、酬劳、抚恤成本等。对于农业帝国的军事成本，我们往往过多重视军事设备的成本和直接参战人员的保障成本，殊不知这些只是军事—战争成本的较小部分。古代的农业政权由于不堪忍受游牧民族的侵犯和骚扰，经常出动大军前往游牧民族生活的地区作战，但往往最终部署到作战前线的只有数千人。诸如中国汉朝经常派遣十万军队出征，但每前进至一地都需要留下部分兵力作保障。所以一路下来，到最前线的只不过几千人。① 尽管部署到作战最前沿的士兵并不多，但服务于作战保障的人员却远远多于作战的士兵，费用支持自然相当庞大。以汉朝的军事——战争成本为例：

> 东汉时期，西羌反叛，东汉政权对西羌发动了平叛战争。第一次战争耗时十四年，东汉朝廷为此花费二百四十亿钱；后来第二次平叛战争，耗时七年，又花费八十多亿（数据来自段颎对皇帝的上书）。东汉和平时期的物价，一斤羊肉不到二十钱，在十五到二十钱之间浮动；肉犬一头二百四十钱；简陋牛马车四千钱；耕马、车马不到两万；战马两万到十万之间；而汉朝中户之家的家财约为十万钱。如果每个士兵每月耗粮1.8石，一年21.6石，一石最便宜的粟米约二百二十钱，一年合为四千二百二十钱；每个士兵耗食盐每月三升，每年3.6斗，一石盐八百钱，每年合二百八十八钱；每个士兵衣物每年三千四百钱，每个士兵每年生活费约八千钱，战死的抚恤约三千四百钱，这还不算兵甲成本、粮食运输成本，还有耗费更

---

① 赵鼎新：《国家、战争与历史发展：前现代中西模式的比较》，浙江大学出版社，2015年，第108页。

大的骑兵耗费。也就是说单纯募集一万名步卒并养兵一年，就需要花费八千万钱，八百个中户或成千上万的下户之家就因此破灭。一旦开战，行军千里，另需招募民夫运送辎重，民夫也需要吃粮食，运二十万石粮食到达前线算往返消耗只剩十万石，两千两百万钱在一个月时间里蒸发一空。而如果战败失利，死伤过半，又得需要支付一千七百万钱的抚恤金。也就是说一场波及范围相对小、战争烈度相对低的战争，就会在一个月时间里花费掉上亿钱。①

由此来看，即使是古代农业帝国时期，战争打的也是经济仗，谁的战争成本低，谁就能承担战争的经济损耗，谁就能在战争中取得优势地位。在中国历史上出现游牧政权和农耕政权交替控制国家的情形，在世界农业帝国变迁中也是如此。打败农耕帝国巴比伦王国并最终建立人类历史上第一个世界性帝国——波斯帝国的伊朗人，也正是来自伊朗高原的游牧部落——帕萨迦达部落；而摧毁波斯帝国并接手帝国伟业的，则是发迹于中巴尔干高原和罗多彼山脉地区过着游牧生活的马其顿人；摧毁了被认为稳如磐石的罗马帝国的，是来自阿尔卑斯山脉游牧民族的日耳曼人；而侵占了东罗马帝国大量领土，并最终建立了新的世界性帝国的，则是来自阿拉伯半岛的游牧民族阿拉伯人。

游牧民族总能打败和摧毁貌似强大的农业帝国，原因是多方面的，比如：游牧民族移动快，出其不意地对农业帝国发动进攻后，又能够快速地销声匿迹；游牧民族往往针对一个据点或一座城镇作战，而农业帝国需要防守的战线太长，难免顾此失彼；农业帝国的兵士和民众生活安逸，失去了作战的韧性和勇猛精神；等等。但归根结底是因为与农业帝国相比，游牧民族发动战争的成本实在太

---

① 文二：《古代战争到底能花多少钱》，知乎: https://www.zhihu.com/question/266925642/answer/316839282。

第二章 帝国变迁规律

低了——他们不需要战线漫长的保障，不需要枕戈待旦，甚至连战死兵士的抚恤成本都要少得多，他们承受失败的能力远大于农业政体，农业帝国的军队一旦失败就彻底失去了进攻能力，"而游牧族群的军队即使失败了也可以继续向后撤退，然后趁敌不备进行反击，往往便可大获全胜"①。

游牧民族战争成本低的另一个原因是，只要获得战争的胜利，其就可以从农业政权手里夺取丰厚的战利品，或获得价值不菲的议和贡品，而部落首领又可以利用这些战利品或贡品，招募到更多的战士追随他，由此形成一个正向的动员机制：追随部落首领的战士越来越多，首领就有能力使周围的游牧部落臣服于他，并将后者纳入自己日益壮大的草原军队，进而从农业国家攫取更多战利品、贡品，然后再吸引更多战士归附他，如此周而复始，最终形成一个草原帝国联盟。② 马其顿人打败波斯、日耳曼人摧毁罗马、阿拉伯人建立帝国、土耳其人消灭东罗马，都是从战争的获胜中攫取了大量的财富，以战养战，从而获取了最终的胜利。与此相反的是，农业帝国几乎无法从战争中获得更多回报，即使取得了战争的胜利，也无法从游牧部落获取丰厚的战利品或议和贡品，相反还要派出大量兵士镇守边关，派驻官吏进行治理，需要投入大量的物资和财富。长此以往，帝国势力难免发生从守成帝国向新兴帝国的转移。

生产成本是影响帝国势力转移的重要因素。农业帝国时期，农业生产的成本主要是由土地和劳动力决定的，单位面积的土地上产出越高，投入的劳动力越少，则生产成本越低。而生产成本低，农民可以缴纳更多的税赋，承担更多的军事成本。因此，即使农业帝国的军事成本高，但如果生产成本低，其经济实力足够负担军事成

---

① 赵鼎新：《国家、战争与历史发展：前现代中西模式的比较》，浙江大学出版社，2015年，第108页。
② [美] 彼得·图尔钦：《历史动力学：国家为何兴衰》，陆殷莉、刁琳琳译，中信出版社，2020年，第178页。

本,帝国势力也不会发生较快转移。北宋与辽国长年交战,僵持不下,最后双方签订了"澶渊之盟",规定宋王朝每年向辽国交纳岁币银 10 万两、绢 20 万匹。尽管这些议和的岁赋给宋王朝带来了较大的负担,但由于宋王朝人口众多,农业生产精耕细作,生产成本远远低于周边国家,与辽国议和换来百年和平,其岁赋支出事实上远低于不议和可能引发的长期军事冲突成本。宋王朝的强国势力也未因此发生快速转移,王朝承续了 319 年,成为中国延续时间最长的朝代之一。

与宋王朝如出一辙的是,东罗马帝国在遭遇匈奴入侵时,也是采取签订屈辱的议和协议的方式,获得统治的安宁。公元 441 年,匈奴单于阿提拉挥戈南下,一直打到东罗马帝国首都君士坦丁堡城下,迫使东罗马帝国答应每年进贡 2100 磅黄金,并把巴尔干半岛上的大部分领土割让给匈奴。① 这样,东罗马才获得了喘息的机会。东罗马帝国此后又多次遭受匈奴人、东哥特人和阿拉伯人的反复入侵,但帝国直到公元 1453 年才被崛起的奥斯曼帝国所灭。从 441 年到 1453 年,帝国又承续了 1012 年。东罗马帝国之所以承受巨大的军事成本压力而没有更早地走向崩溃,是因为虽然其军事成本走高,但农业生产和商贸经营还是"成本洼地",这些方面的收入足以支付军事的付出,帝国还不至于因军事成本高昂而走向灭亡。尽管游牧民族往往能够通过掠夺和议和获得大量财富,形成军事的低成本优势,但如果其不能建立稳固的政权形成低成本的"生产洼地",其军事优势就无法保持长久,这也是马其顿、蒙古等大多数游牧民族帝国骤然兴起又迅即走向消亡的原因。

而给帝国带来崩溃隐患的,往往是军事成本和生产成本的双重走高。在罗马帝国扩张时期,帝国一方面通过攻城略地获取战败方大量的土地和财富,形成军事"成本洼地";另一方面将战败方

---

① 高洪雷:《另一半中国史》,人民文学出版社,2015 年,第 37—38 页。

士兵和民众贬为奴隶，这些会说话的工具创造了生产的"成本洼地"——罗马人或种植橄榄、葡萄等高附加值的经济作物，或开设工艺作坊生产奢侈品以获取更好的价钱，而奴隶们在皮鞭下辛苦劳作，并且不能组建家庭，只能在压榨之下慢慢劳累病死，他们支撑着罗马庄园经济的发展和罗马城的奢侈生活。随着罗马扩张步伐的放缓，给奴隶制经济结构带来了沉重的打击。据记载，晚期罗马的农业手册中，奴隶价格已经开始提高，这逼迫庄园经营者开始广泛应用新技术，但是为时已晚，技术进步的速度远比不上奴隶衰竭的速度。渐渐地，奴隶主们不得不开始允许奴隶组建自己的家庭，让其生儿育女，世世代代为庄园提供劳动力。但是，如此一来庄园内的开销压力就变大了。过去单纯将奴隶的肉体作为机器来加工原材料的血汗工厂，现在变成了一个必须维系其成员不断繁衍生息的小社会。因此，它必须首先变成一个经济上自给自足的小系统。① 这使得罗马帝国不再是生产的"成本洼地"。罗马帝国后期，日益从蛮族中征募兵源，这些野蛮民族为罗马巡守边界，而罗马则赠予其土地和金银作为酬报。这种情形发展的结果就是，野蛮人逐渐掌握了罗马的驻防制度，军队和入侵者内外勾结，罗马失去了军事"成本洼地"的优势。最终，罗马帝国在失去"生产成本洼地"和"军事成本洼地"的双重优势后，因为蛮族的入侵而陷落，欧洲历史上黑暗的中世纪也就此来临。

殖民帝国时期

农业帝国时代，与这一时期的中国人过着自给自足的生活有所不同，西亚及欧洲一带由于气候、土壤、土地开发和利用程度不同，且相当多的人口从事游牧和渔猎生活，相应地生活方式更加参

① 张笑宇：《技术与文明：我们的时代和未来》，广西师范大学出版社，2021年，第57页。

差多态，商品交易活动相对活跃。特别是随着帝国城市规模的扩大，人们需要的粮食、生活用品需要从外面输入，使得商品的交易日益繁荣。作为第一个海洋帝国，公元前后的罗马城一年里有 4 个月的粮食都是从埃及运来的。随着世界各地人们交流的增加，对农作物和手工业品的贸易需求越来越大，到了阿拉伯帝国时期，东西方贸易已经成为帝国的重要税收来源。阿拔斯王朝有大量人口集中在巴格达、巴士拉等大城市，为了保障粮食供应，他们恢复了伊拉克南部的农业生产。与此同时，阿拉伯人还从印度运来了大米、白糖、橘子、柠檬、棉花等。此外，阿拉伯人还在非洲东岸购买了大量的黑人奴隶，让黑人奴隶去除旱田里的盐分，以经营大型农场。阿拉伯商人还利用帆船、骆驼、马匹在亚欧大陆的大部分地区和非洲大陆做行商。9 世纪，形成了以海路和陆路为中心的巨大的伊斯兰贸易区。其中，海路将地中海、印度洋、中国南海连在一起；陆路则将北非、拜占庭帝国、俄罗斯、西亚与"丝绸之路"连在一起。①

很显然，在葡萄牙人开启人类大航海革命之前，贸易已经成为阿拉伯帝国经济活动的重要组成部分。正是阿拉伯帝国及其后的奥斯曼土耳其帝国对东西方贸易形成了垄断，并由此获得巨额利润，迫使和刺激西欧国家探索和寻求更低成本贸易的方式。1498 年 9 月，达·伽马历时 1 年 2 个月的航行和探险，从印度返回里斯本。虽然这次航行损失巨大，从出发时的 4 条船、170 名船员，到最终只剩 2 条船和不到 1/3 的船员，但是他们带回的胡椒和肉桂等香料的价格已经翻了 60 倍，这在整个葡萄牙都引起了轰动。②葡萄牙人的探险打通了前往印度的航道，打破了奥斯曼土耳其帝国对东西方贸易的垄断。更为重要的是，它彻底改变了人类社会农业帝国时期政治秩

---

① 参见［日］宫崎正胜：《大国霸权》，米彦军译，浙江人民出版社，2020 年，75 页。
② 成振珂主编：《世界帝国简史：人类变迁中的文明与真相》（下），中国商业出版社，2017 年，第 978 页。

序建构的动力机制：财富的产生由农业生产为主转变为以殖民掠夺和贸易为主，军事战争以陆地为主转变为以海洋为主，人类社会发展从此进入了海洋时代。

正是人类社会政治秩序建构的动力机制发生了改变，使葡萄牙成为新的"成本洼地"——葡萄牙位于西欧的最南端，沿着非洲西海岸绕过好望角，在欧洲葡萄牙人前往非洲东海岸和印度探险及航行的成本最低，而其将从殖民地收购或掠夺的物品运回国内，并在国内市场上销售的成本也是最低的。那时海洋上还很少有海盗，基本不需要军事力量的参与和保护，不像从陆地运输商品要经过重重关卡的盘剥，还可能遭遇盗匪的抢劫。因此，作为第一个开展殖民探险的国家，其所承担的军事成本也是很低的。可以说，达·伽马开辟了前往印度的航线，使葡萄牙形成了新的世界性的"成本洼地"，帝国势力因此快速地向葡萄牙转移。公元1502—1505年，葡萄牙国王多次派出装有重炮的舰队在海洋上拦截阿拉伯人的商船以保证自己对香料贸易的垄断。在达·伽马以前，每年传统商路上从亚洲流往欧洲的各种香料的总值是350万磅，但是此后几年每年平均不到100万磅。①

葡萄牙人正是依据低成本的交通运输和贸易以及低成本的军事优势，率先确立了世界性殖民帝国的地位。但由于其国土面积相对狭小、人口数量少，其"成本洼地"的优势并不能持久维系：一方面，随着航海人员需求增加，推动航行成本迅速提升，而葡萄牙从事航海的人员并不充裕，大量从事航行和海外殖民的人员需要高价从西班牙甚至荷兰招募；另一方面，由于国内市场小，贩运回来的香料、瓷器和丝绸等奢侈品在国内难以及时消化，还得转运到西班牙或欧洲其他地区销售，带来销售成本的提高，从而使葡萄牙渐渐

---

① 成振珂主编：《世界帝国简史：人类变迁中的文明与真相》（下），中国商业出版社，2017年，第981页。原文为"每年平均不到100磅"，应为刊误。

丧失了商贸的低成本优势。葡萄牙人为了掠夺更多的财富,并保障自身商品和货物在运输途中的安全,在亚洲建立了一支永久性的舰队,负责掠夺阿拉伯船只,破坏其在印度与埃及之间的贸易往来;任命达·伽马为海军司令,率领由20艘船只组成的舰队出征亚洲,四处烧杀抢劫;在亚洲和非洲航线沿岸建立大量的据点,并派人把守。这些军事行为,极大提升了葡萄牙人从事殖民活动的军事成本。在"生产成本"和"军事成本"双重走高的背景下,强国势力逐渐从葡萄牙流向西班牙。

与葡萄牙相比,后发的西班牙在这两方面则尽占优势。从生产成本看,麦哲伦完成环球航行后,西班牙开拓了美洲航线,从西班牙到美洲的航线距离比葡萄牙绕过非洲大陆南端前往印度更短,也更顺风顺水。1545年,西班牙在玻利维亚发现了波托西银矿,接着又在墨西哥的萨卡特卡斯发现了银矿,大量的白银被开采出来,据说从1503年至1660年,约有15000吨白银在墨西哥加工成银圆(即墨西哥银圆或者西班牙银圆),被运往西班牙。①西班牙还成功开辟了环球贸易,新大陆出产白银的1/3从墨西哥的阿卡布尔克港横渡太平洋运往西班牙的殖民地菲律宾马尼拉。西班牙人在马尼拉用白银购买明朝商人走私到这里的丝绸、瓷器,再用帆船装载在马尼拉购买的中国商品,利用黑潮,沿日本海岸北上,再乘着偏西风回到阿卡布尔克,运到墨西哥的丝绸、瓷器等商品再横渡大西洋,向东抵达欧洲。②以上条件和西班牙开辟环球贸易,都极大降低了西班牙的生产成本,而大量廉价白银的输入也为西班牙四处征战提供了丰厚的资金支持。世界帝国势力由此迅即从葡萄牙向西班牙转移,西班牙也因此早于英国成为第一个"日不落帝国",国土面积一度达到了3150万平方千米。

---

① [日]宫崎正胜:《大国霸权》,米彦军译,浙江人民出版社,2020年,第61页。
② [日]宫崎正胜:《大国霸权》,米彦军译,浙江人民出版社,2020年,第117—118页。

在帝国变迁的过程中，荷兰能够出人意料地一跃成为辉煌一时的殖民帝国，重要的原因在于，殖民帝国时期海洋运输在生产中占据关键地位，而荷兰从事海洋运输的区位条件使其获得了帝国"成本洼地"的优势。荷兰形成"成本洼地"的原因主要有三点。一是位居欧洲大西洋沿岸的中心，处于北海、波罗的海至地中海的商业要道上，而当时斯海尔德河、马斯河和莱茵河等欧洲主要航运必经的河流的入海口也在荷兰境内，这样的优势为荷兰提供了沟通欧洲各国和大西洋航运的优良契机。[1] 这也使得荷兰可以以比其他国家更低的成本从事海洋运输。二是荷兰人自古就有航运和经商的传统。当欧洲的殖民大潮掀起时，荷兰人如鱼得水，不仅成为巨大的商品贸易市场，而且快速建立了遍及全球的海洋运输网络。17世纪，荷兰人运送粮食、木材等只用其他国家一半的运费；他们实现了船舶的大规模生产，船舶年产量达200多艘，比欧洲其他国家产量总和还多。[2] 而在公元1560年左右，荷兰就拥有了差不多2000艘海船，比一个世纪前地中海的商业中心威尼斯鼎盛时所拥有的海船还要多6倍，而到了公元1600年，荷兰的商船比以前多了8000多艘，荷兰到处都是港口，贸易就从这些港口驶向世界的各个角落，荷兰因此拥有了"海上马车夫"的称号。[3] 三是荷兰人思想开放，讲究实效，不断寻求改变海上争霸的方式。荷兰组建了"尼德兰联合东印度公司"，国会授予其开战、议和、建立殖民地、夺取海上外国船只、建立城堡及铸造货币等众多特权，实施国家力量的公司化运作；主张任何国家在公海上有航行的自由，瓦解葡萄牙和西班牙建立的海洋霸权；探索和建立银行、信贷、流通、证券、股份公司、资本

---

[1] 成振珂主编：《世界帝国简史：人类变迁中的文明与真相》（下），中国商业出版社，2017年，第1044页。
[2] [日]宫崎正胜：《大国霸权》，米彦军译，浙江人民出版社，2020年，第125页。
[3] 成振珂主编：《世界帝国简史：人类变迁中的文明与真相》（下），中国商业出版社，2017年，第1048页。

市场、保险业务，构建和完善现代资本主义金融体系，既有效降低了海洋运输成本，也为殖民竞争提供了资金保证。

荷兰因其体量实在太小，没有财力和综合实力在军事上图谋与其他国家争霸，而将更多的着力点放到提升海洋运输能力上，打造商贸的"成本洼地"。然而，维持国家稳定秩序的从来就是生产和军事两个支点，失去军事实力的支撑，商贸的优势注定只是昙花一现。随着法国、英国对世界各地殖民地争夺的加剧，荷兰的军事低成本投入难以为继，既无法应对陆地强国法国的军事挑战，也难以应付不断崛起的海洋强国英国的侵扰，最终不得不以王位继承的方式与英国结盟。而随着殖民事业的拓展，运回到西欧的货物和运出欧洲的商品大量增加，原先坐拥海陆交汇之利的荷兰，却因为海港水浅且容易被英吉利海峡沿岸国家实施军事封锁而渐渐丧失了生产（运输）的低成本优势，因此帝国势力逐渐向英国转移。

更为重要的是，发端于18世纪60年代的英国工业革命又一次彻底改变了人类的生产方式——以机械化工业大生产代替了手工生产，农业生产和殖民贸易地位显著降低。无论是"生产成本洼地"，还是"军事成本洼地"的形成逻辑都发生了改变，世界帝国变迁也因此进入了工商制胜的年代。

工商帝国时期

意大利社会学家乔万尼·阿里吉[①]在分析了他眼中三大现代霸权荷兰、英国和美国之后，认为：资本主义扩张起初是物质性的，对商品生产进行投资，并且征服市场，最为先进的企业集中于霸权势力国内。渐渐地，竞争会使得利润下降，因为任何资本集团都无

---

① 乔万尼·阿里吉（1937—2009年），出生于意大利，世界体系理论的主要代表人物，著作有《漫长的20世纪》《现代世界体系的混沌与治理》《亚当·斯密在北京》等。

法掌控敌对资本集团占据的空间,在这里敌对资本集团通过研发技术或产品促使最终价格下跌……最终,新的霸权势力会从混乱中脱颖而出,在新的基础上重新开启物质扩张的周期。① 阿里吉所阐述的正是新兴工商帝国通过科技进步形成"成本洼地",从而获得帝国势力转移的基本原理。

不可否认,英国是老牌殖民帝国,但作为人类工业革命的发源地,英国还是大工业、大贸易、大物流的工商帝国的开拓者。作为新兴工商帝国,英国"生产成本洼地"的形成是由两个条件决定的。一个是其优越的地理条件。在前殖民时期,英国是孤悬于大陆之外的岛屿,不被大陆国家重视。随着大航海时代的到来,优越的海洋位置成为帝国争霸的重要条件。作为岛国,英国进则可以作为联结欧洲大陆和新大陆的枢纽,退则可以成为控制欧洲大陆国家进出大西洋的门户,这也使得英国渐渐展示出新兴帝国的气象。18世纪初,英国充分利用自身的地理条件,开拓了著名的大西洋三角贸易:利用墨西哥湾暖流和北大西洋暖流,从美洲大陆西印度群岛将烟草、棉花、白糖、咖啡等农产品贩运到英国及欧洲;又利用加那利寒流,将杂货、武器等工业制成品运到西非各国销售;再从西非出发利用南赤道暖流,将黑人奴隶贩卖到美洲大陆。英国商人利用"三角贸易"极大地降低了商贸运输成本,垄断了奴隶交易,从而获得巨额利润。英国优越的地理条件及其利用,对商业贸易还产生了另外一个结果:"用英国的商船运输商品,不仅比用它对手的商船运输更为安全,从而使全球贸易逐渐落入了英国的掌控之中,而且由于英国全境变得更为安全,经商的成本也比其他地方要低得多。"②

另一个帮助英国形成"生产成本洼地"的,则是英国率先进行

---

① [英]佩里·安德森:《原霸:霸权的演变》,李岩译,当代世界出版社,2020年,第133—134页。
② [英]詹姆斯·费尔格里夫:《地理与世界霸权》,胡坚译,浙江人民出版社,2016年,第160页。

的工业革命。英国发明了飞梭之后,织布效率大大提高,纺织行业对纱线的需求猛增。下游产业需求的增加,必然反过来刺激上游产业,纺纱业肯定要扩大生产,而这必然会促进纺纱业的技术革新。这方面最著名的发明就是珍妮纺纱机。[①] 纺纱机的广泛使用又推动了对机械动力的需求,瓦特发明蒸汽机不久,蒸汽机就被用于为织布提供动力,英国工业革命由此进入高潮。在18世纪50年代至19世纪30年代,英国纺纱业的机械化,使单位生产力提高了300倍至400倍,所以英国在总的世界制造业中所占的份额激增,1880年达到了22.9%,成为"第一工业国"。[②] 英国人以加勒比海地区种植园生产的廉价棉花为原料,通过机械大量生产棉布,令棉布成为大西洋贸易的主要商品。19世纪20年代以后,英国大量出口机械生产的棉布,使得印度的棉纺织业遭到毁灭性打击。印度沦为英国的棉布销售市场。机械大量生产的棉布价格低廉,陆地世界的经济崩溃了。[③] 优越的地理位置,使英国获得了低成本的运输优势,而工业革命带来的大工业化生产,极大地降低了生产成本,使英国成为世界上无与伦比的"成本洼地",获得了其他国家无法比拟的生产—商贸竞争优势。

而在帝国势力转移初期,英国"军事成本洼地"则主要通过以下途径获取的。一是公然允许海盗行为,赋予海盗船袭击敌国船只的权力。海盗在加勒比海域从事奴隶贸易,袭击外国商船,获利丰厚。从公元1585—1604年,英国每年都会至少派遣一二百艘商船出海,专门在大西洋和加勒比海劫掠西班牙的运输船队,其劫掠的货物价值高达20万英镑。原本海盗是一种不合法的行为,但伊丽莎白女王出于政治的目的,竟然为海盗船长们颁发了"私掠许可证"。

[①] 张笑宇:《技术与文明:我们的时代和未来》,广西师范大学出版社,2021年,第189页。
[②] [英]保罗·肯尼迪:《大国的兴衰:1500—2000年的经济变革与军事冲突》(上),王保存、王章辉、余昌楷译,中信出版社,2013年,第152—153页。
[③] [日]宫崎正胜:《大国霸权》,米彦军译,浙江人民出版社,2020年,第141页。

就这样，海盗私掠在国际上的合法地位一直持续到公元1856年，海盗也被冠以"绅士海盗"的名号，海盗船长则成了全英国人景仰的民族英雄。① 英国通过鼓励海盗的行为，既一步步瓦解并削弱了霸权国家西班牙的国力，又不至于使自身在军事战争中付出过多的财力。二是利用地理优势，颁布《航海条例》。英国1651年颁布《航海条例》，宣布所有进入英国及其殖民地的产品（数量一直在逐步增加），必须由英国或产品生产地（或制造地）的船只进行运输，这相当于剥夺了西班牙、法国特别是荷兰在英国及其广大殖民地从事贸易和运输的权力，有效削弱了西班牙人和荷兰人开展海洋运输的空间。三是利用陆地国家进行制衡，攫取更多的商贸和军事利益。"1739年至1748年以及1756年至1763年，法国和西班牙两度卷入了与英国的直接或间接的战争，在此期间，它们还同时参加了欧洲大陆上的战争。而英国每一次都以它的商业利润支持法国和西班牙的对手，使它们的资源消耗在大陆战争上；与此同时，那些不断出现的商业机会也纷纷落到了英国的手中。法国在法属东印度公司、加拿大以及西印度群岛的贸易一直发展得不错，但是因为完全得不到海军的支持，这些地方不是很快被英国夺占，就是受到英国的控制，使这些地方的贸易之利化为英国所有。"② 四是与荷兰结盟，减少军事支出成本。英国颁布《航海条例》之后，英国与荷兰多次发生海上激战，损耗了双方的军事势力。1688年，英国发生"光荣革命"，在荷兰执政的威廉成为英国国王，英国和荷兰成为事实上的盟国，其用于军事战争的支出大幅降低。

军事技术的进步和革新，也为英国赢得了军事的低成本优势。1755年12月，英国议会批准招募55000名海军，并将舰队船只增

---

① 成振珂主编：《世界帝国简史：人类变迁中的文明与真相》（下），中国商业出版社，2017年，第1120页。

② 参见［英］詹姆斯·费尔格里夫：《地理与世界霸权》，胡坚译，浙江人民出版社，2016年，第162页。

加到了105艘，势头远远超过了法国50艘船只的舰队。虽然舰队的船只增加不少，但制造成本并不高昂。英国崭露头角的经济优势，使得无论是造船、冶金，还是枪械制造，都明显地走在了前列，而英国皇家造船厂是世界最大的工业企业，员工多达数千人，主要从事船只的建造与维修。① 这些先进的技术条件为英国在海上彻底摧毁法国舰队奠定了基础。

亚当·斯密在《国富论》中指出，武装部队本身不事生产，不能像工厂或农场一样为国家增加财富，因而应当将武装部队减少到与国家安全相适应的尽可能低的水平。在1815年以后的50多年时间里，英国武装部队花费的费用只占国民生产总值的2%—3%，中央政府的开支总额占国民生产总值还不到10%。对于一个统治辽阔疆域的海洋帝国而言，这其实非常低。②

正是这种生产和军事的双重"成本洼地"，将帝国势力从荷兰引向了英国，而这同样成为帝国势力从英国转移到美国的关键因素。

从根本上讲，美国之所以能形成"生产成本洼地"和"军事成本洼地"，都是其独特的地理环境造就的。尽管蒸汽机、铁路、电话、采矿设备的出现和广泛应用，形成了不同于以往的新的生产势力，但是，如果美国不位于新大陆被两洋守护，或者整个大陆的地理环境像中亚地区一样复杂而恶劣，那么这些代表新科技发展的设施和设备就无法发挥应有的作用，生产势力就不会发生从英国向美国的转移。从这个意义上讲，是生产势力和地理势力的相互作用，催生了更强大的帝国——美国。而美国人自我实现所产生的推动力对帝国的形成来说实在渺小得多——对于世界发展的大势来说，人为努力也总是在适应了自然要素的作用中才能得以更好体现。

美国"生产成本洼地"的形成，主要有三个方面的因素。首先，

---

① [英]尼尔·弗格森：《帝国》，雨珂译，中信出版社，2012年，第29页。
② 张笑宇：《技术与文明：我们的时代和未来》，广西师范大学出版社，2021年，第242页。

统一大市场的建成。美国可以利用其多方面的有利条件——肥沃的农田、丰富的原材料以及开发这些资源的现代工艺技术和生产工具（铁路、蒸汽机、采矿设备等）。由于没有历史、地理上的限制和羁绊，没有明显的外来危险，所以外来的和国内的投资额日益增加，并以惊人的速度改变着其自身面貌。譬如，从内战结束时的1865年到美西战争爆发时的1898年，美国小麦产量增加了256%，谷物增加了222%，精糖增加了460%（美国的小麦、谷物、猪肉、牛肉及其他农产品的价格比欧洲任何一国都便宜），煤炭增加了800%，钢轨增加了523%，投入运行的铁路线的长度增加了567%以上。几乎从零开始的新型工业发展的速度是如此之快，以致用百分比计算显得毫无意义了。① 其次，大量移民的涌入既提供了充足的劳动力资源，也提供了充裕的市场消费能力。1880年美国本土人口已经达到2900万，其中来自德国的移民500万人，爱尔兰475万人，英格兰、苏格兰和威尔士200万人，英裔加拿大人、法裔加拿大人、斯堪的纳维亚人各约55万人，其他欧洲人125万人，有色人种650万人，印度和中国各约25万人。② 而此时，美国工资已高于西欧工资的1/3，这种优势在整个19世纪即使没有扩大，也仍保持着。到19世纪50年代，尽管又来了大量欧洲移民，但美国西部容易取得土地的情况，再加上持续的工业增长，造成了劳动力的相对缺乏和高工资，这两者转过来又促使制造商们投资于节省劳力的机器，从而进一步刺激了国民的生产力。③ 还有，新型交通工具极大地降低了运输成本。蒸汽轮船投入运营，以及火车的使用，使跨洋运输和海陆联运的成本快速降低，为美国国内大市场贸易，以及与旧大陆开展

---

① ［英］保罗·肯尼迪：《大国的兴衰：1500—2000年的经济变革与军事冲突》（上），王保存、王章辉、余昌楷译，中信出版社，2013年，第252页。

② ［英］阿尔弗雷德·考尔德科特：《大英殖民帝国》，周亚莉译，华文出版社，2019年，第335页注释。另有资料显示，1880年美国人口为5026万，两种说法相差较大。

③ ［英］保罗·肯尼迪：《大国的兴衰：1500—2000年的经济变革与军事冲突》（上），王保存、王章辉、余昌楷译，中信出版社，2013年，第184页。

贸易提供了方便。以被销往大西洋彼岸的小麦为例，在1900年以前的半个世纪里，从芝加哥运往伦敦所需的运费，由原来的1蒲式耳40美分降低为10美分。①这可能使得英国与美国的跨洋贸易甚至比邻近国家更为节省。1884年，英国与德意志帝国、法兰西第三共和国、美国的人均贸易额分别为24先令、35先令和47先令。②美国更多的贸易额，至少可以从一个侧面说明，辽阔的海洋已经不会形成高额的运输费用，从而制约美国与旧大陆的贸易发展。

美国"军事成本洼地"的形成，主要有两方面因素：其一，美国独特的地理条件，使其可以抽身于传统大国的纷争之外，仅维持较低的军事支出。1830年，英国兵员有14万人，欧洲大陆强国法国、俄国分别有25.9万人和82.6万人，而美国只有1.1万人；到了1880年，前三者兵员分别达到24.8万、54.4万人和90.9万人，而美国只有3.6万人。③可见其军事成本极低。其二，强大的工业实力，使美国拥有低成本生产武器的能力。著名的英国战舰设计师威廉·怀特1904年周游美国时，惊奇地发现美国厂家在同时建造14艘战列舰和13艘铁甲巡洋舰。④而1943—1944年，美国的最高生产纪录是每天一艘船，每5分钟一架飞机。6年的战争中，它一共生产了87000辆坦克、296000架飞机和300万吨位的船只。⑤如此惊人的工业制造能力，无疑使美国在较长时期内，都能保持军事投入的低成本。

"成本洼地"的形成，使帝国势力不可阻止地又由英国向美国转

---

① [英]保罗·肯尼迪：《大国的兴衰：1500—2000年的经济变革与军事冲突》(上)，王保存、王章辉、余昌楷译，中信出版社，2013年，第254页。
② [英]阿尔弗雷德·考尔德科特：《大英殖民帝国》，周亚莉译，华文出版社，2019年，第244页。
③ [英]保罗·肯尼迪：《大国的兴衰：1500—2000年的经济变革与军事冲突》(上)，王保存、王章辉、余昌楷译，中信出版社，2013年，第158—159页。
④ [英]保罗·肯尼迪：《大国的兴衰：1500—2000年的经济变革与军事冲突》(上)，王保存、王章辉、余昌楷译，中信出版社，2013年，第253页。
⑤ 张笑宇：《技术与文明：我们的时代和未来》，广西师范大学出版社，2021年，第271页。

移。然而，美国并不安于享受地理条件带来的优势，为了获取世界霸权，1901年在古巴关塔那摩设立了军事基地，建立了美军在海外的第一个军事基地。这是美国霸权的新起点，也是其军事"成本洼地"丧失的开始。随着美国在世界建立更多的军事基地和开展更多的军事行动，以及工业制造优势的辉煌不再，生产"成本洼地"和军事"成本洼地"就逐步双重丧失，美国的帝国势力发生着不可逆的转移。

21世纪以来，几乎在不知不觉间中国已成为世界的"成本洼地"——这一形势的转变实在来得太快，以至于当美国认识到这一转变的严重性时，其帝国势力的衰落已经难以阻挡。中国"成本洼地"的形成，主要是由四个条件造就的。一是中国辽阔的国土和远超美国的众多人口，既形成了世界最大的单一市场，也造就了超级供应链，为"成本洼地"的形成提供了市场、人力、矿产和资源整合的基础。二是互联网、高铁等第三次工业革命新科技，放大了中国中央集权管理体制及人口众多、市场广阔的优势。三是有效融合了社会主义文化、中国传统文化和西方先进文化的当代中国文化，使中国既能保持经济的高速发展，又能集中资源办大事，还能使社会保持长期稳定，为"成本洼地"的形成提供了文化和制度保障。四是经济全球一体化，推动了欧亚大陆市场一体化，使中国的区位优势和交通枢纽优势得以充分发挥。正是因为形成了"成本洼地"，世界大市场出现了"中国买什么什么就涨价，中国卖什么什么就降价"的现象，但也正是这种让中国人倍感憋屈的艰辛付出，使中国逐渐甩开了其他竞争者，既打造了难以撼动的超强的供应链，也形成了其他国家无法竞争的低成本生产优势。

而中国"军事成本洼地"主要是通过以下两方面实现的。一方面，改革开放后，中国没有主动发动过对外作战。作为人口大国和国土面积大国，中国军事支出常年保持极低水平。在反思美国建设速度为什么比不上中国时，美国前总统卡特曾表示："1979年，我实现对华外交关系正常化。从那以后，你知道中国发动过几场战争吗？一场也没有。而我们一直在打仗。美国建国至今已有242年，只享受了16年的和平时光，它是世界历史上最好战的国家，因为我们总是倾向于强迫其他国家采用美国原则。"他认为，美国浪费了3万亿美元在军费开支上，而中国没有将一分钱浪费在战争上，这就是中国在各个方面正走在美国前面的原因。①另一方面，由于中国拥有超强的工业生产制造能力和强大的低成本优势，中国军事装备投入的效能比远远高于美国。美国原空军采购部副助理部长卡梅伦·霍尔特少将在辞职前就曾公开向美国五角大楼发出警告称：中国新武器装备速度是美国的5倍，但在购买力评估中，中国花费大约1美元就能得到我们20美元效果。②

二、边缘地带

我们考察迁徙式帝国最初的发祥地，发现其均诞生于上一个帝国领土的边缘地带。尽管随着时代不断变迁，帝国向着更大的市场和更广的地域发展，守成帝国与新兴帝国之间的距离随之变得更加遥远，但下一个帝国的发祥地依旧位于帝国的周边或者临界地区，只不过它们之间可能已经隔着广阔的海洋。如英国与美国尽管隔着辽阔的大西洋，但相互之间并没有其他国家和政治组织阻隔，我们依旧将美国视作处于英国的边缘地带。由于帝国性质和发展阶段不同，下一任世界性帝国产生于守成帝国边缘地带的形式和动力机制也各不相同。我们按农业帝国、殖民帝国、工商帝国等不同发展阶段，将这种边缘地带分为外边缘地带、姻边缘地带和洋边缘地带。

---

① 参见《环球时报》驻美国特约记者萧强、《环球时报》特约记者王会聪：《特朗普请教为何被中国超越，卡特：中国没把一分钱浪费在战争上！》，环球网，2019年4月17日。
② 谷火平观察：《中国军费极致高效，一美元顶美国20美元！美军少将因此黯然辞职》，网易号，2022年7月10日。

第二章　帝国变迁规律

外边缘地带

外边缘地带是指新兴帝国诞生于守成帝国边境的外侧一带。这些帝国多为农业帝国，如马其顿帝国、罗马帝国、阿拉伯帝国（东罗马帝国由罗马帝国分裂形成，具有特殊的例外性）。它们领土面积庞大，新兴帝国发祥地通常距离守成帝国中心地带较远，且多为帝国曾经出兵而没能彻底征服的地区。接棒波斯帝国的马其顿帝国，原来只是地处希腊东北边缘、南接帖撒利、西至伊利里亚、东邻色雷斯的小国。公元前6世纪早期，波斯征服了色雷斯，将其并入自己的行省，并将帝国势力推进到马其顿边境。公元前499年至公元前449年，波斯帝国为征服希腊城邦，发动了前后持续半个世纪的"希波战争"，并以战败而告终。希波战争的失利，使波斯的帝国势力从此一蹶不振，为马其顿帝国的崛起打开了窗口。而马其顿帝国在腓力二世期间就基本完成希腊本土的统一，亚历山大大帝统治时期更是不断向外扩张，先后占领埃及全境，吞并波斯帝国，大军直达印度河流域，帝国鼎盛一时。但是，由于亚历山大英年早逝，马其顿帝国仅存世11年，没来得及向西对罗马征战，致使近在外边缘地带的罗马得以喘息并发展起来，并最终被罗马帝国所灭。而作为沙漠占据了绝大部分面积的阿拉伯半岛，似乎一直超然于帝国的战火之外。除了东地中海沿岸的狭长地带，半岛大部分地区一直处于帝国外边缘地带，无论是波斯帝国、马其顿帝国，还是罗马帝国、东罗马帝国，都没能将这片人口稀少的贫瘠之地纳入帝国的疆域之内。也正因如此，当阿拉伯于7世纪中叶崛起为世界性帝国之后，新兴帝国总是诞生于前一个帝国外边缘地带的规律得到进一步强化时。从波斯帝国开始，世界性农业帝国的诞生地，一直在地中海中东部沿岸及亚欧非大陆的交汇地带变迁。直到这一地区几无可能提供帝国崛起的外边缘地带，新的世界性帝国才转移到地中海西岸的开启了大航海时代的葡萄牙——而葡萄牙同样地处阿拉伯帝国的边缘地带。

新兴农业帝国总诞生于前一个帝国外边缘地带，这一规律产生的原因主要有以下几点。

一是地理阻隔。新兴帝国所在地区之所以没有被守成帝国所征服，大多是因为这些地区地形地貌相对复杂。守成帝国已然幅员辽阔，进一步扩张的话往往受到高山、草甸、戈壁、沙漠或湖海的阻隔，而这些地域又往往位于其边陲地带，征服和统治成本高昂。相应地，边陲地带征税收益较少，放弃对其征战和统治既是帝国的无奈之举，也是帝国出于实际的选择。波斯帝国向东方和向北方的领土扩张，均已达到了那个时代技术和地理条件所能允许的极限，这也是此后的马其顿帝国、罗马帝国和阿拉伯帝国领土在这两个方向没有更多拓展的根本原因。而向西，波斯帝国与希腊及马其顿隔着爱琴海和博斯普鲁斯海峡。作为陆地帝国的波斯向其投射帝国势力本就殊为不易，更何况马其顿境内山地广布，大部分地区为海拔超过2000米左右的高原，不利于军队的大规模征战和帝国的长久统治。马其顿帝国在其崛起过程中，没有向西对罗马方向出征，既源于帝国寿命短暂，更重要的原因在于向西地理环境复杂，不利于军队大规模行动。从马其顿向西，山地和丘陵占据了绝大部分。其中，最高海拔达2694米的迪纳拉山脉恰好挡住了地中海沿岸原本就极为狭小的通道，使得西向的交通殊为困难。而阿拉伯半岛大部分地区原本就是广袤的沙漠，帝国将其弃之一旁也在情理之中。

特殊的地理条件限制了帝国的领土扩张，但对边缘地区来说这些地理阻碍所发挥的作用却截然相反：一方面它阻挡了帝国对这些地区的征服，使这些边远民族获得了保护势力；另一方面，当这些发展强大起来的边远民族派出军队对外征战，踏出这些地理障碍之后，它所面对的将会是经济发达、粮草充足方便就地补给，而地形却是一马平川的极为有利的作战环境。这也是新兴帝国一旦突破原先地理障碍，就能势如破竹地攻破守成帝国的城池和疆土的原因所在。

二是民族及文明断层。 正是上一个原因的存在，地理阻隔使帝国边境的两侧形成了不同民族和不同文明的范式。一方面，与帝国核心民族完全相异的核心价值观、行动取向以及体现于日常生活的风俗习惯，使帝国对这些民族的征服失去了耐心和能力，这些民族及与之相应的文明得以保留在帝国的边境线之外；另一方面，"从本质上说，只有帝国边界与'元民族'断层线相重合的准边缘地区才会构成侵略性挑战国家的起源。此外，种族差异越大，边境涵盖某一地区的时间越长，挑战者出现并成功建立大型领土帝国的可能性就越大"①。研究帝国兴衰的美国彼得·图尔钦教授认为，最开始的时候，至少有一个帝国（"旧帝国"）已经存在。它的边境地区，尤其是它与元民族断层线相重合的区域，构成了强烈的文化演化区，从而形成群体感上涨的群体。在政体之间的竞争过程中，某个集高水平群体感、适当结构（这种结构使其能够扩展群体感）以及运气于一身的群体成为最终的赢家。随着这个群体的发展，或者通过自愿机制，或者通过（起初）具有强制性机制，同化了附近其他在民族上有相似性的群体，民族边境得以向外扩张，将这些群体涵盖在内并将它们融合成一个单一的民族。面积的扩大，增强了该民族将周边区域合并成领土政体的能力。新的政体先是合并具有民族相似性的群体，然后再吞并旧帝国的其余群体和部落区域，通过征服一步步扩张。最终，一个新的帝国得以创建，并扩张至地缘政治约束的极限。②

古马其顿人是古希腊多利亚人的一支，操原始希腊语的多利亚

---

① ［美］彼得·图尔钦：《历史动力学：国家为何兴衰》，陆殷莉、刁琳琳译，中信出版社，2020年，第81页。
② 参见［美］彼得·图尔钦：《历史动力学：国家为何兴衰》，陆殷莉、刁琳琳译，中信出版社，2020年，第74—75页。

方言。由于地处偏僻,马其顿长期处于落后状态,基本被排除在希腊邦际生活之外,被其他古希腊城邦看作非严格意义的希腊人,甚至有许多希腊人称他们是异族蛮人。但是从文明的角度看,马其顿人所创造的文明依旧可列入希腊文明的范畴。由此来看,生活在波斯帝国边境地带的马其顿人与帝国核心民族的波斯人,无论是民族品性还是文明程度都差异巨大,恰恰是这种差异性,构成了马其顿人对帝国挑战的势力起源。公元前5世纪末叶,马其顿开始介入邻国事务,国都移至下马其顿的佩拉。腓力二世当政后,于公元前338年夏统一了除斯巴达之外的希腊各城邦,并于公元前337年成立"希腊联盟",旨在整合整个希腊世界的军事力量与波斯帝国展开较量。而生活在东罗马帝国和波斯萨珊王朝外边缘地带阿拉伯半岛上的阿拉伯人,由于沙漠的隔绝,他们与帝国的人们似乎并不生活在同一个时代。早在公元前1千纪初的亚述时代,就已经存在关于沙漠中的阿拉伯人的记载,但是他们是令人烦扰的"外来者",烧杀抢掠之后,就退回到他们在沙漠中建起的堡塞里。[1]直到3世纪,人们才能在史册中找到关于阿拉伯人的明确记载——那是一个十分短命的芝诺比亚女王[2]时代。到6世纪,已经萌发的阿拉伯民族意识获得了进一步发展。[3]大约570年,先知穆罕默德出生在古莱氏部族的一个并不富裕的家庭,约在600年他开始传播一神论的伊斯兰教。而仅仅又过了32年,阿拉伯人就通过大征服建起了疆土横跨

---

[1] [英]休·肯尼迪:《大征服:阿拉伯帝国的崛起》,孙宇译,民主与建设出版社,2020年,第32页。

[2] 芝诺比亚女王(大约公元240年—?),公元3世纪,叙利亚帕尔米拉王国女王,她因容貌倾城并带领帕尔米拉抗击罗马帝国而著称。她是帕尔米拉国王塞普提米乌斯·奥德奈苏斯(又译为奥迪纳图斯)的第二任妻子。公元267年,奥德奈苏斯死去,芝诺比亚成为帕尔米拉的女王。269年,她开始扩张领土,占领了罗马帝国统治下的埃及,并且驱逐了罗马帝国派驻埃及的地方长官泰纳基诺·普罗布斯。芝诺比亚在埃及的统治持续到272年,这一年她被罗马军队打败,成为罗马皇帝奥勒良的俘虏。

[3] [英]休·肯尼迪:《大征服:阿拉伯帝国的崛起》,孙宇译,民主与建设出版社,2020年,第33页。

欧、亚、非三大洲的庞大帝国。

为什么民族或者文明断层处的小国家甚至部落能获得快速崛起的帝国势力呢？主要原因有以下几个方面。

首先，生活在这些地带的人们能够获得守成帝国外溢的先进生产势力，并进一步激发了其军事势力的勃兴。这些地区原本文明程度较低，但也正因如此，断层地带的民族更愿意保持谦虚和包容的心态，善于学习和接纳帝国文化，并将其与自身文化以及周边民族的文化融为一体，形成超越守成帝国的先进文化。同时，由于其始终处于帝国强大的竞争压力之下，加之其体量较小，更乐于借鉴、创造、应用先进的生产技术和生产组织方式，从而逐步形成对守成帝国具有优势的生产势力。波斯帝国受惠于铁制工具和铁制长枪的广泛使用，获得了丰富的生产势力和军事势力。马其顿与希腊诸城邦相比拥有陆战王牌——马其顿方阵，而较之于波斯又拥有更谙熟水性的海军舰队，因而具备出类拔萃的军事作战能力。在具有划时代意义的科技尚未出现时，阿拉伯人创建的伊斯兰教在对思想控制和组织动员方面实现了革命性创新，从而使其帝国势力得以快速形成。

其次，守成帝国的崩溃主要根源还在于内部的衰落和腐朽，外边缘地带兴起的小国的攻击只是撕开了掩盖着帝国腐烂躯体的衣纱。亚历山大领兵东征之时，波斯帝国业已"南部一片混乱，北部在起义"[①]。而即使是在狼烟四起的时刻，大流士在获得一个喘息的时间里还回到波斯波利斯，在那里建造自己的陵墓，并且还匆匆忙忙建立了一座宫殿。[②] 而在阿拉伯人从荒僻的大沙漠出发，开始对叙利亚和巴勒斯坦实施征服时，东罗马帝国已经陷入了一轮乱

---

① [美] A.T. 奥姆斯特德：《波斯帝国史》，李铁匠、顾国梅译，上海三联书店，2017年，第592页。

② [美] A.T. 奥姆斯特德：《波斯帝国史》，李铁匠、顾国梅译，上海三联书店，2017年，第594页。

世：602年，东罗马皇帝莫里斯和他全家都被叛军杀害；610年，东罗马帝国北非总督希拉克略率领本省军队远渡君士坦丁堡，击败了残暴的篡位者福卡斯，夺得了皇位；611年，波斯军入侵叙利亚，614年耶路撒冷被波斯攻克，615年波斯军来到博斯普鲁斯海岸，兵锋直抵君士坦丁堡城，619年波斯拿下亚历山大城，整个埃及地区落入波斯帝国手中。[1] 正是东罗马帝国内部动荡不堪，为阿拉伯帝国大征服运动提供了机会。而帝国外边缘地带兴起的民族或群体往往更具有凝聚力——群体选择理论认为，与大群体相比，小群体的集体团结度更容易加强。与此相反，守成帝国中心区域通常会出现高度的社会不平等。这也意味着高度的群内差异，因而会造成群体感的衰减，而边境地区相对弱小的群体则可能不会形成高度的不平等，人们的群体感反而较强。另外，边界两侧的财富与"文明"差异，意味着为小型群体融入较大群体提供了强大的动力，并使较小的群体容易获得更多的虏获大量战利品的机会。[2] 这些因素使边缘地带的民族或群体，更有旺盛的激情和强大的战斗力。

最后，是其发挥着纽带的作用。这些外边缘地带的族群，因为特殊的地理因素事实上阻断了守成帝国对外拓展的步伐，也使得帝国与更远区域的联系受到了影响。在其崛起为新兴帝国的过程中，往往使守成帝国内侧的区域与新兴帝国及其外侧更远的区域连成一片，为下一个帝国的疆域扩展创造了条件——这也支持了前述世界帝国总会向更大区域、更大市场发展的规律性。比如：马其顿帝国的崛起，帮助罗马帝国打通了北地中海沿岸的陆路通道，使地中海作为帝国内海成为可能；而阿拉伯帝国的崛起，将原来一直游离在

---

[1] [英] 休·肯尼迪：《大征服：阿拉伯帝国的崛起》，孙宇译，民主与建设出版社，2020年，第76—77页。

[2] [美] 彼得·图尔钦：《历史动力学：国家为何兴衰》，陆殷莉、刁琳琳译，中信出版社，2020年，第71页。

帝国疆域之外的阿拉伯半岛，最终纳入帝国变迁的区域，打通了世界东西方陆路和海路交通，使东西方更大的区域连成一体。

姻边缘地带

姻边缘地带主要适用于葡萄牙、西班牙、荷兰、英国等殖民帝国。与农业帝国一样，新崛起的殖民帝国依旧诞生于守成帝国边境的外侧，但新老帝国之间存在着某种"姻缘关系"：一种是两个帝国曾经隶属于同一个国家；另一种是两个国家王室的主要成员缔结过婚姻关系。与农业帝国所不同的是，殖民帝国本土面积较为狭小，建国时间较短，大多曾为农业帝国管辖区域。这些帝国大多民族、文化相近，相互关系密切，它们之间所面对的不再是不同文明、不同种族和不同文化之间的竞争，更多的是基于海洋运输和市场控制的竞争。形成这种"姻边缘地带"关系的原因主要有：

一是特殊的历史渊源。殖民帝国所在的西欧地势平坦，国家和民族形成历史较晚，曾多次被欧亚大陆帝国入侵和征服。无论是葡萄牙帝国还是西班牙帝国、荷兰帝国、大英帝国，在其成为帝国之前的国家和民族形成过程中，都曾被罗马帝国统治过，而其后又同属于某个帝国或者相互统治过，关系甚为密切。葡萄牙和西班牙同在伊比利亚半岛，在地理上西班牙似乎把葡萄牙"抓在了手心里"，两国在反抗穆斯林统治获得独立之前，民族与国家历史的发展近乎是重合的，所以两国独立之前的历史几乎是不可分割的一体。直到1093年，卡斯蒂利亚王国公主特里萨下嫁给葡萄牙地区的波尔多凯尔伯爵，葡萄牙得以从卡斯蒂利亚王国分裂出来。特里萨所生儿子阿方索·亨利克斯16岁正式主政，放逐其母特里萨，并在罗马天主教势力的帮助下，击败了卡斯蒂利亚王国的军队，开始了葡萄牙独立的历程。1143年，葡萄牙阿方索与卡斯蒂利亚王国签订《萨莫拉条约》，宣布正式独立，成立葡萄牙王国。1297年，葡萄牙与西班牙签订《奥卡尼塞许条约》，明确了国界。自此，葡萄牙得以成为欧洲近代史上第一个独立的国家。

葡萄牙与西班牙渊源深厚，西班牙帝国与荷兰帝国同样源出同宗。荷兰的正式国名叫尼德兰王国，曾经历罗马帝国和法兰克王国的墨洛温王朝、查理大帝、洛泰尔、勃艮第公国的统治。勃艮第—尼德兰的继承者"美男"菲利普与西班牙阿拉贡的公主胡安娜结婚，在胡安娜的父亲斐迪南以及母亲伊莎贝拉去世以后，其从妻子那里得到西班牙王位的继承权，历史上称为菲利普一世。于是，尼德兰地区被并入西班牙哈布斯堡王朝的势力范围。1556年，神圣罗马帝国哈布斯堡王朝皇帝查理五世退位，将西班牙和低地（被称为北方省）分给他的儿子腓力二世，将奥地利等其他地区以及哈布斯堡王朝正统分给他的弟弟斐迪南一世。就这样，北方省属于西班牙王国。1568年，因反抗西班牙国王的中央集权和对新教加尔文派的迫害，北方省爆发了持续80年的反抗西班牙的战争。1581年7月26日，来自荷兰各起义城市的代表在海牙宣布，废除西班牙国王对荷兰各省的统治权，成立荷兰共和国（正式名称为尼德兰联合共和国）。1648年，西班牙国王菲利普四世签订《明斯特条约》，承认低地尼德兰联合共和国。

尽管与葡萄牙、西班牙和荷兰这些帝国相互错综复杂的统治和被统治的历史有所不同，但英国并没有因为孤悬海外而减少与欧陆国家命运的纠葛。从公元前54年开始，英格兰先后遭受罗马人、盎格鲁—撒克逊人、朱特人、丹麦人的屡屡入侵。1066年，英王爱德华死后无嗣，法国诺曼底公爵威廉率军入侵，同年10月进入伦敦，加冕为英王威廉一世，史称"征服者威廉"。1337—1453年，英国和法国为了领土和王位争夺，爆发了百年战争，断断续续进行了116年。1688年，英国资产阶级和新贵族发动推翻詹姆斯二世统治的"光荣革命"，荷兰执政者威廉获得了英国王位，成为英国和荷兰的共主。以上殖民帝国相互交织的历史渊源，有利于这些帝国间经济、技术、文化的交流和传承，为新兴帝国势力在守成帝国边缘地区崛起，创造了极为有利的条件。

二是特殊的联姻关系。中世纪及近代以来，欧洲小国林立，战乱频仍，王室之间联姻现象流行。小国或者领地贵族通过联姻，是实现自我保护和攫取利益成本最低的手段。在欧洲历史上有两大家族通过王室联姻，改变了欧洲的地缘政治和历史进程。一个是哈布斯堡家族。其成员曾经担任过神圣罗马帝国（德意志第一帝国）的皇帝、奥地利皇帝、匈牙利国王、波西米亚（捷克）国王、卡斯蒂利亚国王、西班牙国王、葡萄牙国王、墨西哥皇帝、意大利各种公爵，至少在9大公国、王国或帝国中担任皇帝、国王或君主。另一个是维多利亚家族。维多利亚女王生于1819年，是英国历史上在位时间第二长的君主（第一位是英国女王伊丽莎白二世）。维多利亚女王和作为德国阿尔伯特亲王的丈夫，婚后生育九个子女。这九个子女及其爱人、后裔先后担任过德国皇帝、丹麦国王、挪威国王、俄罗斯帝国末代皇帝、瑞典国王、西班牙国王以及德国下属莱茵河畔巴腾堡公国大公、王子，等等。维多利亚女王因此被誉为欧洲王室的"祖母"。

正是包括这两大家族在内的错综复杂的联姻关系，深深影响了欧洲历史的发展，同时也对殖民帝国变迁的进程和走向产生了重要影响。1093年，卡斯蒂利亚王国公主特里萨下嫁给葡萄牙波尔多凯尔伯爵，从而为葡萄牙的独立创造了条件，使其有机会掀开人类大航海运动的帷幕。而在15世纪六七十年代发生的另一起联姻事件，则直接影响了西班牙殖民帝国势力的走势。

1469年10月，卡斯蒂利亚王位继承人伊莎贝拉不顾当时的国王恩里克四世的反对，拒绝了国王试图将她远嫁法兰西或英格兰的指婚，私自出逃，和阿拉贡王储斐迪南秘密结婚。恩里克四世知道这件事后，宣布通缉伊莎贝拉，并剥夺了其王位继承人的资格，改立自己女儿胡安娜。1474年12月11日，恩里克四世去世，胡安娜被指是恩里克四世的私生女,不能继承王位。而当时胡安娜已经嫁给了葡萄牙国王阿方索五世。同年 12 月 13 日,伊莎贝拉宣布继位。伊莎贝拉成为当时欧洲少见的女王之后,即与其丈夫斐迪南组建强大的军队,与阿方索五世统领的宣称胡安娜应该继承王位的葡萄牙军队作战,并取得了压倒性胜利。1479 年,王位之争平息,卡斯蒂利亚和葡萄牙在阿尔卡苏瓦什条约中彼此承诺不再改变疆界。同年,斐迪南成为阿拉贡国王。自此以后,卡斯蒂利亚和阿拉贡王国在这对夫妇的统治下结成一对君主国,[1] 由国王斐迪南和女王伊莎贝拉联合统治,夫妇二人被称为"天主教双王"。伊莎贝拉接任国王时,西班牙殖民事业已经远远落后于葡萄牙。为此,她资助意大利人哥伦布,探索通往印度和中国的海上新航线,最终发现了新大陆。伊莎贝拉和斐迪南联姻,奠定了现代西班牙的根基,激发了西班牙的强国势力,同时抑制了葡萄牙殖民帝国势力的发展,使西班牙从此进入了海外冒险和殖民扩张的黄金时代。

另一次影响到葡萄牙与西班牙之间殖民帝国势力变迁的联姻发生在 1526 年。这一年的 3 月 10 日,葡萄牙国王曼奴埃尔一世的第二个孩子、长女伊莎贝拉(与西班牙已故女王同名)与查理五世在塞维利亚结婚。婚后,两人生下的孩子即为后来的西班牙国王菲利普二世。1580 年 1 月 30 日,葡萄牙国王恩里克去世,他的遗嘱没有提出王位继承人的人选。由于血缘关系,西班牙国王菲利普二世实际上拥有葡萄牙王位的优先继承权利。[2] 菲利普二世通过战争获得葡萄牙的国王继承权后,葡萄牙事实上已经被吞并,由此开始了从 1580 年至 1640 年长达 60 年之久的两国合并时期。菲利普二世于 1581 年 4 月在托马尔召开的会议上被推选为葡萄牙国王,尽管其小心翼翼地维持着两个主体之间的关系,并专门为此确立了处理两国

---

[1] [德]瓦尔特·L·伯尔奈克:《西班牙史:从 15 世纪至今》,陈曦译,上海文化出版社,2019 年,第 4 页。

[2] 顾卫民:《葡萄牙海洋帝国史(1415—1825)》,上海社会科学院出版社,2018 年,第 238 页。

关系的原则，称为《托马尔纲领》。纲领规定了如下一些原则：国王应尊重以前葡萄牙君主制赋予贵族的自由、特权以及传统的风俗习惯；葡萄牙一切旧的地方固有法权、自由与法律不予改变；葡萄牙现行的法律继续有效；所有涉及葡萄牙行政管理的决定亦应该在葡萄牙作出；葡萄牙副王或总督之职务应委派葡萄牙人或者原葡萄牙王室的成员担任；宫廷、行政、司法、财政以及军队应循旧的编制，所有这些机构中的职务均应由葡萄牙人担任；同时，葡萄牙的主教以及教会中的其他职务均应从葡萄牙人中挑选；等等。[①]

菲利普二世（其在葡萄牙被称为菲利普一世）统治葡萄牙时期，《托马尔纲领》中的规定都得到了尊重和落实，当时葡萄牙的上层贵族均接受菲利普为新的统治者。但是随着时间的推移和国王的更替，葡萄牙下层的民众以及具有民族意识的人则称合并为"巴比伦之囚式的奴役"，因为人们越来越意识到葡萄牙因为合并而丧失了独立的权力。更重要的是，两者的合并使原本超脱于欧洲国家事务的葡萄牙受西班牙的连累，不能像过去那样专注于海外的探险和殖民，而更多地与他国产生敌意，使葡萄牙连带成了法国、英国、荷兰等国家的敌国。为此，葡萄牙承担了更多的战争费用，并在海洋运输中更多地受到这些国家和军队的袭击。1588年，西班牙准备了一支由200艘战舰组成的庞大的"无敌舰队"，就集结在里斯本的特茹河河口。菲利普派驻葡萄牙的总督枢机主教阿尔伯特，又组建了一支由31艘葡萄牙战舰组成的分舰队加入讨伐英国人的海上战争。最终，这支包括葡萄牙分舰队在内的无敌舰队，在拉芒什海峡几乎全军覆没。次年，英国的德雷克与诺里斯就带领舰队攻击里斯本作为报复。这是西班牙给葡萄牙带来的第一次灾难。1594年，在镇压尼德兰北方7省的大规模叛乱中，菲利普二世又对荷兰人施加经济压力，葡萄牙人又一次成为受害者。此前，虽然西班牙与葡萄

---

① 顾卫民：《葡萄牙海洋帝国史（1415—1825）》，上海社会科学院出版社，2018年，第239页。

牙处于战争状态，但是荷兰人一直被允许通过里斯本进行贸易。这一年，菲利普二世下令将停泊在特茹河河口的 50 艘荷兰船只全部没收，并严禁葡萄牙人与荷兰人再有任何商业上的往来。结果，葡萄牙人失去了与荷兰人有价值的贸易以及通过北欧安特卫普等地销售葡萄牙商品的有效渠道，而这条贸易路线是葡萄牙传统上通往欧洲的最主要的贸易路线。从那时起，荷兰人开始甩开葡萄牙人，自己寻找去往东方贸易的商机。[①] 因西班牙连累而一次次受害，在葡萄牙人民中引起巨大的反响。为此，从 1640 年开始，葡萄牙爆发了驱逐西班牙势力的革命，经过 28 年时断时续的漫长战争，最终在 1668 年签订《里斯本条约》后重新获得了独立。葡萄牙和西班牙的这次联姻导致的两国"联体"极大地削弱了葡萄牙的帝国势力，加快了殖民帝国势力向西班牙转移的步伐。

还有另一次欧洲王室的联姻，对殖民帝国变迁的走势产生了重大影响。1677 年 11 月 4 日，英国国王詹姆斯二世的长女玛丽公主与荷兰执政官威廉三世在圣詹姆斯宫举办婚礼。1688 年，英国资产阶级和新贵族发动了推翻詹姆斯二世统治的政变。当时，支持议会的辉格党人与部分托利党人为避免信奉天主教的詹姆斯二世传位给其刚出生的儿子，而把詹姆斯二世废黜。在废黜国王之后，他们把王位传于詹姆斯二世女婿威廉三世。威廉带兵进入英国，未发一枪便使詹姆斯二世仓皇出逃。议会重掌大权，而威廉即位后成为英国和荷兰的共主。这场革命没有发生流血冲突，历史学家将其称为"光荣革命"。威廉三世成为英国的国王以后，英国与荷兰两国的经济和贸易关系也发生了改变。两国协议，由荷兰的商人提供资金为英国制造船只与军舰，这就使得英国的海军后来居上；两国还规定了造船数的比例为 3∶2，这使得英国后来在海上力量上超过了荷兰

---

① 参见顾卫民:《葡萄牙海洋帝国史（1415—1825）》，上海社会科学院出版社，2018 年，第 245 页。

的海军。两国还对各自的东印度公司在印度的贸易利益做了分配，荷兰东印度公司主要从事东方的香料贸易，英国东印度公司则从事印度的纺织品贸易，后者还因获得大量的荷兰资本而重组。到了18世纪，英国东印度公司的纺织品的贸易额逐渐地超过了荷兰东印度公司的香料贸易额。而到18世纪后期，英国东印度公司成为欧洲国家中最强大的贸易垄断公司。①毫无疑问，英国玛丽公主与荷兰执政官威廉三世的联姻，夯实、壮大了英国的强国势力，加速了世界帝国从荷兰向英国变迁的步伐。

法国与周边国家发生的为数不多的联姻行动，似乎都没有结出好果子。1308年1月25日，在梅尔河畔布洛涅举行了一场令人难忘的盛大婚礼，法王腓力四世的女儿伊莎贝拉嫁给了英格兰国王爱德华二世。后来，两人关系破裂，伊莎贝拉废黜爱德华二世，长子被宣布为国王，而由伊莎贝拉代长子摄政。伊莎贝拉被同时代的英国人称为"法国的母狼"。此外，法国王室与英国王室还有一次没有成功的联姻——英王亨利八世在女儿玛丽2岁的时候，为其定下了法国的太子当未婚夫，但是没过几年，法国方面便找借口毁了这门婚约。玛丽接任英国国王后，史称"玛丽一世"，其声名也并不好，被英国人称为"血腥玛丽"。她后来完婚的对象是西班牙王子菲利普，由此英国再次被绑上了针对法国的战车。

法国与西班牙有过一次成功的联姻——法国的路易十四娶了西班牙腓力四世之女。正是由于这一联姻，最终促成路易十四之孙继承了西班牙王位（腓力五世）。然而，对这一王位的竞争引发了持续多年的"西班牙王位继承战争"（1701—1714年），西班牙被迫向英国和奥地利的哈布斯堡王室割让了大量领土，终结了其在意大利的霸权地位。以卡斯蒂利亚为基础建立起来的哈布斯堡王朝的西班牙

---

① 顾卫民：《荷兰海洋帝国史（1581—1800）》，上海社会科学院出版社，2020年，第167页。

大帝国被击溃,彻底失去了它在欧洲的强权地位。①

三是地理特点与帝国发展特征。西欧国家有三个重要的地理特点,对殖民帝国的变迁走向产生了重大影响。其一,西欧国家国土面积狭小,地形以平原为主,缺少高山大河的天然屏障,易攻难守,致使西欧国家历史上反复被陆地强国占领和征服。这使得西欧国家难以形成统一的大市场,不利于帝国势力的积累和延续。其二,西欧国家多优质海港。欧洲是世界上海岸线最曲折的大洲,西欧地区多半岛、岛屿和海湾,从南到北形成了一大批风平浪静、水文条件优越的天然良港,如葡萄牙的里斯本、波尔图;西班牙的瓦伦西亚、马德里和马赛罗拉;法国的敦刻尔克、马赛和尼斯;荷兰的阿姆斯特丹、鹿特丹;英国的伦敦、南安普敦、曼彻斯特和利物浦,等等。众多的优良海港,为殖民帝国的兴起提供了极为有利的条件。其三,河流较为短小。西欧地区大多为温带海洋性气候,降水丰沛,域内河流众多、河网稠密,但受地形地貌影响,长河较少。最长的河流为莱茵河,全长 1232 千米;第二大河为塞纳河,全长为 776.6 千米,位于法国北部;其余河流更为短小,长途运输功能有限。河流短小限制了港口城市对内陆地区的贸易辐射能力,致使帝国势力向内陆阶梯性拓展的空间有限。

殖民帝国本土与殖民地以及货物贸易市场之间的关系,可以形象地看作一只哑铃——帝国本土是哑铃的手柄,是货物运输的中枢和贸易物品的集散地。殖民地范围越大,可供掠夺和采购的货物越多,则要求其相应的市场越大、消费能力越强,亦即哑铃两端的球体要相应地增大,否则无法满足帝国扩张的需要。而帝国与生俱来的扩张性与西欧国家独特的地理特点相结合,塑造了殖民帝国变迁的三个特征。

---

① [德] 瓦尔特·L·伯尔奈克:《西班牙史:从 15 世纪至今》,陈曦译,上海文化出版社,2019 年,第 5 页。

一是殖民帝国存续时间较短。从开启大殖民时代的葡萄牙开始，每一个殖民帝国仿佛轮流坐庄一般，从崛起到衰落往往不足百年（英国因为市场覆盖的范围更加广阔，且开创了工业革命，其强盛的时间相对更为长久）。国土狭小、河流短小十分不利于帝国势力的留存，既无法形成广阔的国内市场，又难以将贸易的触角向更远的内陆地区延伸。当葡萄牙崛起为殖民帝国之后，其过小的国内市场连几船香料都难以消化，帝国势力不可避免地向市场更大、消费能力更强的西班牙过渡。而在西班牙殖民地遍及全球各地之后，其相对单一的国内市场也远远不能满足贸易的需求。1546年，当墨西哥萨卡特卡斯和上秘鲁（今玻利维亚）波托西的大银矿开业后，卡斯蒂利亚及其王室千里迢迢运回了大量的白银，增加帝国的收入。然而，白银的进口加剧了其他工业的投资萎缩，导致西班牙在16世纪后期发生了通货膨胀。① 大量的廉价白银从新大陆流入欧洲，甚至导致欧洲的白银价格暴跌。16世纪至17世纪上半叶，物价更是上涨了三四倍。②

二是殖民帝国沿大西洋岸线由南向北变迁。在世界帝国对市场拥有更大需求的动力机制下，西欧大西洋沿岸众多港口奠定了殖民帝国变迁的基础，而莱茵河的位置则决定了殖民帝国变迁的走向。莱茵河是西欧第一大河，发源于瑞士境内的阿尔卑斯山北麓，西北流经列支敦士登、奥地利、法国、德国和荷兰，最后在鹿特丹附近注入北海，是欧洲最为著名的国际航运水道，通航长约869千米。通过莱茵河的航运可以将殖民贸易向欧洲内陆延伸，当殖民帝国获取了更大范围的殖民地之后，莱茵河可以提供相应的更大的市场支撑，使殖民帝国"哑铃"的两头获得相得益彰的拓展。而从葡萄牙到西班牙、法国再到比利时，其境内并无深入内陆人口密集地区、

---

① 成振珂主编:《世界帝国简史:人类变迁中的文明与真相》(下)，浙江人民出版社，2020年，第1112页。

② [日]宫崎正胜:《大国霸权》，米彦军译，浙江人民出版社，2020年，第114页。

适合长距离运输的国际性大河，因而莱茵河与大西洋交汇处的荷兰更能够承接世界帝国势力的转移。

三是殖民帝国向大西洋彼岸变迁。殖民帝国市场的"哑铃"结构，决定了殖民地的这一头需要向全球扩展，贸易市场的另一头也必须向全球扩展。而由于西欧国家单体国土面积狭小，域内河流又相对短小，加上欧亚大陆国家林立，陆上运输无法适应殖民和商业贸易发展的要求，使得寻求更大市场的帝国势力无法持续在欧洲获得就近发展的空间和机会。因此，大西洋彼岸的美国经过南北战争形成统一的大市场之后，世界帝国变迁的脚步便不可避免地行走到拥有全新的统一大市场的北美大陆。

洋边缘地带

发展到荷兰帝国，世界帝国形成了两个重大的变化：一个是世界帝国性质逐步由殖民帝国向工商帝国转化，另一个是新老帝国的传接由陆地相接的边缘地带变成相隔海洋的边缘地带。像这种在前一个帝国"洋边缘地带"诞生的帝国，主要有英国和美国。需要特别说明的是，英国与荷兰之间相隔的英吉利海峡，位于大西洋边缘。世界工商帝国形成和产生于洋边缘地带的原因主要有以下两点。

一是世界性帝国对更广大市场的扩张需求。葡萄牙开启大航海时代的重要动力主要是对东方财富的向往，但根本原因却是 15 世纪中叶资本主义经济在西欧地区已有萌芽和发展，科技的进步正推动人类社会发生巨大的变革。在承接世界帝国转移之前，荷兰的工业经济已经有了相当规模，其主要工业有"糖加工、冶金、蒸馏、酿造、制烟、缫丝、制网、玻璃、军工、印刷、造纸"，到 1622 年荷兰 67 万人口中有 56% 生活在中等城镇里。世界上任何其他地区与之相比都显得落后了。①如果说大航海运动的前期，殖民帝国更多的是从殖民地运回金银、奢侈品、手工业品和农产品，两者之间进行的是相对单向的贸易的话，那么到了荷兰帝国时期，殖民帝国已经更多地从殖民地运来农产品和工业原料，而将工业制成品销往世界各地（不单单是自己的殖民地），帝国和殖民地之间实现了贸易的双向化，自然而然地帝国对市场需求和贸易运输量越来越大。18世纪60年代，发端于英国的工业革命极大地推动了世界经济的高速发展，欧洲与世界各国之间商品贸易成倍增长。尽管英国贸易在一个时期的某些市场受战争影响被严重切断了，但总的趋势却很清楚：英国产品出口总额从2170万英镑（1794—1799年），增长至3750万英镑（1804—1806年）及4440万英镑（1814—1816年）。②而英国的关税和消费税收从1350万英镑（1793年）猛增至4480万英镑（1815年）；而新征收的所得税和财产税的收入，则从1799年的167万英镑增加到战争最后一年（1815年，指英法战争）的1460万英镑。③工业经济的发展以及北美新的大市场的开辟，使得荷兰短浅海岸线上的港口根本无法满足急遽增长的海洋贸易的运输需求，从而推动了帝国势力由欧洲大陆海岸向大西洋岛国发展——英国近可直接辐射整个欧洲大陆，远可辐射美洲大陆，且其海岸线可设立众多海港的地理优势，得以充分彰显。很显然，一个帝国如果仅有较短的海岸线，其可建港口数量以及能够承接货物的运输量，与另一个具有两边或多边海岸线甚至两个大洋海岸线的帝国相比，是远远不具有竞争优势的，因此，世界性帝国由荷兰向岛国英国，继而向拥有大西洋和太平洋两个大洋海岸线的美国转移，就有了历史发

---

① [英]保罗·肯尼迪：《大国的兴衰：1500—2000年的经济变革与军事冲突》（上），王保存、王章辉、余昌楷译，中信出版社，2013年，第67页。
② [英]保罗·肯尼迪：《大国的兴衰：1500—2000年的经济变革与军事冲突》（上），王保存、王章辉、余昌楷译，中信出版社，2013年，第132页。
③ [英]保罗·肯尼迪：《大国的兴衰：1500—2000年的经济变革与军事冲突》（上），王保存、王章辉、余昌楷译，中信出版社，2013年，第132—133页。

展的合理性和必然性——这也是商业帝国崛起于"洋边缘地带"的重要原因。

二是运输新技术对隔洋贸易的支持。农业帝国时代，世界性帝国在地中海沿岸呈旋转式变迁，新老帝国大部分疆土是相互重合的；殖民帝国时代，世界性帝国沿西欧大西洋岸线的"姻边缘地带"向北迁移，新老帝国"因缘相牵"，或相互连在一起，或相距并不遥远；而到了工商帝国时代，新老帝国之间远隔重洋，相距遥远，英国伦敦与美国纽约之间的距离远达5500多千米。如果没有海洋运输和陆地运输技术的支持，新老帝国的隔洋传承是无法实现的。首先要解决的是大批量货物海洋运输的问题，既要确保漂洋过海的安全性，还要保证即使航程远达数千千米运输成本依然低廉，且能获得较大的利润，否则大批量商品贸易只会在欧洲及其附近展开。而蒸汽轮船的出现恰好完美地解决了这些问题——它拥有持续远洋运输的动力，有能力运载大批量货物，可以抵御较大风浪，并将运输成本控制在很低的水准。不过，1802年出现第一艘借助蒸汽机的驱动力来带动船舷两侧"明轮"以推进航行的蒸汽机轮船，引发了运输革命之后，这种全新的动力系统开始只能在江河上航行——因为海上风浪会使船身不稳，而且那时船只远距离航行需要携带大量煤炭，但船体的空间还不足以容纳。1839年，螺旋桨蒸汽机轮船被发明出来。这种更加可靠、更加迅捷、装载量也更大的蒸汽船，才逐渐取代帆船进行跨大西洋航行。仅仅解决了远距离海洋运输的难题还不够，倘若英国大批工业制成品运输到美国，但陆地运输不能及时将这些商品转运到北美各地，造成商品在港口的大量积压，那么世界帝国势力也就不会随着海洋运输工具的革命而转移到北美大陆。幸运的是，与蒸汽机轮船发明、改进几乎同步的是，陆上运输的重要工具——火车也获得了广泛应用，从而推动世界跨洋运输以及工业化进入了高速发展的时期。从19世纪60年代起，这些趋势还在加剧。世界贸易的数量，更重要的还有工业品产量，都在迅速增长。以前局限于英国、欧洲大陆某些地区和北美的工业化，正在改变其他区域。工业化特别提高了德国和美国的地位，前者在1870年已经拥有世界工业产量的13%，后者那时甚至达到总产量的23%。因此，19世纪末正在出现的国际体系的主要特征已经可以察觉，虽然只有很少数观察家能充分认识这些特征。①

工商帝国时代，新的世界性帝国产生于前一个帝国的洋边缘地带，带来了世界性帝国变迁的一个少为人认知的重大结果——帝国的变迁不再依托残酷而漫长的战争实现。人类文明的重大事件，从诞生到发展再到成熟都有一个循序渐进的过程，世界性帝国的变迁和发展同样如此。帝国的规模、性质、存续周期以及守成帝国向新兴帝国过渡的方式，都随着历史的进步而不断地演化和改变。在农业帝国时代，在守成帝国外边缘崛起的新兴强国，与守成帝国争夺的是与自身紧紧相挨的有形的土地和人口，唯有通过你死我活的战争才能决定帝国的走向。而新兴的殖民强国崛起于"姻边缘地带"，与守成帝国争夺的重点是能够控制海洋交通和运输的制海权。两者之间的战争表现为以大规模的海战为主，不再以消灭对方、占领对方本土有形的土地和人口为目标。

发展到工商帝国之后，崛起于洋边缘的新兴帝国与守成帝国相争的是无形的市场。两者相隔重洋，且由于争夺的市场已经浸透于整个世界，守成帝国已经无法通过自身也难以承担的战争扼制新兴强国的崛起——况且这种崛起原本就源自历史的必然。因此，守成帝国与新兴强国几乎不可能通过正面的大规模战争来完成帝国权杖的交接。战争只是守成帝国延缓新的帝国崛起的威慑选项，两者终会通过相对和平的方式实现帝国"禅让"。事实上，英国在"光荣革命"之后，荷兰就帮助英国进行资本主义金融制度的改革，并将

---

① 参见［英］保罗·肯尼迪：《大国的兴衰：1500—2000年的经济变革与军事冲突》（上），王保存、王章辉、余昌楷译，中信出版社，2013年，第199页。

大量的海洋控制权和商业贸易权进行了移交，可以说荷兰和英国实现了世界帝国势力的"禅让"——尽管两国此后于1780年至1784年爆发了第四次"英荷战争"，但此时的战争已不再是两者的"争霸战"，而是英国对荷兰发动的霸权"巩固战"。

"二战"时期，为了帮助英国及其他一些欧洲国家抗击法西斯，美国通过《租借法案》免费或有偿提供给英国、法国、苏联和其他盟国粮食以及武器装备等军事物资。共计有价值501亿美元的物资运抵了同盟国，而其中有高达62.7%的价值314亿美元的物资援助了英国。后来，为了对抗共同的敌人苏联，英国听任美国实力和影响力上升，在和平的条件下实现了帝国权力的转移。如果说荷兰与英国帝国势力的"禅让"基于两者的"姻缘关系"，那么英国与美国帝国势力的"禅让"则基于两者的"血缘关系"。而将发生的第三次强国势力的"禅让"，则基于以下条件和事实。

一是西方理性主义文化的影响。理性主义扎根于美国处理国际事务的传统，美国人通常会基于对历史发展的判断作出有利于本国利益的选择，其以实力地位出发的处事方针，同样是基于理性主义的要求。自1776年7月4日宣布独立建国以来，在240多年的历史中，美国没有参与战争的时间只有16年。据不完全统计，从1945年第二次世界大战结束到2001年，世界上153个地区发生了248次武装冲突，其中美国发起的就有201场，约占81%。[①]但是如此之多的战争，大多是美国理性算计的结果——美国人并没有主动发起对实力强大国家的直接战争。1907年12月16日，西奥多·罗斯福总统为了敲打日本不断扩张的势力，派出16艘军舰进行"环球演练巡航"，特地要求把军舰涂成白色，号称"大白"舰队。罗斯福一方面向日本大规模展示美国的海军力量；另一方面告诫舰队司令，要

---

① 新华网：《240多年历史的美国，没有参与战争的时间只有16年》，2021年9月24日。

威慑这个国家，但要尽其所能避免触动它的敏感神经。① 这从一个侧面说明，确保自身利益的理性使用军力，在美国发展史上具有悠久的传统。二是相互利益的纠葛。现在大国之间对相互利益难以做出断然的切割，有形的战争已经无法解决无形的市场问题，美国一旦发动战争最先丧失帝国势力的恰恰会是自己——美元的世界性货币地位将会被摧毁，而其赖以发挥重要力量的国际组织也将失去应有的作用。三是双方旗鼓相当的军事实力和核力量，成为最终制止战争的保护伞。

或许，当整个世界正在紧张不安地等待新老强国交替给人类带来巨大震荡的时候，两者已经在不动声色中平静地完成了权杖的交接。

三、中介性帝国

我们将人类发展史上所有世界性帝国最大统治疆域、海陆类型和中介性一一罗列出来（见下表），发现中心性帝国与中介性帝国轮替的规律性。如果我们将面积宽广、人口众多、势力强大且在人类发展史上具有重要影响力的帝国视为中心性帝国，与之呈反向对应的那些面积较小、人口较少、势力相对偏弱且对人类文明发展的影响相对偏弱的帝国，则视为中介性帝国——几乎每隔一个中心性帝国就会出现一个中介性帝国。中介性帝国在历史上的帝国地位和影响力，往往不如中心性帝国，但它们在帝国变迁的旅程中却起到关键的转折和中介性作用，使人类历史的走向因之而改变。中介性帝国的中介性主要体现在地理中介、文化中介和贸易中介等方面。

---

① [美] 亨利·基辛格：《世界秩序》，胡利平、林华、曹爱菊译，中信出版社，2015年，第330页。

中心性与中介性世界帝国

帝国名称	最大统治疆域（平方千米）	海陆类型	中心性或中介性
波斯帝国	695 万	大陆型	中心性帝国
马其顿帝国	约 550 万	陆海型	中介性帝国
罗马帝国	750 万（含地中海面积）	内海型	中心性帝国
东罗马帝国	356 万	海陆型	中介性帝国
阿拉伯帝国	1340 万	陆海型	中心性帝国
葡萄牙帝国	1040 万	海洋型	中介性帝国
西班牙帝国	3151 万	海洋型	中心性帝国
荷兰帝国	320 万	海洋型	中介性帝国
大英帝国	3400 万	海洋型	中心性帝国
美利坚帝国	937 万	海陆型	中介性帝国

地理中介

这一类帝国传统意义上的国力往往并不强大，但地理位置较为特殊，往往位于海陆交界处。由于生产力发展，使守成帝国的帝国势力发生潜移默化的转移。但这种转移，需要不同的地理条件激发，且不可能在更为遥远或者疆域更为广大的国家得以体现，它需要在一个较小面积的地理转折点进行试验和实践或作中介式的周转，为人类社会即将进入更为宏大的发展阶段累积新的势力。

马其顿帝国曾经是世界上幅员最为辽阔的帝国之一，然而却昙花一现。公元前 325 年，随着亚历山大大帝侵入印度河流域（现今巴基斯坦的东部），帝国版图扩展至最大。至此，亚历山大大帝结束了对欧洲、亚洲以及北非长达 10 年的远征。而这个帝国却在公元前 323 年亚历山大猝然离世之后，迅速分崩离析。整个帝国仅仅保持了 2 年的领土完整与相对稳定。① 马其顿帝国短命的根本原因，是历史原本就赋予了其地理中介性帝国的命运——它为大陆帝国波斯向内海帝国罗马变迁提供了地理过渡的作用。

波斯帝国阿契美尼德王朝发祥于扎格罗斯山脉之中，那里为内陆高山型气候。尽管帝国在扩张过程中，先后吞并了地中海沿岸的吕底亚、吕西亚和埃及等王国，融合了希腊人的海洋文明和腓尼基人的商业文化，甚至在夺取了巴比伦城之后，随即将帝国首都迁到了那里，但是帝国文化的命脉根系于伊朗高原，帝国的内核始终是大陆文明。以至于居鲁士在位晚年，他把组织行省的日常琐碎事务委托给戈布里亚斯之后，就离开巴比伦，返回了埃克巴坦那。② 由于对海洋天生的陌生和惧怕，波斯人尽管统治了地中海东岸从吕底亚、爱奥利亚、腓尼基，到埃及、利比亚的辽阔疆土，但其海上的事业一直难有彰显——希腊世界的一大半，确切地说是更富裕、更先进的一大半已经处于波斯人的统治之下时，由于腓尼基人拒绝进攻自己的女儿城市，预定进攻迦太基的战争流产了。③ 公元前 499 年至前 449 年，波斯帝国与希腊城邦之间爆发的波希战争，前后持续了半个世纪，最终以波斯战败而告终，强大的波斯帝国从此走向衰落。这表明，看似强大的帝国也很难征服另一种相异的文明——历史就像一位调色家，他总在寻找一种中介性的力量，将这两种迥异的文明调和到同一块色板上。

而马其顿帝国就是这种中介性的力量。马其顿帝国发祥于希腊

---

① [美] 詹姆斯·罗姆：《王座上的幽灵：亚历山大之死与马其顿帝国的分裂》，葛晓虎译，社会科学文献出版社，2022 年，前言第 xiv 页。
② [美] A.T. 奥姆斯特德：《波斯帝国史》，李铁匠、顾国梅译，上海三联书店，2017 年，第 68 页。埃克巴纳，又称哈马丹，中亚古城，埃克巴坦纳曾是米底的首都，也是居鲁士创立的阿契美尼德王朝诸多首都中靠近其家乡的一个，现伊朗哈马丹省省会，"丝绸之路"上的一个重要站点。
③ [美] A.T. 奥姆斯特德：《波斯帝国史》，李铁匠、顾国梅译，上海三联书店，2017 年，第 89 页。迦太基是地中海东岸的腓尼基人在地中海北非沿岸中部建立的殖民城市。

北部边缘，根据自然地理条件分为上马其顿和下马其顿两部分：上马其顿，位于其西部，地域广大，山脉纵横，森林密布，适于畜牧业，主体呈现游牧民族的陆地文明特征；下马其顿，指南部靠近爱琴海和达达尼尔海峡的沿海平原地区，今隶属于希腊，适于发展农业，主体呈现海洋文明的特点。马其顿由于特殊的地理位置，使其成为大陆文明和海洋文明的中介地区，兼具了两种文明不同的特点和优势。因此，马其顿人既具有游牧民族粗犷勇武、善骑射的特点，又拥有海洋民族坚韧包容、善水战的能力。当其向波斯帝国发起挑战的时候，所向披靡的陆战马其顿方阵和训练有素的海军舰队使强大的波斯帝国难以抵挡，不多久波斯帝国就土崩瓦解。然而，马其顿帝国的盛世仅仅持续了短暂的11年，它的崩溃为内海帝国罗马的崛起腾开了空间。当世界帝国注定要从内陆帝国走向海洋帝国时，马其顿就无法改变自身只是中介性帝国的命运安排——尽管表面上看它的覆灭源于亚历山大大帝的突然死亡。

葡萄牙和荷兰也是地理中介帝国的典型。1179年，罗马教廷颁布通谕授予恩里克国王称号，葡萄牙王国的独立地位得以正式承认。现代欧陆的葡萄牙疆界是在1270年国王阿方索三世手中完成的，面积仅约为9万平方千米。而1580年因皇室姻亲继承关系，葡萄牙又被西班牙侵占。葡萄牙能够以如此狭小的国土和短暂的建国时间，在16世纪上半叶一跃成为强大的世界性帝国，很大程度上得益于其濒临大西洋和地中海交界处地理位置的优势，为世界性帝国从地中海沿岸向大西洋沿岸变迁提供了中介作用。与其异曲同工的是，荷兰人在1648年才完全将西班牙人驱逐出境，建立联省共和国，面积仅4万多平方千米。按理说，从荷兰的国土面积和建国时间看，都难以支撑其成为世界性帝国，其最重要的优势就是它恰好处在了帝国由陆海型向海洋型变迁的阶段，以及河海交汇的位置上——它本身或许并非帝国的归宿，但却成为帝国变迁的中介性结果。

尽管现存的美利坚帝国对世界的影响超过了历史上任何一任帝

国,但是当我们放宽历史的视野就会看到,无论是在社会制度层面还是海陆类型层面,美利坚都是中介性帝国,它处于由海洋型帝国(英国)向大陆型强国过渡的阶段——其既非海洋帝国,也不是大陆帝国,而是海陆型帝国。美国人往往自豪于自身所处的地理位置——既是大西洋国家,又是太平洋国家,受两大洋的庇护而安全无忧。这种地处两洋之间的优越位置,成为美国人从实力地位出发与其他国家开展外交的底气所在。在1895年委内瑞拉与英属圭亚那的边界争端中,美国国务卿理查德·奥尔尼警告英国(当时仍被视为世界头号大国)注意西半球军事力量的不平衡:"美国今天实际上是这个大陆上至高无上的国家,它的命令就是法律。"美国拥有"无限的资源和超然的地理位置,它在任何情况下都可以随心所欲,不会受到任何其他国家的实际伤害"。① 然而,现代美国的地理优越性仅存在于海洋型帝国向海陆型帝国变迁的这一历史阶段。当世界强国势力进一步向大陆汇聚,美国在完成人类帝国变迁的中介性角色后,将会像曾经的美洲那样复又落寂于世界的一隅。

文化中介

彼得·伯克认为:文化之间的碰撞,更准确地说来自不同文化背景的人的碰撞,或者一种文化背景下的人与另一种文化背景下的事物的碰撞,在有些地区比在另一些地区表现得更加激烈,这些地区被称为"接触区"。当文化交流发生时,我们都可以比喻地说,有一个文化的"贸易区"。② 就文化的流转来讲,中介性帝国就承担着这种文化"接触区"或"贸易区"的作用。由于中介性帝

---

① [美]亨利·基辛格:《世界秩序》,胡利平、林华、曹爱菊译,中信出版社,2015年,第320页。
② [英]彼得·伯克:《文化杂交》,杨元、蔡玉辉译,译林出版社,2016年,第67页。

国与上下两个中心性帝国在时间和空间上具有接近性，它能更好地承接上一个帝国文化的因子，与自身文化相碰撞和嫁接，并向下一个帝国延续和推广，使得人类文化随着帝国的变迁不断发展和传播。

作为中介性帝国的马其顿，显然正是这种文化的"接触区"和"贸易区"。马其顿位于当时的东西方文明交汇处，虽然其帝国历史并不长远，但因其疆域辽阔且亚历山大大帝对东方波斯文化有着近乎痴迷的偏爱，马其顿帝国作为东西方文化的桥梁为人类文明的交融和发展作出了巨大的贡献。亚历山大的大规模东征，使得从埃及到阿富汗这些被征服的领土上到处可见遵照希腊模式建立的国家。希腊人的生活方式、节日、体育竞赛、戏剧、哲学和科学迅速传播到东方，它们在那里生根发芽，形成新的流派和发展为新的力量。[1]亚历山大大帝是具有远大抱负的帝王，他觉得自己即将把整个已知世界都融合为一个单一的国度。宗教与文化的自由、经济的发展，甚至（在可能的情况下实行的）地方自治，将使得帝国治下的民众成为积极的参与者而非不甘的臣服者。[2]为此，亚历山大大帝一直希望实现东西方文化相融和帝国共治的愿景——尽管这引起了包括其身边保守派大臣的极力反对。为融入波斯文化，他为前往波斯征战的士兵准备了1万名波斯新娘，在苏萨按波斯习俗举办了一场集体婚礼，并让他的80位高级将领和贵族迎娶了80位来自波斯贵族家庭的女子。[3]亚历山大大帝任用波斯人作为高级官员，采用波斯服饰与宫廷礼仪，甚至遣送1万名马其顿军人返乡，而安排波斯人接替他们的位置。伴随着亚历山大的征服，欧洲和亚洲之间的界限

---

[1]［德］克里斯蒂安·迈耶：《自由的文化：古希腊与欧洲的起源》，史国荣译，文化发展出版社，2019年，第40页。

[2]［美］詹姆斯·罗姆：《王座上的幽灵：亚历山大之死与马其顿帝国的分裂》，葛晓虎译，社会科学文献出版社，2022年，第21页。

[3]［美］詹姆斯·罗姆：《王座上的幽灵：亚历山大之死与马其顿帝国的分裂》，葛晓虎译，社会科学文献出版社，2022年，第24—26页。

也就失去了意义,因为政治力量和众多联系以各种方式超过了欧亚大陆的边界。①

中介性帝国由于地理中介性特点,能够更多地引入和容纳不同的文化,形成混合、交融和杂糅的中介性文化特色,为其帝国势力的形成提供了文化支撑。虽然葡萄牙是一个小国,但其不同地区的差异却很大。北方的米纽与山后地区是最传统的农业地区,直至20世纪初那里仍然非常落后。但是南部地区则完全不同。南方的阿尔加维以终年温暖的地中海气候以及美丽的海边沙滩著称,是许多来自北欧的居民的度假胜地。② 由于地理特征所致,葡萄牙帝国是具有明显多样性文化特征的国家。在地理文化方面,葡萄牙既受大西洋文化影响,也受内陆文化影响,但更多地受到地中海文化影响;在历史文化方面,葡萄牙先后受到克尔特人、迦太基人、罗马人、斯维汇人、西哥特人、阿拉伯人的入侵和统治,他们在葡萄牙人历史文化的履历上或多或少地留下了各种不同的烙印,其中尤以罗马文化和阿拉伯文化影响最大。当年葡萄牙的街头,随处可见罗马人建设的神庙、浴场和剧院,南方的人们也逐渐地采用罗马的生活方式和风俗习惯;而阿拉伯人对葡萄牙文化最大的影响是将阿拉伯文化和伊斯兰教引进来。正是这种来自不同区域、不同样式和先进程度不同的文化,为葡萄牙拉开世界地理大发现的序幕创造了极为有利的条件:一是形成了开放、包容、进取的文化风气和文化品性;二是为接纳文艺复兴思想,激发人的创造性和潜力,提倡积极冒险精神,从而为推动大航海探险事业发展创造了有利条件;三是为吸纳东西方商业文明成果、应用东方先进航海技术奠定了基础。葡萄牙地理的中介性,一方面使各种文化在此汇聚、碰撞,从而使其获得了中介性文化;另一方面随着帝国的变迁,其文化在后续帝国得

---

① [德]克里斯蒂安·迈耶:《自由的文化:古希腊与欧洲的起源》,史国荣译,文化发展出版社,2019年,第40页。

② 顾卫民:《葡萄牙海洋帝国史(1415—1825)》,上海社会科学院出版社,2018年,第2页。

以传播和发展，又使其获得了文化的中介性角色。

这种文化的中介性特点在荷兰帝国身上表现得更为突出。荷兰地处欧洲大陆和大西洋交接处、南北欧中心点上，又是欧洲大陆和大西洋交通运输的枢纽，各种文化、思潮、流派在这里汇聚、交融，形成纷繁复杂的文化气象。发端于16世纪早期的欧洲宗教改革运动，以德国宗教改革家马丁·路德（1483—1546年）在威登堡大学的大门上张贴《九十五条论纲》为起点。然而，各种新教流派，以及有关的学说、思想、论争却在荷兰不断汇聚、激荡和融合。16世纪20年代以后，路德派、再洗礼派、加尔文派以及茨温利派等各种新教的流派和思想如滔滔洪流全都在尼德兰不同的地区泛滥，这些教派的信徒以及接受他们思想影响的人数增长的速度都很快。① 激烈而交织的宗教改革，打开了荷兰人"独立自主，自由不受约束，自我管理"的精神世界，为其投身独立运动，继而开展大航海事业，并在极短时间内将荷兰建成世界帝国提供了思想和文化支撑。

人类社会重大的文化和社会制度的孕育和完善是一个长期而缓慢的过程。中心性帝国往往因为疆域宽广、人口众多，加之思想日趋保守，难以接受新生文化和制度。因而，中介性帝国反而更易得新文化和新制度的风气之先。葡萄牙帝国开创了人类社会大航海事业的先河；同样作为中介性帝国的荷兰，更是在资本主义文化和制度的创建方面取得了诸多突破性成就。荷兰最早创办了行使国家意志的股份制公司——东印度公司，设立了最早的股票交易所——阿姆斯特丹股票交易中心，建立了较为完善的服务于商品交易的钱款交付、保险以及信贷的金融体系。这些资本主义文化和制度成果，在"光荣革命"之后，被英国获取和移用，促进了英国金融现代化，推动了英国东印度公司的扩张，加快了世界性帝国从荷兰向英国变

---

① 顾卫民：《荷兰海洋帝国史（1581—1800）》，上海社会科学院出版社，2020年，第73页。

迁的脚步。荷兰帝国文化和制度的中介性，不仅影响到英国，对美国的建国思想和制度建设也产生了深远影响。为反对西班牙王室统治，1581年7月26日，尼德兰（荷兰）北方诸省签署《断绝法案》。该"法案"透露出"天赋人权、主权在民"的重要思想。《断绝法案》所表达的思想，被后来的历史学家和一般民众认为，与宣告美国革命的《独立宣言》有着惊人的相似之处，具有"社会契约论"思想的最初的雏形；还有人指出《独立宣言》起草者之一托马斯·杰斐逊的思想，部分地受到《断绝法案》的影响。[①]

贸易中介

中介性帝国通常产生于前一个中心性帝国的边缘地带或者海陆交汇地区，文明差异较大，物产较为丰富，具有发展贸易的基础条件和内在需求。因此，中介性帝国多承担着贸易的中介性作用，并因之具有了社会制度的中介性。而从贸易中介的类型分，有因地理位置而形成的东西方贸易中介（葡萄牙帝国）、海陆贸易中介（荷兰帝国、美利坚帝国）；有因不同社会阶段形成的殖民贸易中介（葡萄牙帝国、荷兰帝国）、资本贸易中介（美利坚帝国）；还有以主导商品类型划分的农产品贸易中介（马其顿帝国、东罗马帝国）、工业品贸易中介（美利坚帝国）；等等。

中介性帝国的帝国势力相对而言往往不很强大，正是较为特殊的地理位置为其获得了无与伦比的贸易条件，从而为其发展积累了经济基础。在中介性帝国中，马其顿帝国承续的时间极为短暂，但是它将爱琴海和地中海东部广大水域与原波斯帝国的广阔陆地统御到一起，将希腊人、腓尼基人创造的历史悠久的海洋贸易文明，和长期占据东西方交通要道的波斯人创造的陆地贸易文化，整合到同

---

① 顾卫民：《荷兰海洋帝国史（1581—1800）》，上海社会科学院出版社，2020年，第110页。

一个帝国的平台上，为后续帝国贸易和世界贸易的发展奠定了基础。与其他世界帝国不同，东罗马帝国的诞生并非源于自身由小到大的开疆拓土，而是罗马帝国分裂所致。公元395年1月，罗马帝国皇帝狄奥多西一世临终前，将罗马帝国东西两部分分给了两个儿子阿尔卡狄乌斯和霍诺里乌斯。其中，西罗马帝国在476年即被哥特人所灭，从分治到灭亡仅存在了81年；而东罗马帝国直到1461年才彻底丧失了所有的领地，存活了1066年。东罗马帝国得以存活更长时间，原因有很多，但是其领土横跨亚欧非大陆，掌控了地中海地区及大陆的贸易势力，为帝国提供了源源不断的财力资源则是重要的原因之一。东罗马首都君士坦丁堡（伊斯坦布尔）自古以来就是世界各地商船汇集的地方，也是"丝绸之路"的重要节点，发达的国际转口贸易给东罗马帝国带来了巨额的财富。亚历山大、萨洛尼卡、安条克和特拉布宗等城市，也是东罗马帝国重要的贸易港口。东罗马帝国进口的物资主要包括丝绸、毛皮、粮食、贵重木材、奴隶、香熏料、染料、象牙、宝石及其他奢侈品，还有珍禽异兽；出口物资则有玻璃、马赛克镶嵌画、锦缎及高级丝织品、葡萄酒、金银货币、武器、珠宝首饰和工艺品。大量的商品进出口贸易，为帝国提供了富足的关税和贸易税，此外还包括过境税、入城税、不动产转手税等名目。

　　作为人口和面积均十分有限的双重小国，葡萄牙和荷兰帝国势力的积累受益于贸易的支撑更为明显。从15世纪后半叶开始，随着葡萄牙人对于马德拉群岛、亚速尔群岛、佛得角以及几内亚沿海地区的发现与征服，里斯本成为来自域外的货物的集散中心。从非洲地区运来了奴隶、黄金、树胶、象牙、胡椒；通过热那亚、比斯开湾、塞维利亚地区以及阿拉伯和犹太商人，大西洋各群岛上的蔗糖、黑麦、染料以及牛群也被运到了里斯本。这些物品再从里斯本运往北部的欧洲地区。由此，里斯本成为地中海、大西洋以及北欧沿海地区的一个中转站和国际性都会。①而随着殖民事业的发展,特别是东印度公司在世界各地贸易的拓展,荷兰人大型贸易船队到1600年已包揽了欧洲大部分运输业,木材、粮食、布匹、盐、鲱鱼,由荷兰船只通过每条水路运输。他们会进口大批原材料,由阿姆斯特丹、代夫特和莱顿等地的各行各业进行加工,其主要工业有"糖加工、冶金、蒸馏、酿造、制烟、缫丝、制陶玻璃、军工、印刷、造纸",荷兰人再通过强大的运输能力,将这些工业制成品运送到其他国家,以获取丰厚的利润。到1622年,荷兰67万人口中有56%生活在中等城镇里,世界上任何其他地区与之相比都显得落后了。②

贸易为具有良好中介性地理势力的国家提供了成为帝国的条件,但是由于其基础国力相对薄弱,随着生产力的发展,其市场承载量小、综合竞争实力弱的固有缺陷致使其中介性贸易的特点日益突出,贸易势力在不知不觉中移转到下一个中心帝国。在16世纪的前三四十年里,大量的香料及其他财富源源不断地从东印度群岛、印度、非洲等地流入葡萄牙帝国,但由于其本土人口较少、市场很有限,即便运来的是为数不多的香料,国内市场也难以销售,致使香料价格出现大幅下降,帝国王室不得不采取措施,严格限制贩运香料货船的数量。一方面,随着殖民地面积越来越大,掠夺和贩运回来的货物越来越多,葡萄牙国内市场根本无法消耗这些商品,商人们只好将商船开到尚处于西班牙控制下的荷兰的港口城市,在那里将商品进行分装销往欧洲其他地区,或者再运到葡萄牙在国内市场销售。颇为吊诡的是,葡萄牙开拓的殖民地越多,运回欧洲的货物和商品越多,葡萄牙贸易势力却在越快地向西班牙转移。另一方面,前往印度和东方地区的商船往往需要军舰随行护航,而为了

---

① 顾卫民:《葡萄牙海洋帝国史(1415—1825)》,上海社会科学院出版社,2018年,第129页。
② 参见[英]保罗·肯尼迪:《大国的兴衰:1500—2000年的经济变革与军事冲突》(上),王保存、王章辉、余昌楷译,中信出版社,2013年,第67页。

维持贸易，帝国在各地建立了大量的商行和货栈，并派遣了大量人员，致使贸易成本大幅上升。1570年，葡萄牙王室放弃了原来一直拥有的对于东方贸易的垄断，开始将东方的贸易出租给一些商人。这样做的主要原因，就是国家在东方贸易中的收入日益减少，每年拿不出足够的款项组织舰队。① 由于海运成本上升，原先经过地中海小亚细亚的与东方通商的古道又重新活跃了起来，进一步削弱了葡萄牙的贸易势力以及帝国势力。而这种对帝国势力的削弱，在西班牙国王菲利普二世被推选为葡萄牙国王之后达到了顶峰。

与葡萄牙类似的是，同样作为小国，荷兰因其优越的中介性地理位置而获得了强大的帝国势力，但这种中介性帝国势力来得快去得也快。荷兰独立后用了不长时间，就发展成为近乎垄断了海洋贸易的世界帝国。然而，当英国和法国采取重商主义政策后，国土狭小的荷兰的商业和航运就受到了打击。在对荷兰的海战中，英国人利用英吉利海峡使荷兰商人两翼受敌，而荷兰沿岸的浅海限制了荷兰战舰的吃水深度，从而限制了战舰的吨位和火力。同样，荷兰同美洲及印度的贸易也越来越暴露在英国海军的炮口之下。它在波罗的海的转口贸易，曾是它早期崛起的支柱之一，也一样被瑞典人和沿岸的其他对手削弱。② 1688年，英国爆发了"光荣革命"，荷兰国王威廉即位，成为英国的"威廉三世"，荷兰的帝国势力也彻底走向了衰败。

四、更大的领土和市场

保罗·肯尼迪发现，在综合经济力量与生产能力对比的变化和国际系统中各大国的地位之间，有一种因果关系。两个最好的例证

---

① 顾卫民：《葡萄牙海洋帝国史（1415—1825）》，上海社会科学院出版社，2018年，第232页。
② [英]保罗·肯尼迪：《大国的兴衰：1500—2000年的经济变革与军事冲突》（上），王保存、王章辉、余昌楷译，中信出版社，2013年，第87页。

是：16世纪以后世界贸易集中地，由地中海逐渐移向大西洋和西北欧，1890年后的几十年中世界工业品集中产地又由西欧慢慢移向其他地区。这两个例子都说明，经济力的转移预示着新大国的崛起。这些新大国总有一天会对世界军事力量格局和各国家领土状况，施加决定性影响。过去几十年发生的全球生产的重要力量向"环太平洋地区转移"，不只引起了经济学家的关注，原因就在这里。①

保罗·肯尼迪谈论的新大国的崛起，与本书所关切的世界性帝国变迁的问题密切相关。然而，他所说的综合经济力量和生产能力对比的变化，又是什么因素激发的呢？从实际来看，不管人类社会发展到哪个阶段，推动综合经济力量和生产能力对比变化的关键因素，始终包括土地和人口以及由此形成的市场规模——尽管农业帝国时代市场因素似乎并未占有突出重要的地位。正是这一关键性因素所发挥的作用，使世界帝国（中介性帝国除外）基本呈现出向更大领土面积和更大市场变迁的规律性：波斯帝国（695万平方千米）——罗马帝国（750万平方千米，含地中海）——阿拉伯帝国（1340万平方千米）——西班牙帝国（3151万平方千米）——大英帝国（3400万平方千米）。

世界性帝国向更大领土面积和更大市场变迁的原因，主要有三个。一是更大的领土面积意味着有更为强大的实力保护自己。亚当·斯密曾说，地产安全与否和生活于其中的居民有无保障便取决于地产的大小。②对一个帝国来说同样如此——只有当领土面积更大，生活其间的人口更多，才能有更充足的经济用于军事武装以抵抗其他国家的入侵，也才有更为强大的综合实力对周边国家形成威慑，从而使自身处于安全的状态。二是更大的领土面积会产生更

---

① [英]保罗·肯尼迪：《大国的兴衰：1500—2000年的经济变革与军事冲突》（上），王保存、王章辉、余昌楷译，中信出版社，2013年，前言第XVIII页。

② [英]亚当·斯密：《国富论》，杨伟超译，北京时代华文书局，2020年，第118页。

多的贸易机会。更大的领土面积意味着拥有更丰富的和更差异化的物品,更能引发开展贸易的动力;同时更大的领土面积和更多的人口,还意味着可能创造更多的财富,每位国民更少地分摊军事和管理费用,由此形成生产和军事领域的"成本洼地"。三是更大的领土面积,也是满足统治者贪婪的野心和攫取更多财富的需要。因此,我们看到,在现实条件允许的情况下,帝国总在不断地对外扩张,在消灭了一个又一个国家之后,依旧希望将更多的国家并入自身的版图,以期使帝国获得长治久安的保障和掌握攫取财富的控制力。正是这样一个帝国发展的逻辑,随着历史进程的发展,帝国的领土面积和管治区域越来越大。从某个区域扩张到世界各地,从陆地扩展到海陆一体,从而使世界性帝国的变迁具有了向着更大领土、更大市场发展,并最终形成地理闭环的规律性。

虽然从总体上看,世界性帝国总在向着更大的领土和市场变迁,但不同的历史发展阶段,推动这种变迁的基础、动力以及效果和表现并不相同。

农业帝国时代

土地和人口是最重要的财富源泉。实施领土征服、奴役当地人民是获取财富最主要也是最直接的方式,帝国因此热衷于领土扩张以使自身财富和综合实力快速增长。波斯人崛起之前,伊朗高原及两河流域周边有十多个国家。生活在伊朗高原帕萨迦达部落的波斯人,在其首领居鲁士带领下,建立了安善国,并迅速统一了马拉非、马斯皮、潘提亚雷伊、德鲁西埃等周边部落,将大量土地和人口并入王国。安善国财富和国力迅猛增长,从而拥有了征服周边国家的经济基础和军事实力,并最终拥有了向米底、巴比伦、吕底亚和埃及等传统大国宣战且战而胜之的资本。波斯帝国领土由此不断扩张,作为第一个横跨亚、欧、非大陆的世界性帝国,疆域面积一度达到 695 万平方千米。

前文论及世界性帝国的变迁呈现出"强帝国（中心帝国）"和"弱帝国（中介帝国）"交替发展的状态，这符合事物螺旋式上升发展的规律。同时，这也可以解释接棒波斯帝国的中介性帝国马其顿，无论是领土面积、持续时间还是帝国综合实力都呈现出减弱的态势。从单纯的陆地面积看，罗马帝国最强盛时的疆域面积仅为 500 万平方千米，少于波斯帝国，甚至少于马其顿帝国的 600 万平方千米。人们在计算世界性帝国的领土面积时，通常不会将海洋面积纳入其中，这对波斯、马其顿和阿拉伯这些大陆国家或者海陆国家来说是合适的，但对罗马帝国来说则是不恰当的：一方面，因为地中海已经成为罗马帝国的内海，相当于内陆湖泊，理应是帝国领土不可分割的一部分；另一方面，地中海是罗马帝国从事渔猎生产、交通运输和贸易买卖的重要场所，其发挥的作用与陆地并无二致，其价值甚至远胜于荒漠高山。因此，罗马帝国的领土面积应该加上 250 万平方千米的地中海面积，才更符合其帝国疆域的实际。

在炼铁技术和铁制工具出现之后，人类社会经历了波斯、马其顿、罗马、东罗马等帝国漫长的统治时期，但很少出现足以改变人类生存和生活状态的革命性科技成果。这时候仅靠生产和军事技术的相对进步，已经无法支撑帝国在原有基础上进一步扩张领土的野心，而阿拉伯帝国对国家组织形式的变革则使这种扩张成为可能。阿拉伯帝国实行的"哈里发"制度，实际上是通过将宗教与国家管理制度更紧密地结合，实行"政教一体"，强化国家对人们的思想统治和组织领导，从而获得了相对于其他帝国的竞争优势，推动了阿拉伯帝国的领土迅速扩张。至 8 世纪中叶，一个西临大西洋、东至印度河流域、南濒亚丁湾、北到锡尔河流域，面积达 1340 万平方千米，地跨亚、非、欧三大洲的庞大帝国最终形成。

殖民帝国时代

殖民地是财富最直接也是最重要的来源，拥有更多的殖民地意味着拥有更多的财富和更强的帝国势力。大殖民时代由葡萄牙开启，先后经历葡萄牙帝国、西班牙帝国、荷兰帝国和大英帝国，其本土面积加上殖民地面积分别为1040万平方千米、3151万平方千米、320万平方千米和3400万平方千米。其中，葡萄牙帝国和荷兰帝国为中介性帝国，其统治疆域呈现结构性和规律性减少；而西班牙帝国和大英帝国统治面积则急遽扩大，实现了全球殖民，均被誉为"日不落帝国"。

西班牙地处欧洲与非洲交界处，西邻同处于伊比利亚半岛的葡萄牙，北濒比斯开湾，东北部与法国及安道尔接壤，南隔直布罗陀海峡与非洲的摩洛哥相望，现今总面积不过50.59万平方千米。历史上，西班牙曾相继被凯尔特人、腓尼基人、罗马人、西哥特人和阿拉伯人等异族统治，直到1469年西班牙地域上卡斯蒂利亚和阿拉贡两个重要王国进行联姻——卡斯蒂利亚公主伊莎贝尔嫁给了阿拉贡王子费尔南多，为西班牙的最后统一奠定了基础。从1492年哥伦布登陆美洲开始的三个世纪里，西班牙在美洲大陆和加勒比海地区不断进行征服和殖民，先后占领了大部分加勒比海岛屿，即西印度群岛、墨西哥、南美大部、中美洲地区、北美西部太平洋沿岸（直达阿拉斯加）和北美中部内陆，还先后殖民了非洲的莫桑比克、苏丹以及亚洲的印度尼西亚、菲律宾、东帝汶、阿曼等地，使其成为世界上第一个"日不落帝国"。西班牙统治者和商人通过对数量众多的殖民地掠夺，获取了仅依靠本国生产无法实现的巨额财富。征服者通过开发这些领土上的自然资源，更多地利用土著劳动力，源源不断地把糖、胭脂红、皮革和其他商品运送回国。最重要的是开采南美波多西矿中的白银，并将其运送回国或运到东方交易香料、瓷器、丝绸等奢侈品——该矿在100多年的时间里是世界上最大的单一银矿。这一切导致"跨越大西洋贸易的飞速增长，其贸易额在 1510 年到 1550 年增长了 7 倍，而在 1550 年到 1610 年又增长了 2 倍"①。

与葡萄牙、西班牙甚至荷兰、法国相比，英国对外殖民起步较晚。当其从偏僻、落后的英伦三岛开出殖民的舰船时，才发现世界已近乎被其他帝国瓜分干净，要实现殖民梦想，只能从其他帝国嘴里拔牙。英国殖民扩张主要分为两个阶段：第一阶段始于伊丽莎白一世统治期间。1588 年，英国对西班牙无敌舰队的战争大获全胜，初步树立了海上霸权的地位，1607 年英国在北美弗吉尼亚的詹姆斯镇建立第一块永久的海外殖民地；17 世纪中期，英国已经在美洲建立起包括美利坚合众国成立之时的十三个州、加拿大大西洋和太平洋沿岸省份以及加勒比海上一些小岛屿（例如牙买加、巴巴多斯及巴哈马）等多块殖民地。此后，英国通过英荷战争，获得新阿姆斯特丹（即今天的纽约）；与法国的七年战争，占领了新法兰西的全部地区。随后，澳大利亚和新西兰也相继并入英格兰殖民地版图。英国第二阶段殖民地扩张，始于 1875 年本杰明·迪斯雷利领导的英国政府从埃及统治者伊斯梅尔手中买入苏伊士运河股份。1882 年，英国从法国人手中夺取了对埃及领土的殖民权。此后，英国先后将印度、锡兰（今天的斯里兰卡）、缅甸和马来亚纳入自己的势力范围；从 1899 年开始，英国又相继占领了南非、尼日利亚、喀麦隆等诸多非洲土地。

随着殖民地的扩大，英国与殖民地的贸易迅猛增长。仅 1610 年至 1650 年的 40 年间，英国的贸易额增至原来的 10 倍。与早先的葡萄牙、西班牙等殖民帝国不同，英国并非满足于从殖民地掠夺金银财富或将原料运回本土加工成工业制成品，而是对当地社会进行有效管理、发展产业，将原料就地加工成商品再销往本土或世界

---

① ［英］保罗·肯尼迪：《大国的兴衰：1500—2000 年的经济变革与军事冲突》（上），王保存、王章辉、余昌楷译，中信出版社，2013 年，第 25—26 页。

各地。英国这样做无疑是为了降低生产和贸易成本以攫取更多的利润，但客观上发展了当地经济，推动了这些地区的文明进程。在北美和澳洲开辟了殖民地之后，英国政府先后动员2000万英国普通民众移居加拿大、澳大利亚、新西兰等地，并综合运用贸易、移民、谋略、军事等手段，从海上对世界各地的传统社会进行了重组。不仅如此，英国从海上将殖民地的行政官、商人、军人送往世界各地。结果，在维多利亚王朝的统治下，英国获得了相当于大不列颠岛91倍的土地（接近全世界地表陆地面积的1/4），统治着3.72亿人（世界人口的1/4），成为世界史上最大的帝国。①

1500年前后开启大航海运动之后，殖民运动得以迅速席卷全世界，有几个基础性的条件，比如：西欧地区进入了工业化起步阶段，经济快速发展，拥有了对奢侈品和工业原材料强大的消费能力，这是最为重要的市场需求；殖民帝国对殖民地区拥有以坚船利炮为基础的、具有代差优势的强大军事实力，使得远征者即使在人数上远不及对方，也能取得压倒性的军事胜利；殖民者的总体文明程度（非道德层面）拥有高出一截的优势，能够对被殖民地区开展持续的教化和组织制度输出。另一个十分重要但往往被忽视的基础性条件是：金银等贵金属已经成为被人们广泛认可的世界性货币。亚当·斯密指出，当物物交换被淘汰，货币成为商业上通用媒介之后，商品就大多与货币交换，而很少与别种商品交换。②如果没有被统一认可的金银货币，货物的价格就不能被锚定，货物的价值也无法被衡量，葡萄牙、西班牙这些殖民帝国追逐金银财富的动力就会被削弱。

---

① [日] 宫崎正胜：《大国霸权》，米彦军译，浙江人民出版社，2020年，第166页。
② [英] 亚当·斯密：《国富论》，杨伟超译，北京时代华文书局，2020年，第15页。

第二章 帝国变迁规律

近现代工商帝国时代

　　拥有更大的市场统治力就意味着获得更多的财富，形成富有竞争力的"成本洼地"。英国是极为特殊的世界性帝国，它处于殖民帝国时代向工商帝国时代变迁阶段。英国早期与葡萄牙、西班牙、荷兰等殖民帝国一样，将扩张殖民地、直接掠夺殖民地财富作为攫取帝国势力的本能。但是，大英帝国对殖民地统治方式和财富的掠夺方式在不同时期并不相同。阿尔弗雷德·考尔德科特以印度为例，将英格兰在印度的统治分为十一个阶段，前六个阶段大体为开展贸易、征服和扩大势力范围；第七至第十个阶段，则主要为推行社会经济改革、产业革新；而第十一阶段则将重心转移到了产业发展与社会发展方面。[①]

　　这种转变的根本动力，实际上是帝国对外殖民的逻辑发生了改变——获得财富的主要方式从原先扩张殖民地和掠夺原材料，转变为占领市场、培育市场、销售商品以获得利润。这种转变是在历史潜移默化的发展中实现的，原因也是多方面的，比如：殖民地过于遥远、运输成本过高，不如将原材料就地加工成商品，再转手在当地销售或运回帝国本土销售；而烟叶、甘蔗、棉花、木材这些特殊农产品，更适合在加工成成品之后运输；另外，海盗和其他国家的军事封锁及军事掠夺，使远洋运输存在着巨大的风险。当然，推动这种转变的主要原因，还是英国自由贸易的建立和工业革命的发展。

　　一方面，在欧洲范围内，英国是较早实行中央集权政府的国家，它第一个成功建立了相对没有地区贸易限制的全国市场。在17世纪乃至18世纪早期，英国经历了内战和政治不稳定。毫无疑问，不稳

---

① 参见［英］阿尔弗雷德·考尔德科特：《大英殖民帝国》，周亚莉译，华文出版社，2019年，第102—105页。

定造成了许多破坏和浪费,另外还打击了长期投资。但是,在此后的几十年中,稳定的、全国范围的政府建立起来了,工业革命走上了轨道。18世纪中期,在英国比在大多数欧洲大陆国家对贸易公司的限制要少得多,并且在大多数情况下运输条件也要好得多。①

　　另一方面,英国工业革命使世界贸易发生了根本性改变。纺织、钢铁、造船等工业在欧洲特别是英国各地普遍兴起,世界贸易主要商品已经从农副产品、生活奢侈品和金银等贵重金属,转变为棉花、煤炭、钢铁等工业原料及其工业产品。而既有丰富煤炭、钢铁资源,又具有优良港口优势的英国伯明翰和曼彻斯特成为世界工业的中心。在1760—1830年,英国占"欧洲工业产量增长的2/3",它在世界制造业生产中的份额从1.9%一跃而为9.5%;在以后的30年中,英国工业的扩大,又使这个数字上升到19.9%。在1860年前后,相对地说,英国可能达到了极盛时期,它生产了全世界铁的53%、煤和褐煤的50%,并且差一点儿消费了全球原棉产量的一半。它单独占有全世界商业的1/5,但是却占有制成品贸易的2/5。全世界1/3以上的商船飘扬着英国国旗,而且所占的比率正在日益增加。②工业革命帮助英国进一步确立了世界性帝国的地位,同时也使其成为统一的大市场和世界商品的销售地。

　　作为世界工业生产中心的英国,无疑需要在世界各地寻找包括殖民地在内的广大市场,并将商品输送到这些市场上自由而便利地销售。英国实施自由贸易政策惠及全世界,也为英国对世界的殖民统治赢得了较好的名声。黑格尔在《历史哲学》中界定了英国的民族特性:"工商业促进了英国的物质繁荣,商业精神指引英国人漂洋过海、结交蛮夷、兴建产业,向世界传播文明。英国应该建章立

---

① 参见[美]曼瑟·奥尔森:《国家的兴衰:经济增长、滞胀和社会僵化》,李增刚译,上海人民出版社,2018年,第169页。

② [英]阿尔弗雷德·考尔德科特:《大英殖民帝国》,周亚莉译,华文出版社,2018年,第156页。

制、保护财产、惩恶除暴、礼待他人。"①

英国自由贸易政策和商业精神的传播,使英国商品销售到了整个世界市场,并由此攫取了丰厚的利润。但同时它也为后起的建立在更大市场基础上的国家叫板英国,并为争夺世界性帝国宝座而打开了通道。随着内战结束,美国统一的大市场使工业生产获得快速发展,原油产量从1865年的300万桶一跃而为1898年的5500万桶,钢锭和铸件由不足2万吨猛增到900万吨。②1914年美国煤产量为4.55亿吨,大大超过英国(2.92亿吨)和德国(2.77亿吨)。美国也是世界上最大的石油生产国,同时又是铜的最大消费国。它的生铁产量比其他三国(德国、英国、法国)的总和还要多,钢产量几乎与其他4国(德国、英国、俄国、法国)持平。1913年,美国现代燃料的能源消费等于英国、德国、法国、俄国和奥匈帝国的总消费量。它生产、拥有的汽车比世界其他国家的总和还要多。实际上,美国才是整个欧洲大陆真正的竞争对手,它发展得如此之快,已接近或赶上整个欧洲的水平。③

英国的工业革命和美国建立在国内统一大市场基础上的第二次工业革命,彻底改变了农业革命和殖民时代以来财富产生和获取的方式。帝国势力不再单纯通过土地占有和人口征服得以实现,而更多地通过对商品销售市场的征服和控制获得。"一战"在欧洲的爆发加快了欧洲经济霸权向美国的转移。1918年1月,时任美国总统威尔逊对国会发表称为"十四点计划"的演说,主要强调实现下列目标:公开外交、公海航行自由、贸易自由、全面裁军、公正处理殖民地争议、民族自决以及建立国际联盟。"威尔逊主义"打破了欧洲

---

① [英]阿尔弗雷德·考尔德科特:《大英殖民帝国》,周亚莉译,华文出版社,2019年,第336—337页。
② [英]保罗·肯尼迪:《大国的兴衰:1500—2000年的经济变革与军事冲突》(上),王保存、王章辉、余昌楷译,中信出版社,2013年,第252页。
③ [英]保罗·肯尼迪:《大国的兴衰:1500—2000年的经济变革与军事冲突》(上),王保存、王章辉、余昌楷译,中信出版社,2013年,第253页。

国家的优势地位，动摇了英国的殖民体系，改变了帝国以征服和掠夺殖民地称霸的传统，同时也表达了美国人以控制市场而争霸世界的企图。"二战"则完成了欧洲经济霸权向美国的转移。1944年7月，美、苏、中、法等44个国家在美国新罕布什尔州布雷顿森林举行联合国家货币金融会议，通过多项协定后又将关贸总协定作为布雷顿森林会议的补充，统称为"布雷顿森林体系"，即以外汇自由化、资本自由化和贸易自由化为主要内容的多边经济制度，确立了以美元和黄金为基础的金汇兑本位制，其实质是建立以美元为中心的国际货币体系。布雷顿森林体系的确立，使世界进入了美国主导全球市场的时代，也标志着美国世界霸权地位的正式确立。

今天的中国与19世纪后期的美国如此相像：洲际规模的领土、强大的海陆联合运输能力、蓬勃兴起的新技术革命、充分激发的创业热情，等等。除此之外，中国14亿人口形成的超级庞大市场以及傍依日益一体化的欧亚大陆的优势，是美国所无法比拟的，而这正深刻影响着当今世界强国变迁的走向。

五、帝国变迁闭环

在生产势力、地理势力和文化势力共同作用下，世界性帝国变迁总是遵循向着更大的国土和市场发展、在"成本洼地"和守成帝国边缘地带形成的规律。而当帝国的面积越来越大，且下一个帝国又总在上一个帝国边缘地带形成时，这无疑会使帝国变迁最终在地球上形成闭环。

当前，作为第10任世界性帝国，美国的衰落日益明显，而中国21世纪以来的高速发展举世瞩目。早在2010年，中国工业产值已经超越美国，如今更是超过美国、德国和日本的总和；以平价购买力计算，中国GDP早在2014年已超过美国，实现以汇率计算的GDP对美国的超越只是时间问题。国际社会上有观点认为，中国实现对美国的超越本身就是再正常不过的事。新加坡资深外交官马凯硕提出：从公元元年到 1820 年，世界上最大的两个经济体一直是中国和印度。仅仅是在过去的两百年中，欧洲和美国才超越了它们。以两千年的世界历史（即"全局"）为背景，过去两百年间，西方（包括美国）的主导是一个极反常的现象。因此，如果看到中国和印度崛起以结束这种反常现象，也是非常自然的。①

并非巧合的是，中国正位于与美国隔太平洋相望的洋边缘地带，且领土面积和美国相当、人口和潜在市场规模远远大于美国。从当前发展趋势上看，中国将取代美国成为世界上最为强大的国家，并成为帝国的终结者。由此，世界帝国的变迁将呈现出极为有趣的神奇性——它在地球上形成了一个完整的闭环。需要强调的是，本书所列举的"迁徙式变迁"的世界性帝国，决非出于对规律的寻找而有意向性的选择，它们本身就是人类历史发展中客观存在的节点，在时间上具有先后的延续性，在统治疆域的地理结构上具有跨越三大洲的世界性，与同期各大强国相比在世界上的影响力最广。人类第一个世界性帝国波斯的疆域东至印度河平原、青藏高原的喜马拉雅山麓和帕米尔高原一带，而中国疆域的西部也正抵达这一带。因此，如果将已经存在过的世界帝国和即将成为世界帝国终结者的中国依次连接起来，就会发现它在地球上形成了一个完整的闭环。

由于印度大沙漠、青藏高原、帕米尔高原及其北方高山和大沙漠阻隔，形成了传统农业帝国武力难以打通和落后交通无法穿透的隔离带。因此，在农业文明时期，西亚及欧洲的世界性帝国既无力通过海路征服东方帝国，而东方帝国对于跨越天堑染指西方土地也鞭长莫及，就此形成了亚欧大陆强国东西对峙的局面。这一时期，中国作为亚欧大陆东陲近乎唯一的强国在东方独自发展和演化，形

---

① [新加坡] 马凯硕：《中国的选择：中美博弈与战略抉择》，全球化智库（CCG）译，中信出版社，2021 年，第 76 页。

成了世界上连续性最强的中华文明；而西亚和欧洲一带的帝国则不断地通过征战和更替，使文明得以在更大范围交流、交融和发展，形成了更为开放和多元化的西方文明。从波斯帝国开始，历经马其顿帝国、罗马帝国、东罗马帝国及阿拉伯帝国，其政治文明中心一直在地中海中东部及附近的巴比伦城（巴格达）、罗马、君士坦丁堡（伊斯坦布尔）之间摆动，在世界帝国变迁的"闭环线"上看起来仿佛是领带上打出的一只蝴蝶结。这既是由人类相对落后的生产力水平无法超越东西方地理障碍所决定的，也是人类向外拓展的欲望总是不断膨胀又泯灭的直观而生动的体现。而随着大航海时代的到来，亚欧大陆西陲的欧洲人终于发现通过海洋可以抵达东方，并且有能力将军事力量和征服的欲望投射到那里。东西方的地理天堑由此被打通，世界开始迈向一体化的进程。自葡萄牙开始，生产力的发展促使帝国变迁的脚步一改在地中海沿岸徘徊的局面，第一次由内海进入大洋，开启了大西洋时代，并沿着欧洲西海岸一路向北，最终由英国抵达美国。美国自然并非世界帝国的终点，帝国变迁仍将遵循特定的规律滚滚向前——这个规律就是，世界帝国势力总在寻找着更大的市场，向"成本洼地"流动，并最终使世界实现一体化。而海洋为帝国变迁提供了平台，贸易则为帝国变迁提供了动力和路径，它们共同作用使得帝国变迁的规律得以实现。中国将成为世界帝国的终结者，世界帝国变迁在地球上形成完整的闭环。

世界性帝国变迁形成地理闭环，它还实现了中国以西的世界"迁徙式帝国变迁"与中国"钟摆式帝国变迁"的会师，实现了以中国为代表的社会主义制度对以美国为代表的资本主义制度的超越，人类历史长期存在的帝国霸权将就此终结。

世界性帝国变迁之所以在世界地理上形成"帝国变迁闭环"，原因主要有三个。

一是地理条件使然。在西亚、欧洲和中国之间，间隔着地理条件恶劣的青藏高原和中亚高原、大沙漠，在古代两者之间的陆上联结主要依靠经过狭长的河西走廊的"丝绸之路"。17世纪初,葡萄牙人鄂本笃曾试图不经过已经习惯的海路,在中亚寻找从欧洲探访北京的陆路,尽管他最后到达了中国,但是在他的旅行记录中留下了这样的感慨:"愈前行,危险与疲劳渐增……道路既危险,复有盗贼之虞",在这一路上,他不仅"始终与盗贼、水灾、山岭、风雪相争斗",而且缺少水源和食品的戈壁沙漠,也让他吃尽了苦头。① 在当时交通条件下,青藏高原和中亚地区的复杂地理形成了天然阻隔,使东西方帝国势力难以彼此渗透和征服。正因为陆路难行,才阻断了世界性帝国在亚欧大陆的整体变迁。否则,欧亚大陆可能早已实行了帝国势力的一体化,就不会存在帝国变迁的闭环现象。然而,地球是圆的,东西方之间还有大海和大洋相连。当人类的生产力和航海技术足以征服大海之后,人们就可以绕开陆地上重重的地理障碍从海路抵达东方,帝国变迁最终形成闭环也就成为必然。

二是发展趋势所然。一方面,出于对交流成本和管理成本的控制,人类社会对更便捷和更节约的交通方式始终充满需求。从陆地到河流,再从内海到大洋,运输量更大、成本更低的水路运输因此成为帝国梦想实现的通道和历史变迁的指南。公元27年,罗马统一了东西地中海地区,成为世界上第一个海洋帝国,罗马城人口迅速膨胀至100万人,而一年里有4个月的粮食都是从埃及运来的。② 如此巨大的人口规模,如果粮食及使用的物资仅依靠传统的陆路交通运输,显然难以为继。英国工业革命之后,世界经济进入了大工业、大运输、大贸易发展阶段,海洋运输不仅提供了这种可能性,而且使实现全球化市场的帝国梦想获得了有力支撑,这也使得帝国的变迁得以向着更远的水域前行。另一方面,更大的市场始终是帝国变迁脚步所追逐的方向,可以说谁掌握了最大的市场,谁就会成

---

① 费赖之:《在华耶稣会士列传及书目》(上),冯承钧译,中华书局,1995年,第100页。
② [日]宫崎正胜:《大国霸权》,米彦军译,浙江人民出版社,2020年,第61页。

为世界最强大的国家,从葡萄牙到西班牙、荷兰,再到英国、美国,概莫能外。中国拥有14亿人口和洲际规模的国土,本身就是世界上最大的统一市场;而且中国外濒临太平洋、内衔接亚欧大陆,随着亚欧市场一体化推进,中国拥有的市场势力是任何国家所不能比拟的。

三是人性欲然。"人性当中的激情,是历史演化的根本动力。激情里面包含着欲望,也包含着信仰,欲望和信仰有着相互生成又相互冲撞的复杂关系。"① 正是人类的欲望和信仰驱动着帝国从波斯高原走过地中海,走过西欧,走过大西洋,探索着环行全球的路径。14世纪,商业资本主义开始在地中海沿岸的许多城市萌芽,西欧社会掀起了一股"黄金热"。而当时声名大噪的马可·波罗的"游记"盛行于欧洲,欧洲人把东方当作财富与黄金的代名词,急需与东方达成贸易往来。那时葡萄牙最急缺的是黄金,迫切需要开通东方的航道,寻求与东方的贸易。② 正是对黄金梦的欲望,推动开启了大航海时代。此后,西欧各国普遍开始了政治权力扩张和殖民活动,金银、香料、丝绸、珠宝、瓷器、食糖等奢侈品被源源不断地运达欧洲,供皇室和贵族享受。哥伦布在美洲登陆之后,"一块新大陆被偶然发现并且新的殖民也被设计出来。大西洋贸易在1510—1550年增长了八倍,到1610年又增长了三倍"③。在欧洲势力向全球扩张的过程中,信仰起到了助推作用。葡萄牙人进行海外探索的精神动力就有基督教的传教使命,而基督教拯救全人类的使命感和上帝观也是传教运动的动力。④ 16世纪,欧洲的宗教改革运动进一步冲击

---

① 施展:《枢纽:3000年的中国》,广西师范大学出版社,2018年,第39页。
② 成振珂主编:《世界帝国简史:人类变迁中的文明与真相》(下),中国商业出版社,2017年,第963页。
③ [美]简·伯班克、[美]费雷德里克·库珀:《世界帝国史:权力与差异政治》,柴彬译,商务印书馆,2017年,第134页。
④ 成振珂主编:《世界帝国简史:人类变迁中的文明与真相》(下),中国商业出版社,2017年,第962—963页。

了神学对科学和自由思想的禁锢，使文学、艺术、科学、哲学、教育等领域发生深刻变化，重商主义、个人自由、国家意识、理性精神、征服自然等现代理念成为宗教改革后信奉新教的荷兰人、英国人的群体纲领，助推了帝国霸权由葡萄牙、西班牙向荷兰、英国让渡，帮助后者在全世界进行资本的原始积累和殖民扩张，开启争霸之旅，并且绞尽脑汁地在海上霸权争夺上拉锯前行。[1]源于宗教改革的力量，商业活动和强国变迁的全球化也因此获得了宗教信仰的加持。正是人性中的激情、欲望和信仰，不断推动着人类探索的脚步向着更远和更大的空间前进，帝国变迁形成闭环也就成为历史的必然。

世界帝国变迁在地球上形成了一个完整闭环——从中国的西侧起步，绕地球一圈后在中国终结。这并非源于上天的安排，而是生产势力、地理势力和文化势力共同发展起作用的结果。幸运的是，中国承担了这样的历史使命——她的文明诞生并一直延续于东方，近代以来与来自世界西方的另一种文明汇合、交融后涅槃重生，从而孕育出人类普世主义的新文明。

---

[1] 成振珂主编：《世界帝国简史：人类变迁中的文明与真相》（下），中国商业出版社，2017年，第1050页。

第三章 帝国变迁进程

在帝国变迁规律的影响和支配下，从第一个世界性帝国波斯开始，人类历史不同时期呈现"迁徙式"变迁的帝国历经马其顿帝国、罗马帝国、东罗马帝国、阿拉伯帝国、葡萄牙帝国、西班牙帝国、荷兰帝国、大英帝国和美利坚帝国等10个国家。从农业帝国发展到殖民帝国，再到工商帝国；从世界东方变迁到西方，并将会终结于东方，推动着世界一体化和人类文明全球化的进程。那么，第一个世界性帝国为什么会诞生在波斯？生产势力、地理势力、文化势力又是怎样影响和推动着帝国的形成和衰败的？

一、帝国的孕育

古文明均发祥于大河流域或海洋沿岸。埃及文明滋生于尼罗河第一瀑布（今阿斯旺附近）下游，其中被称作"下埃及"的尼罗河三角洲地带面积约有 24000 平方千米，加上被称作"上埃及"的 1000 多千米长的狭窄河谷平原，宜于发展农业的地域共计不超过 40000 平方千米。美索不达米亚文明发轫于两河流域上游的扇形山麓地带（今土耳其东南部与伊拉克交界处），受到干旱威胁的人们为寻求饮水和灌溉之便，后来进入底格里斯——幼发拉底河中下游平原。这一区域适宜农耕的仅有几万平方千米，加上地中海东岸的今叙利亚、黎巴嫩、以色列滨海地区，比埃及文明依托的尼罗河河谷及三角洲面积更为阔大，但格局终究有限。希腊文明起源于克里特岛和伯罗奔尼撒半岛，这里多为被崇山峻岭和海湾分割的滨海小平原，负山面海，腹地狭窄，形成若干个面积数百至数千平方千米的小区域，文明拓展的区域极为有限。印度文明起源于印度河流域的哈拉帕和摩亨佐·达罗周围 10 余万平方千米地区，以后又扩展到恒河流域及德干高原，文明生衍的区域相对辽阔。然而，横亘于北方的喜马拉雅山脉和帕米尔高原，使印度人的活动范围基本限于印度半岛之内。与以上各古文明相比，中华文明发展的地基则极为宽广。"中华文明重要的发祥地之一是黄河流域。这片七八十万平方千米的黄土高原和冲积平原，在古代曾经是林茂草肥、自然生态环境良好的地域，华夏先民在这里狩猎、放牧，进而发展农耕业，奠定了文明的根基。"[①] 这些古文明发祥地带的地理、地域状况，影响乃至决定了相应文明发展的走势和格局，如埃及、西亚及欧洲文明的易毁性和流动性，中国文明的宽厚性和坚韧性，进而塑造了世界性帝国变迁的规律，赋予中国作为帝国变迁终结者的历史使命，等等。

　　生命离不开水，因此水源充足、气候适宜的大河、海洋沿岸成为人类最早定居生活的场所。海洋和陆地河流不同的水文特点和地理特性，为长期生活在这里的人们赋予了不同的秉性，使世界性帝

---

① 冯天瑜、何晓明、周积明：《中华文化史》（上），上海人民出版社，2005 年，第 30 页。

国呈现出大陆文化和海洋文化的不同文化特质,并促成了海洋治理秩序和大陆治理秩序的分野。

大约10000年前,人类历史上发生了第一次巨大革命。这场革命被称为第一次农业革命或新石器革命。人们在长期实践中,逐步观察和掌握了某些植物的生长规律,懂得了如何栽培作物,开始了农业和畜牧业生产,改变了以往纯粹靠天吃饭的自然生存状态。谷物栽培标志着新石器时代的开始,正是它——而不是动物的驯化——使人类的定居生活终于成为可能。① 西亚的扎格罗斯山区(伊朗高原西南部)、小亚细亚半岛南部(土耳其东南部一带)、东地中海沿岸等地,是世界上最早的农业发源地,也是大麦、小麦、小扁豆等栽培作物的原产地。中国黄河中上游、长江中下游培植了粟和水稻,而中南美洲的墨西哥、秘鲁、玻利维亚则成为玉米、豆类、马铃薯等作物的原产地。我们要特别关注一下小麦的栽培和传播历史。据《中国农业百科全书·农作物传》记载,早在公元前7000—前6000年,在土耳其、伊朗、巴勒斯坦、伊拉克、叙利亚、以色列就已广泛栽培小麦;公元前6000年在巴基斯坦,公元前6000—前5000年在欧洲的希腊和西班牙,公元前5000—前4000年在苏联的外高加索和土库曼,公元前4000年在非洲的埃及,公元前3000年在印度,公元前2000年在中国,都已先后种植小麦。小麦多在干燥、寒冷地区栽培,病虫害少,容易成活,栽培难度不大,且产量高。人类古老的文明和早期帝国,发祥于最早栽培了小麦的西亚和近东地区,与小麦易栽培、产量高、可以养活更多人口关系密切。

农业革命还使与人类经济活动和生活关系较为密切的动物得到驯养,牛、绵羊、山羊和猪作为家畜已经为人类提供较为稳定的肉

---

① [英]查尔斯·辛格、[英]埃里克·约翰·霍姆亚德、[英]阿尔弗雷德·鲁珀特·霍尔等主编:《技术史 第I卷:远古至古代帝国衰落》,王前、李英杰、孙希忠主译,中国工人出版社,2021年,第429页。

类食物。进入农业社会之后，人口得以急遽增加。此前，地球上采集者的人口大约有 500 万到 800 万人，而到了公元 1 世纪，就只剩下一两百万人（主要在澳大利亚、美洲和非洲），相较于农业人口已达 2.5 亿人，无疑是远瞠乎其后。①

早在旧石器时代结束之前，人类已经居住在近东地区。后来，这些近东居民因为居住和生活的地理环境不同，发生了分化。一部分生活在草原地区的人成为逐水草移动的牧民，另外一部分人定居下来，成为从事农作物耕种的农民。牧民基本上保持着游牧的生活方式，而定居农民的生活方式却发生了极大的改变。"他们建起了冬暖夏凉的房屋，使用着较为统一的语言，制造了更加精美的陶罐，甚至在上面涂釉、作画，以提高其精美性。有些地方，城墙修建好了，以保护富人免遭穷人和游牧者的掠夺。甚至，'国王'选举出来了，以领导民兵作战。日益增加的分工专业化，像日常生活一样更加复杂。"②

大约 5000—6000 年前，美索不达米亚人是最早具有利用铜和加工铜的能力的文明之一，他们可以从矿石中提炼纯铜。使用大体相同的方式，人们又相继提炼出了金、银和铅等金属。虽然，金属工具提高了农业生产力，但由于缺乏冶金知识和提炼能力有限，早期社会的人们主要利用金属制作装饰品，并不能大规模应用于农业生产。约 5000 年前，尼罗河地区的埃及和两河流域的巴比伦，已经发明了文字，笔和纸草的出现带动了手写体文字的发展，而巴比伦地区迅速由象形文字过渡到更适合用笔刻在泥板上的楔形文字③。由于这些地区文字应用较早，且气候条件特殊，使得古埃及、巴比

---

① [以色列] 尤瓦尔·赫拉利：《人类简史：从动物到上帝》，林俊宏译，中信出版社，2014 年，第 97 页。
② [美] A.T. 奥姆斯特德：《波斯帝国史》，李铁匠、顾国梅译，上海三联书店，2017 年，第 7 页。
③ 参见武寅主编：《简明世界历史读本》，中国社会科学出版社，2014 年，第 41、60 页。

伦、波斯大量的早期文件、字据、文书留存下来，这一地区的文明历史得以更早地呈现出来。这时候，城市已经开始出现，它们由原先农村居民逐步集中居住而形成，有的地方城市又扩展成了城市国家。金属工具的使用、文字的产生、城市及国家的形成，标志着人类真正进入了文明时代。

金属工具和文字的使用，极大提升了农业生产力，使更多的人口得以养活，为庞大的部落和国家的出现创造了条件。在公元前3100年，整个下尼罗河谷统一，成为史上第一个埃及王朝，法老王统治的领土有数千平方千米辽阔，人民达数十万人。大约在公元前2250年，萨尔贡大帝建立起第一个帝国：阿卡德帝国（约前2334—约前2154年，位于美索不达米亚北部的阿卡德地区），号称拥有超过100万名子民，常备军队达5400人。①

以铁制农具的使用为代表，人类又一次跨入了新的农业革命。大约公元前1400年，在埃及、西亚等一些文明古国出现了由陨铁加工而成的最早的铁器。公元前1300年左右，小亚细亚的赫梯人（今土耳其、伊朗一带）已经掌握了铁的冶炼技术，其制作的铁兵器使埃及等国家为之胆寒。赫梯国王将冶铁术视为珍宝，严禁外传。赫梯王国衰亡后，冶铁术才得以向外传播，与其相邻的亚述人以及叙利亚人、巴勒斯坦人、希腊人，率先学到了冶铁技术。冶铁技术及铁制工具的使用，极大地推动了人类的文明进步：人们依靠长矛、标枪更多地捕猎动物，并对其进行驯养；利用铁铧和畜力，将更为广大的土地开垦出来；铁锹、锄头被用来整修水利工程和翻耕土地；而铁制的锅具使食物烹调起来更容易熟烂和美味。当然，铁制工具还更多地在战场上得到了应用，谁先拥有用于进攻的铁矛和用于防守的铁盾，谁就能在战场上获得取胜的先机。

---

① ［以色列］尤瓦尔·赫拉利：《人类简史：从动物到上帝》，林俊宏译，中信出版社，2014年，第102页。

炼铁知识和炼铁技术较早时期就传播到欧洲，到公元前1200年炼铁知识就传至南意大利。在铁器时代早期，铁比较稀少而且昂贵，即使铁制农用工具出现较早，但兵器制造业似乎才是欧洲人消耗铁最多的行业。① 早在被罗马人征服前，不列颠就已能制造精美的铁矛头。就是掌握炼铁技术较早的罗马，炼铁技术水平长期停滞，没有掌握渗碳技术和淬火技术，导致罗马铁兵器品质低下，其铁兵器主要应用于短剑、铁链等强度要求不高、产量需求不大的领域，而使用较多的标枪、箭头、盾等还是以青铜为主。与欧洲不同的是，中国掌握炼铁的技术虽然较晚，但进步很快，而且在春秋战国晚期，铁已被广泛地用于制作农业工具。中世纪，中国炼铁技术和铁制农具的制作推广远远领先于世界其他地区，铸铁炒钢技术更是早于西方2000多年——这可能与中国土地更适宜农业耕作从而推动了对铁制农具的需求有关。普林尼在《自然史》中说："虽然铁的种类多而又多，但没有一种能和从中国来的钢相媲美的。"

如果说小麦栽培的早晚决定了不同区域人类文明形成的先后，而铁制工具在农业生产和兵器中应用的广泛性，则决定了帝国诞生的早晚和中世纪不同区域或国家经济发展水平的强弱。冶铁技术及铁制工具大规模应用之后，人们砍伐林木、开垦荒地、种植作物的能力显著增强，粮食产量提高很快，世界人口数量和国家规模迅速扩大；而铁制军器的使用，使军队获得了更为强大的作战能力，其征战的范围更为广大，为帝国的形成创造了条件。在炼铁技术出现之后的500—800年，世界各地古文明发祥地相继出现列强混战的局面：中国进入了春秋战国时期，烽火数百年连绵不息。而在印度半岛，雅利安人已基本占据了整个北印度，随着雅利安人侵略扩张和原有土著居民被迫南迁或东迁，相互之间争战不断，佛教正是在

---

① ［英］查尔斯·辛格、［英］埃里克·约翰·霍姆亚德、［英］阿尔弗雷德·鲁珀特·霍尔等主编：《技术史 第Ⅰ卷：远古至古代帝国衰落》，王前、李英杰、孙希忠主译，中国工人出版社，2021年，第733页。

这一时期产生的。在古老的埃及，第 18—20 王朝走向衰落，上埃及和下埃及南北分裂加剧，战争不断。

公元前 1000 年至前 600 年左右，这一时期的近东是人类文明较为发达的地区，世界大部分地区还处于混沌未开化的状态，而这里的米底、迦勒底、吕底亚和埃及已经成为强大的国家。在这些国家中，米底经过对周边国家不断的战争和侵吞，已经成为真正的帝国。

米底人，是迁居伊朗高原的伊朗人中的一部分。公元前 4000—前 3000 年开始，起初在里海和咸海以北一片弧形大草原上繁衍、生息的印欧语系诸部族向外迁徙。其中一支向南迁徙到伊朗高原和印度，征服了当地的土著居民而定居下来。公元前 3000 年中期，印度人、伊朗人还是一个部落共同体，通常称为雅利安部落，他们在语言、文化、宗教、风俗等方面有许多共同或相似之处。公元前 2000 年中期，共同体开始解体，一些部落南迁到了印度河流域，称为印度人；而另一些部落则留在伊朗高原，称为伊朗人。公元前 8 世纪后期，伊朗人在伊朗高原及周边许多地区都成了多数，他们最先依附于当地原有居民所建立的国家，如埃兰、马拉尔图、亚述等。当伊朗人建立起自己的国家之后，当地的土著居民开始使用伊朗语并被伊朗人所同化，而米底王国正是伊朗人最先建立的国家。[①]

在公元前 8 世纪，米底人还臣属于亚述帝国，向亚述缴纳贡赋，但米底人自身已形成了一种联盟式王国，甚至有类似于首都的行政中心。米底是最早反对亚述人统治并且最先争得独立的王国。后来，戴奥凯斯被人们推举为米底国王。公元前 647—前 625 年，普拉欧尔铁斯接替戴奥凯斯成为米底国王，开始向外扩张。他首先征服了波斯，并同亚述进行战争，但遭遇失败战死于军中。其子库阿克撒列斯即位后，对军队进行改革，把军队改编为枪兵、弓兵和骑

---

① 参见成振珂主编：《世界帝国简史：人类变迁中的文明与真相》（上），中国商业出版社，2017 年，第 78—79 页。

兵三个兵种，并与新巴比伦王国联合，于公元前612年攻占亚述首都尼尼微，灭亡了亚述帝国，两国分取了亚述帝国的许多地方。前591—前585年，库阿克撒列斯同小亚细亚的吕底亚王国发生战争，因一次日食双方缔结了和约。后来，库阿克撒列斯之子阿司杜阿该斯与吕底亚公主缔结了婚约，双方划定了边界。米底成为盛极一方的帝国，国土西起小亚细亚以东，东至波斯湾北部。

二、波斯帝国

尽管米底一度成为那个时代世界上最为强大的国家，但后来统一伊朗高原并最终建成波斯帝国的并非米底人，而是伊朗另一个部落帕萨迦达的首领居鲁士。他缔造了人类历史上第一个世界性帝国，在自传铭文中他骄傲地说："我，居鲁士，乃世界之王，伟大的王。"

帝国的创建

公元前559年，居鲁士成为安善的藩王，其都城设在了帕萨迦达。居鲁士在统一了波斯马拉非、马斯皮、潘提亚雷伊、德鲁西埃等诸多部落之后，开始了针对米底王国的进攻。此时，波斯人在米底王国的统治之下，在米底人看来是波斯对王国的反叛。为了实现统一伊朗的宏图大业，居鲁士和巴比伦王国（今伊拉克共和国境内）结成联盟，共同发起了对米底的攻势。公元前552年前后，米底国王阿斯提亚格斯派出两支镇压居鲁士的部队，一支由哈尔帕戈斯率领（其子被阿斯提亚格斯所杀），其直接投奔了居鲁士；另一支由阿斯提亚格斯亲自统率，军队在到达波斯都城之后发生了兵变，士兵们逮捕了国王，并将阿斯提亚格斯交给了居鲁士。至此，米底王国全面溃败，公元前550年，首都埃克巴坦那被攻占，其金银财宝被掠往安善。①

居鲁士征服了米底王国，并将其设为波斯的第一个行省——玛代。波斯帝国初步建成，但其对原来米底人统治下的亚述、两河流域、叙利亚、亚美尼亚和卡帕多西亚提出权力要求，这显然与巴比伦王国的利益诉求相冲突，两者不可避免地走上了对抗之路，与此同时，居鲁士还对周边另外的国家发起了征伐行动。公元前547年5月，吕底亚首都萨迪斯卫城被占领，国王克罗伊斯成为俘虏（有说自焚），吕底亚王国自此灭亡，其领土被并入波斯之后，组成了萨帕达或萨迪斯行省。居住于小亚细亚半岛西南部的吕西亚人，固守他们的主要城市阿尔纳或桑索斯，直到弹尽粮绝将要塞中的妻女、财宝付之一炬，便冲出城去战死疆场。考努斯人也以同样的方式战死疆场。这些地区组成了耶槃那行省或爱奥尼亚行省。②

此后，居鲁士在短短数年内还征服了帕提亚、小亚细亚的各希腊城邦、德兰吉亚那、马尔吉安那、花剌子模、粟特、巴克特利亚（中国历史上称为大夏，位于现今帕米尔以西的阿富汗一带）、阿里亚（今阿富汗西北部）、格多路西亚（今阿富汗的南部地区）、萨塔吉底亚、阿拉科西亚（今阿富汗南部）、犍陀罗（位于今印度西北喀布尔河下游）等地。活动轨迹位于顿河与多瑙河之间、黑海以北的斯基泰人，慑于其威力也对居鲁士大帝表示了臣服。

公元前539年，居鲁士大帝再次率领波斯大军进攻巴比伦王国。巴比伦城陷落，居鲁士为表示愿意以巴比伦人的身份来管理此地，一入城便握住巴比伦守护神马尔杜克塑像的手。自此，居鲁士创立的阿契美尼德王朝的势力扩大至埃及的边界。公元前530年9月，居鲁士在与北方的半游牧的马萨革泰人交战时负伤去世，其子冈比

---

① [美] A.T. 奥姆斯特德：《波斯帝国史》，李铁匠、顾国梅译，上海三联书店，2017年，第49页。

② [美] A.T. 奥姆斯特德：《波斯帝国史》，李铁匠、顾国梅译，上海三联书店，2017年，第56页。

西斯采用了居鲁士的所有称号——巴比伦王、天下四方之王等。按照埃兰①的习惯，冈比西斯娶了其姐妹阿托萨和罗克桑娜为妻，开始准备进攻四大帝国②之中最后一个尚未征服的埃及帝国。公元前525年初，波斯占领了尼罗河下游的孟斐斯。在攻占了埃及另外一些绿洲和城市之后，冈比西斯将埃及组建成穆德拉亚行省，省会定在孟斐斯。在大流士一世（公元前522—前486年在位）统治时期，波斯帝国国力达到鼎盛，其疆土东起葱岭、西至巴尔干半岛、北逾高加索山脉、南抵埃塞俄比亚，国土面积约700万平方千米，成为世界上第一个疆域横跨亚欧非的大帝国。

波斯帝国在公元前492年希波战争后逐渐由鼎盛走向衰落。公元前334年，马其顿国王亚历山大东征，征服波斯全境，波斯帝国灭亡。

帝国势力的形成

地理势力

波斯创建了人类历史上第一个世界性帝国。其位于亚欧非大陆交界处和北纬30度人类文明线③附近的地理位置及其独特的地形地貌、气候矿产等形成的地理势力，成为支配性因素。

亚洲、欧洲和非洲交界处，正是人类古文明集中区。古埃及文明、两河文明和古希腊文明分布在这一区域的三角带上，而波斯还是印度文明与两河文明交流的必经通道。不同文明之间的交流和碰

---

① 埃兰是伊朗最早的文明，公元前2000年以前已建国。

② "四大帝国"，系指居鲁士统一波斯时期，存在于地中海东岸至中亚广阔地区的米底、吕底亚、新巴比伦和埃及四个王国。

③ 北纬30度人类文明线，狭义上指北半球30度纬线一带，广义上包括北纬30度上下相差5度的区域，即北纬25至35度。古代中国、古印度、古巴比伦、古埃及等多个早期文明起源地大多分布在这一区域附近，概因这一纬度附近的空间、地理、气候状况，为人类社会演化进入文明形态提供了良好的条件。

撞，使这一地区拥有较高的文明发展水平，奠定了其成为世界性帝国的基础。

伊朗东部和内地属大陆性的亚热带草原和沙漠气候，干燥少雨，寒暑变化大，西部山区多属地中海气候。除西北部山区与里海沿岸年降水量超过1000毫米外，其他地方在50—500毫米。这种气候和土壤条件，特别适合野生小麦生长。据查尔斯·辛格等考证，野生一粒系小麦产于吕基亚、弗里吉亚、本都、加拉提亚、卡陶尼亚、叙利亚、美索不达米亚和波斯西部；而野生二粒小麦则产于巴勒斯坦、约旦、叙利亚、美索不达米亚、亚美尼亚和波斯。[1] 波斯的伊朗高原和小亚细亚一带是最早栽培小麦的地区。小麦的人工栽培对人类发展具有划时代的意义，它使人类从原先的饥一顿饱一顿的不稳定的采摘生活状态，转变为吃粮有保障的农耕生活状态，使得人类生产的粮食可以养活更多的人口。正是由于栽培小麦历史悠久，伊朗高原及两河流域得以较早诞生强盛的文明。

伊朗高原丰富的铁矿资源同样为波斯帝国提供了强大的地理势力。伊朗铁矿分布相对集中，主要位于东南部的扎格罗大型推覆带与卢特高原交界处。[2] 而这一地区正是居鲁士部落帕萨迦达人生活和活动的区域。波斯是小麦的原产地，帕萨迦达人既较早掌握了炼铁技术，又拥有品位较高的大量铁矿，这为波斯发展农业生产和大量制造兵器创造了条件，从而有效激发了波斯的生产势力。

波斯特殊的地形地貌也为其占领两河流域创造了条件。当时，巴比伦王国是东地中海沿岸至伊朗高原最为富庶的地区，波斯位居巴比伦王国的边缘地带。这一地区地形地貌极为特别：伊朗高原海

---

[1]［英］查尔斯·辛格、［英］埃里克·约翰·霍姆亚德、［英］阿尔弗雷德·鲁珀特·霍尔等主编：《技术史 第Ⅰ卷：远古至古代帝国衰落》，王前、李英杰、孙希忠主译，中国工人出版社，2021年，第429—430页。

[2] 矿业圈：伊朗矿产资源概况，http://www.miningcircle.com。

拔在 900—1500 米，西南部为厄尔布尔士山与科彼特山，东部为加恩比尔兼德高地，北部有厄尔布兹山脉，西部和西南部是宽阔的扎格罗斯山山系，约占国土面积一半。中部为干燥的盆地，形成许多沙漠，有卡维尔荒漠与卢特荒漠，平均海拔 1000 余米。仅西南部扎格罗斯山麓至波斯湾有小面积的冲积平原，称为胡齐斯坦。帕萨迦达部落最初建立的安善国，位于扎格罗斯山山系东麓到波斯沿海一带。由于受到高耸而绵长的扎格罗斯山山系的影响，伊朗高原的东部和北部的游牧区，与两河冲积平原的农耕区联系很不方便，只能通过波斯湾沿岸狭长的胡齐斯坦平原与巴比伦王国相连。这就使得居鲁士在打败强大的巴比伦王国之前可以收缩防御，对内将伊朗地区整合为一个整体，而对外可以掌握战争主动权。军队一旦冲出波斯湾沿岸的狭长地带进入两河平原，面对的将是一马平川的平原地带。这种地形为波斯提供了进可攻、退可守的战略地理优势。相似的地理优势，还体现在此后马其顿帝国、罗马帝国的对外扩张上。

生产势力

北非埃及和西亚以及东地中海一带，是最早培栽小麦和掌握青铜冶炼技术的地区，诞生了人类最早一批古代文明。而中东是最早驯养动物的地方，也是最早乘骑动物的地方，两者发生的时间约在公元前 5000 年前后，这一地区还最早出现了炼铁技术，这些对文明的兴盛产生了至关重要的影响。① 小亚细亚的赫梯人最早掌握了铁的冶炼以及用铁制作兵器的技术，但随着色雷斯—弗里吉亚人入侵小亚细亚以及继而发生的赫梯王朝的没落，对炼铁术的传播产生了巨大影响，许多部落（包括亚美尼亚山区的铁匠）被赶到东方或南方，会炼铁的非利士人定居在迦南海岸，米底人或基尼人定居在靠

---

① ［美］斯塔夫里阿诺斯：《全球通史：从史前到 21 世纪》（上），吴象婴、梁赤民译，北京大学出版社，2020 年，第 113 页。

近铁矿的伊多姆和米底,从而使炼铁和渗碳工艺传到了许多部落。①这表明,居鲁士所属部落帕萨迦达人也早已掌握了铁的冶炼以及制作兵器的技术。随着炼铁技术的传播,人类社会迎来了又一次技术革命和工具革命。伊朗高原一带因此生产势力迅猛增长,农业生产效率和军事作战能力提高很快,帝国势力从北非和东地中海地区迅速向伊朗高原转移。当居鲁士在安善起家的时候,伊朗高原及附近已经有亚述、米底、迦勒底、吕底亚等众多王国,且人口规模巨大,为居鲁士建立世界性帝国奠定了基础。据科林·麦克伊韦迪所著《世界人口历史图集》中的估算,波斯帝国人口的上限在2500万人左右,下限在2000万人左右,占当时世界人口的18%—23%。

如果说古埃及帝国是青铜器技术发展的强盛时代,亚述帝国是冶铁技术获得较快发展的时期,那么波斯帝国兴起则是铁制农具和铁制兵器得到广泛应用的年代。正是铁器的广泛使用和传播,使农业生产获得巨大进步,促进了经济社会迅速发展,国家规模不断扩大,社会分工更加精细,商品交换日益繁荣。而铁制兵器的发展,也使帝王对外征服的欲望更加强烈,战争的规模更大,对外扩张的范围更加广阔。这些都为居鲁士创立帝国并将势力范围拓展至欧亚非大陆,提供了雄厚的经济基础和有力的征战条件。古代波斯兵器的制作十分有名,常用的兵器有矛、刀、斧、锤、标枪等,制作精美的还会镶嵌黄金宝石,并刻有铭文。后来的蒙古、印度、土耳其以及东方其他各国王室,均喜欢聘用波斯良匠铸造兵器,可见其传统兵器制作技艺的高超。

波斯帝国缔造者们率领的军队战无不胜,重要的原因不仅是兵器的锐利和华美,还因为其充分吸收了周边帝国文明成果和军队建设经验。居鲁士起家的安善王国地处伊朗高原东西中心地带,位于

---

① [英]查尔斯·辛格、[英]埃里克·约翰·霍姆亚德、[英]阿尔弗雷德·鲁珀特·霍尔等主编:《技术史 第I卷:远古至古代帝国衰落》,王前、李英杰、孙希忠主译,中国工人出版社,2021年,第704页。

高原各王国交流要塞,使得居鲁士的军队能够吸收其他王国文明的先进成果,丰富和发展自己。驭马术来自波斯,伊朗高原的王国最早建立了训练有素的骑兵队伍;米底国王库阿克撒列斯继承王位后,曾对军事进行了系统改革,把过去非常紊乱的军事组织,划分为长矛兵、弓箭兵和骑兵等兵种,创建了以骑兵为主的常备军,尤其是吸取了游牧民族西徐亚人的机动灵活的战术经验,使米底军队的威力大增。[①] 居鲁士借鉴和学习了米底王国军队建设成果,打造了一支分兵种协作、兵器优良的军队。加之作为游牧部落,居鲁士族人早期生活在飘忽不定、四处迁徙的环境中,具有彪悍的作风和视死如归的精神以及与生俱来的穿插、包抄、围歼的军事作战能力,对周边国家形成了代差性的军事优势。波斯帝国的军队总能获得大胜也就顺理成章了。

文化势力

即使是在米底王国的内部,居鲁士的帕萨迦达部落文明也远落后于周边地区。如果再与两河流域的巴比伦王国和地中海沿岸的希腊相比,其文明程度更是逊色许多。波斯人建立国家之后,巴比伦、希腊等文明较先进地区的人,纷纷贬斥波斯人为"蛮族",称波斯帝国为"蛮族帝国"。然而,波斯及之后的人类历史一再证明,在改变人类历史走向的重大转折中,并非文明相对先进的一方成为最终的胜利者,这使得人类文明进化和文化发展呈现出螺旋式、对称性的发展局面。这并非简单是先进文化的失败,而是落后文化与先进文化碰撞、嫁接和杂交,催生一种更为先进文化的路径和方式。事实上,落后文明的群体获得最终的胜利,其文化必定有其先进之处。波斯从一个落后的部落建设成为第一个世界性帝国,其文

---

① 参见成振珂主编:《世界帝国简史:人类变迁中的文明与真相》(上),中国商业出版社,2017年,第80页。

化的先进性主要体现在以下几个方面。

一是包容性。人类日渐保守的旧有文化总会在一次次被砸碎之后，重又获得新生。建立波斯帝国的帕萨迦达部落是文化相对落后的主体从事游牧的民族，他们在获得新的生产势力加持之后，充分吸纳和包容其他部落和王国的先进文化，从而完成了对自身文化的一次次改造和超越。作为伊朗雅利安人建立的第一个国家，米底王国创造的文化对波斯人而言极为重要。"从雅利安语、以羊皮纸和笔代替泥板书写工具，到建筑中廊柱的大规模运用、勤俭持家和作战勇敢的道德观念、袄教、多妻制、统治帝国所必需的法律等，都是米底人传给波斯人的。米底文化在历史交往中汇入了波斯文明。"[1] 而此前，埃兰人已经融入了波斯人中，"把楔形文字介绍给了波斯人，帮助波斯人创制了古波斯楔形文字、司法和历法，大量埃兰人在波斯帝国管理机构协助波斯人处理政务，埃兰人兄妹通婚制对波斯人也产生了一定影响"[2]。居鲁士在征战中不砸毁神庙也不屠城，甚至大多数被掠夺来的外国神祇，由于国王的仁慈获得了更多的机会；城市的居民被召集起来，重建自己的家园；犹太先知也愉快地接受了将使他们返回锡安山的居鲁士作为国王。[3] 居鲁士往往通过文化的融入和包容激发文化的号召力，甚至可以让一些敌国打开城门，自愿接受他的统治。

二是中央集权体制。居鲁士成了波斯帝国这个有史以来最强大帝国的君主。为了统治幅员辽阔的地区，他原则上采用了亚述人首先设立的机构，用正式的省取代已经被自己征服的各个国家。每个省由一名总督及一大群下属官吏进行治理，所有省通过正常交换命

---

[1] 成振珂主编：《世界帝国简史：人类变迁中的文明与真相》（上），中国商业出版社，2017年，第82页。

[2] 成振珂主编：《世界帝国简史：人类变迁中的文明与真相》（上），中国商业出版社，2017年，第78页。

[3] [美] A.T. 奥姆斯特德：《波斯帝国史》，李铁匠、顾国梅译，上海三联书店，2017年，第62页。

令、报告的方式,与中央政府保持着密切的联系。①大流士一世上台统治后,为维护统治采取了一系列改革,即"大流士改革":神化自己的权力,昭告君权神授;调整行政区划,把波斯帝国划分为20个行省,每个行省直接任命一名总督负责行政,另给总督配一名直属国王的秘书,行使监督职责;把全国分为5大军区,下辖若干行省军区;建立常规性的税收制度,规定每个省的交税额度,包括货币税和实物税两种;统一货币体制,铸金币的权力属于国王,各省总督可发行银币;在全国修筑道路网,便于商旅和信使的往来。②大流士一世改革后,中央集权制度被确立下来。作为历史上第一个横跨三大洲的陆地帝国,波斯帝国完善了中央集权理论体系和行省制度,通过政权的力量把帝国的政治、军事、经济、宗教、文字等方面进行统一,促进了波斯帝国境内各民族与部族之间的交往,推动了帝国势力稳步发展。

三是宗教因素。在科学不彰的时代,原始宗教既是人们对自然界难以理解的现象的混沌解答,也是加强人们对部落身份认同的重大因素。而随着国家和阶级的出现,宗教又成为撕裂族群或激励斗志的重要武器。波斯建国之前,宗教因素仍然保持着雅利安人质朴的对歹瓦或真神的自然崇拜。众神之首天神称为底尤斯,与希腊的宙斯性质相同。但是,它更多的时候称为"主"即阿胡拉,或"智慧"即马兹达。后来,这些表示最高权力的方式被合并成阿胡拉·马兹达即"智慧之主"。③但是,密特拉作为战神是最强大的、最受雅利安人崇拜的神灵。密特拉的激励和指引,帮助波斯人以武力征服了高原,以武力保住了高原,打败了土著居民,并在波斯人精神的

---

① [美] A.T. 奥姆斯特德:《波斯帝国史》,李铁匠、顾国梅译,上海三联书店,2017年,第77页。
② 武寅主编:《简明世界历史读本》,中国社会科学出版社,2014年,第67—68页。
③ [美] A.T. 奥姆斯特德:《波斯帝国史》,李铁匠、顾国梅译,上海三联书店,2017年,第32页。

土壤中留下了不畏牺牲、勇往直前的种子。公元前600年左右，琐罗亚斯德改革传统的多神教而创立了一神教——琐罗亚斯德教。大流士母亲是琐罗亚斯德教最早的教徒之一。琐罗亚斯德教拥有自己的社团，贵族、士兵、农夫等不同的人员都可能是社团（教会）的成员，而大流士将琐罗亚斯德教定为国教。在波斯人开疆拓土和治理帝国的丰功伟绩中，琐罗亚斯德教对提升波斯人的民族凝聚力和民众的组织力产生了重要影响。

帝国的衰败

波斯人既拥有农耕时代极具战略价值的铁、小麦、战马等丰富资源，又有草原部落剽悍、机动性强等特性的加持，获得了前所未有的生产势力，从而快速建立了一个包含"已知世界绝大部分的庞大帝国，从非洲火热的沙漠一直延续到冰雪覆盖的中国"①。但由于帝国膨胀过于迅速，生产势力、地理势力和文化势力很难适配帝国势力的健康发展，致使维系统治主要靠军事高压和加大税收力度，但这又反过来加快了帝国的崩溃。

地理势力

波斯帝国极其辽阔的疆土，似乎并没给帝国带来多少正向的地理势力。一方面，经过居鲁士、冈比西斯和大流士的对外扩张，波斯帝国疆土之外，几乎都是不适宜人类居住与生活的高山峻岭或沙漠戈壁——向东是印度大沙漠、喜马拉雅山脉，向北是高加索山脉及中亚沙漠，而向南遇到的则是撒哈拉大沙漠。显然，这些地区不再适合帝国的对外扩张，唯一的可能就是越过博斯普鲁斯海峡或达

---

① [美] 蔡美儿：《帝国的终结：从大历史的角度解读美国霸权兴衰的历程》，刘海青、杨礼武译，新世界出版社，2012年，第17页。

达尼尔海、爱琴海,通过希腊向欧洲扩张——波斯帝国也正是这么做的——进一步扩大了在希腊的占领,甚至对东欧发动过进攻,大流士的军队跨过了多瑙河,但是没有征服塞西亚人。① 然而,从陆地进入海洋作战,本就不是草原马背上成长起来的波斯人的长项,而且即使他们能够取得一些海战的胜利,越过希腊,波斯人遇到的又将是中欧和南欧的崇山峻岭,这些尚未开化的地区,根本无法给波斯征战的部队提供充足的补给,这也是波斯军队一度占领了上马其顿部分地区,后来又不得不撤出欧洲的重要原因。

另一方面,庞大的地理疆域,复杂的地理、地势,也给帝国的统治带来了很大的麻烦。由于帝国扩张过于迅速,难以进行有效的行政整合和文化融合,各地的语言、宗教和习俗各不相同,在帝国始终存在着强大的反叛和分裂的力量。随着对抗的不断加剧,因为缺少强烈的能够将帝国不同民族团结起来的思想凝聚力,中央集权的统治慢慢失去了控制能力。在阿契美尼德帝国末期,分裂性叛乱一直不断出现,只有通过军事镇压手段才能维系帝国的继续存在。②而这反过来又严重耗损了帝国势力。

生产势力

影响帝国崩溃的关键原因之一是帝国生产积累的财富难以维系统治所需的庞大开支,而帝国对外扩张、对内镇压反叛势力的大规模军事行动从没停止也无法停止。特别是发生在公元前5世纪前半期长达43年的希波战争,更是极大耗损了波斯的财力,经萨拉米斯海战与普拉提亚陆战两次大会战,波斯军损失惨重,从此转入守

---

① [美]蔡美儿:《帝国的终结:从大历史的角度解读美国霸权兴衰的历程》,刘海清、杨礼武译,新世界出版社,2012年,第11页。
② [美]蔡美儿:《帝国的终结:从大历史的角度解读美国霸权兴衰的历程》,刘海清、杨礼武译,新世界出版社,2012年,第11页。

势，最终失去了对爱琴海与小亚细亚希腊城邦的统治权。[①] 尽管军事战争已无法为波斯获取正向的经济收益，庞大而骄奢的军队却需要花费巨大的军费维护。波斯军队的核心被称为"不朽万人军"，数量从来没有低于过1万人，一旦有人生病或牺牲，马上就会有一个人替补他的空位。这些士兵"不仅穿戴着饰满黄金的盔甲，而且在行军途中还可以在战车上携带小妾和仆人，同时配有骆驼和其他牲畜为他们驮运美味佳肴"[②]。

波斯帝国作为大陆帝国无法掌控贸易和海战主导权。波斯帝国疆域辽阔、物产多样，带来了更大的贸易需求。由于地中海是天然的贸易航道，东地中海沿岸成为贸易中心。而波斯人并不善于航海，因此开展航海贸易和组建海军舰队不得不依靠腓尼基人、埃及人甚至希腊人。虽然波斯人促进了海上贸易和商业活动，使那些在帝国统治下的腓尼基商人获得了巨大利益，帝国统治者也从关税和通行费上获得了巨大收入和好处。[③] 但是，波斯人很难掌握海上贸易的主控权和海上作战的主导权，这也使得波斯帝国难以取得与希腊海战的决定性胜利，其生产势力不可避免地日益向地理位置更加优越的希腊转移。

文化势力

任何一个帝国文化势力正向推动和反向拖曳的作用，都会随着生产势力和地理势力的变化而发生改变。波斯帝国的创立者对被征服地区实施宽容政策，每当征服一个新王国之后，居鲁士就会废除当地原来的领导人——通常是让他享受奢华的生活，但是不能参与

---

① 武寅主编：《简明世界历史读本》，中国社会科学出版社，2014年，第69页。
② [美] 蔡美儿：《帝国的终结：从大历史的角度解读美国霸权兴衰的历程》，刘海清、杨礼武译，新世界出版社，2012年，第14页。
③ [美] 蔡美儿：《帝国的终结：从大历史的角度解读美国霸权兴衰的历程》，刘海清、杨礼武译，新世界出版社，2012年，第14页。

政治，然后任命一个新总督管理这一地区。除了管理总督事务，居鲁士很少干预臣民的日常生活，允许他们可以继续信奉自己的宗教和文化，允许人们使用不同的语言，包括允许阿拉米、埃兰、巴比伦、埃及、希腊、吕底亚、尼西亚帝国在行政管理中使用自己的语言。①大流士对新征服的地区也并不压制和改变他们的宗教、语言和社会结构，不对新的国民实施波斯化政策。这些宽容政策，对于减少被征服地人们的反叛，将不同民族、不同宗教的人民尽早包容到帝国中来，发挥了积极的作用。

然而，随着时间的推移，这一政策的负面效果也日渐显现出来。由于原来各地方的管理体制没有被打破，各地总督及其继任者统治着辽阔的领土，本人实际上就是一位君主，周围有一个小朝廷。②他不仅担负着行省民政管理职责，而且是行省军队的指挥官，对中央形成不小的威胁。尽管统治者后来对总督做了一些分权化处理，但由于各地语言、宗教、制度、习俗等差异很大，帝国内离心化倾向一直都很强烈。大流士当上皇帝之后，全国各地就出现了大规模叛乱。

一般来说，帝国统治者、贵族在获得政权之后，往往重视尊贵地位的营造和奢华生活的享受，而其后人更是如此。他们期望通过打造非同常人的威严和高贵，强化权力的正当性和自身权威。大流士称帝后，制定了一套森严的清规戒律，上朝时他头戴金冠，身穿绛红长袍，腰系金丝带，手握黄金权杖，高坐于金阶之上，且用帷幕将自己和大臣隔开，以显示自己的尊贵。

作为征服天下的胜利者，他们过起了极其奢侈的生活，仅建设的规模宏大的宫殿及都城就有埃克巴坦那、巴比伦、苏萨和波斯波利斯四座，而皇家宴会极尽奢靡：为了给国王准备饮食，每天要屠

---

① [美]蔡美儿：《帝国的终结：从大历史的角度解读美国霸权兴衰的历程》，刘海清、杨礼武译，新世界出版社，2012年，第7页。
② [美]A.T.奥姆斯特德：《波斯帝国史》，李铁匠、顾国梅译，上海三联书店，2017年，第77页。

杀 1000 头牲畜，国王使用的盘子和酒杯是金银制成的，在宴会上有 300 多名皇家歌伎演奏竖琴或者歌唱。① 国王养尊处优、挥霍无度，官员们也往往贪婪腐败、滥用权力，最终依靠征收重税、损害国家财政和经济以维持统治，但这又加速了不断腐化的帝国走向崩溃。

三、马其顿帝国

由于亚历山大个人英雄主义特质极为浓烈，且在马其顿帝国短暂历史的书页上打下的烙印实在深刻，我们还是愿意在马其顿帝国势力的基座上，树立起亚历山大个人英雄主义的丰碑——他胸怀天下的宏大志向、咬定目标的坚强意志、不惧牺牲的无畏精神、不计小我得失的情操以及战无不胜的伟业，为马其顿帝国势力的拓展注入了无比强大的驱动力。

帝国的创建

约在公元前 700 年，自称为马其顿人的一个民族在首领佩尔狄卡斯一世率领下，从哈利阿科蒙（位于今天希腊北部的阿利阿克蒙河畔）的故土东迁，并定都埃盖（埃泽萨），创建了阿吉德王朝。到公元前 6 世纪阿敏塔斯一世统治时期，马其顿的势力已经向东越过阿克休斯河（阿克西奥斯），征服了当地的色雷斯各部族。而其继承者亚历山大一世（公元前 492—约前 450 年在位）又把国界向东推进到斯特里门河（斯特鲁玛河）一带。

公元前 490 年，波斯帝国统治者大流士率领帝国军队入侵希腊，爆发了希波战争，最终波斯人在马拉松被希腊击败。公元前 480 年，

---

① [美] 蔡美儿：《帝国的终结：从大历史的角度解读美国霸权兴衰的历程》，刘海清、杨礼武译，新世界出版社，2012 年，第 16 页。

波斯联军在国王薛西斯率领下再次入侵希腊在温泉关惨胜,但波斯海军在萨拉米斯被希腊人击败。这两次希波战争对帝国变迁产生了重大影响。一方面,战争结束后希腊本土的各城邦为了争夺霸主地位发生了内战。在连年不断的战火中,希腊国力不断被消耗,民生经济凋敝。另一方面,波斯内部也内乱不断,巴比伦和埃及相继发生叛乱,帝国势力受到严重削弱。正是希腊、波斯帝国自身出现了重大问题,给了两国边缘地带的马其顿崛起的机会。公元前359年,著名的腓力二世废黜幼主,自称国王。他苦心经营,实施一系列经济、政治和军事改革,使马其顿很快成为希腊地区最为强大的国家。

公元前355年,毗邻马其顿的中希腊发生城邦混战。弗西斯城邦因财政紧张,洗劫了希腊人的圣地德尔斐的阿波罗神庙。腓力二世以惩处弗西斯的名义借机南下,趁势控制了希腊中北部地区。希腊一些城邦感受到了威胁,在雅典协调下组成了反马其顿联盟,并一度使马其顿的扩张企图受挫。公元前338年夏天,马其顿军与以雅典和底比斯为首的反马其顿联军,在希腊的克罗尼亚展开决战,马其顿军队获得决定性胜利。战后,除斯巴达外,希腊各邦参加了腓力二世主持的科林斯和会,承认了马其顿的霸主地位。

公元前336年,腓力二世在其女儿的婚礼上被波斯派来的刺客杀死。腓力二世的儿子、年仅20岁的亚历山大继承了王位,迅速以权谋和武力镇压了希腊人反马其顿运动,并于公元前335年组建起一支由3万名步兵、5000名骑兵构成的东征军。公元前334年初春,亚历山大在初步平定了希腊内部的叛乱之后,就率领大军渡过赫勒斯滂海峡(今达达尼尔海峡),开始了历史性的帝国征战之旅。此时波斯帝国正值大流士三世统治时期,内政腐败,危机四伏。亚历山大的军队与波斯军在小亚细亚的格拉尼库斯河畔展开首次会战,取得了大胜。随后,马其顿军队又轻取整个小亚细亚,并于公元前333年在叙利亚的伊苏斯平原打败大流士三世亲率的10万余波斯军,俘虏了大流士三世的母亲、妻子和两个女儿。

接着,亚历山大率军向南进军叙利亚和腓尼基,攻占了大马士革、推罗城,并于公元前332年占领埃及。公元前331年春,亚历山大率军插入两河流域北部,波斯帝国至此灭亡。不久,亚历山大又沿里海东进,穷追大流士三世,在进入安息前获悉大流士三世被其部下所杀。但他并未因此止步,于公元前329年穿越兴都库什山(与中国新疆的帕米尔高原相接),直至中亚锡尔河一带。

公元前327年,亚历山大率领军队离开中亚,南下侵入印度,企图打到"大地终端",但军队发生哗变,亚历山大不得已将大部队撤出印度。公元前324年初,亚历山大率领大军返回巴比伦,将近10年的远征终于结束。亚历山大将巴比伦定为首都,建立起波斯之后的又一个世界性帝国,版图西起希腊、马其顿,东到印度河流域,南临尼罗河第一瀑布,北依多瑙河和黑海。

帝国势力的形成

地理势力

与其他新兴帝国往往形成于守成帝国边缘地带一样,马其顿崛起之前位于波斯帝国和希腊的边缘地带。在地理上,马其顿分为下马其顿和上马其顿两个地区:下马其顿是指南部靠近爱琴海和达达尼尔海峡的沿海平原地区,今隶属于希腊,适于农业生产;上马其顿则是北部中巴尔干高原和罗多彼山脉地区,地域广大,山脉纵横,森林密布,适于畜牧业,是马其顿人基本居住地。[1]今分属阿尔巴尼亚、希腊、保加利亚以及前南斯拉夫分裂出来的北马其顿共和国。古马其顿人是古希腊多利亚人的一支,混有伊利里亚人与色雷斯人的血统。马其顿地处偏僻,远离文明发达的希腊南部地区,其

---

[1] 武寅主编:《简明世界历史读本》,中国社会科学出版社,2014年,第132页。

东部与经济强盛的波斯相隔达达尼尔海、马尔马拉海和博斯普鲁斯海峡,而其西部更多是未曾开发的高山丛林。因此,马其顿长期处于落后状态,基本被排除在希腊邦际生活之外。马其顿人过着亦农亦牧的生活,特殊的地理环境和农牧生活,造就了其粗犷勇武、彪悍纯朴的品性,其性格更像是斯巴达人而非雅典人。马其顿人被其他古希腊城邦看作非严格意义的希腊人,许多希腊人甚至称他们是异族蛮人。马其顿国家形成的过程极为模糊,它长期处于希腊世界边缘,很少有史学家专门关注它并记载它的发展历史。

马其顿的地理位置和特殊的地形地貌使其形成了良好的地理势力,主要体现在三个方面。

其一,马其顿位于强大的波斯帝国的边缘地带,与波斯控制的小亚细亚等地相隔马尔马拉海和博斯普鲁斯海峡,波斯难以将其纳入帝国的核心控制区域,但马其顿却能受到波斯帝国文明的辐射和影响。马其顿有过依附于波斯帝国的短暂历史,在希波战争中曾被迫加入波斯军队。但是,战争之后正是由于特殊的地理位置,使得马其顿游离于波斯帝国的治理之外,获得了独立发展的机会。

其二,马其顿地处以波斯为代表的东方大陆文明和以希腊为代表的西方海洋文明的交汇地带,得以充分吸取两者文化,从而能够获得针对任何一方的文化优势。作为大陆帝国,波斯虽然有鲸吞希腊等海洋国家的野心和抱负,但缺乏海洋意识和海洋文化的重大缺陷,使其进入海洋作战的能力大打折扣。两次希波战争的失利,特别是萨拉米斯海战的惨败,正是这一缺陷的充分反映。而与波斯不同的是,渴望享受自由和民主的希腊人根本就没有向东方"蛮族"征战的野心和愿望,不在万不得已的情况下,他们才不会用自由的生命去换取征服的荣誉。而在海洋文明和大陆文明双重熏陶中成长起来的马其顿人,既具有民主、自由的思想情怀,又拥有征服四海的野心和抱负。因此,费尔格里夫认为,与波斯帝国及希腊世界相比,马其顿人拥有无可比拟的优势——马其顿人不像希腊人那样是海上民族，他们大部分是陆地居民和山地居民，既深受近邻希腊人的教化影响，又保留了更多的原始习俗，尤其是对领袖权威的服从。这个特点使他们成了优秀的战士，能使战斗变得更加科学，军队变得更像一台机器，而当数千人被训练得步调一致时就更是如此。马其顿也不像波斯那样缺乏对海洋的了解，向河谷以外进行的扩张，使它立即与以海洋为生的商业城邦建立了联系，更进一步的扩张又使它迅速取得了支配赫勒斯滂的地位。①

其三，马其顿与希腊之间从沿海到内陆，相隔海拔2917米的奥林匹斯山及其所属山脉，使马其顿形成了相对独立的地理环境，从而避免受到希腊城邦国家连绵不断的内战波及。马其顿境内多半岛、山地且经济落后，不利于波斯大兵团登陆和作战，而其落后的经济条件也无法为入侵的波斯提供充足的生活补给和军事保障。但马其顿军队的东征则不同，小亚细亚的爱琴海沿岸是开阔的沿海平原，有利于舰队登陆和大兵团作战；而波斯帝国发达的经济条件，也完全可以为获胜的远征军提供粮草等生活保障。正是独特的地理条件，为马其顿帝国势力的成长创造了极为有利的条件。

生产势力

受限于地理条件，马其顿经济发展一直相对落后。早期的马其顿王国利用丰富的森林资源向各国输出木材，为其他国家海军部队建造战船提供原材料，并以此加强与希腊各城邦的联系。在亚历山大执掌王国权杖之前，主要有两位国王对马其顿生产势力增长发挥了重要作用。一位是阿基劳斯（公元前413—前399年在位），他采取了一种高度亲希腊的政策，修筑道路和要塞，大力改良武器装备，鼓励民众进入城市生活，提升了马其顿的经济实力。另一位就

---

① 参见［英］詹姆斯·费尔格里夫：《地理与世界霸权》，胡坚译，浙江人民出版社，2016年，第56—57页。

是亚历山大父亲腓力二世。腓力二世当政之后,在经济、政治、军事方面进行了一系列改革:为了加强王权,他把贵族会议和公民大会变为听命于自己的政治工具;改革币制,促进商业发展;建起一支御用军队,设计出具有强大打击力的马其顿方阵,并赋予骑兵重大作用。① 由于腓力二世的英勇开拓和不懈努力,马其顿生产势力获得大发展,并为帝国势力的转移创造了条件。腓力二世被刺杀之前,马其顿已经成为除斯巴达之外的希腊城邦国家的盟主。

在农耕帝国和殖民帝国时期,军事力量本身就是重要的生产力——军事势力强盛的一方,可以通过军事高压获得另一方的贡赋和献礼,或者通过作战掠夺失利者的财富,收受他们的赔偿。腓力二世创造的马其顿步兵方阵构成亚历山大远征部队的支柱,他们是由挥舞着长18英尺、名为"萨里沙"的长矛的战士所组成的庞大战斗群。精锐的伙友骑兵——这支军队主要的破局利器——也将会加入战场;各式各样的攻城武器——装备有攻城锤和吊桥的大型装轮塔楼,以及由能工巧匠新设计的石弩与抛射武器。② 亚历山大率领这样的军队,征服了东方和希腊南部的已知世界。他能够在两个星期内驰骋400英里,情况紧急时可在3天内疾进135英里。他击败了数量多于他的骑兵和大象部队,从海路、陆路攻城拔寨。在战斗中,骑兵是他的主要攻击力量,步兵的主要作用则是守卫阵地,抵御敌方骑兵的攻击。但是,亚历山大赢得胜利靠的是他的军事理念,而不是蛮力,他的军队配备了各种武器,他知道什么场合该用哪个兵种。③

亚历山大麾下强大的军事势力,使其在东征的途中取得了一场

---

① 武寅主编:《简明世界历史读本》,中国社会科学出版社,2014年,第132页。
② [美]詹姆斯·罗姆:《王座上的幽灵:亚历山大之死与马其顿帝国的分裂》,葛晓虎译,社会科学文献出版社,2022年,第18页。
③ [英]查尔斯·辛格、[英]埃里克·约翰·霍姆亚德、[英]阿尔弗雷德·鲁珀特·霍尔等主编:《技术史 第Ⅱ卷:地中海文明与中世纪》,潜伟主译,中国工人出版社,2021年,第789页。

又一场战役的胜利。而作为胜利者使其得以掠夺巨额财富、实现"以战养战",为帝国势力的进一步转移创造了条件。随着波斯人被亚历山大大帝击溃,波斯帝国积攒数个世纪且囤积在苏萨和波斯波利斯雄伟宫殿中的金银和贡赋,都展露在了世人面前。① 公元前330年,亚历山大仅在占领的波斯波利斯就获取了12万塔兰特②的巨资。凭借速战速决和持续的胜利,亚历山大从波斯帝国攫取了大量财富,推动了帝国势力快速向马其顿转移。

文化势力

作为地处东方和西方、海洋和陆地交界处的帝国,马其顿帝国大陆和海洋中介性文化的特点十分鲜明,但推动其帝国势力走强的文化因素主要有大陆化的集权统治、波斯化的文化取向以及亚历山大的个人英雄主义等。

由于大陆和海洋具有不同的结构特征和功用,这使得大陆性国家和海洋性国家形成了不同的文化特质和治理秩序。海洋性国家以希腊文明为代表,治理秩序重视民主、自由、理性等;而大陆性国家则更为重视集权、稳定和整体性。作为第一个中介性帝国,马其顿成功地将这两种文化和治理秩序进行了整合和传播,此后的帝国似乎形成了这样的传统和定式——在帝国崛起的过程中,大陆治理秩序占得上风,而其转变为守成帝国之后,海洋秩序将被帝国统治者接纳和遵守。马其顿虽不处于希腊世界的核心,但仍为希腊文明覆盖的区域,因此在其建国发展的过程中,国家治理体制和政治秩序深受希腊民主制影响,在国家治理结构中设立了贵族会议和人民代表大会,且两者在国家重大事项的决策中拥有显要的权力。腓

---

① 参见[美]詹姆斯·罗姆:《王座上的幽灵:亚历山大之死与马其顿帝国的分裂》,葛晓虎译,社会科学文献出版社,2022年,第10页。
② 塔兰特,是古代波斯、马其顿、希腊、罗马的称重单位和货币单位。作为称重单位时,1塔兰特约等同于今日的26千克;当用作货币单位时,塔兰特是指1塔兰特重的黄金或白银。

力二世当政之后实施政治改革，首要的就是师从波斯帝国的治理秩序，加强王权，削弱贵族会议和公民大会职能，使其成为听命于他的工具。亚历山大登基之后，大陆化集权统治的特点更为突出。他不仅将政治、军事的决策和指挥大权集于一身，形成了专制体制，而且对反对他意见的人极尽打压。当他提出了一项计划，要求他的廷臣们应该以波斯传统向他鞠躬行礼时，一位希腊哲学家对此表示反对，后来亚历山大找到一个借口，将这个人逮捕起来，甚至（据一些记载）将此人处决。[1] 专制体制的确立，为帝国形成集权治理、政令畅通和强化军事的环境创造了有利条件，但也为帝国未能形成良性的制度化建设埋下了隐患。

帮助马其顿帝国实现帝国势力提升的，还有亚历山大推动的波斯化的文化取向。可能是受到自己的老师亚里士多德影响，亚历山大在东征之前认为亚洲人都是些未开化的蛮夷。但随着东征的推进，亚历山大更多地接触到波斯人的生活、风俗和文化之后，原有的种族主义思想发生了根本改变，他逐渐认识到波斯人和希腊人一样具有杰出的智慧和才能，应该受到尊敬和平等相待。他甚至产生了让马其顿人与波斯人、希腊人友好相处，共同治理国家的计划。为身体力行推进自己的计划，亚历山大和大夏贵族罗克珊娜结婚，并鼓励更多的马其顿人和东方女子结婚。攻克苏萨城之后，他和波斯国王大流士三世的女儿斯妲特拉结婚，让他的军队将领迎娶波斯女子，并为此举行了盛大而奢华的集体婚礼，给杰出之士赠送了黄金花环及许多礼物。[2] 而在远征途中，亚历山大征召了波斯人和巴克特里亚人，训练他们以马其顿的战法进行战斗，甚至还将他们招募到了自己最精锐的部队当中。亚历山大大帝在波斯城市俄庇斯举

---

[1]［美］詹姆斯·罗姆：《王座上的幽灵：亚历山大之死与马其顿帝国的分裂》，葛晓虎译，社会科学文献出版社，2022年，第20页。

[2] 参见［美］詹姆斯·罗姆：《王座上的幽灵：亚历山大之死与马其顿帝国的分裂》，葛晓虎译，社会科学文献出版社，2022年，第24—26页。

行的一次军事集会上宣布,他将派遣1万名马其顿军人返乡,并且安排波斯人接替他们的位置。①亚历山大实行波斯化的文化取向,是其对原有的波斯人是"蛮夷"认识改变的体现,更多的则是为了满足招募士兵、补充治理官吏、"怀柔而治"的现实需求,以实现帝国在快速扩张的同时能得到更好的治理。亚历山大的文化取向,客观上促进了人类历史上第一次东西方文明的广泛交流,东方文明开始了第一次希腊化进程,而希腊文明也从波斯文明中汲取了更多的营养。

我们在对帝国变迁动力的梳理中,不宜将个人因素置于显要的位置。虽然并不否认帝王豪杰的个人英雄行为会对帝国势力的转移产生一定影响,但这种影响也只会在生产势力、地理势力和文化势力整体变迁的框架内得以实现。即便是气吞寰宇的亚历山大,他20岁继任国王,仅用10年时间就创建了横跨亚欧非三大洲的世界性帝国——其个人英雄主义理想的实现,也只是当时帝国生产势力、地理势力和文化势力相互作用、变化催生的结果。

帝国的衰败

大多数史学家把亚历山大英年早逝作为马其顿帝国快速走向崩溃的主要原因。然而,从帝国变迁动力学的角度分析,事情并非如此简单。事实上,亚历山大早逝几乎是必然的:他的父亲死于谋杀,他自己就一直生活在背叛和暗杀之中——他的突然离世或许正缘于谋杀。②而且帝国的一些继任者腓力三世阿里达乌斯、亚历山

---

① [美]詹姆斯·罗姆:《王座上的幽灵:亚历山大之死与马其顿帝国的分裂》,葛晓虎译,社会科学文献出版社,2022年,第28页。
② [法]帕特里斯·格尼费、[法]蒂埃里·伦茨主编:《帝国的终结》,邓颖平、李琦、王天宇译,海天出版社,2018年,第9页。

大四世、塞琉古等均死于谋杀。① 或者，我们可以从另一个角度提出问题：亚历山大没有死于非命，马其顿帝国是否就能江山稳固？结论是不大可能。促使它快速崩溃的还有更深层次的原因。

生产势力

在早期的农业帝国时期，农业生产受制于气候和土地，大体只能养活密集的人口，很难有大量财富剩余。因此，财富的快速积累主要依靠军事掠夺和商品贸易。而这两方面马其顿帝国都快速进入了颓势。

在军事上，亚历山大的军队在迅速占领波斯大部分土地之后，已很难获得财富的正向增长。历史上，新崛起的边缘强国（草原游牧国家）入侵农耕帝国，一旦攻破边界就能形成摧枯拉朽之势，一方面是因为农耕帝国此时已昏聩虚弱；另一方面是新兴强国的军队进入农业帝国可以通过军事占领和掠夺快速获得财富和物资补充。农耕帝国则不然，军队进入草原地区不仅无法获取大量财富，甚至连基本的军需物资都难以得到保障。公元前331年春，亚历山大率军占领波斯"四都"中的巴比伦和苏萨两城，缴获无数战利品；公元前330年，亚历山大占领另一首都波斯波里斯（又译"波斯波利斯"），获12万塔兰特巨资。② 亚历山大正是通过战争获取大量的财富，然后将这些财富用于犒赏和激励士兵，使士兵获得巨大的战争动力和对胜利的渴望。因此大军进入波斯大地后所向披靡，想停都停不下来。但是，一旦军队打到了"大地的尽头"，依靠战争获取财富也就走到了尽头，士兵的战斗激情随之渐渐湮灭了。在亚历山大军队抵达印度河最东端的支流希帕西斯河（今比亚斯河）之后，

---

① ［法］帕特里斯·格尼费、［法］蒂埃里·伦茨主编：《帝国的终结》，邓颖平、李琦、王天宇译，海天出版社，2018年，第11—14页。

② 武寅主编：《简明世界历史读本》，中国社会科学出版社，2014年，第133—134页。

部队发生了哗变。① 而此后亚历山大身边的马其顿人以及他的一些希腊同伴,如亚里士多德的外甥卡利斯提尼,出现了越来越多的叛乱和密谋。② 这些不利形势的发展,与军事战争已经让将军和士兵难以获得更多的财富和利益有关。

在贸易方面,马其顿帝国也很难有所作为。亚历山大虽然是庞大帝国之主,但他并没有真正管理过帝国,更多的是根据当时情况采取权宜之计,先是把行省交给马其顿人管理,后来又接纳伊朗人。③ 发展经济、开展贸易本非他所长。帝国海洋贸易主要集中在东地中海和红海沿岸,尽管希腊人也是海洋贸易的行家里手,但主要依靠的还是腓尼基人和埃及人——他们在红海沿岸建造了一连串的港口,货物可以通过这些港口由陆路运送到尼罗河,再装船顺尼罗河运到亚历山大港。④ 然而,就在亚历山大去世前后,西部的近邻罗马帝国已经开始了对希腊的征服之旅:公元前3世纪伊始,罗马共和国已控制了意大利半岛位于波河以南的大部分土地。公元前284年,希腊殖民城市塔伦图姆出于对这种形势的恐慌,求助亚历山大时代的老将皮洛士为自己一方与罗马作战,最终因耗损严重而不得不放弃。自此,整个意大利,除了北部的高卢人和利古里亚人的部落,全部落入罗马人与其同盟者之手。⑤ 公元前264年,罗马人即开始了影响深远的"布匿战争",并逐步控制了东地中海及其贸易网络,帝国势力加速向罗马转移。

---

① [美]詹姆斯·罗姆:《王座上的幽灵:亚历山大之死与马其顿帝国的分裂》,葛晓虎译,社会科学文献出版社,2022年,第10—11页。
② [法]帕特里斯·格尼费、[法]蒂埃里·伦茨主编:《帝国的终结》,邓颖平、李琦、王天宇译,海天出版社,2018年,第8页。
③ [法]帕特里斯·格尼费、[法]蒂埃里·伦茨主编:《帝国的终结》,邓颖平、李琦、王天宇译,海天出版社,2018年,第9页。
④ [美]斯塔夫里阿诺斯:《全球通史:从史前到21世纪》(上),吴象婴、梁赤民译,北京大学出版社,2020年,第129页。
⑤ [英]阿德里安·戈兹沃西:《罗马和平:古代地中海世界的暴力、征服与和平》,薛靖恺译,广东旅游出版社,2022年,第15—16页。

地理势力

希腊的地理势力（包括上、下马其顿地区），无法为亚历山大提供更多的支持。尽管亚历山大率领大军快速摧毁了波斯帝国，并打到了"大地的尽头"，但作为马其顿人大后方的希腊本土与波斯相比实在太小了。加上两者之间有马尔马拉海和爱琴海相隔，希腊根本无法为亚历山大的大征服提供强大而持久的支持。恰恰相反，希腊多岛屿、半岛和海岬的特点，使希腊人养成了不同一般的对海洋的认识和行事特点——他们"把海洋视为战场，难以容忍其他人与他们分享海洋的利益，并且更能按自己的意志行事"①。也正是因为希腊的这些地理特点，致使希腊各城邦彼此之间几乎一直处于战争之中，很难团结成一个整体，一致对外。②事实是，希腊本土反对亚历山大的斗争一直就没停止过，其暴毙的消息传遍希腊，各地趁机掀起独立运动，将马其顿驻军赶出境外。马其顿从亚洲调回援军，才在帖撒利击败希腊义军。③

地理条件无法为马其顿抵挡罗马进攻提供有效保障。腓力二世及亚历山大赖以起家的大希腊地区包括希腊半岛、上下马其顿以及希腊人居住的小亚细亚地区。希腊半岛、上下马其顿的西部及西北部是高原，横亘着众多山脉，为希腊半岛和马其顿提供了天然屏障。而希腊半岛的西部、南部、东部及马其顿的东部则有海洋保护，小亚细亚的希腊人地区则隔海提供着陆地保护。因此，"要想把整个希腊合为一体，必须具备两个条件——有效地控制海洋和有效地控制陆地"④。波斯帝国控制了陆地，但它对海洋似乎无能为力；

---

① [英]詹姆斯·费尔格里夫：《地理与世界霸权》，胡坚译，浙江人民出版社，2016年，第52页。

② [美]威廉·伯恩斯坦：《伟大的贸易：贸易如何塑造世界》，郝楠译，中信出版社，2020年，第52页。

③ 武寅主编：《简明世界历史读本》，中国社会科学出版社，2014年，第135页。

④ [英]詹姆斯·费尔格里夫：《地理与世界霸权》，胡坚译，浙江人民出版社，2016年，第55页。

而马其顿帝国已经控制了大希腊地区,但不幸的是,它遇到了快速崛起的另一个新霸主——罗马帝国,它既可以通过欧洲大陆对希腊和马其顿进行压制,也可以通过自身占优的海洋势力从海洋对大希腊地区进行合围。相对于波斯帝国,希腊和马其顿地区所具有的地理优势,在罗马面前荡然无存。这使得罗马对马其顿发动的战争占据了明显的地理优势。公元前214—前148年,"罗马相继发动四次马其顿战争,灭亡了一度强大的马其顿王国,在其废城上建立了马其顿行省……另外两个希腊化国家塞琉古王国与托勒密王国也已成为罗马的刀俎之肉"[①]。

文化势力

随着亚历山大对波斯征服的地域不断扩大,亚历山大对波斯实施了宽容的统治政策,从各民族中招募了最优秀的武士和领袖充实自己的军队和政府,还对居鲁士表现出极大的尊崇,并恢复了很多总督的职位,虽然这些人曾经与他为敌。他甚至娶了波斯女人,并鼓励其他希腊人也这样做,并为此在苏萨举办了声势浩大的集体婚礼。其实,亚历山大实施宽容政策也多出于无奈。

一方面,他在希腊人中的统治并不稳固。公元前336年,其父腓力二世遇刺身亡,亚历山大继位,以铁腕镇压了希腊人反马其顿运动。曾经的希腊霸主底比斯被毁灭,公民或被卖为奴,或被处死、流放,土地则被割予他邦。马其顿国内的政敌也受到无情清算。在希腊人的普遍恐惧中,亚历山大恢复了统治,并继承其父东侵波斯的遗愿,开始东侵波斯的征程。[②] 尽管不断获得战争的胜利,掩盖了希腊人对亚历山大仇恨的情绪,但反抗的火种一直在不少希腊人的内心存在着,并会在适当的时候燃烧起来。这使得亚历山大

---

① 武寅主编:《简明世界历史读本》,中国社会科学出版社,2014年,第159页。
② 武寅主编:《简明世界历史读本》,中国社会科学出版社,2014年,第133页。

并不充分信赖希腊人,也因此他在贴身卫队中使用了大量的波斯士兵。

另一方面,马其顿人快速占领波斯辽阔的疆土,需要大量的士兵征战和把守,而被征服的领土也需要有经验的行政人员治理。而希腊既没有这么多人才,也无法更好地融入波斯,采取战略性宽容政策,既是应对之举,也是无奈之举。但宽容政策显然是把双刃剑。亚历山大任用波斯人,接受波斯的生活方式,使马其顿贵族同波斯中央和地方的贵族结合,构成自己的统治基础,从而在波斯辽阔的疆域上快速构建了自己的政治框架。但是,这一政策既没触及原有的政治架构,也不能加快帝国不同区域的文化整合,使得帝国遭遇重大变故时极易离心离德。宽容政策的实施,还得罪了一些利益受损的希腊人。为数不少的希腊人,"包括亚历山大的众多士兵非常蔑视甚至憎恨他们国王依赖外国人以及虚情假意地接受外国习俗的做法。他们担心亚历山大被野蛮化,结果引发了欧匹斯兵变"[1]。

帝国内部文化差异巨大也耗损了帝国势力。马其顿帝国疆域辽阔,不同民族、不同种族甚至在波斯之前存在的不同国家之间,语言、宗教、制度和习俗反差巨大。作为一个外来征服者,亚历山大甚至还没来得及对帝国实施有效的管理,这种文化差异即成为矛盾和紧张的源头。而在统治民族希腊人与被征服民族波斯人之间,文化的差异也显而易见——波斯人受大陆文化影响,接受专制和集体主义,行事比较保守、讲究尊卑秩序;而希腊人受海洋文化熏陶,崇尚自由,重视个人权利,性格开放、讲究平等。当海洋文化的希腊人成为大陆文化的波斯的统治者,而亚历山大还大力尊崇波斯文化,这种文化的差异就不可避免地导致了矛盾和冲突。为有效统治如此众多的民族、广大的土地,带有希腊城邦特点的马其顿君主制

---

[1] [美] 蔡美儿:《帝国的终结:从大历史的角度解读美国霸权兴衰的历程》,刘海青、杨礼武译,新世界出版社,2012年,第22页。

已完全不相适应，亚历山大只能承袭业已在东方形成的君主专制制度。公元前328年秋末，亚历山大在索格底亚那和巴克特里亚重新建立统治。但"当他决定采取波斯帝国阿契美尼德王朝君主实行的政策，要求同伴在他面前行跪拜礼时，遭到了部分同伴的反对。特别是当他宣布要和伊朗人奥克夏特斯的女儿罗克珊娜成婚时，反对声越演越烈。在马其顿人以及他的一些希腊同伴中，出现了越来越多的叛乱和密谋，后来发生了一起叛乱，被严厉地镇压了"[1]。这种巨大的文化差异，也明显动摇了亚历山大宽容政策的基础——据说在他死后，除了一个人之外，那些来自苏萨和亚历山大一起集体结婚的男子都与他们的波斯妻子离了婚。[2]

四、罗马帝国

与大多数王侯的诞生假借神孕的传说不同，罗马城的创建者罗慕路斯和他的孪生兄弟雷穆斯是由母狼抚养和哺育的。公元前753年在意大利半岛亚平宁山脉中部的山麓，传说中的狼孩带领族人垒砌了被称为"永恒之城"的罗马。

帝国的创建

在古罗马长达一千多年的存续期内，先后经历王政（公元前753—前509年）、共和（公元前509—前27年）、帝国（公元前27—476年）三个阶段。罗马王政时代是指古罗马伊特鲁里亚时期，此时的古罗马还没有形成强大的帝国，还只是意大利半岛西部濒临

---

[1]［法］帕特里斯·格尼费、［法］蒂埃里·伦茨主编：《帝国的终结》，邓颖平、李琦、王天宇译，海天出版社，2018年，第8页。
[2]［美］蔡美儿：《帝国的终结：从大历史的角度解读美国霸权兴衰的历程》，刘海清、杨礼武译，新世界出版社，2012年，第23页。

海洋的偏僻而落后的小镇。这一时期又称为罗马王国，是罗马从原始社会的公社制度向国家过渡时期，属于传统的君主制国家。

公元前510年，罗马人结束罗马王政时代并建立共和国，国家实行元老院、执政官和部族会议"三权"分立。公元前449年，罗马颁行《十二铜表法》。公元前272年，罗马通过军事手段统一了意大利半岛，之后又统一了意大利南部一带属于希腊的各殖民地。公元前264年至前146年，罗马与迦太基先后进行了三次"布匿战争"并四次发动与马其顿的战争，最终取得了胜利，西班牙、希腊以及东地中海地区被纳入版图，罗马成为又一个地跨欧、亚、非的世界性帝国。

公元前2世纪30年代至前1世纪30年代，罗马进入内战时代。公元前73—前71年，罗马爆发斯巴达克奴隶大起义。公元前60年，庞培、克拉苏、恺撒结成"前三头政治"。公元前43年，安东尼、屋大维、李必达结成"后三头政治"。在恺撒的统治下，罗马征服了高卢和埃及。恺撒被刺身亡后，其养子屋大维击败了对手安东尼和埃及女王克利奥帕特拉，于公元前27年建立了罗马帝国。屋大维称为"元首"，元老院授予他"奥古斯都"称号，罗马进入了帝国时代。

公元14年，奥古斯都屋大维驾崩，罗马帝国进入朱里亚·克劳狄王朝，相继历经了提比略、卡里古拉、克劳狄、尼禄四位元首的统治。尽管克劳狄王朝持续时间只有短短40余年，却是罗马元首权力进一步加强的时期，也是帝国官僚体系初步创立的时期，对罗马帝国治理体系的完善影响深远。公元69—96年，罗马帝国进入弗拉维王朝时期。这一时期，帝国统治者韦斯帕芗对罗马元老院进行了重大改革，广泛吸收行省上层奴隶主参加元老院，罗马帝国的政权进一步稳固。

公元96—192年，罗马帝国进入安敦尼王朝时期。王朝前期的五位皇帝涅尔瓦、图拉真、哈德良、安东尼·庇护以及马可·奥勒留宽厚谦虚，施行"仁政"，深受臣民爱戴，使罗马帝国得到了近一百年的和平与安定，与之前一百年的腥风血雨形成很大的反差。这一时期被称为罗马帝国的"黄金时代"，又称作"五贤帝时期"。罗马帝国的疆域也在这一时期达到最大：西起西班牙、高卢与不列颠，东到幼发拉底河上游，南至非洲北部，北达莱茵河与多瑙河一带，地中海成为帝国的内海。全盛时期的罗马帝国，控制了大约750万平方千米的领土（含地中海面积）。

公元193—235年，罗马帝国进入塞维鲁王朝。王朝由塞维鲁创建，历经八位统治者。这一时期最大的特点就是"帝王共治"——由两个以上的皇帝或国家元首共同治理和统治国家。公元235—284年，罗马社会陷入历史激变、全面衰竭的"三世纪危机"——帝国对外征服停滞、内战频发、混乱严重，蛮族开始越境入侵。285年，戴克里先成为罗马帝国唯一皇帝，他在政治和军事等诸多方面进行了大量改革，结束了帝国的"三世纪危机"。他开辟了第一代"四帝共治"——戴克里先首先封马克西米安为奥古斯都，使其正式成为罗马帝国的副帝，后来他又增加两个皇帝作为自己和马克西米安的助手，开创了"四帝共治"的局面。

公元268—284年，罗马帝国进入伊利里亚王朝时期，因历任统治者都来自伊利里亚而得名。305年，君士坦丁一世即位为罗马帝国西方的奥古斯都，帝国进入君士坦丁王朝。313年君士坦丁颁布"米兰敕令"，基督教取得合法地位。330年，君士坦丁一世将首都迁到君士坦丁堡。公元364—392年，帝国进入瓦伦蒂尼安王朝时期，混乱加剧，罗马军队已被蛮族控制，军队甚至可以做到废立皇帝。395年，狄奥多西一世将帝国分给两个儿子，罗马帝国分裂为东罗马和西罗马两部分。410年，日耳曼的哥特人进入意大利围攻罗马城，城内奴隶配合打开城门，罗马城遭受浩劫。476年，西罗马帝国皇帝罗慕洛·奥古斯都被废除，西罗马帝国灭亡。

帝国势力的形成

地理势力

打开欧洲及意大利地图,我们不难发现罗马帝国发祥地亚平宁半岛极为鲜明的地理特征。一是亚平宁半岛像一条长长的腿伸进地中海中心地带,使其成为联系地中海与欧洲大陆的枢纽。二是从南到北纵向横亘于亚平宁半岛的亚平宁山脉,与横向耸立于半岛北面的阿尔卑斯山脉形成铁锤的形状。作为锤柄的亚平宁山脉将半岛隔为东西两部分,而作为锤头的阿尔卑斯山脉又将半岛与欧洲大陆进行了交通上的物理隔离。三是半岛与环绕半岛西部及西南部的科西嘉岛、撒丁岛和西西里岛形成了"蟹状"结构,罗马城成为"蟹螯"护守的中心。这三个特点鲜明的地形地貌所形成的地理势力在变化的生产势力助推下,为罗马扩张成为世界性帝国提供了极为重要的条件。

罗马位于地中海中心地带,成为文明转移和商贸活动的枢纽。罗马地处亚平宁半岛中心,而亚平宁半岛大体位于地中海东西两侧的等距线上。罗马还是非洲北部地中海沿岸的人们通过迦太基、西西里岛、亚平宁半岛,前往欧洲大陆的必经之地。由于地中海狭长的地形,这条前往欧洲的线路比从陆地行进便捷得多。罗马及亚平宁半岛作为地中海地理中心的地位因此十分突出。它的周围还遍布科西嘉岛、撒丁岛等众多岛屿,为罗马与地中海沿岸地区的交通提供了极为便利的条件。随着地中海贸易需求的不断增长,对地中海中心的罗马人来说,海洋给他们带来的贸易平台和运输通道的地位更加稳固。有利的地理条件,为罗马的帝国势力增长提供了强劲的动力。

地形易守难攻,为罗马提供了天然保障。在战乱频繁以及蛮族不断骚扰的时期,罗马及意大利特殊的地形地貌为罗马帝国的生存和扩张提供了极为有利的环境。一是耸立在意大利北部的阿尔卑斯山脉形成了军事屏障，欧洲大陆的军事力量很难大规模侵入意大利境内，使罗马在发展早期避免了海陆两线作战的风险，而北部山区和沿岸构成的地形却有利于帝国军队冲出关隘对大陆实施征服。二是亚平宁半岛长长地伸入地中海腹部，海岸线曲折多湾，港口众多，且科西嘉等众多岛屿对罗马形成拱卫之势，一方面有利于罗马成为优良的港口和商贸中心，汲取地中海海洋资源；另一方面又有利于罗马帝国抵御海上舰队的入侵。三是意大利半岛南北中心地带纵贯着亚平宁山脉，从北方呈弧形凹陷状绕到西南部、在中轴线附近隆起巨大的高地。高地西则是台伯河下游平原，罗马城傍山凭海坐落其中，周边弧形的高地、山丘，构成一种防御的屏障，仿佛把罗马城环抱在臂弯里。这就使得罗马帝国在陆地上易守难攻，而海洋运输却畅通无阻、四通八达。这样的地理构造无疑为罗马帝国势力的累积提供了得天独厚的条件，同时也能说明罗马城承续1000多年，被誉为"永恒之城"并非无稽之谈。

生产势力

人类文明交流带来生产势力的变化和发展，而推进生产势力转移的重要力量，一个是对外扩张战争，另一个是商贸活动。无论早期文明是从地中海南岸经过罗马向欧洲大陆传播，还是从地中海北岸经过亚平宁半岛向欧洲西部推进，罗马及其附属城市都是那个时期文明交流的中心和枢纽。

希腊世界是文明发育较早的地区，由于长期陷入城邦之间的纷争，加之与来自强大东方的帝国波斯发生大规模战争，这一地区的人们不断向相对安全的亚平宁半岛迁移。而波斯及马其顿帝国远征腓尼基以及埃及时，大规模战争迫使大量人口沿着地中海南岸不断向西迁徙，部分人经过西西里岛北上亚平宁半岛抵达罗马及周边地区（地中海南岸除沿岸狭长地带外均为沙漠地貌，不适合人类居住和繁衍），使罗马逐渐成为文明势力积蓄的高地。公元前264年至前146年,罗马经历三次布匿战争,彻底击败了来自北非却控制着地中海西部海洋及沿岸的迦太基;公元前215年至前148年,罗马又经过四次马其顿战争,征服了马其顿并控制了整个希腊;罗马还通过叙利亚战争控制了西亚部分地区,从而发展成为一个横跨欧亚非三大洲的世界性帝国,地中海成了帝国的内湖。

海上贸易推动生产势力蓬勃发展。地中海实在是一块天赐的适合贸易和航行的宝地:地中海气候是亚热带、温带的一种气候类型,特征为"夏季炎热干燥,冬季温和多雨",气候宜人,非常适合海上航行;地中海被亚欧非三个大陆所环抱,是内陆型海洋,与其他大洋大海相比不仅受风暴的影响较小,更由于其没有潮汐,对缺少航海知识、驾驶简陋船只的古代水手们来说可以自由航行,风险较小;地中海沿岸又多半岛和岬角,海岸线犬牙交错,而矗立水面的众多岛屿与陆地遥遥相望,船只很容易靠岸,且航海者极易找到避难场所;地中海沿岸大多平坦、肥沃,盛产水果蔬菜,非常适合人们生活居住和贸易往来。

自古就有做生意天赋的腓尼基人,在北非的地中海沿岸建立了大量殖民城市,其中的迦太基城邦一度控制了西地中海地区的贸易航线。罗马共和国先后通过三次布匿战争打败迦太基,成为整个地中海地区的贸易主宰者。而罗马本身就拥有地中海交通枢纽的地位,由贸易带动的生产势力迅速向亚平宁半岛集中。罗马帝国建立初期,为了避免食物短缺,政府保证每年有15万—30万吨谷物运到罗马。而据估计,在公元前1世纪,每年从意大利用船运到高卢的葡萄酒就有5万—10万公石(约合130万—260万加仑),它们被装在35万多个双耳细颈椭圆土罐中。[①] 由此可见,罗马帝国的贸易盛极一时。

[①] [美]林肯·佩恩:《海洋与文明》,陈建军、罗燚英译,天津人民出版社,2017年,第140—141页。

强大的作战能力带动生产势力转移。林肯·佩恩认为：如果没有那些在海上进行战争和贸易的公民，罗马共和国是不可能崛起的。如果罗马人忽视航海，那么他们最多只是意大利半岛上的邻国的威胁而已。由于他们使自己的军事能力适用于海上战争，才变得不可战胜。①罗马取得军事战争的胜利，除了拥有地理优势和与众多海上力量缔结同盟之外，重要的是罗马人在与迦太基、马其顿、希腊等周边力量争夺海上霸权的过程中，成为军事"成本洼地"，并掌握了更好的海上作战技巧。罗马人从实际上毫无造船业可言的起点开始，发展到在获得造船木材后的60天内，罗马舰队"就可以下水了"，而在有经验的雅典造船工匠帮助下3年内建造了200艘船。②

在与迦太基争夺西西里岛的战争中，海军作战能力远弱于迦太基的罗马人，在军舰上安装了一种名为"乌鸦"的吊桥。海战中，罗马人将战舰紧靠对方战舰，利用"乌鸦"吊桥钩住敌船，士兵们再通过吊桥跳上敌船，与敌人展开厮杀，将陆军近战优势发挥到海战之中，罗马人因此在海战中赢得了胜利。直到统治了地中海后，罗马军队才开始越过阿尔卑斯山，向北方进行大规模的陆地扩张。

公元前29年，屋大维进行军事改革，设立的兵种主要有重装步兵和骑兵，而重装步兵主要装备有投枪、短剑、大盾以及盔甲，装备相当先进。罗马军队军纪严明，要求下级对上级绝对服从，逃跑的军人会被实行"十一抽杀律"，即每十人中抽出一人被处死——恺撒曾下令处决了参与暴动的120名士兵中罪魁祸首的12名。③罗马军人还实行高薪制，以年薪计算，在恺撒之前是一年70狄纳利斯

---

① ［美］林肯·佩恩:《海洋与文明》，陈建军、罗燚英译，天津人民出版社，2017年，第111页。
② ［美］林肯·佩恩:《海洋与文明》，陈建军、罗燚英译，天津人民出版社，2017年，第125页。
③ ［英］阿德里安·戈兹沃西:《以罗马之名：缔造罗马伟业的将军们》，敖子冲译，广东旅游出版社，2022年，第262页。

银币,恺撒把它提高一倍达到 140 狄纳利斯银币,而奥古斯都改革后又把这个标准提高到一年 225 狄纳利斯银币。对于杀敌数目超过 5000 人的胜利,军队将得到举办盛大凯旋式的奖赏。①罗马军队强大的作战能力,总能使罗马对外作战获得最终胜利。而一旦取得胜利,帝国就将战争中劫掠的战利品、战败国的贡金和战争赔款以及战败国士兵被罚作的奴隶等,源源不断地运抵罗马。

可以说,战争是当时罗马重要的生产力。罗马人经历了无数次战争,从古老而富庶的波斯帝国的发祥地到银矿得到大规模开发的伊比利亚半岛,从撒哈拉沙漠到大不列颠,罗马人用铁蹄和利剑征服了一个又一个富庶的地区或尚未开化的民族,将其长期创造积累的财富占为己有,使帝国势力更加强盛。当罗马利用地中海中心的地理势力和强大的舰队获取了地中海航道和商业贸易的霸权之后,又在陆地推进霸权,致使"条条大路通罗马",从而实现了对海洋运输霸权和大陆市场霸权的双重控制。自罗马之后,所有世界性帝国莫不在陆地市场控制和海洋运输控制上双管齐下,否则世界性帝国的势力难以维系。

文化势力

倘若我们把公元前后,罗马共和国和罗马帝国发生的一系列重大事件结合起来考察,就会发现这些事件背后的逻辑非常值得我们深思:前 146 年,罗马经过四次马其顿战争及其后的叙利亚战争,征服了马其顿并控制了整个希腊,称霸地中海,横跨非洲、欧洲、亚洲的大帝国已经形成;公元前 27 年,屋大维取缔共和制,建立了罗马帝国;公元 1 世纪左右,基督教出现在罗马帝国统治下的巴勒斯坦地区的犹太团体;而公元 96—198 年,罗马帝国进入最为强盛

---

① [英]阿德里安·戈兹沃西:《罗马和平:古代地中海世界的暴力、征服与和平》,薛靖恺译,广东旅游出版社,2022 年,第 37 页。

的"黄金时代"。总而言之，在这前后三百年时间内，罗马帝国的疆域框架、国家体制、精神图腾和鼎盛局面都已被构造了出来。

人们通常鄙夷君主专制，而对共和制给予更多的好感和赞赏。然而，考虑到人类历史发展的阶段性和地域文化的特色，罗马以君主专制代替共和制似乎并非那么面目可憎，实在是历史发展的必然选择。国家管理体制的"共和制"基因来源于文明形成更早的希腊城邦国家。希腊世界由于多海湾、半岛和岛屿，人们有很多时间在海洋上生活和交流，养成了放浪不拘、自由自在的性情，且由于每个城邦面积都较小，相互之间能够直接接触，因此在城邦国家的管理上形成了自由、平等、共商的共和制的海洋文化传统。作为地中海沿岸的城邦国家，罗马既具有海洋国家的特性，又深受希腊文明的辐射和影响，早期采用共和制的国家管理体制也是顺理成章的。然而，随着罗马的快速扩张，共和国疆域越来越辽阔，人口越来越多，原有的共和体制因效率低下、权力分散，已难以适应庞大帝国的管理要求。权力阶层钩心斗角，恺撒遇刺身亡，而刚被征服的地区则内乱不断，共和国出现了极为动荡的局面。此时，屋大维运用政治手腕和权力威逼，废除共和制度而建立罗马帝国，与其说是他贪求权欲的结果，毋宁说是罗马统治者为适应帝国扩张的需要而对国家管理体制作出的调整和选择。屋大维的帝制改革并不彻底，直到戴克里先称帝，罗马的元首制才真正改为君主制——君主头戴皇冠、身穿丝袍，接受臣民跪拜之礼，皇权至此臻于极致。这种帝制改革的效果显而易见，屋大维改制后不久即迎来了罗马最为强盛的"黄金时代"；而戴克里先称帝后，结束了极为荒诞、混乱的"三世纪危机"。

人们通常认为，是罗马帝国的残酷统治推动了基督教的发展，而在教会势力炙手可热后，其与世俗政权的纷争将欧洲带入了黑暗的中世纪。事实上，基督教的存在和发展，是罗马帝国开疆拓土并强盛一时的重要条件和基础，其作用主要体现在三个方面。

一是它消解了被征服地区人们的反抗精神。耶稣诞生之前，正是罗马人前赴后继向东扩张时期，马其顿战争（公元前214—前146年）、叙利亚战争（公元前191—前188年）、米特拉达梯战争（公元前88—前65年）以及庞培对塞琉西王国的兼并（公元前64年）、屋大维对托勒密王国的征服（公元前31年），已经将罗马的东部疆域拓展到了小亚细亚、西亚和埃及。这一带当然就包括耶稣的诞生地和犹太人生活的社区。公元70年，提图斯率兵攻陷耶路撒冷，屠杀大量犹太人，并烧毁犹太神殿，犹太战争结束。有征服自然有反抗，有反抗就可能遭受屠杀。然而，耶稣和保罗对犹太教的改革并非要求人们团结起来反抗入侵者，反而在《圣经·新约》中宣称：上帝是慈爱的父亲，上帝爱所有的人；无论是什么血统，只要信上帝、信耶稣，就可能成为基督的信徒；此岸任何地方都不是人的目的地，世界的最终结局是末日审判，好人上天堂，坏人下地狱；基督信徒不仅爱上帝，爱自己的民族，还要爱所有人，甚至包括敌人。基督教义通过激发普世主义的爱，消解了敌我矛盾，将征服者和侵略者转化为民族一体的同路者；通过对美好天堂的塑造，将今生和现世的苦难嫁接为攀升天堂的阶梯，这使得憎恨和反抗变得毫无意义，甚至危及来世的幸福。

二是它使帝国不同区域的人们获得了族群精神的认同。罗马原来只是狭长的亚平宁半岛中部一个临海的城邦，发展腹地十分狭小，战略势力也十分有限。随着共和国及帝国的快速扩张，不同习俗、不同文化背景而缺少共同族群记忆的人们，越来越难以整合为一个拥有共同文化认同的群体。而基督教的诞生和传播，使不同被征服地区的人们拥有了一种共同的文化信守和精神依托，为帝国的治理提供了统合力和凝聚力。

三是它为罗马对外扩张和征服提供了除铁蹄和长剑之外新的武器，罗马帝国的对外占领实现了从肉体到精神的双重征服。这使得罗马人善于将异族融合在自己体内，当帝国的统治在地中海西部地区崩溃时,没有一个行省显示出哪怕一丁点独立的倾向。① 这样看来,帝制的改革使罗马帝国的管理获得了刚性的强制力量,而基督的诞生和传播则使其获得了文化的柔性力量,两者相得益彰,共同催生了帝国的"黄金时代"(尽管基督教开始传播时,帝国对其极尽打压)。这也是罗马帝国即使最初的发祥地幅员狭小、政局动荡不安,但成功避免了像马其顿帝国那样快速灭亡的重要原因。

罗马帝国获得成功的另一个重要的文化势力就是奴隶制度。黑暗、残暴、奴役、剥削等这些张贴在奴隶制表面上的标签,长久以来在罗马帝国的光环里投下了重重的阴影。事实上,奴隶制不仅是罗马社会发展不可回避的选择,也是帝国不断扩张、发展的重要支撑条件——从罗马与奴隶制的形成、发展和崩溃历程看,也不难发现两者之间的某种共生关系。

公元前 7 世纪,拉丁人、萨宾人等部落联合为"罗马人公社"。由于生产力发展,一些富有的家庭开始占有和使用奴隶,但此时奴隶数量很少。共和国时期,罗马领土急剧膨胀、海外行省纷纷建立,大量战俘奴隶流入罗马,有时一场战争就可能获得 10 万名奴隶。整个公元前 2 世纪,奴隶如潮水般不断涌入意大利半岛,而他们中的许多人曾为战俘——据说恺撒在公元前 58 年至前 51 年期间使 100 万人沦为奴隶。② 这一时期,既是罗马帝国奴隶经济最发达、工商业日趋繁荣的年代,也是帝国势力最强盛、对外扩张最强势的时期。从公元 3 世纪开始,罗马帝国基本停止对外扩张,奴隶人口急剧减少,奴隶价格上涨,奴隶制经济陷于危机,农业衰落,工商业和城市萧条。3 世纪中叶起,奴隶与隶农的联合起义遍及罗马帝国各地,最终动摇了罗马帝国的统治。

---

① [英] 阿德里安·戈兹沃西:《罗马和平:古代地中海世界的暴力、征服与和平》,薛靖恺译,广东旅游出版社,2022 年,导言第 13 页。

② [英] 阿德里安·戈兹沃西:《罗马和平:古代地中海世界的暴力、征服与和平》,薛靖恺译,广东旅游出版社,2022 年,第 40 页。

罗马的奴隶制，主要从三个方面对罗马的建设和发展发挥了作用。其一，奴隶本身就是财富。奴隶可以在市场上明码标价，罗马通过战争掠夺大量的奴隶，事实上与掠夺金银一样获得了财富。其二，有效解决了罗马人口不足的问题。罗马军人待遇很高，一般只有公民才有参军的权利。共和国时期，不仅公民的服役时间更长，服役人数在全部人口中的比例也更高，尤其还要考虑到兵役主要由有产阶级承担。公元前 2 世纪，每年通常有至少 6 个军团同时在编，有时这个数字还要翻倍。理论上——如果实际操作中这并不是常态——每个军团拥有 4500 名至 5000 名士兵。汉尼拔战争[①]期间，罗马通常保持 20 个军团同时服役的状态。[②]如此多的公民进入军队，需要补充大量奴隶从事城市的劳务和庄园的生产。其三，为帝国长期维持了"低成本洼地"的优势地位。罗马帝国依靠战争和治理，从被征服地区掠夺大量的财富，同时由于有大量的奴隶提供极其低廉的劳动力，使罗马的生产和军事能力保持低成本的优势，为帝国势力没有快速走向崩溃提供了有利条件。

罗马成为世界历史上奴隶制最为繁盛的国家，根本的原因是由其特殊的地理结构决定的。罗马地处亚平宁半岛，地域狭小，三面环海，北面与大陆联结的部分又被高耸的阿尔卑斯山脉阻断，致使亚平宁半岛在地理上近乎成为一座孤岛。当罗马城市快速膨胀时，缺少纵深的半岛根本无法为罗马提供源源不断的人口需求，最好的解决办法就是从外地补充奴隶。但是，罗马及亚平宁半岛在地理上又有两个特殊的优势：一个是处于地中海的中心位置，有利于控制整个地中海及沿岸的资源，因此可以调动和掠夺地中海周边地区的

---

① 汉尼拔战争，又称第二次布匿战争（前 218—前 201 年）。汉尼拔是迦太基主帅，战争前他率军从伊比利亚半岛绕道翻过阿尔卑斯山，入侵罗马，但最终战败。这场战争是古罗马和迦太基之间三次布匿战争中最负盛名的一次，也是双方为争夺地中海霸权而进行的扩张战争。战争获胜后，罗马成为西地中海的霸主。
② ［英］阿德里安·戈兹沃西：《罗马和平：古代地中海世界的暴力、征服与和平》，薛靖恺译，广东旅游出版社，2022 年，第 39 页。

财富以及人口，用以解决帝国战争、劳动人口不足的问题；另一个是相对独立的地理孤岛，使得罗马帝国即使内部长期动荡不堪，但也很难有其他外族从外部入侵而致罗马快速灭亡。罗马最终被西哥特人所灭，是因为蛮族人早已占据了罗马帝国军队的主体地位，并且西哥特人也已经成为罗马帝国的一分子——帝国最终还是从内部被攻破的。

帝国的衰败

人们在思索罗马崩溃的原因时，大多将此归结为蛮族日耳曼人的野蛮进攻、"黑暗的三世纪"、王权的内斗和分裂、罗马人奢靡而荒诞的生活，或者是充满历史悲凉感的奴隶制度。有位法国历史学家断言说："罗马文明不是自然消亡的，而是被扼杀的。"[1] 然而，如果我们追根刨底思考出现这些问题的根源，或许答案更能接近罗马帝国崩溃的本质。

地理势力

古代历史学家弗拉维奥·约瑟夫斯[2]在其著作《犹太人的战争》中饱含激情写道："罗马人拥有的辽阔疆域是靠他们的英勇获得的，不是命运馈赠的礼物。"[3] 然而，任何一项旷世成就其背后无不存在命运的影子。罗马的地理条件正是命运馈赠的再好不过的礼物——它帮助英勇的罗马人获得了辽阔的疆域和帝国荣耀史册的光辉。但

---

[1]［美］斯塔夫里阿诺斯：《全球通史：从史前到21世纪》（上），吴象婴、梁赤民译，北京大学出版社，2020年，第179页。

[2] 弗拉维奥·约瑟夫斯（公元37—100年），出身于罗马帝国所管辖犹地亚行省的祭司家族，在第一次抵抗罗马的战争中当过犹太起义军领袖和指挥官，是公元70年耶路撒冷被毁灭的见证人。代表作品有《犹太古史》《犹太人的战争》等。

[3]［法］帕特里斯·格尼费、［法］蒂埃里·伦茨主编：《帝国的终结》，邓颖平、李琦、王天宇译，海天出版社，2018年，第19页。

是，所有的礼物都有保质期，随着社会发展和生产势力的转移，原先的礼物却变成了勒紧罗马命运的绳索。

　　罗马地域地理特征，为动荡和混乱埋下了祸根。在古代社会，罗马帝国实在太大了，最多时拥有大约 6000 万人口，以至于罗马人都相信帝国已经延伸到了世界上适于人类居住地域的极致，人们甚至认为在罗马帝国诞生时，边界守护神特米纳斯肯定是睡着了。[①]强盛时期的罗马，根据地形地势大体可以分成四块：以伊比利亚半岛北部的坎塔布连山脉、比利牛斯山脉，意大利半岛的阿尔卑斯山脉，亚得里亚海北面的韦莱比特山、迪纳拉山以及巴尔干半岛北部的斯塔拉山脉、巴尔干山脉等东西一线山脉为界，北面为罗马帝国的北部区域；南面至地中海则为帝国的中部区域，罗马及意大利则位于此区域；地中海以南至非洲撒哈拉大沙漠为帝国南部区域；而地中海以东则为帝国的东部区域。

　　这四大区块既连为一体——罗马城所在的中部与北部区域本就位于同一块陆地，而与南部和东部区域由地中海连为一体，同时这四块区域又是相分的。中部区域与北部区域因一系列山脉而分开；中部区域因地中海和直布罗陀海峡而与南部区域陆地相分隔，与东部区域因博斯普鲁斯海峡、马尔马拉海、达达尼尔海、爱琴海及地中海而分开，南部区域和东部区域之间也因红海而有所区隔。

　　这种特殊的地理状态造就了罗马帝国两个独特的政治形态。一是当罗马强大到足以控制整个地中海时，这四块区域是连成一体的，帝国在政治上呈现出稳定状态；反之，当罗马衰弱难以控制整个地中海时，这四个区域则进入割裂状态，帝国在政治上则陷入分裂和混乱之中。二是当四个区域中的一个因经济发展而崛起或社会动乱时，就会打破帝国原有的平衡，同样会给帝国带来无尽的

[①] [美] 蔡美儿：《帝国的终结：从大历史的角度解读美国霸权兴衰的历程》，刘海清、杨礼武译，新世界出版社，2012 年，第 25 页。

麻烦。

　　带来麻烦的首先是蛮族的入侵。公元 167 年，有两支日耳曼人渡过多瑙河，其中一支一直打到意大利的北部，迫使罗马皇帝马可·奥里略亲自带兵抗敌，多瑙河上的战争自此形成了长期不决的局面。康茂德继位后，与日耳曼人签订和约，帝国在表面上维持原有的疆界，实际上却允许日耳曼人以"同盟"的身份迁居于帝国境内，并且为帝国服兵役，替帝国守边。从此，帝国四个区域中的北部区域率先打破了平衡，这直接带来了两个极为严重的后果：帝国边境不再是一道不可逾越的界线，为后来"蛮族"大举入侵打开了方便之门；镇守北部的将军和重臣有了拥兵自强的资本和机会，帝国内造反、颠覆、谋害和篡位现象层出不穷，进入了无比混乱的时期——越来越多的镇守西部和北部的将军登上了皇位，比如君士坦丁、尤利安等。235 年至 283 年，帝国相继出现了 36 位帝王和篡位者。[①] 从公元 235 年至 284 年这一段时期里，有过 20 多个皇帝，可只有一个是自然死亡的。[②]

　　在无尽的麻烦中，帝国受到更大伤害的却是失去了对地中海的控制能力。正是北部区域的混乱和帝国的羸弱，导致"蛮族"大举进攻或迁徙，继而使更多的地区形成独立的状态。特别是，帝国的首都迁移到君士坦丁堡之后，虽然新首都扼博斯普鲁斯海峡而兼顾了帝国中、东、北三大区域，但因远离西部边境，致使西部的分离倾向更加强烈。410 年，日耳曼人的一支西哥特人攻占罗马城，把帝国首都洗劫一空后转战西班牙，在那里建立西哥特王国。地中海从此不再是帝国的内海，而形成了分裂的政治地理单位，罗马失去了海洋的庇护。"429 年，蛮族的另一支汪达尔人受到西哥特人打击

---

　　① [法] 帕特里斯·格尼费、[法] 蒂埃里·伦茨主编：《帝国的终结》，邓颖平、李琦、王天宇译，海天出版社，2018 年，23 页。
　　② [美] 斯塔夫里阿诺斯：《全球通史：从史前到 21 世纪》（上），吴象婴、梁赤民译，北京大学出版社，2020 年，第 177 页。

后转移至北非,在帝国的北非行省建立汪达尔王国。455年,汪达尔军队跨海攻打意大利,在占领罗马后大掠15天,这座曾经繁华富丽的古城变得满目疮痍,居民仅剩7000人。西罗马帝国的皇帝丧失对帝国的控制,离开罗马,在北部城市拉文纳苟安一时。"[①] 帝国自此支离破碎,日益陷入崩溃境地。

亚平宁半岛地形特点,塑造了帝国分裂的走势。如前文所述,亚平宁半岛像细长的腿伸入地中海,其北部则是高耸而绵长的阿尔卑斯山脉,正是大海和高山的天然屏障,给了罗马帝国中心地带易守难攻的庇护。如果附近没有一个海陆兼备的强大帝国出现,就无法真正消灭罗马——这也是罗马帝国虽然经历了无比黑暗的"三世纪",依然没有迅速灭亡的重要基础;同时,也是其最终分裂为东西两个帝国并得以延续的条件。回过头再看同样拥有高山和海洋庇护的马其顿,亚历山大过早地将首都迁往了繁华而缺乏地理屏障的巴比伦,无异于幼婴脱离了母亲的怀抱,早夭的风险大大增加了。

公元395年,狄奥多西一世将帝国分给两个儿子,罗马帝国从此一分为二,实行东西分治。罗马帝国的分治不单是狄奥多西一世平衡两个儿子利益的结果,更是由罗马及意大利的地理因素造成的。一是高耸的阿尔卑斯山脉几乎完全堵住了意大利北部与欧洲大陆的联系,使得意大利半岛天然地融入地中海海洋文明体系。当来自北方的压迫力量越强大,罗马拥抱海洋的归属感就越强烈,就越需要用海洋文明强调自我的历史身份,而与大陆文明就渐行渐远。二是随着基督教影响力从罗马帝国向欧洲大陆腹地延伸,北阿尔卑斯广大的欧洲内陆更加文明开化,欧洲文明重心渐渐有了北移的趋势。地中海不再是欧洲唯一的文明中心,原先东西方贸易通过地中海及意大利沿岸城市向西欧和北欧拓展的主导地位,受到了经过小亚细亚、博斯普鲁斯海峡进入欧洲和经过黑海北部克里米亚半岛进

[①] 武寅主编:《简明世界历史读本》,中国社会科学出版社,2014年,第180页。

入欧洲线路的挑战，君士坦丁堡（伊斯坦布尔）作为东西方交通枢纽的地位更加突出。三是地中海地形狭长，南北宽约 1800 千米，而东西长约 4000 千米，如此宽阔的海域加之阿尔卑斯山造成的文明中心和交通中心的双重分化，致使帝国很难东西兼顾。

生产势力

罗马作为地中海的地理中心，发展成为罗马帝国政治、经济、军事和文化中心。但是，这样的中心是以内海航运推动生产势力高速发展为基础的。随着经济发展和格局变化，帝国的生产势力逐渐发生了转移，罗马作为帝国中心地位不断削弱，再难掌控帝国一统的局面。

中西欧经济发展，带动帝国生产势力转移。阿尔卑斯山脉以北是无比辽阔而平坦的欧洲平原。该平原西起法国—西班牙边境的比利牛斯山脉，北抵北欧，东达俄罗斯的乌拉尔山脉，是地球表面最大的平原之一。欧洲平原特别是西欧、中欧一带，多为海洋性气候，四季雨水充足，季节变化明显，对农业生产非常有利。但由于欧洲文明发祥于地中海沿岸，欧洲平原经济发展和人文进化比较滞后。罗马帝国对欧洲的征服和统治，推动了西欧、中欧一带地区的经济和社会发展，各地（包括大不列颠岛）建起了规模较大的城市，如不列颠的伦敦和科尔切斯特、高卢的奥顿和瓦依松，以及德意志的特里尔和科隆。这些城市，占地面积从 20 英亩至 500 英亩大小不等，比起凯尔特人和日耳曼人的较为肮脏的山顶要塞和村庄，有了明显的改进。[1] 这些地区的经济发展和社会进步，却给罗马帝国的统治带来了很大的难题：一方面使罗马帝国的统治难度加大，各地动乱和要求独立的运动不断发生；另一方面，欧洲大平原经济越是

---

[1] ［美］斯塔夫里阿诺斯：《全球通史：从史前到 21 世纪》（上），吴象婴、梁赤民译，北京大学出版社，2020 年，第 174 页。

发展,被阿尔卑斯山脉阻隔的罗马则越是面临去中心化的风险。

帝国分裂,地中海失去和平的贸易环境。我们可以形象地把地中海看作帝国的胎衣,亚平宁半岛是它的脐带,罗马则是脐带上的脐眼。当地中海这只胎衣脉络通畅、控制有序时,就能为罗马这个脐眼源源不断地送来充足的养分。否则,地中海一旦脉络堵塞,混乱失序,脐眼则难逃生理坏死的厄运。公元前 2 世纪后期,罗马采取重大反海盗行动,颁布反海盗法令,对海盗活动的蔓延加以阻遏,后来又多次出兵打击海盗,并通过立法和行政手段来制约海盗行为,地中海海盗逐渐被肃清并由此进入贸易繁荣时期,罗马也因此进入最为强盛的阶段。但是,随着混乱的"三世纪"到来,蛮族针对莱茵河和多瑙河的袭击、撒哈拉以南的民族抢劫活动、萨珊王朝在东部发动的军事行动增加,黑海、地中海变得不再稳定。① 特别是,西哥特人在西班牙建立西哥特王国、汪达尔人在北非建立汪达尔王国之后,罗马帝国对西地中海渐渐失去控制。与此同时,由于帝国东部区域向来是富庶之地,博斯普鲁斯海峡成为连接亚洲和欧洲、黑海和地中海的贸易枢纽,地位日益突出。地中海也因此失去了繁荣的贸易局面,帝国经济因此受到极大冲击。

内乱和外患,严重扰乱了生产秩序。进入"三世纪",罗马帝国内乱外患频发,严重扰乱了生产秩序:正常的农业生产秩序难以维续,近城农区原为城市生产橄榄油、蔬菜、葡萄等农产品的奴隶制庄园纷纷转向,变为自给自足的田庄。帝国各地之间原本繁荣的商贸关系也被严重破坏,特别是东方的商路完全中断。帝国统治者为维持政权,又一再提高城乡平民甚至士绅的税负,致使城市中的元老纷纷逃避义务,市民大量逃亡,意大利城市一片凋敝。② 而君士坦丁迁都君士坦丁堡之后,意大利半岛众多贵族和有权势的市民都

---

① [法]帕特里斯·格尼费、[法]蒂埃里·伦茨主编:《帝国的终结》,邓颖平、李琦、王天宇译,海天出版社,2018 年,第 23 页。
② 武寅主编:《简明世界历史读本》,中国社会科学出版社,2014 年,第 175 页。

去了君士坦丁堡，罗马变成了一个小乡镇，而这里也变成了日耳曼各部族的地盘。①罗马帝国也由此落下了加快衰亡和崩溃的病根。

扩张停止，失去军事创收渠道。我们一再强调，农业帝国时期军事扩张是极为重要的生产势力。三次旷日持久的布匿战争使罗马坠入一个连锁反应：征服导致进一步的征服——征服能带来明显的好处，从每个新行省可获得源源不断的战利品、奴隶和贡物。②然而，随着扩张到达帝国能力的极限，罗马帝国从公元3世纪开始基本停止对外扩张，不仅无法获得充足的战利品以维持军事支出，奴隶人口也急剧减少。奴隶减少，既减少了奴隶贸易的利润，更使奴隶制经济陷于危机，农业衰落，工商业和城市萧条，而奴隶与隶农的联合起义遍及罗马帝国各地。

文化势力

随着生产势力和地理势力的转移，帝国文化和制度越来越不适应经济社会的发展要求。帝国陷入内忧外患之际，基督教却不断发展壮大。教会势力浸入军队，甚至威胁到皇权统治。戴克里先鉴于基督徒危及自身的专制统治，决心镇压基督教，颁布取缔基督教的敕令，拆毁所有教堂，收缴圣经和其他与基督教有关的书籍，规定基督徒一律不准担任公职，不能获得荣誉，若系奴隶永远不准解放。这场压制基督教的运动持续了6年，约2000名教士和信徒被杀。而君士坦丁登上皇位之后，因基督教已拥有广泛社会基础，已经难以有效根除，于313年颁布《米兰敕令》，正式承认基督教合法。③虽然教会与皇权的关系有所缓和，但两者之间争权夺利甚至你死我活的斗争才刚刚开始——而这显然使帝国的势力受到进一步

---

① [日] 出口治明：《帝国与文明》，黄哲昕译，花山文艺出版社，2021年，第8—9页。
② [美] 斯塔夫里阿诺斯：《全球通史：从史前到21世纪》（上），吴象婴、梁赤民译，北京大学出版社，2020年，第169页。
③ 武寅主编：《简明世界历史读本》，中国社会科学出版社，2014年，第179页。

削弱。

某些文化势力在帝国崛起的早期适应了生产势力和地理势力的发展，对帝国势力发展形成了助推作用。但随着生产势力及地理势力的转移，这些文化势力的落后性却日益显现出来，比如罗马的公民兵役制。

罗马军队到处征战，打遍天下无敌手，但是罗马军队的战士并不是职业的，他们都是城邦公民，有义务当兵打仗。这种兵制的优点是士兵的责任感和荣誉感特别强——我是国家和城邦的主人，仗打胜了战利品和好处也由我分享。但随着帝国国土越来越大和可征服的土地越来越少，这种兵役制的弱点日益凸显出来：一方面，城邦人数有限，根本无法保障不断扩大的军队规模；另一方面，随着征战范围越来越广，这些士兵越来越难以适应打大仗、打持久战的要求，因为他们毕竟还要种田、做生意。更重要的是，随着帝国不能从对外征战中获得更多的战利品，罗马公民成为战士的责任感和荣誉感越来越弱。罗马公民兵役制到了后期，带来了两个严重后果。一是"军队战斗力受到严重削弱。到了公元前104年，与条顿人、日耳曼人等蛮族作战的时候，罗马军队九战七败，损失二十万兵力"[1]。二是大量的蛮族人进入军队，加之马略的军队改革，使军队将领获得几乎不受限制的巨大权力，这就为蛮族人叛乱和军队将领谋反提供了条件，助推罗马帝国陷入崩溃的深渊。

帝国的奴隶制度也是如此。早期使帝国获得了巨大的贸易利润和充足的劳动力，促进了帝国生产势力的发展，而后期却成为阻滞帝国技术停滞不前的重要原因。[2]并引发了此起彼伏的奴隶起义，严重削弱了罗马的帝国势力。

在探究帝国走向崩溃的原因时，更多的人会关注安逸奢靡之

---

[1] 李筠：《西方史纲：文明纵横3000年》，岳麓书社，2020年，第119页。

[2] [美]斯塔夫里阿诺斯：《全球通史：从史前到21世纪》（上），吴象婴、梁赤民译，北京大学出版社，2020年，第180页。

风——或许这并非根本，但这对罗马帝国确实产生了巨大的破坏作用。随着屋大维掌权后的两个世纪为整个地区带来了罗马统治下的和平，罗马富裕阶层的生活越来越奢侈豪华。据说，阿拉伯地区一年的香料产量，都赶不上尼禄皇帝在他的妻子波比娅的葬礼上一天所焚烧的量。①就连一直直言不讳地批评帝国过度奢华的斯多葛学派的哲学家、剧作家塞涅卡，都拥有500张带有象牙腿的三脚架桌子。②安逸奢靡之风，击碎了罗马人传统的勤勉美德，使人与人之间变得冷漠无视。当时就有人抱怨，在罗马情妇的价格高于耕地，一盆腌鱼的价格高于耕地人。东西方之间频繁的奢侈品贸易，还耗尽了罗马的金银储备，进而加速了罗马帝国的覆灭。③

五、东罗马帝国

与其他任何一个帝国不同，东罗马帝国④的江山并非先代帝王们金戈铁马打下来的，而是罗马皇帝分家分出来的。这也决定了东罗马帝国从创建开始就不是强权政治。事实上，东罗马帝国在帝国变迁环节中，也只是作为承上启下的中介性帝国而存在。但是，这些并不妨碍东罗马帝国在风雨飘摇中成为欧洲历史上最悠久的君主制国家（395—1453年）。东罗马帝国所以存世达1058年之久，与那个时代科技发展状况、军事水平、周边大国制衡以及君士坦丁堡易守难攻的地理位置等条件密切相关。

---

① [美]威廉·伯恩斯坦：《伟大的贸易：贸易如何塑造世界》，郝楠译，中信出版社，2020年，第48页。

② [美]威廉·伯恩斯坦：《伟大的贸易：贸易如何塑造世界》，郝楠译，中信出版社，2020年，第46页。

③ [美]斯塔夫里阿诺斯：《全球通史：从史前到21世纪》（上），吴象婴、梁赤民译，北京大学出版社，2020年，第171页。

④ 东罗马帝国，也称"拜占庭帝国"，历史上的正式名称是"罗马"或者"罗马帝国"。为了与分裂之前的罗马以及同样自称"罗马帝国"的神圣罗马帝国区分开来，西欧人将其称为"拜占庭帝国"或"东罗马帝国"。作为一个有承续的国家，东罗马帝国内部实际上多次改朝换代。

帝国的创建

罗马帝国实行东西分治,是由帝国当时的生产势力、地理势力和文化势力相互作用而形成的。但是,直接且关键的原因有两个。

一个是罗马帝国的疆域实在太过辽阔,在以马车、帆船为主要交通工具的年代,对帝国实施有效治理难度太大。因此,3世纪后期罗马皇帝戴克里先将帝国分为东西两部分,实行"四帝共治"——在意大利和希腊各设一名皇帝(称奥古斯都),一名副皇帝(称恺撒),分别治理帝国的东西两部分。324年,君士坦丁大帝重新将自己立为整个罗马帝国的唯一皇帝,并选择拜占庭(今伊斯坦布尔)建立了一个新的首都。而罗马帝国皇帝狄奥多西乌斯一世在395年将整个帝国再次分开,将东西两部分分别交给他的两个儿子阿尔卡狄乌斯和霍诺里乌斯统治,从此这两个帝国再也没有合并过。其中,东部帝国后世又被称为"东罗马帝国"或"拜占庭帝国(首都君士坦丁堡建在希腊城邦拜占庭的旧址之上)""统治巴尔干半岛、爱琴海诸岛、小亚细亚、亚美尼亚、叙利亚、巴勒斯坦、北非埃及、利比亚以及美索不达米亚上游和南高加索的部分等广大领土"[1]。

另一个是,罗马帝国在公元378年哈德良堡战役中失败。战役发生之前,大批西哥特人进入罗马领地,他们携带武器发动了叛乱,罗马帝国东部皇帝瓦伦斯带兵镇压,被西哥特人在乱战中烧死。继任皇帝狄奥多西一世和哥特人在382年议和,哥特人答应帮助皇帝保护罗马疆界以获得粮食补给。从此西哥特人从东西两面大量渗透和侵袭罗马帝国,帝国的势力越来越虚弱,难以进行统一管理,东西分治成为迫不得已的选择。公元476年,哥特人攻占罗马城而致西罗马帝国灭亡。

---

[1] 武寅主编:《简明世界历史读本》,中国社会科学出版社,2014年,第268页。

当时的东罗马帝国皇帝利奥一世（457—474年在位）与哥特人谈判，结束了哥特人对东部帝国的威胁，但他也不打算重新征服西罗马帝国疆土了。到查士丁尼一世（527—565年在位）继承皇帝权力时，原西罗马帝国的疆土几乎全被日耳曼各小王国所占领，东罗马帝国的领土仅包括巴尔干半岛、黑海南岸、小亚细亚、叙利亚、巴勒斯坦和埃及。查士丁尼一世多次对西地中海世界发动远征，收回了帝国西部部分领土，重新控制意大利、北非马格里布沿地中海地区、西班牙南部和直布罗陀海峡。除高卢和西班牙北部地区外，东罗马帝国基本重新占据了罗马帝国原有疆域，地中海再次成为帝国的内海。

554年，东罗马帝国在卡西利努姆战役中击败了法兰克王国，使国力达到了鼎盛态势。然而，541年至600年，地中海沿岸数次出现大规模瘟疫，黎凡特、北非一带不断爆发叛乱，帝国宿敌——萨珊波斯日益强盛，不断对东罗马帝国进行军事进攻。而在查士丁尼一世去世后，帝国又进入虚弱状态：伦巴底人占领了意大利北部，斯拉夫人占领了巴尔干半岛大部分地区，波斯人入侵和占领了东部省份，刚刚在伊斯兰教下统一起来的阿拉伯人则占领了几乎所有的南部省份。7世纪，叙利亚、埃及彻底沦为阿拉伯帝国的一部分。

由于西罗马早已灭亡，帝国的文化中心自然转移到了东方。加上东罗马帝国也失去了许多土地，领土上居住的人群和文化形态不再那么混杂了，皇帝希拉克略（610—641年在位）不断推进全国希腊化。到希拉克略王朝末期，帝国再度出现内乱，从694年到716年共计22年间，皇帝更换了6次。到8世纪初期，帝国已经濒于无政府状态，北非全部落入穆斯林手中，东罗马帝国的疆域只剩下君士坦丁堡城及其周围地区、东色雷斯、希腊的几个港口、南部意大利和西西里岛。在这种状态下，海权成为东罗马帝国起死回生的关键。出生于叙利亚的利奥三世（717—741年在位）统治的第一年，就击退了伊斯兰哈里发军队对君士坦丁堡的第三次大围攻，使其元气大伤，数年内不敢对东罗马帝国用兵。利奥三世对海军的改组，还有效遏制了伊斯兰世界的海权成长。他的成功抵抗拯救了东罗马帝国和西方天主教世界，甚至拯救了整个西欧文明。

东罗马帝国马其顿王朝的创建者巴西尔一世（867—886年在位）是位杰出的君主。在他和其他马其顿王朝皇帝统治下，东罗马帝国在9—11世纪初进入统治的"黄金时期"：帝国抵抗了罗马教廷撤销佛迪奥斯为教主的要求，获得亚得里亚海的制海权，占领了意大利的一部分和保加利亚的大部分。1014年，巴西尔二世（962—1025年在位）打败了保加利亚人，并于1018年彻底消灭了第一保加利亚王国。

然而，随之而来的困境又包围了东罗马帝国。除了应对它的旧敌神圣罗马帝国和阿拉伯的阿拔斯王朝，新的敌人更令其难以对付：诺曼人征服了意大利，突厥人侵入了小亚细亚。1071年，在曼齐克特之战中，皇帝罗曼努斯四世被塞尔柱突厥苏丹阿尔普·阿尔斯兰击败，东罗马帝国失去了亚美尼亚及安纳托利亚的部分地区，并在接下来的20年中，逐渐失去了整个小亚细亚半岛。

1081年，阿莱克修斯（1081—1118年在位）发动政变，推翻了尼基弗鲁斯三世，重建科穆宁王朝。他向罗马教皇乌尔班二世呼吁，号召西欧骑士远征耶路撒冷。1095年，十字军开始第一次东征。阿莱克修斯借机收复小亚细亚西部地区。1098年至1108年，其再度与诺曼人作战，迫使安条克公国臣服。1110年后，阿莱克修斯对塞尔柱人发动进攻，于1116年在菲洛米利昂重创塞尔柱军队，收复小亚细亚沿海地区。

第四次十字军东征，给东罗马帝国带来了近乎毁灭性打击：这次东征的目的是占领埃及，但十字军却于1204年攻克并洗劫了君士坦丁堡，并建立了一个短期的封建王国——拉丁帝国。被彻底削弱的东罗马帝国走向分裂，尼西亚帝国、伊庇鲁斯君主国、特拉比松帝国相继割据独立。直到1261年，东罗马的君王才重新收复君士坦丁堡，战败了伊庇鲁斯，恢复了帝国。

然而，过了不久奥斯曼帝国建立。一开始，奥斯曼帝国认为君士坦丁堡的城墙非常坚固，除十字军外没有人能够攻克它，进攻君士坦丁堡代价太大，不值得。但随着版图的扩张，除一些港口城市外，东罗马帝国几乎所有的其他地方都被奥斯曼帝国占领了，君士坦丁堡渐渐处在了奥斯曼帝国的中心位置，这就使得奥斯曼帝国必须下决心攻克这一堡垒。而火炮的出现，使奥斯曼帝国对君士坦丁堡的攻占比想象的轻易了许多。经过两年的包围，1453年5月29日，奥斯曼帝国穆罕默德二世的军队终于攻占君士坦丁堡（后改名为伊斯坦布尔），东罗马最后一代皇帝君士坦丁十一世战死。至此，东罗马帝国灭亡。

帝国势力的形成

地理势力

东罗马帝国疆域多为地中海沿岸相对狭小地带，且周边帝国环视，这决定了东罗马难以形成持续强盛、不断扩张的帝国势力。而特殊的地理条件，又为帝国虽历经沧桑却千年不倒提供了基础。

地理区位条件优越。东罗马帝国位于亚欧非大陆交汇处，拥有良好的交通地理条件，是陆上"丝绸之路"的终点；而海运条件更是得天独厚，从帝国首都可以方便航行到地中海沿岸各大城市，而从帝国大粮仓埃及和黑海沿岸的粮食产地，可以通过水运直达君士坦丁堡。帝国的政治中心位于欧洲的地中海沿岸，但这些地带山地岛屿较多，不利于农业的大规模生产。因此，帝国的粮食主产地和经济中心却位于地中海东岸。632年，阿拉伯人建立伊斯兰帝国之后，时刻威胁着东罗马帝国的粮食安全。等到阿拉伯人征服了叙利亚和埃及地区，东罗马帝国也就失去了强大的农业经济支撑。在阿拉伯人建国到648年彻底征服萨珊波斯王朝这段短暂的时间内，以地中海东岸为中心，形成了三个互为掎角的帝国：东罗马帝国、阿拉伯帝国和萨珊波斯帝国。从这三个帝国的疆域和军事实力上，能比较直观地看出地理条件对帝国势力的影响——东罗马帝国疆域多为地中海沿海一带，擅于海上作战，作战及运输工具主要为舰船；阿拉伯帝国疆域多为沙漠及其周边草原，擅于沙漠和草原作战，主要作战坐骑和运输工具为马和骆驼；萨珊波斯帝国疆域多为波斯高原及其周边草原、沿海平原，擅于高原及草原作战，作战坐骑以马为主。地中海、爱琴海、达达尼尔海峡及博斯普鲁斯海峡等水域，将擅于骑兵作战的阿拉伯帝国和萨珊帝国阻隔一边，而在水域最为狭小的海峡处又修建了最为坚固的都城，东罗马帝国由此获得了"尽管并不强大，但仍历经1000多年不倒"的地理倚仗。

地形地貌形成天然屏障。我们从欧洲地形图上可以看到，从亚平宁半岛北部向东到博斯普鲁斯海峡之间，从西到东横亘着阿尔卑斯山脉、迪纳拉山脉、品都斯山脉、罗多彼山脉和巴尔干山脉，这一连串的山脉将东罗马南欧部分的领土与欧洲大陆隔开，而其狭长的领土向南、向东则是海洋——很显然，高山和海洋为东罗马帝国提供了良好的安全庇护。而东罗马政治中心所在的巴尔干半岛以及希腊半岛，中部隆起的山脉，延伸到近海时地势陡然下降，将半岛分割成许多小的半岛、岛屿和海岬，并在沿海地区形成诸多狭小的滨海平原。这种特殊的地形地貌，为东罗马帝国防范日益强大的欧洲大陆势力的侵犯提供了天然的屏障，使其避免了海陆两个方向的安全压力。而面对来自东方波斯人、阿拉伯人以及土耳其人的军事威胁时，海洋又成为东罗马帝国最值得信赖的盟友。加之东罗马拥有传统的海上军事优势，即使在其相对衰弱的时候，作为陆地强国的波斯萨珊帝国和阿拉伯帝国并不能对其实施毁灭性打击，这为东罗马帝国政权的延续提供了基本保障。

首都易守难攻。君士坦丁在建设君士坦丁堡时，就有将其建成世界上独一无二的首都的愿望。他调集了全国各地的能工巧匠和有名的建筑师，精心设计，并调动数万名士兵加入建设工程当中。君士坦丁堡顺着山势沿海而建，原址是伸入马尔马拉海的一块海岬，东南面是相对辽阔的马尔马拉海，东面是博斯普鲁斯海峡，北面是金角湾，而唯一与陆地相连的西面则是山丘和高地。除了这些天然屏障，东罗马皇帝又加强防御，在陆上修筑了两堵高大的城墙，城墙同巴尔干山脉这一天然屏障连在一起。在城墙外侧开挖了宽阔的护城河，而在海边也建设了高墙。这座城市由两扇海上大门保护着，可以禁止无论从爱琴海还是从黑海来的敌船的通行，可以说，君士坦丁是一座天造地设的要塞，易守难攻。因此，在东罗马长达10个世纪的统治期内，这座城市尽管在大部分时间里是遭受围攻的要塞，但却得以保存下来。①

生产势力

地中海东岸及埃及是传统的粮食产地，且是文明成熟地区，经济发达，早在罗马帝国时期就是罗马城粮食主要供应地；而东罗马无论是海洋还是陆地，都是东西方贸易的枢纽和商品集散地，拥有生产势力强大的基础条件。

拥有良好的农业和手工业经济发展基础。东罗马从罗马帝国分离出来，获得了远超西部的农业生产和经济发展条件。西罗马疆域内多有未经开垦的森林和荒地，而随着各部族日益激烈地入侵意大利半岛，西部粮食供应的风险也日益增加。反观东罗马帝国的地中海东部沿岸，从叙利亚到巴基斯坦、埃及到美索不达米亚，都有着肥沃的土壤和古老而发达的文明。特别是埃及，尼罗河流域土壤肥沃，一直是罗马帝国的粮仓，这里生产的小麦通过亚历山大港源源

---

① 成振珂主编：《世界帝国简史：人类变迁中的文明与真相》（上），中国商业出版社，2017年，第527页。

不断地运往罗马及周边城市。①这也是罗马帝国的皇帝渐渐把帝国治理的中心和护守的重点放到东方,并最终将君士坦丁堡建成新的首都的重要原因。东罗马帝国当时已经拥有众多的规模型城市,沿海城市主要有亚历山大、萨洛尼卡、雅典、尼科米底亚(阿斯塔科斯)、安条克、君士坦丁堡(拜占庭)等,而位于内陆交通要冲的重要城市则有锡尔米乌姆、奈索斯(尼什)、亚德里亚堡(埃迪尔内)、塞尔迪卡(索菲亚)以及大马士革等。这些城市人口众多,开发较早,社会文明程度高,手工业经济发达,为帝国提供了经济发展的良好基础。

东西方贸易繁荣。地中海东部沿海一带,扼守亚、欧、非三大洲交通要冲,自古就是海陆贸易繁荣的地区。传统的"丝绸之路",起自中国汉唐古都长安或洛阳,经中亚国家、阿富汗、伊朗、伊拉克,然后经过地中海东岸一带港口转运,进入海路抵达罗马。随着中欧大平原经济逐渐发展起来,通过君士坦丁堡前往欧洲的商旅也逐步繁荣。而君士坦丁堡的海上贸易则更加繁荣。一方面,东方商人运来的商品在到达黑海北岸的克里米亚半岛后,有的继续朝着匈牙利方向西行,有的转手给迈加拉人。他们用船装载着贸易品从黑海出发,经过博斯普鲁斯海峡、马尔马拉海、达达尼尔海峡,一边访问爱琴海和地中海沿岸的城邦及部落国家,一边进行着贸易活动。②另一方面,埃及和叙利亚是传统的农业区,黑海沿岸也是重要的粮食产区。作为那一时期的大宗商品,这两个地区粮食外运和销售很大一部分要经过博斯普鲁斯海峡,这使得世界各地商船在君士坦丁堡汇集。除了经济中心君士坦丁堡之外,萨洛尼卡、特拉布宗、安条克和亚历山大等城市也是帝国的重要贸易港口。商贸繁荣,巨大而又发达的国际转口贸易给当地居民带来了巨额的财富。

---

①[日]出口治明:《帝国与文明》,黄哲昕译,花山文艺出版社,2021年,第6—7页。
②[日]出口治明:《帝国与文明》,黄哲昕译,花山文艺出版社,2021年,第4页。

而商业贸易中的关税、贸易税，成为东罗马经济的重要来源。除此之外，帝国最主要的收入还包括过境税、入城税、不动产转手税等，位于帝国境内的亚美尼亚的金矿和巴尔干的丰富银矿也为帝国提供了贵金属的来源。①

文化势力

由于处于特殊的历史发展时期和特殊的地理位置，东罗马帝国创造了亚欧中世纪国家难以比拟的文明。它从根基上立足于东方希腊化地区的文化沃土，带着明显的东方色彩；它受西方基督教文明的渗透，深刻影响着中世纪东罗马文化的发展；同时，东罗马文明还具有明显的罗马因素，特别是在政治法律体系及官僚统治体系方面，几乎全面承续了罗马帝国的传统，使之成为中世纪东罗马政治制度的骨架。②东罗马文化是古典东方文化、基督教的思想体系和罗马政治传统"三位一体"结合的产物，为帝国势力的延续发挥了重要作用。

希腊化。亚历山大东征，推动了希腊文化与东方文化的结合，使得地中海和中亚、西亚地区出现了一种以希腊和东方因素为共同基础的新型文明，此即"希腊化文明"。③东罗马帝国的所谓"希腊化"，是指其军事体制、行政架构包括文化习俗等方面，实现对"希腊化文明"的继承。东罗马的希腊化是一个长期的过程，但希拉克略显然是一位集大成者。自建立之日起，希拉克略王朝便一直处于内忧外患的困境，崛起的阿拉伯人先后占领叙利亚、巴勒斯坦、美索不达米亚和埃及，并获得制海权，从海上进攻君士坦丁堡。为

---

① 成振珂主编：《世界帝国简史：人类变迁中的文明与真相》（上），中国商业出版社，2017年，第535页。
② 成振珂主编：《世界帝国简史：人类变迁中的文明与真相》（上），中国商业出版社，2017年，第520页。
③ 成振珂主编：《世界帝国简史：人类变迁中的文明与真相》（上），中国商业出版社，2017年，第521页。

抵御外患，增加兵源，增强国家军事和经济实力，希拉克略在统治时期，完成了东罗马从古典的罗马帝国向希腊化的中世纪君主制国家转变的进程。他不用古罗马的皇帝头衔 Augustus（奥古斯都），而使用 Basileus（巴西琉斯，国王）；将希腊语定为官方语言；在宗教方面，使东罗马与西欧有了显而易见的区别。更为重要的是，东罗马"改行省制为军区制，各区的最高首脑为军事长官身兼二任，既管军事，又负责民政；所有自由农民被编入军籍并授予世袭份地，成为屯田兵，战时为兵、平时务农"①。这种中央军事集权制度的建立，一定程度上扭转了帝国一直薄弱的军事势力，为帝国中央进行顺畅的军事调度扫除了障碍，不仅帮助希拉克略最终打败了波斯，而且在此后的数百年间为东罗马历代王朝所沿用。②

法制化建设。罗马人十分重视法制传统。从共和时期的宪法到《十二铜表法》，再到后来的人民会议和元老院通过的法令、法规等，都是构成罗马法的十分重要的来源。东罗马是古代罗马法制传统的继承者，在东罗马帝国法律的作用远大于元老院和政府的作用，且法律一直保持着高于皇权的地位。③但在查士丁尼之前，帝国的法制体系还是比较混乱的。他即位之初，就成立了以著名法学家特立波尼安为首的委员会，着手整理和编纂罗马法。529 年，根据历代罗马皇帝颁布的法令，编成《查士丁尼法典》，共 10 卷。查士丁尼还重编了古罗马的法规，制定了《民法大全》。查士丁尼将罗马法的编纂整理工作发展到了最高阶段，现代西方社会流行的《罗马法》就是查士丁尼时期留下的遗产。此后，帝国不同朝代和皇帝也十分重视法律文本的完善工作。

---

① 武寅主编：《简明世界历史读本》，中国社会科学出版社，2014 年，第 269 页。
② 成振珂主编：《世界帝国简史：人类变迁中的文明与真相》（上），中国商业出版社，2017 年，第 497 页。
③ 成振珂主编：《世界帝国简史：人类变迁中的文明与真相》（上），中国商业出版社，2017 年，第 523 页。

利奥三世和他的儿子君士坦丁五世，组织编写和整理了法学著作，反映了8—9世纪东罗马城乡经济生活和社会生活的巨大变化。马其顿王朝时期，各破坏圣像派的皇帝特别强调回到查士丁尼时代，将《查士丁尼法典》做了"希腊化"处理，使它成为一部适应于中世纪帝国希腊民族政治和经济活动的巨著。在帝国进一步衰落时期，则出现了一些分量不大的实用型法典，但由于它综合了自罗马帝国时期到帝国末世以来各个时代编纂的法典版本，对现在西方社会具有更为重要的影响。①

尽管帝国皇帝拥有最高立法权和至高无上的权力，但通常会愿意遵守法律条款，维护法律尊严。利奥六世（886—912年在位）一直没有儿子继承王位，直到结过四次婚并终于生下儿子。但这个男孩实质上并不能成为一位合法的继承人，他为此做了大量的工作——就是因为禁止任何第四次婚姻出生的孩子接受洗礼的法律正是由他亲自撰写的。②

帝国的衰败

东罗马帝国从诞生那天起，似乎就处于溃败之中。一方面，它一直生存在罗马帝国强盛而庞大的身影之下。它的存在只是罗马帝国溃败历史的延续，这使它做出任何的努力都显得卑微和微不足道。另一方面，帝国本身总体来说就呈守势，很少主动对外扩张。即使是查士丁尼大帝时代，虽强盛一时，但其目标也是以收复失地为主，并非开拓新的疆土，况且这一时期也只是短短的数十年。事实上，帝国的溃败并非哪位大帝所能逆转的。就如我们一再强调的

---

① 成振珂主编：《世界帝国简史：人类变迁中的文明与真相》（上），中国商业出版社，2017年，第525页。

② [美]拉尔斯·布郎沃斯：《拜占庭帝国：拯救西方文明的东罗马千年史》，吴斯雅译，中信出版社，2016年，第199页。

那样，正是地理势力、生产势力和文化势力的相互作用，决定了东罗马帝国不断走向衰败的宿命。

生产势力

作为一个弱势政权的国家，东罗马帝国之所以屹立千年而不倒，除了地理势力给予的庇护之外，重要的原因就是在漫长的农耕时代，科技进步缓慢，除了铁的发现和应用之外，很少出现能够改变历史进程的革命性科技和军事成果，这使得东罗马帝国既能够借助地理位置坐享贸易之利，又能够凭借天然屏障而苟延残喘。但这一切，在东罗马帝国的后期，因生产势力的发展而发生了根本改变。

贸易衰落。从东西方贸易的大势看，北宋王朝失去了对西北方向的控制，传统的"丝绸之路"遭受破坏，中国与西方贸易更多地通过水路。而阿拉伯人及后来的奥斯曼土耳其人控制了"海上丝绸之路"的西方贸易，东罗马帝国在东西方贸易中的地位已大大削弱。从帝国内部的境况看，早在775年君士坦丁五世去世之后，东罗马的经济和贸易已经出现凋敝，商人再也没有胆量在动荡不安的岁月里穿越危险的陆路，大部分内陆地区重新恢复了易货制。[1]受公元1071年突厥人攻占小亚细亚的影响，东罗马帝国逐渐丧失了黑海沿岸的商业据点。与此同时，由于威尼斯的兴起以及热那亚、加泰罗尼亚商人的竞争，东罗马的商业开始衰落。诺曼人则入侵希腊南部的底比斯和科林斯等丝绸工业中心，将大批养蚕技师和丝织工匠带到西西里，打破了东罗马对丝绸的垄断地位。随着阿拉伯人和奥斯曼土耳其人的围攻，传统的农业产地叙利亚、埃及和美索不达米亚地区早已易主。帝国失去了大量疆土和城市，城市人口规模锐减，贸易线路遭受破坏，农业生产、贸易和经济活动更趋衰落。而

---

[1] [美]拉尔斯·布郎沃斯：《拜占庭帝国：拯救西方文明的东罗马千年史》，吴斯雅译，中信出版社，2016年，第166页。

在东罗马帝国后期,皇室斗争越演越烈,严重波及帝国的商业及经济。东罗马皇位争夺者屡次以商业贸易特权为抵押,以使自己获得资金,致使本已遭到严重毁坏的本国商业陷入了更加困难的境地。君士坦丁堡和特拉布宗不再是东方商品的集散地,其地位被威尼斯在东地中海的商业据点夺去。到 14 世纪,东罗马的商业已经完全萎缩。①

军事虚弱。东罗马帝国军事实力除了在查士丁尼大帝和巴西尔一世时期偶露峥嵘之外,其他时期则一向比较虚弱。这是由这样几个原因造成的:其一,东罗马的天下不是打下来的,缺失军事的强大组织和优秀军事文化的传承;其二,帝国疆域主体在地中海沿岸,统治秩序需要海军维护,但海军建设成本太高,且那个时代海军力量并不能保障登陆以深入陆地作战,对陆地帝国的骚扰和攻击难以阻止;其三,大量自由农民和屯田兵破产,而外族雇佣兵大批进入军队,军人不知为谁而战,战斗力低。正是军事虚弱,帝国自成立之日起,就不断被周边帝国侵犯和侵占。东罗马帝国的皇帝也曾做过努力和抵抗,但查士丁尼大帝的强大和巴西尔一世的崛起也只是短短数十年的时间,而希拉克略实施的军区制和屯兵制的改革,并不能从根本上逆转帝国溃败的走势。1071 年曼齐刻尔特战役之后,东罗马帝国走向持久的衰落,只能依靠神秘的"希腊火"②护守帝国最后的荣光;只能凭依固若金汤的君士坦丁堡护卫永恒的帝国梦想。然而,所有的梦想终究会被时代的车轮碾碎。奥斯曼土耳其人通过蒙古人传播到中亚和西方的火药,终于轰开了一个古老时代的堡垒——公元 1453 年,奥斯曼帝国穆罕默德二世率领 10 万—

---

① 成振珂主编:《世界帝国简史:人类变迁中的文明与真相》(上),中国商业出版社,2017 年,第 535—536 页。

② 希腊火,是东罗马帝国所发明的一种可以在水上或水里燃烧的液态燃烧剂,主要应用于海战中。根据文献记载,"希腊火"多次为东罗马帝国在抵抗阿拉伯帝国等军事战争中取得胜利作出巨大贡献。

20万人的攻城部队，配备14个炮群50多门大炮（包括从亚得里亚纳堡运来的最大的巨炮）和包括15艘大型军舰在内的所能调用的军船，在耗时两个月之后，终于攻破君士坦丁堡。[①] 东罗马帝国就此宣告终结。而此时，欧洲大陆的另一端，一个崭新的时代已经扬帆起航。

十字军东征。随着东罗马帝国不断衰落，宗教圣地耶路撒冷及东地中海沿岸的一些土地相继被阿拉伯、突厥等穆斯林入侵和占领。1095年，在罗马天主教教皇乌尔班二世发动下，西欧的封建领主和骑士以收复土地的名义对地中海东岸国家发动战争，前后共计八次，到1291年结束，持续了近200年时间。因每个参加出征的人胸前和臂上都佩戴象征基督教的"十"字标记，故称"十字军"。十字军东征是在欧洲极为复杂的社会历史背景之下，以圣战的名义对东部地中海国家发动的长期侵略战争。它的促成反映了东罗马帝国军事及帝国势力的孱弱，而它的实施和推进又进一步加速了东罗马帝国势力的衰退，对东罗马帝国的影响是全面而深远的。

十字军应邀进入东罗马帝国领土发动战争，东罗马丧失了军事防卫的主动权。帝国在面对东部阿拉伯人和奥斯曼土耳其人侵略压力的同时，还要面对西部十字军侵入的压力，国家的边疆防守从此支离破碎。十字军第四次东征，攻陷了本该保护的东罗马帝国首都，并将其洗劫一空，打破了君士坦丁堡固若金汤的神话。同时，这次十字军东征后，威尼斯共和国作为意大利最强大的国家垄断了同东方各国的贸易，并夺取了东罗马许多贸易和军事要地。[②] 尽管十字军在前期的东征中取得不错战绩，东罗马也借助十字军力量收复了小亚细亚沿海地区，并使安条克臣服，但十字军却在原属于东

[①] 成振珂主编：《世界帝国简史：人类变迁中的文明与真相》（上），中国商业出版社，2017年，第484页。

[②] 成振珂主编：《世界帝国简史：人类变迁中的文明与真相》（上），中国商业出版社，2017年，第542页。

罗马帝国的土地上建立了埃德萨伯国、安条克公国、耶路撒冷王国、拉丁帝国等众多十字军王国，使东罗马的领土更加破碎，城市减少，农业生产凋敝，商业网络破坏，经济一蹶不振，帝国面对的周边环境更趋复杂和混乱。

在地理势力方面，十字军东征使东罗马帝国疆域更为破碎，并持续面对东西两面夹击，特别是来自西方世界内部的打击，使东罗马既无天险可以据守，又失去了复兴和强大的土地依仗。

在文化势力方面，西罗马帝国灭亡后，东西方教会走上了不同的发展道路，双方的差异和矛盾日益加深。1054年，东罗马皇帝和西方教宗又一次相互开除教籍，东西方教会最终分裂。①而就在不久之后的1095年，西方教会即组织第一次十字军东征，与其说是帮助东罗马帝国抵抗侵略，收复基督教失地，不如说是西方教廷为了惩戒东方帝国，并对东方教会施加影响的"开疆拓土"，进一步加深了东西方教会的矛盾，撕裂了帝国社会。十字军东征使许多古迹遗址遭受破坏，建筑壁画受到毁坏，古籍书画被劫掠到西欧，对帝国文明形成重大冲击。当然，事情往往具有两面性。十字军东征对东罗马帝国文化形成巨大破坏的同时，却使西方人更好地了解和接触到东罗马文化艺术的传统，促进了西欧文艺复兴运动的发展和繁荣，使东罗马东方文明的种子在其灭亡之前播撒在西欧的广阔土地上，成为产生新时代欧洲文明的重要土壤。②

地理势力

我们在前面罗马帝国一节中，分析了罗马帝国领土的"四大区块"特色——这"四大区块"既通过水域而连为一体，又因为山脉和水域而相互分开。当罗马的实力足以控制整个水域时，这"四大

---

① 武寅主编：《简明世界历史读本》，中国社会科学出版社，2014年，第270页。
② 参见成振珂主编《世界帝国简史：人类变迁中的文明与真相》（上），中国商业出版社，2017年，第519—520页。

区块"因为相连为一体而强大。反之,罗马则走向衰弱和破碎。罗马帝国分为东西两部分后,东罗马得到了帝国东部,这使得东罗马在建国开始,其地理结构上就是断裂和破碎的,难以形成优越的地理势力,东罗马的弱势在所难免。

地域破碎,难以为帝国势力的强大提供保障。一方面,东罗马帝国的政治中心及欧洲部分,总体上背山面海,易守难攻,陆地强国对其组织和发动大规模攻击将遭遇很大障碍。但另一方面,这些地区由狭小的沿海平原、半岛、岛屿等破碎化土地组成,难以形成完整而强大的帝国势力。即使东罗马偶有中兴之势,也会迅速被其他陆地强国围堵和削弱,这也是东罗马帝国总是陷入复兴—衰落的循环之中的重要原因。从更广阔的地理空间看,东罗马帝国与西部分开后,领土主要由"三大区块"组成,即:欧洲的色雷斯(今巴尔干半岛和希腊半岛主体部分);非洲的埃及;亚洲的小亚细亚半岛、美索不达米亚平原上部、阿拉伯半岛的地中海沿岸。这三块分别被达达尼尔海峡和博斯普鲁斯海峡以及红海所隔开。当地中海被分成东西两部分而不能形成统一的政治地理单元后,这三块就成为三个彼此倾向分离的地理势力,这也使得帝国难以形成完整而强大的地理势力体系。当周边帝国崛起时,这三块就很容易被占领或形成独立的势力。阿拉伯人崛起后,首先占领了帝国的叙利亚等东地中海沿岸地区,随后又占领了埃及;而罗姆苏丹国及后来的奥斯曼帝国,则首先侵占了帝国的小亚细亚及美索不达米亚平原上部地区;十字军又在这些地区建立了众多的王国,使得东罗马帝国后期的地理势力极其破碎而弱小。

环东地中海,维持帝国势力陷入两难。东罗马帝国的疆域大体环绕于东地中海沿岸,而且在曼努埃尔一世[①]之后,沿海地带比较

[①] 曼努埃尔一世(1143—1180年在位),在位期间使东罗马帝国得到复兴,其因而得到了"大帝"的称号。但此时,帝国的疆域已经缩小了很多,亚洲部分的领土主要集中于地中海东岸和黑海南岸极为狭长的地带。

狭窄，纵深不广。这样的一个地理特点，决定了要保持国家的长治久安，建立强大的海军是关键。然而，建设强大海军需要巨量的资金投入。这又需要依托于强大的陆地统治，以获取充足的财政收入。这就使东罗马帝国陷入两难的境地——如果对海军建设投入不足，则会影响对陆地的保护，使周边强国更容易实现对东罗马的侵犯和占领，使其失去更多的财政来源，从而影响对海军的投入；但是，对东罗马辽阔的海疆来说，要建立足以对周边强国形成威吓的力量，对海军投入巨额经费又反过来会对面积并不辽阔的陆上地区造成巨大的经济负担，将迫使民众形成离心倾向。巴西尔一世正是极为重视海军建设，才缔造了东罗马帝国的"黄金时期"——他打开国库，耗费重金重新打造了一支舰队，建造了当时最先进的战船，在全国上下大规模搜寻合适人选加入海军服役。[1] 然而，对海军这种高强度的投入并不能维持很久，否则帝国难以承受。而海军力量一旦削弱了，周边强国就会伺机而动——这也是东罗马帝国国势一直起起落落的关键原因。显然，这样的境况让东罗马帝国的皇帝大受折磨——在十字军第三次东征时，帝国皇帝伊萨克（分别于1185—1195年、1203—1204年在位）作出疯狂的决定，解散帝国海军，将帝国的海上防御权全权委托给威尼斯。[2] 至此，东罗马帝国彻底进入不可逆转的溃败进程。

文化势力

希腊文化与罗马文化是截然不同的两种文化。东罗马帝国政治中心在"希腊化"的君士坦丁堡，而最初的行政人员、统治系统、规章制定、组织架构、语言文字、宗教传统、礼仪习惯等文化体系

---

[1] [美]拉尔斯·布郎沃斯：《拜占庭帝国：拯救西方文明的东罗马千年史》，吴斯雅译，中信出版社，2016年，第190页。

[2] [美]拉尔斯·布郎沃斯：《拜占庭帝国：拯救西方文明的东罗马千年史》，吴斯雅译，中信出版社，2016年，第284页。

都源于罗马帝国,这两种文化无疑会产生激烈的碰撞和斗争。尽管希拉克略等皇帝对帝国文化体系进行了"希腊化"改造,但两种文化形成的矛盾、对抗、裂痕依旧对东罗马帝国势力形成深刻而不良的影响。

宗教问题。因为政治、经济、文化上存在重大差异,东西方基督教在教俗权力关系、教义特点以及组织形式等诸多方面形成越来越深刻的差别。[1]这既使帝国内部的宗教问题更加突出,又导致东西方教会矛盾不断加深,并最终走向分裂。查士丁尼时期,君士坦丁堡教会进行的"基督两性论"和埃及与叙利亚教会的"基督一性论"(即耶稣只有神性,没有人性)的争论激化。查士丁尼为了维护帝国内部的团结,严厉压制一性论。但事与愿违,帝国内部的裂痕也由此深化,埋下了此后帝国内部与埃及及叙利亚之间的矛盾。[2]皇帝利奥三世于726年掀起"圣像破坏运动",下令禁止供奉偶像,关闭教堂和修道院,没收教会土地,强制僧侣还俗。这场运动反反复复,直到843年才最终结束。[3]整个国家受到严重冲击,暴乱不断,开展"圣像破坏运动"的皇帝君士坦丁五世(741—775年在位)的遗体被后代东正教会掘出,并被抛进了大海。[4]利奥五世(约813—820年在位)也因继续开展破坏圣像运动,而在宫中的礼拜堂内被谋杀。[5]而随着东西方教会在截然不同的环境中发展,双方的差异和矛盾日益加深。857年,东罗马帝国皇帝迈克尔三世任命佛提乌为牧首招致激烈反对,教宗尼古拉一世受邀调解纠纷,与迈克尔三

---

[1] 武寅主编:《简明世界历史读本》,中国社会科学出版社,2014年,第270页。
[2] 成振珂主编:《世界帝国简史:人类变迁中的文明与真相》(上),中国商业出版社,2017年,第494页。
[3] 武寅主编:《简明世界历史读本》,中国社会科学出版社,2014年,第270页。
[4] 成振珂主编:《世界帝国简史:人类变迁中的文明与真相》(上),中国商业出版社,2017年,第501页。
[5] 成振珂主编:《世界帝国简史:人类变迁中的文明与真相》(上),中国商业出版社,2017年,第503页。

世发生争执。教宗宣布皇帝的任命无效并开除佛提乌的教籍,皇帝则宣布革除教宗教籍。双方遂断绝交往,基督教会正式走向分裂。1054年,皇帝和教宗又一次相互开除教籍,东西方教会最终分裂。① 而这也为日后西方教宗号召"十字军东征"和罗马帝国势力的进一步衰退埋下了种子。

皇位继承制度问题。在罗马帝国"三世纪危机"期间,26位皇帝中有25位非正常死亡。东罗马帝国似乎继承了这一传统,众多皇帝死于非命——741年,利奥三世(717—741年在位)成为半个世纪以来第一位在自己的床上安详去世的皇帝。② 此后,帝国进一步衰落、混乱,死于投毒、暗杀、酷刑、逼死、自杀的皇帝更多,而其中大部分因为皇位的继承问题而死于谋杀。这类层出不穷的皇位继承问题的出现,并非东罗马帝国没有皇位继承的相关法律制度。相反,这一制度十分完善——法律规定,东罗马皇帝依法选举产生,需要经过提名、元老院选举、首都市民选举、寻求军队支持、加冕等环节。皇位继承制度得不到有效落实,原因有多方面,比如:军区制的实施使地方长官得以拥兵自重、帝国长期存在谋权篡位的传统、皇室治理缺少制衡机制、元老院制度日渐荒废、频繁战乱迫使皇帝长期在外征战,甚至因为东罗马皇室往往子嗣较少等,但根本原因还是因为东罗马的帝国势力并不强盛,国家总是处于外扰内乱之中。而每一次皇位更替出现问题,总免不了伴随着叛乱、政变、造反、起义等,帝国势力就在反反复复的严重动荡中日益消沉。

六、阿拉伯帝国

大约570年,先知穆罕默德出生在古莱氏族的一个颇有名望但

---

① 武寅主编:《简明世界历史读本》,中国社会科学出版社,2014年,第270页。
② [美]拉尔斯·布郎沃斯:《拜占庭帝国:拯救西方文明的东罗马千年史》,吴斯雅译,中信出版社,2016年,第160—161页。

并不富裕的支族中。① 先知的诞生显然并非阿拉伯世界的开始。阿拉伯人属于闪米特人（又称闪族人），是起源于阿拉伯半岛的游牧民族，相传诺亚的儿子闪即为其祖先。由于阿拉伯半岛自然环境实在恶劣，闪米特人的人口数量繁衍到一定数量时，他们就会向外迁徙。他们最先迁徙到肥沃的新月地区（即今伊拉克、叙利亚、黎巴嫩、巴勒斯坦和约旦一带），再向北方和地中海南岸迁徙，成为历史上的巴比伦人、亚述人、腓尼基人和希伯来人。大约在公元前3500年，又有大批阿拉伯人流落到尼罗河流域。② 可以说，当留在阿拉伯半岛的闪米特人进入"蒙昧时期"③时，先后迁徙、流转到各地的闪米特人已经创造了无比灿烂的文明。从这个意义上讲，阿拉伯哈里发开始世界大征服之前，早期的阿拉伯人已经征服了周边的世界。

帝国的创建

最早的关于沙漠中阿拉伯人的记载，出现在公元前1000年的亚述时代。④ 而当610年，穆罕默德在麦加郊外一个小山洞里度过"高贵之夜"⑤，阿拉伯人终于走出了数千年的"蒙昧时期"，并即将拉开改变人类历史的"大征服运动"。受惠于真主安拉在"高贵之夜"的启赐，穆罕默德开始了以安拉使者的身份在麦加的传教活动，号召人们放弃原有信仰，皈依安拉，但受到以倭马亚家族为核心的麦加

---

① [英]休·肯尼迪：《大征服：阿拉伯帝国的崛起》，孙宇译，民主与建设出版社，2020年，第77页。
② 王艳峰：《文化桥梁：阿拉伯帝国的兴衰》，长春出版社，2012年，第1—2页。
③ 穆斯林把伊斯兰教兴起前的时期称为"蒙昧时期"。
④ [英]休·肯尼迪：《大征服：阿拉伯帝国的崛起》，孙宇译，民主与建设出版社，2020年，第32页。
⑤ 伊斯兰教节日，也称"盖德尔夜"，引意为前定、高贵之夜，在伊斯兰教历斋月（九月）中。据伊斯兰教的传述，穆罕默德在希拉山洞的一个夜晚接受安拉的启示，始降古兰经文。

统治贵族的迫害。622年，穆罕默德被迫出走，迁往麦地那。迁往麦地那的那一天，后来被定为伊斯兰教历元年元旦。

迁驻麦地那后，穆罕默德以麦加的穆斯林"迁士"和麦地那"辅士"为基本力量，组建起穆斯林最早政教合一的政权乌玛（Ummah）公社，以伊斯兰教原则制定宪章，作为处理内部和外部事务的准则。627年3月，穆罕默德率领乌玛军队袭击了麦加古莱西贵族的一支武装商队，以少胜多，取得"壕沟之战"大捷，扩大了伊斯兰教的影响。此后，穆罕默德又先后取得一些军事斗争的胜利，使乌玛成为当时阿拉伯半岛上最强大的政治、宗教和军事力量。

630年初，穆罕默德率领日益壮大的穆斯林军队攻打麦加城，在缔结了《侯德比耶和约》后双方达成妥协——穆罕默德承认麦加是伊斯兰教圣地，而麦加贵族则被迫接受伊斯兰教，承认穆罕默德为"先知"。从此，麦加成为阿拉伯宗教中心。随后，穆斯林军队对阿拉伯半岛一些部落、王国展开征讨，并快速取得了胜利，而更多的部落纷纷派遣使者前往麦地那表示归顺。自此，阿拉伯半岛上的各部落民众开始以伊斯兰教为核心，建立起一个统一的阿拉伯国家。

632年6月先知穆罕默德病逝，统一之后的阿拉伯在先知继承者哈里发的统治下，掀起了长达一百多年的扩张运动，帝国疆域快速扩大。第一任哈里发阿布·伯克尔（632—634年在位）向叙利亚方面发动了扩张战争。第二任哈里发欧麦尔（634—644年在位）则发动了阿拉伯历史上空前的大征服运动，同时对东罗马和波斯萨珊帝国展开了进攻：在耶尔穆克河畔一举歼灭东罗马5万大军，占领了叙利亚首府大马士革，被围困了两年的耶路撒冷于638年请降归顺；637年，哈里发军队取得卡迪西亚战役的胜利，占领了伊拉克，并向萨珊波斯境内的伊朗高原腹地不断推进；642—648年，阿拉伯人相继取得尼哈旺德战役和法尔斯战役的胜利，彻底击败了萨珊波斯军队，终于征服了已有4000多年文明历史的古老民族波斯。与此同时，阿拉伯人还发动西征运动，捷报频传，640年攻入埃及，642年占领亚历山大城，整个埃及被纳入阿拉伯帝国版图。第三任哈里发奥斯曼（644—656年在位）继续进行扩张战争，先后征服亚洲的霍拉桑、亚美尼亚、阿塞拜疆以及非洲的利比亚等地区。第四任哈里发阿里·伊本·阿比·塔利卜（656—661年在位），在第三任哈里发奥斯曼遇刺后继任，由于此时帝国内部发生分裂，阿拉伯人扩张的脚步有所趋缓。

以上四大哈里发由穆斯林公社以协商、选举方式产生，历史上将这四位领袖统治时期称之为"神权共和时期"，又称"四大哈里发时期"。这一时期，帝国版图迅速扩张。7世纪中叶，阿拉伯境内人口约有2140万，为阿拉伯帝国奠定了发展基础。661年，倭马亚家族的叙利亚总督穆阿维叶即位哈里发，以大马士革为首都，建立了倭马亚王朝。他将哈里发改为世袭，实际上成为帝国的君主。8世纪初，倭马亚王朝政权巩固以后，阿拉伯帝国又一次开始了大规模的对外扩张。

在东方，于664年占领阿富汗，然后兵分两路，北路军进军中亚内陆草原地区，直到在帕米尔高原西部遇到中国（唐朝）军队才停下脚步，其边境抵达青藏高原地区的吐蕃西部和西北部的兴都库什山脉；而南路军攻入印度河流域，征服了印度次大陆西北部的大小邦国。在北方，帝国军队三次进攻君士坦丁堡，均未能攻破城池。而在西方，阿拉伯人占领了从突尼斯直到摩洛哥的广袤土地，并跨越直布罗陀海峡远征西班牙，征服了西哥特王国。

到8世纪中叶倭马亚王朝后期，阿拉伯成为地跨欧、亚、非三大洲的庞大军事帝国。帝国版图东起印度河及葱岭，西抵大西洋沿岸，北达高加索山脉、里海以及法国南部，南至阿拉伯海与撒哈拉沙漠，国土面积达1340万平方千米，是此前世界历史上东西方跨度最长的帝国。

750年，阿拔斯后裔阿布·阿拔斯推翻了倭马亚王朝的统治，建立了阿拔斯王朝。哈里发曼苏尔执政时，在底格里斯河畔建设新首都巴格达，并于762年迁都至此。公元8世纪中叶到9世纪初，阿拉伯帝国生产力取得较快发展，经济和贸易繁荣，政治也较为稳定，是帝国的鼎盛时期。但是，哈里发一直不断加强对农民、手工业者和奴隶的残酷剥削。此后，社会阶级矛盾不断恶化，起义和反抗斗争此伏彼起，严重削弱了国家的统治。而帝国内部的分离势力日益强大，在帝国疆域内先后建立起后倭马亚王朝（伊比利亚半岛，756—1236年）、伊德里斯王朝（北非摩洛哥什叶派）、艾格莱卜王朝（突尼斯，800—875年）、图伦王朝（埃及，868—905年）、塔希尔王朝、萨法尔王朝（867—903年）、萨曼王朝（874—999年）等十多个王朝。帝国四分五裂，实际统治区域仅限于巴格达及其周围地区，名存实亡。

1055年，一支塞尔柱人攻陷巴格达，解除了哈里发的政治权力，仅保有宗教首领的地位。11世纪开始，十字军东征多次侵蚀阿拉伯帝国的疆域。12世纪末年，中亚新兴的花剌子模王朝取代塞尔柱人，控制了哈里发。13世纪中叶，蒙古铁骑侵入西亚，并于1258年摧毁帝国首都巴格达，阿拉伯帝国就此灭亡。

帝国势力的形成

地理势力

阿拉伯帝国发祥于阿拉伯半岛。半岛位于亚洲、非洲和欧洲交汇地带，其西临地中海，西南及南边面临红海，南为亚丁湾，南、东南濒临阿拉伯海，东北邻近阿曼湾和波斯湾，除西北及西南有少部分陆地与大陆相连之外，四周几乎被海洋包围。由于受副热带高气压带及信风带控制，半岛大部分地区气候炎热，常年干燥少雨，是世界上最热的地区之一，沙漠约占半岛总面积的40%，"阿拉伯"

一词即为"沙漠"的意思。

帝国边缘地带。在阿拉伯人的民族意识崛起的6世纪，阿拉伯半岛附近的新月沃土处于东罗马帝国和萨珊波斯帝国统治之下。东罗马帝国统治着叙利亚和巴勒斯坦，而萨珊波斯帝国则统治着伊拉克。这两大帝国对新月沃土之外贫瘠、荒凉的阿拉伯半岛无意问津，甚至为了保护帝国统治的区域，防范阿拉伯游牧民的侵扰，在边境修建了大量的碉堡和道路，将阿拉伯半岛隔离成两大帝国之外的另一个世界。在这样独立的世界里，阿拉伯人形成了独立的民族特质，并不断壮大自身力量。而两大帝国为争夺新月沃土不断发动规模宏大的战争。6世纪中叶至7世纪20年代，波斯在帝国战争中获取了优势地位，占领了叙利亚、耶路撒冷甚至整个埃及地区。7世纪20年代后，东罗马帝国则在战争中获得了胜利，将叙利亚、埃及等地重又收归自己统治。两大帝国为争夺新月沃土反复发动战争，导致大量人口伤亡及外迁，"许多说希腊语的精英阶层也迁徙到了较为安全的北非和罗马。战争的破坏十分可怕，尤其对于城镇更是如此，但或许最为重大的破坏还是帝国的传统统治和行政管理在这一地区的缺失"①。地处两大帝国边缘的荒凉地带，反而使阿拉伯人获取了生存空间。而帝国之间此起彼伏的战争致使帝国统治衰弱、民不聊生，又为阿拉伯人快速崛起，继而开展声势浩大的征服运动提供了契机。

东西方交通枢纽。阿拉伯半岛地理位置极为特殊，其周边分别被地中海、红海、阿拉伯海和波斯湾等海域所包围。西北经过两河平原与亚欧大陆相接，而西南则通过西奈半岛与非洲大陆相连，这使得阿拉伯半岛的地中海东岸成为亚欧大陆与非洲大陆交通必经之地，而红海和地中海则成为来自亚洲和欧洲货物的海上通道。进入

---

① [英] 休·肯尼迪：《大征服：阿拉伯帝国的崛起》，孙宇译，民主与建设出版社，2020年，第77页。

6世纪，东罗马和萨珊波斯两大帝国相互战争不断，这对东西方贸易产生两个重大影响。

一个是它使传统的陆上"丝绸之路"经过巴格达前往欧洲的线路发生南移。原先从中国运来的货物到达巴格达后，主要运往地中海沿岸的安塔基亚（今土耳其境内），然后通过海路运往希腊、罗马以及欧洲其他地区，或通过君士坦丁堡从陆路运往欧洲其他国家。而东罗马帝国与萨珊波斯帝国的战争，使得从安塔基亚前往君士坦丁堡的陆上运输受阻，促进了从巴格达前往大马士革、既而前往开罗和亚历山大港的贸易线路日益繁荣。

另一个是推动了海洋贸易发展。频发的战争，严重侵扰了陆上"丝绸之路"的正常贸易，人们不得不更多地尝试从"海上丝绸之路"运输更多的商品。从中国或印度运来的货物通过亚丁湾后进入红海，经过陆上转运到达开罗和亚历山大港，并从亚历山大港运往希腊、罗马、威尼斯或欧洲其他地区。"海上丝绸之路"贸易的繁荣，使阿拉伯半岛一跃成为连接东西方的桥梁。而位于红海中部的麦加则成为既能避免帝国战乱，又可为商人提供旅途休憩之所的宝地，阿拉伯的地理势力由此被激发出来。

大漠环境。阿拉伯半岛面积广阔。如果在阿拉伯半岛东南角，即阿曼的拉斯哈德和叙利亚沙漠西北角的阿勒颇之间连起一条直线，这条线的长度超过了 2500 千米。若依靠畜力运输，不间断地走过这条线路需要花费一百来天。大规模人群和军队想要跨越这么远的距离实属不易。[1] 在如此广阔的地带，大部分是沙漠，也有很大一部分是干燥的草原，其中还分布着若干可以称得上肥沃的绿洲。这样的一个大漠环境，对阿拉伯人帝国势力形成的影响是深远的。

---

[1] ［英］休·肯尼迪：《大征服：阿拉伯帝国的崛起》，孙宇译，民主与建设出版社，2020年，第31页。

其一，这样贫瘠而辽阔的大漠，根本就无法引起周边帝国征服的兴趣。即使帝国派出军队前来占领，阿拉伯人也可以深入绿洲和沙漠与之周旋，并取得最终的胜利。这使得尽管相邻的新月地带反复被各个帝国占领和蹂躏，但阿拉伯人却始终保持着自身的独立性。

其二，恶劣的大漠环境养就了阿拉伯人坚韧不屈、英勇无畏和对外部世界无限向往的精神气质。正是这一精神气质，成为穆罕默德及其后的哈里发推动大征服事业发展的精神动力。

其三，这样一个广阔的沙海，还有利于置身其中的人们冥思静想，认清自身的渺小和无助，并寻求对未知世界的探索，为哲学和宗教的产生提供了厚实的土壤。

特定的历史时期，在生产势力的激发下，辽阔而恶劣的大漠环境反而为阿拉伯帝国势力的萌芽提供了庇护所，并为帝国势力的崛起培育了特殊的精神气质。

生产势力

在推动帝国变迁的历史进程中，生产势力与地理势力往往相互激发、相互成就，这在阿拉伯帝国的崛起与兴盛过程中表现得尤为突出。航海技术及商贸活动的发展，将原本广袤、偏僻而荒凉的阿拉伯半岛的地理势力激发了出来，使其成为联结东西方的交通枢纽和商贸中心，阿拉伯由此获得了推动帝国势力转移的基础性力量。这种地理势力，在生产势力的支撑和推动下不断地发展和扩张，帝国的疆域也因此由半岛向更大的区域扩展；而反过来，随着地理势力的发展，生产势力同样获得了更多的发展资源和更大的发展空间，帝国势力由此不断地得以累积和扩张。

东西方商贸繁荣。 阿拉伯人主要生活在沙漠地区，大部分为游牧民族，逐水而居，即使为满足基本的生活需求，也要与农耕居民进行食物和日常生活用品的交换。因此，从事贸易既是阿拉伯人发展经济的自觉追求，更是他们维护生命存在的内在需求。早在伊斯兰教创立时期，穆罕默德就认为商人是世界的信使和安拉在大地上的忠实奴仆。《古兰经》也明确规定鼓励和保护商业是所有穆斯林必备的义务和道德。由于受到北方帝国绵延不断战争的影响，联通东西方贸易的陆上"丝绸之路"在5世纪中后期日渐冷落。而随着航海技术的发展，不受陆地战争影响的海洋运输蓬勃兴起。濒临海洋，位居东西方交通中心的阿拉伯半岛日益成为世界贸易中枢，其地理势力逐步被激发出来。阿拉伯帝国出现了与当时东西方封建文明不尽相同的商业繁荣局面。穆斯林商人活跃于亚、欧、非三大洲，从事以中介贸易为主的商业活动。从北非的摩洛哥、西南欧的西班牙、北地中海的罗马，到东南亚的苏门答腊、马来亚和南亚的印度，甚至到北欧波罗的海和斯堪的纳维亚半岛，都留下了他们的足迹。阿拉伯商人与中国联系密切，自唐高宗永徽二年（651年）开始，阿拉伯来华使节便络绎不绝。651—798年的148年中，阿拉伯帝国遣唐使就达到39次。[①] 阿拉伯商船前来中国通常是从波斯湾出发，经阿拉伯海到达印度，从印度的马尔巴拉海岸经孟加拉湾和马六甲海峡，穿过南中国海，抵达广州。由于阿拉伯输入中国的商品历来主要是香料，因此我们习惯上把这条商业线路称为"海上香料之路"。[②]

航海技术发展。阿拉伯半岛多面濒海，而土地又极为贫瘠，迫使阿拉伯人向海洋寻找支撑生活的条件。因此，掌握更为先进的航海技术、驾驭大海，与更远的海洋沿岸的人们开展贸易活动，成为阿拉伯人必然的选择。在阿拉伯人开展航海活动的早期，其航海技术和技巧多通过世世代代的摸索和总结口头流传下来，只是到了阿拔斯王朝时代才有了一些文字的东西，包括地图、海岸线图、海

---

① 彭树智主编：《阿拉伯国家史》，高等教育出版社，2002年，第434页。
② 王艳峰：《文化桥梁：阿拉伯帝国的兴衰》，长春出版社，2012年，第148页。

域图、信风风向图、海潮资料、海洋及航行的相关书籍和档案资料等。由于阿拉伯人经常航行的红海、波斯湾、阿拉伯海、印度洋完全是大洋的环境，与总是风和日丽、风平浪静的地中海不同，阿拉伯人不得不面对更大的风浪和更难掌控的潮流环境，这使他们更早掌握了先进的航海技术和造船技术，并在长期的航行实践中巧妙地利用印度洋季风，在与东方的贸易往来中大大缩短了航行所需的时间。

与地中海地区帆船常见的方形帆不同，阿拉人最早掌握了三角帆的操纵技术。他们将三角帆系在船上方的一根长横桁上，横桁倾斜并用可转动的绳索系挂在桅杆上，三角帆可以随风力或人力转动，横桁倾斜角也可以改变，并可适应风向随时调整帆面。三角帆的应用，比普通的方形帆更能充分地利用风力，使航船少走弯路，缩短航程。更为重要的是，即使是逆风也能借助风力实现长距离航行，大大提高了航行效率和船舶的装载能力。阿拉伯也因此成为当时世界造船工业的基地。在波斯湾沿海、在红海两岸、在黎凡特各港口、在入海的各条大河两岸，遍布着官方和私家的造船坞。波斯湾岸边的巴士拉、西拉夫、忽鲁谟斯，地中海东岸的阿卡里、推罗，埃及的劳达、亚历山大里亚，北非的的黎波里、突尼斯，西班牙的塞维利亚、瓦伦西亚和阿尔梅里亚，都是阿拉伯世界著名的造船中心。所造的船只中，有千吨以上的大商船，也有载 1500 人以上的大战舰。公元 10 世纪的阿尔穆克达西曾在其著述中列举了几十种类型的船只。[①] 此后，阿拉伯人驾驶的从事远洋航行的海船，装备更加先进，已拥有整套的航海仪器，如指南针、测岸标方位的等高仪、测太阳和星体高度的量角仪、水陀等，还绘制了标有岸上方位物坐标、水深和风向的海图和对景图。阿拉伯航海家的活动范围

---

① 刘景华：《中古阿拉伯人造船与航海技术的考察》，《湖南师范大学社会科学学报》1997 年第 3 期，第 110 页。

也日益扩大，成为最重要的从事东方（中国、印度）和西方（欧洲）之间的中介贸易商。

东西方先进技术的融合。农耕帝国时期，军事实力就是重要的生产力。得益于东西方交通的枢纽位置，阿拉伯成为东西方文化交流的桥梁，总能得风气之先，获得东方和西方先进的生产和军事技术，并加以融合利用，从而获得具有优势的生产势力。历史上，闻名的阿拉伯弯刀是阿拉伯军队使用的步骑两用兵器。它的原料是来自古印度一种被称为"乌兹"的钢材，这种钢材冶炼技术在那时极为先进，使得刀剑异常锋利。东方人钢铁冶炼技术和阿拉伯人兵器锻造技术以及阿拉伯人骁勇善战作风实现完美统一，成为阿拉伯人大征服取得一次又一次战争胜利的利器。阿拉伯弓箭也十分厉害，与阿拉伯人作战后的波斯士兵认为："我们的弓手射出的箭顶多只能挂在阿拉伯人的衣服上，但他们射出的箭却足以穿透我们身上的锁甲和双层护胸甲。"[①]而阿拉伯弓箭的箭镞同样使用了古印度的"乌兹"钢材。阿拉伯人曾两次大规模攻打东罗马的君士坦丁堡，均被东罗马人利用"希腊火"所击败。阿拉伯人充分吸取战争教训，学习制作"希腊火"装备军队，并且还组建投掷队，制作专门的防火服装，使自身的战斗力大为加强。在阿拉伯人不断向外扩张的过程中，吸收了东西方海上航行技术和造船技术，建立了强大的海军和商船队，从而取得了一系列海战的重大胜利。阿拉伯人还从在751年怛罗斯战役中俘虏的中国战俘那里学会了造纸术，加快了东西方文化思想和科学知识的传播。

文化势力

政教合一。阿拉伯人建国伊始，强国环伺，无论经济实力、军

---

① ［英］休·肯尼迪：《大征服：阿拉伯帝国的崛起》，孙宇译，民主与建设出版社，2020年，第137页。

事技术，还是文明程度都无法与东罗马帝国和萨珊波斯帝国相提并论。航海技术的发展激发了阿拉伯的地理势力，但这并不足以为阿拉伯人赢得一次又一次大征服战争的胜利提供保障。伊斯兰教的形成和传播，并以此为基础建立的"政教合一"的新型组织体制，才是推动帝国不断获取大征服胜利的关键因素。"伊斯兰教宣扬的'唯一真主'的教义，要求人们奉献一生，它给了阿拉伯人征服世界的动力。"① 与基督教和罗马政权相互分裂、彼此掣肘的关系不同，伊斯兰教和阿拉伯政权是由穆罕默德一人创建的。他将世俗世界与精神世界的组织领导整合为一体，使两者形成统一而和谐的整体，从而使阿拉伯人对外征服获得了超乎寻常的战斗力。阿拉伯帝国"政教一体"所具有的优越性，主要体现在四个方面。

其一，它强化了集权组织和领导。阿拉伯哈里发将政治、宗教大权集于一身，既是世俗管理的皇帝，又是相当于西方宗教的教皇，拥有极大的权力，从而避免了欧洲出现的皇帝和教皇之间为争名夺利而进行的无休无止的争斗，减少了军事战争和国家建设的矛盾。而这既得益于伊斯兰教诞生于帝国势力疏于管理的大沙漠和海洋交接的边远地带，使伊斯兰教和阿拉伯政权诞生之初没有受到强大帝国势力的毁灭性打击，也得益于穆罕默德本身就是天才的军事家。正是他在率领信徒一次次获得战争的胜利、建立起统一的政治组织的过程中，形成了将政权、教权、军权和司法权集一身的国家治理体制。

其二，它为信徒注入了世俗情怀。犹太教教导信徒爱上帝、爱自己的民族；基督教也倡导信徒爱上帝、爱自己的民族，还要爱所有人，但这种爱因不够具体而显得空泛。伊斯兰教则主张以服从安拉的教胞情谊作为社会纽带，反对以金钱关系代替氏族血缘关系，

---

① ［英］詹姆斯·费尔格里夫：《地理与世界霸权》，胡坚译，浙江人民出版社，2016 年，第 112 页。

抨击不顾氏族义务排斥亲戚穷人、欺凌孤寡老弱、侵吞财产、唯利是图等罪恶。① 伊斯兰教针对人们身边日常发生的罪恶现象，因感生"义"，使其教导的爱更具体而富有温情，不仅使原本松散的各部落族人、互不相干的人、受压迫的奴隶成为归顺真主旗下的兄弟，还使高举伊斯兰教义大旗的穆斯林成为开疆拓土的先锋。

其三，它为伊斯兰信徒注入了血性。穆罕默德发起的军事行动在某种意义上可以算作穆斯林大征服的起点。他为后人树立起了一个榜样，证明了为了捍卫新的宗教并扩张它的影响，军队是一个合理且重要的元素。先知做出的榜样意味着他的行动与早期基督徒标志性的和平主义倾向是格格不入的。② 穆罕默德的征战史被早期穆斯林所铭记，并成为灌注于阿拉伯帝国大征服传统的血性记忆。《古兰经》经文暗示有一部分穆斯林并不愿意参与军事行动，并谴责他们本应"为主道而战"的时候却留在家里什么也不做，这些人将既被剥夺现世的战利品，也被剥夺来世的奖赏。③ 伊斯兰教的教义还提出了"吉哈德"或"圣战"④的概念，为穆斯林开疆拓土注入了坚贞不屈的血性。

其四，它使伊斯兰信徒获得利益的激励。对于信徒来说，在布

---

① 王艳峰：《文化桥梁：阿拉伯帝国的兴衰》，长春出版社，2012 年，第 12 页。
② [英] 休·肯尼迪：《大征服：阿拉伯帝国的崛起》，孙宇译，民主与建设出版社，2020 年，第 48 页。
③ [英] 休·肯尼迪：《大征服：阿拉伯帝国的崛起》，孙宇译，民主与建设出版社，2020 年，第 50 页。
④ "圣战"字面意思是神圣的战争，通常被认为是中性词。"圣战"一词来源于阿拉伯语，通常被认为不同的组织、国家、军事集团甚至个人为标榜其战争的正当性和神圣性，将所从事的战争和事业称为"圣战"。伊斯兰教教义并没有"圣战"一词，伊斯兰教及伊斯兰世界常用宗教术语中的"吉哈德"与之类似，其字面意思为"努力奋斗、尽心尽力"等。伊斯兰经学家根据经训引申为以语言、行动和财产而"奋斗"的行为，包含三个层次：首先是心的吉哈德，指获取正确信条和去除疑惑及误解的内在奋斗；其次是舌的吉哈德，指针对错误的信念和行为展开的言语上的斗争；最后是行动上的吉哈德，特指在自己的生命和财产受到威胁的情况下出于自我防卫而进行的斗争。显然，吉哈德是鼓励穆斯林为正义的事业而努力奋斗。一些具有极端思想的人，歪曲"吉哈德"的真实含义，蛊惑不明真相的群众从事暴力和恐怖活动的行为与吉哈德精神完全背道而驰。

道行义的旅程中获得经义的赞赏自然会使灵魂获得慰藉,但人毕竟还有肉身,能够得到现实的物质激励,对于鼓动士气意义更为重大。阿拉伯帝国"政教一体"的体制,不仅有条件让物质的激励付诸实施,而且能够使其制度化——帝国统治者采用的"迪万"制度就是如此。"迪万"意为"名册""登记簿"。在伊斯兰教创立早期,凡参加征战的穆斯林按军功大小登记造册、分配战利品,此登记簿称为"迪万"。战利品中的动产可以分配给战士,土地等不动产和税收等构成公产归国家统一掌控。国家的岁入完全收入国库,行政费用和军费等均由国家支出,剩余部分作为年金发放给穆斯林。为了将年金很好地分配到穆斯林手中,哈里发欧麦尔时期对国家人口进行了史无前例的大调查,并专门设立"迪万"财政机构统一管理国库岁入,将年金按照个人资历、军功大小等分等造册,予以分配。[①]

人类社会在铁制工具出现之后,很长一段时间没能获得革命性生产技术的突破。因此,国家和社会组织关系的变革,成为推动生产力发展、促进帝国势力变迁的十分重要的因素。穆罕默德既是伊斯兰教的创立者,也是阿拉伯国家的创建者。这种深度融合的"政教一体"的组织形式,是人类社会此前从未有过的。它使阿拉伯人的组织纪律性和军事战斗力,远胜东罗马帝国、波斯萨珊王朝。因此,阿拉伯人对周边国家形成了摧枯拉朽的征服能力——从穆罕默德创立伊斯兰教到732年阿拉伯帝国停止大规模征服、扩张,形成疆域横跨亚欧非的大帝国仅仅用了120年的时间。

欧麦尔制度。 第二任哈里发欧麦尔发动了阿拉伯历史上空前的大征服运动,侵占了东罗马帝国大量领土,并彻底征服了萨珊波斯帝国,其任上是阿拉伯帝国扩张最为快速的时期。这一成就的取得,与欧麦尔政府采取的一系列管理和征服制度密切相关。

---

① 王艳峰:《文化桥梁:阿拉伯帝国的兴衰》,长春出版社,2012年,第40页。

首先，阿拉伯人被人为划分为两个不同的阶层。政府规定阿拉伯穆斯林不得在阿拉伯半岛以外占有土地或者耕种土地。即使在征服地区，也要与当地人民分开居住，并且只能驻扎在新建的营地里，不得居住在生活安逸的繁华都市。这样，社会出现了两个阶层，一个是由阿拉伯穆斯林组成的军事贵族阶层，一个是由非穆斯林构成的下层臣民，后者可以在被征服地区重操旧业，但是即使他们皈依伊斯兰教，他们的社会地位仍旧比阿拉伯穆斯林要低。[1] 这一制度设计的初衷，是最大限度地保持阿拉伯人血统的纯正性，并使阿拉伯人在大征服的军事战争中保持高昂的斗志。

其次，采取较为温和的占领和管理方式。在大征服早期充满了血腥和杀戮，著名的军事将领哈立德所到之处，往往进行惨绝人寰的屠杀，甚至用敌人的尸体做抛尸表演。欧麦尔对哈立德的这种行为持反对态度，而对被占领地区采取了相对温和的政策：阿拉伯人攻打的城市，如果主动选择投降的话，将采取和平占领的方式，只要缴纳双方议定的贡税与人头税，帝国不干涉原来居民的生活；对于这些征服地区，欧麦尔政府通常不改变本地的生产方式，并利用原有的行政机构和人员来为帝国政权服务，甚至允许东罗马或萨珊王朝的行政制度依然存在。还有，采用前文所述的"迪万"制度，对军事人员论功行赏。欧麦尔制度为哈里发国家提供了有效的管理方式，激发了士兵投身战争的积极性，同时也为大征服的推进和在被征服地区站稳脚跟提供了有效的制度保障。这些制度后来被阿拉伯帝国长期沿用。

帝国的衰败

阿拉伯帝国创建于 632 年，败亡于 1258 年，历经 626 年。作为

---

[1] 王艳峰：《文化桥梁：阿拉伯帝国的兴衰》，长春出版社，2012 年，第 39 页。

帝国来讲，存世并不算短。然而，几乎从创立起，帝国就形成了动荡、混乱的局面，割据、起义、暴动、谋杀、相互征战等情形持续不断，可以说阿拉伯在大征服之后快速成为一个大而不强的帝国。阿拉伯帝国之所以乱而不倒，与其拥有两个特殊的地理条件密切相关。其一，阿拉伯人占据了亚非欧陆地交通要冲，位于地中海、波斯湾和红海之间，掌握了曾经属于罗马人、亚述人、波斯人、中亚人以及非洲东北部居民的所有的转口贸易。[①] 对贸易的控制，完全可以扼杀周边其他陆上帝国的崛起。其二，阿拉伯帝国境内除了美索不达米亚平原和沿海小块平原之外，绝大部分为沙漠、草原和高原，这既符合出身于沙漠地带的阿拉伯人的生活习性，也限制了周边其他帝国崛起的地理空间。

生产势力

西、北欧经济的发展，日益削弱阿拉伯的帝国势力。在阿拉伯帝国崛起的同时，欧洲的文明在整体上也有了进步，一些新的国家在罗马帝国的废墟中诞生，这些新国家的生活水准逐渐提升。[②] 特别在贸易方面，北欧波罗的海沿岸国家与西欧大西洋沿岸国家的经济往来频繁，贸易日趋繁荣。在今天荷兰中部的迪尔斯泰德附近的韦克建立起来的西北欧贸易中心，不仅拥有港口、贸易区以及农业区三个部分，还有基督教教堂以及墓地，可以想见在当时必定相当繁荣。[③] 从12世纪起，北德意志商人为了同英国、佛兰德进行贸易，开始组建商业、政治联盟，以防御劫匪和海盗，确保贸易安全。后来，这一联盟称为"汉萨同盟"，最多时加盟的城市达到160个，由

[①] [英] 詹姆斯·费尔格里夫：《地理与世界霸权》，胡坚译，浙江人民出版社，2016年，第120页。

[②] [英] 詹姆斯·费尔格里夫：《地理与世界霸权》，胡坚译，浙江人民出版社，2016年，第121页。

[③] 顾卫民：《荷兰海洋帝国史（1581—1800）》，上海社会科学院出版社，2020年，第9页。

此可见这些地区经济发展已达到相当水平。西、北欧经济的快速发展，一方面，使原来以地中海为中心的生产势力逐渐向大西洋沿岸转移，对阿拉伯帝国的帝国势力产生了冲击；另一方面，西、北欧区域内贸易的高速发展，必然要求扩大与区域外地区的贸易交流，无疑对垄断了东西方贸易的阿拉伯帝国形成挑战。

科学技术的发展，为打破阿拉伯帝国的贸易垄断提供了条件。随着西、北欧经济的发展，西方与东方贸易需求越来越大，对利润巨大的胡椒等香料的需求特别旺盛。而这个生意的利润，大部分都由阿拉伯人获得。[①]随着时间的推移，部分西方国家萌生了一个想法：与其付钱给阿拉伯人转一道手，不如自己前往这些新发现的陆地把"财富"载回来。[②]幸运的是，作为东西方文化交流的桥梁，正是阿拉伯帝国将东方的技术及文明更多地传播到西方，使得大西洋沿岸国家获得了更为强大的航海技术和能力：阿拉伯人一直使用的三角帆船通过地中海传到大西洋，葡萄牙和西班牙船舶设计师对其进行改进，制造出了可以在任何天气里航行的三桅船，它使哥伦布和达·伽马的远洋航行成为可能；[③]中国的造纸术及印刷术经中东传入欧洲，使地理知识和航海技术获得更广泛传播；而火药和指南针也已进入欧洲，为西欧人航海探险提供了良好保障。[④]生产势力的发展往往就是如此吊诡，它既是帝国大厦的奠基者，也会是帝国死亡的掘墓人——阿拉伯帝国由于特殊的地理位置充当了东西方贸易和文明的使者，但也正是东西方贸易和文明的加速交流，不断侵蚀和

---

① ［英］詹姆斯·费尔格里夫：《地理与世界霸权》，胡坚译，浙江人民出版社，2016年，第121页。
② ［英］詹姆斯·费尔格里夫：《地理与世界霸权》，胡坚译，浙江人民出版社，2016年，第123页。
③ ［美］斯塔夫里阿诺斯：《全球通史：从史前到21世纪》（上），吴象婴、梁赤民译，北京大学出版社，2020年，第249页。
④ ［美］斯塔夫里阿诺斯：《全球通史：从史前到21世纪》（上），吴象婴、梁赤民译，北京大学出版社，2020年，第250页。

摧毁了阿拉伯的帝国势力。

军事势力的落后，无法保障帝国势力长久隆盛。在帝国创建之初，阿拉伯人对东罗马帝国和波斯萨珊帝国的作战可谓摧枯拉朽，并非是阿拉伯人拥有了压倒性的军事实力，更多的是非军事原因造成的：阿拉伯周边是广阔的沙漠地区，他们可以充分利用沙漠作战经验，不像东罗马人和波斯人那样骑马作战，而是骑骆驼作战，可以随意发动进攻，且一旦需要，又可撤回到沙漠的安全地带。①阿拉伯人的这种游牧民族的作战优势，在遇到同为游牧民族且装备了火器的蒙古人时则不复存在。而阿拉伯人打败的帝国大多式微，在边界地区防守不力。另外，阿拉伯人对将士的宗教颂扬、战利品的诱惑以及在沙漠、草原地区作战士兵容易适应环境，等等。②由此，詹姆斯·费尔格里夫提醒人们必须记住的是，阿拉伯人（基本上都是穆斯林）的世俗权力，并不取决于使用强大的军事力量，而是取决于对广大贸易地区的支配。③阿拉伯人军事势力的落后，使其一旦超出有利的沙漠、草原环境，通常难有作为。732年的普瓦提埃战役，阿拉伯军队被法兰克人打败，中止了其在西方的扩张。而伊斯兰世界在与欧洲君主们进行的伊比利亚半岛基督教君主收复失地运动、诺曼人攻打西西里岛、十字军攻占安塔基亚等战役中，阿拉伯人均大败而归。④军事实力不够强大，也使得阿拉伯人迟迟不能平复帝国内部此起彼伏发生的各种起义、叛乱和割据，大大损耗了帝国势力。

---

① [美]斯塔夫里阿诺斯：《全球通史：从史前到21世纪》（上），吴象婴、梁赤民译，北京大学出版社，2020年，第262—263页。
② [法]帕特里斯·格尼费、[法]蒂埃里·伦茨主编：《帝国的终结》，邓颖平、李琦、王天宇译，海天出版社，2018年，第95页。
③ [英]詹姆斯·费尔格里夫：《地理与世界霸权》，胡坚译，浙江人民出版社，2016年，第120页。
④ [法]帕特里斯·格尼费、[法]蒂埃里·伦茨主编：《帝国的终结》，邓颖平、李琦、王天宇译，海天出版社，2018年，第101—102页。

地理势力

阿拉伯帝国的崩溃，首先就因为它的疆域东西跨度太大，难以实施有效统治。到 8 世纪中叶，帝国已将国土从比利牛斯山脉扩展到印度洋，从摩洛哥延伸到中国边境。[①] 而和军事推进相比，国家行政体系的形成则要缓慢得多。由于距离遥远，权力中心对边缘地区鞭长莫及，加剧了帝国的离心力作用。[②] 边远省份远离首都达 3000 英里，这在用马和船只作交通工具的时代里，是一个非常实际的问题。因此，西班牙于 756 年、摩洛哥于 788 年、突尼斯于 800 年先后摆脱帝国的统治，是不足为奇的。[③]

沙漠草原边缘地带，给长效治理带来难度。阿拉伯帝国地形地貌特点十分明显——中心地区是极为辽阔的阿拉伯沙漠及周边零星沙漠，向西则是地中海与撒哈拉大沙漠之间狭长的地带，而向北及向东，除美索不达米亚平原之外，则是伊朗高原以及草原和沙漠的混杂地带。它极其适合自古就在阿拉伯半岛沙漠、草原和高原交错的环境中生活和战斗的阿拉伯人——向前可以掠扰城市，向后可退到沙漠中的安全地带。"阿拉伯人在他们所征服的省份里，往往会选择沙漠边缘的城市作为主要根据地，并不是偶然的。如果他们所处的位置合适，会利用现成的城市，如大马士革；如果必要，他们也会建立新的城市。这些有守备部队驻防的城市满足了正在形成的阿拉伯帝国的需要。"[④] 但是，这种地形地貌虽有利于骚扰和征服，但实在不利于长期治理——它无法提供有利于农业生产和保障居民

[①] [美] 斯塔夫里阿诺斯：《全球通史：从史前到 21 世纪》（上），吴象婴、梁赤民译，北京大学出版社，2020 年，第 243 页。

[②] [法] 帕特里斯·格尼费、[法] 蒂埃里·伦茨主编：《帝国的终结》，邓颖平、李琦、王天宇译，海天出版社，2018 年，第 89 页。

[③] [美] 斯塔夫里阿诺斯：《全球通史：从史前到 21 世纪》（上），吴象婴、梁赤民译，北京大学出版社，2020 年，第 272 页。

[④] [美] 斯塔夫里阿诺斯：《全球通史：从史前到 21 世纪》（上），吴象婴、梁赤民译，北京大学出版社，2020 年，第 263 页。

生活的纵深条件。一旦发生战争,大规模战事所需补给就会发生困难,而这也正是帝国建立伊始,各种割据和叛乱就如影相随的重要原因。

伊比利亚半岛特殊地形,使其成为独立先锋。阿拉伯人 718 年征服了西班牙,而摩尔人在此建立的王国于 756 年就宣告独立,仅仅相差 38 年。西班牙之所以能成为帝国最早的反叛之地,与其地理位置和地形地貌关系密切。

其一,西班牙位于地中海西岸,阿拉伯首都大马士革、巴格达均位于地中海东岸地区,恰好一东一西,相距约 4000 千米,对于帝国的治理来说,实在鞭长莫及。

其二,西班牙与帝国南岸领土相隔直布罗陀海峡,易守难攻。事实上,阿拉伯帝国获得西班牙本就是一场"意外"——709 年,西班牙西哥特人国王因王位被篡夺而向阿拉伯人请援,阿拉伯帝国的易弗里基叶总督穆萨命泰利夫率领由 400 名步兵和 100 名骑兵组成的讨伐军才得以登陆伊比利亚半岛,并大获全胜。①

其三,西班牙半岛地形地貌与帝国以沙漠、草原为主体的其他地区不同,阿拉伯人并不适应这里的战争环境。在伊比利亚半岛的北方,面对比利牛斯山脉和坎塔布连山脉的森林屏障,阿拉伯骑兵不敢轻易深入,所以那里还有小部分未被征服的居民,他们不仅有自由之身,而且是基督徒。②这为此后基督徒开展"光复运动"创造了条件,而这一带也成为阿拉伯帝国向欧洲地理扩张的极限。

西班牙成为阿拉伯独立先锋,其影响并不仅局限于伊比利亚半岛一带。一方面,它使阿拉伯人不能将帝国势力完整地覆盖于地中海,从而使地中海西部一带始终具有浓烈的分离倾向。继西班牙之后,摩洛哥、突尼斯等地很快就宣布了独立。另一方面,阿拉伯人

---

① 王艳峰:《文化桥梁:阿拉伯帝国的兴衰》,长春出版社,2012 年,第 63 页。
② [英]詹姆斯·费尔格里夫:《地理与世界霸权》,胡坚译,浙江人民出版社,2016 年,第 125 页。

及摩尔人对伊比利亚半岛实施统治，使这一带人民更多地享受到东西方文化交流和文明成果，从而加速了帝国势力由地中海沿岸向大西洋沿岸转移的步伐，并推动了大航海和大殖民的历史进程。

文化势力

无论是穆罕默德死后，还是阿拔斯王朝创建之初，阿拉伯帝国就充斥着反叛和分离倾向。从政治、经济方面看，主要是因为庞大的帝国内部不同政治传统、不同宗教派别和不同地区的经济基础差别太大；而从文化方面看，则主要是由军事封土制和伊斯兰教派系分裂、身份分裂带来的。

随着征服运动的开展，哈里发国家的疆域日益辽阔。对于这些被征服地区，欧麦尔政府依然采用当地的封建生产方式来发展生产，并利用原有的行政机构和人员来为哈里发政权服务。东罗马和萨珊王朝的行省行政制度依然存在，国家被划分为几个省区，由总督负责全省的军事、政治、财政和司法事务。[①] 这种军事封土制度，适应了大征服初期领土快速扩张的需求，减低了被征服地区民众反抗强度，但其负面作用也如此明显：各地总督和军事统帅因封土制的推行而逐渐获得强大的经济基础和军事力量，形成割据局面，由于天高皇帝远，像叙利亚总督穆阿维叶和埃及总督阿慕尔·本·阿斯这样的总督可以在辖区内各行其是。[②] 而东西各地几十位总督、军事统帅纷纷乘机自立，相互攻伐征战，并力图染指中央政权，对帝国统治构成严重威胁。为改变这一状况，哈里发陆续派人分管各省的财政和司法事务，这些人直接向哈里发负责，一定程度上避免了总督大权独揽的弊病。[③] 后来，帝国要求总督用他们征来的税收，

[①] 王艳峰：《文化桥梁：阿拉伯帝国的兴衰》，长春出版社，2012年，第39—40页。

[②] ［法］帕特里斯·格尼费、［法］蒂埃里·伦茨主编：《帝国的终结》，邓颖平、李琦、王天宇译，海天出版社，2018年，第91页。

[③] 王艳峰：《文化桥梁：阿拉伯帝国的兴衰》，长春出版社，2012年，第40页。

支付地主军队和官员的薪俸，并向国库缴纳指定的款额。但是，这些总督兼包税人不久便和军事将领达成协议，两者一起成为各省的实际统治者。到 9 世纪中叶，哈里发已失去对军事和行政的控制，并逐渐被土耳其雇佣军随意废立。①

　　而伊斯兰教对帝国社会的撕裂主要体现在两个方面：一是派系撕裂，二是身份撕裂。穆罕默德死后，便出现了一些教徒的变节行为。经过一系列战役，制服了"叛教"的部落，但是被制服的部落成员愠怒愤恨，显然一有机会还会叛离。②后来，随着对哈里发之位的相争，伊斯兰教的信徒形成了两个派系，占多数的逊尼派和占少数的什叶派。逊尼派，"遵循传统"之意，传统指的是圣训和穆罕默德的生平，他们是多数派；什叶派更注重精神层面，也被称为阿里派，拥护穆罕默德的女婿阿里及其后裔。在出现混乱和纷争的时候，哈里发一直是伊斯兰世界一统的标志，然而它似乎也变得越来越像是一个虚名。③而两派相争，使帝国内部谋杀和战争不断，极大地损耗了帝国势力。

　　伊斯兰教还带来了帝国民众的阶层和身份的分裂。哈里发欧麦尔一开始就规定，他的追随者不应在被占领的行省里享有封地而只应享受政府津贴。支付这些津贴的资金，来自伊斯兰教国家没收的土地和征收的捐税。而向非穆斯林征收的捐税比向穆斯林征收的高，因此皈依伊斯兰教并不受统治者欢迎，因为这意味着降低税收。同时，非穆斯林其实并未受到干扰，也没有被迫改变信仰。这样一来，信奉伊斯兰教，实际上是阿拉伯武士贵族的特权，他们统治了人数远为众多的被征服民族。然而，非阿拉伯穆斯林（被称为

---

①［美］斯塔夫里阿诺斯：《全球通史：从史前到21世纪》（上），吴象婴、梁赤民译，北京大学出版社，2020 年，第 272—273 页。
②［美］斯塔夫里阿诺斯：《全球通史：从史前到21世纪》（上），吴象婴、梁赤民译，北京大学出版社，2020 年，第 262 页。
③［法］帕特里斯·格尼费、［法］蒂埃里·伦茨主编：《帝国的终结》，邓颖平、李琦、王天宇译，海天出版社，2018 年，第 89 页。

"马瓦里")却日益增多,他们成群结队地涌入城市,充当雇员、工匠、店主和商人。作为穆斯林,他们要求与阿拉伯人平等,但未得到承认。随着"马瓦里"的人数和财富的增加,他们决心取得与其经济实力相称的社会地位。①阿拉伯帝国社会因伊斯兰教被分成了三个阶层:阿拉伯穆斯林、非阿拉伯穆斯林和非穆斯林。非阿拉伯穆斯林和非穆斯林日益不满足于自身的阶层状况,掀起了一轮又一轮针对阿拉伯贵族的民族反抗运动和社会反抗运动,其间伴随着众多的叛乱和农民起义,这就侵蚀了阿拉伯帝国的根基。

七、葡萄牙帝国

葡萄牙帝国,是人类历史上第一个全球性帝国,也是建立最早、持续时间最长的殖民帝国。然而,在其开辟大航海之前,葡萄牙建国时间并不久远,长期都是西班牙悠久历史的组成部分,且被其他民族和帝国反复征服。从公元前 11 世纪到公元 5 世纪,伊贝洛人、塔尔提西奥人、腓尼基人、希腊人、凯尔特人都曾是这片据守大西洋和地中海进出门户的土地的主人。后来,迦太基人、罗马人陆续入侵,葡萄牙因此成为罗马帝国在大陆最西的领土。而公元 6 世纪至 7 世纪,摧毁了罗马帝国的西哥特人,又以托莱多为首都在伊比利亚半岛建立起王国。至今罗马帝国文化和西哥特文化,还残存在葡萄牙一些古城的街头。711 年,早已征服了埃及并将北非地中海沿岸大部分土地纳入帝国疆域的阿拉伯人,渡过直布罗陀海峡攻入西班牙,占领了伊比利亚半岛。由此,直到独立建国之前,葡萄牙一直接受着阿拉伯人的统治。

---

① 参见[美]斯塔夫里阿诺斯:《全球通史:从史前到 21 世纪》(上),吴象婴、梁赤民译,北京大学出版社,2020 年,第 267 页。

帝国的创建

阿拉伯帝国占领伊比利亚半岛后,有部分西班牙人退守到北部山区,开展了长达 7 个多世纪的收复失地运动。1093 年,作为阿拉伯殖民地的西班牙,处于卡斯蒂利亚王国统治之下。卡斯蒂利亚王国公主特里萨下嫁给葡萄牙的波尔多凯尔伯爵,并允许葡萄牙从西班牙分裂出来。1128 年,特里萨的儿子阿方索·恩里克斯(1139—1185 年在位)主政后,在罗马天主教势力的帮助下,放逐其母,并击败了卡斯蒂利亚王国的军队,开始了独立建国的努力。1143 年,阿方索与卡斯蒂利亚王国签订《萨莫拉条约》,葡萄牙正式宣布独立。1179 年,教宗亚历山大三世时期,教廷颁布通谕承认葡萄牙王国的地位,授予阿方索国王的称号。

葡萄牙人真正的海外扩张开始于阿维兹王朝(1385—1580 年)统治时期。阿维兹王朝的开创者为若昂一世(1385—1433 年在位),他是已故的葡萄牙国王佩德罗一世的私生子及其继任的葡萄牙国王费尔南多一世(1367—1383 年在位)同父异母的兄弟。[①]1386 年 5 月 17 日,若昂一世与英格兰在温莎签订盟约,结成正式的、永久的同盟,奠定了葡萄牙与英格兰两国关系的基础。1415 年 7 月,若昂率领基督骑士团主力部队占领了北非的休达,拉开了对外殖民的序幕。

若昂一世育有数子,其中长子杜亚尔特、次子佩得罗、三子恩里克(即亨利王子),三人均才华出众,在葡萄牙历史上被称为"杰出的或卓越的一代人"[②]。被誉为"航海家"的亨利王子,虽然没有担任国王,但正是在他的组织领导之下,葡萄牙开始了大规模的海外扩张、殖民时代。1419 年,亨利派出的探险队发现了马德拉,

---

① 顾卫民:《葡萄牙海洋帝国史(1415—1825)》,上海社会科学院出版社,2018 年,第 48 页。
② 顾卫民:《葡萄牙海洋帝国史(1415—1825)》,上海社会科学院出版社,2018 年,第 56 页。

1427年又发现了亚速尔群岛，1434年和1445年到达非洲的保加多尔角、塞内加尔和佛得角。1446年，葡萄牙航海家安东尼·费尔南多发现了塞拉利昂。其时，葡萄牙开始对亚速尔群岛和马德拉进行殖民政策，以攫取蔗糖、酒类生产上的利益和来自几内亚的黄金。葡萄牙人在殖民地获取巨大的利益，又进一步激发了其探险事业的发展。

阿方索五世（1438—1481年在位）统治时期，葡萄牙海洋探险已远至非洲几内亚湾一带。1458年和1471年，他又分别占据了摩洛哥一部分和丹吉尔等地。阿方索五世的继承者若昂二世，在西非加纳建立起保护商贸的要塞——埃尔米纳堡，成为葡萄牙在西非殖民扩张的总部。葡萄牙人于1482年发现刚果，并在1488年派遣迪亚士绕过好望角。1494年6月7日，在罗马教皇亚历山大六世调解下，葡萄牙国王若昂二世与西班牙女王伊莎贝尔一世签订了《托德西利亚斯条约》，确定以通过佛得角群岛以西2200海里处的"教皇子午线"为界。对于新发现的陆地，界东地区属葡萄牙，界西地区属西班牙。人类历史上第一次由两个帝国将欧洲以外的世界进行了瓜分。

1498年5月20日，达·迦马船队抵达印度南部，开辟了欧洲经好望角横穿印度洋直达印度的航路，打开了葡萄牙海外殖民的全新局面。在东非和西亚，葡萄牙人先后占领或强势介入莫桑比克、蒙巴萨、津巴布韦、索科特拉岛、锡兰、巴林、马达加斯加和毛里求斯等地。葡萄牙还于1501年底到1502年初在坎纳诺尔之战击败卡利卡特舰队而收服了坎纳诺尔，在1504年的科钦战役打退了卡利卡特扎莫林王国的进攻，1510年通过果阿之战从比贾普尔苏丹国夺取果阿。此后，葡萄牙人还在一系列海战中取得了胜利。1554年，费尔南多率领的舰队在阿曼湾海战中击败了奥斯曼人，一举成为印度洋上的霸主。

在东南亚和南亚，1511年，葡萄牙人夺取了马六甲王朝首都马六甲城；1553年，葡萄牙人开始居住于澳门，并于1557年获得澳门租借权；1578年，葡萄牙舰队与莫卧儿帝国发生冲突，并获得了胜利。而在美洲，葡萄牙人也进行扩张，1500年登陆巴西的塞古罗港，并将其作为巴西红木的贸易站。

1578年6月，葡萄牙国王塞巴斯蒂昂以讨伐异教徒为名，率军2.5万人，开始了对摩洛哥的战争。这场"三王之役"[①]，以葡萄牙人惨败而告终，塞巴斯蒂昂一世战死，恩里克一世继位，但其执政两年后病逝。此时，西班牙国王腓力二世以塞巴斯蒂昂一世的舅舅的身份打败了恩里克一世的继任者安东尼奥，王位落入腓力二世的哈布斯堡王朝手中，葡萄牙被西班牙兼并。从此，葡萄牙帝国走向了没落，并在丹图尔战役、甘诺鲁瓦山战役、沙廉围攻战、马六甲战役、阿拉干海战、霍尔木兹海峡战役、占碑河战役、埃尔米纳堡之战中遭遇重大失败，而西班牙却因对葡萄牙的兼并进一步壮大了帝国势力。

1640年，葡萄牙人将西班牙势力驱逐出去，重新复国，但帝国盛世早已不在。趁葡萄牙衰落之机，荷兰抢夺了锡兰、好望角和东印度群岛一带的土地，摧毁了葡萄牙在望加锡的殖民点；1709年，刚果宣布摆脱葡萄牙人而成为民族独立国家；1661年，葡萄牙将孟买和丹吉尔两地作为联姻的嫁妆给予英国；1822年巴西宣布独立于葡萄牙。第二次世界大战后，殖民帝国纷纷自愿及被迫放弃殖民地。1974年葡萄牙国内发生"康乃馨革命"，葡萄牙政府不得不放弃海外殖民地。1999年12月20日，澳门正式交还给中华人民共和国，延续达五百多年的葡萄牙殖民帝国正式宣告结束。

---

① "三王之役"，由于此役有葡萄牙国王塞巴斯蒂昂、摩洛哥废王穆泰瓦基勒和摩洛哥国王马利克三位国王参战，历史上称这场战争为"三王之役"。

帝国势力的形成

地理势力

葡萄牙作为一介小国,却拉开了世界地理大发现的帷幕,打开了人类走向近现代社会的窗口,不能不说是一个奇迹。这一奇迹的发生,地理势力发挥了关键性的作用——越是领土和人口小国,在其帝国创建的过程中地理势力的作用越为明显。葡萄牙正是依靠扼守地中海和大西洋交通通道、优越的洋流环境和地处帝国边缘地带的地理条件,而成为推动人类历史进程的世界性帝国的。

据守地中海和大西洋交通要冲。葡萄牙位于欧洲伊比利亚半岛西南部,西、南濒临大西洋,最近处距地中海与大西洋的门户直布罗陀海峡仅200多千米。可以说,其扼守着船只从西欧进出地中海的战略要冲。这一地理条件,至少为葡萄牙在15世纪之初的大航海运动中赢得了两个方面的优势。

一是葡萄牙位于地中海文明带上,相继被腓尼基人、希腊人、凯尔特人、罗马人和阿拉伯人征服和统治,受到地中海文明深刻影响。其土地开发较早,文明发展水平较高,特别是占领者带来的商业文明在葡萄牙人的历史传统中注入了浓厚的重商情怀,也为葡萄牙开展大航海活动提供了一定的经济基础。同时,葡萄牙人还深受大西洋和欧洲大陆文化影响,既有强悍勇猛的作风,也掌握了在大风大浪的海洋里航行的本领,为他们开展大航海探险提供了大批冒险家。

二是葡萄牙据守地中海和大西洋交通要冲,使其成为联结地中海经济带和大西洋经济带的枢纽。随着阿拉伯帝国崛起垄断东西方贸易,推动了西欧与南欧区间贸易的发展。加之蒙古西征促使欧洲人口大规模西迁,致使欧洲经济中心逐渐西迁北移,南、北欧间贸易往来日益兴旺起来。葡萄牙在大西洋独特的地理位置使其商贸优势十分明显,英格兰人、热那亚人、威尼斯人、佛兰德斯人的商船，经常来到特茹河口装卸货物，而里斯本海港一天内往往停泊了多达数百艘商船。商贸枢纽的地位，使葡萄牙人认识到从事航海事业有利可图。频繁的商贸活动，也使葡萄牙人积累了丰富的航海经验，并使其从阿拉伯人和外国商人那里学到了新的航海知识和造船技术。正是据守地中海和大西洋交通要冲的特殊地理位置，葡萄牙才将发展经济和拓展势力的重心放到了海上。

优越的洋流条件。在葡萄牙沿岸海域，常年流淌着加那利寒流。该寒流为北大西洋暖流的南分支，在北纬45度附近沿着西班牙、葡萄牙和非洲西北海岸自北向南流动，流经加那利群岛附近，最后在北纬15度附近折向西行，汇入北大西洋赤道洋流，其幅宽约400—600千米，水面流速为0.9—1.9千米/小时。加那利寒流的流向、流速较为适合船只出海航行。从葡萄牙海岸驾船出发不仅顺流，而且不少时候还很顺风，不用多久即可抵达非洲北部的加那利岛。如果想继续航行前往亚洲寻找黄金和香料王国，则可沿着非洲西海岸南行。绕过好望角后，每年固定在5月到9月刮起的西南季风，将较为顺利地把船只送到印度次大陆的海岸。如果需要返回非洲西海岸及欧洲大西洋海岸，每年10月到次年4月刮起的印度洋东北季风又能送一程。

良好的洋流条件，对于葡萄牙人开创大殖民时代及其后西班牙人进行环球航行的探索尤为重要——哥伦布从葡萄牙航海者那里得知，他可以随信风向西航行，并确信再向北可以找到西风带他回家；同样，达·伽马也从当地航海者那里了解了印度洋上季风的基本规律①——至少，葡萄人和西班牙人无须像纬度大致相同的东亚国家那样，出发不久就不得不面临逆行的黑潮以及季风带来的大风大浪的考验。而且，跨越太平洋远比跨越大西洋抵达美洲新大陆遥远而

---

① [美] 斯塔夫里阿诺斯：《全球通史：从史前到21世纪》（上），吴象婴、梁赤民译，北京大学出版社，2020年，第448页。

艰难得多——太平洋最大宽度是大西洋的2倍以上。如果走直线的话，从东亚日本、中国前往美洲西海岸的航程上，也几无岛屿等落脚点可供休整。这或许也是东亚人不能早于欧洲发现美洲大陆的一个重要原因。

诸帝国边缘地带。葡萄牙位于欧洲大陆西南部，既在地中海经济带的最西边，又在大西洋沿岸经济带的最南边。葡萄牙诗人贾梅士的诗句"卢济塔尼亚在西部的海岸，那是陆地结束海洋开始的地方"，很好地概括了同时作为一个地中海国家和大西洋国家的基本特征。① 这样的地理环境，在以陆路交通为主体的中古时代显得十分偏僻。但由于地中海良好的水路交通条件以及直布罗陀海峡最窄处仅12千米，这使得葡萄牙非常容易被帝国所征服——这块土地因此成为开发较早、文明程度较高的地区。但任何一个帝国又很难在这里建立稳固的统治，因为距离帝国政治中心很远，帝国的统治较为容易被推翻，这使葡萄牙独立建国成为可能。而14世纪中叶之后，欧洲的经济中心正在由地中海地区向大西洋沿岸转移，区域性帝国势力也正随之发生转移：东方的阿拉伯帝国已经解体，奥斯曼土耳其帝国正在兴起，东罗马帝国则在奥斯曼帝国势力的压迫下苟延残喘；北方帝国英国和法国正忙于"百年战争"，西班牙也正陷于"英法战争"和兰开斯特公爵对西班牙王权主张的泥潭；欧洲腹地的神圣罗马帝国也正被诸侯割据闹得难以分身。正是因为葡萄牙位居大陆西南一隅，处于帝国边缘地带，使其得以避开纷争和战乱，积蓄力量，专心于大航海事业的拓展。

生产势力

公元476年罗马帝国的灭亡，推动了欧洲经济中心和文明中心的碎片化。一些新的国家在罗马帝国的废墟中诞生，并在东方的游

---

① 顾卫民：《葡萄牙海洋帝国史（1415—1825）》，上海社会科学院出版社，2018年，第46页。

牧民族、南方的阿拉伯人和北方半岛的强悍海盗等势力，直接或间接的威胁与冲击下逐渐成形。这些新国家的生活水准逐渐提升。①而阿拉伯帝国兴起之后，成了中国和西方之间以及中国和印度之间的障碍（控制了贸易）而不是桥梁，并逐步使陆上道路关闭，贸易转移到大陆周围由阿拉伯水手和商人控制的海上。②这为临近地中海、濒临大西洋的葡萄牙人提供了从事海上贸易的良机。而随着蒙古人开始于1219年的西征，欧洲人口被动向西欧地区集中，加之资本主义工商业在西欧国家萌芽，进一步推动了欧洲经济中心逐渐向大西洋沿岸转移。作为地中海经济带与大西洋经济带交汇处的葡萄牙，生产势力无疑获得更多发展的机会。

工商业大发展。葡萄牙具有悠久的商业传统，以经商闻名的腓尼基人是较早征服葡萄牙的外族。15世纪初，从黑死病大灾难中缓过神来的欧洲经济有了起色，促进了葡萄牙海上贸易的发展。葡萄牙对外出口的产品主要有葡萄酒、橄榄油和食盐，还有软木、葡萄干、水果、皮革和蜡等。③与此相对应的酿酒、食油压榨、晒盐、制蜡，特别是造船等工业获得了较快发展，其他作坊、小工业也在各个城市蓬勃兴起。在14世纪末叶的时候，手艺人和城市劳动者按职业区分形成了行会，建立了行会等级制度。那时候，各类手艺人、摊贩和小作坊主，按照各自的职业聚居在不同的街道和小区里，人们经常会以"面包师街""金匠街""桶匠街"等不同的名称给街道命名。而在此之前，葡萄牙商人早已遍及海外：为鼓励葡萄牙商人前来贸易，英国政府于1203年、1205年、1208年和1220年专门颁发了安全通行证，安排葡萄牙人来英国居住和贸易。从1240

---

① [英]詹姆斯·费尔格里夫：《地理与世界霸权》，胡坚译，浙江人民出版社，2016年，第121页。

② [美]斯塔夫里阿诺斯：《全球通史：从史前到21世纪》（上），吴象婴、梁赤民译，北京大学出版社，2020年，第131页。

③ 顾卫民：《葡萄牙海洋帝国史（1415—1825）》，上海社会科学院出版社，2018年，第36页。

年开始，越来越多的葡萄牙商人前往法国经商、生活。而1385—1465年，在葡萄牙、英国、佛兰德斯之间有46艘从事航海贸易的船只被海盗俘获或在各个港口被充公，其中约81%属于葡萄牙、约15%属于外国船只，还有剩下一部分属于葡萄牙人与外国人共同拥有。而已知其中20船的货物中，约55%属于葡萄牙人、约20%属于外国人，还有剩下部分属于葡萄牙人与外国人共同拥有。[①] 工商业大发展，推动了原辅材料需求和商品销售的旺盛，既为葡萄牙人从事航海探险提供了足够的动力，也为大航海事业发展提供了必要的物质基础和技术条件。

贸易需求旺盛。 从葡萄牙自身情况看，15世纪初，在黑死病暴发之后，人口终于有了较大幅度的增长，不少城镇具有相当规模，既促进了当地工商业的发展，也推动了对外贸易需求的增长；而由于经济获得较快增长，需要大量的金币投入流通，葡萄牙黄金供应不足，铸造货币的黄金几乎完全依靠进口，对外购买黄金的需求十分迫切。

从葡萄牙的外部环境看，一方面，由于西欧和南欧地理特点和物产不同，随着人口增长和经济发展，人们对两地不同物产的需求量越来越大——地中海和大西洋的区域贸易古已有之，当时的航海贸易规模不大，但却日益扩展，主要向佛兰德斯、英国、地中海地区和摩洛哥出口盐、鱼、葡萄酒、橄榄油、水果、软木和兽皮，同时从北欧进口小麦、布匹、木材、金银以及从摩洛哥进口金币。[②] 另一方面，15世纪初，奥斯曼土耳其帝国在西亚地区崛起，并与东罗马帝国长期交战，致使东西方传统的商贸中心君士坦丁堡陷入战乱，欧洲传统的贸易和财富中心意大利诸城邦也受其影响呈现衰落之势。加之，葡萄牙的商品从陆路运输必须经过宿敌西班牙。当从

[①] 顾卫民：《葡萄牙海洋帝国史（1415—1825）》，上海社会科学院出版社，2018年，第43—44页。

[②] 顾卫民：《葡萄牙海洋帝国史（1415—1825）》，上海社会科学院出版社，2018年，第37页。

东北部西班牙城市运入葡萄牙的商路被限制后，输入葡萄牙人生活必需品如香料、糖、金银数量急剧减少，价格暴涨。这些因素使葡萄牙对外贸易形成巨大的需求，也推动着人们从事海洋贸易探险的热情。

造船和航海技术进步。早在13世纪初，葡萄牙造船技术就获得了较大发展，最早由阿拉伯人使用的"三角帆"被摩尔人引进伊比利亚半岛。开始的时候，葡萄牙人造船时比较注重船体外表的精致和舒适性，长和宽的比例通常为3∶1，看上去更偏向圆形船。随着人们对远海探险和贸易运载量需求的提升，船体越造越大，装载量超过100吨的船只已经比较常见。大船上往往建有艏楼或者艉堡，以便人们在远洋时解决生活问题，并对海盗抢劫做好防范。国王费尔南多十分重视造船业的发展，甚至颁布法令，需要造船的商人可以向国王提出申请，获得准许之后可以在沿海的王家园林采伐木材。那时候，造船工人的社会地位也要比兵器匠、裁缝、肉贩和铜匠等大多数手工业者和商贩要高。1219—1260年，蒙古人先后三次历经40年的西征，给欧洲造成巨大浩劫。但葡萄牙却因为偏居欧洲大陆一隅，不仅躲开了蒙古人的洗劫，还因蒙古人西征加速了东西方文明的交融而更多地受益。中国造纸术和印刷术的传入，使更多的天文、历法和航海知识得以广泛传播；火药的输入和应用，不仅粉碎了葡萄牙社会的骑士阶层，加速了封建领主势力的瓦解，还为远洋探险提供了强大的武器；而指南针的传入，更直接加速了大航海时代的到来。受上述因素影响，到14世纪前后，葡萄牙航海技术获得重大进步。不仅掌握了乘斜风航行的技术，中心舵、罗盘、航海图、三角帆也得到了广泛应用，在一些重要的航线上还建起了灯塔。葡萄牙人对阿拉伯三角帆船的索具的改进同样重要，它使船只更适于迎风航行。船体结构和船帆索具方面的这些进步表明，这时的船只是把北欧、地中海和中东原先发展起来的技术革新的成果结合在一起。其结果是船体更大、速度更快、操纵更灵敏，同时也更经济，因为它减少了 100 个至 200 个划桨手及其食物和装备，大大增加了存放货物的空间。① 迈入 15 世纪的门槛之后，有足够的证据表明从地理大发现时代开始到以后很长的历史时期内，里斯本和果阿的葡萄牙造船工人是当时世界上最杰出的造船师。② 葡萄牙所具备的造船和航海的技术及能力，足以保障其从近海走向大洋了。那一时期的西欧，只有葡萄牙和英国这两个国家拥有常备海军，并且只有葡萄牙的舰队部署超出了欧洲水域的范围。③

革命性军事技术。工商业发展和造船及航海技术进步，并不是葡萄牙走向大航海并获得成功的充分保证。如果没有超越于被征服地区的武器装备，纵使宽大的航船将探险者和传统的武装人员送抵殖民目的地，当地绝对的人员数量优势也足以使入侵者根本无法实现自己的抱负——而革命性武器的出现则使这种成功成为可能。在蒙古人西征的过程中，中国的火药、火铳和火炮被传播到欧洲，引发了欧洲的火器革命。在葡萄牙开始大航海之前，欧洲在火炮方面的应用已远远领先于中国人，硝石、硫磺和木炭的配方在 1300 年前后就已经出现了。④ 在火铳的基础上，火绳枪也已经被欧洲人发明出来。这种枪不再直接点燃火药池，而是将一根在硝酸钾溶液里浸泡后晾干的火绳穿过枪管点燃，然后用扳机操作发射。⑤ 虽然火绳枪与长弓相比，在操作的简易性和稳定性上并不具有优势，但是对使用者的素质要求却简单得多——无须强大的臂力和经年累月的训练，从青年到老人经过快速培训就能走上战场。火绳枪极大地降低

---

① ［美］斯塔夫里阿诺斯：《全球通史：从史前到21世纪》(上)，吴象婴、梁赤民译，北京大学出版社，2020 年，第 342 页。
② 顾卫民：《葡萄牙海洋帝国史（1415—1825）》，上海社会科学院出版社，2018 年，第 132 页。
③ ［美］林肯·佩恩：《海洋与文明》，陈建军、罗燚英译，天津人民出版社，2017 年，第 441 页。
④ ［英］查尔斯·辛格、［英］埃里克·约翰·霍姆亚德、［英］阿尔弗雷德·鲁珀特·霍尔等主编：《技术史 第Ⅱ卷：地中海文明与中世纪》，潜伟主译，中国工人出版社，2021 年，第 425 页。
⑤ 张笑宇：《技术与文明：我们的时代和未来》，广西师范大学出版社，2021 年，第 154 页。

了长距离杀伤性武器使用的门槛,这使得葡萄牙殖民者前往非洲、印度这些火器传播和应用较少的地区,几乎具备了降维打击的实力。葡萄牙人还依托高超的造船技术,将火炮搬上了高大的商船,造出了令敌人胆寒的大军舰。这种船只开始时长度为30—40米不等,后来变长,一般配有30—40门青铜制的大炮,还配有装有霰弹的枪;其载重量开始时仅200吨左右,全盛时期达到1200吨至1600吨;每支船队配有100—120名水手,加上战士和炮兵可达300人;船上的仪器设备有罗盘、海图、浑天仪、地球仪和象限仪等。它只使用纵帆,船体比那些使用横帆的船只更窄;同时它们的吃水量很大,船舷也很高;由于它们的船很高,善于捕风,如要转向,帆桁则从船舷的一边转到另一边,所以航行自如。由于这些装备,葡萄牙船只在大西洋和印度洋的海面上称雄一时。①

文化势力

作为中介型世界性帝国,葡萄牙崛起过程中地理势力起到了重要而关键的作用。纵然是早期推动其帝国势力转移的文化势力,也与其濒洋临海和扼守地中海与大西洋交通要冲有着极为密切的关系,比如多元而开放型文化、冒险精神、国家对航海事业的重视和推动,等等。

多元文化。由于地理特征所致,葡萄牙帝国具有明显多样性文化特征。在地理文化方面,葡萄牙既受大西洋文化影响,也受内陆文化影响,但更多地受到地中海文化影响;在历史文化方面,葡萄牙先后受到克尔特人、迦太基人、罗马人、西哥特人、摩尔人的入侵和统治,他们在葡萄牙历史文化的履历上或多或少地留下了各种不同的烙印,其中尤以罗马文化和摩尔人文化影响最大——至今葡

---

① 参见顾卫民:《葡萄牙海洋帝国史(1415—1825)》,上海社会科学院出版社,2018,第131—132页。

萄牙街头，依然可见罗马人建设的神庙、浴场和剧院，南方的人们也逐渐地采用罗马的生活方式和风俗习惯；而摩尔人对葡萄牙文化最大的影响是将阿拉伯文化和伊斯兰教引进来。正是这种来自不同区域、不同样式和不同先进程度的文化，为葡萄牙拉开世界地理大发现的序幕创造了有利条件：一是形成了开放、包容、进取的文化风气和文化品性；二是为接纳文艺复兴思想，激发人的创造性潜力，提倡积极冒险精神，从而为大航海探险事业的发展奠定了基础；三是更好地吸纳东西方商业文明成果，并将东方先进航海文化应用于航海实践奠定了基础。

冒险精神。葡萄牙国土狭长，海岸线长约800千米，大多数葡萄牙人免不了经常与海洋打交道。面对辽阔无垠的海洋，人们总会在内心涌动一股远航的冲动，这种对远方的神往和探险的精神深深流淌在葡萄牙人血脉的深处。而葡萄牙这块土地曾相继被腓尼基人、罗马人和阿拉伯人占领并深耕多年，腓尼基人的商业拓展精神、基督教普世主义传教情怀、阿拉伯人大征服豪情，都是冒险精神在不同发展阶段的体现，并且先后在葡萄牙人历史传统里留下深刻的烙印，这为葡萄牙第一个建立起殖民主义霸权国家提供了动力。

葡萄牙人大航海冒险并非始于前往印度的航线探寻。早在1415年，葡萄牙国王若昂一世就和亨利王子一起，率领海军由海路开始了向未知世界的扩张探险，征服了葡萄牙第一个海外殖民地——直布罗陀海峡南岸的休达城。此后，葡萄牙人不断沿着陌生的非洲海岸向南探险，在荒凉无比的海岸上和惊涛骇浪的海洋里，不断寻找有用的商品和可殖民的土地。他们征服了被称为"死亡之角"的博哈多尔角和尚未开发、充满风险的海豹栖息地。到15世纪后半期，葡萄牙人就已经在非洲西海岸建立了许多殖民据点，如几内亚、刚果、安哥拉、本格拉、木萨米迪什等，并从这些地区抢掠黄金、象牙和贩运奴隶。葡萄牙人的探险活动并非止于此。为打破被奥斯曼帝国垄断的东西方商业通道,他们执着地冒险探寻前往印度和东方的海上航道——迪奥戈·康航行到了西南非地区,迪亚士率领的船队绕过了风暴频发的"好望角",达·伽马的船队则最终抵达了印度西海岸的卡利卡特,打通了前往印度的海上航线。而最能代表葡萄牙人大航海冒险精神的是从未远航过的"航海家"亨利王子。他抛弃了帝王名利和结婚生子的念头,用全部的时间和精力对葡萄牙的航海探险事业进行计划、指导、筹集经费、组织领导,从而开创了大航海新时代。

国家支持。要持续开展充满风险且在开始阶段根本无商业利益可言的大航海活动,没有国家的投入和支持显然难以为继。所幸的是,葡萄牙在1143年就已摆脱卡斯蒂利亚王国的统治而正式独立,可以独立自主地筹划和推动大航海事业的发展。同时,葡萄牙远离欧洲政治中心,处于周边帝国边缘位置,在欧洲其他国家为争夺陆上霸权陷入战争而消耗巨大的人力、物力和财力时,葡萄牙得以在相对稳定的政治局势中发展本国生产,从事海洋贸易,并集中国家力量推动大航海活动。

早在费尔南多时代,葡萄牙就十分重视推动海洋贸易和航海事业发展。为了鼓励海上贸易,费尔南多批准了有利于船主的法律,免除他们各种各样的捐税,让他们在王家的森林里采伐木材,制造船只。当时,王室的税收政策十分鼓励进口,规定每艘船只返航时所载的货物价值不得低于出航时所载的货物价值。[1]如果说,大航海活动是作为葡萄牙的国家战略规划的话,那么主持制订这个国家计划的,一定就是亨利王子——他推动和参与了葡萄牙对非洲北部城市休达的征服战争,开始了葡萄牙的对外扩张活动;在萨格里斯建立过一所服务于航海事业的学校,网罗了一批占星学家、天文学

---

[1] 顾卫民:《葡萄牙海洋帝国史(1415—1825)》,上海社会科学院出版社,2018年,第36页。

家、地图制作家、航海探险家在其周围;[1]主持和推动了葡萄牙冒险家沿非洲海岸的探险活动,为打通前往印度的航线打下了基础。

在亨利王子的努力下,葡萄牙有计划的航海活动使其不像个体商人那样孤立地探险或贸易寻利,而是一个贯穿百年的有规划、有系统、有组织的国家战略。当然,这一战略的实施,得到了葡萄牙国王的大力支持:杜亚尔特统治时期,国王把马拉德群岛 1/5 的税收作为了航海的经费;1438 年阿方索五世继位,摄政王佩德罗把博哈尔角以南的航海与贸易垄断权交给了亨利王子,并免除航海所得收益的一切税金;为支持亨利在西非传教,佩德罗任命亨利王子为骑士团团长,这个团的经费可以任意由亨利王子支配。正是举国家之力,才使葡萄牙在整体国力并不强大的情况下,率先走上了大航海之路。

帝国的衰败

葡萄牙帝国是世界帝国变迁重要的转折点——既是大陆帝国向海洋帝国变迁的转折点,也是农业帝国向殖民帝国变迁的转折点。大凡转折点性质的帝国,历史通常给予推动性质演化的契机,却难以赋予演化成熟的期待——葡萄牙帝国的崛起有较多的偶然性,它的衰落自然也十分迅速。

生产势力

葡萄牙帝国片面重视贸易,没能促进生产乘势崛起。葡萄牙人打通了与东方的贸易通道,在 16 世纪初实现了对香料贸易的垄断,并获取了巨大利润。1518—1519 年,香料贸易带来的利润已经达到 30 万克鲁扎多,超过了帝国政府在本国的收入(28.5 万克鲁扎多),

---

[1] 顾卫民:《葡萄牙海洋帝国史(1415—1825)》,上海社会科学院出版社,2018 年,第 59 页。

并远远超过了黄金进口的收入，贸易的利润在帝国政府的财政结构中占据了至关重要的地位。① 但是，葡萄牙并没有利用好贸易创造的利润推动国内农业生产和工业生产的进步。它用来出口的主要是非洲的黄金和盐，而进口的则是各种冶金产品、鱼以及它自己的羊毛——这些羊毛已由外国加工成织物。② 葡萄牙不仅工业落后于西北欧国家，由于香料等商品贸易带来大量财富，对于该国一向传统和平稳的生活造成突然的冲击，人们从农村流向城市，不愿意从事生产劳动，转而追求享乐和寄生的生活。③ 农业生产亦日益凋敝。由于缺少工业和农业生产的支撑，经济发展失去了可持续性，而香料贸易带来的丰厚利润也没能留在葡萄牙，反而大量流失到西北欧国家，葡萄牙的帝国势力不可避免地发生了转移。

贸易成本走高，贸易势力快速转移。 达·伽马开辟印度航线之后，葡萄牙和欧洲人在亚洲建立了第一支永久性舰队——5艘船担负起了掠夺阿拉伯船只、破坏印度与埃及之间贸易的任务。④ 与此同时，葡萄牙人还要组织军队同反葡萄牙的印度当地人和穆斯林统治者及商人组织作战。后来，需要舰队和军人保护的航线越来越长，一些贸易控制点上配备了长期驻守士兵，致使贸易成本越来越高。推动贸易成本走高的另一个重要原因是葡萄牙国内市场实在太小。对于大部分运往欧洲大陆的货物来说，这个伊比利亚半岛上的小小的宗主国，显然并不是一个适宜的卸货地——里斯本背后就是"人烟稀少的地带……运入里斯本的大部分香料必须通过较便宜的货物运输路线，才能转运到内陆地区"⑤。另外，西班牙实现环球航

---

① 顾卫民：《葡萄牙海洋帝国史（1415—1825）》，上海社会科学院出版社，2018年，第121页。
② ［美］斯塔夫里阿诺斯：《全球通史：从史前到21世纪》（下），吴象婴、梁赤民译，北京大学出版社，2020年，第494页。
③ 顾卫民：《葡萄牙海洋帝国史（1415—1825）》，上海社会科学院出版社，2018年，第232页。
④ 成振珂主编：《世界帝国简史：人类变迁中的文明与真相》（下），中国商业出版社，2017年，第980页。
⑤ ［英］詹姆斯·费尔格里夫：《地理与世界霸权》，胡坚译，浙江人民出版社，2016年，第134页。

行后，利用季风和洋流规律，开拓了"马尼拉·加列温贸易"航线，实现了新大陆白银与亚洲丝绸、瓷器的循环贸易，而葡萄牙开展贸易的相对成本越来越高。

军事实力不足，无法保障自身权益。葡萄牙地域狭小、人口少、军事力量的薄弱难以维护帝国势力持续成长。随着占领的殖民地和贸易据点越来越多，葡萄牙兵力不足的问题更加突出。特别是在与当地居民的冲突中，葡萄牙士兵的数量不足以维护其对关键地区的控制。在征讨摩洛哥的"三王之役"中，葡萄牙国王塞巴斯蒂昂战死，充分说明其军事力量的薄弱，也表明葡萄牙的军事能力根本无法有效管理庞大的殖民帝国。后来，拥有葡萄牙王位继承权的西班牙国王菲利普二世为夺取王位，下令边境上的西班牙精锐部队开进葡萄牙，一鼓作气打到了里斯本城下。葡萄牙国内竟没有训练有素的军队与之作战。另一位国王的继承人安东尼奥不得已释放了一大批犯人和奴隶，把他们编入军队，但是这群乌合之众又怎么能抵抗西班牙的精锐部队呢？[①] 菲利普二世如愿成为葡萄牙国王，葡萄牙被并入西班牙，葡萄牙帝国就此急剧衰落——正是在两国合并期间，葡萄牙在非洲、亚洲的殖民地及贸易据点被荷兰人大量占据。

地理势力

葡萄牙位于欧洲大陆西南端，地处偏僻、规模不大，使其能够脱身于欧洲大陆的纷争，并专心致力于航海事业和对殖民地的拓展。但也正因其偏和小，使得葡萄牙得以执海外殖民之牛耳，却又无法阻挡其帝国势力的快速衰落。在16世纪初，葡萄牙人口大约只有150万。有限的人口和市场空间限制了葡萄牙在殖民地的发展潜力，尤其是在与其他欧洲强国竞争的情况下。但致使其长期衰落

---

① 成振珂主编：《世界帝国简史：人类变迁中的文明与真相》（下），中国商业出版社，2017年，第984页。

的，更重要的原因是葡萄牙和西班牙在经济上一向依赖西北欧。伊比利亚国家的经济从属性同中世纪后期欧洲经济中心从地中海盆地整个地转移到北方是有关系的。这一转移的原因在于，北欧的生产力不断加速发展，使得波罗的海——北海地区新的大宗贸易（谷物、木材、鱼和粗布）能超越地中海传统的奢侈品贸易（香料、丝绸、香水和珠宝）。随着欧洲经济的发展和生活水平的提高，迎合一般平民的大宗贸易的增长速度远远高于迎合少数富人的奢侈品贸易。[①]而对大宗贸易的需求，是葡萄牙这样小型市场无法提供的。

更为致命的是，除了面向大洋之外，葡萄牙狭小的国土被西班牙所包围，这使其陆上交通和海洋航运难以摆脱被后者影响和控制的厄运。葡萄牙与西北欧国家开展海上贸易，船只必然经过西班牙的大西洋沿岸；而与地中海沿岸国家进行贸易往来，西班牙扼守地中海与大西洋门户的直布罗陀海峡又是一道越不过的坎；倘若葡萄牙想通过陆上通道打开欧洲市场，更需要西班牙开放陆上通道。葡萄牙被西班牙所包围的境况，既是葡萄牙对外扩张探险首先征服直布罗陀海峡南岸休达城的根本原因，也是葡萄牙帝国势力隆盛不久就向西班牙转移的重要原因。

文化势力

在葡萄牙帝国创建早期，基督教及教会对于传播知识、统一信仰、凝聚社会共识起到了积极的作用。但随着时间的推移，天主教影响日渐深厚，其负面作用也不断显现。曼努埃尔一世建立新朝代以后做的第一件事就遭到了严重的非难，他决定以西班牙独裁君主斐迪南和伊莎贝拉为榜样，驱逐犹太人出境。[②]这一措施使大量的商业和技术人才离开了葡萄牙，并影响了葡萄牙的声誉。后来，葡

---

① [美] 斯塔夫里阿诺斯：《全球通史：从史前到21世纪》（下），吴象婴、梁赤民译，北京大学出版社，2020年，第494页。

② 顾卫民：《葡萄牙海洋帝国史（1415—1825）》，上海社会科学院出版社，2018年，第104页。

萄牙像西班牙那样建立起宗教裁判所。在宗教裁判所成立的初期，对犹太人及犹太人改信基督教的"新基督徒"的迫害特别严酷。从1558年开始，所有的"新基督徒"都被排除担任任何宗教的、军事的和行政的服务，担任律师和医生的"新基督徒"也遭到普遍的歧视。这个钳制葡萄牙人思想的机构，在文化思想领域造成的后果就是，终结了自15世纪地理大发现初期就已经开始的文艺复兴运动，从此很长一段时期里文化思想领域充斥着一片肃杀之气。[1] 由此，葡萄牙人思想日渐保守，国家和民族不再有积极向上的朝气，失去了活力与热情以及民族自尊心。

在西班牙国王菲利普二世欲继承葡萄牙王位派军队侵入葡萄牙时，葡萄牙贵族、商人等上层阶级不是组织军队进行抵抗，更多的是考虑自身既得利益如何得到维护，保住他们的职务、财产以及官衔；对于商人阶级来说，与西班牙的合并可以使得两国的边界开放，葡萄牙与印度和巴西的海上贸易可以受到当时世界上最强大的西班牙舰队的保护，甚至可以到西班牙人统治的中美洲盛产白银的地方去从事贸易；而上层阶级则认为，一个强有力的国王和政府的统治还可以镇压国内的人民起义。[2] 他们很少像民众那样更希望维持祖国的独立。

与此同时，帝国享乐之风盛行，贵族和王室挥霍大量财富。人们不愿意再从事生产劳动，而追求享乐和幻想过上不劳而获的生活。财富的流入使得里斯本王室的生活变得越来越奢华，宫廷雇用的人员越来越多。贵族们也开始依靠炫耀自己的豪华生活来显示其社会地位。在乡间的大贵族也千方百计地要维持他们的小宫廷，结果是入不敷出。为了制止这种互相攀比的不良社会风气，王室也曾经颁布过许多法令，禁止人们在衣着上过分奢侈并限制使用贵重的

---

[1] 参见顾卫民：《葡萄牙海洋帝国史（1415—1825）》，上海社会科学院出版社，2018年，第174—175页。

[2] 顾卫民：《葡萄牙海洋帝国史（1415—1825）》，上海社会科学院出版社，2018年，第238页。

布匹、首饰、黄金和白银饰物以及雇用仆役。虽然国家的消费在增加,但是收入却在渐渐地降低。16世纪30年代以后,在东方购买的运往里斯本的货物数量在减少,转卖获得的利润也越来越小,贸易的逆差越来越大。① 这种情况也导致了国库空虚,难以将财富投入社会再生产或军事扩张,帝国的衰败也就在所难免。

八、西班牙帝国

针对西班牙从人类最早的"日不落帝国",沦落为保守而落后的资本主义国家,有些浪漫主义的历史学家宣称西班牙为了能保存人文的以及资产阶级社会在追逐物质繁荣时失落的精神价值,故意拒绝进步。对于19世纪30年代的浪漫主义者及其众多继承人来说,西班牙标志性的英雄是堂吉诃德。在他们看来,西班牙的历史不应该用客观的因素解释,而要通过对西班牙人心灵的洞察来解释。②事实上,西班牙的兴衰成败用帝国变迁的动力结构来解释和说明则清晰明了。

帝国的创建

作为西欧的一员,西班牙是开化较早的地区。因扼守着非洲大陆与欧洲大陆便捷的交通通道,西班牙自有人类居住之后,就不断地遭受外来民族的入侵,成为欧洲文化最为复杂多样的地区。大约公元前3000年开始,外来民族就开始向伊比利亚半岛大规模移民;公元前1200年,凯尔特人从中北欧翻越比利牛斯山脉进入半岛;公

---

① 参见顾卫民:《葡萄牙海洋帝国史(1415—1825)》,上海社会科学院出版社,2018年,第232页。
② [英]雷蒙德·卡尔:《不可能的帝国:西班牙史》,潘诚译,东方出版中心,2019年,序言第3页。

元前1100年，来自北非的腓尼基人在半岛上建立了殖民地，建成加迪尔（加的斯城）；公元前9世纪，大批的凯尔特人再次从中欧迁入。公元前6世纪，来到伊比利亚半岛的凯尔特人和伊比利亚人相互通婚、融合，产生了后来的塞尔梯贝里亚人；卡塔戈人在腓尼基人的帮助下，取得抗击塞尔梯贝里亚人的胜利，一度成为半岛的主人。

公元前218年，罗马向迦太基宣战，开启了第二次布匿战争。为牵制迦太基的汉尼拔军队，罗马人派出两路军队，拉开了大举入侵西班牙的序幕。公元前206年，罗马人将卡塔戈人逐出伊比利亚半岛，并开始了对塞尔梯贝里亚人的血腥征服。从公元前197年开始，罗马在其占领的西班牙沿海地区，相继设立了两个行省——北部的近西班牙和南部的远西班牙。公元前146年，第三次布匿战争结束，罗马人获得了地中海西部的霸权。公元前19年，罗马人彻底征服整个伊比利亚半岛。此后，在长达400年的时间里西班牙成为罗马帝国的一个省。公元5世纪，罗马帝国开始走向崩溃。409年，西哥特人入侵西班牙，建立西哥特王国，从而开始了对西班牙长达300年的统治。710年，摩尔人（阿拉伯人与北非人的后裔）以受到西哥特一位王位竞争者邀请为名，发动了对西班牙的入侵，只用了7年时间就征服了伊比利亚半岛，开始了对西班牙为期近800年（711—1492年）的统治，称作"安达卢斯国"。

从722年起，伊比利亚半岛原住民就开始了反抗阿拉伯人（摩尔人）的光复运动。在同阿拉伯人作战的同时，基督教势力逐渐形成了卡斯蒂利亚和阿拉贡两大王国。1212年，在阿方索八世领导下，卡斯蒂利亚王国军队在拉斯纳瓦斯德托洛萨取得了战胜摩尔人的决定性胜利。此后，卡斯蒂利亚王国军队又陆续收复了科尔多瓦、塞维利亚、赫雷斯、加的斯等城市，最后只剩下格拉纳达王国。1469年，卡斯蒂利亚和阿拉贡两个王国联姻，伊莎贝拉一世嫁给了阿拉贡王子费尔南多二世，为西班牙的统一奠定了基础。1479年，费尔南多继位,成为阿拉贡国王,两国正式合并为统一的西班牙王国,夫妇二人共同执掌王权,也被称为"天主教双王"。

随着国力不断强盛,西班牙逐渐走上了对外殖民扩张的道路。早在卡斯蒂利亚时期,西班牙已经开始向北非扩张势力。1402 年,卡斯蒂利亚国王恩里克三世派遣探险家在加那利群岛建立殖民地。1492 年,西班牙驱逐了格拉纳达最后一位摩尔人国王,并分别于 1497 年和 1509 年占领梅利利亚和奥兰。

1492 年,在伊莎贝拉一世赞助下,热那亚水手克里斯托弗·哥伦布发现美洲新大陆。1493 年,教皇发布诏书确认了西班牙对这些土地的拥有权。翌年,西班牙与葡萄牙签订《托尔德西里亚斯条约》,两国将全球分为东西两半球,宣称分别拥有两半球可被殖民的土地。西班牙因此可以在从阿拉斯加到合恩角(巴西除外),以至亚洲西部的地区建立殖民地。

此后,西班牙在欧洲、新大陆、菲律宾和非洲迅速扩张势力:1516 年控制了上纳瓦拉,16 世纪初建立伊斯帕尼奥拉岛殖民地,1508 年征服波多黎各,1515 年夺得古巴,1519 年侵入墨西哥,1532 年侵入秘鲁,16 世纪中期又先后在智利、哥伦比亚、阿根廷、巴拉圭等地建立据点,1565 年在北美的佛罗里达和亚洲的菲律宾建立起据点,并逐步占领了大部分菲律宾群岛。到 16 世纪中期,除巴西以外,自墨西哥以南的美洲广大内陆地区基本上成为西班牙的殖民地。1580 年,西班牙国王腓力二世打败安东尼奥,以继任者身份篡取了葡萄牙王位,将葡萄牙并入西班牙,次年兼并了葡萄牙在非洲、亚洲和美洲包括巴西在内的全部殖民地。到 16 世纪 80 年代,西班牙版图包括欧洲一部分、美洲绝大部分、非洲一部分以及亚洲菲律宾等地,极盛时期控制面积达到了 3150 万平方千米,建立起世界历史上最早的、空前庞大的全球殖民帝国,当时西班牙人因此自称"日不落之国"。

帝国势力的形成

地理势力

西班牙位于欧洲西南部的伊比利亚半岛（一度拥有整个半岛），地处欧洲大陆与非洲大陆交界处，相隔直布罗陀海峡与非洲摩洛哥相望；西邻葡萄牙，北濒比斯开湾，东北部与法国及安道尔接壤。西班牙成长为世界性帝国的地理条件与后来的美国如此相似——夹在大海大洋之间，成为传统经济区域与新兴市场联系的枢纽；国家的统一，推进了统一大市场的形成。尽管从西班牙分离出来的葡萄牙通过大航海运动，率先打开了西方现代文明的窗口，西班牙还是凭借自身更为优越的地理条件和综合实力，从葡萄牙人手中夺过了世界性帝国的权杖。

交通咽喉。西班牙扼守着直布罗陀海峡，与海峡北岸的直布罗陀、加的斯和南岸的休达、丹吉尔等城市隔岸相望。直布罗陀海峡长约 90 千米，最窄处在今天西班牙马罗基角和摩洛哥西雷斯角之间，宽仅 14 千米。与其说直布罗陀海峡隔开了欧洲、非洲之间的陆路交通，不如说其为地中海和大西洋之间的联系打开了通道。迦太基人、阿拉伯人先后通过北非来到西班牙，在此建立了殖民地或独立国家，带来了不同的民族文化和国家治理样式。而随着海洋运输的发展，通过直布罗陀海峡进出大西洋和地中海的船只越来越多，西班牙作为地中海经济带和大西洋经济带交通咽喉的地位更加突出和重要。在 9 世纪和 10 世纪之间，中东伊斯兰文明、学识及其宗教和语言在西班牙扎下了根，贸易网络联系着安达卢西亚和遥远的伊斯兰世界的各个部分——埃及、伊拉克、伊朗甚至印度，来自大西洋沿岸的龙涎香销往巴格达，来自布哈拉的纺织品在西班牙行销。[①]

[①] ［英］雷蒙德·卡尔:《不可能的帝国：西班牙史》，潘诚译，东方出版中心，2019 年，第 60 页。

海洋夹峙。西班牙东临地中海,西临大西洋,半岛内平原主要分布于海岸线附近,内陆地区山脉和河流纵横,山脉将半岛切割为若干个较为独立的地理区域,而河流又将其联结为同一个经济体。西班牙被地中海与大西洋夹峙的地理结构,使其相较于帝国势力已经遍及亚洲的葡萄牙,至少有三个方面的优势。

其一,海岸线漫长,港口众多。西班牙地中海海岸线长2058千米,大西洋海岸线长1728千米,地中海巴利阿里群岛各岛屿海岸线长1428千米。漫长的海岸线使西班牙自古拥有众多的天然良港,地中海沿岸的巴塞罗那、雷乌斯、巴伦西亚、卡塔赫纳、马拉加、直布罗陀以及大西洋沿岸的加的斯、维戈、拉科鲁西亚、希洪、毕尔巴鄂等港口城市,围绕在西班牙濒海临洋地区,使西班牙获得了海洋运输的有利条件,在大航海时代来临之后,为其帝国势力崛起提供了良好的硬件基础。

其二,受到地中海文明和大西洋文明的双重惠泽。在人类发展早期,地中海沿岸创造了无比灿烂的文明,西班牙因东濒地中海使其与欧洲其他地区相比,更早获得了先进文化的影响。早在公元前1100年前,以经商闻名于东方的地中海东岸的腓尼基人就已来到西班牙,占领了地中海岛屿和沿岸土地,建起了加的斯这座城市,从事海上运输和贸易。其后,希腊人、罗马人、西哥特人和阿拉伯人又相继来到西班牙,带来了先进的文化和科技,推动了当地经济发展。由于殖民者生活和商贸活动的中心在地中海沿岸,因此在阿拉伯人征服之前,西班牙地中海沿岸地区经济发展水平远胜内陆及大西洋沿岸,凯旋门、大剧院等罗马文化建筑和哥特式建筑遍布地中海沿岸城市。而随着欧洲经济中心北移,大西洋沿岸经济发展日益兴盛起来。葡萄牙开拓大航海之后,西班牙大西洋沿岸成为北欧、英国及低地国家商品进入地中海沿岸的必经之路,而葡萄牙从亚洲、非洲贩运或掠夺而来的物资销往西欧和北欧一带,西班牙大西洋沿岸也是绕不过的航线。而所有运输船只进出地中海,西班牙地中海沿岸港口及岛屿是最为便捷的歇脚点和货物集散地。因此，帝国形成之前的西班牙既得地中海文明之利，又获大西洋经济崛起之便。随着西班牙加入殖民运动的行列，其海洋夹峙的地理优势则更为明显。

其三，提供了相对独立的发展环境。西班牙东面为地中海，西面是大西洋，而南面与非洲大陆隔直布罗陀海峡相望，北面则因比利牛斯山脉与法国隔开，使其形成了相对独立的地理空间。这种空间格局，在西班牙光复运动中，有利于阻断强大的国外势力的干涉；而在西班牙独立建国之后，也有利于避免大陆势力的侵犯，从而更有利于集中精力从事国内事务建设和殖民事业的发展。

尤为难得的是，在比利牛斯山脉东西两端，形成了对西班牙极为有利的地形：西部通过比斯开湾的沿岸低地，进入法国后是无垠的平原地带；而从东部的利翁湾低地进入法国，也是更有利于军队行动的奥德河冲积扇平原和沿海低地。这种地形地貌，为西班牙打造了陆上易守难攻的地理条件——西班牙如果出动军队干涉大陆事务要相对容易；反过来，大陆国家从陆地入侵西班牙则要困难得多。这是第二次布匿战争中，汉尼拔将军率领军队从伊比利亚半岛出发给罗马制造了极大麻烦的原因；也是盛极一时的拿破仑政权，摧毁了神圣罗马帝国并征服大半个欧洲，而对控制近在咫尺的西班牙无能为力的重要因素。

这种地理特征还为西班牙开展贸易活动提供了良好的条件。与两面临海、另两面被西班牙包围且国土狭小的葡萄牙相比，西班牙更为宽广的国土形成了广阔的市场空间。同时，由于比利牛斯山脉两端的沿海低地为西班牙进入大陆提供了贸易通道，使西班牙生产的产品和从殖民地贩运的商品，能够方便地从陆路进入欧洲大陆市场，从而获得了葡萄牙并不具有的市场优势。这是葡萄牙殖民地不断扩大，而帝国势力却不可逆转地向西班牙转移的重要原因。

生产势力

统一的大市场。从公元前1200年到10世纪,西班牙相继被凯尔特人、腓尼基人、迦太基人、罗马人、西哥特人和阿拉伯人入侵和征服。不同的外族入侵者带来了不同的治理体系和文化模式,加之西班牙地理复杂,高山、河流和平原交杂,形成了不同的区域特色和地域文化,这也使西班牙形成了复杂的、碎片化的民族特征。18世纪启蒙运动影响下的民权斗士奥拉维德,就认为西班牙是"这样一个实体,其中包含了较小的实体,它们互相分离、敌对,而且还互相压迫和轻视,处于不断的内战之中。每个省份、每个宗教团体、每个职业都与这个国家的其他部分相分离,而向自身靠拢"①。在这种缺乏向心力的分离状态下,西班牙无法形成统一的大市场,对外自然缺乏竞争实力。

这种状况在1469年由于卡斯蒂利亚和阿拉贡王室之间的联姻而发生过改变。经过长期杀伐和征服,原本王国林立的伊比利亚半岛仅剩下卡斯蒂利亚、阿拉贡、葡萄牙、纳瓦尔和格拉纳达五个王国。葡萄牙王国此时已征服西非一带大块殖民地,奠定了世界性帝国的霸业基础;卡斯蒂利亚王国吞并了伊比利亚半岛上原有的大部分王国,成为从比斯开湾到直布罗陀海峡贯通南北的最大王国;阿拉贡则是雄踞半岛东北部势力最为强大的王国,国土包括了巴伦西亚、巴利阿里群岛(马略卡岛),还包括了意大利北部的那不勒斯、西西里岛与撒丁岛,是地中海地区势力强大的王国;纳瓦尔王国则是据守比利牛斯山区的小国;而格拉纳达是摩尔人在伊比利亚半岛最后一块殖民地,势力仅限于半岛南部地中海沿岸较小的范围。卡斯蒂利亚和阿拉贡王国的王室联姻,使陆上帝国卡斯蒂利亚王国和海上帝国阿拉贡王国实现强强联合,奠定了现代西班牙国家的

---

① [英]雷蒙德·卡尔:《不可能的帝国:西班牙史》,潘诚译,东方出版中心,2019年,序言第7页。

格局,西班牙势力因此大增。联合后的王国,又先后于1492年和1512年分别吞并了格拉纳达王国和纳瓦尔王国,西班牙真正成为统一的国家,统一的西班牙大市场正式形成。

由此,西班牙既拥有了伊比利亚半岛广阔的国内商贸市场,又通过大西洋沿岸和地中海沿岸的陆地走廊以及地中海的海洋航线,将商贸势力向欧洲大陆和地中海沿岸国家辐射,从而获得了远超葡萄牙的本土市场空间和市场拓展腹地。在西班牙统一大市场形成之后,世界帝国势力由葡萄牙逐渐向西班牙转移也就是大势所趋了。1580年,趁葡萄牙王室绝嗣的机会,西班牙国王腓力二世又戴上了葡萄牙王冠,将两大海上帝国合二为一,包括非洲和亚洲的庞大贸易网络都划到了腓力二世名下,西班牙势力空前强大。

殖民美洲。14世纪的欧洲出现了严重的社会危机,战争频发、鼠疫反复、人口锐减、农业凋敝、社会混乱,有学者将这一现象的出现归因于世界出现"严寒"气候,在随后的温暖期到来之后,经济生活和人口数量取得重大进展。[①]这样的论点并不确切——严寒的天气对抑制病毒传播和欧洲以小麦为主的农业生产来说可能并非坏事。不过,现实中欧洲由此陷入了反反复复的死亡恐怖之中,仅14世纪中叶暴发的黑死病(鼠疫)就使包括西班牙在内的欧洲丧失了超过1/4的人口。而到了16世纪,欧洲发展形势有了根本好转,实在与葡萄牙和西班牙开展了大殖民运动有着莫大关系。

西班牙实现环球航行,在此基础上殖民美洲,在促使欧洲社会"起死回生"方面至少发挥了两个重大作用。

一是从美洲掠夺了大量的黄金白银,为西班牙及西欧工商业发展提供了充足的流通货币。西班牙人陆续在波托西、玻利维亚、萨卡特卡斯、秘鲁和墨西哥等地发现储量丰富的银矿和金矿。仅在

---

① [美]伊曼纽尔·沃勒斯坦:《现代世界体系》第一卷,郭方、刘新成、张文刚译,社会科学文献出版社,2013年,第24页。

1500年至1600年，大约有超过15万公斤黄金和740万公斤白银从美洲运往西班牙。① 大量黄金和白银的输入，为西班牙工商业和起步阶段的西欧资本主义发展，创造了极为有利的条件。

二是粮食作物的引进，极大地提高了欧洲的粮食产量。中世纪的欧洲，经济社会发展水平远远落后于拥有精耕细作的农业传统的中国。西班牙人发现美洲新大陆之后，将马铃薯、玉米等高产农作物引进西欧种植，很好地解决了农作物产量不高的问题。因为率先发现美洲，西班牙是欧洲最早种植和食用马铃薯的国家，时间肯定不迟于1570年。很可能在一些年后，马铃薯又被独立引入英格兰，进而传入爱尔兰。到16世纪末期，在意大利、法国、德国，马铃薯已是很常见的农作物。② 玉米是在哥伦布第一次到达古巴被发现后不久就被引入西班牙和欧洲的。第一批是从西印度群岛运入的，其余的则随后从墨西哥和秘鲁运入。在几年内，它就传遍了法国南部，并经由意大利和巴尔干地区传入小亚细亚和北非，在那些地区很快就成为重要的经济作物。③ 事实上，伊比利亚半岛大陆性气候分布广泛，山地和空气干燥的地区较多，非常适合玉米、马铃薯的种植和生长。而从美洲大陆引进到欧洲的玉米和马铃薯，也确实为欧洲粮食产量的提高、养活更多人口，并将欧洲从十四五世纪的黑暗中拯救出来贡献了重大力量。

资本主义生产方式。蒸汽机的发明奠定了英国在资本主义经济发展史上的突出地位，也因此让人们疏忽了西班牙在资本主义生产方式发展过程中发挥的特殊作用。在15世纪中叶的西班牙，资本主

---

① [英]雷蒙德·卡尔:《不可能的帝国：西班牙史》，潘诚译，东方出版中心，2019年，第158页。
② [英]查尔斯·辛格、[英]埃里克·约翰·霍姆亚德、[英]阿尔弗雷德·鲁珀特·霍尔等主编:《技术史 第Ⅲ卷：文艺复兴至工业革命》，高亮华、戴吾三主译，中国工人出版社，2021年，第4页。
③ [英]查尔斯·辛格、[英]埃里克·约翰·霍姆亚德、[英]阿尔弗雷德·鲁珀特·霍尔等主编:《技术史 第Ⅲ卷：文艺复兴至工业革命》，高亮华、戴吾三主译，中国工人出版社，2021年，第6页。

义生产方式就已萌芽并获得较快发展，是因为彼时的西班牙具备了以下几个重要条件。

一是西班牙从新发现的美洲获得大量的黄金和白银，解决了工业大规模扩张的资本流动性问题。二是充足的货币削弱了封建秩序，农奴越来越多地用货币而不是劳动支付地租。这样一来，封建领主就变成了地主，农奴则变成了自由农民——一个流动性更强的社会因此而形成。这个社会能够积累资本，提供组织，解放探险、征服和移民事业所需的劳动力。[1]三是斐迪南德和伊莎贝拉主导并推动了造纸术和印刷术的发展。[2]它使应用于工业的知识和技术获得了更为广泛的传播，让大规模培训熟练工人成为可能，并推动了文书制度、新型教育制度和企业管理制度的建立。同时，它还促使在13世纪末和14世纪初出现的银行储蓄、兑换票据、经纪人、中央商业机构等交易技术和商业保障元素获得巨大进步。四是由于西班牙的殖民扩张使得资本主义商品经济，由区域性市场扩展为全球性市场，资本的魔力和威力在工业生产中得以体现。五是工业生产技术的发展和生产效率的提高，使得工厂主不只是把"部分"剩余产品投入市场，而是把"绝大部分剩余产品投入市场"，[3]从而为资本家谋取丰厚的剩余价值创造了条件。

资本主义生产方式的发展，极大地释放了生产力，使得西班牙工业生产迅速向集约化和规模化方向发展。一些研究指出，彼时西班牙由不同的经济区组成，而橄榄（哈恩）、红酒（瓜达尔基维尔河谷）、布料（科多巴）和丝绸（格拉纳达）等热销出口产品，带来了安达卢西亚自16世纪以来经济的繁荣。此外，西班牙中部和北部

---

[1]［美］斯塔夫里阿诺斯：《全球通史：从史前到21世纪》（上），吴象婴、梁赤民译，北京大学出版社，2020年，第449页。

[2]［英］雷蒙德·卡尔：《不可能的帝国：西班牙史》，潘诚译，东方出版中心，2019年，第125页。

[3]［美］伊曼纽尔·沃勒斯坦：《现代世界体系》第一卷，郭方、刘新成、张文刚译，社会科学文献出版社，2013年，第110—111页。

地区的一些领域，如巴斯克的钢铁工业、在美利奴细毛羊（期间数量约达1000万只）基础上发展起来的羊毛业，出口额也大幅上升。①工业经济的发展和产业工人队伍的扩大，也能从城市规模的快速扩张中得以佐证。在16世纪，塞维利亚和马德里赶上了那不勒斯或罗马的大城市的规模。1534年塞维利亚人口达到55000左右，1570年超过了100000人。同一时期，马德里的人口从12000增长到约40000人，而且在下一代人的时间里，又翻了一番。②

然而，由于受制于历史的局限性以及频繁的战争和贸易获得的财富相对容易，西班牙并没有抓住资本主义萌芽及初期发展的有利时机，推动资本主义制度的完善，反而让西北欧国家逆袭，后者建立了更为成熟的资本主义制度。

海陆贸易繁荣。 为促使城市经济复苏，斐迪南二世一继位（1479年），就在阿拉贡王国疆域内推行各项保护贸易的规定和改革措施。在这里萌芽的早期重商主义，后来成为卡斯蒂利亚的鲜明特征。③当然，西班牙真正获得世界贸易中心的地位，还是在其15世纪末统一之后，世界贸易的主导地位渐渐由开启了大航海时代的葡萄牙向西班牙转移。推动这种转移的力量主要是由四个方面的条件形成的。

首先，西班牙建立了统一的大市场，有更大的能力生产工业品和消化殖民地商品。16世纪初，西班牙有700多万人口，而葡萄牙人口仅有100万左右，两国市场的消费能力有天壤之别。葡萄牙人从东方运回来的香料、丝绸、瓷器等商品，在本国难以消化，还得依托西班牙及欧洲的市场。

---

① ［英］雷蒙德·卡尔：《不可能的帝国：西班牙史》，潘诚译，东方出版中心，2019年，第22页。
② ［英］雷蒙德·卡尔：《不可能的帝国：西班牙史》，潘诚译，东方出版中心，2019年，第133页。
③ ［德］瓦尔特·L·伯尔奈克：《西班牙史：从15世纪至今》，陈曦译，上海文化出版社，2019年，第7页。

其次，随着西北欧经济的发展，作为地中海经济带和大西洋经济带枢纽的西班牙，其海洋运输和商业贸易的地位越加突出。14世纪，随着德意志北部城市（莱茵河和波罗的海沿岸）之间形成的商业、政治联盟——汉萨同盟进入鼎盛时期，西北欧地区的商业贸易环境日益好转，与南欧和地中海地区的贸易往来更趋繁忙，而拥有"海洋夹峙"先天地理优势的西班牙，无疑更能获得贸易中心的地位。

再次，西班牙人发现美洲大陆，并实现环球航行，建立了全球贸易网络。他们利用季风和洋流规律，实现了穿越大西洋和太平洋的航行，并开拓了"马尼拉—加列温贸易"航线。这条航线，从出产了新大陆1/3白银的墨西哥的阿卡布尔克港横渡太平洋，运往西班牙的殖民地菲律宾马尼拉，用白银购买明朝商人走私到马尼拉的丝绸、瓷器；然后，西班牙帆船再装载着在马尼拉购买的中国商品，利用黑潮，沿日本海岸北上，乘着偏西风回到阿卡布尔克。而运到墨西哥的丝绸、瓷器等商品，再随西班牙人商船横渡大西洋，向东抵达欧洲。① 这条航线的开辟，实现了真正的全球贸易，增加了商品贸易的利润空间，减少了运输成本，从而使得西班牙商人在欧洲获得更大的竞争优势。

最后，西班牙不仅面洋临海，拥有得天独厚的海洋运输优势，而且背依大陆腹地，获得了葡萄牙所不具备的陆地商品集散的优势。西班牙形成统一的大市场后，与法国的陆路贸易往来越加频繁，人们可以在朝圣者经过的路线上，诸如潘普洛纳、洛格罗尼奥、布尔戈斯、莱昂、阿斯托加和卢戈等地，发现法国企业家——店主、手艺人、旅馆经营者的身影。②

海陆贸易的繁荣，使世界各地的财富向西班牙汇聚。16世纪的

---

① [日]宫崎正胜：《大国霸权》，米彦军译，浙江人民出版社，2020年，第117—118页。
② [英]雷蒙德·卡尔：《不可能的帝国：西班牙史》，潘诚译，东方出版中心，2019年，第73页。

西班牙，在美洲创立了庞大的帝国殖民体系。这意味着横越大西洋的海上贸易发展速度闪电般地增长，1510年至1550年增加8倍，1550年到1660年又增加3倍。[①]贸易的快速增长，成为推动世界帝国势力由葡萄牙向西班牙变迁的重要力量。

文化势力

以今天的地理条件看，西班牙远比葡萄牙更为优越。世界性帝国的宝座之所以让葡萄牙捷足先登，重要的原因就是当葡萄牙揭开大航海序幕时，西班牙还处于封建割据的状态。大西洋海岸和地中海海岸被不同的王国分割，造成彼时西班牙无法形成合力与葡萄牙展开航海竞争。1492年1月，西班牙收复了格拉纳达，基本完成了本土统一。此后，伊莎贝拉和斐迪南德加强了王国的集权统治，并推动"改宗运动"，同时加强帝国治理的制度化建设，西班牙才逐渐累积起雄厚的帝国势力。

中央集权制。西班牙中央集权制度的强化，既是国家统一过程中对主权维护的必然选择，也是资产阶级追求重商主义、推动现代形态国家发展的必然要求。西班牙实现领土统一之后，封建割据势力依然强大。历史上原先存在过的王国，仍旧以风俗、文化、习惯的形式体现着自身独立的影响。即使是卡斯蒂利亚和阿拉贡，也因为一个以海洋文化为主体，另一个大陆文化特征显著，而使两者在统一之后的较长时期内仍然显示出殊异的独立性。因此，深化国家统一，建立行政能力强大的中央政府，实现绝对主义王权统治，成为伊莎贝拉和斐迪南德在实现国家形式统一之后着重解决的课题。

公共秩序的重建成为此时最重要的指令，中央管理和司法系统也得以扩建；军队摆脱了教会的影响，听命于国王；参议会受国王

[①] [美] 伊曼纽尔·沃勒斯坦：《现代世界体系》第一卷，郭方、刘新成、张文刚译，社会科学文献出版社，2013年，第193页。

委托作为中央机构处理政务，枢密院充当国王的外交顾问和君主国的纯粹管理工具，两法院行使最高司法管理权；国家事务由法学家引导。国王夫妇还派遣王室代表负责各地区的行政工作，并赋予代表很大的决定权。此外，度量衡的系统化也于1496年完成。[1] 两位天主教国王还对贵族进行约束，尽管他们表现出一定的妥协意向，但在诸多权力问题上，还是通过高明的政治策略赢得了大部分贵族的支持。[2]

腓力二世则继续将父亲强化中央集权的制度在西班牙发扬光大。在他统治时期，中央政府真正开始剥夺一些历史上的王国和民族地域（阿拉贡、卡斯蒂利亚、巴伦西亚，特别是加泰罗尼亚）的独立性。腓力二世扑灭了1590—1591年阿拉贡为保持其自治地位而发动的暴动。他还取消了一些城市的自治法规，可能是为了更有利于王室获得直接的税收。在腓力二世时代，西班牙的集权程度和官僚体系的臃肿简直能与东方国家媲美。[3] 中央集权的强化，使西班牙国内市场得以统一，重商主义理念获得确立，为其集中资源参与大殖民开拓和陆地争霸事业奠定了政治基础。

改宗运动。罗马帝国时期，君士坦丁接纳基督教开创了欧洲"政教二元"的领导时代——皇权作为世俗的政治统治者，而教会则作为精神王国的统治者。两者权力此消彼长，欧洲国家陷入了教权和皇权的争锋状态。西班牙的宗教状况更加复杂：

早期移民伊比利亚半岛的腓尼基和迦太基人信奉犹太教；罗马帝国和西哥特人统治时期，移民多为基督徒；而阿拉伯人及摩尔人统治年代，移民而来的则多为伊斯兰信徒。

---

[1]［德］瓦尔特·L·伯尔奈克：《西班牙史：从15世纪至今》，陈曦译，上海文化出版社，2019年，第5页。

[2]［德］瓦尔特·L·伯尔奈克：《西班牙史：从15世纪至今》，陈曦译，上海文化出版社，2019年，第7页。

[3] 成振珂主编：《世界帝国简史：人类变迁中的文明与真相》（下），中国商业出版社，2017年，第1116页。

不同的宗教信仰在国家统一进程中形成了巨大障碍,人们很难就国家发展方向和理念形成统一的意志——这至少影响到伊莎贝拉和斐迪南德建立霸权帝国的雄心。为此,西班牙光复运动结束之后,国王就采取了宗教不宽容政策,无论在西班牙还是在海外,基督教的传教理念都发展成了一项国家任务,谁拒绝皈依基督教,谁就被排除在政治共同体之外。西班牙分别于1492年、1502年和1609年发生了对犹太人、穆斯林和摩里斯科人等异教徒的驱逐运动。

1492年3月31日,两位天主教国王签署了大审判官托马斯·德·托奎马达呈递的驱逐令,所有犹太人必须在四个月之内离开国境。这一时期,整个地中海地区约有10万至20万赛法尔迪人(西班牙犹太人的自称)被迫流亡(新近的研究给出的数据在4万至5万人),他们主要逃往北非、中东和北海地区。[①] 这是宗教统一道路的第一步,也是国家利益至上原则的核心议题之一。1502年,伊莎贝拉女王在卡斯蒂利亚境内,取缔了她十年前在格拉纳达权力交接过程中向当地穆斯林承诺的宗教自由。穆德哈尔人(对西班牙摩尔人或安达卢斯穆斯林的称谓),只得在改宗或流亡之间作出选择,其中改宗基督教的人自此以后被称为摩里斯科人。而自1525年或1526年以来,摆在阿拉贡王国的穆斯林面前的也只有两种选择——强迫改宗或被驱逐出境。[②] 1609年,大约有27.3万名摩里斯科人遭到驱逐。

尽管在改宗运动中,出现了残酷镇压异端、凶残迫害阿拉伯人和犹太人的行为,并且由于大量驱逐了商人和熟练工人,影响到西班牙后续工商业发展,但是许多研究者仍然认为,取消了曾经对少

[①] [德] 瓦尔特·L·伯尔奈克:《西班牙史:从15世纪至今》,陈曦译,上海文化出版社,2019年,第10页。

[②] [德] 瓦尔特·L·伯尔奈克:《西班牙史:从15世纪至今》,陈曦译,上海文化出版社,2019年,第11页。

数持不同信仰者的保护,宗教构成了国家政治统一的基础,西班牙的中世纪结束了,这一系列驱逐运动是"现代"西班牙的开端。①

在推动改宗运动的同时,伊莎贝拉还加强了对教会事务的集权领导。在对信徒的法律判决问题上,国家的司法官员仍拥有相对于教会法庭的优先权。出身于波吉亚家族(西班牙)的教皇亚历山大六世(1492—1503年在位)授予国王夫妇"天主教国王"荣誉头衔——并承认伊莎贝拉与斐迪南德具有任命主教的权力,这样就为一种国家教会奠定了基础。②统治者们的权力包括了对教会事务的管理和对各级神职人员的任命。这样一来,神职人员成了国家的忠实仆人,教廷颁布的公告也更贴合当地的社会和政治状况。③经过改宗运动和对教会权力的收拢,在世俗集权统治的基础上,王权又实现了对教廷的集权统治,西班牙由此实现了真正的政治统一。

王室联姻。欧洲国家由于国土狭小,且相互关系源远流长,历史上王室之间相互联姻的不在少数,但像西班牙这样成为推动帝国势力转移重要因素的并不多见。

其一,王室联姻推动了世界性帝国的崛起。1093年,卡斯蒂利亚王国公主特里萨嫁给葡萄牙波尔多凯尔伯爵,为葡萄牙独立建国创造了条件。当时的伊比利亚半岛和欧洲大陆处于封闭而分裂的封建时期,王朝林立,社会动荡,发展缓慢。葡萄牙成为第一个具有现代意义的独立国家,使其能够统一国家意志、集中资源从事大航海探索,并走上帝国崛起的道路。而西班牙的统一与崛起同样与王室姻缘相系。1469年10月,伊莎贝拉和斐迪南德秘密结婚。卡斯蒂利亚与阿拉贡是当时西班牙实力最为雄厚的王国,两人结婚后先

---

① [德]瓦尔特·L·伯尔奈克:《西班牙史:从15世纪至今》,陈曦译,上海文化出版社,2019年,第14页。
② [德]瓦尔特·L·伯尔奈克:《西班牙史:从15世纪至今》,陈曦译,上海文化出版社,2019年,第6页。
③ [德]瓦尔特·L·伯尔奈克:《西班牙史:从15世纪至今》,陈曦译,上海文化出版社,2019年,第21页。

后继承了王位,推动两个王国走向了联合,从而奠定了现代西班牙国家的基础,也直接影响到西班牙殖民帝国势力的崛起。

其二,王室联姻决定了西班牙和葡萄牙帝国的格局。由于西班牙与葡萄牙王室关系渊源深久,两者无论在民族光复、国家独立还是海上争霸时期,都能维持着非同他国的"温情局面"。西班牙统一之后,帝国势力崛起,并没有投身到与葡萄牙对非洲、印度及东南亚利润不菲的香料航线的争夺。其中一个原因是,当初与伊莎贝拉有王位继承权之争的胡安娜,正是嫁给了葡萄牙国王阿方索五世。且两国为平息王位之争,已于1479年签订了《阿尔卡苏瓦什条约》,彼此承诺不再改变疆界。另一个重要的原因就是,西班牙鼎盛时期查理五世迎娶了葡萄牙国王若昂三世的妹妹(即若昂二世女儿),因此西班牙需要与葡萄牙保持友好关系。① 这种姻缘关系也是西班牙不惜冒着更大的风险走上环球探索的道路,避免与葡萄牙进行你死我活竞争的道义基础。同时,它也是两国于1494年6月7日和平签订旨在瓜分新世界的《托尔德西里亚斯条约》(或译为《托德西拉斯条约》)的社会根源。

其三,加速了帝国势力的转移。1580年1月,葡萄牙国王恩里克去世,查理五世与葡萄牙先任国王若昂三世的妹妹伊莎贝拉所生的儿子——西班牙国王菲利普二世,拥有葡萄牙王位的优先继承权。菲利普二世通过战争获得葡萄牙国王继承权后,葡萄牙事实上被西班牙吞并,其原有的殖民地利益和工商业资源被大量转移给西班牙,推动了两国间帝国势力的转移。菲利普二世的两段婚姻也影响到西班牙帝国势力的转移。1554年,菲利普二世迎娶英王亨利八世之女玛丽一世,成为名义上的英格兰摄政王,西班牙与英格兰形成结盟关系,尽管这种结盟因玛丽早逝而十分短暂。1559年,西班牙和法国封建王朝瓦卢瓦签署了《卡托—康布雷齐和约》,作为强化

---

① [美]威廉·伯恩斯坦:《伟大的贸易:贸易如何塑造世界》,郝楠译,中信出版社,2020年,第226页。

和约效力的一部分，菲利普二世与亨利二世之女伊丽莎白缔结了婚姻。和约明确规定了西班牙在欧洲广阔的势力范围，而彼时西班牙统治着地中海西部、那不勒斯、西西里和撒丁王国，其领土沿托斯卡纳海岸线延伸，并在北非海岸线拥有大量据点。^① 这份用婚约作为保障的和约，强化和巩固了西班牙世界性帝国的地位。

帝国的衰败

　　海洋一体性的发现使葡萄牙人取代阿拉伯人控制了世界贸易，而地球形状的发现使西班牙人控制了美洲的大部分。^② 然而，海洋一体性的发现和美洲航线的开辟，使得腹地广阔、气候宜人且濒临大西洋的西欧和北欧国家，获得了以统一的大市场参与世界贸易的机会，并使得在地中海文明时期偏于一隅的西北欧成为持续增长的世界经济中心。这也使得大航海之后殖民帝国的势力变迁，呈现出由地中海西部向大西洋沿岸北部变迁的规律性，西班牙帝国的溃败只是其中的一个必然环节。

生产势力

　　作为殖民帝国，贸易在西班牙生产势力中发挥着重要而关键的作用。然而，西北欧经济持续崛起，贸易中心不断由伊比利亚半岛向西北欧大西洋沿岸转移。

　　进入 17 世纪，西班牙人口减少的问题越发严重，只有 600 万人左右，而法国有 1600 万人口，^③ 是西班牙人口的近 3 倍。加上

---

① [德] 瓦尔特·L·伯尔奈克:《西班牙史: 从 15 世纪至今》,陈曦译,上海文化出版社, 2019 年,第 30—31 页。

② [英] 詹姆斯·费尔格里夫:《地理与世界霸权》,胡坚译,浙江人民出版社,2016 年,第 133 页。

③ [法] 帕特里斯·格尼费、[法] 蒂埃里·伦茨主编:《帝国的终结》,邓颖平、李琦、王天宇译,海天出版社,2018 年,第 210 页。

英国、低地国家、瑞典、德意志地区等的众多国家，西北欧的人口规模及其形成的市场规模，是西班牙及葡萄牙所不能比拟的。1600年左右，欧洲从西班牙开始出现了经济萧条，作为摆脱危机的出路，需要探索创建一个资本主义的世界体系。① 此后，相对北欧蓬勃发展的资本主义经济而言，以西班牙为主体的伊比利亚国家像意大利各国一样，正从发达的状态衰落为落后的社会。② 欧洲世界经济的中心在1600年左右牢固地位于欧洲西北部，也就是在荷兰和泽兰；在伦敦、伦敦周围各郡、东盎格利亚，还有法国的北部和西部。③ 经济中心和贸易中心持续北移，使西班牙生产势力的发展日益乏力。

经济结构单一，工业发展落后。西班牙和葡萄牙一样，实现对外殖民和经济扩张仅仅是因为它们幸运地兼备有利的地理位置、航海技术和宗教动力。但是，这一扩张没有经济实力和经济动力做后盾，这就说明了伊比利亚国家为什么不能有效地利用它们的新帝国。它们缺乏从事帝国贸易所必需的航运业以及能向西属美洲殖民地提供其所需的制成品的工业。诚然，西班牙的工业有数十年由于海外制造品市场的突然发展而得到促进。然而，1560年前后，工业发展停止，随即便开始了长期的衰落。④ 西班牙帝国主要依靠殖民地的金银矿和原材料出口，不仅造成经济结构十分单一，而且使工业发展停滞，随着大量金银涌入国内，还造成通货膨胀，使国内工资水平居高不下，国内产品无力与外国竞争。随着时间的推移，其

---

① [美]伊曼纽尔·沃勒斯坦：《现代世界体系》第一卷，郭方、刘新成、张文刚译，社会科学文献出版社，2013年，第22、31页。
② [美]斯塔夫里阿诺斯：《全球通史：从史前到21世纪》（下），吴象婴、梁赤民译，北京大学出版社，2020年，第494页。
③ [美]伊曼纽尔·沃勒斯坦：《现代世界体系》第一卷，郭方、刘新成、张文刚译，社会科学文献出版社，2013年，第45页。
④ [美]斯塔夫里阿诺斯：《全球通史：从史前到21世纪》（下），吴象婴、梁赤民译，北京大学出版社，2020年，第494页。

他国家逐渐在制造业和商业方面赶上并超越了西班牙。而对新大陆殖民者所需的西班牙之外的消费品各来源地的依赖，都意味着从金银矿中获得的巨额利润的大部分又都从伊比利亚半岛流向了尼德兰和德意志。①

战争频发，军事与财政受到严重削弱。由于在大陆和海洋都拥有极为重要的利益，且作为哈布斯堡家族利益的维护者，西班牙登上世界性帝国宝座之后，就落入了连绵不息的战争深渊，尤其是在16世纪和18世纪初的欧洲冲突中。

1618—1648年的"三十年战争"进行了整整30年、1648—1659年的法西战争持续了11年、1701—1714年的西班牙王位继承战争持续了13年，而荷兰独立战争更是断断续续进行了80年。

这些战争极大地消耗了国家的财力和人力资源，尤其是青壮年士兵的数量大幅减少，国家财政支出不堪重负，而军事能力受到严重削弱。17世纪，西班牙表面上看起来风光无限，实际上财政情况已经达到了步履维艰的地步，频繁的战争几乎将国库消耗殆尽。②国家先后于1627年、1647年和1652年宣告破产。③

在整个16世纪到17世纪上半叶，西班牙及被其实际控制的神圣罗马帝国，不仅一直与周边的法国、英国、意大利、奥斯曼土耳其等国家和德意志新教徒不间断地发生战争，还受到全世界殖民地人民的反抗，深陷战争泥潭难以自拔。庞大的军费开支耗空了殖民掠夺所积累的财富，并导致其先后多次破产。从殖民地掠夺的大量金银，也引发了本国严重的通货膨胀，扼制了工业和贸易的发展，使本国经济丧失了竞争力。

---

① ［美］简·伯班克、［美］费雷德里克·库珀：《世界帝国史：权力与差异政治》，柴彬译，商务印书馆，2017年，第149页。

② 成振珂主编：《世界帝国简史：人类变迁中的文明与真相》（下），中国商业出版社，2017年，第1116页。

③ ［德］瓦尔特·L·伯尔奈克：《西班牙史：从15世纪至今》，陈曦译，上海文化出版社，2019年，第43页。

地理势力

伊比利亚半岛背海面洋、扼守地中海与大西洋航运要冲的地理优势，被生产势力由地中海沿岸向大西洋沿岸转移所加持，使葡萄牙、西班牙获得了大航海和大殖民运动的先机。但也正是航海探险和殖民扩张的广泛开展，带动和促进生产势力进一步向西北欧转移，这又使得伊比利亚半岛再难以担当航运和经济中心的地位，其地理势力也由此不断消退和弱化。

位居大陆边陲，被欧洲大市场边缘化。 西班牙三面环海临洋，北面因比利牛斯山脉而与法国及欧洲大陆隔开，形成了相对独立的发展空间，这在贸易体量还很小的大殖民运动早期，有利于集中精力开展殖民活动。然而，随着大航海和大殖民运动推进，世界日益形成一个整体的贸易单元，封闭的地理条件和零散的市场越来越难以满足参与全球化竞争的需求。作为位居大陆边陲的国家，西班牙尽管与葡萄牙相比拥有较大的市场空间，但与面积广阔、人口众多且经济蓬勃发展的西北欧甚至和中欧联为一体的大市场相比，其市场体量实在太小。

一方面，相对封闭的地理环境，使得西班牙的产品及贸易势力难以深入欧洲大陆市场。在帝国强盛时期，西班牙尚能通过低地国家和神圣罗马帝国与欧洲大市场联为一体。但随着荷兰独立以及西班牙王位继承战争后，西班牙哈布斯堡王朝在意大利的领地被奥地利哈布斯堡王朝获得，偏居大陆边陲的西班牙成为与欧洲大市场相对割裂的小市场。另一方面，远离欧洲大陆市场，使得西班牙与欧洲乃至世界经济发展的主航道越行越远，其航运中心的地位也随之发生转移。

陆头洋尾，无法兼顾海陆争霸。 西班牙可以说是海洋国家，向内通过航运可以抵达地中海沿岸各个港口和国家，外出大西洋又可以联通世界各大洲；西班牙也可以说是陆地国家，向北越过比利牛斯山脉,与法国及欧洲大陆联为一体,向东通过掌控亚平宁半岛,并越过阿尔卑斯山脉与欧洲大陆联为一体。海陆兼顾的地理优势,为西班牙帝国势力的崛起提供了特定时期难以匹敌的地理优势。但随着帝国势力在陆地和海洋两个方向的扩张,西班牙也不得不面对来之海陆两个方向的挑战和威胁。由此,应对此起彼伏的战争成为西班牙展示帝国势力和消耗帝国势力无法自控的选择。

一方面,西班牙和葡萄牙在殖民扩张中大发横财,让英国、法国等国家非常眼红。从公元 1585—1604 年,英国每年都会至少派遣一二百艘商船出海,专门在大西洋和加勒比海劫掠西班牙的运输船队,其劫掠的货物价值高达 20 万英镑。[①]1588 年,正是英国让气势汹汹杀往其本土的西班牙"无敌舰队"大败而归。法国和后来的荷兰也都从海洋方向对西班牙商船和殖民地进行掠夺,并发动海上战争。另一方面,西班牙为了维护大陆霸权,承担神圣罗马帝国和天主教保护人的职责,陷入"三十年战争""王位继承战争"等旷日持久的陆地战争之中。海陆两面争霸,显然是西班牙难以承受的。

文化势力

国家"一统"而非"统一"的体制。 伊莎贝拉和斐迪南德在实现国家形式统一之后,加强了中央集权,但在民族历史漫长的累积过程中,特别是强势领导退出历史、帝国势力进入下降通道,组成西班牙帝国的领土保持了自身的结构——伊比利亚半岛上有阿拉贡王国、卡斯蒂利亚王国、纳瓦拉王国、巴斯克省份以及 1580 年至 1640 年期间的葡萄牙王国;阿拉贡王国下面有加泰罗尼亚、阿拉贡、瓦伦西亚王国和巴利阿里群岛;在意大利有那不勒斯王国、西

[①] 成振珂主编:《世界帝国简史:人类变迁中的文明与真相》(下),中国商业出版社,2017 年,第 1120 页。

西里王国、撒丁岛、米兰公国；等等。① 各个王国很大程度上保有其经济自主性，包括关税、财政与货币体系、经济结构等。因此，西班牙没有集中计划、决策，以便让全国性的经济政策得以推行的部门。国内贸易支离破碎，帝国没有创造出一个真正统一的大市场，封建权力（如征收过路费）大行其道，沿海港口与内陆地区间的物流既复杂又昂贵。直至19世纪，经济结构薄弱的问题依然困扰着西班牙。② 帝国甚至没有形成统一的军权。腓力四世时期的宠臣奥利瓦雷斯伯公爵制订了一个雄心勃勃的统一军权的计划——西班牙国王不仅是卡斯蒂利亚国王，还是整个伊比利亚半岛的最高统帅，然而这一计划没能推行。由此看，组成西班牙帝国的人并没有共同的民族情感，也没有共同的理想，因此它很难成为一个稳定的国家，它的君主也很难调动所有的人力、财力。③

深受宗教势力的羁绊。西班牙本土乡村人口占总人口约80%，构成最广泛的社会阶层。他们中的绝大多数处于领主管辖范围内，因而在经济方面依赖于世俗及宗教领主。④ 而宗教势力对西班牙帝国势力的影响，更多地体现在反对宗教改革和设立宗教审判所上。1546年，查理五世与维护新教势力的施马尔卡尔登联盟⑤开战，尽管其军队在米尔贝格战役中打败了新教徒，但他的这一做法并不受西班牙和意大利宗教人士的欢迎——这一做法显然将西班牙置于

---

① [法]帕特里斯·格尼费、[法]蒂埃里·伦茨主编：《帝国的终结》，邓颖平、李琦、王天宇译，海天出版社，2018年，第208页。
② [德]瓦尔特·L·伯尔奈克：《西班牙史：从15世纪至今》，陈曦译，上海文化出版社，2019年，第40页。
③ [法]帕特里斯·格尼费、[法]蒂埃里·伦茨主编：《帝国的终结》，邓颖平、李琦、王天宇译，海天出版社，2018年，第211—212页。
④ [德]瓦尔特·L·伯尔奈克：《西班牙史：从15世纪至今》，陈曦译，上海文化出版社，2019年，第44页。
⑤ 施马尔卡尔登联盟，是在16世纪中期由神圣罗马帝国中信仰路德宗的诸侯所组成的军事防御联盟。联盟最初于宗教改革开始后建立，其目的是出于宗教动机，但此后其成员逐渐希望它能够取代神圣罗马帝国。

了神圣罗马帝国内天主教和哈布斯堡王朝保护者的地位。这样的先例，促使70年后让西班牙参与战争，并结束其在欧洲的领导地位。①西班牙人设立宗教审判所、驱逐异教徒、开展"纯正血统"立法，都对西班牙帝国造成了巨大伤害。即便抛开残酷的杀戮和迫害不说，西班牙的宗教迫害也造成了资源的巨大浪费。例如，为了驱逐25万摩尔人，西班牙必须动用自己全部的海军和民兵组织。宗教审判所的审判和迫害机构也产生了极大的消极作用，没有产生知识或财富，只是引发更大的仇恨和偏执。此外，伴随着每一轮新的宗教狂热活动，西班牙破坏和失去了宝贵的人力资源、金融资源和社会资本。② 这些都致使帝国势力不断流失。

社会制度不合理。西班牙实行落后的封建等级社会制度，修士和贵族处于顶端，享有免税和司法上的优惠待遇等特权，并有很高的社会地位。为解决财政困难，贵族经常出售叙爵③文书，这就为那些经济上取得成功的人提供了一定的提升社会地位的空间。但这种封建等级的社会制度，使西班牙尤其是卡斯蒂利亚缺少一个由市民构成的中间阶层。之所以出现这一独特的社会结构，是由于政治—宗教的统治理念在西班牙还占据主导地位，因而抑制了经济思想的活力。④ 社会制度的不合理性，还导致了腓力三世（1598—1621年在位）继位后，西班牙走进权臣主政的历史阶段——17世纪西班牙的几位统治者性格软弱，对执政的兴趣甚少，他们将大权交付宠臣，让他们出任首相。⑤ 更为严重的是，贵族阶层享有特权，

---

① 成振珂主编：《世界帝国简史：人类变迁中的文明与真相》（下），中国商业出版社，2017年，第1114页。
② 参见［美］蔡美儿：《帝国的终结：从大历史的角度解读美国霸权兴衰的历程》，刘海清、杨礼武译，新世界出版社，2012年，第111—112页。
③ 叙爵，为按功劳大小授予不同爵位。
④ ［德］瓦尔特·L·伯尔奈克：《西班牙史：从15世纪至今》，陈曦译，上海文化出版社，2019年，第44页。
⑤ ［德］瓦尔特·L·伯尔奈克：《西班牙史：从15世纪至今》，陈曦译，上海文化出版社，2019年，第37页。

而广大农民则生活在水深火热之中，社会矛盾不断激化，人民对政府的不满情绪日益高涨。与此同时，不合理的社会制度使西班牙在文化和科技创新方面逐渐落后。当西班牙的统治阶层沉迷于殖民掠夺所带来的财富时，其他国家正将财富用于扩大再生产和推动工业化进程，进而成为超越西班牙的新兴帝国。

而与西班牙的衰落此消彼长的是，荷兰人从西班牙独立出来，并快速强盛起来；英国、法国、奥斯曼帝国也不断侵蚀着西班牙海上和陆上的霸权地位。受法国大革命影响，原本属于西班牙殖民地的美洲各国开始了独立战争，到1826年各殖民地纷纷宣告独立，一代帝国自此再也没有恢复昔日的荣耀。

九、荷兰帝国

今天的"荷兰"与历史上的"尼德兰"在地理概念上是有区别的。"尼德兰（the Netherlands）"是一个历史名词，字面上的意思就是"低地"，中世纪的时候主要指今天欧洲法国北部北海沿岸的一系列低地国家，大致包括荷兰、比利时、卢森堡以及法国的东北部。这片区域50%的地方仅仅高于海平面3—5米，有17%的地方低于海平面，其境内地势最低处，约在海平面6米以下。而"荷兰"这个词最初来源于荷兰独立建国之前西班牙统治之下的"荷兰省"。即使在帝国鼎盛时期，荷兰本土人口也仅为200万左右。而从1581年宣布独立到成为世界性帝国，仅仅半个多世纪时间。

帝国的创建

荷兰取得的发展成就出乎人们意料，其中既有历史发展的必然性，也有社会发展的偶然因素。从时代发展变迁的地理空间看，荷兰恰好位于欧洲经济中心由南欧向北欧转移和由大陆向海洋转移的交汇点上;从争霸的力量中心看,荷兰处于葡萄牙、西班牙、法国、英国等实力强大的霸权国家的边缘地带,四者的纵横争霸倒是为弱小的荷兰腾出了崛起的空间;而从世界性帝国变迁的规律看,在更强大帝国形成之前,需要有一个中介性帝国对新生的制度作探索性的尝试,荷兰帝国正承担了这种中介性的任务。

从1568年开始,尼德兰北方七省发起了反抗和脱离西班牙哈布斯堡王朝统治的独立运动,并于1581年宣布独立,成立共和国。在独立运动中,荷兰省发挥了核心的主导作用;而在建国之后,荷兰省人口占到共和国40%左右,更是负担了联省共和国总经费的59%以上,又因其是航运贸易最繁荣、生活最为富裕的地区,新成立的共和国便以"荷兰"命名。

在距今约20万年前的远古时代,荷兰一带大多还没形成陆地,即使是尼德兰成陆的地区也基本覆盖着厚厚的冻土。公元前4000年左右,已经有人居住在马斯河沿岸的石洞中。公元前2800年至前2100年,尼德兰地区进入了贝尔陶器文化时代。而这一地区有文字记载的被外族征服的历史,则从罗马人到来开始。公元前57年至前53年,罗马将军恺撒征服了尼德兰大片土地,在此后大约450年的时间里,罗马人对其实施了统治和治理,深刻影响了尼德兰地区社会发展进程。

古罗马时代,尼德兰地区莱茵河南岸先是属于"比利时高卢省",后归于"日耳曼行省"。这里的北部地区居住着许多日耳曼部落,南部则是高卢人,而高卢人在移民时期也融合了许多日耳曼部落,其中撒利恩法兰克人从这里迁移到高卢,并在公元5世纪建立起强大的墨洛温王朝,后来发展为查理曼帝国。中世纪初期,尼德兰是法兰克王国中心,11世纪后分裂为许多封建领地,有些臣属于法国,而有些则臣属于神圣罗马帝国。15世纪,勃艮第公爵统一了尼德兰各邦。1477年,勃艮第公国被法国吞并,尼德兰成为独立的领地,归德国的哈布斯堡王族统治。1516年,出身于尼德兰哈布斯堡家族的王子查理继承了西班牙王位，称查理一世，从此尼德兰成为西班牙属地。1519年，查理又当选为神圣罗马帝国皇帝，称查理五世。

1556年，查理五世退位，将西班牙和尼德兰分给他的儿子腓力二世，将奥地利等其他地区以及哈布斯堡王朝正统分给他的弟弟斐迪南一世。这样，尼德兰地区依旧属于西班牙王国。这一时期荷兰已经有商人关注葡萄牙人大航海带来的巨大收益，16世纪60年代，一群尼德兰商人派浩特曼至葡萄牙刺探商情，其回国后即与这群商人成立一家公司，利用从葡萄牙人那里掌握的航海情报和信息，开展前往东印度地区的航运贸易。

1568年，因不满西班牙统治者的加税和暴政，反抗统治者对新教加尔文派的迫害，尼德兰爆发了反抗西班牙而寻求独立的战争。这一战争持续了八十年，被称为"八十年战争"。1579年，尼德兰北方七省成立了乌得勒支联盟，共同反对西班牙统治。1581年7月26日，来自各起义城市代表在海牙宣布：废除西班牙国王对各省的统治权，联盟正式宣布独立。1588年，七个省份联合起来，宣布成立荷兰联省共和国（正式名称为"尼德兰联合共和国"）。因其是世界上第一个"赋予商人阶层充分政治权利的国家"，许多历史学家认为荷兰是资本主义国家的开端。

1602年，为避免过度的商业竞争，在共和国大议长奥登巴恩维尔特的主导下，荷兰将从1595年4月陆续成立的14家以东印度贸易为重点的公司，合并成为一家联合公司，即"东印度公司"。从此，东印度公司代表的荷兰帝国势力，开始了在全球的势力扩张活动。1606年，荷兰人与柔佛王国联合攻击马六甲，虽然最终荷兰人战败，但从此葡萄牙人在远东的殖民体系逐渐被荷兰人侵夺。

1614年，新尼德兰在遥远的北美洲被设立起来，荷兰的殖民统治也由此在北美生根发芽。1624年，荷兰入侵葡萄牙人控制的巴西首府巴伊亚，开启了巴西争夺战。到1641年，荷兰控制了从亚马孙河口到圣弗朗西斯科河沿岸的辽阔土地。但 1654 年，葡萄牙人彻底击败荷兰人，巴西重又成为葡萄牙殖民地。

1628—1629 年，荷兰人在印度尼西亚马打蓝王国发动的巴达维亚战役中获得胜利。从此之后，荷兰东印度公司以巴达维亚为基地，逐步控制整个爪哇岛。1637 年，荷兰在埃尔米纳堡之战中获胜，从葡萄牙人手中夺取加纳海岸。1640 年 10 月—1641 年 1 月，在马六甲战役中，荷兰人在柔佛人帮助下终于从葡萄牙人手中夺取了马六甲。1642 年 8 月，荷兰人取得基隆战役的胜利，驱逐了中国台湾岛上的西班牙势力。1660 年，荷兰对葡萄牙人驻军的望加锡发起进攻，摧毁了葡萄牙殖民点。1669 年，荷兰又在望加锡城围攻战中攻克望加锡城，迫使交好葡萄牙的戈瓦苏丹国臣服。

到 17 世纪中叶，荷兰殖民地遍及亚、非、美三洲。在亚洲，殖民地囊括了印尼、马来群岛、荷属印度；在美洲，建立了新尼德兰，控制了阿鲁巴岛、萨巴岛和南美的圭亚那等地；在非洲，设立黄金海岸据点，占领毛里求斯、西非和南非，其跨国运输及贸易近乎处于垄断地位。此时，荷兰东印度公司已经拥有 15000 个分支机构，贸易额占到全世界总贸易额的一半，挂有荷兰三色旗的一万余艘商船游荡在全球四大洋上，其商船总吨位比葡、西、英、法、德等国加起来的总数都要多。[①] 荷兰因此被誉为"海上马车夫"。

然而，荷兰毕竟整体国力有限，当世界经济发展进一步向海洋迈进时，其霸权需求逐渐与一向具有陆地和海洋称霸野心的法国及英国发生激烈冲突。1652—1654 年、1665—1667 年、1672—1674 年，荷兰与英国爆发了三次争霸战争。战争虽然互有胜负，但结果却是荷兰垄断海上贸易的局面被英国所打破，并被迫承认英国在欧洲以外夺取的荷兰领地归英国所有。荷兰因此在海洋战争中失去了霸权

---

① 成振珂主编：《世界帝国简史：人类变迁中的文明与真相》（下），中国商业出版社，2017 年，第 1071、1075 页。

势力，而法国坐收渔翁之利。在近乎同步展开的"法荷战争"中，荷兰也不得不面对失败的局面，法国逐步开始称霸欧洲大陆。这些重大失利使荷兰降到二等帝国的地位。

1688年，英国爆发资产阶级和新贵族发动的推翻詹姆斯二世统治、防止天主教复辟的"光荣革命"。1689年1月，荷兰执政官威廉三世和玛丽被推举共同统治英国，荷兰事实上与英国形成了国家联盟，加快了荷兰帝国势力向英国的转移，荷兰殖民体系逐渐瓦解。

帝国势力的形成

地理势力

从纯粹地理意义上看，荷兰之于欧洲与上海之于中国极为相似：同样面向大洋，同样位于大陆南北的中心地带，也同样有一条重要的河流将其影响力传输到大陆腹地。16世纪晚期，荷兰优越的地理势力被科技发展和时代风云的演化充分激发出来。即使需要填海造田以养育更多的人口，但独立之后的荷兰依旧在短暂的时间内登上世界帝国的巅峰。

北欧和南欧交通枢纽。如果我们将欧洲西部陆地最南端的西班牙马罗基角和最北端的瑞典的诺尔辰角拉出一条直线的话，荷兰恰好就在这条直线的中心点附近。荷兰的地理位置实在太过优越。

它面朝大西洋，是往来南北欧船只必经的多佛尔海峡最佳停泊处。而大西洋以及比斯开湾、英吉利海峡、多佛尔海峡、北海和波罗的海等水域和通道，将广阔而富足的南欧和北欧连为一体。沿岸帝国西班牙、葡萄牙、法国、英国、瑞典、德国甚至俄国，都不得不将荷兰作为海洋运输和商品集散的重要枢纽。

然而，这并非一蹴而就的。环地中海一带的希腊、马其顿、西班牙、葡萄牙等国家和地区文明开化较早，这一地区在荷兰崛起之前相继成为欧洲经济中心。而由于比利牛斯山、阿尔卑斯山、韦莱比特山、迪纳依山以及巴尔干山脉从西到东横亘在欧洲南部,将欧洲分割成经济地理上的南欧和北欧。众多山脉阻隔,加之早先的北方闭塞落后,南欧与北欧之间的经济交流的需求并不旺盛。而且为数不多的贸易往来,也多以陆路交通完成,荷兰的区位优势根本无法体现出来。但是在西班牙实现全球大殖民之后,南强北弱的经济格局不断发生着逆转。这是由以下几方面的条件决定的。

一是地中海沿岸虽然开发较早、经济发达,但其北岸地区因崇山峻岭与欧洲北部的大平原相阻断,而南岸地区除沿海狭小的平原之外,则是广阔的撒哈拉大沙漠,地中海沿岸的市场发展空间太小。

二是越过比利牛斯山和阿尔卑斯山向北,则是辽阔而肥沃的欧洲大平原。随着时代变迁,特别是法兰克王国和神圣罗马帝国崛起,这一地区的人口快速增长,社会日渐开化,经济也更加繁荣,而这一地区无论人口还是面积所形成的巨大市场空间,是南欧远远不能比拟的。

三是早期北海及波罗的海沿岸的北欧地区环境相对恶劣,发展长期滞后,许多人靠抢劫和海盗为生。8—11世纪,"维京海盗"令从事海洋运输的商船闻风丧胆。而在莱茵河从事商业航运也十分艰险,10—13世纪的莱茵河沿岸船运是最为臭名昭著的代表。当地大大小小的领主都倾向于在港口码头加设关卡、收取税费,并强迫过往商人租用他们价格昂贵的专用船只。① 人们不得不通过组建"汉萨同盟"来与强盗和领主作斗争。随着"汉萨同盟"于14世纪达到兴盛(加盟城市最多达到160个)以及瑞典于1611—1721年发展成为国力鼎盛的帝国,北欧地区的经济获得长足发展,航运和商业环境显著改观,促进了南北欧之间海洋运输的发展。

---

① 张笑宇:《商贸与文明:现代世界的诞生》,广西师范大学出版社,2021年,第165页。

四是随着葡萄牙和西班牙殖民事业的推进，从殖民地和东方中国、日本运来的商品越来越多，需要开发更广阔的西欧、中欧和北欧市场。这使得商品的集散地由南欧的地中海沿岸和大西洋沿岸向西欧的中部变迁，荷兰位居欧洲大西洋沿岸的中心、扼守南北海路交通咽喉的重要性因此日益凸显。

内陆与海洋商品集散地。 荷兰的地理优势还因为其位于莱茵河三角洲而更加突出。莱茵河发源于瑞士东南部的阿尔卑斯山麓，流经列支敦士登、奥地利、法国、德国、荷兰等地，在荷兰鹿特丹附近注入北海，全长1320千米，是欧洲西部第一长河。莱茵河及其支流阿勒河、摩泽尔河、美因河、鲁尔河和利珀河，将中欧、西欧及部分南欧地区联为一体，形成了莱茵河经济圈。在罗马帝国时期，罗马人对莱茵河左岸开发较早，设立了高卢行省。而莱茵河右岸则长期作为罗马人和日耳曼人之间的战场，环境很不安定，以致不能吸引大批移民来此定居，经济十分落后。但是，由于欧洲大平原地区比南欧更适合封建农耕经济发展，进入中世纪后法兰克、德意志和奥地利已经逐步崛起，欧洲经济中心已呈现由地中海北岸地区越过阿尔卑斯山脉而向中欧平原转移的迹象。

15世纪中叶之后，葡萄牙和西班牙开拓的大航海及大殖民活动，改变了这一发展轨迹。两大帝国从遥远的殖民地及东方帝国掠夺和贩运而来的大批商品，只能通过海洋运抵欧洲，并需要寻找最优的卸货地点。由于地中海沿岸的市场根本无法消化骤然而至的众多香料及各种奢侈品、生活用品，葡萄牙、西班牙虽自身都面临大西洋，但葡萄牙被西班牙所包围，而西班牙也因为比利牛斯山脉而与欧洲大市场处于近乎割裂的状态，因此将荷兰作为货物集散地并通过莱茵河及其支流的水路运输，将商品销往欧洲广大腹地，成为最优的也是必然的选择。其实，在此之前摩尔人控制直布罗陀海峡的时候，西欧的商人们已经开拓了由莱茵河前往意大利北部的商业通道。"来自英格兰的羊毛（中世纪的英格兰就类似于现在的澳大利亚），就是经由这条通道运往佛罗伦萨和比萨等意大利北部的制造业重镇的，因为这些城市中有消费得起上好的毛织衣物这类奢侈品的居民。羊毛属于大宗商品，这也促进了其他商品的运输。"① 莱茵河水运通道的利用，为葡萄牙和西班牙殖民地商品的倾销提供了广大的市场。然而，令两者不曾料到的是，他们在全球殖民拓展得越成功、运回来的商品越多，就越是推动帝国势力由自身向独立不久的荷兰共和国转移。

低地国家。荷兰是闻名于世的低地国家，至今全境1/4的土地海拔不到1米，1/4的土地低于海平面。在12世纪的时候，荷兰、泽兰、弗里斯兰、格罗宁根和乌特勒支的大部分地区以及佛兰德斯的靠近斯凯尔特河河口的地区仍然是一大片汪洋沼泽，并经常发生洪水灾难。在整个13世纪，共发生31次大洪水的泛滥，造成了许多佛兰德斯人以及荷兰人背井离乡，外出移民。② 为了改变生存状态，荷兰人很早就开始了围海造田，其历史最早可以追溯到13世纪，造出了约6000平方千米的土地，相当于荷兰总面积的15%。

荷兰地势低洼也不全是劣势，甚至较迟成陆的历史和较低的地势，为其帝国势力的发展同样创造了极为有利的条件。由于开发时间迟，加上填海造田大量土地被围垦出来，为当地发展和移民提供了充裕的空间。而大量移民的涌入，为荷兰开展远洋运输和殖民争霸活动，提供了资金、技术和人力资源。荷兰早期移民的来源主要有四类。

第一类是南方移民。在西班牙统治下南方各省的加尔文派，不接受统治者要求他们改信天主教的要求，选择移民到北方由17个省组成的荷兰共和国的各个城市。他们大多为富裕的和成功的经营者，带来了大量的资金和企业经营管理经验。

---

① [英]詹姆斯·费尔格里夫：《地理与世界霸权》，胡坚译，浙江人民出版社，2016年，第135页。
② 顾卫民：《荷兰海洋帝国史（1581—1800）》，上海社会科学院出版社，2020年，第28页。

第二类是犹太移民。15世纪末,就有大量犹太人在西班牙"改宗运动"中被迫移民至包括荷兰地区的西欧各地。16世纪末及17世纪初,又有为数众多的葡萄牙犹太人因害怕受到宗教裁判所的迫害而移民荷兰,他们大多为从事海运贸易和经商的人,带来了丰富的商业网络和商业经验。

第三类是胡格诺派移民。1685年,法国"太阳王"路易十四取消了历史上提倡宗教宽容的《南特敕令》,有一批胡格诺派教徒为了躲避宗教迫害逃到了荷兰,估计有3.5万至5万人。他们拥有较为高超的技艺,对当时处于复苏阶段的荷兰经济发展产生较大影响。

第四类是北欧一带从事航运和渔业的人员。他们提供了远洋运输的水手和从事渔业工作的经验。

可以说,荷兰在迈向世界性帝国的道路上,广大移民带来了共和国亟须的资金、技术和人力资源,而这正得益于荷兰拥有大量开发的滩地。①

而荷兰走上资本主义发展道路,建立成熟的信贷、股份等金融制度,也与其独特的低地地理条件息息相关。荷兰大部分的良田都位于海平面以下,是几个世纪以来利用堤坝和风车(后者用来为水泵提供动力)不断艰难地填海造地得来的。填海工程刺激了国家信贷市场的发展。堤坝和风车都造价昂贵,当地的教堂和市政委员会以贷款的形式筹集所需的资金。这就把荷兰变成了一个由资本家组成的国家:商人、贵族,甚至富农,都倾向于把他们多余的荷兰盾用于投资填海工程的债券。这种传统一直延续到了公元1600年以后,荷兰公民认为拥有派往波罗的海或香料群岛的贸易船只的股份

---

① 顾卫民:《荷兰海洋帝国史(1581—1800)》,上海社会科学院出版社,2020年,第189—202页。

是很自然的事情。①

另外，沼泽和水道遍布的地理条件，在促进荷兰独立和免遭法国入侵方面也发挥了重要作用。在西班牙派遣军队围攻荷兰的城市时，荷兰人曾引水淹没自己的土地，使来犯的敌人遭殃，而他们自己的军队却能乘坐平底船接近被围困的城市。一个世纪之后，同样因为有这些沼泽和水道，荷兰才能够与法国对抗，②使自己免于陷入被征服的厄运。

生产势力

作为弹丸小国，荷兰凭什么与葡萄牙、西班牙、法国、英国等实力强大的帝国抗衡呢？人们在这方面著述颇多，但多从荷兰得天独厚的地理位置、独立建国和实行资本主义经济加以阐述。从生产势力的层面讲，很少有人意识到印刷和造纸技术的变革和进步，会是推动荷兰帝国势力崛起的关键性技术因素。

印刷和造纸技术。在世界性帝国发展变迁的过程中，往往总有一些突出的技术发挥了至关重要的作用。新的造船与航海技术，为葡萄牙开拓大航海事业，进而推动帝国势力由阿拉伯向其变迁提供了关键性的技术保障；将威力巨大的火炮搬上舰船，并在西班牙开展环球殖民中得到广泛应用，是推动世界性帝国向其变迁的关键性的技术保障；而印刷和造纸技术的进步和广泛应用，则为荷兰快速崛起并最终取代西班牙而成为新的世界性帝国，提供了关键性的技术保障。我们在查尔斯·辛格等人主编的《技术史 第Ⅲ卷：文艺复兴至工业革命》第15章《印刷术》中，多处看到荷兰人对印刷和造纸技术改进和创新的叙述：

---

① 参见［美］威廉·伯恩斯坦：《伟大的贸易：贸易如何塑造世界》，郝楠译，中信出版社，2020年，第265页。

② ［英］詹姆斯·费尔格里夫：《地理与世界霸权》，胡坚译，浙江人民出版社，2016年，第139页。

最早的荷兰活字给出的是很粗糙的印刷，它们可能是用木制的凸字模在黏土、砂泥或者用于复杂铸字的特殊合成物上压印而成……然而根据记载，一家荷兰的铸字作坊约于1500年便已使用它们，阴模现仍保存在哈勒姆……但1500年到1600年出现了许多小型作坊，活字靠购买得到，有一批铸字工供应。这一世纪中期以前，专业铸字工在荷兰出现，在此后的300年里，这个国家因活字和活字出口贸易而享有盛誉……但是，设计的首次重大变化直到17世纪早期才出现。那时，年轻时曾与第谷·布拉赫一起研制数学和天文仪器并可能参与过印刷实践的荷兰制图员布劳（1571—1638年），发明了著名的荷兰印刷机……17世纪末，由于荷兰人发明了"荷兰式打浆机"，捣击过程进一步得到了改进，等等。①

尽管印刷术和造纸术在15、16世纪的欧洲已经得以应用，但一个蕞尔小国在印刷术和造纸术发展史上留下如此之多的技术变革的烙印，并不是可以让人们轻易忽略的事情。纵观人类发展史，我们会发现任何一项影响社会变迁的重大技术，都会因为人们的接受程度、推行成本、消费习惯以及其他技术制约等因素，而在其出现较长时间之后才能真正发挥其关键性的作用。造纸术和印刷术的发展对于荷兰帝国的崛起就是如此。尽管印刷术和造纸术发明和传播较早，但由于工艺相对复杂、技工要求高且识字人口少，在荷兰崛起之前印刷术并没得到社会化的广泛应用。

1455年，西方活字印刷发明人约翰·古腾堡（1398—1468年），用活字印刷机第一次印刷了《圣经》（被称为《古腾堡圣经》，一共印刷了约180份）。当时《圣经》是唯一可能有微利可图的印刷品，其他书籍也多在王室、贵族和官方等上层社会使用和传阅。经过荷兰人前述创新，造纸和印刷的效率才大幅提高，并逐步得以普及。

---

① ［英］查尔斯·辛格、［英］埃里克·约翰·霍姆亚德、［英］阿尔弗雷德·鲁珀特·霍尔等主编：《技术史 第Ⅲ卷：文艺复兴至工业革命》，高亮华，戴吾三主译，中国工人出版社，2021年，第455—485页。

第三章　帝国变迁进程

尤其是 1620 年"荷兰印刷机"被发明出来，使压印板自动提升，不再需要人工去扳动手柄，效率大大提高。这种所谓的"荷兰印刷法"很快就在全欧洲流行。除了印刷书籍以外，各种新的印刷品不断涌现，如地图、报纸、杂志等，迅速扩大了知识的受众面，加快了文化向社会大众传播，这使得作为当时欧洲城市化率最高的荷兰受益最为深远。斯塔夫里阿诺斯指出，北欧识字的人比东南欧地区的人更普遍，因此印刷品在该地区的影响特别大。大量的印刷品自然引起了大众对政治和宗教问题的焦虑，从而在很大程度上引发了宗教改革和随后爆发的宗教和王朝战争。[1]

因此，将造纸和印刷技术的改进和创新作为推动帝国势力向荷兰转移的关键性技术并不为过。其作用主要体现在三个方面。

第一，使先进的思想、理念和知识得以广泛传播。早在 1517 年，马丁·路德（1483—1546 年）在威登堡大学的大门上张贴《九十五条论纲》，揭开了欧洲宗教改革的序幕。1518 年至 1519 年，路德的著作借由印刷术的普及，已经在尼德兰地区流传开来。[2] 当时的安特卫普是除了巴黎以外最大的出版中心，有大量的印刷工场以及书商，他们喜欢出版禁书，因为有利可图。从 1500 年至 1540 年的 40 年间，有 56 家印刷工场活跃在该城市，出版了 2480 本书籍，大约占尼德兰地区总的出版量的 54%。[3] 正是借助于尼德兰地区先进的出版产业，新教教义和思想得以在荷兰（尼德兰地区）广泛传播，推动了荷兰各阶层人民的思想解放和重商主义崛起，并使荷兰成为欧洲宗教改革运动的急先锋。同时，造纸和印刷术发展，促进了书籍成本的降低，为现代学校的创办提供了基础，从而推动了新知识、新理念、新技术的广泛传播。

---

[1] ［美］斯塔夫里阿诺斯：《全球通史：从史前到 21 世纪》（上），吴象婴、梁赤民译，北京大学出版社，2020 年，第 430 页。
[2] 顾卫民：《荷兰海洋帝国史（1581—1800）》，上海社会科学院出版社，2020 年，第 72 页。
[3] 顾卫民：《荷兰海洋帝国史（1581—1800）》，上海社会科学院出版社，2020 年，第 75 页。

第二，使现代金融业发展成为可能。荷兰奠定了现代金融业的基石，现代银行、基金、股权、交易所、期货等不是由荷兰人发明就是由其完善和规范的。而这些金融技术的实现，需要大量的票据、证券、协议、合同、表单作为基础，这无疑需要低成本的印刷和造纸技术作为保障，而这正是荷兰所拥有的。至少在17世纪中期之后，荷兰已经成为欧洲造纸产业最具竞争力的地区——即便是意大利和法国工匠向来擅长的造纸业，面对荷兰北部的桑河出产的光滑而白皙的稿纸，也失去了优势。①

第三，印刷术的发展推动了军队和企业规模化和标准化的发展。从葡萄牙帝国、西班牙帝国到荷兰帝国，并没产生具有革命性的军事技术。但是，作为面积和人口体量都很小的国家，却在海洋运输、商品贸易、工业生产竞争中取得优势地位，一个非常重要的原因就是荷兰获得了非同以往帝国的强大组织能力，而这同样受益于造纸技术和印刷技术的发展——低廉的印刷成本，推动了识字人口的增长，同时方便人们利用印刷品将技术要求和标准用图像、文字、表格等形式，向更多的人开展培训和教授，从而更好地发挥军队的组织战斗力和提升工人的工作效率。在17世纪，荷兰已经发展成为欧洲最强大的军事国家。但在其发展过程中，在军队组织、战备以及后勤方面也产生了一些意想不到的问题。早在1590年，联省议会一再重印第一次出版的军事规条，并将有关军纪的规条每年都要向士兵以及新入伍的军人宣读，特别的军事司法官员会在要塞和兵营的门口张贴这些军纪的规条。②别小看了这些简单的措施，再早上五六十年，高昂的印刷成本也会使部队的这些组织纪律要求难以在极短的时间内成建制地落到实处。

资本运作。此前，帝国的变迁主要是依靠技术保障下的军事实

---

① [美]威廉·伯恩斯坦：《伟大的贸易：贸易如何塑造世界》，郝楠译，中信出版社，2020年，第285页。

② 顾卫民：《荷兰海洋帝国史（1581—1800）》，上海社会科学院出版社，2020年，第202页。

力推动的,从荷兰开始,资本力量走到了人类历史发展的前台。荷兰创造或完善了早期的信贷制度和金融体系,比如信贷、金融、簿记、期货,等等。而荷兰能推动金融技术的发展,是由几个特定的条件所决定的。

其一,荷兰国家体量小,军事力量和综合实力显然不是其优势所在,要在强国林立的西欧获得崛起机会实属不易。面临这种先天条件约束,荷兰比其他国家更有开放的精神、冒险的意识和创新的需求,因而才能有积极主动地推动资本技术发展的意愿。其二,印刷业的发展和普及,为大量的凭证和信息交流提供了保障,也为资本工具的使用和人才培训提供了低成本操作的空间。其三,城市化率高和识字人口多,使资本运作的理念和技术容易普及。其四,拥有资本合作的经验,建立了诚信理念。而这些人们已经从长期投资购买填海工程债券的实践中得到了解决。其五,拥有一批富有的工商阶层和专业工程技术人才队伍,人们有钱购买债券并对投资未来拥有信心。

不难看出,这五点似乎是踩中了历史发展的节拍器,是特地为新生的荷兰共和国量身定制的。

荷兰资本运作最为成功的例子,是用股份制的形式设立"尼德兰联合东印度公司"。1602年,以奥登巴思米尔特为首的议会批准,允许和鼓励荷兰工商业者以阿姆斯特丹为主,联合其他城市的工商业界注册成立东印度公司,注册资本是650万荷兰盾。为保障资源争夺,为国家创造更多的发展机遇,国会还特别授予该公司特许状,给予诸多特权,比如:从好望角至印度洋、太平洋至南美南端麦哲伦海峡航线上的贸易垄断权;拥有开战、议和、建立殖民地、夺取海上外国船只、建立城堡的权力;甚至还有铸造货币的权力。[①]

---

① 成振珂主编:《世界帝国简史:人类变迁中的文明与真相》(下),中国商业出版社,2017年,第1046页。

以股份制形式设立东印度公司,有效解决了公司设立之初,用于雇人、购买船只以及购入香料、白银和其他贸易货物的资金问题,激发了商人贪婪和冒险的欲望,资本从一开始就发挥了枪炮难以企及的力量。同时,赋予国家才有的各种特权,使荷兰东印度公司拥有了国家和私人的双重属性,被授予了贸易和战争的双重职能。这种全新的组织方式使其在与葡萄牙和西班牙公司展开的竞争中获得了巨大优势。1588 年,荷兰省的一位海军上将夸口说,仅荷兰一个省就能够在 14 天内动员 30000 名能投入战斗的海员。①

并不只是东印度公司这样的大型企业采用股份制,荷兰人在购买填海造田工程债券时,商人和往往将所有权分割成越来越小的部分——不是一半或 1/4 的股份,而是 1/32 甚至 1/64 的股份,这样可以让更多的人分担风险。荷兰人在组建商业船队和贸易公司时也采用了这样的方法。1610 年的一份法庭文件显示,一个小资产阶级商人名下的财产由 22 艘船舶的股份组成,其中 13 艘有 1/16 的股份、7 艘有 1/32 的股份、1 艘有 1/17 的股份、1 艘有 1/28 的股份。小额股份不仅使得商人们更容易承担风险,还使投资者们得以减少因个别船舶的损失或不成功的商业运作所造成的损失,以增加他们投资的安全系数。②

尽管一些资本的运营技术并非荷兰人首创,但他们积极予以创新并成为集大成者。荷兰商业和金融发展起来后,人们拿着各种货币前来交易、投资,最多时市场上各种货币可达 84 种。1609 年,荷兰成立了阿姆斯特丹银行,推出银行券,规定超过 600 荷兰盾的交易必须使用银行券——商人把手里的贵金属货币存到银行就可以获取银行券,银行还为商人开设标准化货币账户,实行了支票和转款业务。这些业务的创新,防止了商人收取假币的风险,简化了货

---

① 顾卫民:《荷兰海洋帝国史(1581—1800)》,上海社会科学院出版社,2020 年,第 217 页。
② [美]威廉·伯恩斯坦:《伟大的贸易:贸易如何塑造世界》,郝楠译,中信出版社,2020 年,第 265 页。

物交易流程。荷兰人还对期货制度进行了创新。通过出售期货，荷兰农民和商人可以在 6 个月或 12 个月之前就能得到确定的产品价格。借助期货购买，买家可以在过渡期间避免价格的灾难性上涨，托运人也可以购买航运保险，以对冲货物在海运中的损失，而这本身又是一种风险分散手段。

由于银行业和金融业的快速发展，阿姆斯特丹很快就成为世界金融中心，荷兰也因此成为当时世界上资本交易利率最低的地方。在其他条件相同的情况下，一家荷兰公司以 4% 的利率借到的钱，是一家英国公司以 10% 的利率借到的钱的 2.5 倍。[①]来源于世界大量的资本源源不断地涌向荷兰，这也日渐推动了帝国势力向荷兰转移。16 世纪中期到 17 世纪，西班牙王室对外发动战争甚至都需要到荷兰资本市场筹措资金。

军事层面。在西班牙、法国、英国诸强环伺中，弱小的荷兰短期内就实现了崛起，是得天独厚的地理条件和时代发展的历史机遇共同起作用的结果。单从军事角度讲，有两个条件必不可少。

一是其时的法国和英国都希望荷兰独立并能够强大起来，以削弱西班牙（神圣罗马帝国）的帝国势力。两者都曾与荷兰有过结盟或支援其反叛的经历，因此荷兰避免了独立后在近海或本土作战而被绞杀的风险。二是在前一个条件下，荷兰早期与西班牙、葡萄牙（从西班牙独立复国前后）争夺殖民地发生的战争远离本土，而荷兰通过军事技术的改革，使同等建制的军队战斗力超出了其他国家一大截，这使其海外作战优势明显。

荷兰人主要通过强化军事组织和军事训练提升军队的战斗力。他们建立起常备军制度。由于自身兵源有限，荷兰的作战军人大多是日耳曼雇佣军以及苏格兰、法国等国的志愿兵。由于军费充裕，

---

① [美]威廉·伯恩斯坦：《伟大的贸易：贸易如何塑造世界》，郝楠译，中信出版社，2020 年，第 266 页。

他们得以坚持长期的服役制度,克服了士兵短期内解散或轮换的不足。荷兰人十分重视军纪建设,制定了严厉的军事规条,要求士兵必须不折不扣地落实。军纪规定粗暴的行为、偷窃、从事贸易活动的民兵以及士兵都要关禁闭,更大的违反军纪的行为如参与绑架和抢劫的士兵将被枪毙。莫里斯①以及韩德烈克都曾将参与抢劫的士兵吊死。严格的军纪军规,使荷兰军人一改西欧骑士团队意志薄弱、行为作风散漫遗风。荷兰军队还十分注重军事训练,制定军训方法和操练方法,军队的许多基础训练项目如齐步行进等,都是从那时开始的。军队在平时和战时都有繁重的训练任务,即使在战争间隙,士兵也要不停顿地训练,直到筋疲力尽。因此,荷兰军队可以在各种复杂地形条件下迅速编队和进行队形变换,能有效地使平时的训练成果转化为战斗力。通过莫里斯的军事改革和众多将军的战争实践,荷兰一跃成为世界最现代化的军队,激发出强大的战斗力。当时在受到新教影响的地区,人们热心地学习莫里斯的军事改革、荷兰的军事科学以及利普修斯的思想,并且广泛地采纳;在欧洲的其他地区,也有一些地方在仿效。②

  荷兰军事技术的另一项重大革新,是对军队作战队列和作战方式进行了变革。荷兰人精简优化了步兵战斗单位,将团的建制改为连,每一连从150人减少到80人,滑膛枪步兵和长矛兵各占一半,而将火枪兵的纵深减少到每行10人,战线加宽到最大宽度为250米。这样使军队作战更灵活高效,并为创新使用"后退制"步兵持枪发射提供了基础。"后退制",即配备了滑膛枪以及火绳枪的步兵,在前面一排发射了子弹后,快速后退填装子弹,而后排已经将子弹填装完毕的士兵调换到前面,并迅速完成射击。这样反复轮换,在不增加人员和枪支的情况下,部队火力和作战效率显著加强。为进

---

  ① 莫里斯(1567—1625年),荷兰军事改革家,名将。他发展了军事战略、战术和军事工程学,使荷兰军队成为当时欧洲最现代化的军队,为荷兰共和国的建立和巩固作出了巨大贡献。
  ② 顾卫民:《荷兰海洋帝国史(1581—1800)》,上海社会科学院出版社,2020年,第204页。

一步提高效率，使文化素养不高的士兵尽快掌握操作方法并形成战斗力，荷兰人还将士兵持枪发射的动作进行细致分解，画成图案印刷成小册子，提供给基层军队训练使用。1607 年，最后的指令画版本在荷兰出版，很快就被翻译为欧洲各国文字。[①] 这些措施有效提高了士兵的学习效率，强化了军队标准化以及齐射能力，使荷兰军队的作战效能高人一筹，为荷兰与西班牙、葡萄牙争夺殖民地，并垄断世界贸易提供了军事保障。

文化势力

荷兰的成功，正受益于其"年轻"与"小"。因其为新独立的国家，且拥有众多移民，荷兰在发展的过程中很少受到封建专制主义和旧有国家制度的束缚；而因其"小"，资本主义政治制度和经济制度才可能在较小的范围内得以尝试并获得成功。马克思曾经说过：荷兰的独立战争，是 17 世纪英国资产阶级革命的"原型"。尽管人们对荷兰共和国是否为人类第一个资本主义国家还有不同见解，但是其对资本主义制度文化的探索，并在政治、经济领域的实践和应用，足以为其帝国势力的隆兴提供强劲动力。

共和政体。随着民族国家意识的觉醒，葡萄牙、西班牙相继结束地方封建割据状态，建立了统一的中央集权主义国家，走上了世界性帝国的发展道路。而荷兰共和国的政治体制与前两者完全不同，共和国并不设立国王，也没有绝对专制的独裁领袖。联省国家由各个自治的省份组成，在成立"乌特勒支同盟"时，各省就相互约定，每一个省份在共和国中是单一的自治体，但七个省同时又归属于共和国，即所谓荷兰联省共和国。国家最高权力机关是三级会议，由各省的资产阶级、教士和贵族的代表组成，具有立法、决定赋税、宣战、媾和、处理重要国务的权力。各省不论代表人数多

---

① 顾卫民：《荷兰海洋帝国史（1581—1800）》，上海社会科学院出版社，2020 年，第 203 页。

少，在三级会议中都只有一票表决权；对重要问题的决议，必须一致通过才有效。三级会议中各省代表意见有分歧时由执政官进行协调。如协调无果，执政官可行使最高职权进行仲裁，作出最终决定。"三级会议"常设机构为国务会议，首脑为执政官，由奥兰治家族世袭。国务会议由12名委员组成，按各省纳税数量多少确定所出委员人数，因荷兰和泽兰两省纳税最多，故出5名委员，实际上控制了国务会议。而联省共和国的七个省的每一个省都是自治的，拥有独立的政治组织形式和权力运行制度。城市则是由市政厅领导的，市政厅的议员是由富有的市民所组成的。自中世纪晚期以来，尼德兰的每一个城市就是由这些大约20名至40名"最富有和最有荣誉感"的市民来管理的，他们是由每一个城镇选举产生的，任期是终身的，或者要等到迁徙到别的地方的时候才放弃这个职位。

荷兰联省共和国独特的共和政体，是荷兰各省在反抗西班牙封建专制统治、寻求独立建国的斗争中建立起来的，是具有资产阶级性质的政治制度，在人类社会发展史上具有首创性，对于推动帝国势力由西班牙向荷兰转移发挥了重要的作用。

第一，它打破了封建专制主义，为资产阶级提供了政治舞台并赋予了充分权力，为重商主义发展提供了理性土壤。第二，各个省既形成了政治共同体，又保持了经济建设、发展的独立性，使其在对外行使外交权力或进行军事斗争时能够形成合力，同时又能够发挥各个省或城市在商业和经济发展中的主体作用，调动和发挥它们的积极性。第三，给予政治组织和人民充分的民主和自由，有利于开放意识的形成和创新经济的发展，有利于移民社会和商业氛围的培育。第四，商人寡头的共和派与主张集权的奥伦治亲王派联合执政，有利于新生国家的稳定和最大限度凝聚社会力量，以维护好国家的整体利益。也因此，荷兰联省共和国所建立的国家政体是荷兰资本主义发展和成为经济帝国重要的政治前提。

新教精神。15、16世纪，欧洲发生两起意义深远的思想文化运动，分别为欧洲地中海沿岸的文艺复兴运动和北欧一带的宗教改革运动。如果说文艺复兴运动打开了欧洲黑暗中世纪的天窗，启动了欧洲现代化进程，那么新教改革运动则为荷兰崛起为世界性帝国提供了思想光芒和动力源泉。

虽然宗教改革火焰的点燃者是德意志人路德，但是对新教思想的追随、传播和用生命加以捍卫的却是荷兰人。路德的书籍以及从中摘录文章的小册子，在讲荷兰语的尼德兰地区的流传比法国、英国以及斯堪的纳维亚半岛更加广泛。而同情和认同新教思想的荷兰海牙教士杨·杨森和一名妇女温德姆特·克拉斯多切先后被宗教裁判所判定有罪，被活活烧死而成为新教殉道者。[1] 荷兰之所以成为新教思想最重要的传播阵地，主要基于以下原因。

首先，不少荷兰人是西班牙历次驱逐异教徒的受害者，他们对封建专制主义和天主教的黑暗势力拥有最为强烈的批判精神和反抗意识，因此也最愿意接受路德撰写的撕碎宗教道德袈裟的战斗檄文。

其次，那时资本主义经济在交通条件优越而面积相对较小的荷兰有了充分发展——面积小有利于汇集充足的产业工人、同时有利于资金的集约化使用，人们形成新的有利于商业经济发展的职业道德观念和赚钱理念，从而希望摒弃天主教那种看不起商人的观念。

最后，荷兰是当时世界上城市化率最高、也是识字率最高的地区。路德的那些意识超前、思想先进、善于包装的新教宣传的小册子，很容易获得人们的认可并广泛传播。还有荷兰人对印刷和造纸术进行了多次改进和创新，大大降低了书籍的印刷成本并提高了印刷的便捷性，为宣传新教的小册子的出版和流行提供了技术保障。

当时，荷兰（尼德兰地区）是西欧资本主义经济培育最好的地

---

[1] 顾卫民：《荷兰海洋帝国史（1581—1800）》，上海社会科学院出版社，2020年，第74—75页。

区。因此，宣传新教思想、推动宗教改革最有利于荷兰资本主义经济发展和帝国势力汇聚。那么，新教精神到底会对荷兰乃至西方资本主义经济发展产生怎样的影响呢？

第一，它解决了赚钱的道德问题。在基督教长期发展过程中，赚钱是件不太光彩的事，耶稣曾经说过富人进天堂比骆驼穿过针眼还难。[①] 而新教认为，赚钱是件理所当然的事，可以荣耀上帝。这就打破了赚钱的道德枷锁，推动了重商主义的精神解放。

第二，它确立了人改变命运的主体性。天主教认为基督教的权威是教皇诰令，教皇具有绝对的权威。而新教认为基督教的唯一权威是《圣经》，彻底否定了教皇的宗教和法律权威，从更深层次的思想根源上确立了人是自己命运的主体，为资产阶级创业、探险提供了思想基础。

第三，它影响了人们对职业的选择。在天主教的生活观里，只有担任神职人员才有意义，专心于做侍奉上帝的事才是最有意义的。而新教则认为，每种职业都是神圣的，都能够在获取的成就中荣耀上帝，并使自己的生活富有意义。新教的这一思想一下子丰富了人们的职业选择，拓展了创业和工作的空间。可以说，荷兰这片受封建专制主义和传统基督势力钳制相对较弱的地区，为新教的传播、发展和革命成功提供了鲜活的土壤。反过来讲，新教革命最为彻底的荷兰也因此打破了资产阶级经济发展的枷锁，为其帝国势力的发展、壮大提供了充足的思想动能。

开放意识与创新精神。荷兰人开放和创新的基因与生俱来。一方面，作为低地地区，荷兰在独立建国之前，就有大量人口从周边国家迁移而来。不少拥有经济基础和商业资源的异教人士从西班牙被驱赶过来。这些人天生具有反叛精神和从事商业活动的开放、创新意识。随着国家独立和经济发展，更多的人涌入荷兰安家创业。

---

① 李筠：《西方史纲：文明纵横3000年》，岳麓书社，2020年，第248页。

作为典型的移民社会，开放、包容是其基本社会特质。另一方面，荷兰国家体量小，要与周边帝国展开竞争并获得生存和发展机会，只有保持社会开放和不断强化创新，才可能在劣势中获得胜机。此外，荷兰扼西欧南北交通咽喉，地处大陆文化与大洋文化交接地带，风潮跌宕，各种思想、理念和文化在这里交汇、融合，形成了开放、创新的文化动因和文化视野。

荷兰人在崛起的过程中，开放意识和创新精神随处可见。每年夏季，大量的鲱鱼随着洋流游向欧洲海岸。一个叫威廉姆·伯克尔斯宗的荷兰渔民，发明了一刀去鱼肠的方法，另外有人发明了使用盐来保存鲱鱼。经过处理和腌制的鲱鱼，即使放置一年也不会腐败，这让荷兰生产的鲱鱼畅销整个欧洲。荷兰人还设计了一种"大肚船"，尽量把船的肚子做大，甲板却做得很小，这样不仅能多装货，还能少交税——当时船所缴纳的税取决于甲板的宽度。

当然，他们开放意识和创新精神，更多地体现在金融工具的设计和使用以及商业发展方面。荷兰人创建了公债体制，使其政府得以以很低的利率从公民手里借钱；建立了现代央行的雏形，使货币体系更加健全和标准化；完善了期货市场，分散了价格上涨带来的市场风险；优化了税收体系，使主要基于货物税的税收简单有效；以东印度公司为代表的股份制公司的创新性组建和运作，将企业组织方式和获利能力推进到相当高度。

帝国的衰败

从 18 世纪的最后数十年开始，荷兰帝国的社会经济、文化以及海外贸易诸多方面都呈现出衰败的迹象，到 19 世纪初期加剧。[①] 我们在分析荷兰帝国衰败的缘由时，有一种言不由衷的感觉——作为

---

① 顾卫民：《荷兰海洋帝国史（1581—1800）》，上海社会科学院出版社，2020 年，第 460 页。

中介性帝国的小国，能崛起为强大的世界性帝国，实在有诸多的偶然因素，而它的衰败则是历史发展的必然。

生产势力

大多数帝国的衰败和变迁，主要动因并非在国内。如果我们把荷兰帝国生产势力的变化放到18世纪下半叶世界科技和生产势力变化的大背景中进行考察，荷兰帝国自身生产势力的演变其实对帝国势力的变迁影响并不大。或者说，荷兰帝国生产势力的衰退并非是帝国势力发生转移的原因，而是帝国势力正在发生转移的结果。

1750年前后，即使用于生产的蒸汽机还没有被发明出来，世界工业经济其实已经获得长足发展。而随着欧洲国家对世界各国殖民的推进，全球化贸易也获得了更大发展，这就对世界帝国开展贸易提出了更高要求：一方面，自身要有雄厚的工业，以提供可以满足世界市场特别是殖民地国家消费的丰富商品；另一方面，随着交易量的增加和运输向大宗商品转移，作为经济中心或海运枢纽的世界帝国，必须拥有强大的综合资源实力和能够更好辐射世界的地理环境。荷兰这两方面都不具备优势。相反，其生产势力从18世纪下半叶开始，呈现快速崩溃的趋势。

各项产业急遽衰落。大约从1730年开始，荷兰的工业在整体上呈现衰落的迹象，尽管在一些工业领域由于东印度公司出口的需要一直支撑着。莱顿的织布业，在1670年的时候达到了它的顶点，当时的年产量达到139000匹，此后就灾难性地下降了，到1795年只有29000匹了。啤酒厂、白兰地酿酒厂、制糖厂、制盐厂、肥皂加工厂、染坊、烟草加工厂、橄榄油磨坊以及钻石切割厂，所有这些在"黄金时代"都是十分繁荣的，但是到了18世纪的下半叶"就全都衰落了"。原本在帝国经济中占有重要地位的金融业、造船业、捕鱼业、农业等产业也无一幸免，相继走向衰落。在17世纪的时候，荷兰共和国每年要制造500艘远洋船只，此外还要为国内和国外建造供内河航运的小船，但在1750年之后它的下滑就特别显著了。在阿姆斯特丹附近的赞河流域，在1707年的时候有60个船坞，共有306艘大大小小的船只在建造之中；在1770年的时候只剩下25艘至30艘船只了；在1790年至1793年每年平均只有5艘；到1793年就只有1艘了。①

运输和贸易能力下降。1688年以后，荷兰在经济和贸易上的扩张趋势已经慢慢地停止了，特别是在地中海东岸海域以及几内亚的海外贸易已处于停顿的状况。17世纪90年代曾经一度繁荣的荷兰与西属美洲的贸易，在1700年以后大大地收缩了。②荷兰帝国贸易的大幅下降，深受帝国产业衰落的影响，但这并非根本，更为关键的因素还有：

英国利用自身的地理优势，开辟了往来于欧洲、非洲和美洲的"大西洋三角贸易"，使贸易成本大幅降低；英、法两国政府通过颁布一系列针对荷兰人的歧视性法令，坚持不懈地努力建立起自己的商船队，③提供了远比荷兰成本更低的运输服务；英国派出船只对荷兰的商船进行骚扰、劫掠，使荷兰海运更不安全；另外，随着经济和时代的发展，荷兰的地理条件已经很难再为其贸易开展提供良好的竞争条件了。结果，英国掌握了大西洋的支配权，从1610年至1650年的40年间，英国的贸易额增至原来的10倍，有"海上马车夫"之称、海运业发达的荷兰，最终被英国所击败。④

军事实力有限。充满潟湖和沼泽的地理环境，加上荷兰作为西班牙、英国、法国之间争霸的制衡力量，使其在军事实力并不足够强大的情况下赢得了世界帝国权杖。但是，这种由狭小领土、不多

---

① 顾卫民：《荷兰海洋帝国史（1581—1800）》，上海社会科学院出版社，2020年，第476页。
② 顾卫民：《荷兰海洋帝国史（1581—1800）》，上海社会科学院出版社，2020年，第469页。
③ [美]斯塔夫里阿诺斯：《全球通史：从史前到21世纪》（下），吴象婴、梁赤民译，北京大学出版社，2020年，第505页。
④ [日]宫崎正胜：《大国霸权》，米彦军译，浙江人民出版社，2020年，第133页。

的人口和贫瘠的资源所决定的有限的军事实力,在帝国持续对外扩张、妄图获得持久霸权时,则显得力不从心了。对此,费尔格里夫评价道:在"英荷争霸"战争的第四阶段(1688—1713年),荷兰最终完全丧失了作为一个海上强国的地位。其海军所受的损失无法像英国那样得到补充,而其资源又像法国那样在陆地战争中消耗殆尽,于是在海上它不得不越来越多地依靠英国。①荷兰海军由此出现更加惊人的衰败:在17世纪晚期,荷兰海军拥有一支有120艘军舰的舰队,其中90艘是运输船,50年以后只剩下不到50艘军舰,其中只有12艘有作战能力;1696年,联省共和国拥有8艘装备有90多门大炮的"无敌战舰",到1741年只有1艘这样的战舰了,并且已经服役了42年,完全没有作战能力了。②

地理势力

今日荷兰王国面积为4万多平方千米,当时帝国的本土面积与此相差并不多。有限的地域空间,使帝国势力很难长期维持。从人口数量看,莱茵河三角洲的面积太小,难以供养大量的人口,因此拥有共同利益和情感的群体的人数必然不多。③更何况,荷兰帝国30个主要城市人口在1730年至1760年发生了较大幅度的下降。④

从外部竞争对手看,地域狭小的荷兰缺乏其对手所拥有的资源。法国拥有众多的人口、繁荣的农业,在大西洋和地中海均有出海口。英国人也拥有较荷兰人丰富得多的自然资源,并享有海岛位置带来的巨大益处——地处海岛使其无须付出时常遭受入侵的代价。

---

① [英]詹姆斯·费尔格里夫:《地理与世界霸权》,胡坚译,浙江人民出版社,2016年,第159—160页。
② 顾卫民:《荷兰海洋帝国史(1581—1800)》,上海社会科学院出版社,2020年,第468页。
③ [英]詹姆斯·费尔格里夫:《地理与世界霸权》,胡坚译,浙江人民出版社,2016年,第139页。
④ 顾卫民:《荷兰海洋帝国史(1581—1800)》,上海社会科学院出版社,2020年,第460页。

此外，英国人还有其海外殖民地迅速增长的财富和力量作后盾。①另外，从工业生产的角度看，国土狭小的荷兰既无法提供充足的工业原辅材料，也无法让自己生产的产品获得充分的国内市场。而当工业革命在18世纪的下半叶不断推进的时候，荷兰由于缺乏煤和炭而进一步处于不利的地位。②

受大不列颠岛制约，难以形成面向世界的格局。英国就像堵在荷兰家门口的一只拦路虎，挡住了荷兰迈向大洋的通道。荷兰的商船想要进入大西洋进行海上贸易，通道有两条：一条向西航行，通过多弗尔海峡和英吉利海峡，前往地中海、非洲或美洲；另一条向北航行，通过北海前往美洲。但不管往哪个方向航行，都无法绕开英国大不列颠岛。

在荷兰建国早期，英法均希望利用荷兰的崛起以制衡西班牙，对荷兰进出的商船并不加限制。荷兰在17世纪时迎来了发展的鼎盛时期，海外贸易、金融中心和巨大的商业船队将世界各地的财富源源不断地送向荷兰，这就影响了同样希望获得海上霸权的英法两国的利益。两国由此出台了有损于荷兰发展的一些歧视性法令，并限制荷兰船只出入英吉利海峡。后来，英荷发生海上争霸战争，英国更是利用有利的地理位置，对荷兰商船和军舰进行军事打击，或放任强盗打劫，致使荷兰损失惨重。③

随着工业化的推进，海洋运输的货物由奢侈品和农副产品向工业原料和工业制成品等大宗货物发展，运输的船舶越来越重型化、装载量越来越大；而随着贸易全球化的推进，世界贸易的主航道正日渐由地中海和西北欧经济区，向欧洲和美洲经济区过渡，这也使

---

① [美]斯塔夫里阿诺斯：《全球通史：从史前到21世纪》（下），吴象婴、梁赤民译，北京大学出版社，2020年，第506页。
② 顾卫民：《荷兰海洋帝国史（1581—1800）》，上海社会科学院出版社，2020年，第477页。
③ 成振珂主编：《世界帝国简史：人类变迁中的文明与真相》，中国商业出版社，2017年，第1096页。

得世界航运枢纽必须具有面向世界的格局,拥有联系世界各个区域的便捷通道,而这样的条件是被大不列颠岛与大洋阻隔的荷兰所不能给予的。

文化势力

荷兰帝国文化势力的一个重要方面是采用了共和政体,它打破了封建专制主义,有利于国家开放意识的形成和创新经济的发展。但文化对帝国势力的影响从来具有两面性,当荷兰帝国走向衰落的时候,其共和体制的虚弱性表现得越来越明显。

荷兰共和国的政府结构是与中央集权的精神背道而驰的,各省之间互相竞争和互相妒忌并没有对黄金时代的经济发展造成损害。但是从17世纪下半叶开始,形势发生了变化,特别是当荷兰与外国的竞争日趋激烈的时候,荷兰国内的这种需要互补合作的制度就成为社会经济进步的障碍。荷兰各省对国家"总体"财政贡献的份额,是在1609年至1621年确定下来的。随着国际形势和国内经济发展发生了巨大变化,财政分配的份额已经不再合理,一些政治家想根据情况的变化略作调整,但他们的努力都流产了。而政治上的分裂也造成各派力量之间互不信任,18世纪下半叶支持和反对奥伦治家族的人士纷争不已,使得任何人提出的改革议题都变成了敏感的话题,不是被自动搁置,就是被另一派所反对。在修筑跨省的道路以及运河的时候,各省(或者各市)之间的互相妒忌使得这些工程无法推进。[①] 更有甚者,曾经得到精心维护的海军也陷入了令人感到耻辱的境地,没有机会去改善舰队,甚至没有一定的常规经费去维持舰队。在威廉三世去世以后,国内出现了动荡,各省就悄悄地拒绝提供维持以及扩建海军建设的必要资金,联省议会没有能力强迫

[①] 参见顾卫民:《荷兰海洋帝国史(1581—1800)》,上海社会科学院出版社,2020年,第481页。

各省服从其意见，结果每一个省份都拒绝为整体利益掏钱了。①

开拓创新精神丧失。作为一个地域受限、人口和资源有限的蕞尔小国，开拓创新精神原本就是荷兰以小博大、从弱变强的立国之本。但是，随着帝国由弱变强，又由强盛走向衰退，原先在荷兰人身上集中体现的开拓创新精神，日益丧失在奢侈糜烂的生活习性和对现实无力改变的麻木之中。

在 18 世纪的时候，荷兰上流社会主要由依靠利息生活的"食利阶层"主宰。他们住在精美奢华的乡间别墅享受着奢侈的生活，连上一辈从事的商业也不经营了。他们继承了前辈积累的财富，拥有荷兰国家债券和东印度公司以及西印度公司股票，并依靠分红以及利息生活；他们既不经商，也不投资工业和加工业，对经济活动没有任何积极贡献，不关心国家的前途命运；他们把金钱存放到外国的银行里，特别是英国的银行里去。②

"荷兰人在知识上的保守以及缺乏开拓精神，在黄金时代以后的岁月中，在该国的贸易以及工业等其他方面也都体现了出来。这与荷兰商人和海员在黄金时代的事业以及首创精神形成鲜明的对比。荷兰失去了 17 世纪在航海、制图和航行技术方面的领先地位，而让英国的和法国的竞争者后来居上。"③那时候，荷兰已经很少没有工业以及商业是不需要改进的，而工业家和雇主普遍地缺少创造性的精神，他们根深蒂固地厌恶新技术和新方法的实验，而那些正是他们的创业先辈们留给他们的最宝贵的精神遗产。④

---

① 顾卫民:《荷兰海洋帝国史（1581—1800）》，上海社会科学院出版社，2020 年，第 468 页。
② 参见顾卫民:《荷兰海洋帝国史（1581—1800）》，上海社会科学院出版社，2020 年，第 479—480 页。
③ 顾卫民:《荷兰海洋帝国史（1581—1800）》，上海社会科学院出版社，2020 年，第 467 页。
④ 顾卫民:《荷兰海洋帝国史（1581—1800）》，上海社会科学院出版社，2020 年，第 479 页。

十、大英帝国

大英帝国是人类历史上第一个、也将会是唯一一个国土远离大陆的真正的海洋帝国。因其有别于其他帝国的海洋性，在人类文明发展进程中被赋予了特殊的地位和使命：它推动了资本主义制度的大发展，促进了人类社会进入全新的发展阶段；它最早完成了现代工业革命，使人类社会实现了由传统生产方式向现代化大机器生产的跃升；它积极推行自由贸易，确立了全球贸易一体化不可逆转的发展趋势；等等。

帝国的创建

尽管与葡萄牙、西班牙和荷兰这些帝国相互间错综复杂的统治和被统治的历史有所不同，但英国并没有因为孤悬海外而减少与欧陆国家命运的纠葛。1903年，在英国萨默塞特郡的一个洞穴里，发现一具完整的万年以前的骨架，这成为不列颠岛上发现的最早的古人类遗骸。令人们深感意外的是，这具遗骸的主人并非典型的白人特质。而不列颠岛出现大规模人类迁徙活动约在公元前13世纪，生活在欧洲大陆的伊比利亚人渡过海峡来到不列颠岛东南部定居。约公元前700年之后，英国又一次经历了大规模的人类迁移，大陆西部的凯尔特人陆续迁入不列颠群岛，他们已经会使用铁器、耕犁，并在商品交易中使用货币。生产力发展促使凯尔特社会逐渐分化，其中有一个分支被称为"不列吞人"，这也成为"不列颠"这一名称的由来。公元前54年，恺撒两度率领罗马军队入侵不列颠。直到公元43年，罗马帝国皇帝克劳狄一世才率军征服不列颠，将其设为罗马帝国的行省。经过不到400年统治，公元409年，罗马驻军全部撤离不列颠，盎格鲁—撒克逊人开始了英国的统治历史。

罗马人撤离后，原来居住在德国易北河口附近和丹麦南部的盎格鲁—撒克逊人以及来自莱茵河下游的朱特人等日耳曼部落，征服了不列颠。盎格鲁人把不列颠称为"盎格兰"（谐音 England，英格兰名称的由来）。7 世纪初，盎格鲁—撒克逊人在不列颠先后建立 7 个势力较为强大的王国，英国进入史称的"七国时代"。在入侵过程中，特别是随着对不列颠的统治和治理，盎格鲁—撒克逊人原来的氏族组织不断解体，土地逐渐私有化，社会阶层不断分化，出现了贵族、大土地占有者、依附农和奴隶，英国社会日渐封建化。此时，盎格鲁—撒克逊人已经统治着英国大部分领土，原来这片土地上的主人凯尔特人有一部分接受了盎格鲁—撒克逊人的统治，另一部分凯尔特人选择了向爱尔兰与威尔士等边疆地区迁徙。即便是今天，这些地区的居民绝大部分依旧是凯尔特人的后代，这也是英格兰和爱尔兰民族矛盾的根源。

伴随封建化进程，基督教也不断渗入不列颠岛。早在公元 3 世纪，岛上就有基督教徒。公元 597 年，罗马教皇格里高利派出的布道团渡过英吉利海峡来到了肯特王国，开始了在英格兰各地的自由传教活动。公元 601 年，他又向不列颠派遣第二支布道团。根据教皇旨意，留居不列颠岛的奥古斯丁被任命为首任坎特伯雷大主教。自此，基督教在英国传播日益广泛，影响深远。

从 8 世纪末开始，以丹麦人为主的斯堪的纳维亚人屡屡入侵英国，侵占了大量英格兰土地，双方打了上百年的仗。当时，英国历史上第一个以"盎格鲁—撒克逊人的国王"自称的威塞克斯王国国王阿尔弗雷德（871—899 年），一方面以缴纳贡赋的方式削弱丹麦人的控制；另一方面进行了广泛的军事改革，修缮堡寨、筹建骑兵队并配合自由农民组成的步兵、筹建海上舰队。他在 878 年的爱丁顿战役中击败东盎格利亚丹麦人国王古特伦，迫使其签订了《威德摩尔和约》，使英格兰大部分地区回归盎格鲁—撒克逊人的统治，但英格兰东北部被划归丹麦管辖，史称"丹麦区"。因阿尔弗雷德对盎格鲁—撒克逊人建国功勋卓著，被人们尊称"大帝"。他是英国迄今为止唯一一位被授予该名号的君主，后人也称其为"英国国父"。

虽然，盎格鲁—撒克逊人最终击退了丹麦人，使英格兰走上了复兴的道路，却没能阻止另一支维京海盗的入侵。这支维京人于公元 7—11 世纪入侵南欧、西欧、不列颠岛等地，与当地文化融合，形成了诺曼文化，并在今天的法国境内建立了"诺曼底公国"。英格兰国王忏悔者爱德华死后，诺曼底公爵威廉于 1066 年率军入侵英格兰，同年 10 月进入伦敦，加冕为英王威廉一世，史称"征服者威廉"。此后，英国虽历经多个不同王朝，但历代国王都与威廉公爵有一定的血缘关系，至今如此。这种血统的传承，也使英格兰人拥有了维京人殖民冒险和扩张的基因。"征服者威廉"的继任者开始了英格兰的对外征服，于 1169 年实现了对爱尔兰的征服，1282 年实现了对威尔士的扩张。

诺曼人统治英国后，册封了很多诺曼人为封建领主，但原先的盎格鲁—撒克逊人还保持很大的权力。另外，英国还有一些凯尔特人小公国。这种封建领主构成格局以及相互之间权力的对抗和平衡，为英国后来的社会发展和政治变革提供了基础条件。1215 年 6 月 15 日，英国金雀花王朝国王约翰王（1199—1216 年在位）在大封建领主、教士、骑士和城市市民联合压力下，被迫签署《自由大宪章》。该宪章是英国封建时期重要的宪法性文件之一，它把王权限制在法律之下，确立了私有财产和人身自由不可被随意侵犯的原则，被视为人类宪政史上里程碑的文件之一。

为扩张领土和争夺封建统治势力，从 1337 年开始至 1453 年，英法之间爆发了"百年战争"，双方互有胜败。1380 年，英国国王理查二世为征集战争费用，增收人头税，导致泥瓦匠瓦特·泰勒于 1381 年 5 月领导封建农奴和自耕农发动起义，极大动摇了英国的封建农奴制度。"百年战争"使英法两国经济大受创伤，民不聊生，英格兰几乎丧失所有的法国领地，彻底断送了其与大陆帝国争霸的野心。"百年战争"结束不久，1455年，英国又爆发了英王爱德华三世（1327—1377年在位）的两支后裔为争夺王位而展开的"玫瑰战争"（又称"蔷薇战争"）。战争最终以兰开斯特家族的亨利七世与约克家族的伊丽莎白联姻为结束，开始了新的威尔士人都铎王朝的统治，结束了法国金雀花王朝在英格兰的统治，使英格兰从此成为独立的国家，同时也开启了英国的文艺复兴运动，标志着英格兰中世纪的结束。此后，英国走上中央集权的道路，对欧洲大陆推行"大陆均势"政策，集中精力推动海外殖民事业发展。

15—16世纪，毛纺织业成为英国举足轻重的工业，对羊毛的需求成倍增加。在利益驱动下，英国掀起了"圈地运动"——地主把农场改为牧场，通过圈地围田或侵占公地，把小地产集中连成大片，大批自耕农因失去土地而破产，许多人不得不受雇于新贵族和资本家，成为出卖劳动力的产业工人。在"圈地运动"促进了资本原始积累的同时，海外掠夺和贸易也发挥了同样的作用。16世纪中晚期，英国陆续组织许多贸易公司，进行海盗掠夺和殖民贸易，伊丽莎白一世甚至赞助海盗劫掠西班牙商船，并使海盗行为合法化。1577—1580年，英国进行了震惊欧洲的环球航行。1588年，英国战胜西班牙的无敌舰队，在攫取世界海洋霸权上迈出关键一步。

1603年，伊丽莎白女王死后无嗣，苏格兰国王詹姆斯六世继承英国王位，称詹姆斯一世，英国开始了斯图亚特王朝的统治。詹姆斯一世和查理一世统治时，无视经济实力日益强大的资产阶级和新贵族不能忍受封建王权专制统治的变化，坚持"君权神授"，致使与议会矛盾激化，英国议会和国王之间先后于1642—1646年和1648年爆发了两次内战。1685年，詹姆斯二世继承查理二世王位，与议会的矛盾进一步激化。1688年，为防止天主教徒承袭王位，资产阶级和新贵族决定推翻詹姆斯二世的统治，邀请詹姆斯二世的女婿、荷兰执政奥兰治亲王威廉来英国，保护英国的宗教、自由和财产，并恢复他的妻子玛丽（詹姆斯二世第一个妻子所生的长女）的王位继承权。1688年11月，詹姆斯二世出逃德意志，12月威廉兵不血刃进入伦敦。这场没有流血的革命史称"光荣革命"。1689年1月，英国进入了威廉和玛丽共同统治时期，而威廉也因此成为英国与荷兰的共主。1689年通过了《权利法案》，大大限制了国王的权力，奠定了国王统而不治的宪政基础，国家权力由君主逐渐转移到了英国议会。

17世纪至18世纪，英国在美洲殖民地迅速扩张，这一时期被称为"第一英帝国"：1607年，英格兰在弗吉尼亚的詹姆斯敦建立第一块永久的海外殖民地。17世纪中期，大英帝国的雏形已初步形成，英格兰在美洲建立多片殖民地，包括后来的美利坚合众国的十三州、加拿大大西洋和太平洋省份以及牙买加、巴巴多斯和巴哈马等加勒比海的岛屿。此后，英格兰的美洲殖民地通过战争与殖民逐步扩大：通过英荷战争获得新阿姆斯特丹（今天的纽约）；通过与法国的"七年战争"，占领了新法兰西的全部地区，使得英国获得北美更大地区的控制权。

1775年至1783年，美国取得独立战争的胜利，英国丧失其人口最多的殖民地英属北美十三州。但是，从18世纪开始，英国在亚洲、非洲和大洋洲加快了殖民扩张步伐，这一时期被称为"第二英帝国"：1788年和1840年，澳大利亚和新西兰先后成为英国殖民地。1878年英国控制了塞浦路斯。1882年，英法两国对埃及领土的争夺最终以英国人的胜利告终。1896年至1898年英国对苏丹实施征服。1899年至1902年发动南非战争，并逐步全面占领了南非。从1885年至1914年，英国已将大约30%的非洲人口置于其统治之下。而英国对亚洲的殖民开始于1757年，普拉西战役的胜利让英国东印度公司获得了孟加拉的统治权。到19世纪中期，英国东印度公司已经几乎控制印度全境。而锡兰（今斯里兰卡）、缅甸和马来亚，也相继被纳入英国在亚洲的势力范围。1842年，中英第一次鸦片战争后，英国占领了中国香港。

经过19世纪迅猛的殖民地扩张，在维多利亚女王任内，英国进入鼎盛时期，控制了全球海权，主宰了世界贸易，其广阔的殖民地遍布世界各大洲。英国本土及其治下的自治领、殖民地、领地、托管地和保护国共同构成的大英帝国，成为有史以来领土面积最大的国家和最大的全球殖民帝国，领土约3400万平方千米，占到了世界陆地总面积的1/4；大约有4亿到5亿人口，占当时世界人口的1/4；成为继西班牙帝国之后又一个"日不落帝国"。

第一次世界大战结束之后，大英帝国完成了最后一次大规模海外扩张：对原本属于奥斯曼帝国的巴勒斯坦和伊拉克进行委任统治，而前德国殖民地坦噶尼喀、喀麦隆部分地区、西南非洲（即今天的纳米比亚）和新几内亚也被划入大英帝国的版图。但是，随着更大的美国统一大市场的形成，英国日益失去海洋交通运输枢纽和生产成本洼地的地位，帝国势力不断由英国向美洲大陆转移。早在"一战"之前，大英帝国就不可避免地走向了衰败和崩溃。加拿大（1867年）、澳大利亚（1901年）、新西兰（1907年）、纽芬兰（1907）和南非联邦（1910年）相继取得自治领地位，英国的政治实体已经由大英帝国开始向英联邦转变。

"一战"之后，这些自治领经由1926年的《贝尔福宣言》和1931年的《威斯敏斯特法案》确认而获得了完全独立的权利，相继取得与英国的同等地位。而第二次世界大战之后，民族主义情绪高涨，世界范围内掀起去殖民地化浪潮。亚洲地区的英国殖民地最早收获了独立成果：印度（1947年）、缅甸（1948年）、斯里兰卡（1948年）、马来亚（1957年）、以色列（1947年）、巴勒斯坦地区（1948年）分别独立、独立建国或结束委任统治。大英帝国在非洲统治的结束也异常迅速：1956年爆发的苏伊士运河危机中，由于美苏联手反对，英国势力彻底退出苏伊士运河区；加纳（1957年）、尼日利亚（1960年）、塞拉利昂和坦噶尼喀（1961年）、乌干达（1961年）、肯尼亚和桑给巴尔（1963年）、冈比亚（1965年）、博茨瓦纳和莱索托（1966年）以及斯威士兰（1968年）也都相继独立。英国在欧洲地中海地区和中美洲面积较小的殖民地也先后走上独立建国的道路。1966年，联合国区域集团重新划分，由英国主导的英联邦国家组被取消，英国、加拿大、澳大利亚和新西兰四国被划入西欧及其他组，而其余英联邦国家则被划分到相应的地区组，这标志着英国彻底丧失了超级大国的地位。

帝国势力的形成

地理势力

在农业帝国时期，英国作为海洋中的岛屿基本只能作为小国孤悬于大陆之外，抑或成为帝国的边角料存在，其地理势力难以被激发出来。大航海以及随之而来的大殖民运动，使人类交通运输和贸易拓展的重点由陆地转入海洋，英国岛国的地理劣势转化为海洋发展的区位优势，其帝国势力由此被激发出来。

位置优越的大西洋岛屿。今天的英国是由大不列颠岛上的英格兰、苏格兰和威尔士以及爱尔兰岛东北部的北爱尔兰共同组成的欧洲岛国。大航海的开辟使帝国霸权由大陆向海洋拓展，岛国在海洋运输和海洋争霸中获得了得天独厚的地理优势。英国之所以能够登顶世界之巅，与其独特和优越的地理位置密不可分。

首先，位于大西洋合适地域。随着环球航行的实现和欧洲帝国对美洲大陆殖民的拓展，大西洋日益成为欧洲旧大陆与美洲新市场最重要的交通运输通道，也是欧洲宗主国向美洲殖民地投射霸权势力的平台。世界最重要的海洋运输航线已经从南北欧主次市场的航线，向欧洲大陆和美洲大陆主次市场之间的航线转移。这就要求交通和贸易枢纽不仅要具有辐射西欧的能力，更要具有辐射欧洲大陆和美洲大陆的能力。因此，只有位居大西洋的岛国才最具有成为新旧大陆之间交通枢纽的优势，也才最有可能承接大陆帝国势力的转移。"从英国出发,也如同从这些国家(葡萄牙、西班牙、荷兰和法国)出发一样,人们可以而且确实能够方便地驶向世界各地。"① 况且,作为大西洋中的岛国,其国家的军队可以通过海洋将军力投射到陆地帝国的任何地方;而相反,大陆国家在没有建立强大海上力量的情况下,对海洋国家总是那么无能为力。

其次,靠近欧洲大陆。与欧洲大陆距离的远近,决定着英国能否以独立国家的身份参与海洋霸权的争夺,也决定着其能否顺利接受大陆帝国势力的转移。如果英国远离欧洲大陆,其无疑会成为欧洲大陆帝国殖民的目标,从而丧失独立的自主性;而随着大陆帝国的变迁,其又会成为新旧帝国反复争夺的战场,从而失去和平崛起的环境。不列颠岛与欧洲大陆相隔英吉利海峡与多佛尔海峡,最近距离仅为30多英里。这种适宜的距离,既为英国提供了海洋保护,又使其能够涉足大陆事务,控制大陆海洋运输,从而掌握帝国势力转移的主动权。"对于熟悉海洋的一方来说,海洋就是防御的工具,可以用它来对付不如自己熟悉海洋的另一方,以及对海战的特殊环境一窍不通的人(如拿破仑)。此后,英国在一个世纪中都未再面临入侵的威胁。"② 而与大陆不远不近的距离,使英国在与陆地帝国的霸权竞争中处于极为有利的地位。一方面,其可以对陆地帝国实施制衡战略;另一方面,利用地理位置的优势,英国可以比较轻松地实现对陆上帝国军舰和商船的阻击和控制。在与荷兰进行的海洋霸权的争夺中,英国与大陆距离适宜的优势表露无遗。荷兰沿岸的浅海,限制了荷兰战舰的吃水深度,从而限制了战舰的吨位和火力。同样,它同美洲及印度的贸易也越来越暴露在英国海军的炮口之下。"尽管荷兰可以暂时派一支庞大的舰队,前往受到威胁的某地重

---

① [英]詹姆斯·费尔格里夫:《地理与世界霸权》,胡坚译,浙江人民出版社,2016年,第154页。
② [英]詹姆斯·费尔格里夫:《地理与世界霸权》,胡坚译,浙江人民出版社,2016年,第171—172页。

振雄风,但它对长久维持远海广泛而脆弱的利益还是束手无策。"①

再次,寒暖适宜的气候。英国的纬度介于北纬50—58度,属于纬度较高的地区。但由于英国属温带海洋性气候,且受盛行的西风控制,全年温和湿润,四季寒暑变化不大,通常最高气温不超过32摄氏度,最低气温不低于-10摄氏度,1月平均气温4—7摄氏度,而7月则在13—17摄氏度。冷暖适宜的温度,一方面,非常适合包括棉花、小麦在内的农作物及其他植物生长,适合人们野外劳动作业,这为作为岛国的英国不受外部势力影响而独立生存创造了条件,也使外部帝国势力通过短期的海洋封锁而使英国内部崩溃的目的难以达成。事实上,在整个18世纪,英国的农业始终是它财富的基础,而(其他产品的)出口(它在国家总收入中所占的比重,到18世纪80年代以前也许还不到10%)则常常遭受外国强有力的竞争和关税障碍,对于这一点,无论多么强大的海军力量都无济于事。②另一方面,不至于过冷的环境,使英国中南部的大部分港口长年处于不冻不淤的状态,非常适合船只停泊和运输,为其发展成为大西洋两岸的交通枢纽奠定了基础。当然,英国冬季相对寒冷的环境,也为工业革命的诞生和发展提供了契机。一方面,它推升了棉花和棉织品的需求,使纺织业成为英国最早、也是最重要的工业;另一方面,它使人们在寒冷的冬季,需要燃烧木炭或煤炭取暖,煤炭的需求量很大。但煤炭开采后,地下水会灌入坑道影响进一步的开采,为此人们不得不想办法将地下水抽排出去。经过瓦特等工程师的不断努力,终于发明了蒸汽机,解决了抽排地下水的动力问题,使人类社会发展发生了质的改变。

还有合适的水文条件。不列颠岛与欧洲大陆距离合适。"英国

---

① [英] 保罗·肯尼迪:《大国的兴衰:1500—2000年的经济变革与军事冲突》(上),王保存、王章辉、余昌楷译,中信出版社,2013年,第87页。

② [英] 保罗·肯尼迪:《大国的兴衰:1500—2000年的经济变革与军事冲突》(上),王保存、王章辉、余昌楷译,中信出版社,2013年,第98页。

海岸以及从汉堡到比斯开湾顶端的欧洲大陆海岸,每日两次的潮汐涨落能够保持河流的入海口不被泥沙淤塞,并使船只在任何时候都能绕开大帆船难以通过的地方而进出海洋。因此,英国、法国北部和德国西部都具有能够从外海进入河口的优势,货物由此可以直达内陆深处,使能量大为节省。"① 同时,由于早期的海洋航行受到洋流的影响较大,人们往往根据海洋季风和洋流方向选择航线和航行季节。打开大西洋洋流图,我们会发现北大西洋有四股洋流近乎形成了闭环,其中加那利寒流从英国南部开始,沿欧洲大陆和非洲大陆西海岸南行,抵达非洲中部几内亚湾一带,转变为北赤道暖流,并折向西行;这股暖流在流经美洲大陆西印度群岛海域时又折向北方,演化为墨西哥暖流;墨西哥暖流在到达加拿大附近又演化为北大西洋暖流;这股暖流在英国西南方向分化为两股洋流,一股为继续北上的北大西洋暖流,另一股则为加那利寒流。而英国正位于北大西洋洋流循环带上,这为其争夺新大陆殖民地,并开展航运创造了极为友好的条件。英国正是利用这一条件,开辟了"大西洋三角贸易":顺着加那利寒流,将杂货、武器和纺织品运往非洲;沿着北赤道暖流将黑人奴隶贩卖到西印度群岛和美洲大陆;而顺着墨西哥暖流和北大西洋暖流,将烟草、白糖、咖啡运到本土和欧洲,扩大了英国的贸易量和贸易利润,更重要的是降低了运输成本,提升了运输及贸易的竞争力,为英国成为"成本洼地"提供了有利条件。

中等体量的国家。英国现今国土面积24.41万平方千米(包括内陆水域),其中英格兰地区13.04万平方千米、苏格兰7.88万平方千米、威尔士2.08万平方千米、北爱尔兰1.41万平方千米。这种中等体量,对于其成长为世界性帝国非常重要。如果英国的面积很大,有可能在大航海开启之后凭借优势的地理位置更早地承接

---

① [英] 詹姆斯·费尔格里夫:《地理与世界霸权》,胡坚译,浙江人民出版社,2016年,第149—150页。

葡萄牙或西班牙的世界性帝国的接力棒，但更大的可能是在大陆帝国的环伺下，英国陷入连年不休的战乱之中，国家难以获得真正的统一和独立。英国的面积如果过于狭小，则较为容易被陆上帝国吞并而成为其附庸，岛上生产的粮食和养活的人口难以维持帝国的存在。正因为英国的中等体量，使得其农业生产能够实现自给自足，避免了作为岛国被其他帝国从海上封锁而走向崩溃的可能。"在不列颠岛上有两块低地，位于东南部的较大的一块是英格兰的重要组成部分，而位于福斯湾和克莱德湾之间较小的一块是苏格兰的重要组成部分。爱尔兰岛上的低地从中央一直延伸到东西两边的海岸。因此，在这些低地上都有大片的可耕地。这些区域的面积都相当大，英格兰的低地可以与法国的低地相媲美。虽然在小政体并存的时代可能不太稳定，但是当文明的进步足以让一个政府控制整片低地时，这个政府可以相当单一和稳定。"① 对于引领人类社会走向现代工业时代的英国来讲，中等体量还是其获得丰富的煤炭、钢铁等资源的基本条件。基于此，费尔格里夫认为，英国与其他国家之间的一个显著区别，就是唯有英国是一个面积相当大且能够供养大量人口的岛国。②

煤铁资源丰富。过往的世界性帝国，除了波斯因为拥有丰富的铁矿资源和最早使用铁器而帮助其积累了厚实的帝国势力外，其他帝国势力的发展并没受益于矿藏因素。这主要是因为铁制工具使用之后，并没有出现具有划时代意义的矿产利用方式。人类社会发展到英国崛起的关口，财富的积累、科技的进步、生活的需求都为矿产资源的进一步利用创造了条件。进入18世纪，铁制枪炮和船舰已经大量使用，并能够决定战争的胜败。"七年战争"时期，老威廉·皮

---

① [英]詹姆斯·费尔格里夫：《地理与世界霸权》，胡坚译，浙江人民出版社，2016年，第147—149页。

② [英]詹姆斯·费尔格里夫：《地理与世界霸权》，胡坚译，浙江人民出版社，2016年，第147页。

特^①从英国议会获得了招募 550 名海军的批准。同时，他将舰队船只增加到了 105 艘，势头远远超过了法国 50 艘船只的舰队。皮特的政策部分依赖于英国崭露头角的经济优势，无论是造船、冶金，还是枪械制造它都明显地走在了前列。^②

制造船只和枪械离不开钢铁，而冶炼钢铁需要大量煤炭，因此，丰富的钢铁和煤炭资源对英国这样的岛国获得与陆地帝国争霸战争的优势，显得尤为重要。瓦特发明蒸汽机，本身就是英国煤炭采掘业发展催生的结果，而蒸汽机推动工业革命的快速发展，又进一步推升了钢铁和煤炭的需求。在 1760—1830 年，英国占"欧洲工业产量增长的 2/3"，它在世界制造业生产中的份额从 1.9% 一跃而为 9.5%；在以后的 30 年中，英国工业的扩大又使这个数字上升到 19.9%。在 1860 年前后，英国可能达到了极盛时期，它生产了全世界铁的 53%、煤和褐煤的 50%，并且差一点儿消费了全球原棉产量的一半。^③可以说，正是对钢铁和煤炭的开发和利用，进一步夯实了英国帝国势力的基础。如果英国钢铁和煤炭资源匮乏，英国的枪炮和船舰制造就难以获得领先优势，人类第一次工业革命也很难在英国兴起，世界性帝国能否变迁到英国都是难以确定的事。

生产势力

随着新大陆的不断开发，新大陆与旧大陆之间的商品贸易和海洋运输日益繁荣。作为大西洋中的岛国，英国得地利之便，开通了大西洋三角贸易，逐步成为运输和生产的"成本洼地"。在经过西班牙帝国手工生产规模化、荷兰帝国经营资本化和生活城镇化之后，帝国仅靠运输的低成本竞争已难以为继。而随着自身的快速崛

---

① 老威廉·皮特，英国辉格党政治家、首相，"七年战争"中英国的实际领导人。
② [英]尼尔·弗格森：《帝国》，雨珂译，中信出版社，2012 年，前言第 29 页。
③ [英]保罗·肯尼迪：《大国的兴衰：1500—2000 年的经济变革与军事冲突》(上)，王保存、王章辉、余昌楷译，中信出版社，2013 年，第 156 页。

起，人口大幅增加、人们生活水平迅速提高，这无疑使作为岛国的英国面临更大的竞争压力。或许，英国资产阶级革命和工业革命的爆发，既是人类社会工业化生产和生产关系发展的必然结果，也是英国进一步打造"成本洼地"、提升竞争实力、聚拢帝国势力的变革之举。

资本主义生产关系的确立。早在女王伊丽莎白一世统治时期，英国就十分热衷推进海洋探险和殖民活动：获得女王赞赏和资助的著名私掠船船长和航海家弗朗西斯·德雷克多次横渡大西洋探险，并于1580年9月完成了穿越大西洋、太平洋和印度洋的环球航行；1588年，成为海军中将的德雷克更是带领英国军队击败了不可一世的西班牙无敌舰队；而早在1587年，英国就已将美洲的弗吉尼亚宣布为自己的殖民地。按照这样的发展逻辑，加上英国优越的大洋岛国的地理条件和中等国家的体量，世界性帝国势力理应从西班牙顺势转移至英国，而不会选择面积狭小、建国时间不长的荷兰。历史走势没有作出如此选择的一个重要原因就是，人类社会已经进入由资本驱动发展的时代——而英国还没有为此做好社会变革的准备。可以与英国相对照的是，荷兰在1566—1609年期间不仅取得了独立战争的胜利，同时还实现了资产阶级性质革命的成功。新的资本主义制度得以确立，各种资本的运作制度、技术、手段和平台纷纷建立并得到利用。这使荷兰的生产势力获得极大解放，大量资本得以快速运筹起来，用于工业生产和推动军事建设以及促进海洋贸易和殖民事业的发展。

而英国资产阶级革命成功比荷兰晚了数十年，这是由英国民族国家的形成和社会历史发展的阶段决定的。作为偏居一隅的岛国，英国历史上反复被外族入侵和征服，直到1485年8月22日"玫瑰战争"结束后，英国才成为独立的国家，并走上中央集权的道路。当时的封建中央集权制度，符合历史发展的规律和英国社会治理的现状，有利于新独立国家提高治理水平和强化不同族群对英国统一民族国家的认同，因此具有符合时代发展的先进性。再横向比较，荷兰在资产阶级革命获得成功后，在新的资本主义制度推动下，快速展开了全球势力的扩张活动，并于17世纪中叶成为殖民地遍及亚、非、美三洲且垄断了世界贸易的首屈一指的世界性帝国。而此时的英国，詹姆斯一世和查理一世却坚持"君权神授"，妄图强化封建王权专制统治。这种王权专制统治，既不符合荷兰资产阶级革命取得成功后人类跨入新的社会发展阶段的历史方向，也难以满足英国新贵族和资产阶级希望获得更大国家治理权益的要求。更为重要的是，它客观上阻断了世界性帝国向更低成本洼地和更大市场发展的规律演进。

因此，英国资产阶级革命与其说是新生的资产阶级与封建王权势力争夺社会发展主导权的结果，不如说是帝国势力由荷兰向英国转移的规律性推动的必然之举，只是其过程和结果确实出人意料。一方面，作为英国资产阶级革命成功标志的"光荣革命"，其最直接的结果是将荷兰的执政官威廉推上了英国的王位，使其成为英荷两国的共主。此后，威廉不仅将荷兰运作相对成熟的资本主义制度全套拷贝到英国，还将一些殖民地和贸易势力范围划归给英国，从而大大加快了帝国势力转移的步伐。另一方面，最能体现和反映这一帝国势力发生重大转移的，正是英国与荷兰之间发生的第四次"英荷战争"。前三次"英荷战争"双方互有胜负，没有任何一方展现出取胜的绝对实力。但是经过"光荣革命"后，英国的实力已非昔日可比。1780年，英国单方面废除当初威廉所主导签订的英荷同盟的各种条约，发动了第四次英荷战争。英国靠着优势的海军，把军备废弛的荷兰彻底打垮，掠夺和侵占了荷兰大量的商队物资与殖民地。经过此战，荷兰信用与国势一落千丈，而英国则就此登上世界性帝国的宝座。

工业革命。英国工业革命是最能体现和反映地理枢纽和"成本洼地"在帝国变迁中发挥重要作用的历史事件。早在16世纪七八十年代的伊丽莎白时期，英国就利用有利的地理位置开拓了大西洋三角贸易，并于 1588 年战胜了不可一世的西班牙无敌舰队，从而进入"第一英帝国"时期。

但是，英国并未就此成为世界性帝国，反而让荷兰趁势崛起、迅速成为势力最为强大的世界性帝国。这是因为：英国 1642 年爆发内战；同时，与西班牙、法国展开霸权竞争；加之由于城市化发展、生活水平提高，人工成本迅速攀升，英国生产成本低廉的优势不断丧失，这在棉纺织行业体现得尤为明显。"当时，英国的工资水平远高于世界其他地区。实际上，1770 年兰开夏郡的工资水平可能是印度的六倍。即使由于机器的改良，英国的人均生产力比印度工人高出两到三倍，依然不足以抵消工资上的劣势。"①

然而，由于英国的地理位置符合世界性帝国变迁的历史规律，且荷兰国土实在狭小，而美国统一的大市场还远没形成，为英国提供了第二次崛起的机会，而将这一机会的火花燎原成时代火海的则是"工业革命"。1733 年，机械师约翰·凯伊首先发明飞梭，织布效率提高 1 倍以上；1764 年，织工兼木工詹姆斯·哈格里夫斯发明了手摇纺纱机（即珍妮纺纱机，以其女儿的名字命名），能同时纺 16—18 个纱锭，提高工效约 15 倍；1785 年，工程师埃地蒙特·卡特莱特制成了水力织布机，提高工效约 40 倍；而蒸汽机的发明和应用更使纺织业进入大工业时代，纺纱、织布效率成几何级数增长，生产成本随之大幅降低。"在 18 世纪的印度，纺纱工要耗费 5 万小时来纺 100 磅的原棉；1790 年，凭借有 100 支纱锭的'骡机'，英国纺纱工仅需要 1000 小时就能纺出相同数量的纱线。到 1795 年，凭借着水力纺纱机，英国纺纱工仅需要 300 小时就能完成。1825 年后，利用罗伯特的自动'骡机'，时间缩短为 135 小时。仅仅在 30 年中，生产力提高了 370 倍。英国的劳动力成本此时已经远低于印

---

① [美] 斯文·贝克特：《棉花帝国》，徐轶杰、杨燕译，民主与建设出版社，2019 年，第 63 页。

度。"①在 18 世纪 50 年代至 19 世纪 30 年代期间，英国仅纺纱业的机械化使单位生产力提高了 300 倍至 400 倍，所以英国在总的世界制造业中所占的份额激增就不足为奇了——随着它使自己成为"第一工业国"，其份额继续增加。②在工业革命的引领下，英国再次成为"成本洼地"，帝国势力随之汇聚而来，英国由此跨入"第二英帝国"时代，在失去美国殖民地之后，却在亚洲、非洲和大洋洲获取了大片殖民地，真正成为世界性帝国。

军事能力。英国军事能力带来生产势力的提升首先并非得益于军事技术的改进，独特的地理位置以及与大陆合适的距离，给了其难以比拟的天然军事优势。英国维持不很庞大的海洋军事力量，就能很方便地侵扰穿梭于英吉利海峡和多佛尔海峡的商船，或对大西洋沿岸的其他帝国的港口进行攻击。而反之，其他的军事帝国则很难对英国的舰队给予毁灭性的打击——而要以那时的海军力量对英国所在岛屿实施包围，或对为数众多的港口进行封锁，是所有的国家都无法做到的。更何况，英国西北方向的海洋，由于寒冷和风急浪高很不适合舰船的航行和大规模的军事行动。正是基于此，英国无须花费极多的军事投入，就能实施同时压制两个主要敌国舰队海军力量的"双强标准"和对欧洲大陆帝国的平衡战略。在其进一步确立了海洋争霸目标，并将削弱荷兰霸权地位视作自身崛起的垫脚石之后，1651 年 10 月出台了《航海法案》，规定只有英国或其殖民地所拥有、制造的船只可以运装英国殖民地的货物，而将海运能力最为强大的荷兰作为直接的打击对象。正是由于其特殊而优越的地理位置，英国派出军舰很轻易地就能对荷兰商船进行骚扰或对其港口实施封锁，从而为荷兰帝国势力套上衰败的枷锁。

另一个为英国强大的军事能力提供支撑因素的是政府的金融体

---

① [美] 斯文·贝克特：《棉花帝国》，徐轶杰、杨燕译，民主与建设出版社，2019 年，第 65 页。
② [英] 保罗·肯尼迪：《大国的兴衰：1500—2000 年的经济变革与军事冲突》(上)，王保存、王章辉、余昌楷译，中信出版社，2013 年，第 153 页。

系。英国政府通过发行巨额国债，筹措了大量军费。尽管英国的财政总是赤字，但是伦敦的金融界一直支持英国财政。一直到第一次世界大战前，伦敦金融界一直持续对英国皇家海军进行巨额投资，令英国建成军事大国，并得以维持海洋霸权。① 而且，无论是出于"光荣革命"之后两国共主关系的需要，还是纯粹重商主义利益的驱使，在 18 世纪，英国绝大部分用于战争的借款中，除了英国自身金融市场的输血之外，荷兰阿姆斯特丹金融市场和尼德兰联邦的资金，总能屡次为英国进行的战争输血打气。② 从而为英国军事实力的维持和提升注入源源不断的金融血液。

再有，就是军事装备技术的改进，特别是先进的蒸汽机技术和机制工具的应用，使英国的军事力量获得前所未有的提升。早在 16 世纪 70 年代，英国就开始大量使用加莱船和盖伦船，从船首到船尾加装重炮，确立了 17 世纪至 19 世纪在舷侧安装炮台的做法。为了降低军事成本，英国海军开始广泛使用铁炮，其造价只有铜炮的 1/5。③ 此后，一系列技术更加先进的枪炮被发明、改进出来，滑膛枪炮（雷管、膛线等）、后膛炮、加农炮、格林机枪、马克沁机枪、轻型野战炮等，相继被投放到争夺霸权的战场。1884 年，英国人马克沁发明了马克沁机枪，射速可达每分钟 550—600 发，改变了战争的形态。1893 年，英国人在南非的一小队警察就利用马克沁机枪，对人数远胜于自身的当地马塔贝勒部族进行了血腥屠杀。④ 后来，已经称霸公海的英国利用蒸汽机推动炮舰，获取了更大的军事势力，使其能够通过尼罗河、尼日尔河、印度河和长江等大河道，向大陆内地进行广泛扩张。

---

① [日] 宫崎正胜：《大国霸权》，米彦军译，浙江人民出版社，2020 年，第 132 页。
② [英] 保罗·肯尼迪：《大国的兴衰：1500—2000 年的经济变革与军事冲突》（上），王保存、王章辉、余昌楷译，中信出版社，2013 年，第 79—81 页。
③ [美] 林肯·佩恩：《海洋与文明》，陈建军、罗燚英译，天津人民出版社，2017 年，第 444 页。
④ 张笑宇：《技术与文明：我们的时代和未来》，广西师范大学出版社，2021 年，第 238 页。

文化势力

作为有史以来真正的海洋帝国，英国人的思想方式、文化意识、生活理念和组织形式，显然有别于大陆国家。而在其漫长的建国历程中，凯尔特人、盎格鲁—撒克逊人和诺曼人等诸多外族先后入侵，并在相对狭小的空间居住生活，则促进了民主、自由、开放和制衡的文化传统的形成。这也为英国资产阶级革命和工业革命取得成功、推动自由贸易发展，提供了文化保障。而这些因素也是推动帝国势力向其快速转移的重要因素。

中央集权。可能受到了立宪、分权、自由、民主等资产阶级政治诉求充斥着英国现代社会革命的干扰，人们并没有充分认识到建立统一的中央集权制国家，在英国成为世界性帝国的历程中所发挥的极为重要的作用，甚至以为正是资产阶级革命所达成的这些政治成果，为其打开了帝国势力涌动的通道。事实上，英国走向国家统一和实施中央集权制度是英国崛起的重要基础。"在罗马时代以及之后的 1000 年中，不存在一个统一的大不列颠，由于经济条件上的差异，这里的高地总是培育出不同的政治环境。"[①]1066 年，受法国分封的诺曼底公爵威廉征服了英格兰，他给英国带来的并不是走向集权统一。当时来到英格兰的法国人只有 5000 人左右，为了实施对英格兰的有效统治，威廉采用了大陆的封建制，实行领地分封。虽然解决了英格兰的统治问题，但国王的权力处于分散状态，本就弱小的岛国又实施分封制，显然无法参与陆地帝国的争霸大业，输掉了历经 116 年的英法百年战争，英国势力基本退回不列颠岛。

而此后的史实表明，英国帝国势力的振兴是与其国家的统一和中央集权的实施同步实现的。1154 年，亨利二世加冕为英格兰国王，

---

①［英］詹姆斯·费尔格里夫:《地理与世界霸权》，胡坚译，浙江人民出版社，2016 年，第 154 页。

他于 1171 年首次侵入爱尔兰，将爱尔兰东部沿海城市和伦斯特置于自身统治之下。亨利二世还通过建立王室法院系统、陪审团制度和令状制度，推行什一税，把大部分司法权力集中于国王手中，国家统一和中央集权得以显著加强。1284 年英格兰控制了威尔士，并于 1535 年使其成为英格兰王国的一部分；1603 年，苏格兰国王詹姆斯六世继承英格兰王位，为正式合并建立大不列颠王国奠定了基础，英国已经完成了主体部分的统一。统一的王国内部避免了像欧洲大陆那样经受此起彼伏战争的摧残，可以集中力量发展经济。与此同时，英格兰在亨利七世清除影响王室的贵族势力、亨利八世实施宗教改革削弱宗教的政治影响之后，中央王权得到了进一步的巩固和加强，推动英格兰进入了"第一英帝国"时期，并为工业革命的产生和发展奠定了政治和社会基础。

海洋意识。 与此前所有的世界性帝国不同，英国是完全浸泡在海洋中的国家。此前所有的帝国即使面临海洋，并在大洋中获得了广泛的利益，但其国土主体仍位于大陆，充其量是沿海国家。这样一方面其势力的拓展难免会受到陆地利益的羁绊，另一方面也难以拥有与英国一样完全相同的海洋意识。

这种海洋意识首先体现在对财富获得方式的认识上。传统帝国的财富主要来源于农业生产和辛苦的手工劳作，而英国维京海盗的文化传统以及海洋恶劣的生产环境和渔猎、交易的生活需求，使英国人对掠夺财富和商品交易的认识与大陆居民有较为显著的区别，或许掠夺和交易原本就是他们生活的组成部分。这就不难理解，为什么英国人总是抢夺高手，并在世界范围内不断拓展自由贸易的领域。葡萄牙与西班牙在争夺殖民地时还相对具有绅士风度，没有用激烈的开战和屠杀争抢地盘，而是进行谈判和协商，甚至邀请教皇作为仲裁者对殖民地进行契约式分割。英国则不同，它在先期就派出海盗对西班牙和荷兰的运输船只进行掠夺和抢劫，甚至将海盗合法化。1585—1604 年，英国每年都会至少派遣一二百艘商船出海，专门在大西洋和加勒比海劫掠西班牙及荷兰的运输船队,其劫掠的货物价值高达20万英镑。原本海盗是一种不合法的行为,伊丽莎白女王出于政治目的,竟然为海盗船长们颁发"私掠许可证"。[①] 一方面,英国作为后发的殖民者,面对已经被瓜分一空的殖民地,英国人如果以温文尔雅的面目示人,可能最终什么也捞取不到;另一方面,在英国人的海洋意识中,或许本身并没有欧洲大陆人强烈的对陆地的征服和拥有意识。这也是英国人后来总是占领交通要点和贸易驿站、重视贸易的意识根源。可以说,英国鼓励海盗的掠夺行为,扰乱了业已形成的帝国—海洋秩序,为"日不落帝国"掘得了第一桶金。而来自海洋的擅于交易的传统,又为其后来帝国势力向世界各地拓展提供了强大的贸易基因。

英国人的海洋意识还体现在非中心主义的思想上。人们在海洋中的行动与陆地截然不同,可以自由自在向各个方向延伸和拓展,并没有固定的中心点。而"在葡萄牙人和西班牙人完成地理大发现、使大洋凸显其重要性之前,英国基本上是块孤立之地,即使在20世纪初,英国之重要也并非因为其居于大陆的中心位置"[②]。生存的地理环境的非中心性和历史发展的非中心性,共同造就了英国人强烈的非中心主义意识,这使得英国在处理内部政治斗争、海洋争霸、地缘政治关系、贸易往来的事宜时,往往并不采取非你即我的中心主义的霸权行径,而会实施折中、妥协和绥靖主义的措施。《自由大宪章》《权利法案》、君主立宪制等资产阶级革命妥协的产物,与大陆国家玩弄陆权"平衡术"以维持欧洲大陆的均衡状态,以及与荷兰、美国分别实现世界霸权的"禅让",都是非中心主义思想的充分体现。

[①] 成振珂主编:《世界帝国简史:人类变迁中的文明与真相》(下),中国商业出版社,2017年,第1120页。

[②] [英]詹姆斯·费尔格里夫:《地理与世界霸权》,胡坚译,浙江人民出版社,2016年,第152页。

自由精神。 自由精神是海洋意识的另一产物,无论是希腊人流淌于血脉深处的自由诉求,还是腓尼基人及迦太基人天生的商业贸易才能,还有罗马共和国对民主理念的追捧,似乎都是这种由海洋而生的自由精神在世俗生活和现实政治中的投射。对英国来说,除了海洋赋予了人们追求自由精神的品质之外,地缘政治中长期非中心化的地位、种族的社会平权化传统以及对改变偏远生存状态的追求,都使这种自由的品质和精神得以强化和展现。

在英国走向霸权王座的过程中,自由精神有力助推了帝国势力的成长。17 世纪初到 20 世纪 50 年代,大约有 2000 万人离开英国到海外开始他们的新生活,只有小部分人最后归来。世界上没有其他任何国家像英国那样向外输送了那么多移民——英国人的大规模出走改变了世界,将各个大陆的主导人种变成了白人。"对大多数移民来说,新世界给他们带来了自由……对有些人来说,这是宗教自由,但最重要的是经济自由。确实,英国人也喜欢将这种自由视为他们的帝国不同于——当然也优于——西班牙、葡萄牙和荷兰的一个重要特征。埃德蒙·伯克曾在 1766 年宣称:'没有自由,就不会有大英帝国。'"①

如果说英国人对身体和行为自由的向往,使其相对较少受到家庭、故土和世俗人情的牵绊,从而前赴后继地走向世界各地开疆拓土,编织了聚拢帝国势力兴盛的网络;那么,英国人对精神和灵魂自由的追寻,更为帝国的崛起注入了不竭的动力。英国发起的宗教改革运动,表面上是亨利八世不满教皇不允许其离婚而另立新教、以维护婚姻自由并为私生子谋取继承王位的权利,本质上是根植于传统农耕时代的天主教教义既无法适应英国人源发于海洋的对自由的向往,更难以满足新生的资产阶级对灵魂和精神自由释放的需求——这就不难理解为什么《大宪章》《权利法案》,这些保障自由

---

① [英]尼尔·弗格森:《帝国》,雨珂译,中信出版社,2012 年,第 49 页。

精神和资产阶级革命成功的法案,能够诞生在海洋环抱的英国了。英国人在崛起的过程中,大力推进贸易自由化,为人类经济一体化和生活全球化开辟了广阔道路。这一成就的取得,与其说是那些认为越是放任经济自由发展、英国工商业越是被纳入全球经济体系,对英国霸权发展越有利的政治家们理智行事的结果,毋宁说是流淌于英国人文化血脉深处的自由精神在时代发展中自我展示的需要。

帝国的衰败

大英帝国是完全意义上的海洋帝国,处于从殖民帝国向工商帝国过渡的阶段。也因此,大英帝国出现了两个帝国时期,即:17世纪至18世纪的"第一英帝国",这一阶段英国在美洲殖民地迅速扩张,帝国的性质为殖民帝国;18世纪之后为"第二英帝国",这一阶段工业获得长足发展,特别是工业革命之后,英国的工业产品远销于分布世界的各殖民地,帝国的性质为工商帝国。尽管从殖民帝国向工商帝国演化,为大英帝国争取了更多的帝国势力承续的时间,但历史对强者的眷顾并不会始终如一,帝国变迁的规律依旧将大英帝国推向衰败之中。

生产势力

工业革命推动生产势力的转移。工业革命似乎具有量子的某种属性——在其推动英国获得更为强大的帝国势力的同时,又暗中将帝国势力向北美大陆转移。工业革命之后的几十年,已建立并不断发展起来的英国工业,诸如煤炭、纺织和铁器制造业的绝对产量都有所提高,但是由于美国已经形成远比英国更为庞大且统一的市场,且欧洲本身对现代工业生产的垄断正被打破而扩大到大西洋彼岸,蒸汽动力、铁路、电力和其他现代化工具,对具有意志和自由去采用它们的任何社会也都有利。① 这就造成英国工业在世界总产量中所占的相对份额逐渐下降：在钢铁、化学、机床和电器等新兴的越来越重要的工业中，英国很快失去了早期那种具有领先能力的地位。英国工业产量在 1820 年至 1840 年、1840 年至 1870 年期间，年平均增长率分别为 4% 和 3% 左右，以后增长更加缓慢，1875 年至 1894 年的年平均增长率只有 1.5% 多一点，远远低于它的主要对手。② 虽然 1880 年英国在世界制造业总产量中仍然占有 22.9% 的比例，但到 1913 年已减到 13.6%，就工业实力而言，美国和德国已走到了前面，昔日的"世界工厂"现在只能名列第三位。③ 而美国早已成为世界工业生产的"成本洼地"。

消费革命引导生产势力转移。第二次工业革命中，电和内燃机、电话被发明出来，推动了世界范围的产业工业化、生活方式城市化和贸易全球化，从而促成了以美国为主导的人类另一场革命——消费革命：人们追求舒适的城市生活方式，大量生产和消费收音机等电器产品、电话等通信产品和汽车等交通产品等，商品充斥着市场，价格大大降低。对工业原辅材料和消费品等大宗商品运输需求的迅猛增长，引发了另一场革命——运输方式的革命，而内燃机、轮船和火车的发明及应用则为这一革命的成功提供了保障。新的运输方式，将世界的距离大大压缩，使"大洋变为内湖，大陆变为村庄，世界变为一体"，并使运输成本大大降低，大宗商品运输和跨大西洋运输不再是难题。正是在消费革命和运输革命的支持下，世界性贸易也发生了重大革命——工业原料和日常消费品日益成为贸易的主体，而美国则成为国际贸易的主角。相对应地，英国的贸易

---

① [英]保罗·肯尼迪：《大国的兴衰：1500—2000 年的经济变革与军事冲突》(上)，王保存、王章辉、余昌楷译，中信出版社，2013 年，第 199 页。
② [英]保罗·肯尼迪：《大国的兴衰：1500—2000 年的经济变革与军事冲突》(上)，王保存、王章辉、余昌楷译，中信出版社，2013 年，第 237 页。
③ [英]保罗·肯尼迪：《大国的兴衰：1500—2000 年的经济变革与军事冲突》(上)，王保存、王章辉、余昌楷译，中信出版社，2013 年，第 237—238 页。

地位却日益衰落，出口商品漫天要价，使其丧失了在经常受到高关税保护的工业化的欧洲和北美市场的优越地位，尔后又丧失了某些殖民地市场；由于进口的外国工业品涨潮般地涌向国内未受保护的市场，英国工业又受到削弱——这是最明显的标志，说明英国越来越缺乏竞争力。①1880年英国在世界贸易中所占的份额为23.2%，而在1911—1913年却只占到14.1%。②

军事实力已难以维护帝国势力。对帝国来讲，殖民地的增加并不单单意味着产品销售和税收的增加，它还意味着维护殖民地秩序和阻止其他国家觊觎而带来的防务费用增加。当英国成为"日不落帝国"之后，它维护霸权所要应对的挑战对军事投入提出了更高要求，而作为海洋帝国当它跨过那些港口和贸易据点，深入殖民地大陆腹地时，会遭遇与传统陆地帝国相同的困境，空间过度延伸的危险会降到它们头上。③因此，英国的防务开支出现大幅增长，从1913年的9100万英镑，增加到1918年的19.56亿英镑，而1918年英国的防务开支占政府总开支的80%，占国民生产总值的52%。④这些军事开支，并不能从殖民地获得相应的补充；相反，对霸权的维护和对殖民地独立运动的斗争同时还损耗着大量的帝国势力。在第一次世界大战中，英国耗费了大量的军费，霸权已事实上转移到新大陆的美国手中。⑤第二次世界大战期间，英国是唯一从头至尾参战的国家，损失了约10%的财富，其贸易及生产单位减少，货币

---

①［英］保罗·肯尼迪：《大国的兴衰：1500—2000年的经济变革与军事冲突》（上），王保存、王章辉、余昌楷译，中信出版社，2013年，第237页。

②［英］保罗·肯尼迪：《大国的兴衰：1500—2000年的经济变革与军事冲突》（上），王保存、王章辉、余昌楷译，中信出版社，2013年，第237—238页。

③［德］赫尔弗里德·明克勒：《帝国统治的逻辑：从古罗马到美国》，程卫平译，社会科学文献出版社·联合出版中心，2021年，第161页。

④［英］保罗·肯尼迪：《大国的兴衰：1500—2000年的经济变革与军事冲突》（上），王保存、王章辉、余昌楷译，中信出版社，2013年，第278页。

⑤［日］宫崎正胜：《大国霸权》，米彦军译，浙江人民出版社，2020年，第184页。

也被削弱。① 大英帝国终于在"二战"之后土崩瓦解。

地理势力

作为面积仅 20 多万平方千米的岛国，中等体量、位居欧洲大陆外侧、有利的洋流方向均为英国崛起提供了得天独厚的地理条件。然而，当历史的车轮驶进工商帝国时代，岛国的地理资源已难以为世界性帝国提供充足的动能。

匮乏的资源难以满足大生产的需要。尽管大不列颠群岛拥有相对富足的煤、铁等资源（这也是工业革命率先在英国发生的基础条件），但是与其后蓬勃发展的大工业生产的需求相比，还是显得微不足道。1870 年这一年，英国就已使用 1 亿吨煤，而当时的实际人口约 3100 万。② 如此大的需求量显然不是一个岛国所能持久提供的。帝国广大的殖民地可以在一定程度上解决岛国资源不足的困境，但殖民地地位的不确定性和运输成本的增加，无疑增加了帝国竞争的成本。与英国不同的是，美国不仅面积是英国本土的数十倍，煤、铁等工业基础资源也十分丰富，这就使美国在与英国的霸权竞争中获得了基础性优势。在 1860 年前后，英国生产了全世界铁的 53%、煤和褐煤的 50%，并且差一点儿消费了全球原棉产量的一半，在 1860 年，它消费的现代能源（煤、褐煤、石油）是美国或普鲁士／德意志的 5 倍。③ 然而，到 1914 年美国煤产量已经达到 4.55 亿吨，大大超过英国（2.92 亿吨）和德国（2.77 亿吨）；美国也是世界上最大的石油生产国，同时又是铜的最大消费国，它的生铁产量比其他三国（德国、英国、法国）的总和还要多。实际上，美国不仅已

---

① ［法］帕特里斯·格尼费、［法］蒂埃里·伦茨主编：《帝国的终结》，邓颖平、李琦、王天字译，海天出版社，2018 年，第 341 页。
② ［英］保罗·肯尼迪：《大国的兴衰：1500—2000 年的经济变革与军事冲突》（上），王保存、王章辉、余昌楷译，中信出版社，2013 年，第 151 页。
③ ［英］保罗·肯尼迪：《大国的兴衰：1500—2000 年的经济变革与军事冲突》（上），王保存、王章辉、余昌楷译，中信出版社，2013 年，第 156 页。

经是英国,而且是整个欧洲大陆真正的竞争对手。①

有限的市场空间无法支撑贸易中心的地位。作为帝国本土,英国即使在帝国势力强盛的时候,人口也不算多,1801年到1911年从1050万增加到4180万,年增长率为1.26%。② 反观美国,1910年时其人口已达9190万,是英国同期人口的2倍;而到1938年时美国人口已达13830万,已近英国同期人口的3倍。重要的是,英国早已是饱和而成熟的老市场,美国则是充满创业热情和消费欲望的新兴市场,市场发展空间和消费潜力很大。尽管英国号称"日不落帝国",拥有辽阔的殖民地和众多的殖民人口,但这些并不能形成帝国的核心竞争力和贸易的重要支撑性因素,甚至去殖民化思潮和反殖民运动使其成了"负资产"。正是因为英国本土市场空间较小,其经济日益依赖国际贸易,尤其是国际金融。到了19世纪中叶的几十年,各项出口构成了多达1/5的国家总收入,特别是对庞大的棉纺织业来说,海外市场是必不可少的,而不论是原料还是(日益增加的)食品,进口也都变得极其重要。在发展最快的部门——银行、保险、商品交易和海外投资等"无形"的服务业中,对世界市场的依赖也尤为关键。③ 这些都使英国再难担当国际贸易中心的地位,特别是如果再面临一场大国战争的话。

偏于欧洲一隅缺少担当世界航运枢纽的条件。在殖民帝国后期,海洋航运主要在欧洲与美洲、欧洲与非洲、欧洲与亚洲之间进行,欧洲特别是西北欧是世界贸易的中心,而作为欧洲门户的英国则成为世界航运的枢纽。然而,随着工业化推进和美洲、亚洲市场的崛起,从世界经济一体化的广阔视野看,英国偏于欧洲西北一隅,难

---

① [英]保罗·肯尼迪:《大国的兴衰:1500—2000年的经济变革与军事冲突》(上),王保存、王章辉、余昌楷译,中信出版社,2013年,第253页。
② [英]保罗·肯尼迪:《大国的兴衰:1500—2000年的经济变革与军事冲突》(上),王保存、王章辉、余昌楷译,中信出版社,2013年,第150页。
③ [英]保罗·肯尼迪:《大国的兴衰:1500—2000年的经济变革与军事冲突》(上),王保存、王章辉、余昌楷译,中信出版社,2013年,第162页。

以承担降低成本、辐射各大洲市场的航运枢纽功能。1914年，第一次世界大战在欧洲爆发，对英国的帝国势力形成致命打击；而同样是1914年，美国以举国之力开凿的巴拿马运河正式通航，纽约和旧金山之间的航程缩短了一半以上。① 更为重要的是，巴拿马运河的通航，使得美国到东亚、美国到欧洲之间的航运成本比英国到同在亚欧大陆的中国的成本还要低，从而更好地确立了美国作为世界航运枢纽的地位。

文化势力

英国君主立宪制的局限性阻碍了现代资本主义发展。 1688年，英国"光荣革命"成功推翻了复辟的斯图亚特王朝，此后通过了《权利法案》和《王位继承法》，初步确立了议会制君主立宪政体。这一政体的建立，结束了英国的封建专制制度，使得英国走上资产阶级政治民主化的道路，成为世界上第一个建立君主立宪制的国家。这在当时是历史的一大进步，有利于资本主义的发展，对于推动工业革命、增强英国的帝国势力，发挥了积极而重要的作用。但是，由于英国君主立宪制是资产阶级新贵族与封建地主之间妥协的产物，它保存了诸如世袭君主制、贵族院、陈腐的选举制、封建特权、裙带关系、国教等大量的封建残余，与美国推翻英国殖民地统治后建立起来的联邦共和制及法国资产阶级"获得完全胜利"后建立起来的民主共和制相比，具有很大的局限性，造成了许多社会弊端，比如贿赂之风盛行导致贵族寡头的统治、拉帮结派造成严重的政治腐败现象、竭力维护地主阶级的利益拖延民主改革等，严重地影响了英国的现代化进程和社会发展。②

殖民政策的失败。 虽然英国本土很小，但它鼎盛时期统治着

---

① [日]宫崎正胜：《大国霸权》，米彦军译，浙江人民出版社，2020年，第178页。
② 参见潘香华、陈利今：《近代英国君主立宪制的局限性》，《广西师范大学学报》（哲学社会科学版）1990年第8期，第76页。

3350多万平方千米土地上的5.4亿人口。^①如果它能够符合时宜且很巧妙地运用好殖民政策，把殖民地土地变为帝国坚实领土的一部分，把殖民地人民归化为忠诚的国民，帝国所拥有充沛的人口、市场和自然资源则完全可以在与美国的竞争中阻止帝国势力向其转移的步伐。然而，英国所采取的殖民政策显然破坏了这一设想，主要体现在三个方面。一是放任东印度公司对殖民地进行侵略和盘剥。殖民者在英国当局的支持下，打着东印度公司的旗号，对殖民地鲸吞蚕食、略地侵城，加之东印度公司股份的减少，阻挡了殖民地管理者财路，其对印度原住民进行无情的剥削和打压。^②二是在以武力压制和道德感召之间摇摆不定。面对非洲及东南亚的民族主义运动，英国一方面通过军队的介入和政治及司法上的施压，企图让殖民地的反叛就范；另一方面他们很快就确信要想更好地保护自身的利益，需要借助的是商谈而非武器。^③三是政策的不连贯。1942年"退出印度"运动迫使英国同意印度从"二战"后开始自治，并且声明支持尼赫鲁所领导的国民大会党提出的建立唯一的联邦国家的要求，但随后在面对印度国内制度无法贯彻、团体之间暴力频发的状况时，英国又决定加快退出印度，并采取了将印度分割的方案。^④类似情况又发生在对巴勒斯坦问题的处理上。1922年，在国联的支持下，英国被委任统治巴勒斯坦。其间，由于英国向阿拉伯人和犹太人许下的诺言彼此矛盾（它曾向前者承诺解放，向后者承诺建立"民族聚集地"），从而引发了政治与宗教混乱，而英国自身也一直

---

① ［法］帕特里斯·格尼费、［法］蒂埃里·伦茨主编：《帝国的终结》，邓颖平、李琦、王天宇译，海天出版社，2018年，第339页。

② ［英］阿尔弗雷德·考尔德科特：《大英殖民帝国》，周亚莉译，华文出版社，2019年，第123页。

③ ［法］帕特里斯·格尼费、［法］蒂埃里·伦茨主编：《帝国的终结》，邓颖平、李琦、王天宇译，海天出版社，2018年，第346页。

④ ［法］帕特里斯·格尼费、［法］蒂埃里·伦茨主编：《帝国的终结》，邓颖平、李琦、王天宇译，海天出版社，2018年，第343页。

深陷其中,并最终于 1948 年 5 月 15 日从巴勒斯坦撤退。[1]

"二战"之后,英国殖民地迅速地土崩瓦解,这与大英帝国的帝国势力受到了极大破坏和削弱有关,与殖民地过于庞大、花费太多而无法防御有关,也与去殖民化和民族自治的呼声高涨有关,还与美国顾及其自身的价值及领导权、苏联推广马克思主义有关。[2] 但是,如果大英帝国在殖民地政策上能多一些适应民心和时代发展要求的战略部署及长效安排,并保持政策的连贯性,其帝国势力向美国转移的步伐至少可以更慢一些。

---

[1] [法]帕特里斯·格尼费、[法]蒂埃里·伦茨主编:《帝国的终结》,邓颖平、李琦、王天宇译,海天出版社,2018 年,第 344 页。

[2] [法]帕特里斯·格尼费、[法]蒂埃里·伦茨主编:《帝国的终结》,邓颖平、李琦、王天宇译,海天出版社,2018 年,第 341—342 页。

第四章　当今帝国势力的转移与嬗变

在生产势力、地理势力和文化势力共同作用下，20世纪三四十年代，世界性帝国势力从欧洲大西洋沿岸的英国转移到美洲大陆的美国。如今，随着科技和社会的发展进步，帝国势力一如既往地发生着转移——美国的帝国势力正在衰退，而生产势力、地理势力和文化势力正不可阻挡地向中国转移，中国由此成为新的"成本洼地"，并走向世界舞台的中央。与以往农业帝国、殖民帝国和工商帝国勃兴所不同的是，中国崛起是唯一不依靠征服、掠夺和殖民扩张的国家，世界性强国的性质已经发生根本转变，侵略性消退而服务性强化，中国将成为传统帝国的终结者。

一、地理势力的转移

通常来讲，地理要素是相对静止和固定的，

但这并不表明它在强国势力的变迁中发挥的作用无足轻重。恰恰相反，当地理势力被变迁的生产势力所激发，其对强国势力转移所发挥的能量却是巨大的。美国原先凭借"两洋夹峙"的地理优势，执掌了世界性帝国的权杖，但随着科学技术推动生产力发展和社会变革，美国地理势力的独特优势逐渐丧失，其强国势力不可避免地随之发生着转移。与此相对应的是，中国东面濒临太平洋，西面衔接亚欧大陆，拥有得天独厚的地理优势。但是，在农业帝国时代中国一向满足于经济上的自给自足，海洋运输甚至海洋霸权并不能给亚欧大陆东陲的中国带来更为丰厚的强国势力。随着改革开放的深入，中国以承接来料加工为突破口，推动对外贸易和经济建设的全面发展，海洋成为中国崛起和持续发展的基本要素和重要条件，原本长期处于静默状态的地理优势被激发出来，为强国势力由美国向中国转移打开了历史性窗口。

美国地理势力的衰落

亨利·基辛格在其《世界秩序》中多次提到不少人都拥有的观点，美国地理位置独特而拥有无与伦比的优势，它使美国"在两个大洋庇护下安全无虞"[①]。在 1895 年委内瑞拉与英属圭亚那的边界争端中，美国国务卿理查德·奥尔尼警告英国（当时仍被视为世界头号大国）注意西半球军事力量的不平衡："美国今天实际上是这个大陆上至高无上的国家，它的命令就是法律。"美国拥有"无限的资源和超然的地理位置，它在任何情况下都可以随心所欲，不会受到任何其他国家的实际伤害"[②]。美国横亘大西洋和太平洋两岸的统一

---

① ［美］亨利·基辛格：《世界秩序》，胡利平、林华、曹爱菊译，中信出版社，2015 年，第 312 页。
② ［美］亨利·基辛格：《世界秩序》，胡利平、林华、曹爱菊译，中信出版社，2015 年，第 320 页。

大市场的形成以及依靠两大洋沿岸优良港口形成的海运优势,正是世界性帝国势力由英国向美国转移的根本原因。然而,美国这种受两大洋庇护的地缘政治和统一的大市场优势,也是相对的。如今,商业规则已洞穿国家主权的限制,以互联网引领的新技术浪潮深入推进世界经济一体化,亚欧大陆统一大市场将在波折坎坷中逐渐形成,世界治理秩序正不可避免地向大陆回归。美国这种受两大洋庇护的优势,已经转化为市场发展空间相对较小的劣势,世界强国势力正在发生不可逆转的转移,美国将被亚欧非所形成的统一大市场日益边缘化。

"两洋"劣势显现

我们在前面提到,新兴强国通常出现在守成帝国的边缘地带,这是因为这一地带既接受了守成帝国文化的辐射,又位于守成帝国势力投射的弱势区域,有利于新兴强国势力的成长和壮大。美国地缘政治理论家兰德尔·柯林斯也认为,"边陲位置"有利于战争胜利,因为周边敌国较少的国家在扩张时牺牲的是那些被敌国包围的国家的利益。不过,随着国家在扩张过程中逐渐远离最初受到更多保护的位置,国家扩张将会削弱边陲优势。①

美国成为世界性强国之前,相对于欧亚旧大陆来说是隔洋的边缘地带。"南北战争"结束后,美国建立了横跨大西洋西岸到太平洋东岸的广阔而统一的大市场,相邻的只有相对弱小的加拿大和墨西哥两个国家,尽享隔洋而治的地理之利。"由于大洋的隔离作用,旧大陆上的冲突不会对美国产生直接的影响,但是美国与旧大陆之间的距离又不至于太远,凭借其物质、经济和道德方面的各种力量,美国在全球的纷争中都可以以仲裁者的面目出现。"② 在英国和

---

① [美]彼得·图尔钦:《历史动力学:国家为何兴衰》,陆殷莉、刁琳琳译,中信出版社,2020年,第21页。

② [英]詹姆斯·费尔格里夫:《地理与世界霸权》,胡坚译,浙江人民出版社,2016年,第298—299页。

旧大陆深陷一战泥潭时，美国却采取孤立主义，韬光养晦，大卖军火发战争财，因战争而受益一跃成为全球经济实力最强大的国家。1914 年时，美国欠欧洲投资者的债务约为 40 亿美元，但到 1919 年时它已成为一个借出款项达 37 亿美元之多的债权国，到 1930 年时这个数字已上升到 88 亿美元；而到 1929 年时，美国的工业产量至少占世界工业总产量的 42.2%，这一产量大于包括苏联在内的所有欧洲国家的产量。欧洲与美国的经济关系因第一次世界大战而完全改变。欧洲已不再像在 19 世纪时那样，是世界的银行家和工厂，这两方面的领导权都已转到大西洋彼岸。[①] 美国借机完成了对守成帝国英国的超越，成为新晋的世界帝国。可以说，优越的地理条件成就了美国的帝国之梦。

根据兰德尔·柯林斯的理论，随着美国的扩张，其逐渐远离最初受到更多保护的位置，原有的优势将会受到削弱。表面上看，美国在 1898 年与西班牙打了一仗，并相继占领了古巴、关岛、威克岛、波多黎各、菲律宾之后，再没有对外进行过以领土扩张为诉求的军事占领。其实，这是帝国扩张的逻辑发生了改变。在农业帝国时期，最能体现和创造财富的是土地和人口，帝国实施军事行动的目的就是占领土地和人口；殖民帝国时期，对海洋运输的控制成为帝国势力最重要的体现方式，帝国实施军事行动的重要目的就是控制海上航线；到了工商帝国时期，控制产品销售市场和货币发行权逐渐成为帝国获取财富的方式，土地、人口、物资等有形的财富可以通过无形的金融体系进行兑换和变现。虽然 20 世纪以来，美国就没有进行过领土的军事扩张（大洋上一些小海岛除外），但其金融和市场扩张则从未停止过。

美国对世界金融的扩张通过三个层面实现：底层为制度结构层，

---

① [美] 斯塔夫里阿诺斯：《全球通史：从史前到 21 世纪》（下），吴象婴、梁赤民译，北京大学出版社，2020 年，第 749 页。

主要为由世界银行、国际货币基金组织和关贸总协定支撑的"布雷顿森林体系",为美国金融扩张提供制度性保障;中间层为金融工具层,主要为美元和美债,为美国金融扩张提供有效实现的手段;顶层为强权机器层,即遍布世界的美军为美国金融扩张提供强制性的秩序保障。当美国用金融扩张代替了领土扩张之后,实际上美国本土就成为一所巨大的"银行",通过向世界各国发放以美元为主体的贷款或投资,获得的利息和分红则为帝国收益。问题是,不论是领土扩张还是金融扩张,都要付出成本。如果维持扩张的成本长期高于收益,最终将会走向崩溃。一方面,随着美国金融向世界边远地区扩张,向收益不大的"长尾领域"扩张,其边际效益越来越低,造成了维护世界金融体系运行的成本远大于收益;另一方面,由于美国东西两边面朝大洋,南北又仅与墨西哥、加拿大接壤,国内市场早已成熟,周边又缺少阶梯性的市场扩展空间,致使其获得的世界性金融资源无法更充分地在国内转化为生产和市场贸易的效益,美债规模因此越来越大。据《中国日报》报道,截至2023年6月16日,美国债务总额已高达创纪录的32.039万亿美元。① 而美国国库已多年入不敷出,如此巨额债务美国根本就无法偿还。

传统帝国时期,国家间对财富的掠夺主要通过战争实现,更长的边界线和更多的邻国往往意味着更多的战争风险。随着经济全球化的推进,特别是20世纪90年代互联网经济兴起,明显加快了世界经济一体化进程,和平、发展成为当今世界的主题,经济发展的竞争逐步代替了战争对财富的掠夺。即使个别地区发生战争,大多也是美国出于维护世界霸权的需要。当今时代,一个国家拥有更长的边界和更多的邻国,或许意味着拥有更多贸易合作的机会、更多不同阶位的市场发展空间。在战争频仍的年代,受两大洋的庇护,美国在安全无虞的环境中迅速崛起为世界性帝国。但时移势易,随

---

① 刘亚南:《美国国债规模突破32万亿美元》,《中国日报》,2023年6月18日。

着科技的进步和时代的发展，美国原来"两洋夹峙"的优势，又转化成进一步做大市场、降低生产成本、提升市场竞争力的劣势。我们看到，20世纪80年代开始，美国将大量的电子产品和科技产品的生产外包到远隔重洋的亚洲地区特别是中国生产，使自身制造业越来越空心化。出现这一现象的根本原因正在于美国国土的地理局限，使其无法拓展更加广阔的市场空间——既无法生产具有竞争力的低成本优势的工业产品，又因为国内市场早已成熟、饱和，也难以满足现代市场规模化销售的要求，生产势力不可避免地发生转移。

  帝国势力总是向着"成本洼地"转移，而"成本洼地"形成的条件主要有两个：一个是拥有更大的统一市场，既能够提供充足而丰富的原料和产品，也具有巨大的市场消费能力；另一个是拥有更适合革命性技术发展的土壤。后一个条件，我们在后面的有关生产势力转移的环节再作深入论述；至于前一个，中国与美国对比的优势十分明显。中美国土面积相差不大，但两者人口相差悬殊，2021年末中国有14.13亿人口，而美国则为3.32亿人口，中国人口是美国的4.26倍，这就意味着中国拥有进入市场的庞大的人口基数；2021年，中国全国居民人均可支配收入约为3.51万元人民币，美国居民人均收入约为3.8万美元（按当期汇率折算成人民币约为24.5万元），美国人均收入是中国的6.9倍，和美元与人民币的汇率基本相当。人均收入高，说明美国的人均消费能力强；人均收入低，表明中国市场的发展潜力还很巨大。同时，我们还应该看到，美国也有发展不平衡的问题，但基本是成熟而饱和的市场，而中国东西部地区之间、城乡之间存在着较大的发展不平衡性，为中国市场内部的产业转移和可持续发展提供了更为广阔的空间。

  近年来，美国显然感受到中国快速发展带来的竞争压力。2022年3月28日，美国五角大楼向国会提交的2022年度国防战略报告，将中国列为"最重要的战略竞争对手"，对中国展开了更多的遏制和围堵。然而，美国决策者或许并没有认真思考的是，与美国竞争的真正对手并非中国，而是整个亚欧大陆。

由于中亚及南亚一带复杂的地形地貌，使面积广阔、人口众多、文明发达的亚欧大陆没能在早期形成统一的大市场，这才使得世界性帝国势力跨越大西洋辗转到美国。但是，随着以互联网为中心的科技发展、全球经济一体化的推进，特别是亚欧大陆一体化交通体系的形成，亚欧大陆甚至包括非洲大陆正在形成远超美国的更为庞大的市场。对中国来说，幸运的是，中国正处于这一庞大的市场之中，既能更充分享受亚欧大陆统一大市场发展的红利，又能分化美国竞争压力；对美国来讲，不幸的是，美国相隔太平洋位于远离这一市场的边缘地带，无法通过扩展更大的市场对冲亚欧统一大市场带来的竞争劣势。

亚洲早期的工业化，依靠美国对世界各区域的产业定位和产品外包，东亚地区实现了经济的"雁阵式"发展——日本率先实现经济腾飞，此后是韩国、中国香港、中国台湾地区和新加坡等亚洲"四小龙"，接着就是中国大陆。由于巨大的体量和强大的文明底蕴，中国承接的并非只是美国的产品代加工和产业转移，而是整个生产势力和强国势力的转移。早期美国将产品发包给日本和韩国生产，这两个国家再将低端的配件或组装品外包给中国，形成了以美国为中心的"多齿轮链式"结构的外包产业循环链。而随着科技的发展和市场资源的积累，中国从加工业大国成长为制造业和服务业大国——由中国设计和生产产品，将部分产品和配件发包给东南亚地区加工，再由中国销往欧美国家，开展市场售后服务，逐步形成以中国为中心的"多齿轮链式"结构的制造和服务循环链。而在这条产业链上，未来美国将逐步弱化为单一的消费品市场，几乎所有的需求在亚欧大陆区域内均可实现系统而科学的分工——欧洲和日本、韩国提供技术和消费市场，俄罗斯提供粮食和矿产资源，西亚提供能源，中亚承担陆上交通枢纽责任，东南亚和印度承接外包加工，而中国则担纲生产总成，从设计、生产到市场销售、服务。

这样的分工并非出于谁的设计，而是市场根据不同区域的特点和优势必然进行的优化配置。美国由于地理位置的局限，无法形成和主导这样的分工体系。多年来，美国打着反恐的幌子在军事上楔入中亚地区，实质上这是它对陆权回归的恐惧反应——以反恐的名义在欧亚大陆中心人为构建地理障碍之外的政治和军事障碍，控制亚欧大陆市场一体化的形成。但是，美国的军事支出已形成不能承受之重，军事干涉主义也无法逆转亚欧一体化融合的进程，因此美国不得不退出进行了20年战争的阿富汗。而欧洲在吞下俄乌冲突带来经济受损的苦果并认清未来地缘政治的走势之后，将更主动投入亚欧一体化的进程。当美国将竞争的矛头对准中国时，殊不知亚欧大陆市场一体化才是其难以撼动的历史大趋势。

中国与亚洲国家贸易发展情况，可以说明亚欧市场一体化难以逆转的趋势。2008年全球金融危机并未改变中国周边经济对华出口增速快于对美出口的趋势，韩国、新加坡、日本、马来西亚、印度尼西亚、泰国对华出口均先后超过对美出口。在此之后，出现过一个令各方都关注的转变就是美国推出的"转向亚洲"战略。从2013年起，周边经济体开始降低对华出口占比，这个背景是美、日等国就推动《跨太平洋伙伴关系协定》的谈判。美国奥巴马时期发动的TPP战略，特别是综合性更强的"再平衡"战略，似乎已经开始扭转东亚的贸易秩序。2013年初，日本决定加入TPP谈判，这个决定对东亚地区贸易格局的影响是很关键的，很多国家自此开始降低对华出口，直到2015年和2016年周边经济对华出口与对美出口占比降到最低。不过，从2017年开始周边国家又恢复了对华出口增速超过美国的态势。[①] 这表明美国政策或许可以影响一时，但难以对亚欧市场一体化趋势产生决定性的影响。

---

① 钟飞腾：《大变局中的周边格局》，收录于张蕴岭主编《百年大变局：世界与中国》，中共中央党校出版社，2019年，第177页。

大量的研究发现，地缘因素会对行为产生直接或间接的影响。比如，地理上的距离影响到商业交换活动的频繁程度和战争发生的可能性。经济学家的数据表明，地理距离对于国际贸易流动的影响是巨大的。2500英里的距离可以使贸易降低82%，股本交易降低69%，对外直接投资（FDI）降低44%；如果距离延长到4000英里，那么，这三组数字将分别上升到97%、83%和58%。[1]另外有研究表明，在北美，人们更愿意在加拿大或是美国国内经商，而不是穿越美加边界进行贸易，愿意在国内经商的人数比跨国界经商的要多出10到20倍。这两项研究说明，当亚欧大陆内部交通得到有效整合、一体化市场形成后，拥有最多国家、最多人口、最丰富资源和最大经济体的亚欧大陆区内贸易将更加繁荣。在当前世界强国势力已逐步回归大陆的情况下，澳大利亚、日本、英国，甚至美国等远离大陆的发达经济体将日趋衰落，甚至被边缘化。

被分割的市场

随着美国帝国势力走过顶峰，原来"两洋夹峙"的地理优势逐步显现出"市场再拓展空间小"的劣势。像这样随着科技发展和社会进步带来反转的，还有美国的联邦体制，这也是美国地理势力走弱的原因之一。

联邦制作为多中心、自治、非集权的制度安排，并非美国首创。早在古希腊时期，希腊人为了抵御波斯等外敌入侵，希腊半岛和爱琴海沿岸的城邦就组建了联邦国家。由于联邦的目的完全是军事性的，所以城邦成员也只是将军事权威授予联邦，而保留了是否开战、是否签订条约以及其他与军事高度相关的外交事务的决策权，国家的权力和权威十分薄弱。结果希腊无论是军事功能的履行还是

---

[1] [美]彼得·卡赞斯坦：《地区构成的世界：美国帝权中的亚洲和欧洲》，秦亚青、魏玲译，北京大学出版社，2007年，第11页。

国家治理水平都很差，先后被马其顿和罗马帝国征服。这也是希腊文明尽管形成很早且足够强盛，但希腊从来没有成为强大帝国的原因。或者因为希腊联邦的糟糕表现，此后直到中世纪之前基本没有成熟的联邦制国家出现。中世纪，意大利北部和德国南部的一些城市曾组建过联邦制国家，但多弱小而短命。唯一存活时间较长的是瑞士邦联，它因为拥有独特的军事防卫地理优势而没有被外族灭亡。荷兰在脱离西班牙独立建国时，由荷兰、泽兰、乌得勒支等七个省组建成立联邦制国家，由联邦政府行使国家主权，是对外交往的主体，联邦各成员有自己的立法和行政机关，管理本省的财政、税收、文化、教育等公共行政事务。荷兰联邦尽管在法律上是松散式的，但它比以前的任何联邦制都更为集权。在大部分时间里，七个省中最富裕、最强大、人口最多的拥有阿姆斯特丹和鹿特丹的荷兰省，占据着实际的统治地位。它可以通过影响选举、控制整个国会、控制元老院职能等一些措施实行法外集权，使得联邦制的荷兰往往摇身一变成为君主制国家，从而拥有强大的国家权力，这也是荷兰能在极短时间内发展成为强大帝国的重要条件。

美国联邦制取法于荷兰，并进行了制度创新，将法外集权改为制度化的法律和宪法内的集权。建国之后，美国的十三个州享有独立的主权，都不同意让出全部主权，美国因此实行的是地方拥有高度自治权的邦联制。建立的邦联政府，实际上是一个松散的各州联合体，而邦联议会虽是当时美国的最高权力机构，但它只是各州代表的会议，没有一个主权国家应有的宣战、媾和、签约、发行货币、借债、征兵和征税等权力，而各州却拥有主权国家所享有的一切权力。后来，为了统一应对外敌，推动国家建设，提高政府威信，强化国家权力，美国才将国家体制由邦联制变革为联邦制，并且加强了法内集权。"1787年的美国宪法，确立了双重分权的联邦体制，美国各州凭借宪法赋予的共同权力和保留权力，获得'半主权'地位。同时，为协调各州之间的关系，防止州权主义泛滥，宪法又确立了处理州际关系的基本原则,即:各州在法律上平等,对于其他州的公共法令、记录和司法诉讼程序应给予充分的信任和尊重;各州的公民均应享受其他州公民所能享受的一切特权和豁免权等。宪法的精神为美国的州际关系发展奠定了基本框架。"①

由上可知,联邦制发展有一个相对集权化的过程。美国走上联邦制道路也并非缘于建国先人的制度化设计,而是在尊重历史、面向现实的基础上,各方博弈的产物。当今世界,除俄罗斯因承续苏联的衣钵之外,包括美国在内,加拿大、墨西哥、阿根廷、巴西、澳大利亚、印度、马来西亚、巴基斯坦、刚果、尼日利亚等实行联邦制的国家都是曾经的殖民地,因其独立时各方的权力无法平衡而选择了联邦体制;而奥地利、西德等国家则因为是战争中的战败国,战胜国担心其发展强大,利用联邦制制衡其政府权力,使其被动地走上了联邦制的道路。因此,实行联邦制既非什么历史创举,也不具有天生的优越性。通常来讲,只要条件允许,建立一个权力集中的中央政府对于国家资源整合、效率提升和长治久安更为有益。

当然,这并不是说联邦制就没有优势。它的主要优点有两条:一是在尊重历史和传统的基础上,实现不同种族、民族、语言、宗教、文化和习俗的人民和平共处,维护了一个统一的国家;二是它确保了地方政府的自主性、灵活性和创造力,能在经济成长期营造良好的市场环境。例如美国。

联邦制可以有效规避国家建设发展中复杂的而难以一刀切的问题,从而减少地方的动荡和政策的失误。对像纽约这个社会治安问题严重的州,州里根据实际需要制定严格的枪支管理法,而具有拥枪传统的俄勒冈和西部其他各州,制定这样的法律既无群众呼声,推动起来也相当困难。对于有关堕胎的立法和管理也是如

---

① 郑迎平:《美国是如何处理各州之间关系的》,刊于《经济研究参考》1998年第18期,第29页。

此，联邦国会并不会出台法案，而由各州自行处理。联邦制能有效调动地方各州积极性，为数众多的政治与社会改革都源于各州，20世纪初的进步主义运动就从各州开始，随后蔓延到全国各地。地方相关州改革的成功案例，还会为其他州提供有效典范，如加利福尼亚于20世纪60年代初实施的高等教育计划，在获得成功后为其他州所效法。

而联邦制最大的弱点正来自它的优势。它为权力争执不下的各方提供了一个制度化的制衡和合作的方案，但是它的脆弱性也在于此。当国家处于蓬勃向上的发展时期，凝聚力强，联邦各成员齐心协力，充满积极向上的合作精神。一旦国家发展势头进入下降通道，则会因原有的利益格局并没经过结构性整合而导致矛盾冲突难以化解。全国性政府与地方政府、地方政府与地方政府之间往往出现权力纷争，而一些地方政府从本州利益出发，延误决策过程或阻挠政策执行，并在各地之间形成行政梗阻。由于联邦制国家原本各成员单位就拥有相当大的自主权力，且有一定的独立历史，因此容易陷入分裂和独立的旋涡之中。

我们回到美国的现实政治。在帝国势力呈现健康而积极向上的态势时，地方政府可以通过州际自愿签订具有约束性的双边和多边法律协定和行政协议，签订州际互惠条款、起草统一法律、相互礼让等措施和办法，加强州际政府间的合作。但是，当整个帝国势力下行、资源减少时，各州就会争权夺利，构筑贸易壁垒，"利用其合法权力保护本州的工农业和商业，损害其他州的利益，导致各州间互相报复，扰乱和阻碍全国统一市场的正常运作。比如，各州警察有权检查食品运输，防止动植物疾病蔓延，然而各州却以此为由以合法的检查来阻止其他州的农产品正常进入本州，以维护本地农业生产和销售；一些州政府还利用对州公共财物、设施的支配权，在建设、使用、管理上优先照顾本地企业，对其他州在本地的产业，在发放执照、征税等方面予以刁难。而这些权力又都是由州立法机关颁布的法令所赋予的，具有法律依据"①。因此，州际之间形成的市场壁垒和矛盾往往是结构性的，难以解决。南北战争之后，联邦制帮助美国极早形成了统一的大市场，激发了国土面积巨大和"两洋夹峙"的地理势力，使得美国得以承接英国的世界性强国的衣钵。而如今，随着强国势力进入下降通道，美国联邦制更容易导致地方利益的分裂和市场的分割，进一步削弱本来就因为生产势力转移而受到影响的地理势力。

当前，亚欧大陆经济一体化快速推进，中国高铁总里程已达4.37万千米（截至2023年11月30日）。② 现代交通技术正推动大陆地理势力强势崛起，而美国由于联邦、地方、个人的利益无法平衡，在重大项目建设上往往陷入相互攻讦、否决、对抗的困局，致使高铁建设在美国几乎寸步难行，影响了新时期美国强国势力的成长。而近年来，美国对新冠疫情的防控，更是深受美国联邦政府和地方政府、各地方政府之间各行其是、相互掣肘的消极影响，医疗资源整合和协调管理十分困难，导致民众对于疫情防控政策无所适从，各种违背科学和常识的反智言行大行其道。"疫情蔓延高峰期，纽约州、加利福尼亚州、伊利诺伊州等地方政府为抢购呼吸机等防疫物资，不断哄抬物价，互相指责；疫情形势好转时期，不同州放开'居家令'时间不一，某些州政府急于重启经济，造成疫情反复。""佛罗里达州和得克萨斯州、密西西比州等州政府一方面明确反对联邦政府推出的强制疫苗接种政策，另一方面对联邦政府削减其新冠治疗药物供应颇为不满。联邦与州政府协作乏力，州政府各自为战，美国这台原本不缺燃料的国家机器如今只能转转停停，抗疫形势难免起起伏伏。"③ 沃克斯新闻网2021年1月2日就曾指出，

---

① 郑迎平：《美国是如何处理各州之间关系的》，刊于《经济研究参考》1998年第18期，第32—33页。

② 樊曦：《全国高铁营业里程达4.37万千米》，新华社2023年12月11日电。

③ 高乔：《政治撕裂让美国抗疫雪上加霜》，《人民日报》海外版2021年11月24日。

美国已经陷入了州、地方政府和公众不得不自求多福的境地。①

近年来，美国反全球化、贸易保护主义抬头，但这根本阻止不了全球经济一体化的大潮。随着帝国势力的削弱，美国市场发展的要求和地方政府之间的贸易保护呈现出更加明显的撕裂状态。一方面，经济竞争日益全球化，美国更需要统一的国内大市场，以提升自身的竞争力。而大交通、大企业、大农业以及应对全国性甚至全球性的公共卫生和灾害事件，都需要一个全国性的大政府。另一方面，美国联邦政府对州政府并没有直接的管辖权力，而随着美国帝国势力走进下降通道，各州为争夺有限的资源，相互之间的恶意竞争将越来越激烈，贸易壁垒越筑越高。而这些，将使美国市场日益呈现严重的分裂和碎片化状态。

美国联邦体制在一定程度上造就了美国人不信任政府权威的传统，甚至往往会对政府活动采取敌对态度。1959 年，当被问及哪个才是"今后国家最大的威胁"时，只有 14% 的公众选择了"大政府"，41% 选择了"大工会"，15% 选择了"大企业"；而在 1978 年，47% 的人把这个"殊荣"给了大政府，选择企业和工会的则均为 19%。②在民众对政府不信任和政府权威丧失的背景下，特别是在帝国势力下行的通道里，联邦政府在整合全国市场、集中资源参与全球化竞争、提升地理势力方面难以取得积极成效，根本无法遏止地理势力向中国转移的步伐。

中国的海陆枢纽地位

在农业帝国时期，大凡势力强大的帝国都会认为自己是世界的

---

① 中国国务院新闻办公室：《2021 年美国侵犯人权报告：第一节 操弄疫情防控付出惨痛代价》，2022 年 2 月 28 日发布。
② [美] 塞缪尔·亨廷顿：《美国政治：激荡于理想与现实之间》，先萌奇、景伟明译，新华出版社，2017 年，第 343 页。

中心，一方面由于地理知识受限；另一方面出于国家隆盛、自信心膨胀造成认知的偏差。因之，带来了以希腊人为中心的对世界东方和西方的划分，以罗马人为中心的"条条大道通罗马"的方法论，古代中国将自己自视为"中央王国"亦如是。中国"簸箕式"三面高原高山、一面大洋的地形地势，使自视甚高的中原王朝往往将异族一概视为蛮夷。在对海洋认知尚未开化的时代，中央王朝既无法对自身的地理条件有恰如其分的认知，更无需向海洋获取正值资产。只有在国门被西方的坚船利炮洞开之后，以林则徐、魏源为代表的中国有识之士，才对中国的地理和海洋空间及其相互作用的影响有了比较清醒的认识。但是，直到今天我们对中国地理条件的优越性以及因之带来强国势力的转移所发挥的重要作用，仍没有更为妥切的认知。

中央王国再认知

古代中国人心目中的天地格局，大体上就是：第一，自己所在的地方是世界的中心，也是文明中心；第二，大地仿佛一个棋盘一样，或者像一个回字形，四边由中心向外不断延伸，第一圈是王所在的京城，第二圈是华夏或者诸夏，第三圈是夷狄；第三，地理空间越靠外缘就越荒芜，住在那里的民族也就越野蛮，文明的等级也越低，被叫作南蛮、北狄、西戎、东夷。[①]

中国人这种传统的对世界格局的认知，与西方人大相径庭。历史上，欧洲大陆由于地势平坦，易攻难守，大部分国家被多种强势文明反复冲击和覆盖，加上从事游牧、渔业的人口众多，国家治理疆域的边界飘忽不定，对世界格局的认知是流动的、变化的、非中心性的。但中国地理形状特殊，虽然中华文明早期被证明了"多点起源，多元发展"，但以黄河流域为主体的文明，由于统合的时间

---

① 葛兆光：《宅兹中国：重建有关"中国"的历史论述》，中华书局，2011年，第108页。

早、人口众多、区域广大和经济发达，形成了强大的统合华夏文明的力量。这一区域，北临广袤而严寒的蒙古高原，西邻荒无人烟的戈壁大漠，南接瘴气充盈的蛮荒之地，东濒浩瀚的大洋。早在两千多年前，《尚书·禹贡》就对中国的版图做过描述：东渐于海，西被于流沙，朔南暨，声教讫于四海。限于当时交通条件和交流的匮缺，人们的目光所至唯有放大的中原之地——中央之国。概因如此，中国人形成了"中央王国"的视野和"大一统"的文化传统。

如今看，中国既不是世界的地理中心，更不是古人心中和世界几乎画等号的天下国家。但是，这并不妨碍中国人长期活在"中国是天下的中心"的自视甚高的理想世界。这一方面成因于地理受限的视野所致，且整个封建时代，除了佛教以外，中国很少受到其他文明的冲击和挑战；另一方面则成因于中国历代所创造的经济和文明在世界上长期处于优越的地位——"过去的2000年里，有1800年中国在世界国内生产总值中所占的比例都要超过任何一个欧洲国家。直到1820年，中国在世界国内生产总值的比例仍大于30%，超过了西欧、东欧和美国国内生产总值的总和。"[1]基于以上原因，中国人始终相信自己是世界的中心，汉文明是世界文明的顶峰，周边的民族是野蛮的、不开化的民族，不必特意去关注他们，这使中国人对天下根本认知的逻辑是：神州文化的四处布化，各化外之地的归化。[2]

因此，中国和周边国家建立起了并不平等的朝贡关系。国力与欧洲相比已开始逊色的清朝乾隆年间，西欧已经在地理大发现之后开始了世界性的大殖民，并且走上了资本主义发展道路，而中国的帝国统治者依旧沉浸在"中央王国"偏执的自尊中，是否行叩拜之

---

[1] 亨利·基辛格：《论中国》，胡利平、林华、杨韵琴、朱敬文译，中信出版社，2012年，第8页。

[2] 张笑宇：《重建大陆：反思五百年的世界秩序》，广西师范大学出版社，2015年，总序第1页。

礼俨然成为朝廷内外斤斤计较的国家大节。1793年，英国派遣马嘎尔尼使团出使中国，目的是在北京和伦敦互设使馆，争取中国开放沿海更多的通商口岸，而且马嘎尔尼被要求申明对中国领土没有野心，并携带了大量反映科技和实力的礼物。但是在他觐见皇帝是否要行三跪九叩之礼时遇到了大麻烦——马嘎尔尼可以接受按欧洲礼节单膝下跪，但是中国官员提出马嘎尔尼要么叩头，要么空手而返。这次中英官方的正式交流，最终以马嘎尔尼空手而归而告终。马嘎尔尼不仅带走了满腔的疑惑、愤怒和无奈，同时也带走了一个中央帝国落日余晖里孤傲和落寞的背影。

早在明朝万历年间，中国人"中央王国"的自信心和自恋情结就受到过极大打击。意大利传教士利玛窦16世纪末来到中国后，绘制了《坤舆万国全图》。他使中国认识到世界不是平面的，而是圆的，瓦解了中国人天圆地方的古老观念；中国不仅不是天下，更不是唯一，反而很小，只占亚洲的1/10，世界的1/50；中国也不是世界文明的老大，不同的区域还有另外的文明。①这是一次对帝国"中央王国"意识的解构。其实，明代永乐三年（1405年），郑和就开始了七下西洋的航行，最远到达了东非和红海附近。但是，郑和的航行并没有对当时帝国的天下意识和世界格局观产生较大影响，大概是因为郑和下西洋的目的是"通好他国，怀柔远人"，所到之处无非是中国之外的蛮、狄、戎、夷，是需要中华文化布化之所，是需要归化中国的化外之地。对于此时的中央帝国来讲，身外再大的空间也只能证明和反衬王朝的中央地位。只有当利玛窦《坤舆万国全图》呈现出世界地理的真实情景时，中国人意识里的"天下"才被收缩为身处的帝国，而化外的世界远非中华文化所能布化之地。

1840年后，等到西方的坚船利炮轰开清王朝的大门，世界一步步走近中国，而中国却一步步被推出世界舞台的中央，成为以欧洲

---

① 葛兆光：《宅兹中国：重建有关"中国"的历史论述》，中华书局，2011年，第108页。

人为中心的世界地理视野下的远东,在经济版图和国格上中国则沦落为"东亚病夫"。至此,中国已不能保全自身,甚至有当权者妄图依靠西方列强的贪婪挑动他们相互争斗,以获得回旋的空间。

  今夷人既以据香港,拥厚赀,骄色于诸夷,又以开各埠,裁各费,德色于诸夷。与其使英夷德之广其党羽,曷若自我德之以收其指臂。

  录自魏源《海国图志》的这段话意思是,中国宜主动向所有贪婪之国做出让步,而不是让英国先从中国勒索后,主动与其他国家分赃,从而为本国捞取好处,即中国给予任何一个列强的特权应当自动给予所有列强。[①]魏源的策略未必能够奏效,但这种企图以眼前利益的牺牲换取"师夷长技以制夷"所需时间的断臂式自保,道出了这个曾经不可一世的中央帝国的无尽辛酸。

  好在经过中国人民一个多世纪的抗争,中国熬过了那段无比黑暗的年代,踏上了伟大复兴的征程,又一步步回归世界的中央。这里的中央不仅是世界经济的"中央"——工业产值超过美、德、日总和,按购买力计算的 GDP 超越美国,按汇率计算的 GDP 也将在不久的将来超过美国,更是世界地理势力的"中央"。

  近些年,随着中国全方位崛起并走到世界百年巨变的重大关口,一些学者从多个视角对中国之于世界的地位给予了深入研究和阐发,如施展《枢纽:3000 年的中国》、葛兆光《宅兹中国:重建有关"中国"的历史论述》、张笑宇《重建大陆:反思五百年的世界秩序》、赵汀阳《天下体系》《惠此中国》,对中国传统的天下观和中央之国的思想意识进行了重新梳理,多从传统中发掘、阐述两者形

[①] 亨利·基辛格:《论中国》,胡利平、林华、杨韵琴、朱敬文译,中信出版社,2012 年,第 56 页。

成的历史背景、存在基础和蜕变演化过程。但是，如何从历史传统中提取中国之于世界"天下观"的进步因子，发掘时代和社会发展对当代中国强国势力的激发作用，进一步在传统中国的基础上开拓当今世界治理的文化导航，还述之不炽。一方面，中国的时代故事点燃了人们从传统文化中发掘普遍理想的豪迈情怀；另一方面也由此正好说明，中国近代沧桑的记忆还在知识精英的心田里残留着疼痛的疤痕，从而未能拓展更为自信和广阔的想象空间。

其实，不论是农业文明时期综合实力长期位居世界前茅的中国传统王朝，还是近代以来积贫积弱、山河破碎的清末民国，当然还有正在走向伟大复兴的新中国，单就地理而言"中央"地位就一直存在。在新的科技力量的激发下，中国固有的地理势力正在转化为推动强国变迁的支撑性力量。一是中国位于世界最大陆地板块欧亚大陆和世界最大洋太平洋交接处，是世界海陆交汇的中央枢纽。当大陆国家再次崛起时，中国作为全球海陆中央枢纽的地位将进一步巩固，这从近年来中国成为全球最大的实物进出口贸易国获得佐证。二是与中国陆地接壤及隔海相望的国家多达数十个。周边国家星罗棋布，使中国成为名副其实的"中央"王国。当世界日渐深度整合并成为命运共同体时，更多近邻的国家就是更大的市场空间和更繁荣的文化的支撑条件。三是神秘的北纬 30 度的人类文明线大致从中国国土中间贯穿而过，中国国土陆地主体位于北半球的中央地带，这一地带土地肥沃、气候宜人，而中国 S 形的海岸线遍布终年不冻的深水良港，这又进一步强化了中国作为全球地理中心的地位。

世界枢纽地位

作为超大体量单一市场的国家，中国面向浩瀚的太平洋，海岸沿线常年不冻的深水码头像串起的珍珠链，从海洋联结起世界各地大洋的沿岸国家——大洋洲、南美洲、非洲等世界重要的资源输出地,与中国的海上运输四通八达,畅通无阻;同时,中国又背依辽阔的欧亚大陆,绵延万里的欧亚铁路则像脐带一样,为亚欧大陆国家输送彼此需要的商品和原料,并将众多内陆国家和地区的命运捆绑在一起。可以说,中国在地理上成为当仁不让的世界枢纽。在自耕自足的中世纪和"闭关锁国"的近代以及被西方国家掌握海权的年代,中国这种天赋绝伦的地理优势没有发挥应有的作用,中国在世人的想象中几乎就是一个内陆大国。随着改革开放的深入,高铁技术的发展,更重要的是以中国综合实力迅猛增长推动的世界陆权回归带来的地缘政治的调整,中国的这一地理优势才不断地转化和催生为强国势力。

如果我们以更辽阔的地理背景观照中国在亚欧大陆的地理位置,会发现中国之于亚欧大陆就如同上海之于中国,中国就是"亚欧的上海"——上海位于中国东部的南北中心位置,背依中原大陆,面向太平洋,是中国最大的港口城市;中国则背依整个亚欧大陆,拥有漫长的太平洋海岸线和辽阔的海域,沿线的优质港口、码头星罗棋布。上海通过长江、京杭大运河以及公路铁路网,与中国广袤的腹地连为一体,而中国通过亚欧铁路和"丝绸之路"经济带,与整个亚欧大陆连成一体。上海在中国拥有的交通和地理优势,中国在亚欧大陆同样拥有。

中国除了拥有"沿海的上海",还拥有"陆地的上海"。历史学家张广达先生指出,中古"西域"也就是中亚一带,是当时世界上各种宗教、信仰、文化的交集处。仅以宗教而言,中国的儒家与道教、南亚印度的佛教、西亚,甚至欧洲的三夷教(景教、祆教、摩尼教),都在这里留下痕迹,因此也可以把它看作是另一个"地中海",尽管它不是经由海上交通,而是经过陆路彼此往来的。①张广达先生此处将中亚比作了文化汇聚、交流的地中海。中亚地区通常

---

① 张广达:《文书、典籍与西域史地》,广西师范大学出版社,2008年,自序。

包括哈萨克斯坦、土库曼斯坦、乌兹别克斯坦、吉尔吉斯斯坦、塔吉克斯坦5个国家及周边地区，向来被视为亚欧大陆的中心地带，英国地理学家麦金德将其喻为"世界岛"的核心区域，并预言谁控制了这一地区谁就控制了世界。古代波斯帝国、亚历山大帝国、阿拉伯帝国都曾统治或部分统治中亚地区而成为横跨亚欧非大陆的具有世界性影响的帝国。而历史上当中国的势力范围覆及中亚地区时，中国就是当时世界最为强大的力量中心之一。从中国新疆出发，穿过中亚的哈萨克斯坦，向北或向西就能到达俄罗斯、东欧和北欧的广大区域；而向西南经过吉尔吉斯斯坦，就能抵达西亚、地中海沿岸的南欧和西欧以及阿拉伯半岛，并通过阿拉伯半岛到达非洲大陆。因此，中亚类似一片辽阔的海洋，联结着西亚、欧洲、非洲等无比众多的国家，而新疆无疑就像"陆地的上海"，扼守着进入西面"海洋"的门户，成为中国与陆上之海的交通枢纽。

中亚地区的许多地方由于气候干燥，草原、戈壁、丘陵和荒漠辽阔，不适宜人类居住，且与中国中原地区有大漠高山阻隔，在古代两者之间的联系主要通过延展于狭长的河西走廊的"丝绸之路"。在当时的交通条件下，辘辘的马车和起伏的驼队根本无法大规模将人类的文明输送到这片干燥而辽阔的"海洋"的彼岸。随着大航海运动和工业革命兴起推动海洋运输崛起，加上大国地缘政治的角逐，这片"海洋"逐渐沦为"遗忘之海""失落之海"和"动乱之海"。然而，时过境迁，世界经济重心正向亚洲转移，中亚成为联结昔日经济重心——欧洲、今日经济重心——亚洲和最具经济发展潜力的明日之星——非洲的名副其实的新"地中海"。而以高铁为代表的陆路交通技术的发展，使这片"海域"贯通东西、联结南北、沟通世界成为可能，并已载负着强国势力由北美大陆向亚欧大陆转移。

作为"陆地上海"的新疆，将承担起中国西部对外开放的"桥头堡"作用，成为中国对西亚、南亚、欧洲和非洲贸易的枢纽和商品集散地。而随着陆权回归和中欧贸易进一步发展以及陆上运输成本的下降，其交通枢纽和贸易中心的地位将更加突出和重要。近年来，有越来越多的承接了大量由海运、空运转移而来的货运业务的中欧班列经新疆出境，仅 2020 年就高达 9679 列。其中，经阿拉山口站进出境的中欧班列达 5027 列，同比增长 41.8%；经霍尔果斯站进出境的中欧班列达 4652 列，同比增长 37%，均创历史最高。① 这些日夜奔驰在亚欧大陆腹地的中欧班列，仅仅是中国西部对外开放的先锋和形象大使。而随着"一带一路"建设的推进，作为"陆地上海"的新疆将和中国东部沿海一道，成为中国飞翔的两只翅膀，带动中国东、西、中部整体经济的全面起飞——中国产品进出口贸易或可形成"东海西陆""东进西出""东重（重工业原料）西轻（轻工业产品）""东慢（海运）西急（陆运）"的格局，使国际贸易更加合理有序，成本更加低廉——而这无疑是世界其他国家所不具备的复合竞争优势。

中国的枢纽作用并非局限于地理和贸易领域，还必然带来世界地缘政治和治理秩序的调整和演变。在中国传统的农耕社会，中原地区长期是中国政治、经济、文化的核心区域。而当下中国西部口岸对于整个亚欧大陆国家的强联系，则将中国如同过去中原之于中国那样放大到世界的核心地位——中国通过东部沿海吸纳和融入海洋秩序，而通过西部开放口岸深化和融合大陆秩序，并通过自身政治、经济和文化的有机整合，实现地理大发现以来以海洋秩序为主体的世界治理秩序的重大调整。

一个国家的地理位置和地理条件是天然存在的，而其作为交通枢纽的地位并非自然形成，也不是永久存在的。在农业帝国时期，葡萄牙只是扼守地中海前往大西洋门户的小国，地理大发现后则一跃成为欧洲大陆和非洲、亚洲大陆开展殖民贸易的枢纽和中心；早期的英国也是悬浮于欧洲大陆之外的孤岛，受殖民经济的激发，英

---

① 符晓波：《2020 年经新疆进出境中欧班列创新高》，新华社，2021 年 1 月 3 日。

国从孤岛演变成欧洲大陆和美洲大陆之间贸易的枢纽甚至世界贸易的枢纽。然而，它们的枢纽地位并没有存续太久。随着帝国的变迁，其枢纽地位也随之而转移。中国的地理条件也是天然存在的，但是随着生产势力的转移，其世界贸易的枢纽地位才逐步形成并确立起来。这主要是由以下因素推动的。

一是以中国为代表的亚洲成为世界经济发展的中心。人类社会进入 15 世纪以来，欧洲走出了黑暗的中世纪，走上了殖民主义的扩张道路，开创了欧美引领世界经济发展的大潮，而中国及亚洲则进入受压迫、受剥削的黑暗时代。然而即使到了清朝后期，中国经济在世界经济总量中仍占有很大比重。[1] 客观上来看，由于自给自足的封建经济局限性，当时中国对外贸易十分有限，漫长的海岸线和众多优良港口的条件没有得到有效利用。而随着近年来中国崛起及陆权回归，世界进入了亚洲世纪，中国及亚洲在世界经济发展中拥有举足轻重的地位。2017 年以来，中国已经连续 7 年保持世界货物贸易第一大国地位。2021 年，以美元计，中国货物贸易进出口总额同比增长 30%，跨越了 5 万亿、6 万亿两个台阶，创历史新高。除货物贸易位居世界第一外，2020 年中国货物与服务贸易总额又跃居全球第一。[2] 在中国对外贸易量不断增长的同时，亚洲对外贸易总额也在屡创新高。2012—2018 年，亚洲对外贸易总额整体呈稳步增长的趋势，占全球贸易总额的比重始终保持在 1/3 以上。2018 年，亚洲对外贸易额为 13.68 万亿美元，同比增长了 10.4%，占全球对外贸易总额的 35%。[3] 中国是世界第一贸易大国，且贸易总额占据亚洲的一半，而亚洲贸易总额又占据了世界的 1/3 以上，中国成为

---

[1] 根据英国经济学家安格斯·麦迪森在《世界经济千年史》中的统计数据，1820 年清朝 GDP 为 2286 亿美元，占世界 32.9%，是英国的 6 倍，清末最后十年仍然达到了世界的 11%。

[2] 刘佳：《中国连续五年成为货物贸易第一大国，为世界经济复苏注入"强心针"》，中国网 2022 年 6 月 2 日讯：https://baijiahao.baidu.com/s?id=1734492440327422176&wfr=spider&for=pc。

[3] 数据来自《中外贸易专题：2019 年中国与亚洲主要国家和地区双边贸易深度解读报告》，新线路网：https://www.me360.com/article/345469.html。

亚洲及世界贸易的中心,其贸易枢纽的地位日益凸显出来。

二是亚欧经济一体化激发了大陆地理存量势力。地理上,亚欧是同一块大陆,甚至非洲大陆也通过西奈半岛与亚欧大陆连为一体。与其他大陆相比,亚欧大陆拥有占据绝对优势的地理势力:亚欧大陆总面积 5476 万平方千米,占世界陆地总面积约 1.35 亿平方千米(除去无人居住的南极洲)的 40.56%;亚洲人口总数为 45.53 亿、欧洲 7.4 亿,亚欧大陆共计 52.93 亿,占到世界 78 亿人口总数的 67.86%(截至 2021 年 11 月);而亚洲有 48 个国家、欧洲有 44 个国家,亚欧共有 94 个国家,占到世界 197 个国家总数的 47.7%。然而,由于受到中亚和南亚地区辽阔沙漠和崇山峻岭等恶劣地理条件的影响,亚欧大陆自古形成了两个相对独立的空间,并孕育形成了东、西方两种不同的文明。如果不是受到地理条件的制约,亚欧可能早就实现了一体化发展,进而就不会出现世界性强国越洋过海,跨过大西洋到达美洲,再跨过太平洋最终回到亚欧大陆形成"闭环式"变迁。这就造成了"欧亚是一块大陆,但所指的却是两大洲,至少包括两种文明和经济区(只有在俄国,欧亚主义意识形态才具有潜在的统一象征)。与之形成对比的是,欧洲和亚洲的地区认同都是在相对于一个外在'他者'的时候,才能最清楚地被定义出来。这说明了欧亚两洲都有着一个很强的传统,即欧洲存在东方主义,亚洲也存在西方主义"①。正是彼此存在的东方主义和西方主义,将亚欧大陆割裂成不同发展阶段的经济体。而随着经济全球化推进,超越于国家主权之上的经济势力正将国家洞穿为多孔的世界,世界因此逐步联结为一体。当中欧班列和新"丝绸之路"将中亚的天堑变为通途后,亚欧大陆经济一体化深度推进,东西方文明深入融合,亚欧大陆原本就存在的巨大的地理势力被充分激发

---

① [美] 彼得·卡赞斯坦:《地区构成的世界:美国帝权中的亚洲和欧洲》,秦亚青、魏玲译,北京大学出版社,2007 年,第 82 页。

出来。

三是新商贸改变着海陆运输地位。欧洲人开启大航海、人类进入殖民帝国时代之后，海洋成为旧大陆与新大陆之间联系的纽带，同时也成为两者之间商品运输的平台，海洋在世界经济和政治领域的地位因此凸显出来，人类由此进入海权时代。而进入工商业帝国时期，大开发、大生产、大贸易成为这一时代的特征，海洋运输的地位更为突出，美国正是凭借优越的地理位置和海洋运输的支配性地位，成为接替英国的世界性帝国。然而，当人类进入互联网推动的经济全球化的新时代后，世界性的贸易产品和贸易关系发生了显著且带根本性的改变：

首先，重石化原料对海洋运输的依赖性降低，石油、天然气将更多地通过管道运输，而煤炭也将就地发电，利用特高电压输电技术进行长程输送，重石化原料在海洋中的运输量显著减少；其次，随着数字经济的崛起，资本的重要性将逐步被"智本"所代替，实物贸易的重要性将因服务贸易的崛起而相对降低，世界贸易的商品越来越轻质化、虚拟化，发展数字经济不仅是各国推动经济复苏的关键举措，也是世界经济增长潜力所在；最后，亚欧大陆区内贸易量增长，将弱化海洋运输的重要性。

随着亚洲经济势力的崛起、亚欧大陆运输基础设施的完善以及亚欧经济一体化发展，亚欧大陆区内贸易量显著增加。仅就中国贸易看，2020年中国对亚洲的贸易总额为2.4万亿美元，对欧洲的贸易总额为0.91万亿美元，两者就占到中国贸易总额的70.9%。[①] 中国是世界第一贸易大国，亚欧大陆国家与中国贸易量占比如此之高，表明亚欧大陆区内贸易十分繁荣。而亚洲及欧洲内部以及两者之间贸易的运输，越来越多地通过陆路进行。近年来，中欧班列异

[①] 张琳、石先进等：《中国对外贸易报告（2020—2021）》，中国社会科学出版社，2021年，第36页。

军突起正是这一变化的集中体现。2022 年，中欧班列本年度运行 1.6 万列，运送集装箱 160 万标箱，同比分别增长 9% 和 10%。①其战略意义、价值和作用充分显现，成为新经济环境下维护国际经济合作，促进产业链和供应链安全稳定运行的重要支撑和保障。显然，随着贸易产品的轻质化和亚欧大陆区内贸易的发展，海洋运输的地位将进一步相对弱化，这也成为推动强国变迁和陆权回归的重要因素。

四是新型运输技术重塑大陆地理势力。我们知道，如果没有中亚、南亚一带复杂的地理环境，就大概率不会出现始于欧洲的地理大发现，也不会形成以欧美国家为主体的海洋霸权时代。随着现代科技的发展，新型交通技术已经在一定程度上克服了中亚、南亚的地理障碍，亚欧大陆日益在经济上连为一体。班次越来越多的中欧班列正在彻底改变亚欧大陆贸易运输方式，而正在推进建设的亚欧高速铁路网、亚洲高速公路网以及"欧洲西部—中国西部"高速公路，将真正把亚欧联结为一个整体。亚欧大陆陆地运输和中国东南沿海海洋运输的同步发展，将不断夯实中国作为世界地理和经济发展的枢纽地位。

统一大市场推动陆权回归

世界帝国的变迁总是向着更大领土和更大市场发展的，也是向着"成本洼地"转移的，这既源于尚处于阶级社会的人类贪婪的本性和获得安全保障的刚性需求，也是人类总是寻求节约能量、降低成本的反映，客观上推动了世界走向经济一体化。世界性帝国往往是那个时代市场发挥作用最大的国家，也是商品交易和综合生产成本最低的国家，唯有如此才能使帝国获得超越于他国的超强势力。

---

① 刘文文：《国铁集团：2022 年开行中欧班列 1.6 万列、发送 160 万标箱》，中新社 1 月 3 日电。

如果说超大的国土面积是农业帝国的重要标志和显著特征，那么最大的市场（不单指市场涵盖的面积，还包括消费人口、消费意愿和对市场掌控的能力）和最低的运输及生产成本，则是殖民帝国和工商帝国存在最为重要的条件，也是帝国变迁的动力来源。时代发展到今天，美国已不再是当今世界最大的统一市场，中国经过长足发展后来居上，世界性强国势力以肉眼可见的速度在向中国转移。

中国统一的大市场

中国地形地貌极为特殊，东部低洼而面临太平洋，其他三面则被高原山地所环抱，很像一只背依青藏高原，面向东部沿海摆放的"簸箕"——从东南沿海福建的武夷山脉，向西到广东境内的南岭、云南广西贵州的云贵高原、青藏高原；北方从新疆境内的天山山脉，由西向东的内蒙古高原、大兴安岭、小兴安岭、长白山脉，形成了以珠穆朗玛峰为最高点的三面箕背，而箕底正是中华文明发祥地和文明传承、延续和发展的主阵地——华北平原、长江中下游平原、黄土高原和四川盆地等。这种"簸箕"形地形以及青藏高原和中亚难以逾越的地理条件，使中国数千年以来与西方大帝国之间直接交往包括战争很少。在西方世界文明兴衰更迭、各大帝国你方唱罢我登场的漫长岁月里，中国长期雄踞东方一隅，以迥异于西方的模式创造了自成一体的文明体系。自从公元前221年秦始皇统一六国建成单一制的政治实体后，除了某些过渡性时期之外，中国都是一个以自我为"天下"的"溥天之下，莫非王土；率土之滨，莫非王臣"的中央王国，是分久必合的统一的大市场。

人类早期的文明古国中，埃及除北部沿地中海狭小区域之外，国土被广袤的热带沙漠所包围；古巴比伦为亚热带干旱气候，地形以两河冲积平原为主；印度虽然地形地貌较为复杂完备，气候却基本为热带。这些古文明地区，多为相对单一的地形地貌格局，缺乏阔大气象，而气候类型也相对较少，欠缺变化的纵深。中国则不同，不仅地形地貌独特，各地的自然条件千差万别，气候也丰富多样，多条大江大河纵横其间，山地、高原、平原、草原、丘陵、沙漠、戈壁、冰川、沼泽、湖泊、大海等地貌应有尽有；从南到北热带、亚热带、温带、寒带等各类气候界限分明。辽阔的疆域、多样的气候和丰富的地貌，不仅使农业生产获得了多样性选择，极大丰富了农作物品种，而且提供了齐全的矿产资源。中国是世界矿产种类多、分布广、储量大且大部分矿产资源能够自给的少数国家之一，这为工业生产创造了良好条件。中国成为唯一拥有联合国公布的产业分类目录中全部工业门类的国家，"在世界500多种主要工业产品当中，中国大约220多种的产品产量居世界第一"[1]。正是辽阔的疆域和丰富的物产，为中国参与世界竞争、承接世界产业转移，并成为世界最大的工业国和贸易国提供了充足而多样的资源基础。

与美国相比，中国在统一的大市场方面至少有以下几个方面的明显特点：

一、中国市场消费潜力巨大。中国现有14.13亿人口（2021年末），美国则为3.32亿人口，中国的是美国的4.25倍，巨大的人口基数，代表着拥有较大的消费潜力。据《悉尼先驱晨报》报道中的预测：中国家庭年收入为1.6万美元至16万美元的中产阶级从2009年占中国人口12%上升到2030年的73%，新增8.5亿人。[2] 中国中产阶级绝对人数多且呈上升趋势，而美国中产阶级绝对人数较少，且呈持续下降趋势，表明中国未来市场可预期的消费能力更为强劲。另外，美国人债务和破产率增加，也进一步影响和制约了美国市场的消费能力。中美市场消费能力此消彼长，从双方消费品总额的变化也可反映出来：1995年中国消费品零售总额仅为0.34万

---

[1] 李国斌：《中国220种工业产品产量居世界第一》，人民网，2015年12月18日。
[2] 据2017年7月27日澳大利亚《悉尼先驱晨报》。

亿美元，美国为 4.98 万亿美元，中国不及美国的 1/10；2016 年中国消费支出总额为 4.22 万亿美元，不及美国消费总额的 1/3；而 2021 年中国消费支出总额是 6.83 万亿美元，美国为 7.41 万亿美元，中国已经是美国的 92%。随着中美在消费品总额方面差距的快速缩小，中国不久就将超越美国成为世界第一消费国。

二、中国大市场更为统一。中美是世界上两个最大的单一市场，但两者形成的路径和政府对其管控力却大异其趣。美国国家政体采用"三权分立"的共和制，取法于罗马共和国的共和制度，实行行政、立法、司法各负其责；而在中央和地方关系的安排上，则师从于荷兰共和国的联邦制，地方各州拥有相对的主权，可以立法并自主决定州内事务，这就形成了在国家宪法体系运行下的统一大市场与各州自主经营的小市场并行的局面。美国的这种政治体制和市场格局，并非是其立国的先人们凭空设计的，而是基于当时的现实状况作出的一种安排。最初，美国是由英国在北美东海岸的 13 块殖民地联合反抗宗主国寻求独立而建立的，各块殖民地谁也不愿放弃已经拥有的独立自主的权利，最好的办法自然是实行联邦制；而主导建国的人，大多是从英国、法国、荷兰等西欧国家移民过去的，很多是清教徒，崇尚"三权分立"的共和制，美国的政治体制格局由此而诞生。而中国的中央集权体制的形成也是历史和现实相结合的产物：一方面，作为传统的大陆国家，"大一统"体制早已根植于中国的文化血脉；另一方面，清末以降，中国陷入了帝国主义入侵和军阀割据的分裂状态，只有跨越于既有利益格局的中国共产党才能将中华民族从传统的时间维度和地域的空间维度以及不同群体的利益维度进行有机整合，形成在世界民族之林中富有竞争力的国家实体。我们在比较中国和美国政治体制时，很难简单说孰优孰劣，符合和适应各自国家发展要求的就是好的。但是从强国势力发展的不同阶段看，新兴强国在发展初期面对守成强国的打压和竞争时，中央集权体制更有利于人民的组织、市场的统合和资源的统筹——美国在建国初期将国家行政权力和市场权力从更为分散的"邦联制"改为"联邦制",正是强国发展初期对国家权力集中要求的体现。很显然,中央集权制与联邦制对全国大市场的管控力是不一样的——联邦制有利于各州自主经营,发挥灵活、机动的优势,但也存在着执行力低、管理松散、运行效率不高的弊端。随着时代的发展,市场竞争的逻辑发生了根本改变,世界经济一体化使经济竞争的主体由私人资本发展到国家资本,谁能整合整个国家资源的优势,谁就能在竞争中获得有利位置;而当下蓬勃发展的互联网经济的特点就是规模制胜,在更大范围实施资源整合才更有获胜的机会。而这些都使中国相较于美国更能发挥统一大市场的作用,中国体制集中资源办大事的优势也由此得以充分体现。

三、中国大市场具有强大的循环能力。第一,中国经济内循环空间更大。尽管中国经济总量大,很多省份GDP单独拿出来可以和欧洲国家相比,但与美国不同的是,中国市场发育尚未成熟,东西之间、南北之间、城乡之间人们的消费能力、消费水平和消费习惯各不相同,为中国大市场内部循环提供了更大的和可持续的发展空间。为减轻对外贸易特别是对美贸易的依赖,近年来中国实施"内循环为主,外循环为辅"的经济发展战略,通过增加国内消费和投资来推动经济发展。中国进出口贸易总额占GDP的比率,已经从2010年的48.77%下降到2019年31.94%,而中国对外贸易额占GDP的比重在2006年创下了最高的64%——从2007年起逐步下降,如今的比重已经不到最高时的一半。这表明中国发展的"内循环经济"得到加强。第二,中国消费端和供给侧的循环能力更强。中国不仅是拥有14亿人口的巨大消费市场,还是生产能力突出的工业大国。自2020年起,中国已经成为世界第一贸易大国。而从2010年开始中国连续14年成为世界第一工业制造国,近些年工业产值超过美国、日本和德国总和。这表明中国不仅具有强大的贸易实力,还具有供给侧强大的整合能力，可以为世界提供充足且生产成本最为低廉的商品。在世界发生新冠疫情之后，中国对世界提供卫生防疫和消费品保障充分展示了这种能力。第三，中国对外经济的循环能力更为突出。前文已论及有学者将中国与其他国家之间的经贸关系设定为"双循环"结构。然而，"双循环"结构显然低估了中国对世界经济格局变革的打造能力。事实上，即便在这种"双循环"结构中，中国经济也早已由原先的配角地位逐步转变为主导地位。中国的崛起，已经将"西方"概念中经济的隐喻性剔除了出来，而将其还原为地理的本真意义——不再以"西方"和"非西方"区别经济发达体和非经济发达体——而将中国经济定位为西方经济与非西方经济的"双循环"结构，显然也失去了概念的命名基础。因此，中国经济不再是与西方和非西方经济的"双循环体"，而是向世界各国既提供中低附加值产品又提供高附加值产品，既提供实物产品又提供科技和服务贸易的"超级循环体"。

中国市场以上特点，使中国在与美国的竞争中获得了强大的优势。中国工业生产能力强，一方面形成了工业生产的体系优势，另一方面低廉的产品价格迫使美国将低端产品生产外迁，形成产业空心化；而中国统一的大市场以及依托于国家资本的竞争，使得中国企业在国际市场上拥有更为强大的竞争实力。2022年，中国进入世界500强的企业有145家（包括香港、台湾），而美国企业则为124家。更为重要的是，中国统一的大市场优势已经使美国在对中国发起的贸易战和经济围堵中没有了胜算。

从历史上看，"二战"结束后不久，美国为称霸世界出笼了遏制战略，对以苏联为首的社会主义阵营开启了"冷战"，并经过近半个世纪剑拔弩张的激烈对抗而获得了最终胜利。美国对苏联推行的围堵获得成功，主要原因是美国势力和苏联势力在欧洲地理上是泾渭分明的"地理独立体"，而在经济上两者又是平行的"经济分离体"，因此美国通过军事上的围堵和贸易上的制裁容易奏效。另一方面，苏联势力的扩张依托于对其他国家社会主义政党的大量援助，随着社会主义阵营的扩大，这种援助对苏联国力的耗损是其难以承受的。因此，美国围堵的成功很大原因也来自苏联扩张的失败。

  与苏联不同的是，当下中国是美国最大的贸易伙伴国之一，也是美国最大债权国之一；而美国前 10 大贸易伙伴中，中国是其中 8 个国家的最大贸易国，双方经济相互影响深远。美国既缺乏围堵中国的国际政治基础，也缺少超强的市场实力，决定了其无法拉拢一道围堵中国的防线。况且世界未来的经济中心在亚欧大陆而非美洲大陆，强国势力不可避免地向中国转移。2020 年，世界各国深受新冠疫情影响，但是中国对外贸易量不降反增，货物贸易进出口总值 32.16 万亿元人民币，比 2019 年增长了 1.9%；更令美国意想不到的是，在其对中国发动贸易制裁和进行围堵之后，2020 年中国对外贸易顺差反而越来越大，达到了创纪录的 5350 亿美元。美国的围堵不仅没有改变强国势力向中国转移的趋势，反而使中国的枢纽地位更加突出。

亚欧大陆一体化大市场

  有学者论及海洋秩序和大陆秩序时认为：地理大发现以来，穿插于世界秩序变迁的有海上争霸和陆地争霸两条线索。海上争霸是塑造全球秩序的主线，陆地争霸则是塑造区域秩序的主线，陆地霸主在建立起超越本国之上的区域制度后，可成为区域性的领导国家。这种"海洋霸权论"说出了人类历史的阶段性现象，但它不是历史的全部。浩瀚的海洋流动不定，既没有细分的固定疆界，更无工作、生活的民众，它既不是秩序的天然提供者，也不是秩序的有效承受者。也正基于此，国际法之父格劳秀斯在《论海洋自由或荷兰参与东印度贸易的权利》一书中指出：不同于陆地，由于海洋无法被实际占有，从而不能在上面设置主权。没有主权，又何来霸权？因此，所谓海洋霸权最终只能是大陆霸权的延伸和维护，这也是殖民帝国大多经历一百多年就变迁的根本原因。

"海洋霸权"理论体系的建立，为西方国家称霸世界提供了理论基础和舆论导向，也为非西方国家安于世界治理的秩序输送了精神鸦片——如此，当前美国称霸世界是理所应当的"天赋神权"，而以中国为首的传统陆权国家只能甘作陆上区域性强国，成为全球治理秩序下霸权强国给定的次级秩序。

事实上，西方建立海洋秩序霸权原本就是历史发展的无奈之举。在农业帝国时代，人类科技水平有限，改造自然的能力低下，要想穿越中亚及南亚一带由浩瀚大漠和高山峻岭阻隔形成的地理障碍困难重重，从欧洲前往东亚"难于上青天"。山重沙阔的地理障碍，使得不管是波斯、马其顿、罗马、阿拉伯帝国，还是匈奴、蒙古、奥斯曼土耳其帝国，都无法在中亚一带建立稳定的统治秩序，亚欧大陆因此长期被隔绝为两个分裂的市场，这也成为西欧国家走向大航海并因此崛起的根本条件。正是亚欧大陆市场的分割，即便旧大陆拥有众多的国家和人口，也无法形成与美国相抗衡的在现代社会制度运营下的统一大市场，强国势力不可避免地从西欧又转移到美国。

历史发展到今天，制约世界性强国势力返归欧亚大陆的因素和条件近乎全部消解和破除。无孔不入的资本穿透了国家之间高耸的壁垒，产品标准、技术指标、管理制度、贸易准则等商业制度和规范，为整个亚欧大陆走向统一大市场奠定了基础。交通运输早已不再依靠人力、畜力以及简单机械，四通八达的高速公路网、铁路网使"天堑变通途"，将亚欧大陆国家连为一体。以中国统一的大市场为基础，亚欧大陆统一的大市场必将形成，强国势力显而易见地正从美国向亚欧大陆的重心——中国转移。

传统的中国是作为大陆帝国出现的，而当现代海洋之风吹开中国的大门，身处亚欧大陆的中国又被融入了海洋秩序，中国成为海洋秩序和大陆秩序转换的担纲者。中国向东通过海洋航线与整个世界相连,向西通过"世界岛"走向亚欧非大陆,中国因此成为陆地交通和海洋交通的枢纽,成为海洋文明与大陆文明交接、融合的中心,并将由此成为全球文明建设的重要旗手。

世界政治、经济和文化中心将因中国而回归到亚欧大陆,这种回归主要由四个方面因素推动实现的。

其一,经济发展成为推动陆权回归的重要动力。海洋霸权之所以兴盛,主要是海洋相对于陆地拥有巨大的比较优势。一是海洋没有权力壁垒,除了领海之外所有的公海均可自由通航;而陆地上国家林立,各种法规、强权形成了难以穿越的障碍。二是海洋交通运输量大,而陆地上山重水长,交通阻隔。在工业革命之后,大工业、大贸易使海洋的交通优势更加彰显。而经济发展没有国界,它就像是长了隐形的腿,跨过山水大漠设置的地理障碍、人为设置的国家主权障碍和人文风俗形成的文化障碍。经济愈发展,亚欧大陆一体化进程就推进得愈快,"世界岛"日益成为统一的大市场。而互联网及数字经济覆盖了亚欧大陆和整个世界,它穿透了传统的国界和地缘政治的阻隔,改变了传统的农产品和工业制成品的生产和交易方式,使经济在另一个虚拟空间加速流动。而这一虚拟的空间与现实的空间并非是并行不悖的平行世界,它在现实世界里已经产生推动经济发展和亚欧大陆一体化的巨大力量。

其二,中国发挥着陆权回归的龙头作用。中国作为世界最大的经济贸易体、世界性海陆交通枢纽,在推动陆权回归中发挥的带动作用十分明显。1900—1980年,非西方国家工业制造业占全球比重仅为10%,西方发达国家占90%,但中国的改革开放根本性地改变了西方工业国家占绝对主导的比例。到2010年,非西方国家工业制造业已经达到40%,西方国家下降到60%。今天,非西方国家在学习中赶超,"二战"之后制造业中心发生转移,从发达国家转移到东亚地区，又从东亚地区转移到中国大陆。① 中国已经成为世界制造业和贸易的第一大国，对亚欧大陆经济和贸易发展的促进作用十分明显。

就中国周边经济而言，发展壮大的中国经济对周边经济的影响力是积极正面的，其影响力甚至要大于发达国家。1992—2018 年，中国周边经济增速有一个显著特征，金融危机之后的反弹能力很强。1998 年周边经济增速跌落至 -4.8%，1999 年很快恢复到 5.2%；2009 年下跌至 1.0%，2010 年很快反弹至 7.1%。从这个意义上说，2008 年受到的冲击要小于 1997 年的冲击，1997 年东南亚金融危机的影响力要比 2008 年全球金融危机来得更强烈些。之所以如此，最大的变量是 2008 年中国经济能力要显著强于 1997 年。② 仅就中国对外贸易看，2020 年中国与东南亚国家的贸易总额达到 6850 亿美元，几乎是美国与该地区贸易额（3620 亿美元）的 2 倍。20 年前，美国与东南亚国家的贸易额是中国与该地区贸易的 3.5 倍。③ 而 2020 年，欧盟对亚洲贸易总额首次超过对美国的贸易总额；亚欧会议 21 个亚洲伙伴国总计占欧盟国际货物贸易总额的 36%，占欧盟总出口的 27% 和总进口的 45%。其中，欧盟前五大亚洲贸易伙伴中，中国又占到了 45%，中国在总量中的份额自 2010 年以来增加了 10 个百分点。④ 这些数据表明，亚欧大陆之间区内贸易十分繁荣，相互之间的贸易依赖性已经超越美国，美国对亚欧大陆的经济影响力在降低。与此相对应的是，中国对东南亚和欧洲的贸易量占比均维持在高位，中国对亚欧经济体带动作用明显。而中国主导推进的"一

---

① 沈铭辉、秦升：《大变局中的世界经济》，收录于张蕴岭主编《百年大变局：世界与中国》，中共中央党校出版社，2019 年，第 119 页。
② 钟飞腾：《大变局中的周边格局》，收录于张蕴岭主编《百年大变局：世界与中国》，中共中央党校出版社，2019 年，第 176 页。
③ 朱莉·麦卡蒂：《与东南亚贸易往来，美国"追赶"中国》，《环球时报》2022 年 1 月 22 日。
④ 欧盟统计局 11 月 24 日消息：《欧盟公布 2020 年与 ASEM 亚洲成员国贸易数据》，https://baijiahao.baidu.com。

带一路"倡议和中欧班列等大交通建设的高速发展,无论是在表现形式上还是客观事实上,都使中国在亚欧经济体中的龙头地位更加彰显。

其三,大国博弈加速了亚欧经济一体化和文明交流的进程。 1904年,英国地理学家与地缘政治学家麦金德将连为一体的欧亚大陆和非洲大陆称为"世界岛",将欧亚大陆的中部视作"心脏地带",认为只要控制了"心脏地带",就能控制"世界岛",从而控制整个世界。在农业帝国时代,"心脏地带"成为隔开欧亚大陆的"陆上地中海",而今天这里成为大国势力博弈的中心,同时也成为把欧亚大陆联结为一体的纽带。无论是19世纪的英国和沙俄,还是20世纪的苏联和美国,都十分重视对这一地带的渗透和控制。

三十多年前,东欧剧变、苏联解体,美国在冷战中获得了最终的胜利——表面上看是以苏联为主体的大陆国家集团的失败,实际上也是海洋国家盛极而衰的开始。正是苏联解体,亚欧大陆进入了经济一体化快速发展时期,这反过来加快了强国势力从西方向东方的转移。大国的染指,一方面使"心脏地带"成为战争频发的多事之地;另一方面战争和战后重建以及外部势力的侵入,则加快了这一地区与世界经济和文明交流的进程。近代以来,这一地区的阿富汗先后遭到英国、苏联、美国等大国的入侵,并成为名副其实的"帝国坟场"。虽然其依旧贫穷,但阿富汗人也被逐步带入现代社会生活。2002年,喀布尔约有35万居民,这里的汽车很多,但交通信号灯很少;根据美联社的估计,2012年,喀布尔的人口已达数百万,大概是300万人。① 贫穷、偏僻的"心脏地带"更多进入现代生活的空间,为欧亚大陆经济一体化建设打入了联结的"楔子"。

俄罗斯充分利用自身区位优势,加强亚欧交界地区的政治、经

---

① [美]塔米姆·安萨利:《无规则游戏:阿富汗屡被中断的历史》,钟鹰翔译,浙江人民出版社,2018年,第377页。

济整合：1996年3月，俄罗斯与白俄罗斯、哈萨克斯坦及吉尔吉斯斯坦签署协议，决定成立四国关税联盟，旨在协调四国的经济改革进程，加快四国一体化进程；2015年，俄罗斯又与哈萨克斯坦、白俄罗斯、吉尔吉斯斯坦和亚美尼亚成立欧亚经济联盟（又称欧亚经济委员会），推行协调一致的经济政策，实现联盟内部商品、服务、资本和劳动力自由流动。

而美国在入侵阿富汗之后，先后建立了美国—乌兹别克斯坦—阿富汗和美国—土库曼斯坦—阿富汗等三边对话机制，并于2015年建立了"C5+1机制（哈萨克斯坦、吉尔吉斯斯坦、塔吉克斯坦、土库曼斯坦和乌兹别克斯坦+美国）"。这些机制，推动了中亚地区的融合和经济发展，客观上促进了欧亚一体化建设。

中国则在亚欧更广阔的地理空间和更宏观的合作框架里，推进和构建亚欧一体化的合作机制。2012年4月，中国—中东欧国家合作正式启动。中国还将"一带一路"打造成开放的国际合作发展机制，发挥上海合作组织（SCO）、中国—东盟"10+1"、亚太经合组织（APEC）、亚欧会议（ASEM）、亚洲合作对话（ACD）等多边合作机制作用，让更多国家和地区参与"一带一路"建设，以推动亚欧一体化市场的形成。当然，亚欧经济一体化的关键还在于，中国与欧盟何时签署自由贸易协定。

其四，现代交通网络实现了亚欧地理空间的一体化。在前文中，我们已经探讨了新型运输技术正在重塑大陆地理势力，并促进亚欧经济的一体化。世界进入后工业化时期，经济、社会发展和演化的逻辑已经发生根本改变。以石油、矿石、木材、钢铁为主体的大宗货物运输进入平稳阶段，服务贸易和数字贸易逐步成为世界贸易的重要对象，而互联网和新型交通工具又压缩了交易的时间和空间，使贸易和经济要素对运输成本的敏感度下降，而对运输的便捷性、时效性要求更高，高铁的出现既是这种需求的体现，也加快了新的运输方式的转变。以高铁为重要支撑的欧亚大陆经济整合，将为中国带来一个"陆权"与"海权"同步推进的发展时代。这既有别于中国以往发展的任何时代，也区别于人类历史上的任何世界性强国，中国将进入蓝海战略与大陆战略并行、海权与陆权并重的人类发展的新时期。过去四十多年来，中国依托海洋加入世界经济贸易的体系之中，实现了"富起来"；接下来，中国将通过陆地，利用高速铁路"走出去"，为中国未来发展打通全新而广阔的地缘空间，把中国商品、装备、产业、文化和思想输送出去，使中国实现"海洋发展战略"和"陆地发展战略"比翼齐飞，真正使中国在"富"的基础上实现"强起来"。如今，高铁已经成为中国与"一带一路"沿线国家合作的重要内容。"一带一路"涵盖东亚、中亚、南亚、西亚、东南亚以及中东欧、东非、北非等国家和地区。截至 2023 年，"已有 150 多个国家和 30 多个国际组织加入共建'一带一路'大家庭"①。

面对亚欧大陆如此庞大的人口数量和经济总量，要实现货畅其流、大运量、高速度的铁路交通，无疑是最现实、最经济和最可靠的选择。②"渝新欧"国际货运大通道开启了第三条欧亚大陆桥，"这条铁路将是中国作为陆权国家，以大陆迂回包围海洋、地缘态势发生翻天覆地变化的革命性手段"。③

二、生产势力的转移

人类历史上，每一次重大技术革命都会促进和推动帝国势力的转移。进入工商帝国时期，技术革命对帝国变迁的影响更为显著，

---

① 央视新闻：《共建"一带一路"十周年 这份成绩单很亮眼》，中国一带一路网，2023 年 10 月 11 日。
② 姚诗煌：《高铁经济》（"中国高铁"丛书之一，总顾问傅志寰、总策划郑健、主编孙章），上海科学技术文献出版社，2016 年，第 195 页。
③ 李静：《中欧铁路显示战略雄心 中国或否回归"陆权"强国》，中新网，https://www.chinanews.com/cj/2011/07-11/3171538_2.s.html。

往往会改变世界性帝国的形态和走势。人类社会至今经历了三次工业革命,并正处于第四次工业革命初期。第一次工业革命发生于18世纪60年代,以蒸汽机的发明和大规模应用为标志,这次工业革命造就并巩固了大英帝国的帝国势力。第二次工业革命发生于19世纪六七十年代,以电的发明和广泛使用为标志,此次工业革命的成果造就了美利坚帝国。第三次工业革命则开始于20世纪四五十年代,以计算机和互联网的发明为基础,至今方兴未艾,此次工业革命将推动强国势力由美国向中国转移。

革命性技术通常会诞生于守成帝国,因其拥有丰富的人才资源、技术储备、创新能力和大量的资金。但是,这种技术更大规模使用和发挥更大作用,往往并非在守成帝国内部。由于每个国家的地理特征、历史发展阶段、经济水平、文明质地各不相同,加之受到守成帝国的保守性和技术对社会形成颠覆性影响的制约,这种革命性技术通常会寻找最适合的土壤,并由此激发最大的生产势力,从而推动强国势力的转移。因此,革命性技术可能不是世界性帝国的巩固者,往往反而是守成帝国的掘墓人。人类第一台发电机是1831年10月由英国人法拉第发明的,电报是1837年由英国人查尔斯·惠斯通及威廉·库克发明的,而火车是1814年由英国人史蒂芬森制造出来的。这些重大的发明创造并没有将帝国势力更久地留在英国,反而加快了帝国势力向美国的转移。而20世纪90年代由美国人发明的计算机及互联网等新兴技术的大规模应用,同样加快了强国势力由美国向中国转移的步伐。

计算机及互联网

进入新世纪之后,中国又一次进入发展快车道,人们通常认为这得益于2001年12月11日中国正式加入世界贸易组织(WTO)。事实上,从20世纪90年代早期起,世界范围内就掀起了一股贸易全球化的浪潮，有将近400个自由贸易协定达成，很多协议都有取消对国内工业保护方面的条款，覆盖了全球三分之一的贸易量都是国与国之间进行的。而早在20世纪60年代，马歇尔·麦克卢汉就宣布，由于即时通信的影响，世界将会变成一个"地球村"。①中国这一轮经济高速增长，从政策层面上是受到贸易全球化和中国加入WTO的影响，但从底层的技术层面看，是因为以互联网为主的通信技术应用在全球蓬勃兴起，推动国际贸易和全球化进入加速发展阶段。

我们先来看看中国负有盛名的三家互联网公司创办时间以及中国加入WTO后这些公司的营收业绩：腾讯公司成立于1998年11月，其2003—2012年这十年各年营业收入分别为7.35亿元、11.435亿元、14亿元、28亿元、38亿元、71亿元、124亿元、196亿元、284亿元、438亿元，十年增长了58.6倍；阿里巴巴公司成立于2000年1月，其2003—2012年这十年各年营业收入分别为1.4亿元、3.59亿元、7.38亿元、13.69亿元、21.62亿元、30亿元、38.75亿元、55.57亿元、64.17亿元、254亿元，十年增长了180.4倍；百度公司成立于2000年1月，其营收增长幅度与以上两家企业基本相似。②这三家公司均创办于中国加入WTO前不久，此时正是互联网技术由西方传播到中国并迅速得到广泛应用的阶段，也是全球化进入高潮时期。三家公司的营收增长与中国入世之后贸易和GDP增长同步，但增速更高。这一方面说明这三家公司的发展受益于中国宏观经济的高速发展；另一方面也说明，中国经济和外贸的高速发展同样得益于以互联网为主体的新兴科技的高速发展。

互联网原是美苏冷战的产物，始于1969年美国军方的阿帕网。20世纪末，互联网与移动通信以及新型数字技术相结合，形成了移

---

① ［美］约翰·卡尔：《美国社会问题》，刘仲翔、吴军译，中国人民大学出版社，2022年，第324—325页。

② 腾讯、阿里巴巴、百度三家公司成立时间和相关营收数据均根据公开信息整理。

动互联网,它继承了移动技术随时、随地、随身和互联网开放、分享、互动的优势,在人们工作和生活的各个领域得到广泛应用,极大地方便了人们的生活,改变了人类历史进程。然而,让美国意想不到的是,互联网及相应数字技术的诞生在促进了美国技术创新和产业升级的同时,却加快了其强国势力向中国转移,中美互联网技术(含数字技术)虽是相通的,但就国家治理、经济建设和社会发展方面所发挥的作用而言,却更有利于中国。

更有利于中国推进国家治理

自古以来,中国就作为独立于西方(广义上的)帝国变迁体系之外的独一档强国而存在。因此,任何将西方帝国的治理模式照搬到中国的做法必将水土不服。早在战国时期,韩非(约前280—前233年)从天下"定于一尊"的构想出发,提出"事在四方,要在中央,圣人执要,四方来效"的中央集权政治设计,并规定这种政治结构内部君对民、君对臣拥有绝对权力。[①]正是以韩非的这一思想为蓝图,秦始皇统一六国之后建立了以郡县制为基础的"大一统"王朝,这一制度在中国延续了2000多年。1911年辛亥革命后,孙中山试图仿效西方分权理论建立资产阶级民主共和制,但并没有获得成功,实际上整个民国时期中国一直无法建立稳定有效的政治秩序。这说明"大一统"的政治制度,在中国国家政治治理中既有深厚的历史传统,也是中国特殊地理区域、民情文化、历史变迁、革命斗争等国情演化的结果。这种中央权力高度集中的治理模式,有利于国家领土完整、政令畅通、统筹全局,但也往往存在着"官僚机构臃肿,行政效率低下""一管就死,一放就乱"的弊端。

20世纪八九十年代之交,东欧剧变、苏联解体,世界社会主义运动陷入低潮,中国经济社会发展一度受到较大影响。面对严峻

[①] 冯天瑜、何晓明、周积明:《中华文化史》(上),上海人民出版社,2005年,第144页。

的国内外局势，改革开放的总设计师邓小平发表南方谈话，随后中共中央在十四大上提出建立社会主义市场经济体制。这里面实际上存在着两个较难解决的结构性矛盾：一个是如何在坚持走社会主义道路的同时，融入美西方资本主义主导的全球市场；另一个是作为像中国这样人口众多、幅员辽阔的超大规模的国家，如何在实现中央集权之下保持政令畅通和社会稳定大局的同时，又要推进改革开放，搞活经济发展。中国共产党凭借高超的管理艺术和国家治理能力，较好地解决了这两个矛盾。而互联网及计算机技术的发展，为中国国家治理提供了极为有效的治理思想和治理工具。

我们先来了解一下计算机的两个计算原理。一个是"集中式"计算，几乎完全依赖于一台大型的中心计算机的处理能力。这台中心机称为主机，和它相连的终端（用户设备）具有各不相同的智能程度，但实际上大多数终端完全不具有处理能力，仅仅作为一台输入输出设备使用。在互联网较少应用之前，计算方式多为集中式计算，通常由计算中心完成的。另一个则是"分布式"计算。互联网广泛应用之后，某台计算机的程序和数据通过网络分布在众多的计算机上。尽管仍存在这样的计算中心，但通过两个或多个软件互相共享信息，这些软件既可以在同一台计算机上运行，也可以通过网络在相互连接起来的多台计算机上运行。采用集中式计算，需要耗费相当长的时间来完成，而分布式计算则将该应用分解成许多小的部分分配给多台计算机进行处理，这样可以节约整体计算时间，大大提高计算效率。分布式计算与集中式计算相比，具有可以共享稀有资源、在多台计算机上平衡计算负载、把程序放在最适合运行它的计算机上等诸多优点。

如果我们将"集中式计算"和"分布式计算"与"集权式管理"和"分权式管理"对应起来看，就会发现两者无论是在运行原理，还是相对优势方面高度相似："集中式计算"和"集权式管理"均以中央单位作为处理问题的主体，权力集中，应变目标明确，但下属单位缺乏自主应变的能力；而"分布式计算"和"分权式管理"，则下属单位拥有自主应变的能力，能够充分调动和利用资源，从而更好发挥每个下属单位的能动性。当计算机和互联网应用渗透到国家治理、经济建设和社会生活的各个层面之后，计算机的计算方式就不单是为国家治理提供了借鉴和类比，而是实实在在提供了"集权制管理＋分权制管理"的解决方案，从而在一定程度上解决了超大规模的"大一统"国家长期以来悬而未决的治理难题。

与美国相比，中国的国家治理难点主要体现在三个方面：一是人口众多，管理组织起来困难大；二是从中央到地方管理层级多；三是地方自主性弱，积极性难以调动。互联网特别是移动互联网则为以上难点提供了理想的解决工具和方案。

针对第一个难点，人手一台智能手机，本质上已经将人的组织转变为数据管理，再多的人只要实行分类、分布计算，就能相对简便、快速地组织起来，而在集权制条件下更能形成组织的超高效率。这几年在新冠疫情防治中，中国对大规模人群快速进行人员登记、行程追踪、核酸检测、防控管理，充分展示了互联网及数字技术在超大规模人群组织管理中发挥的巨大作用。

针对第二个难点，着重解决好中央集权制管理最大的弱点——管理层级多——行政指令要一层一层下达，工作任务要一层一级进行落实，这样就可能带来组织效率低下、权力寻租机会多、信息损耗大、腐败现象滋生的不利状况。中国社会进入互联网时代之后，地理空间和时间被极致化压缩。只要需要，政令可以同时从中央下达到省级行政单位或者最基层的乡镇人民政府，组织落实可以同时从各级行政单位、各个边远地区同步推进；而如果一位村民要反映腐败等问题，也可以在第一时间将举报信发送到中央检察机构的平台，这样互联网就穿透了中央集权式管理的各个层级。简言之，互联网既帮助中国消除了原有的管理层级多的制约，又保留了中央集权制优点，从而使中国的国家治理效率远胜于美国。原本人们认为,"创新经济时代市场的变化速度超出了任何中央集权式的处理能力",① 中国加入WTO后由于与西方国家管理效率和经济基础的差异,将会迎来一段时期的困难局面,然而事实并非如此——中国迅速飙升为世界第一贸易大国的事实表明中国国家管理效率明显强于西方国家。其中互联网功不可没。

针对第三个难点,互联网其实也给出了解决方案——由于互联网的介入,中央与下级的关系不再是单一的"集中式计算"的关系,而是在"集中式计算"的基础上融入了"分布式计算",形成了"集中与分布混合式计算"——既能保持和发挥中央的大脑、核心和中枢作用,也能更好地调动和激发地方的自主能动性。以往美国实行的联邦制,因较好地处理了自由市场经济条件下中央和地方的关系,各州拥有参与市场建设的主体性,从而使美国获得了强劲的经济发展动力。但在互联网时代,中国的"集中与分布混合式"治理模式,使中国获得了更多的竞争优势。

加快了制造产业向中国转移

美国是世界性帝国,拥有超强的技术创新能力和生产制造能力,新工业产品层出不穷。但是,要使美国制造产业向中国转移,必须满足两个条件:一是美国有转移意愿,有良好的技术保障能够实现这种转移,并使自身从中获得好处和收益;二是中国能够承接转移,有资源和技术条件确保转移的实现。机缘巧合的是,互联网及数字技术的特点,恰好能够提供这两个技术保障。其中一个特点是,移动互联技术能够与分散在全球各地的人员和设施,进行几乎实时的协调和反馈。基于计算机的生产和电信的结合,使得公司的总部能够在没有直接面对面接触和协调的情况下,协调广泛分散的

---

① 施展:《枢纽:3000年的中国》,广西师范大学出版社,2018年,第538页。

生产和库存控制活动。①比如,这一技术特点使生产"全球汽车"成为可能,将包括发动机、传动系统、电子产品、玻璃制品、塑料制品、电镀件在内的许多零部件分包给中国等不同的低薪国家生产,然后运往指定地点进行最终组装。所有部件能够得以严丝合缝地匹配,因为它们是由计算机设计的,可以符合精确的规格和质量标准。同样地,利用互联网和新型通信技术,使得电视、电脑、智能手机等几乎所有电子产品和数目众多的其他产品,都能实现全球化生产。而所有的管理人员和设计者几乎只用坐在原来的办公室里,不用承担出差的劳累和多余的成本,就能在地球的另一边将符合要求和标准的产品生产出来,这完全得益于互联网和通信技术几乎消弭了人与人之间沟通的地理距离。这样,美国企业将产品分包给中国及其他国家生产,劳动力成本和管理成本大幅降低、市场竞争力提高,而且保护了美国自然环境,美国人当然愿意将制造产业向中国转移。

互联网另一个特点是对供应链实行再造。原来中国众多的中小企业和丰富的劳动力相互之间的供需信息是点对点的,有效信息的获取量小且成本高。互联网技术普及之后,哪里有企业需要的原辅材料,哪里有产品需要外包,哪里有合适的配件,哪里有工作岗位,哪里可以找到劳动力,一目了然,全国超大规模的供应链由此整合为一体,并形成了极为低廉的价格优势。同时,供应链的规模足够大,就可以形成一个庞大的工程师"蓄水池"——即使有上万家企业倒闭了,失业的工程师也能马上找到下一份工作。只有这样,才会有源源不断的工程师被培养出来,供应网络也才运转得起来。供应网络规模越大,内部节点就越多,互为配套组合的可能性就越多,网络的弹性越好,其中单个企业专业化分工的深度就越

---

① [美] 约翰·卡尔:《美国社会问题》,刘仲翔、吴军译,中国人民大学出版社,2022年,第49页。

深，效率也越高。① 中国超大规模的优质劳动力、幅员辽阔的国土优势和丰富多样的矿产优势，便如此被互联网整合为全球供应链其他成员方难以抵挡的竞争优势。当然，这才解决了供应链的生产问题，还有运输问题需要解决，而这同样是互联网可以发挥专长和优势的领域。互联网和数字技术使原材料和成品的超大规模运输在全球范围内成为可能。大多数产品通过陆运和海运的货物运输工具来运输，在计算机跟踪和控制程序的协调下，标准化货物集装箱和运输起重机的使用，确保巨量的产品和货物安全、及时地发送到世界各地，从而使得中国成为世界制造业供应链循环畅通的完美闭环。总而言之，互联网不单将中国带入世界经济竞争的深水区，还加快了制造业从美国向中国和其他国家的转移，并在不知不觉间使美国制造业出现空心化。

对中国更具友好性

在互联网业内，一直以来都有一句话：世界上有两个互联网，一个是美国互联网，另一个是中国互联网；美国互联网发展得早，而中国互联网发展得更快。中美两国在人口规模、文化传统、价值观、消费习惯等方面存在巨大差异，这决定了两者在互联网应用和发展上具有异质性，而互联网的特性使其对中国更为友好。具体表现在以下几方面。

一是更容易发挥规模效应。中国有 14 亿人口，截至 2023 年 6 月，中国网民规模达 10.79 亿人，互联网普及率达 76.4%；截至 2022 年 6 月，手机网民规模为 10.47 亿人，网民中使用手机上网的比例为 99.6%。② 而截止到 2022 年 1 月，中国智能手机市场的 5G 普及率已经达到 84%，为全球最高。美国网民的数量是 3.12 亿左右，

---

① 施展：《枢纽：3000 年的中国》，广西师范大学出版社，2018 年，第 542 页。
② 据中国互联网络信息中心 2023 年 8 月 28 日发布第 52 次《中国互联网络发展状况统计报告》。

约占美国总人口的 89%，中国网民是美国网民的 3 倍多，而中国网民总量还有较大的后续增长潜力。用户规模是互联网市场发展的最根本要素，中国显然比美国拥有更好的发展基础，互联网技术开发和应用的优势因此十分明显——中国互联网技术开发的节奏更快，版本迭代周期通常是美国的 1/3；更能发挥互联网项目开发的"长尾效应"，即使不被看好的 APP 或者某个功能，也能获得一定的用户基数，从而为其提供发展的空间；拥有更为广泛的生活场景，滴滴、拼多多、美团、抖音等这些生活应用类软件，更能在中国获得成功；应用软件一旦获得基础用户之后，在中国更容易成长为超级应用平台；因为用户基数多，可以带来丰富的广告价值，中国的互联网平台往往为用户提供免费服务，而欧洲即使是德、英、法、意这些人口数千万的发达国家，也往往难以做到，美国与中国相比也难以形成优势。在早期的互联网时代，杀毒软件卡巴斯基、商务软件 eBay 等都是收费的，后来它们在中国市场相继被不收费的 360、淘宝等彻底击溃了。

　　二是与中国文化更契合。一个国家人们的价值观和文化传统对互联网的应用和推广影响很大。在这方面，中国比美国更具开放性和整合性。中国人喜欢室内活动，走到哪里喜欢三五个人坐下来吃饭、喝茶、打牌、聊天，移动互联的特性和应用场景与室内活动相契合，当仁不让地成为中国人第一活动项目；美国及西方人相对更喜欢室外运动，跑步、玩滑板、涂鸦、打球、晒太阳是他们热衷的运动方式和交友方式，对互联网的依赖性比中国人要弱。另外，尽管线上购物非常方便快捷，坐在家里动动手指你所购买的东西就被送上门来，但这种体验未必是美国人需要的：一方面是因为美国人居住较为分散，网上购物及配送的成本高、效率低；更重要的原因在于，美国人对于购物的理解是一种很重要的家庭活动，是家庭增进亲情、维持家庭关系必不可少的环节。在这样的文化差异下，网购在美国远没有中国那么普及。而由于法律意识和社会环境不同，美国人对私密性要求较高，使用网络和生活软件相对保守；中国人则对隐私问题没有那么敏感，人们相对地愿意牺牲一定的隐私性去交换便捷性，这使得互联网的推广在中国更容易被接受，生活服务类和社交类互联网公司在中国也更容易获得成功。还有另一个文化的差异，来自语言系统的不同。中国文字的表意性使其在互联网世界的应用和表达更有效率，这也是社交软件在中国更为成功，而全世界范围内中国弹幕视频网站更为流行的原因。

三是帮助中国实现产业弯道超车。中国通信产业发展较迟，基础落后，2000年全国电话普及率（包括移动电话）仅为10.5%，每百人拥有19.1部电话，而美国固定电话早在20世纪40年代就开始普及。作为主要通信手段发展了60年时间，中国在通信方面的产业开发、技术积累和文化沉淀与美国不可同日而语。由于通信是影响国民经济的基础性产业，如果照此情形发展下去，中国想在产业结构和整体经济发展方面赶超美国是十分困难的。智能手机、移动互联以及其他数字技术的出现，很大程度上改变了中美两国历史发展的脉络和趋势。由于中国在固定电话通信方面的投入较少、使用习惯弱、技术浸染浅，反而更容易接纳和推广智能手机与移动互联，从而实现对美国难得的"技术跳跃"[①]。移动互联在中国得以迅速推广，并深入生活的方方面面。与移动互联异曲同工的是，在欧美国家信用卡普及度极高，改变用户已有的使用信用卡的习惯和商家的技术系统非常困难，手机支付在欧美使用率一直偏低，但在中国支付宝和微信支付却得到了极为广泛的使用，移动支付领先世界其他国家。这为中国商业经营、消费服务、金融交易等实现更广泛的"技术跳跃"创造了有利条件。由于中国和美国原先的工业及信息技术基础相差较远，两者对传统产业进行互联网及信息化改造的

---

① 技术跳跃，指发展中国家原本某项技术落后，由于出现了新的科技，反而使得这方面的技术应用和普及度高于发达国家的现象。

理论和方案自然不同，而这正好为中国实现"技术跳跃"创造了条件。中国采取的是"互联网+"，本质上是以互联网为主导，建立全新的一套系统去优化或取代传统产业，比如淘宝取代实体店、滴滴取代出租车企等，产生的影响是革命性的；而美国采取的多是"+互联网"的形式，其本质是在传统产业基础上，融入和利用互联网对传统产业进行改造。这是因为美国传统产业基础好、投入大，而人们已经形成了牢固的使用习惯，难以进行革命性改造，只宜温和式地创新。由于计算机及互联网是第三次工业革命的基础性技术，深入人类日常生活、交通运输、工业经济和社会管理的方方面面，因此，在互联网领域实现"技术跳跃"，为中国整体经济的跨越式发展提供了坚强有力的支撑。

加速世界去美国霸权化

东欧剧变、苏联解体后，美国成为地球上超强的世界性帝国。日裔美国政治学者弗朗西斯·福山甚至提出了"历史终结论"，认为冷战的结束标志着历史的发展只有西方的市场经济和民主政治这条唯一的道路可走。然而，令人始料未及的是，人类走到新的千年之际美国的帝国势力却快速衰退，标志性事件接连发生：

2001年9月11日，美国纽约发生一系列恐怖袭击事件；2008年，美国金融危机爆发；2010年，美国工业产值首次被中国超过；2012年，美国贸易总额首次被中国超过；2014年，以购买力平价计算，中国成为超过美国的第一大经济体；2021年1月6日，美国发生国会山暴乱事件；2021年9月1日，美国完成从阿富汗撤军。

如果我们结合互联网在中国的发展历程，不难发现，美国霸权的衰落是与中国的崛起以及互联网在中国的广泛应用同步进行的：1994—2000年，从互联网进入中国、中国第一批互联网企业诞生，到中国互联网公司三巨头BAT创业；2001—2009年，从搜索到社交化网络；2010—2018年，从移动互联网在中国应用到全民自媒体，此间的 2015 年 6 月 24 日，中国国务院会议通过了《关于积极推进"互联网+"行动的指导意见》。互联网并不是强国势力从美国向中国转移的决定性因素，但却是加快这一转移的重要条件。中国的国家体制与互联网固有特征衍生的管理机制相结合，使中国社会主义焕发出远超资本主义的活力和竞争力。

互联网破除了美国霸权的信息壁垒。我们知道，英国通过第一次工业革命开创了人类社会大工业生产文明，而美国通过第二次工业革命开创了现代商业文明。无论是国际贸易还是国际金融领域，美国垄断地位的形成是建立在话语权威、制度隔断和信息垄断的基础之上的。美国经过一百多年的发展，积累并垄断着大量的工业生产、国际贸易和国际金融数据。在传统工业和贸易体系中，美国作为世界各方贸易的枢纽和中心而存在，垄断着交易的信息，从而获得超额利润。然而，互联网经济恰恰是以信息共享、海量连接、平等利用为主要特征的，一旦进入互联网经济的运营格局，信息的壁垒必然会被消除。举例来说，美国与中国合作设立合资汽车生产企业，为降低成本，必然大量雇佣中国工人和技术人员，并提供相关作业标准、作业要求和技术参数以及有关原辅材料和配件供应的信息；随着合作的深入和竞争的激烈，为进一步降低成本，合资企业将在更高阶的管理岗位和研发岗位聘用中国人员，总部或者会将研发机构迁到中国，并将市场的拓展权和客户信息交到合资企业手上，这样汽车制造从开发设计、原料采购、整车组装到产品销售以及售后服务的整个流程和信息就全部转移到了中国，而这一切工作都因有互联网存在，并大多利用其完成。

互联网破除美国中心化。这种破除是从两个方面进行的。一个是从互联网内在精神特点方面。在现实世界中，美国成为世界经济发展和治理的中心，如果有哪个国家不承认其中心地位，美国就可能利用美元和军事霸权予以制裁或打击。然而，在一个网状结构的互联网世界是没有中心节点的——虽然不同的点可能有不同的权重，它不是一个层级结构，没有一个点是绝对的权威，所以互联网的技术结构决定了去中心化、分布式、平等化是它内在的精神。这种"互联网精神"必然在现实社会有所反映，各种市场信息、思想文化、社会潮流自由流动，而这种流动的走向则是去美国化的。

另一个是互联网作为新技术带动了生产力溢出效益的再分配。新技术提高了人们的协作效率，减少了工作能量，导致生产力溢出，从而降低了生产成本。因此，新技术诞生之后会去寻找更能适合自身生长，使生产成本降到最低的场景。而互联网这种新技术最优化的生产场景就在中国——规模最大的人群、居住空间最为密集的社区，使互联网产品的生产和服务实行了成本最低化和效率最高化。就像外卖这种互联网服务，美国人居住点分散，城市像个大乡村，而中国城市居民居住集中、人口众多，一个外卖小哥在中国一天能接二三十单甚至更多业务，在美国一天只能接十单左右。无论是工作效率还是分摊的成本，中国都具有极大的优势。诸如此类，这样一来互联网就启动了各项产业向中国转移的"去美国化"运动。

现代交通

与互联网技术一样，人们还很少将高铁技术发展与强国势力从美国向中国转移所发挥的重要作用联系起来。截至2021年，中国高铁营业里程已突破4万千米，而世界高铁总里程不过5.59万千米，中国占到了69%。[①] 那么，高铁为什么在中国发展如此迅猛？就因为中国地域辽阔、人口众多吗？其实，这还是生产势力变迁的内在动力决定的。

科技发展为强国势力转移和强国变迁提供了主要动力，而人类

---

① 胡萌：《轨道交通工业140年：中国高铁营业里程近4万千米，占世界七成》，新京报，2021年9月27日。

技术进步的主要推动力是降低成本,着重从两个方向展开:一个是减少劳动和生产的能量耗用,另一个是提高人与物、人与人之间的联系效率。当技术革命改变了原来的成本结构,社会发展必然要求更高效的人与物或人与人的联结与之相适应。蒸汽机的发明,极大减少了单位产品的能量耗用,提高了生产效率,这时候如果还使用马车、铁驳船从事原材料和产品的运输,显然无法满足生产力发展的需要。因此,蒸汽轮船和火车被发明了出来。第二次技术革命中,电的发明减少了单位产品生产能量的耗用,而汽车的广泛使用则与之相适应地提高了人与物、人与人之间的联系效率,从而缔造了美利坚帝国。第三次以计算机和互联网为主体的技术革命,推动了生产势力的转移,同样需要与之相适应的人与人、人与物联系效率的提高。

铁路为美国运去帝国势力

火车是英国人发明的。1804 年,英国矿山技师德里维斯克利用瓦特的蒸汽机造出了世界上第一台蒸汽机车,时速为 5 千至 6 千米,因为当时使用煤炭或木柴做燃料,所以人们都叫它"火车";1810 年,英国人斯蒂芬森制造的被称为"旅行者号"的蒸汽机车,时速达每小时 58 千米;1840 年 2 月 22 日,康瓦耳的工程师查理磋里维西克设计了世界上第一列真正在轨上行驶的火车。此后,铁路在欧洲得以广泛建设。为推广火车,德国人弗里德里希·李斯特[①]提出一套建设铁路的理论体系,他指出建设铁路有四大好处:一是国防的重要手段,有利于军队的集中、分配与定向部署;二是发展国家文化的重要手段,把各种各样的人才、知识和技艺带入市场;三是

---

① 弗里德里希·李斯特(1789—1846 年),德国历史学派的先驱,古典经济学的批判者。李斯特的奋斗目标是推动德国在经济上的统一,决定了他的经济学服务于国家利益和社会利益。与亚当·斯密的自由主义经济学相左,他认为国家应该在经济生活中起到重要作用,主要思想包括国家主导的工业化、贸易保护主义等。

使社区免于死亡和饥荒的侵害,并且能够防止生活必需品的过度波动;四是促进国族精神的形成,因为相互孤立、地域偏见与夜郎自大都会导致一种"非利士精神",但铁路技术有摧毁这种精神的倾向。① 李斯特的本意是,建设铁路可以让它成为连接德意志境内各个民族的纽带,促进食品和商品交换,让各民族团结如一体,从而加强国家的治安与治理力量。事与愿违的是,铁路却被欧洲人用作了发动战争的机器。

1850年,普鲁士国王腓特烈·威廉四世因为争夺德意志邦联的领导权,与奥地利发生了战争。奥地利通过铁路迅速运送了75000多名士兵,对铁路建设滞后的普鲁士实施了包围。普鲁士唯一的出路只有妥协,被迫与奥地利签订《奥尔米茨条约》,向奥地利俯首称臣。从这场被普鲁士人称为"奥尔米茨之耻"的战争中,普鲁士军方看到了铁路所具有的巨大动员力量,于是推动了统一有序的铁路战略,开始大规模建设铁路。1866年普奥战争爆发,会战之前,普鲁士用三周时间利用铁路向计划作战的地区输送了19700人、5000匹马和5300架车,而奥地利动员大体同样数量的士兵则需要耗费六周时间。依靠大力建设的铁路系统,普鲁士的战争动员能力获得了逆转,从而大获全胜。普鲁士在普奥战争中获胜,使得更多的欧洲国家认识到铁路在战争中的重要性,纷纷行动起来,推动了欧洲铁路建设的大规模发展。1871—1914年间,欧洲大陆的铁路网规模从65000英里增长到180000英里,增长接近2倍。② 而第一次世界大战卷入的国家之多、参与的人数之众、伤亡之惨烈,与铁路网在欧洲大陆密布,各国形成了极限化的动员能力息息相关。

同一项技术,在不同国家、不同时期和不同文化中所形成的质

---

① 张笑宇:《技术与文明:我们的时代和未来》,广西师范大学出版社,2021年,第215—216页。

② 张笑宇:《技术与文明:我们的时代和未来》,广西师范大学出版社,2021年,第219—224页。

感和作用并不相同。当火车在老大陆奔驰轰鸣,身后留下的是一片片残垣断壁和硝烟旷野时,它在新大陆穿梭而行、身后铺展的却是一座座崭新的城镇和蓬勃发展的工业区。如果说欧洲的火车装载着战争,同时运走了老大陆的强国势力,那么美国的火车却为新大陆运来了日益隆盛的新兴强国势力。铁路对美国强国势力的提升主要体现在三个方面。

一是铁路推进了美国城镇建设。北美铁路有一个新特征,即它能够创造城镇。与欧洲老大陆不同,北美是一块等待开垦的大陆,人口稀少且缺少在岁月变迁中留存下来的城镇。广阔而肥沃的西部土地等着更多的人前去开垦、耕种,大大小小的金矿、银矿、铁矿和煤矿吸引着越来越多的人前去开采。而反过来,东部又为西部的各种自然资源提供了加工地、市场和对外运输的港口。这样,铁路在东西部之间修通了起来,而在火车经过的农场、矿山和港口则形成了一座座人口聚居的城镇。"除了以历史传统彰显其重要性的大西洋沿岸城镇无须依靠铁路来创建以外,其他的城镇都因铁路而发达。沿阻力最小的路线修建的铁路,都不可避免地在某些地点汇合,芝加哥即属其中一例,于是这里的生活就比其他地方更方便。道路系统在美国大开发时代的巨大发展,推动了城市化的进一步发展。"①

二是铁路推动了美国市场的统一。市场的统一包括地理单元的统一和政治治理的统一。19世纪60年代,在美国横跨东西的太平洋铁路修通之前,美国东西部被崇山峻岭、浩瀚沙漠重重阻隔,没有一条便利的交通线路,而从大西洋西海岸的纽约到太平洋东海岸的旧金山,需要乘船绕行南美的合恩角,最短的时间也要六个月。而美国的南北又因为对农奴制存废观不同,陷入政治分离的矛盾之

---

① [英]詹姆斯·费尔格里夫:《地理与世界霸权》,胡坚译,浙江人民出版社,2016年,第290—291页。

中。因此，地理和交通的原因使得西部和南部成了美国相对独立的地区，不仅经济发展受到影响，也成为影响国家稳定统一的隐患。1862年，美国总统林肯批准通过了第一个建设太平洋铁路法案，开启了美国铁路大建设时期。太平洋铁路的建设，不仅将美国东西部连为一体，消除了美国地理上东西分裂的隐患，同时它也成为美国政治统一的助推器。1862年，正是美国南北战争进入更为激烈的阶段，而且北方在战场中处于相对弱势的一方。横贯大陆东西的太平洋铁路的建设，为北方军队形成更为强大的战争动员能力和整合作战资源创作了良好的条件。为了早日开通铁路，美国政府不仅在法案中颁布了现金补助法，还规定无论哪一家公司，凡铺轨两旁的土地即归其开发利用。随着铁路建设的推进，美国北方军队逐步赢得了战争的主动。1828年之前的美国，还没有一寸铁路。在美国内战结束后，美国有了5.3万英里的铁路。到了1900年，美国的铁路里程就已经达到了19万英里。就连当时最发达的欧洲，所有的铁路里程加起来也没有19万英里！全世界一半的铁路都在美国。到1913年西进运动结束时，美国的铁路运营总里程已经达到了40万英里，又增长了一倍多。太平洋铁路及其他铁路的修通，使美国大陆在经济运行上连成一体，美国从此成了一个真正完整的国家，并推动美国成为联结太平洋和大西洋的经济和政治大国。

　　三是繁荣了美国与欧洲的贸易。19世纪初，蒸汽轮船的出现一步步改变着海洋运输的局面。1807年8月17日，第一艘蒸汽动力船在哈德逊河试航成功；1819年，美国的蒸汽动力船"萨班那"号首次从美国横渡大西洋航行至英国；1833年，由英国工程师戴维·柯科迪设计的"波斯"号成为一个较长时期内跨大西洋航行用时最少的铁壳船，用时仅9天16小时。尽管运输船只的进步，不断刷新新旧大陆跨越大西洋的运输纪录，但要真正开创美国与欧洲贸易的新时代，还需要解决美国内部的运输问题。美国地理有一个显著特点，境内东西走向基本没有什么大河，密西西比河等大河均呈南北走向，加上荒山和沙漠阻隔，使美国在太平洋铁路开通之前国土呈现多纵向割裂状态。这样的地理和交通条件，即使蒸汽轮船运输量再大、运输时间再短，也无法解决好货物在港口的疏散问题。而太平洋铁路的建成，不仅解决了国内统一大市场的问题，还使国内运输效率呈几何级数增长。"铁路、汽轮大幅提高了货运的速度和分量，同时大幅压低成本，从而在时间、空间、商品化上引发一场观念革命。因为汽轮，大西洋、太平洋缩小成池塘；因为铁路，大陆缩小成小公国。"①1860 年至 1914 年，美国出口额增加了 6 倍以上（由 3.34 亿美元增至 23.65 亿美元），然而为了有效地保护其国内市场，进口量只增加了 4 倍（由 3.56 亿美元增至 18.96 亿美元）。面对美国低廉物品的大量涌入，欧洲大陆的农场主们鼓动提高关税——他们通常也只能做到这一点。英国的自由贸易牺牲了谷物农场主们的利益。美国的机器和钢铁的大量涌入也引起了英国的恐慌。②正是蒸汽轮船和蒸汽火车的联手，极大地推动了美国和欧洲贸易的发展，使帝国势力不断向美国转移。

高铁在中国兴起的内在逻辑

中国高铁的发展在世界上一骑绝尘，无论是建设理念、技术保障、运营里程，还是经营成效都远远超过其他国家。仅仅用中国幅员辽阔、人口众多、发展需求迅猛这些宽泛的因素来解释中国高铁崛起是远远不够的，只有将其置放到世界强国变迁的宏大背景中，才能更好地看清高铁在中国新时代发展的内生动力和趋向性。

高铁是互联网技术革命对交通变革的内在需要。参照马斯洛需求层次理论，第一次工业技术革命极大地提高了生产效率，解决了

---

① [美] 彭慕兰、史蒂文·托皮克：《贸易打造的世界：1400 年至今的社会、文化与世界经济》，黄中宪、吴莉苇译，上海人民出版社，2018 年，第 101 页。
② [英] 保罗·肯尼迪：《大国的兴衰：1500—2000 年的经济变革与军事冲突》（上），王保存、王章辉、余昌楷译，中信出版社，2013 年，第 255 页。

人类生存的问题——食物和衣服;第二次工业技术革命则极大地增加了社会就业岗位,解决了人们的安全问题——工作保障;而人类社会仍在进行中的以计算机、互联网技术为主体的第三次工业技术革命,则着重解决人的社交需求,使人们获得更多的交往机会,同时享受更多的服务。互联网技术革命着重解决的就是人与人之间联系的问题,它使人们在时间结构和空间结构上获得了极致化的穿越体验,为人们在获得生存、安全的基础上,实现更为广泛、开放、平等、互助的社会交往提供了支撑条件。然而,以往的历史表明,每一次工业技术革命必然带动信息、交通、动力等行业技术的变革,推动人与人、人与物联系效率的提升。互联网前所未有地为人们提供了一个虚拟世界的交流体验和交往机会,但这种体验和机会必然与现实世界产生互动和对接,从而对线下人与人之间的交流效率和运输方式提出新的需求,而高铁网络正是有效满足这种需求的重大体现。

最能反映高铁网与互联网在中国这种互动关系的,是两者基本一致的发展脉络:1989年,中国开始建设互联网,规划5年内建成国家级四大骨干网络并实现联网;稍后的1990年至1991年期间,中国开始了高铁技术攻关和试验实践规划,提出分期分段兴建客运专线、实现客货分流的建设理念。受美国Yahoo成立仅一年多就于1996年上市的激励,远隔太平洋的中国大陆随后掀起了一轮互联网创业潮;而1996年中国与韩国共同研制高速列车,并在广深铁路上进行试验——1998年8月28日,广深铁路营运列车最高行驶速度200千米/小时,成为中国第一条达到高速指标的铁路。2002年,中国互联网进入高速发展阶段。截至2005年,中国网民规模迅速增长到1亿多,互联网的商业价值得以实现。而中国高速铁路则从2004年进入高速发展期。这一年的1月21日,国务院审议通过《中长期铁路网规划》,规划建设"四横四纵"高铁客运专线。2005年6月11日,石太高速铁路开工建设,中国正式进入标准化建设高速客运专线铁路阶段。此后,一大批干线高速铁路和城际高速铁路项目相继启动。

互联网与高铁网同步发展,一方面源于互联网的发展为高铁提供了空间规划、车辆调度、票务预订等方面有效的技术支撑,为高铁高速发展解决了技术的可能性;另一方面,互联网创造的新经济模式与中国经济社会特点相结合,为高铁发展提供了庞大的现实需求。中国经济社会最大的特点有两个:一是人口众多,有超过14亿的人口;二是城市数量多,市民居住集中。2021年末,全国城市数量达691个,常住人口城镇化率达到64.7%。其中,地级以上城市297个、县级市394个、建制镇21322个;城市人口按2020年末户籍人口规模划分,100万—200万、200万—400万、400万以上人口的地级以上城市分别有96个、46个和22个;50万以下、50万—100万人口的地级以上城市分别有47个和86个。[①] 城市人口多,为高铁提供了稳定而充足的旅客人数,从而降低运营成本;而城市数量多,相互间距离一般不太远,便于城市之间高铁的运营,为高铁的全国联网创造了条件,同时也为飞机和汽车之外提供了更为合适的旅行方式。而互联网经济使越来越多的人成为自由职业者,上班族的工作时间也更为机动和灵活,越来越多的人由"同城生活"向"同域生活"变化,为高铁发展提供了大量的出行人群;另外,互联网为人们提供了方便的物流保障,使得人流和物流得以分开,人们可以更为方便、舒适地乘坐高铁出行。

在中国,高铁网与互联网的结合,形成"双网融合"的叠加效应,塑造一种数字形态与物理形态融合的、崭新的经济结构,它所能释放的经济潜能将超出我们目前的认知范围。就像我们以前没有看到"互联网+"能够在传统的经济业态掀起如此巨大的波澜一样,

---

① 国家统计局网:《新型城镇化建设扎实推进 城市发展质量稳步提升》,https://www.stats.gov.cn/sj/sjjd/202302/t20230202_1896688.html。

第四章　当今帝国势力的转移与嬗变

高铁网和互联网的融合、数字化的虚拟平台和覆盖全国高铁网这一物质平台的共建，将对中国经济、社会产生更为深刻的影响，令我们产生足够大的想象空间。①

高铁推动强国势力转移

高铁与火车的本质区别并不是速度的快与慢，也不是承载量的多与少，而是不同工业技术革命时代，对人与人联系效率的要求不同而导致的对交通工具选择的不同；交通方式的变革和进步，影响的也并不仅是人们出行方式的变化，而是整个社会、经济、管理全要素的改变。火车为美国在第二次工业技术革命的背景下运来了帝国势力，而高铁在互联网技术革命的背景下，将加快世界强国势力由美国向中国的转移。具体情形如下。

促进中国由"点发展"跨入"网发展"时代。中国在改革开放之初的1980年，设立了深圳、厦门、汕头、珠海4个沿海经济特区，这4个经济特区率先发展起来，形成了中国经济的"点发展"状态。随着改革开放的深入以及凭借自身的区位优势，珠三角、长三角和环渤海地区经济得以快速发展，中国进入"块发展"阶段；在中央政府政策引导和区域经济龙头带动下，中国推动了沿海经济带、长江经济带、黄河经济带和京广—京哈经济带建设，中国进入了"带发展"阶段。而随着"八纵八横"的中国高铁网基本建成，世界上最密集的高铁网延展于中华大地，50万人口以上城市的覆盖率达86%，拥有"网民"超过7.5亿，已成为世界上运营里程最长、在建规模最大、运营场景最丰富、商业运行速度最快的高速铁路网。高铁网重构了中国区域经济空间，它使每个城市都成为中国经济网络的节点和经济发展的动力源，不断放大中国人口、市场、地域、

---

① 姚诗煌：《高铁经济》（"中国高铁"丛书，总顾问之一、总策划郑健、主编孙章），上海科学技术文献出版社，2016年，第120页。

资源等经济要素的"乘数效应",中国由此进入了"网发展"阶段。

推动了具有国际竞争力的都市圈的形成。21世纪以来,中国城市发展加速,城市人口规模和城市经济总量快速提升,根据第七次全国人口普查数据,截至2020年11月,我国城区常住人口超1000万的超大城市已达7个,城区常住人口超500万的特大城市已达14个。[①]而GDP万亿俱乐部不断扩容,2021年中国万亿GDP城市增至24个,有6个城市GDP突破2万亿。[②]随着大城市人口规模与综合承载能力增加,需要更加强大的综合交通网络和信息网络的连接,以更好发挥城市集群的综合能效。而高铁尤其是大容量、集约型、通勤化的城际高铁,成为城市群内部大、中、小城市之间联系的重要纽带。这样既缩小了城市群的空间范围,也扩大了城市群人口的流动范围,将原来的城市生活圈打造成了都市生活圈。长三角高铁建设成网后,江苏、浙江、安徽、上海三省一市已经形成以上海为中心的"0.5至3小时"高铁都市圈。沪宁、沪杭、宁杭、杭甬、杭长、合福等14条高铁构筑的快速客运网络,让过去的交通版图成为历史,而从上海开行的列车,一日可达的城市,已覆盖了东北、华北、华中、华东和华南等全国大部分省区。[③]受到国内外瞩目的京津冀一体化发展,提出"轨道上的京津冀"思路,打造京津冀主要城市间一小时交通圈。正是由于高铁网和轨道交通发挥了重要支撑作用,一批富有国际竞争力的大都市经济圈因势而生。京津冀协同发展、粤港澳大湾区建设、长三角一体化发展取得重大进展,成渝地区发展驶入快车道,长江中游、北部湾、关中平原等城

[①] 环球网:《我国超大、特大城市,已有21个!》,https://china.huanqiu.com/article/44sxH3TbCLN。

[②] 国家统计局网:《新型城镇化建设扎实推进 城市发展质量稳步提升》,https://www.stats.gov.cn/sj/sjjd/202302/t20230202_1896688.html。

[③] 姚诗煌:《高铁经济》("中国高铁"丛书之一,总顾问傅志寰、总策划郑健、主编孙章),上海科学技术文献出版社,2016年,第17页。

市群集聚能力稳步增强。①

为打破中国地理经济发展不均衡性创造了条件。中国地理经济发展的不均衡性主要体现在四个方面。一是流域经济与非流域经济。由于大江大河流域交通运输优势突出，经济基础较好，接受中心城市的经济辐射能力强，长江、珠江、黄河、淮河、京杭大运河、辽河等大江大河流域，特别是河流沿岸地区经济较为发达，而非流域地带则经济相对落后。二是"胡焕庸线"两侧。该线指划分我国人口密度的对比线，1935年由中国地理学家胡焕庸先生提出，又称"黑河—腾冲线"——从黑龙江省瑷珲（黑河市）到云南省腾冲，大致为倾斜45度的基本直线，线东南侧以占全国43.18%的国土面积，集聚了全国93.77%的人口和95.70%的GDP，而线的西北侧面积广大，但人口密度极低。"胡焕庸线"两侧成为两个迥然不同的自然和人文地域，线东侧地区经济发展远远强于西侧。三是东部、中部和西部。根据地理位置（沿海或内陆）和经济发展水平，大陆被分为东部、中部和西部三个经济发展梯度，经济发展水平大致从沿海向内陆递减。四是中心城市和小城市及乡村。中心城市人口、人才、资金、技术积聚，而小城市和乡村各类资源贫乏，导致经济发展差距拉大。德国地理学家沃纳·松巴特在20世纪70年代曾提出过"点—轴"开发理论。他认为：交通轴线的建设与开发，将方便经济增长点和增长轴线向经济腹地传递。随着中国"八纵八横"高铁网络的形成和互联网经济的发展，大江大河的流域界线、"胡焕庸线"、东中西部梯度发展线、城乡界线将逐步被打破或弱化，人口流动更频繁、资源得到更好开发利用、运输费用进一步降低、新的经济中心将崛起，经济发展将呈现一体联动的生动局面。

---

① 国家统计局网：《新型城镇化建设扎实推进 城市发展质量稳步提升》，https://www.stats.gov.cn/sj/sjjd/202302/t20230202_1896688.html。

助力世界陆权回归。我们在前文已有阐述,从 15 世纪开始,人类由大陆帝国进入了殖民帝国和工商帝国时期。葡萄牙帝国、西班牙帝国、荷兰帝国、大英帝国、美利坚帝国等先后控制了海洋霸权,使人类社会进入了所谓"海权时代"。但是,早在 1904 年,英国地理学家麦金德就提出了"心脏地带"这一战略概念,认为历史上尽管海权强国占过优势,但从长远的观点来看,由于陆权国家人力和物力资源丰富,随着交通日益改善,海权国家终将被陆权国家所超越。麦金德曾认为,在世界重心向欧亚大陆转移过程中,陆上交通运输条件的改变起着重要的作用,当欧亚大陆被密集的铁路网覆盖时,陆权崛起的速度将大大地加快。① 显而易见的是,中国推进欧亚大陆轨道交通建设正使麦金德的陆权回归学说走向现实。我们可以设想亚欧大陆的轨道建设在中国主导下,分为三步走:第一步,以中欧班列为主轴,建立欧亚大陆两端的中国与欧洲互通联动的大市场;第二步,以"一带一路"为经络,打造欧亚大陆"海陆联动,商业一体"的统一的大市场格局;第三步,以中国高铁网为基础,打造欧亚大陆高铁网,形成欧亚大陆商务、旅行和生活圈,真正使欧亚大陆成为人类幸福生活的"世界岛"。从实际进程来看,中欧班列运量增长迅猛,由 2016 年的年发运 14.5 万标箱增长到 2022 年的 160 万标箱,6 年增长了 10 倍,所通达的国家达 25 个,共 217 个城市。而中老铁路、印尼雅万高铁、匈塞铁路、俄罗斯莫斯科至喀山高铁、中国与泰国铁路等一批铁路及高铁项目的建设,正将"陆权时代"一步步运抵我们身边。

高铁网与互联网"双网"融通、联动发展,正改变着中国乃至世界的政治、经济发展格局,生产势力正因此发生着影响深远的转移。这种转移,一方面是因为新生强国更适合新的生产势力的生长

---

① 姚诗煌:《高铁经济》("中国高铁"丛书之一,总顾问傅志寰、总策划郑健、主编孙章),上海科学技术文献出版社,2016 年,第 183 页。

和发展，比如荷兰帝国的金融体系之于大英帝国的工业发展，英国发明的火车之于美利坚帝国辽阔的国土；另一方面是因为守成强国难以打破业已形成的利益格局，规范化的制度和机制又很难适应生产力灵活发展和寻求突破的要求。美国至今运营时速超过 250 千米的真正意义上的高铁还没有 1 千米，这并不是美国不想建高铁。奥巴马在总统任上时，一度对高铁建设情有独钟，2013 年，他曾在"高速铁路战略计划"中表示，要通过政府投资、政策优惠、发放债券、吸引私人资金等方式加大对高铁项目的投入，要让 80% 的美国人坐上高铁；拜登总统上台后，也从救助计划中拨出 15 亿美元资金支援美国铁路建设计划。然而，美国总统雄心勃勃的高铁计划依旧步履维艰，究其原因主要有以下四点。

一是决策难。美国高铁计划提出很早，在 20 世纪 60 年代就提出了兴建高铁的想法。但美联邦政府并没有迅速启动建设，而是经过了一轮又一轮投资审核。因为出于对高铁建设基金投资的谨慎，加州高铁论证 30 年才立项；佛罗里达州因无获利前景反复推翻计划；奥巴马提出的高速铁路建设计划，在建设必要性的讨论上受到质疑和面对重重阻力，因被看作是一场刺激经济的高额赌博而艰难通过。人们还一次次对美国建设高铁的必要性提出了质疑，认为美国拥有发达的州际高速公路、世界上最先进的铁路货运和航空运输系统，使高铁客运变得可有可无。

二是投资难。美国高铁建设最严格最困难的环节是资金投资，因为美国铁路建设是利用私人资本、依靠各州政府支持发展起来的，政府一般不能补贴私人铁路。奥巴马的高铁建设计划能够拨给加州高铁项目的联邦资金仅为 23 亿美元左右，即使加上加州政府可以通过发行债券的方式获得近 100 亿美元的高铁建设资金，仍有近 300 亿美元的缺口。而美国高铁建设成本高也制约了高铁的发展。世界银行曾做过测算，中国建设高铁的成本为 1 亿—1.25 亿元人民币 / 千米，而美国加州高铁的建设成本则为 5200 万美元（约合人民币3亿多元）/千米，是中国的3倍左右，而这还不包括土地、机车车辆和建设期利息等支出。

三是建设难。美国土地、房屋基本是私有的，而私有化土地则会导致征地困难，这让政府不得不花费大量时间和精力去处理土地所有权问题。另外，高铁建设方还将面对房主、环境组织、对本地发展持反对态度的人以及各种团体所发起的无穷无尽的官司。加州阿瑟顿市和帕洛阿尔托市就曾对加州高速铁路专案环境影响报告及环境影响声明提起诉讼，萨克拉门托最高法院最终裁定报告要对高速铁路布局，对居住、商业以及货运环境的影响，获取路权的潜在需求以及土地使用的影响（包括噪声和震动问题）进行修正。根据这一裁决，加州高铁管理局要完成环境影响报告方案的修订草案，并进行45天的公示。

四是文化改变难。美国人自由和私人空间意识强，因此出行多选择自驾或航空，铁路运输日渐萎缩。据美国运输部统计，2001年在出行80千米以上的美国人当中，56%的人采用私人汽车，41%的人采用飞机，2%的人乘长途汽车，只有1%的人选择火车。另外，美国人维权意识通常强于亚洲国家，美国高铁项目通常会引发民众不满，导致一些社区居民集体游行抗议。2007年加州高铁项目进行环境评估伊始，加州中央山谷一些社区便进行游说活动。在他们看来铁路不但会产生噪声，引起房屋震动，破坏当地的田园风光，更重要的是，将让他们失去赖以生存的土地。

如果说铁路在第二次工业革命过程中为美国从欧洲运来了帝国势力，那么蓬勃发展的高铁正推动世界发生新的百年大变局，助力中华民族的伟大复兴。20世纪初，孙中山先生在《建国方略》中提出修建10万英里（16万千米）铁路的理想，将兴建铁路作为实业兴国的重要环节，指出"国家之贫富可以铁道之多寡而定之，地方之苦乐可以铁道之远近而计之""铁路常为国家兴盛之先驱，人民幸福之源泉,国家统一之保障"。①2021年12月30日,以京港高铁安九段开通运营为标志,中国高铁运营里程突破4万千米,中国铁路营运总里程突破15万千米。②中山先生的铁路梦和强国梦已经成为现实。

新能源及数字经济

推动强国势力转移和人类社会发生巨大变迁的,除了核心技术革命之外,还会在能源、信息和社会经济生活的各个层面,同步进行着相应的技术革新,以适应和满足社会发展对新的生产势力的要求。当今强国势力由美国向中国转移的过程中,新的能源技术、以5G为代表的移动通信技术、数字技术和AI技术的出现及其应用,成为推动这一转移力量的重要组成部分。

新能源及其技术夯实世界工厂优势

中国从早年积贫积弱的穷国,到21世纪第二个十年里发展成为世界上最大的工业国、最大的贸易国,其中有一个重要的因素被人们或多或少地疏忽了,那就是中国稳定而安全的能源供应。能源是工业的血脉,是经济发展的动力之源,也是人们生活的底层保障。作为拥有超过14亿人口的大国,如果能源得不到充分保障,别说中华民族伟大复兴之梦的实现可能折戟于中途,就是已改变了"一穷二白"面貌的长期奋斗成果也可能付诸东流。从1978年到2018年,我国GDP总量从1978年的3679亿元飞升到2018年的900309亿元,按可比价格计算,年均增长9.4%,平均每8年翻一番,大约增

---

① 郑健:《走近中国高铁·序二》,见钱桂枫、蔡申夫、张骏、毛晓君《走近中国高铁》,上海科学技术文献出版社,2019年。
② 齐慧:《全国铁路营运总里程逾十五万千米:夯基筑路护航发展》,《经济日报》,2022年1月10日。

长了31倍。而同期我国年度能源消费总量（万吨标准煤）由1978年的57144万吨增长到2018年的464000万吨，增长了7.12倍。其中，煤炭由40401万吨增长到273760万吨、石油由1297万吨增长到87696万吨、天然气由1827万吨增长到36192万吨、其他能源由1943万吨增长到66352万吨，分别增长了5.78倍、66.6倍、18.8倍和33.15倍。而我国水力发电量更是从1978年的446.3亿千瓦时增长到2018年的1.2万亿千瓦时，40年间增长了25.89倍。如果没有能源如此之大的增量供应，中国经济的发展就难以获得如此高速、持续的保证，更无法为中国赢得世界工厂的地位。

虽然我国石油和天然气资源相对较少，但是煤炭、水力、风力资源相对丰富。中国煤炭可采储量为1145亿吨，位居世界第三。2009年，我国煤炭产量占全球产量的40%。我国幅员辽阔、海岸线长，拥有丰富的风能资源，是世界风能资源排名第三的国家。而值得一提的是，西高东低的地势使大自然为中国蕴藏着得天独厚的水能资源。我国大陆水电的理论蕴藏容量近7亿千瓦，是排名其后的三个国家的总和，其中技术上可开发容量5.41亿千瓦，年可发电量2万亿千瓦时，列世界之首。正是因为拥有丰富的能源资源，使得中国经济发展有了基础保障，也使中国能源供给安全有了腾挪进退的空间。美国在中东和中亚经略多年，构建了以石油控制世界的能源霸权和附着其上的金融霸权，图谋控制"世界岛"的核心地带，以围堵中国、俄罗斯的战略空间。如果中国能源不能最低限度地保障自给，美国就很容易对中国实施以能源为核心的战略围堵，中国的发展节奏就会被打乱，自身的国运也无法掌控在自己手中。

目前，中国已经成为全球风力发电规模最大也是增长最快的市场。根据全球风能理事会统计数据，2001年至2013年全球风电累计装机容量的年复合增长率为24.08%，而同期我国为57.12%，增长率位居全球第一；2020年，全国并网风电装机容量达28153万千瓦，同比增长34.6%，稳居全球第一。近年来，我国光伏产业迅速崛起，成为全球光伏产业发展的主要动力。到 2021 年底，中国光伏发电累计装机容量为 3.0656 亿千瓦，位居全球首位。中国核电发电增长迅速，2019 年核电发电 3483.5 亿千瓦时，同比增长 18.3%。经过多年努力，中国发电量增长迅猛，满足了作为"世界工厂"的工业生产需要和人们不断增长的生活用电需求，而且能源结构进一步优化。2019 年能源生产结构中，原煤占比 68.8%，原油占比 6.9%，天然气占比 5.9%，水电、核电、风电、光伏等占比 18.4%。据 2019 年《BP 世界能源统计年鉴》，2018 年中国可再生能源、水电消费均居世界首位。

而中国水力资源还有较大的发展空间。如果 2 万多亿千瓦时的年水能发电量能够全部利用，相当于每年可替代 12.4 亿吨原煤或 6.2 亿吨原油，利用 100 年就相当于 1240 亿吨原煤或 620 亿吨原油——超过我国目前已探明的原煤或原油剩余可开采量。相形之下，2019 年美国的总发电量约为 4.4 万亿千瓦时，而中国可利用的清洁、可循环的水力发电就相当于美国年发电量的一半。这无论是对中国环境保护、清洁生产，还是经济长期竞争优势的提升都将起到相当大的影响。这也从能源角度为强国势力由美国向中国转移提供了保证。

可靠而丰富的能源，为中国造就今天的大好发展局面提供了有效保障，而拥有世界领先优势的电力开发和输送技术正为中国的未来提供源源不断的发展动力。中国实现并网发电的"华龙一号"核电 5 号机组，是世界上首个使用第三代核电技术的反应堆，仅用一台机组发出的电能就能够满足中等发达国家 100 万人口的生产和生活年度用电需求。该发电机组与美国、欧洲、日本等西方国家核电技术相比，不但发电效率高，而且由于使用了多重安全系统，能有效避免像日本福岛核电站那样的核安全事故，为全世界带来更高效、更安全的核能利用新希望。

中国高铁已经作为一张外交名片，被人们广为熟知。其实，中国成熟应用的特高压输电技术同样影响深远，并且早已走向世界。中国的特高压输电技术，达到了远距离输送交流1000千伏、直流800千伏以上的水平。中国是唯一能够自主研发特高压全套设备的国家。在这个关键领域，中国实现了从追赶世界到引领世界的反超。这一技术不仅为中国确保世界工厂优势地位，而且为中国形成领先世界其他国家的生产势力奠定了基础。一是它很好地解决了中国将西南、长江和黄河上游丰富的水力发电，北方、西北丰富的风力发电和光伏发电，山西、内蒙古丰富的火力发电进行长距离调度的问题。这为经济发达、用电需求巨大的中、东部地区提供了充足的电力，平衡了国家能源的地区分布，并使整个中国拥有了一张互联互通的能源网。二是在推进清洁生产、减少碳排放、实施碳中和的发展背景下，为中国合理使用和调度火力发电，并更大程度使用水能、风能、太阳能、新型核能等清洁能源创造了条件。三是为世界各地提供了安全可靠、高效的电力输送网。菲律宾、巴西以及非洲多国已将其国内部分电力、电网交给中国电力公司经营管理，中国在能源领域已构筑起其他国家难以追赶的优势。

与高铁建设类似，美国全国电力网建设困难重重，其输电网络目前由超过500家区域性电力公司分别控制，每个公司都会组建自己的发电和输电系统，互相之间协调性很差，难以实现电力的互相调剂和传输。这与中国电网由国家电力部门统一调度、统一建设的情况形成鲜明对比。中国已经建成特高压输电"三纵三横一环网"的电力框架网络。通过特高压技术在全国范围内实现电力传输的智能化和自动化，电能利用的效率更高、成本更低，建设和调度更统一。2023年，美国的发电量约为4.18万亿千瓦时，占全球发电量的14.3%；而中国同期发电量约为9.36万亿千瓦时，占全球发电量的32.1%，是美国的2倍有余。这些年来，中国几乎没出现一起大面积停电事故。而2019年7月后的两年多时间内，美国就先后发生了纽约大面积停电、加州高温期间轮流停电、得克萨斯州极端低温天气下大范围停电的事故,数百万人失去电力供应,甚至出现多人因停电而冻死的状况。不能不说,电能利用的水平和规模也正驱动着强国势力由美国向中国转移。

5G 及数字经济开创中国时代

"日用而不知"是一种生活常态。面临当下重要历史转捩点,我们身处其中而不自知——我们正经历着人类最急遽、最伟大的历史变革——人类社会走过原始经济、农业经济、商业经济、工业经济、金融经济,正在进入数字—服务经济时代。这是和以往任何一种经济形态都不相同的经济模式,它用来生产、经营和消费的不是实物,而是虚拟的数字。数字经济不仅改变了我们的生活,还深刻地改变着人类社会以人为主体而形成的精神自觉和价值取向。我们从一早起来刷朋友圈、听音乐、测体重、检查健康状况,到乘网约车上班、收发电子邮件、画图设计、开启生产线、点外卖、购物,再到看电影、阅览新闻、带上心跳检测仪进入梦乡,近乎每时每刻都使用着数字产品或接受数字化的服务。而物联网、大数据、人工智能、智慧医疗、智慧城市已经成为蓬勃兴起的科技革命的主要技术特征和应用场景。

如果说互联网和高铁技术为强国势力向中国转移打开了一扇门,那么 5G 及数字技术革命则为生产势力的转移铺设了一条高速通道。它为中国实现中华民族伟大复兴和对美国的弯道超车创造了千载难逢的机遇。主要体现在两个方面。

首先,它改变了生产要素配置,推动了世界经济中心的转移。美国正是凭借优越的地理位置、统一的大市场和海洋运输支配性管理地位,掌握了世界霸权。而随着数字经济的崛起,资本的重要性将逐步被智本所代替,实物贸易将被服务贸易所削弱。2019 年 9 月,国际货币基金组织(IMF)首席经济学家兼研究部主任吉塔·戈皮纳特在清华大学的演讲中指出,全球商品贸易较为疲软,增速更是跌入负值,2019 年初走势与 2015—2016 年相似。全球贸易增长率在 2019 年第一季度为 −0.5%，是自 2012 年以来的最低增速。① 而在新冠疫情影响下，2020 年全球货物贸易额在 2019 年基础上同比又下降了 5.6%，是自 2008 年国际金融危机以来货物贸易的最大同比降幅。与货物贸易增速下降相反的是，数字经济却以不被大多数人所感受的速度快速增长。2020 年 10 月，中国国际信息通信展览会上发布的一份《全球数字经济新图景（2020 年）——大变局下的可持续发展新动能》白皮书指出，根据报告测算的 47 个经济体的数字经济发展状况，2019 年，这 47 个经济体数字经济规模达到 31.8 万亿美元，同比名义增长 5.4%，高于同期全球 GDP 名义增速 3.1 个百分点。发展数字经济不仅是各国推动经济复苏的关键举措，也是世界经济增长潜力所在。

　　数字经济的快速增长以及实物贸易的增速下降，必然推动世界经济发展的生产方式、组织形式、生产关系、生产要素配置发生重大变革，使以"大出大进"为特征的海洋运输型经济的优势地位进一步下降。这些转变，无疑会促使世界经济中心发生结构性转移。而人口众多、背依亚欧非大陆、经济基础及发展趋势良好且具有海陆枢纽优势的中国，显然是承接世界经济中心转移的最为合适的对象。

　　其次，中国数字经济发展加快，有后来居上的潜力。从世界范围看，中国数字经济发展与先进国家相比还有差距。2019 年，德国、英国、美国数字经济占 GDP 比重排名世界前三，占比分别为 63.4%、62.3%、61%，而中国数字经济占 GDP 比重仅为 36.2%。但中国数字经济增长较快，2019 年同比增长 15.6%，中国数字经济规模已经位居美国之后，排名世界第二位。

　　从数字经济发展趋势看，中国已经逐步占据先机。5G 技术是

---

① 吉塔·戈皮纳特：《全球经济展望、贸易及新兴市场的政策挑战》，收录于朱民主编《未来已来：全球领袖论天下》，中信出版社，2021 年，第 40—42 页。

数字经济的基础性也是核心性技术，80%以上的应用场景是在"物与物"的通信上，车联网、远程医疗、智慧城市、数字政府、物联网、工业互联网、智能制造等都需要5G及6G技术应用的解决方案。5G、6G正将人类从信息互联时代，推向"人机互联""万物互联"的时代。据专利数据公司IPlytics发布的一份5G专利报告显示，中国5G专利已占全球近四成。截至2019年4月，华为公司拥有1554项5G标准必要专利，占到全球的15%，稳居全球第一。截至2021年3月底，中国已建成5G基站81.9万个，占全球70%以上，到年底计划建成130万个，已经建成全球规模最大的5G独立组网网络。而中国5G应用创新案例已超过9000个，5G已形成系统应用创新领先的优势，必将催化中国科技产业化的快速迭代，带来工业互联网、物联网、人工智能、大数据等新模式新业态的爆发。中国在美国极限打压下，5G核心技术和应用优势进一步扩大，以中国的市场体量、建设能力和产业化水平，这种优势是包括美国在内的任何国家难以企及的。

任何一次科技革命的成功都依赖重大科学技术的突破、市场规模的扩大以及分工的深化，中国在这三个方面的潜力正在被挖掘出来。根据世界知识产权组织的报告，2018年通过该组织提交的国际专利申请中，中国仅次于美国，位列第二。在市场规模方面，2018年，中国中产阶级人数已经达到3.85亿人，位列全球第一，是美国婴儿潮一代人口数量的5倍。中产阶级受教育水平较高，消费能力较强，中产阶级的壮大，一方面大幅提升了其对新技术和创新的接受度，另一方面也预示着世界上最大单一消费市场的形成。巨大的市场将进一步推动创新的扩散和分工的深化，中国数字经济的快速增长充分证明了市场规模对新技术发展的重要性。[1]而以中国政府

---

[1] 沈铭辉、秦升：《大变局中的世界经济》，收录于张蕴岭主编《百年大变局：世界与中国》，中共中央党校出版社，2019年，第97—98页。

主导和推动的《中国制造2025》，把智能制造作为"两化"（即工业化和信息化）深度融合的主攻方向，加快推动新一代信息技术与制造技术融合发展，不仅增加了数字革命在中国爆发的可能性，也为中国数字经济引领世界提供了行动纲领和组织保障。

生产关系变革

20世纪80年代末90年代初，东欧剧变、苏联解体犹如多米诺骨牌倒塌，世界社会主义陷入低潮，资本主义世界弹冠相庆，全人类的解放事业遭遇至暗时刻。中国等为数不多的社会主义国家处于资本主义的包围之中，就像汪洋大海中的几座孤岛，似乎随时会被吞噬和淹没。① 美国日裔政治学者弗朗西斯·福山提出了"历史终结论"，认为冷战的结束标志着共产主义的终结，人类政治历史发展已经到达终点——历史的发展只有一条路，即西方的市场经济和民主政治。

然而，出乎包括福山在内的许多人意料的是，作为为数不多的社会主义国家的中国，不仅没被资本主义国家所吞噬，反而在逆境中开创奇迹，21世纪以来中国的经济发展和国家治理举世瞩目。福山对共产主义终结的预言之所以谬以千里，是因为他没有意识到人类社会进入21世纪，时代已经为人类经济和社会发展更换了新的土壤——既深刻改变了资本在市场经济发展中的竞争逻辑，也在不断祛除资本主义自由经济和民主政治原有的魅惑，世界强国势力正沿着特定的历史规律加速转移。20世纪90年代之后，世界发生深刻变化主要体现在三个方面。

一是全球经济深度融合，世界一体化进程加快。美国等西方资本主义强国以资本和商品为武器，使世界各国政治权益出现多孔化；

---

① 《人民日报》：《解放思想锐意进取（百年大党面对面）》，2022年5月27日，8版。

又以资本和商品为胶带，黏合全球经济一体化。东欧剧变、苏联解体既是世界经济一体化催生的结果，也是世界一体化深度推进的体现。全球经济一体化产生的另外两个重大影响是，它使世界工业生产实现了跨区域转移，将全球经济捆绑到一辆高速向前但需要分工合作的快车上；同时，它将一个体量异常庞大而历史文化十分悠久的国家——中国纳入世界经济循环的体系中，全世界从此不得不接受该变量所带来的深刻影响。

二是互联网改变了经济发展的模式。互联网压缩了时空，使沟通交流更加便捷，推动了创新性经济在世界各地大行其道，并为世界不同发展水平的经济在不同区域的循环提供了技术保障，加速了全球化进程。新兴强国由于没有更多陈旧的固定资产和旧有技术羁绊，可以充分利用外国的先进技术成果、大量资金和自身丰富的低成本劳动力，使经济势力加速向自身转移。互联网革命为中国崛起注入了这种转移的力量。互联网还深刻改变了人们的思想理念和社会生活方式，平等、互利、开放和共享成为经济生活共通的规则，而自由职业、众筹创业、共享经济和全民创业这些具有共产主义色彩的工作和生活方式，已经更多地出现在人们身边。

三是陆权正在回归。由于中国快速崛起，欧亚大陆经济一体化有序推进，亚欧统一大市场逐步形成，强国势力不可避免地从美洲大陆向欧亚大陆转移。大航海以降的海洋帝国统治世界的霸权模式日渐式微，世界正进入百年变局的激荡之中。

世界发生的深刻变化，使任何仅凭现实片段而推断历史走向的研究，都难免陷入刻舟求剑的境地。共产主义不仅没有被终结，反而正是高擎中国特色社会主义大旗的中国，以公有制经济为基础，不断优化和变革生产关系，调整收入分配形式，使生产关系适应时代发展的要求，从而为赢得生产势力的转移创造了有利条件。

与西方社会不同，由于长期的农耕社会占主导，中国的公有制因素古已有之，且深入人心。约 3000 年前，中国农业生产就呈鲜明的共有制特点，土地实行国有（"官有""王有"）。所谓"溥天之下，莫非王土；率土之滨，莫非王臣"，西周时诸侯们只有土地使用权而无所有权，周天子可随时将土地收回或转赐别人，因而天子才拥有土地的最终所有权；相应地，土地不得自由买卖和私相授受，即使贵族在封地之外另求土地以传子孙也不可能（后来土地兼并成为中国封建王朝崩溃的重要原因，此是后话）。农业生产多以集体劳作为主。[1]这是由农业生产的季节性和规模性决定的。农业生产播种、成熟和收割随季节而行，且时间集中，加之兴建水利、整田保墒都需要集中人员，协同作业，这样才不会错过季节，并做到颗粒归仓。《诗经》的一些篇章便有对集体劳动场面的生动描写：从宗族长老、青壮男子到妇女儿童，在广阔的田野一同耕作，"载芟载柞，其耕泽泽，千耦其耘"。[2]正是这种农业耕作的特点，还决定了中华传统文化中另外两个农业文明的重要特征，即：安土重迁和宗法治理。

尽管中国共产党建立的人民共和国所推行的土地公有制，与历史上的土地公有制有着本质区别，但根植于农业特点和深厚文化传统的土地共有的理想和协作生产需求，则是一脉相承的。新中国成立之后，围绕土地所有制进行了四次变革：一、土地改革。1950年，中央人民政府颁布《中华人民共和国土地改革法》，废除地主阶级封建剥削土地制度，实行农民土地所有制，解放农村生产力，发展农业生产，为新中国工业化开辟道路。二、农业合作化。1953年，国家对农业生产进行社会主义改造，由低级向高级创办农业互助组、初级农业生产合作社和高级农业生产合作社，到1956年底，基本完成了对农业的社会主义改造，对土地完成了公有制改造。三、人民公社化运动。1958年，发动人民公社化运动，片面强调"一大

---

[1] 冯天瑜、何晓明、周积明：《中华文化史》，上海人民出版社，2005年，第102—103页。
[2] 冯天瑜、何晓明、周积明：《中华文化史》，上海人民出版社，2005年，第103页。

二公",即农业合作化的规模大、公有化程度高。四、家庭联产承包责任制。党的十一届三中全会以后,首先在农村进行经济体制改革,全国农村实行家庭联产承包责任制,废除了"一大二公"的人民公社旧体制。

在对农业实行合作化社会主义改造的同时,中国共产党通过资本主义工商业的社会主义改造以及手工业的社会主义改造,使公有制经济在中国逐步确立起来。1952年,全民所有制经济占19.1%,集体所有制经济占1.5%,公私合营经济占0.7%,三者合计约为21.3%;个体经济占71.8%;私营经济占6.9%。而1956年底,公有制经济成为绝对主体,全民所有制经济、集体所有制经济及公私合营经济三者所占比例达到了95.9%,个体经济只剩下4.1%,资本主义经济不复存在。1957年,除了2.8%的个体经济成分外,全民所有制经济与集体所有制经济已经占到97.2%。1978年,全国工业总产值中,全民所有制企业占77.6%,集体经济占22.4%,个体私营经济几乎不存在。我国生产资料所有制结构是以公有经济为主体的单一所有制,基本上只有全民所有制和集体所有制两种成分。①

然而,单一公有制的所有制结构脱离了当时的中国国情,束缚了生产力发展,各种弊端在计划经济体制中显现出来:在资源配置方面,计划经济体制排斥市场机制,价格信号失灵,政府主要利用行政手段配置资源,往往不切实际,一方面是物资经常短缺,另一方面又是物资浪费严重;在经济管理方面,官僚作风严重。比如,在国有企业管理方面,所有权与经营权完全集中在政府主管部门手里,因为没有生产要素市场,只有狭小的消费品市场,计划部门不能及时作出科学决策,长官意志在所难免,企业微观效率低下;农村人民公社体制也超越了当时农业生产力水平,政社合一使各个集体经济单位成为社队行政机构的附属物,丧失了独立自主的经营权

---

① 刘仲黎主编:《奠基:新中国经济五十年》,中国财政经济出版社,1999年,第323页。

利，损失了经济利益，农民的积极性遭受挫折，农业生产长期徘徊；分配方面，过分强调平均主义，挫伤了劳动者的积极性，导致生产效率低下。加上长期处于短缺经济，人民生活改善缓慢。①

总体来看，中国经过长期新民主主义革命和社会主义革命，在血与火的磨难中，将旧有的生产关系彻底打破，通过社会主义土地公有制改造和社会主义工商业改造，建立了不同于美国等西方发达国家的所有制形式，从而为以国家资本的方式介入世界市场的竞争，并以此获得更为强大的竞争力奠定了基础。然而，建立在完全公有制基础之上的生产关系和分配方式脱离了当时的中国国情，也超越了生产力发展的阶段。因此，中国需要探索将生产资料所有权与经营权分离，既保持生产资料（资本）的公有制属性，壮大作为经济弱国参与国际竞争的实力，同时需要将经营权投向市场，充分激发经营主体的积极性和竞争活力。

在中共十一届三中全会前夕召开的中共中央工作会议上，邓小平指出："现在我国的经济管理体制权力过于集中，应该有计划地大胆下放，否则不利于充分发挥国家、地方、企业和劳动者个人四个方面的积极性，也不利于实行现代化的经济管理和提高劳动生产率。应该让地方和企业、生产队有更多的经营管理的自主权。我国有这么多省、市、自治区，一个中等的省相当于欧洲的一个大国，有必要在统一认识、统一政策、统一计划、统一指挥、统一行动之下，在经济计划和财政、外贸等方面给予更多的自主权。"②

这次中央工作会议为随即召开的中共十一届三中全会作了充分准备，邓小平的这个讲话实际上是三中全会的主题报告。③1978年12月18日—22日，中共十一届三中全会召开，从此中国开始了波

---

① 赵学军：《中国社会主义公有制经济的建立、发展与改革》，载王立胜、裴长洪主编《中国特色社会主义政治经济学探索》，中国社会科学出版社，2016年。
② 《邓小平文选》（第二卷），人民出版社，1994年，第145—146页。
③ 《邓小平文选》（第二卷），人民出版社，1994年，第140页。

澜壮阔的改革开放的伟大征程,以调整生产关系为主体的中国经济体制改革也随之拉开了帷幕。中国共产党又走上了一条自我解放、自我变革的道路。

在土地所有制方面,实行家庭联产承包责任制,将土地的所有权和经营权分离了出来。一方面,保持土地国有和集体所有的性质不变;另一方面将经营权交到农民手中。这一重大举措极大地提高了农民生产积极性和农业生产效率,使农民收入大幅增长,并为中国 20 世纪八九十年代异军突起的乡镇企业发展准备了充足而低廉的劳动力,挽救了因跨越历史发展阶段而大搞人民公社的农村社会。同时,它使大量农村劳动力得以转移出来,为中国大规模城市化提供了劳动大军和潜在的城市居民。在城市经济改革方面,在保持国有企业的主体地位的同时,释放多种所有制经济潜力,既保证了国民经济大局的安全,又激发了市场主体活力。同时,通过加强党的执政能力建设,在更高层面实现了全国资源的统筹配置和国家资本的有效运营。

这样,通过持续而有效的生产关系变革,中国既避免了当年苏联、东欧社会主义国家因过于单一的公有制经济缺乏活力而使国家走向崩溃的危险局面,又拥有了西方国家因过于强调市场自由竞争而丧失对社会资本和国家资源的统筹调配能力,从而在全球化环境中获得了强大的竞争优势。它主要体现在以下几个方面。

维护了中国社会的高度稳定

改革开放后,中国除受到东欧剧变的短暂影响之外,长期保持了社会的高度稳定。这为"一心一意谋发展",落实"以经济建设为中心"的基本国策营造了良好的社会环境,而这正得益于以公有制为基础的生产关系。

自古以来,土地都是农民的命根子,土地制度的变革直接影响到农民的生存状态和社会的安稳状况。战国时期,秦国商鞅实施变法，废除了商周时期的"井田制"，使土地可以买卖，一大批失地农民失去了生存保障。"……至秦则不然，用商鞅之法，改帝王之制，除井田，民得卖买，富者田连阡陌，贫者亡立锥之地。"① 汉代以后，土地兼并成中国古代社会一个周期性复发的病症。中国古代大多数王朝之所以难以延续超过三百年的统治时间、之所以出现频繁的农民起义，土地兼并导致的社会两极分化和贫穷凋敝是主要原因之一。②

拉美地区在20世纪五六十年代出现经济高速增长的局面，不少国家一度进入中等收入的行列。然而，随着拉美债务危机爆发，这些国家经济迅速恶化。由于政府在推进城市化和土地改革中，在土地归属问题的处理上没有充分考虑农民利益和国家长期战略发展问题，非常草率地推进私有化进程，使得大量土地集中到少数人手中。一方面，农村陷入了赤贫化和失序的状态，劳动力流失，致使农业生产难以为继；另一方面，失地和无地农民大规模涌向城市，产生严重的城市贫困化和边缘化问题。两个方面问题相叠加，造成了城市和农村农民运动的持续高涨，又反过来进一步恶化了债务危机形成的艰难局面。土地私有化和无地人口太多，至今影响着拉美国家的社会稳定和发展经济的努力。

中国是传统的农业大国，农民有数亿之众，如果走传统的土地所有制的老路，很可能重现土地兼并、民生凋敝的历史轮回，也有可能落入拉美国家在工业化和城市化进程中社会秩序长期混乱的陷阱。中国创造性地实行家庭联产承包责任制，将土地的所有权和经营权分离，既保持了中国社会主义公有制的属性，使国家对土地拥有了所有权、支配权，为国家意志的实现和全民事业的发展赢得了主动，同时又让农民获得了土地的经营权，极大地调动了他们从事

---

① 班固：《汉书·食货志》，中华书局，1999年，第1137页。
② 寒竹：《中国道路的历史基因》，上海人民出版社，2018年，第114页。

农业生产的积极性。农业生产效率的提升，使大量农村人口富余出来，进入乡镇企业和城市务工，为改革开放之后中国经济发展提供了充足的"人口红利"，仅1984—1988年非农转移的农村劳动力数量就由2161.4万上升到8611万。①

　　企业生产难免有波峰波谷，城市化也常会出现贫民窟和贫民潮的现象。从1978年到2018年的40年中，中国农村非农转移的劳动力从800多万上升到28652万，增加了近35倍。②每年有大量的农民往返于城市与农村之间，或成为城市居民，但中国社会一直保持高度稳定，这相当一部分应归功于土地的公有制性质：一方面，农民进入工厂上班或者进入城市务工，务工亦务农，无论工作好坏、收入高低、是否找到工作，在农村总有一份土地托底，很大程度上解除了农民的后顾之忧；另一方面，土地公有既防止了部分人因短视和生活困难将土地变卖形成失地农民，又杜绝了地方政府为贪求一时政绩将土地转变为非农用地而致使大量农民失地——农民的命根子因此有了保障，这就为社会稳定打下了牢固的基础。

　　贫困问题往往是社会不稳定的根源。中国作为拥有十多亿人口的大国，经济基础薄弱，不解决全国的贫困问题，中国就难以获得经济发展的稳定环境，更遑说屹立于世界民族之林。20世纪80年代中期，中国农村地区发展的不平衡现象日益突出。按照中国的国家贫困线标准，1985年中国仍旧有1.25亿农村贫困人口没有解决温饱问题，老少边穷地区成为中国农村贫困人口集中的地区。③然而，到2020年底，中国"脱贫攻坚战取得了全面胜利，现行标准下9899万农村贫困人口全部脱贫，832个贫困县全部摘帽，12.8万个贫困村全部出列，区域性整体贫困得到解决，完成了消除绝对贫困

---

① 张广胜、田洲宇：《改革开放四十年中国农村劳动力流动：变迁、贡献与展望》，载《农业经济问题》2018年第7期。

② 张广胜、田洲宇：《改革开放四十年中国农村劳动力流动：变迁、贡献与展望》，载《农业经济问题》2018年第7期。

③ 周绍杰、胡鞍钢：《中国跨越中等收入陷阱》，浙江人民出版社，2018年，第67页。

的艰巨任务"。①

中国在较短时期内实现农村贫困人口全部脱贫，与中国实行公有制为基础的生产关系息息相关。中国"坚持党中央对脱贫攻坚的集中统一领导，把脱贫攻坚纳入'五位一体'总体布局、'四个全面'战略布局，统筹谋划，强力推进"。国家"集中精锐力量投向脱贫攻坚主战场，全国累计选派25.5万个驻村工作队、300多万名第一书记和驻村干部，同近200万名乡镇干部和数百万村干部一道奋战在扶贫一线"。同时，在扶贫工作中，中国坚持发挥"社会主义制度集中力量办大事的政治优势，形成脱贫攻坚的共同意志、共同行动。政府强化东西部扶贫协作，推动省市县各层面结对帮扶，促进人才、资金、技术向贫困地区流动；组织开展定点扶贫，中央和国家机关各部门、民主党派、人民团体、国有企业和人民军队等都积极行动，所有的国家扶贫开发工作重点县都有帮扶单位；各行各业发挥专业优势，开展产业扶贫、科技扶贫、教育扶贫、文化扶贫、健康扶贫、消费扶贫。民营企业、社会组织和公民个人热情参与，'万企帮万村'行动蓬勃开展；构建专项扶贫、行业扶贫、社会扶贫互为补充的大扶贫格局，形成跨地区、跨部门、跨单位、全社会共同参与的社会扶贫体系"。②这也只有中国能够在公有制的基础上，统筹全国扶贫资源，汇聚起排山倒海的磅礴力量，在较短的时间内实现全面消除贫困的任务。

中国高度稳定，还体现在中国建立在公有制基础上超强的危机和灾难防控和应对能力上。2008年5月12日，四川汶川发生里氏8.0级特大地震，共计造成69227人遇难、17923人失踪、1993.03万人失去住所，受灾总人口达4625.6万。③面对巨大灾难，全国力量被

---

① 习近平：《在全国脱贫攻坚总结表彰大会上的讲话》，新华社北京2021年2月25日电。
② 参见习近平：《在全国脱贫攻坚总结表彰大会上的讲话》，新华社北京2021年2月25日电。
③ 汶川特大地震四川抗震救灾志编纂委员会编：《汶川特大地震四川抗震救灾志·总述大事记》，四川人民出版社，2018年，第6—35页。

快速动员起来，投入灾后重建工作。三年内，成功解决了近540万户城乡群众的住房问题。震后一年内，完成了364万户震损住房修复加固，震后一年半完成了150万户农房重建，震后两年时间基本完成26万套城镇住房重建。截至（2011年）9月30日，规划重建的3001所学校已完工2978所，1362个医疗卫生机构重建项目已完工1359个。[①]由于应对得当，巨大的自然灾难不仅没有引发社会不稳定状况，反而极大提升了党和国家的凝聚力，展现了社会主义制度的优越性。也就是在同一年，发生了世界性金融危机和经济危机，中国政府立即采取了积极的应对措施，推出高达4万亿元人民币的综合计划，不仅保持了中国经济的稳定发展，而且成为支持世界经济发展的中坚力量。[②]而2020年新冠疫情暴发后，中国社会主义集中力量办大事的优势得到充分发挥，在全世界经济循环被严重打乱的不利环境下，在取得了疫情期间中国成为世界经济增长少有的一抹亮色的成就的同时，尽可能延缓了新冠疫情在中国境内的全面暴发，争取到在病毒危害性明显大幅度下降的有利时间窗口恢复正常生活秩序，极大减少了人民群众的生命危险。

尽管中国在应对自然灾害和公共卫生事件的过程中，还有可以完善的地方，但建立在公有制基础上的危机处理和灾难防控、应对能力，对于快速处理灾情、维护社会稳定，体现了其他国家难以企及的优势。

使中国拥有超强的发展效率

人们普遍认同，中国参与世界经济竞争的优势，最初源于丰富而成本低廉的劳动力资源。劳动力成本低，一方面因为中国人口众多、人力资源丰富；另一方面是因为中国土地的公有制性质——拥有土地

[①] 四川省人民政府新闻办公室：《关于"5·12"汶川特大地震灾后恢复重建情况的通报》，中华人民共和国中央人民政府网，http://www.gov.cn/gzdt/2011—10/14/content_1969461.html。

[②] 张蕴岭主编：《百年大变局：世界与中国》，中共中央党校出版社，2019年，序言第15页。

经营权的农民能够兼业在低报酬的情况下进厂从事工业生产。20世纪80年代,中国出现了世界经济发展史上少有的现象——乡镇企业兴起。乡镇企业的前身是人民公社体制下的社队企业,是中国公有制生产关系的产物。1984年3月1日,中共中央、国务院转发农牧渔业部《关于开创社队企业新局面的报告》,批准农村社队企业更名为"乡镇企业"。在这个文件推动下,乡镇企业以前所未有的速度发展起来。1984年,全国乡镇企业达到606.52万个,在1983年的基础上整整翻了两番还多。① 而这一时期也是农村劳动力向乡镇企业转移最多的阶段。1990年,乡镇企业职工数达到9262万人,这个数量与1990年城镇国有单位的就业人数大体相当(10346万人)。农民向乡镇企业转移过程中创造了极为特殊的职业群体——工农两栖人。他们白天就近到乡镇企业上班,从事工业生产;下班后到自家责任田里务农,从事农业生产,而农忙时则组织工友或亲朋好友抢收抢种。由于挨家近,又有农业收成,大量的进入乡镇企业从事工业生产的农民工,对劳动报酬的要求很低。中国一名普通工人每月的工资,20世纪80年代初约40元人民币,90年代初约300元人民币;而1980年美国人月均工资约850美元(人民币约1266.5元),1990年则约为1200美元(人民币约5703.84元);按汇率计算,则美国1980年和1990年的人均工资分别约为中国的32倍和19倍,② 而在乡镇企业上班的农民工收入水平还要低于人均工资水平。可以说,正是这些农民工的勤劳和不计报酬,为当年经济上极为虚弱的中国参与国际市场的分工和竞争,创造了低成本的人力资源优势,也为中国成为新的"生产成本洼地"奠定了基础。

以公有制为基础的生产关系,使中国形成了强政府主导下的市场竞争秩序。20世纪七八十年代,日本、德国将轻纺、机电等附加

---

① 迟福林主编,苗树彬、张娟副主编:《伟大的历程:中国改革开放40年实录》,广东经济出版社,2018年,第27页。

② 以上工资对比为笔者根据网上公开数据计算所得。

值较低的劳动密集型产业转向成本较低的"亚洲四小龙"和部分拉美国家；90年代，西方发达国家及"亚洲四小龙"又将劳动密集型产业和一部分资本技术密集型产业转移到东南亚其他国家和中国内地，进行世界经济发展史上的第四次大规模产业转移。此时，无论是东南亚国家还是拉美国家，经济发展水平普遍高于中国。1990年，中国人均GDP为317美元，而此时马来西亚2441美元、泰国1508美元、菲律宾816美元、印度尼西亚585美元，况且这些国家的海洋运输条件也不输于中国。但是，整个20世纪90年代，中国在与东南亚国家进行承接产业转移的竞争中处于绝对的优势，一个重要的原因就是中国地方政府进入市场，成为竞争的主角。

20世纪90年代，中国地方政府受到以"招商引资"为主体内容的政绩考核和中央与地方分税制改革的刺激，纷纷加入承接美国、日本等西方资本主义国家和"亚洲四小龙"产业转移的竞争中，而竞争的主要对象就是东南亚国家。由于中国公有制性质，地方政府掌控着政策导向、土地资源、配套设施、动员组织等丰富的竞争资源，而东南亚国家实行的是资本主义，政府通常不参与企业的市场竞争行为，这就使得中国地方政府获得了巨大的竞争优势。那个时期，中国各地特别是沿海地区各种开发区、工业区、工贸区、保税区一片一片设立出来，建设速度之快、开发效率之高，完全超出人们的想象。张家港是隶属于苏州市的三级市，该市1992年10月经国务院批准设立"张家港保税区"。建区之初，3个月就完成1284户拆迁、4.1平方千米围网，160天建成当时长江流域最大的万吨化工码头，6个月完成区内"五通一平"，9个月保税区基本建成，创造了让人惊叹的"张家港速度"。[①] 而这样的"张家港速度"或者叫"张家港奇迹"，在中国各地发生的并不在少数。正是在张家港的挑战和激发下，苏州其他县区掀起了一轮又一轮创造奇迹的高潮。《人

---

① 参见杨振武、孙健：《苏州跃起六只虎》，《人民日报》，1993年12月15日。

民日报》1993年12月15日头版头条《苏州跃起六只虎》写道:"一虎呼啸,群虎出山。张家港的挑战,不但使常熟、吴江和昆山感到了紧迫,连吴县和太仓也坐不住了。苏州大地,变成了'六虎'争雄的角逐场。"

中国参与国际产业转移的热潮,就这样在地方政府的主导下被激发出来。如果不是公有制经济基础,中国地方政府根本无法在短时期内投入如此巨量的土地资源。而作为经济水平相对落后的国家,也无法快速形成东南亚国家难以比拟的竞争实力。这次产业转移的成果,为中国制造业的逆袭和经济腾飞奠定了厚实的基础。当然,中国制造业自20世纪90年代至今实现持续、高效发展,还与中国公有制经济另一维度形成的优势相关。

新中国成立之后,经过社会主义工商业改造,中国全民所有制经济与集体所有制经济一度占到了97.2%,这为以国家为主体的经济发展战略的有效实施创造了条件。尽管重工业投资巨大,动用的资源多,资金占用量大,而利润回笼慢,但是新中国成立后国家依旧将重工业发展放在了经济建设的优先位置。由于新中国工业底子薄,经济基础差,而贫困人口众多,国家和人民为发展重工业,建立完整的工业生产体系付出了巨大代价——以农业反哺工业,降低了全国人民生活水平,形成了全民生活物资短缺的局面。在全国人民勒紧裤腰带的情况下,新中国经过艰苦卓绝的奋斗,建立了轻重工业并举的完整的工业生产体系。这既避免了苏联及东欧国家注重重工业而忽视轻工业,带来人民群众日常生活用品得不到有效保障的问题;也避免了出现拉美和东南亚国家由于偏重见效快的来料加工业、房地产业、旅游业、娱乐行业的发展,没能形成工业体系化建设而带来的工业发展的持续力不足的问题。

20世纪90年代,中国与东南亚国家同时迎来承接世界第四次产业大转移的机遇,但两者的结果截然不同。由于东南亚国家没能形成工业生产的体系化,缺少产业纵深,其对世界产业转移只是简单平浅的"饮水式承接":一方面,私人资本家追求见效快的项目,大多承接简单无需太多技术含量的来料加工项目;另一方面,承接的产业项目无法与国内工业生产体系进行深度交融,不能与各自国家产业形成互动式提升。因此,东南亚国家在这一轮世界性产业转移之初,当地经济和群众收入获得了较快增长,也推动了房地产业、旅游业甚至娱乐行业的发展,形成了一批巨商富贾。但是随着世界产业转移的风潮退却,东南亚国家没有形成技术积淀,缺少工业产业体系支撑的弊端显现出来,而畸形发展的房地产、旅游业导致当地房价、地价和物价上涨,推高了劳动力成本和生产制造成本,反过来又挤走了大量低端的劳动密集型加工业,致使东南亚国家陷入了经济长期低迷、治安恶化、贪腐丛生的不利境地。

而中国则不同,由于早期重视了重工业的建设,形成了较为完整的工业生产体系,使得中国对世界产业转移并不是简单的承接,而是"输血式承接":通过产业承接,使中国重工业更能发挥基础性产业的作用,工业生产体系获得了进一步"补强、提升、完善"的机会,中国经济建设实现了技术吸收、产业嫁接、市场延伸、管理进步和竞争力提升的全面发展,奠定了中国成为世界第一制造业大国的基础,也为世界强国势力向中国转移创造了有利条件。

获得国家资本竞争优势

随着中国进场,与美国等西方资本主义国家在全球范围内展开激烈竞争,西方指责中国运用国家力量和国家资本,以国家行为进行不公平的市场竞争。事实上,这本就是中国参与世界经济大循环竞争的优势所在,实在没有必要因为对手的诋毁而自毁长城。中国实行的是社会主义公有制,原本就拥有国家资本参与市场竞争的条件,也能够由此更好地实现为更广大人民谋福祉的宗旨。西方资本主义国家经过数百年发展,形成了非常稳固的自由资本主义的制度基础,奉自由竞争为圭臬,并促使自由资本主义在世界范围内得到快速发展，英国、美国等先发资本主义国家也因此相继在世界经济版图上占据了统治地位。作为经济基础薄弱的发展中国家，如果中国跟着西方亦步亦趋走自由资本主义道路，显然无法在国际经济竞争的大潮中脱颖而出，甚至连站稳脚跟都很难，更无法取得今天这样的经济发展成就。

改革开放之后，中国不断深化经济体制改革，努力构建以公有制为基础、多种所有制经济共同发展的社会主义市场经济体制。在积极引入市场竞争机制的同时，强化国家对市场的监管和协调。在世界经济发展深度一体化的背景下，国家资本使中国在与西方垄断资本主义——跨国企业竞争中，拥有不输于其规模优势的底气；而在与西方自由资本主义竞争中，又拥有了维护国家整体利益和长远利益的战略优势。这使得中国社会主义市场经济体制在国际经济竞争中拥有了战略和规模的双重优势，往往能立于不败之地，这也是中国制造业、外贸总量和国内生产总值这些重要经济指标能长期保持高速增长的重要原因。

有一个案例特别能反映中国国家资本在世界经济一体化环境中的竞争优势。众所周知，稀土是我国占有绝对优势的资源性产业。由于早期开采企业多，竞争无序且相互压价，致使中国稀土在国际上根本卖不出应有的价格，造成优质资源大量流失。1996年，中国政府对稀土市场进行整顿，数家国企进入稀土行业，并通过合并、重组使稀土产业链各个环节向国有企业集中，最终在2010年打响第一次稀土大战，将整个国内产业链收归国有企业。2011年，中国对稀土配额持续缩紧，同时加强了原材料生产管控。作为最重要的两大稀土产地，内蒙古稀土资源由包钢稀土专营，江西赣州主要稀土矿则全面停产整顿，整个行业规划成立六大稀土集团。尽管美国为改变稀土资源领域的被动局面，采取了注资扶持、推动并购、联合欧盟日本将中国起诉到WTO等一系列措施，也没能动摇中国在稀土行业的竞争优势。2020年中国稀土产量占全世界58%，而冶炼产能占全世界 86%，是全世界唯一能够提供全部 17 种稀土金属的国家，在更高附加值的产品制造中，中国的钕铁硼、磁铁产量更是占到了全球 90%。

稀土产业竞争优势的确立，得益于中国公有制经济基础，也体现了国家资本参与竞争的强大实力。从《财富》世界 500 强榜单的变化最能直观地反映中国国家资本强大的市场竞争力。2022 年中国共有 145 家公司上榜，营收占 500 家上榜企业总营收的 31%，首次超过美国。美国上榜企业 124 家，比中国少了 21 家，占上榜企业总营收的 30%。榜单前五名中，三家企业来自中国，分别是国家电网、中石油、中石化。而 1978 年改革开放之初，中国没有一家世界 500 强企业；2003 年，仅有 11 家中国企业入选世界 500 强。此后，入选企业数量快速增长，2020 年达到 122 家，同美国持平；2021 年达到 132 家，位居第一，数量在 2003—2021 年的平均增速为 14.8%。再看美国方面，2003 年，美国入选世界 500 强的企业为 192 家。此后，其数量不断下降，2021 年为 122 家，位居第二，数量在 2003—2021 年的平均增速为 -2.5%。①

随着互联网及信息技术的发展和中国生产关系的不断调整优化，世界生产势力不可避免地向中国转移，而相对地美国的生产势力则在不断衰落。如果将 2018 年世界工业总量设置为 100%，每年全球制造业将增长 3.2%；中国的工业产值占全球 30%，工业成长度是正增长 4%；美国的工业产值占全球 17%，工业成长度是负增长 1%。美国占世界工业比重减少的速度并未因近几年所谓经济复苏而减缓。并且，2008 年全球金融危机以来，美国商品产值对 GDP 增长的贡献低于平均值，其中制造业贡献降低是主要原因。另外，农业、采矿业、公共设施、基础设施等行业都出现了负增长，从而对

---

① 许保利、谢宇斌、王盼盼、马靖萱：《中国企业世界 500 强的变迁史》，《中国经济周刊》，2021 年 9 月。

GDP 增长的贡献为负值。这从一定程度上表明，没有工业数据和基础设施等支撑的美国经济复苏实质上在依赖货币超发和虚假经济数据。① 美国生产势力的这种衰落是长期的、结构性的，其强国势力将发生不可逆转的转移。

三、文化势力的转移

对于帝国势力变迁，生产势力的转移发挥着主导性作用，而文化势力必然相应地随之发生改变。作为守成帝国，其文化势力将越来越保守、腐败和衰落，而新兴强国的文化势力则会在吸纳、重组和融合之后，呈现出积极、开放和适应时代发展的新面貌。

长期以来，美国总在向世界展示其文化的先进性。而作为先进性的集中体现，其文化的多元性一直被大众广为熟知。美国多元文化的来源主要有两个：一是因承接西方世界性帝国变迁，美国吸纳了西方多元的传统文化而形成内在的多元性文化特征；二是开放的移民政策形成了外在多样性特征的文化。美国这种多元文化是在一国之内形成文化的多样性，它反映的是以西方文化为主体，不同国家文化在美国境内附着、融合的关系。它的文化多元性和先进性并非缘于不同民族血脉相依的传统，也并非源于对世界先进文化广泛而革命性地吸收和融合，而是基于政治理想主义的理念统合及行动指引，以至于塞缪尔·亨廷顿认为："美国人的民族认同和政治原则是不可分割的，美国一开始就有这样一种趋势，把民族认同描绘成对政治原则的忠诚，平等、自由、不可剥夺的权利、基于被统治者同意的权威……美国人是一个政治民族；美国不那么以本国人民的特征、本国的物质和文化贡献为骄傲，他们并不依靠个人、社会、

---

① 倪峰、魏南枝、齐皓：《大变局中的美国》，收录于张蕴岭主编《百年大变局：世界与中国》，中共中央党校出版社，2019 年，第 22 页。

地理或文化因素，而是依靠政治价值和实践，来建立对国家的认同。"①基于此，在美国帝国势力呈现上升的势头时，这种政治理想主义能够把人们号召和组织起来，形成富有革命理想情怀、积极开创精神的国家社群。而一旦帝国势力沦落到下降的通道时，美国文化不可避免地呈现芜杂、浅薄和散漫的多样性特征。与人们一般认知所不同的是，中国其实也是多元文化的代表。与美国大异其趣的是，中国文化的多元性并非仅仅来自政治理想主义者的理想认同和政治实践，而是扎根于中华民族历史文化悠久的根系之中，并在中国人民面临生死抉择和革命图强的战斗历程中，将世界先进文化吸纳包容到中国文化的血脉，把中华传统文化、西方优秀文化、社会主义文化整合为一个有机统一的整体。因此，中国文化因依存于早已存在的、基盘十分稳固的中华民族历史文化和地理空间而具有了坚韧性，又因其不断吸收其他文化的精华而具有了先进性，成为影响中美两国强国势力此长彼消的强大力量。

美国文化的衰落

美国向来以世界民主政治的灯塔自居，作为后起的世界强国，美国充分借鉴和吸纳了希腊文明、罗马文明以及其他世界性帝国的政治文明和人类文化遗产，形成了具有自我特色的文化。这一文化在帝国势力上升阶段拥有十分明显的优越性，为整个人类政治开明、社会进步和经济发展作出了重要贡献。然而，随着世界正在走向深度一体化，生产势力不断推动帝国势力的转移，以资本主义思想价值观为主导的美国文化呈现出衰颓的趋势。这既是美国宏观和客观条件变化带来的结果，也是世界帝国变迁的必然规律。

---

① [美]塞缪尔·亨廷顿：《美国政治：激荡于理想与现实之间》，先萌奇、景伟明译，新华出版社，2017年，第38—39页。

美国文化的来源及特性

亨廷顿在其著作《美国政治：激荡于理想与现实之间》一书中，将美国理念的核心思想来源归纳为四处，即：作为人类行为约束的中世纪根本法思想，17世纪的新教教义，18世纪洛克式自由主义和启蒙主义有关自然权利、自由、社会契约、有限政府、社会—政府二元分立的思想，以及在《独立宣言》中作为有组织社会的基础而提出的平等理念。① 尽管思想理念是文化的核心部分，但文化所涵盖的内容则远远超出思想理念的范围。因此，美国文化的来源范围更为广泛。结合美国发展历史和世界性帝国传承实际分析，美国文化来源主要有以下三部分：一是以西方为主体的世界性帝国文化的结晶和传承；二是以新教教义为主体的基督文化；三是资产阶级政治理想与大陆革命实际相结合的思想产物。

世界性帝国文化的结晶和传承。 尽管新兴帝国总是在摧毁守成帝国的基础上发展和强大起来的，但其成功依旧离不开对守成帝国优秀文化基因的传承和先进制度的借鉴。美国作为人类历史上第十任世界性帝国，一系列前任帝国创造的灿烂辉煌的文化和国家治理理念及制度，无疑为美国文化的建构、发展提供了丰富而宝贵的资源。亨廷顿将美利坚信条（核心政治价值）归纳为：自由、平等、个人主义、民主以及基于宪法的法治。② 其中的每一条都并非来自美国立国者们的原创，而曾经是历史上世界性帝国的开拓者们努力实践的思想理念、政治理想或制度准则。自由、平等、个人主义，最初源于希腊人在海洋、半岛的生存环境中形成的特性和文化需求，它逐渐融化于希腊人的文化血脉，并随着帝国变迁流淌于西方人的社会思想和政治理念之中。而美国文化中理性、自然法、民

---

① [美] 塞缪尔·亨廷顿：《美国政治：激荡于理想与现实之间》，先萌奇、景伟明译，新华出版社，2017年，第24—25页。
② [美] 塞缪尔·亨廷顿：《美国政治：激荡于理想与现实之间》，先萌奇、景伟明译，新华出版社，2017年，第24页。

主、共和的价值观,同样深受古希腊和罗马帝国文化的影响。希腊文化十分重要的一翼是希腊哲学,而希腊哲学最重要的分支是斯多葛哲学。斯多葛哲学经过罗马帝国的传承和发展,对西方文化和精神产生了极为重要的影响。它重视理性,认为理性是人区别于动物的根本能力,人凭借理性可以识别事物的本质,分辨善恶;它崇尚自然法,主张一定的权利因为人类本性中的美德而固然存在,由自然赋予,优秀的政治和良好的生活必须符合自然法;另外,它还重视平等,每个人在理性意义上都是平等的,而不应该有贵贱区分。理性、自然法、平等,这些美国所标榜的政治理念都能从罗马帝国文化和希腊斯多葛哲学中找到历史基因。美国采用共和制同样可以从罗马共和国找到历史传承——共和制强调国家是人民的共同事业,人民是同一个法律的共同体,国家通过复合型的权力结构来行使管理权力。而美国实行的联邦制以及一系列的资本主义经济制度、法律制度和社会规范,则不少师承于荷兰帝国和大英帝国。

以新教教义为主体的基督文化。亨廷顿认为:美利坚政治思想价值一个主要来源是17世纪的新教教义,它为美国的政治思想注入了道德主义、千禧年主义和个人主义的因素。更具体而言,新教教义强调个人良知的优先性,自由精神和宗教精神之间的紧密联系,自发结社的群众的作用,教会内部民主的重要性及其对政体的影响(没有主教,就没有国王),以及在合适的时机抛弃宗教机构。新教价值增强了18世纪的共和与民主潮流,为美国的政治和社会思想提供了根本的伦理和道德基础。① 美国人没有经历过中世纪基督教会的黑暗统治,也没有经历过十六七世纪血腥的宗教改革运动,他们的先人是一批在英国宗教改革运动中选择逃亡的清教徒。他们既为北美这块新大陆带来了人类新的政治文明和思想,也带来了旧大陆

---

① [美]塞缪尔·亨廷顿:《美国政治:激荡于理想与现实之间》,先萌奇、景伟明译,新华出版社,2017年,第25页。

曾经与政治生活如影相随的基督文化。基督文化对美国的影响,绝非仅限于新教教义对共和国政治思想和政体的建设方面,而是深入美国人生活方方面面的每一个细节,成为美国一种无处不在的、深入骨髓的、如同汪洋大海一般广阔的文化。一个人生活在这样的文化氛围中,从小就耳濡目染、潜移默化地接受着基督教的影响,它已成为美国人从生到死无处不在的教化形式。① 可以说,美国是世界上仅有的大部分人口信仰不同新教教别的国家,② 也在当代世界中始终保持着一个主流的基督宗教国家的身份,且在未来几十年中其基督徒人数仍会稳居世界第一。③ 中国人对基督教带给美国人影响的认识是有偏差的。如果说今天的儒家思想和中华传统文化,给我们提供的更多的是立身处事的教化和春节这样的节日氛围的话,基督教给美国人带来的则远不止这些。它在美国人的政治思想、立国追求、人生哲学和经济发展理念方面,都发挥着广泛而深远的影响——这很大程度上是因为美国在对西方文化的传承过程中,并没有经历过另外一种完全不同的强势文化的冲击和碰撞。

资产阶级政治理想与大陆革命实际相结合的思想产物。美国文化当然并非完全来自世界性帝国文化传统和基督教文化的继承和变革,当资产阶级领导的独立战争在这片新大陆建立起一个崭新的国家之后,其政治理想就拥有了广阔的实践舞台,美国的新文化和新制度就随之被创造和发展起来。当初来到北美的人,怀着建设新家园和享受新生活的强烈愿望和美好憧憬,然而面对荒蛮原始的新大陆,他们只能靠自己的双手打拼去实现自己的梦想。因此,无数个人奋斗的历史,造就了美国个人英雄主义文化。而随着经济发展和强国势力的崛起,美国拥有了塑造世界秩序的能力:"它以'天定命

---

① 参见赵林:《走向理性:西方思想文化大视野》,湖南人民出版社,2020 年,第 176 页。
② [美]塞缪尔·亨廷顿:《美国政治:激荡于理想与现实之间》,先萌奇、景伟明译,新华出版社,2017 年,第 25 页。
③ 赵林:《走向理性:西方思想文化大视野》,湖南人民出版社,2020 年,第 249 页。

运'之名在整个美洲大陆扩张,却宣称绝无帝国企图;对重大事件发挥着决定性影响,却矢口否认有国家利益的动机;最终成为超级大国,却声言无意施行强权政治。美国外交政策表明,美国深信自己国内的原则放之四海而皆准,实施这些原则对他国有益无害。"①正是这些相互矛盾甚至掩盖着虚伪的政治主张,确立了美利坚帝国扩张文化的根基。以此为基础,"二战"后美国确立了以美元为中心的国际货币体系,以美军为安全保障的国际强权秩序,形成了强大而独特的世界霸权文化。

自由、平等、个人主义、民主、法治以及理性,这些我们信手拈来的充斥着资产阶级政治理想诉求的核心价值观,其实并非美国所独有。其他西方国家或多或少都拥有这些价值理念,荷兰以及北欧国家在某些方面的价值信念其纯粹性甚至超过了美国。可以说,美国是这些价值理念的集大成者,而不是绝无仅有的实践者。那么,哪些文化特性才是美国所独有的,而其他大多数国家并不具备或并不明显的呢?主要有三点。

其一,开放性。美国的开放性是由其独特的地理位置、发展历史和建国历程所决定的。美国建国之后,通过战争、强占、购买、自决等方式,将国土从大西洋沿岸推进到太平洋沿岸,加之所实行的联邦制,使其国土扩张和治理具有了开放性的特征。美国东西两面分别濒临大西洋和太平洋,而南北漫长的国界线只分别与墨西哥、加拿大两个综合实力相对弱小的国家接壤。这样独特的地理条件,使美国在自身安全保障和对外经济贸易方面,完全可以采取更加超然和开放的心态。美国 1776 年建国之前,是一块没有形成国家历史的土地,美国建国思想和理念很少受到旧有的国家体制、社会制度、贵族利益、不同阶层诉求的羁绊,完全可以以一种无比开放

---

① [美] 亨利·基辛格:《世界秩序》,胡利平、林华、曹爱菊译,中信出版社,2015 年,第 305 页。

的心态在一张白纸上恣意描绘国家发展的蓝图。我们再看一下美国立国者们的思想根源。英国亨利八世发动宗教改革,对清教徒进行迫害,要求人人都要宣誓向国王效忠,拒不宣誓者,一律以叛国罪论处。在这种背景下,许多清教徒选择了逃亡美国。一部分人乘坐了一艘叫"五月花"号的船,他们签订了著名的《五月花号公约》。公约要求人们彼此信任地订立此约,自愿结为民众自治团体,制定和实施公正的法律、法规、条令、宪章,并遵守和服从它们。这些逃离英国的清教徒和《五月花号公约》,为美国建国提供了思想基础。这些清教徒本身就是那个时代思想开放的群体,他们一方面急于摆脱旧有政治统治的束缚,另一方面幻想建立更加自由、平等、民主的新型公民政治体。因此,他们的思想、理念最为开放,并且深刻影响到美国的建国思想,奠定了美国开放的社会形态和格局。

其二,平民性。美国文化中平民色彩十分浓厚,主要表现在两个方面。一是美国文化完全反对现代政府的高度集权化、官僚化性质,认为这违背了美国政府的初衷和传承。[①]詹姆斯·布莱斯[②]在《美利坚共和国》一书中总结了美利坚信条的主要内容:(1)天赋人权;(2)政治权力源自人民;(3)所有政府都要受到法律和人民的限制;(4)地方政府比全国性政府更好;(5)多数人比少数人更具智慧;(6)小政府才是好政府。其中的每一条似乎都在反对政府权力,保护个人权利。这就是美国政治思想的主题,是美利坚信条的独特之处。二是美国文化特别强调个人价值的实现。人们崇尚开拓和竞争,追求个人利益和个人享受,重视通过个人奋斗追求人生目标的最终实现。从本质上讲,资本主义文化就是以个人主义为中心,通过个人奋斗而实现人生价值,并由此推动经济发展和整个社

---

① [美]塞缪尔·亨廷顿:《美国政治:激荡于理想与现实之间》,先萌奇、景伟明译,新华出版社,2017年,第66页。
② [英]詹姆斯·布莱斯(1838—1922年),英国自由党政治家、外交家、历史学家,1907年被任命为英国驻美大使,主要作品有《神圣罗马帝国史》《美利坚共和国》《现代民主制度》。

会的进步。天赋人权、民主自由这些资本主义核心价值观,无一不是利己主义的体现。美国平民性文化特质的形成,其实并不难理解:一方面,美国缺失封建社会的发展历史,没有形成教会、王公、将军等贵族阶层,有利于平民社会的发展;另一方面,新教伦理"一切职业都能荣耀上帝,赚钱也是为了荣耀上帝"[①] 等,为个人努力并取得成功提供了精神支撑;此外,美国广袤无垠的待开发的土地和高速发展的经济,也为美国普通民众的梦想实现提供了现实的"伊甸园"。

其三,成就意识。美国 1776 年才以原英国 13 个殖民地为基础独立建国,仅用一百多年时间就发展成为世界性帝国,至今仍是经济上最为富有、综合实力最为强大的国家。可以说,美国从建国开始就从成功走向了成功,本地几乎没有经历外来战争的洗礼,更没有承载过国家危亡、民族危难的苦难,铺满美国发展道路的更多的是成功的碑铭和胜利的鲜花——这也造就了美国文化中的自大和傲慢的性格。在国家发展大获成功的过程中,一般美国人自然拥有了更多发展和成功的机会。从西部拓荒的牛仔到硅谷创业的软件工程师,饶是成功的方式一次次被重新定义,但美国人对英雄的敬慕和对成功的追求已经融入血脉。美国人有很强的成就(或成功)意识,个人成就是美国人评价最高的价值之一。成功是所有美国人的追求,是诱人的前景和前进的动力。他们往往坚信,一个人的价值就等于他在事业上的成就。相应地,美国文化不太支持福利制度,而是鼓励每个人都要靠自己的奋斗去营生。这样一种积极奋斗的氛围,也使美国成为一个自我价值实现的舞台。全世界优秀人才都愿意前往创业,以实现自己的"美国梦"。

[①] 李筠:《西方史纲:文明纵横 3000 年》,岳麓书社,2020 年,第 248 页。

美国文化衰落的必然性

前面我们梳理了美国文化的主要来源以及重要特性,这样有助于我们更加清晰地认识美国文化衰落的必然性。美国建国之后,也曾经历了数次严重的经济危机和文化衰落,让美国人一度对前景感到迷茫,如1929—1933年经济大萧条、1970—1983年经济滞胀、20世纪90年代初经济萧条,2007年美国次贷危机演化为一场全球性的金融危机更是令人记忆犹新。面对这些危机,美国总能通过经济政策改革、强化财政刺激、调整产业方向、加大科技和基础设施建设投入等措施一次次走出困境。但是,现如今美国遇到的危机和文化衰落,与前面几次危机发生的逻辑有了根本不同。之前美国历次危机主要是生产力发展到一定阶段与生产关系不相协调的周期性调整,而彼时美国文化的衰落则是与之相行共生的暂时性"低沉"。而当前美国文化衰落的根本原因,是世界性强国势力发生转移并形成不可逆转的结构性矛盾所导致的,主要包括以下三个方面因素。

从美国自身发展看,难以实现从革命文化到守成文化的持续转型。美国的起点是从轰轰烈烈的独立战争开始的,而领导这场革命或者为这场革命提供理想信念的,正是宗教改革运动的革命者——英国新教徒。他们以拒绝承认英国国教的革命姿态,不惜背叛宗主国,来到了北美这块前途茫然、不可预知的土地上,开始了革命和创业的生涯。他们充满了打破原有秩序的革命主义情怀,在《五月花号公约》中提出了自愿结为一个公民政治体的愿望。而美国人在独立战争初期颁布的《独立宣言》中第一次以政治纲领形式确立了资产阶级的革命原则、人权原则,"人人生而平等,造物者赋予他们若干不可剥夺的权利,其中包括生命权、自由权和追求幸福的权利"。这种打破旧有等级地位、世袭特权等社会差异的平等权利,成为美利坚政治思想的核心内容,马克思称它为"推动了18世纪欧洲革命"的"第一个人权宣言"。可以说,美国是在打破旧有生活秩序、实现全新政治理想的革命激情中走上国家创建道路的。这似乎也构成了美国政治的基本现实，正如亨廷顿所言，美国政治总激荡在理想与现实之间。美国人似乎希望在理想和现实之间制造巨大的鸿沟，并有意将政府置于靠后的境地，以使其无法获得解决日益广泛的社会矛盾的能力，从而使整个美国社会始终葆有革命的激情，并在社会革命的激荡中不断推进国家和社会的进步。

事实上，与其说美国建国以来一直保持高速发展状态，不如说一直保持革命的激情状态。人权原则既是早年美国建国者号召人民推翻殖民统治、建立共和国的革命纲领，也是当代美国人输出革命、建立以美国为中心的世界秩序的"迷魂药"。东欧剧变、苏联解体之后，美国已经基本上建立起这样的世界秩序——"在美国单方面提供的军事保护伞下，大部分发达国家结成了一个联盟体系，而发展中国家则免于遭受它们有时没有认识到、更不要说承认的某种威胁。全球性经济得以发展，美国提供了融资、市场和大量创新。从1948年到世纪之交是人类历史上一段短暂的时期。在此期间，一种全球性世界秩序初步显现，它既体现了美国的理想主义，又融合了传统的均势概念"①。

然而，现在美国的这种革命激情已难以为继。如同世上所有的帝国都有形成、发展、衰落和崩溃的周期一样，帝国衰落期的文化与形成期、发展期的文化特质全然不同。当美国人通过努力，将建国的政治理想转化为国家建设的现实之后，国家体制与革命团队的理想诉求就日益形成尖锐的对立，人们超脱于现实的理想主义越来越成为国家建设的制约性力量。美国原先支撑革命政治理想实现的文化体系，反而逐步失去了赖以生存和发展的土壤。我们不难发现，美国文化的开放性、平民性、成就意识等特质，随着党派纷

---

① [美] 亨利·基辛格：《世界秩序》，胡利平、林华、曹爱菊译，中信出版社，2015年，第475页。

争、竞争趋向垄断、贫富分化、阶层固化、族群对立、社会撕裂、贸易保护主义、逆全球化等现象的日益加深，已逐渐丧失了昔日的生存环境；另一方面，清教的教义要求教徒必须努力工作以荣耀上帝，同时美国文化的成就意识又要求不断开拓新的理想领地，这就要求外部世界必须为美国提供一个无限广阔、没有止境的市场以使其在竞争中获得成功的荣耀——然而，事实是世界市场几乎已开拓殆尽，且以中国为主的新兴经济体越来越显示出超越于美国的竞争力，美国人像昔日那样可获取无限荣耀的前景并不乐观。总之，美国革命性文化与其发展阶段的难自洽性，将使美国进入更加混乱、动荡和崩溃的危险时期。由于世界性帝国的身份作祟，美国国内的危险将外化为世界更多的动荡和不安。

  从帝国变迁规律看，帝国势力转移必然带来美国文化势力的衰落。毋庸讳言，美国文化的核心价值观——自由、民主、平等、法治，曾经为多少奋斗中的人们带去了理想和激情，而美国政治制度和经济制度又给世界各国提供了丰富的建设范本。然而，随着生产势力的转移，美国陷入了帝国变迁的危机之中。这一危机，是帝国势力进入加速转移周期引起的。人类进入殖民帝国时代之后，帝国势力的转移不断加快，这是由交通、信息、科技高速发展带来社会变迁加速形成的。因此，当今美国出现经济衰退、族群对立、社会动荡、对外侵略成性并不只是经济危机引起的，相伴而生的还有政治危机、社会危机、金融危机和军事危机等。总而言之，它是帝国势力加速转移形成的全面危机，而这样的全面危机在以往美国经济危机发生时并不存在。

  今天的中国市场和亚欧日益统一的大市场所形成的"成本洼地"优势，以及以互联网和数字技术为主体的新技术对生产势力转移发挥的推动作用，使美国的帝国势力发生了不可逆转的转移。这一转移既反映了美国国家体制、核心价值观和各种运行制度已不能适应世界帝国发展的要求，同时也必然带来美国文化的进一步衰落。更为关键的是，帝国势力转移所形成的发展危机，美国并不能通过自身的改革和创新解决。以往美国可以通过超发货币刺激经济、利用美元资本在国际上收割韭菜等"撒手锏"来纾困解难，但美国长期超发货币导致其债务已经到了崩溃边缘，加之其经济体量在世界经济所占份额在下降，对世界经济越来越难以产生决定性影响，靠攫取他国经济发展成果的做法难以为继。作为帝国两根支柱的美元和美军，前者由于滥发导致信用丧失，后者由于超大规模资金投入难以为继和管理腐败导致战斗力下降，合起来加速酿成了帝国的颓势。

事实上，在帝国势力发生转移的背景下，靠美元和美军维护霸权地位使美国陷入了两难处境：一是美国要强化美元的权威性和垄断性，就要将美元及其金融体系渗透到包括其他大国在内的更多国家，但是嵌入美元主导的金融体系的国家特别是大国越多，其所确立的金融体系的权威性和独立性相反就会越小；二是美国越想扩大以美元为主导的金融体系的覆盖面以获得更广泛的利益，但由于没能形成体系管理的正向循环收益，必须付诸军事力量以维护和保障体系环境的稳定性和扩展性，其管理成本就越会边际递增，而维护体系的收益越来越小，无法获得正向循环。这表现在美国金融框架内就是国债水平越来越高，同样难以为继。根据美国财政部公开的数据，截至2024年初，美国联邦债务总额高达34.2万亿美元，仅每年支付的利息就高达1.3万亿美元。美国经济早已债台高筑、入不敷出，其往昔的"灯塔"光环也迅速暗淡。

从时代发展大潮看，资本主义文化必然让位于社会主义文化。世界性帝国发展的规律和趋势表明，共产主义不只是马克思和恩格斯关于人类社会发展的科学论断，而是日益明朗的现实趋势——人类社会早已从独立的、断裂的、相互缺少联系的生存状态，演变成联系紧密、发展相依、守望互助的命运共同体。世界强国变迁到中国，是亚欧大陆市场一体化的必然结果，也是人类走向普世一体化的必经环节。以美国为代表的资本主义文化,极大地激发了人性中"自私自利"的私欲主义,调动了个人的积极性,激发了人的智慧和潜力,从而有力推动了经济进步和社会发展。然而,这种以"私意"为主体的激励文化,形成了人人以自我为中心的社会形态,社会缺乏凝聚力,人们"可能发现自己生活在一个极少数人和少数机构攫取几乎全部成果,并制定可能为他们的私利服务的所有社会和经济政策的市场经济中"①。而全球一体化带来的全球性市场竞争、贫富差距扩大、环境危机、公共卫生事件、核战争风险、突发自然灾害等公共性问题,既是资本主义"私意"文化催生的,当然也是其根本无法解决的。因此,推进全球文明建设必然呼唤具有普世主义情怀的"公意"文化与之相适应和相匹配。西方文化的"私意主义",使人被物化、社会被技术化,而东方文化的"情意主义",恰恰为西方文化中的自私性提供了中和与解放的空间。两者的结合从而形成了"自洽的公义主义",成为社会主义文化的基础。②

近代以来,世界性帝国的变迁一直在西方国家中进行,这使得西方文化成为近现代世界的主体文化和先进性文化代表,但也因此造就了美国文化的偏狭性和自闭性——世界文明正走向普世一体化,而美国文化因没能充分融合以中国文化为代表的东方文化的优秀基因,因而并不具备普世主义的代表性。这也使其在普世一体化的世界发展进程中,失去了世界文化发展的领导力。与美国不同的是,中国特殊的地理区位和地形地貌,使中国成为世界一体化最重要的节点和帝国的终结者——因此,从某种程度上讲,世界的一体化也是中国的世界化。而中国经过漫长的革命和自我塑造,现已将中华传统文化、西方先进文化和社会主义文化融为一体,使中国文化既

---

① [美]詹姆斯·斯通:《美国社会经济五个基本问题》,忠华译,中信出版社,2017年,第54页。
② [美]简·伯班克、[美]弗雷德里克·库珀:《世界帝国史:权力与差异政治》,柴彬译,商务印书馆,2017年,第23页。

融合了东方和西方不同地域文化的先进性，又将封建社会、资本主义社会和共产主义社会等人类不同历史发展阶段的先进文化融为一体，使其既具有了文化的普世性，又获得了纵贯历史的先进性；既拥有了"私意"的激励性，也拥有了"公意"的普惠性，从而获得了引领人类走向普世化文明的代表性。

中国文化再认识

这些年，人们一直倡导中国文化的先进性，但对中国文化先进性的认识似乎还不深切。中国改革开放之初的1978年，"工人的月平均工资只有四五十元，农村的大多数地区仍处于贫困状态"[①]。经过四十多年发展，中国已成为世界第一工业大国、世界第二经济大国，创造了举世瞩目的发展奇迹。中国以如此短的时间取得如此巨大的发展成就，如果没有先进文化的引领和支撑，既难以为继，也根本无法实现。我们之所以对中国文化先进性认识不足，主要原因有两点：一是西方文化挟持经济势力的强势，在人们的认知系统中形成固化的认知结构；二是我们总是徘徊于中华传统文化的认知领域，希望在传统文化的根基上结出既娇艳于时代又夺目于世界的花朵。事实上，当代中国文化远远不是中华传统文化的提升和改造。要进一步增强中国文化自信，就需要对中国文化发展、演变历程和内在精髓进行再认识。

中国文化与中华传统文化

我们需要对"文化"的概念有一个基本认知。人们通常把"文化"分为广义和狭义两种。苏联哲学家罗森塔尔和尤金在他们所编的《简明哲学辞典》中认为："文化是人类社会历史实践过程中所创

---

① 《邓小平文选》（第三卷），人民出版社，1993年，第10—11页。

造的物质财富和精神财富的总和。从比较狭隘的意义来讲，文化就是在历史上一定的物质资料生产方式的基础上发生和发展的社会精神生活形式的总和。"① 我国1979年出版的《辞海》基本上采用了这个说法。可以简单地认为，只要是人类创造、产生的精神和附着了精神的产品都是文化，这是广义的；而狭义的文化是指一切精神生活的形式。本书所阐述的文化概念主体为广义文化。

人们又通常把广义文化分为四个层次：一为精神理念文化层，指人们的社会心理和社会意识形态，包括人们的价值观念、思想理念、审美情趣、思维方式，以及由此而产生的文学艺术作品的内在思想；二为制度文化层，是指人们在社会实践中建立的规范行为和调节相互关系的准则和要求；三为行为文化层，指人在社会交往组织工作中约定俗成的习惯、风俗和行为规范，它是一种社会的、集体的行为，不是个人随心所欲的举止；四为物态文化层，指人的物质生产活动及其产品的总和，是看得见、摸得着的具体实在的事物，如人们的衣、食、住、行，能够体现人们思想理念、价值取向和艺术风味的作品，以及体现组织价值观和标准要求的产品。② 这四个层次，其中的精神理念文化层，是文化的核心部分，也是文化的精华部分——有什么样的精神理念，决定有什么样的制度设计，从而影响人的行为规范，也就在很大程度上影响着人们对生活物质的取舍和对产品标准的执行。

按照广义的文化概念，"中国文化"是指中国人民在社会历史和国家建设实践过程中所创造的物质财富和精神财富的总和，既包括中国人民创造的精神理念文化、制度文化、行为文化，也包括物质文化。中国社会主义道路、中国共产党领导、中国社会主义核心价

---

① [苏联] 罗森塔尔、[苏联] 尤金编：《简明哲学辞典》，生活·读书·新知三联书店，1973年，第53—54页。
② 参见何晓明、曹流：《中国文化概论》，首都贸易经济大学出版社，2011年，第2—3页；冯天瑜、何晓明、周积明《中华文化史》（上册），上海人民出版社，2005年，导论第18页。

值观、中国法律制度、中国经济发展模式等,都是中国文化的组成部分,而且处于重要的核心地位。而"中华传统文化",既言"传统"就有相对的历史性。1840年鸦片战争之后,中国开始进入近代社会,因此我们把1840年之前中华民族所创造的文化财富,视为"中华传统文化"。当然,这并不是说1840年之后中国就没有了传统文化,而是中国进入近现代社会后,传统文化逐步失去主导地位,但其众多元素仍然在中国国家治理、经济建设、社会管理和群众生活各方面发挥着重要作用。

然而,在诸多文化研究和论述中,人们往往将"中国文化"和"中华传统文化"混为一谈,有意无意忽视了对作为当代国家政治实体"中国"的文化的梳理和研究。常见于市面的冠名或论述"中国文化"的书籍,所论述的"中国文化"实质上都为中华传统文化,而很少论及作为政治实体国家的"中国文化(即中华人民共和国文化)"。张岱年、方克立主编的《中国文化概论》在绪论中说:"本书所论的中国文化,是指由中华民族在东亚大陆这片广袤的土地上创造的文化""中国,是我们民族文化的摇篮。作为一个地理概念,其内涵经历了一个渐次扩展的过程……本书所论中国文化,在地域范围上,以此为界""中华民族是中国文化的创造主体。中华民族是现今中国境内由华夏族演化而来的汉族及55个少数民族的总称"。[①]而黄高才著《中国文化概论》中说:"中国文化是指历代中国人民于各个时期在中华大地上所创造的能够代表中华民族的创造智慧和创造精神、能够见证中华文明脚步的典型性的物质遗存和中华民族在长期的实践中创造和积累下来的精神财富""中国文化是中华民族智慧的结晶,其中不仅融入了中华民族的美德和精神,闪耀着中华文明的光辉,而且见证着中华民族的伟大创造力。在几千年的人类历史上,中国文化不仅涵养了中国人的思想和精神、丰富着中国人的

---

① 张岱年、方克立主编:《中国文化概论》,北京师范大学出版社,2004年,绪论第6页。

创造力、美化着中国人的人格等,而且对世界各国人民都产生了积极影响"。① 以上中国文化研究者,几乎没有论及近现代以来中国人民在民族解放和国家建设中取得的丰富而伟大的文化成果,虽冠名中国文化,实质仍囿限于中华传统文化。

而何晓明、曹流在其所著的《中国文化概论》中,加入了"中国特色社会主义事业的曲折前进"等当代文化章节的论述,其在导论中概括中国文化的特征为:(一)从物态文化层分析,中国文化是一种农业文化;(二)从制度文化层分析,中国文化是一种宗法文化;(三)从行为文化层分析,中国文化是一种礼仪文化;(四)从心态文化层分析,中国文化是一种伦理文化。② 以上概括的中国文化特征,既没能对当今作为国家主体的中国的文化理念做出有效梳理,与蓬勃发展的当代中国文化内涵也相去甚远,其论述的依旧是中华传统文化。

事实上,作为当代政治实体的中国所创造的文化,已经在中华传统文化的基础上通过交流、交融、互鉴、吸纳和创新,形成了具有中国特色的社会主义文化体系,其内涵和外延并非中华传统文化所能涵盖。

"五四运动"之后,中国共产党接受了苏俄社会主义文化,尤其是在政治上。③ 而中国共产党在中国的成功并非直接照抄照搬了苏俄模式,而是对苏俄模式进行了中国式的改造,也就是"马克思主义中国化"。④ 新中国成立之后,作为思想文化的主体和主流,社会主义思想文化居于核心地位,代表和引领着中国先进文化的发展。⑤ 它不仅深入中国经济社会的方方面面,在国家政治层面的影响更为

---

① 黄高才:《中国文化概论》,北京大学出版社,2016年,第12—13页。
② 何晓明、曹流:《中国文化概论》,首都贸易经济大学出版社,2011年,第4—7页。
③ 郑永年:《郑永年论中国:中国的文明复兴》,东方出版社,2018年,第178页。
④ 郑永年:《郑永年论中国:中国的文明复兴》,东方出版社,2018年,第179页。
⑤ 中共中央宣传部《党建》杂志社编:《文化中国》,红旗出版社,2011年,第25—26页。

深远。而西方优秀文化，特别是商业领域—市场经济所蕴含的文化成分，也已通过交流互鉴进入中国政治治理、经济建设和社会生活的相关层面——诚如邓小平在南方谈话中所强调的："社会主义要赢得与资本主义相比较的优势，就必须大胆吸收和借鉴人类社会创造的一切文明成果，吸收和借鉴当今世界各国包括资本主义发达国家的一切反映现代社会化生产规律的先进经营方式、管理方法。"[①] 与此同时，中华传统文化在中国国家政治、经济、文化生活各个层面的地位，都发生了极大的变化：皇权、君主制已经让位于共和制，宗法管理体制早已为现代官僚体系所拆解，科举取士制也被现代教育模式和人才选拔制度所代替，而农耕经济与工业经济、商业经济相比，在国民经济中所占的分量少之又少——近些年农林牧渔业增加值在 GDP 中所占比重不到 10%。即便是在中华传统文化仍占相当分量的日常社会生活中，宗法体制、"三纲五常"等社会治理体制或人员角色关系早已被时代所唾弃，而书法、园林、戏曲、古诗词等中国特有的传统艺术样式，也处于曲折的发展阶段。中华传统文化与中国共产党领导人民群众所创造的当代鲜活、生动、先进的文化相比，已经有了相当的代差。

  从前面的论述中，我们不难看出，"中华传统文化"与"中国文化"主要有以下几点不同。一、涵盖时间段不同。中华传统文化主要指中华民族在封建社会及早期所创造的文化，以农耕文化为主体，而中国文化包括了中国近现代文化和中华传统文化，涵盖面更广，更具有现代性。二、丰富性不同。中华传统文化是中华民族在长期的历史发展进程中以自我为主体创造的民族文化，尽管在不同时期也整合了其他民族的文化元素，但这类文化所占比例较小，影响也更小。而中国文化在中华传统文化的基础上，于近现代大量吸收、融合了西方文化，并将社会主义文化中国化，形成了极为丰富

[①]《邓小平文选》（第三卷），人民出版社，1993 年，第 373 页。

的中国特色社会主义文化体系。三、先进性不同。作为在农耕土壤里发育、成长的中华传统文化,是以自给自足为主要特征的"生存型文化",着重解决的是人们生存、安全和社会稳定的问题,形成了安土乐天、重农轻商、中庸和谐、宗法治理的文化特征。而其在文化的"深层结构"上,具有静态的"目的"意向性,在个人身上造成的意向是"安身"与"安心",在整个社会文化结构中则导向"天下大治""天下太平""安定团结",维持整个结构之平稳与不变。① 在经济全球化的浪潮里,中华传统文化不可避免地显露出稳定、保守、缺乏竞争性的相对落后的内在特质。而中国文化以中华传统文化为基础,博采社会主义文化和西方优秀文化之长,融合了人类不同发展阶段的优秀文化精髓,代表了世界先进文化发展方向,具有世界其他国家文化难以比拟的优越性。它为中国经济高速发展、社会高度稳定、资源高效整合,推动世界性强国势力向中国转移提供了内驱力。

正是出于对"中国文化"与"中华传统文化"概念的不加区分,致使我们对"中国文化"的研究和教育已经落后于时代发展。我们一方面沉浸在中华传统文化的宝库里敝帚自珍,而对中国文化在现当代取得的巨大成就认识不够充分;另一方面又深陷于中华传统文化的汪洋之中刻舟求剑,无法以世界性视野和发展的观念深刻而正确认识历经变革发展的中国文化,在世界各国文化发展的大潮中业已处于先进地位。

中国文化的"三元一体性"

百年前孙中山先生融贯中外文化的理想今日已变成现实。在中国革命实践和社会主义建设过程中,当代中国文化已经将中华传统文化、西方优秀文化和社会主义文化融会贯通为中国特色社会主

---

① [美]孙隆基:《中国文化的深层结构》,中信出版社,2015年,第10页。

义文化，呈现文化的"三元一体性"。中国文化的"三元一体性"，既见之于三者清晰可辨的融合历史，又体现于各自不同优势的发挥——在社会生活领域、经济领域和政治领域，发挥着相对的重要作用，各司其长，使中国具有了"既能集中资源办大事，又能保持经济高速发展，还能维护社会高度稳定"的国家竞争优势。当然，中国文化"三元一体性"的特征是中国处于社会主义初级阶段的特殊现象，随着社会的发展和文化的进一步融合，它的"三元"性将不断退化，直至消失。

中华传统文化的沉降转升。自从汉武帝采纳董仲舒提出的"罢黜百家，独尊儒术"的建议后，儒家思想和学说自此在中国封建统治的政治、经济和文化层面占据主导地位。虽然中华传统文化的源流和元素不是单一的，道教、佛教与儒家的"三教"同存、流变，呈现了中华传统文化的丰富性，而周边文化的不断融入、融合也使中华传统文化具有了更为广泛的多元性和开放性。当然，从推动中国历史进程的主体文化讲，儒家的统领和强势地位显而易见：儒家王道政治的理想状态是儒家建立的道统，儒家的学统培养儒士，儒士入朝做官，辅佐君主代表的政统，就这样道统、学统、政统实现了统一，实质价值与形式价值处于一致状态。通过政治、社会、经济、教育种种制度的建立，儒学一步步进入百姓日常生活的每一个角落，"上至朝廷礼仪典章、国家组织与法律、社会礼俗，下至族规家法、个人行为规范，凡此自上而下的一切建制之中都贯注了儒家的原则。正是由于建制化的发展，儒家才成为中国文化中的主流"①。

然而，当 1840 年鸦片战争的炮火轰开中央王国狭窄的视窗，将"中国的天下"还原为"天下的中国"后，儒家文化在中国文化中的主体地位受到严重冲击和削弱。可以说，中国近现代革命史就

---

① 余英时：《现代儒学论》，上海人民出版社，2010 年，第 32—33 页。

是一部以儒家文化为主体的传统文化的衰落史和沉降史。鸦片战争之后,西方商品、炮舰和西学的弹体炸毁了儒家文化一家独尊的基座,经过经世实学、中体西用、德赛之辩、东西方文化论战、科学和玄学之争、社会性质问题大论战等思想激荡和文化论战,儒家文化在众多社会精英和学者的思想里几无容身之地。谭嗣同曾悲愤痛斥:"故常以为二千年来之政,秦政也,皆大盗也;二千年来之学,荀学也,皆乡愿也。惟大盗利用乡愿,惟乡愿工媚大盗。二者交相资,而罔不托之于孔。"①

经过太平天国运动、洋务运动、戊戌变法等社会变革运动,传统文化在中国社会的土壤上风雨飘摇。辛亥革命爆发后建立的中华民国,无论是政治体系、文化体系还是经济运行体系,大量采用西方文化理念和制式。杨光斌认为"南京国民政府是一个比北洋军阀政府更加先进的资产阶级性质的政权"②——这意味着哪怕是袁世凯窃取了辛亥革命果实、其所建立的北洋军阀统治秩序如何紊乱不堪,该政权及稍后建立的南京国民政府都是资产阶级性质的,亦即西式的。而新教育制度下产生的知识阶层遂转向攻击专制主义的传统文化,产生主张全盘西化的"新文化运动",此时对西方的景仰已经达到了顶峰。③至此,中华传统文化不仅被请出了政治台面,在民众的社会生活方面,西方文化也几乎无孔不入。

客观上看,一次次革命运动无疑对中华传统文化形成了巨大冲击。如果是较小的文明体,中华传统文化可能会被其他强势文化所颠覆、吸收和同化,而与其他古文明一样成为历史琴架上的断弦。然而,历史又总会出人意料地制造若干个"渊回"——先将某种文明、文化、制度和社团组织深渊式、极限化破碎,然后再在历史进程中给予恢复性回填。在经受了西方文化和共产主义运动的冲击之

---

① 《谭嗣同全集》,中华书局,1981年,第337页。
② 杨光斌:《中国政治认识论》,中国社会科学出版社,2018年,第129页。
③ [美]孙隆基:《中国文化的深层结构》,中信出版社,2015年,第413页。

后，中华传统文化特别是儒家这种曾经委身于政治，长于阔论而欠理性、不善事工的伦理文化，逐步从政治秩序和经济秩序中淡化，其作用和功能逐渐沉潜，更多地在社会生活和文化领域发挥作用。它与社会主义文化、西方优秀文化彼此互嵌、渗透、融合为中国特色社会主义文化，并因中国整体发展而再次焕发出生机——这既得益于中华传统文化的巨大体量和深厚传统，也是其开放、包容的秉性借助历史机遇获得提升和新生的体现。

学贯中西的"清末怪杰"辜鸿铭认为，在中国存在一笔无法估量的、迄今为止毋庸置疑的巨大的文明财富。这笔财富，就是真正的中国人，原因是真正的中国人拥有一种"良民宗教"。"良民宗教教导人们，爱的法则就是要爱你的父母……义的法则就是要真实、可信、忠诚。这种良民宗教的最高责任，就是忠诚之责任，忠诚，不仅表现在行事上，而且蕴藏于内心。"① 当历史发展阶段性地选择西方文化成为世界的强势文化之时，被辜鸿铭认为是巨大的文明财富的中华传统文化，依旧在中国社会特别是在人民生活和文化领域发挥着不可代替的作用。主要体现在以下方面。

一、规范人们的道德体系和价值观。金观涛、刘青峰在《中国思想史十讲》中指出："大多数文明以宗教和法律作为政治及社会制度正当性根据，唯有中华文明历史上以道德作为政治制度和社会行动正当性的最终根据。"② 中国人坚信"天下大同"的人类理想与"天道秩序"的终极力量，认为人应"畏天命"（《礼记·季氏》），而在"有教无类"（《论语·卫灵公第十五》）宗旨指导下的"教化"过程则是"天下"人类各群体感悟并接受"天道"的过程，而且坚信所有的人群迟早都应能接受这一"天道"。而儒家倡导的"仁义礼智信、温良恭俭让"的道德要求，在商业文明盛行的今天有不合时宜

---

① 辜鸿铭:《中国人的精神》，海南出版社，2012年，第31页。
② 金观涛、刘青峰:《中国思想史十讲》（上卷），法律出版社，2015年，第5页。

的部分，但作为人们社会交往和日常生活伦理，依旧是中国人自我行为约束和自我修养提升的道德取向。

二、**提供稳定的社会环境**。中华传统文化讲究"和"，重视人与自然的和谐、人与社会的和谐、人与身心的和谐，既没有一神教那种强烈的"零和思维"的排他性和严格无神论的反宗教性，也没有基于体质差异的西方种族主义观念，对于内部文化多样性和各种外部文明都表现出罕见的包容态度。中国传统伦理也称"伦常"，即人伦之常道，就如《孟子·滕文公上》所说的"父子有亲，君臣有义，夫妇有别，长幼有序，朋友有信"。这"五伦"是自尧舜以降中国传统伦理的核心，不可否认与西方标榜的"自由、民主、平等"的现代价值观有抵触和矛盾的地方，一度被中国传统文明的"批斗者"搬上反思的祭台。而"仁、义、礼、智、信"的"五常"之道充满了利他主义精神，用以处理与和谐作为个体存在的人与人之间的关系，容易营造良好的社会环境。随着资本—金钱腐蚀人性的加深，人日益被物化、社会严重被异化，这种传统的"五伦"和"五常"之道，依旧闪耀着人性和社会理想的光辉。孔子主张"中庸之道""和而不同""己所不欲，勿施于人"，老子则说"上善若水"，正是这种主张"中庸""和善"的思想理念和基本态度，使中华文化对内部多样性文化和外来异质文化具有举世罕见的包容度和融合力，也使人们执言起事不偏执、不极端，为社会处于稳定和谐的状态提供了思想基础。《文化中国》一书曾引用罗素的相关评价："中国至高无上的伦理品质中的一些东西……若能够被全世界采纳，地球上肯定比现在有更多的欢乐祥和。"现在很多人都在探讨中华传统文化中讲仁爱、重民本、守诚信、崇正义、尚和合、求大同等思想的时代价值，这也生动地表明了中华传统文化的重要现实意义。①

为社会提供稳定作用的，还有中华传统文化的"世俗性"。中国

---

① 中共中央宣传部《党建》杂志社编：《文化中国》，红旗出版社，2011年，第9页。

民间信仰与民众日常生活生产、人生礼仪、节日庆典密切结合，强调行善戒恶和因果报应，警示世人遵守社会伦理行为规范，即使神灵世界的秩序也无非是人间世俗秩序的投影。这些民间信仰倡导的伦理必须符合"天道"，否则就会被视为"邪神"而被主流社会禁止。而中国大众对宗教的关注，并非源于对教义的认同而带来行动的向导和心灵的皈依，多是情之所致、急之即用的实用主义应景式短暂依靠——要生孩子拜观音、想发财求财神、人死了找和尚超度、感觉不顺了找道士除妖。这种自我世俗化解构，似乎降低了宗教的权威性和道义感，但正是世俗化的信仰因民众广泛参与而使宗教对人给予慰藉的本质特性获得张扬。而儒家的经典著作，分明都是一部部世俗情怀、人伦生活的处世指南。德国社会学家马克斯·韦伯（1864—1920年）就认为"正统的儒教中国人（而不是佛教徒），是为了他在此世的命运——为了长寿、为了子嗣、为了财富，以及在很小的程度上为了祖先的幸福——而祭祀，全然不是为了他在'彼世的'命运的缘故"。① 他指出，儒教纯粹是入世的俗人道德伦理。基本上，它所代表的只不过是给世上受过教育的人一部由政治准则与社会礼仪规制所构成的巨大法典。②

三、**强化民众凝聚力**。自古以来，"大一统"思想在中华传统文化中根深蒂固，国家统一、民族一体、国家结构形式实现单一制，是每个中国人的自觉心愿和理想追求。当国家遭受磨难和外侮、入侵时，大众就能团结一心、不畏苦难、共同迎接挑战。经过几千年发展，团结统一的意识深深积淀、内化在中国人的文化心理之中。中华民族万众一心、自立自强的民族精神具有坚不可摧的力量。③

---

① [德] 马克斯·韦伯：《中国的宗教：儒教与道教》，上海三联书店，2020年，第208页。
② [德] 马克斯·韦伯：《中国的宗教：儒教与道教》，上海三联书店，2020年，第218—219页。
③ 钟理：《高扬社会主义先进文化的旗帜》，见中共中央宣传部《党建》杂志社编《文化中国》，红旗出版社，2011年，第28页。

中华传统文化强调社会公德和集体伦理，不强调个人权利，以牺牲自我强化集体归属感，以"利他"增强组织凝聚力。中华传统文化具有浓厚的民本主义思想，"民为邦本""使民以时""民贵君轻"等命题，是中华农业社会的一种传统政治思想。[1]而中国共产党"为人民服务"的宗旨，正是民本主义在新的历史时期的集中体现和落实。"在最后一个传统皇朝解体以后，中国陷入四分五裂的状态，中共用'为人民服务'的方式'解民于倒悬'，从而达到'天下归心'。"[2]在社会主义现代化建设过程中，为了防止干部在繁重的经济工作和日益复杂的斗争中迷失方向，中国共产党要求广大党员和干部牢记党的宗旨，不管形势、任务和社会环境发生什么变化，都要一身正气，坚持全心全意为人民服务。[3]民本主义思想得到弘扬和落实，是中国民心团结、社会稳定的重要保障。

西方优秀文化的融入。 尽管此处并无必要对西方文化的概念进行精准定义和辨析，但对其进行简明扼要的梳理，对于我们认清西方文化的先进要素，进而理解中国文化的先进性，并以开放、包容的姿态同世界其他文明开展交流互鉴是很有裨益的。西方文化的思想核心是理性，提倡科学与进步是西方社会的风尚；在天人关系方面，西方文化重视人类对于自然的征服；在道德伦理方面，重视个性自由和公平竞争，突出个人价值和对私有财产的保护；西方社会以利益与法制为轴心，重视物质利益分配和利润的杠杆作用；西方以所谓的"民主政治"为原则，追求建立平等自由博爱的社会风尚；西方生产与经济类型则以工商业经济为代表，并且一直将科学技术看作最重要的力量，是工业最发达的地区，为世界范围的现代化提供了先例；西方文化还是一个开放的体系，扩展自己的空间，宣扬自己的宗旨是西方的一种特性。西方文化是当代世界文化体系之

---

[1] 冯天瑜、何晓明、周积明：《中华文化史》（上），上海人民出版社，2005年，第147页。
[2] [美] 孙隆基：《中国文化的深层结构》，中信出版社，2015年，第121页。
[3] 金冲及：《二十世纪中国史纲》（第四卷），社会科学文献出版社，2009年，第1293页。

一,它与其他文化一起,为世界文明与进步作出了巨大贡献。①

西方文化的内在特质和具有动态的"目的"意向性的深层结构②,适应和推动了西方殖民帝国主义的扩张和工业及商业经济的发展要求,在人类资本主义发展阶段具有鲜明的先进性。西方现代文化最为重要的主体是现代工商业文明,西方现代政治文明、文化生活均围绕工商业确立和展开。而商业文化的核心是"开放、流动、法制"——唯有开放,才能使产品和资本获得新的市场,并因对市场的广泛占有,获得更多利润;而打开市场需要允许人员和资本自由流动,这样才能使资本和产品获得适合交易的环境;但是,这种资本和产品的流动与交易以及利润的获取,又必须在契约精神和某种约定的秩序下进行,以保证其可预期和稳定性。当历史进入大航海、大工业、大贸易时代,具有动态"目的"意向性深层结构的西方文化所孕育的"开放、流动、法制"的特征,既契合了工商业和市场经济发展的大趋势,同时又进一步强化了自身文化烙印,并借势将这一文化基因形塑成世界普遍遵守的秩序。然而,华夏民族的先人长期居住在气候温和的东亚大陆,过着自给自足的农耕生活,自古以来形成了"天下与四夷"的疆域意识、安土重迁的稳定生活以及"和为贵"的人伦主义情怀,使中华传统文化的"深层结构"具有静态的"目的"意向性,在整个社会文化结构中导向"天下大治""天下太平""安定团结"。③ 这就注定了中华传统文化与西方人塑造的"开放、流动、法制"的世界现代工商业文化,在底层结构上具有深刻的矛盾性。

而西方文化进入中国的过程正是中国被动纳入现代世界体系,并逐步推进现代化的过程。这个过程既曲折漫长,又激烈痛苦,最终西方优秀文化与世界古老的文化相融合,为中国特色社会主义文

---

① 方汉文:《西方文化概论》(第2版),中国人民大学出版社,2010年,第110—111页。
② [美]孙隆基:《中国文化的深层结构》,中信出版社,2015年,第10页。
③ [美]孙隆基:《中国文化的深层结构》,中信出版社,2015年,第10页。

化提供了有效养分，特别是在中国经济秩序中发挥了积极作用。

一般而言，非西方的现代化后发国家要实现现代化有三种选择：一是尽弃本国传统全盘西化；二是尽信本国传统为了反西化而反现代化；三是追求现代化但拒绝西化。[①] 中国即属于第三种类型。但中国拒绝西化，绝非拒绝西方的优秀文化，而是依托中国文化强大的包容力，将西方文化优秀成分融入、整合到中国文化的母体之中，使之成为当代中国文化重要组成元素。西方文化与中国文化融合历程，大致分为四个阶段。

一是懵懂认知阶段（1840年第一次鸦片战争之前）。这一阶段西方文化和西方产品主要通过传教士和商人进入中国，中国人虽然认识到了中国并非地理意义上的世界中心，但天朝上国的意识仍根深蒂固。二是艰难的容纳阶段（第一次鸦片战争至辛亥革命）。经过鸦片战争、洋务运动和维新变法，中国被迫打开国门，西方产品和文化大量涌入中国，中国人逐渐认识到西方现代文化的先进性，并将程度不同的西化视作强国图存的主要途径。三是西方文化强势阶段（自中华民国成立至1949年中华人民共和国成立）。这一阶段西方文化在中国总体上占有优势地位，中华民国仿照西方国家建立了资产阶级性质的政权，西方商业规则和经济运行手段一步步得到传播和应用，西方人的生活方式在城市居民中流行较广。四是从新中国成立到今天，这是中国在学习西方，探索走自己的路的阶段，也是通过文化自觉使中国文化获得新生和伟大复兴的过程[②]。随着改革开放不断深化，社会主义市场经济体制得以确立，西方优秀文化与中华传统文化、社会主义文化不断融合，三者成为中国特色社会主义文化重要组成部分，在中国经济建设和社会发展中发挥着积极作用。

[①] 韩庆祥、黄相怀等：《中国道路能为世界贡献什么》，中国人民大学出版社，2018年，第171—172页。

[②] 张西平：《从学习西方到中国文化的自觉和复兴》，《红旗文稿》2014年第22期。

第四章 当今帝国势力的转移与嬗变

在西方文化与中国文化融合发展的第三阶段，中华民国成立后，西方文化已全面浸入中国政治、经济、文化、社会生活各个层面。然而，中国作为具有悠久历史的世界大国和唯一不曾中断的文明母体，形成了坚韧而深厚的文化体系。它承载着中华民族的普遍理想，西方文化欲全面吞噬中华传统文化，使中国政治、经济、文化和社会各层面实现全面西化绝无可能。由此，强势扩张的西方文化与根深叶茂的中华传统文化不可避免发生激烈碰撞，中华民国陷入了复辟（袁世凯复辟、张勋复辟）与讨伐（二次革命、护国运动、护法运动等）交织及军阀混战的祸乱之中。正是此时，中国迎来了第三方文化力量——以马克思主义及苏俄社会主义文化为主体的社会主义文化。

中国共产党将"马克思列宁主义的科学理论，创造性地应用于中国这样的以农民为主要群众、以反帝反封建为直接任务而又地广人众、情况极复杂、斗争极困难的半封建半殖民地的大国"①。毛泽东在《湖南农民运动考察报告》中强调"一切革命同志须知国民革命需要一个大的农村变动"，即打破传统乡村权力网络下政权、族权、神权的支配地位，将农民通过农会组织起来，形成以列宁主义共产党组织为主要权力依托的新的权力架构。② 中国共产党审时度势认识到中国工人阶级力量薄弱，经过艰辛探索成功走出了一条农村包围城市、武装夺取政权的革命道路。在这过程中，中国共产党以社会主义文化势力联合、组织和统领在农村具有深厚基础的中华传统文化势力，以对抗在城市占有优势的西方文化势力，并最终取得了新民主主义革命的胜利。

中华人民共和国成立，"建立和巩固了工人阶级领导的、以工农

---

① 《关于若干历史问题的决议》《关于建国以来党的若干历史问题的决议》，中共党史出版社，2010年3月，第3页。
② 杨光斌：《中国政治认识论》，中国社会科学出版社，2018年，第175页。

联盟为基础的人民民主专政即无产阶级专政的国家政权"①。社会主义文化成为中国具有主体性和统领性的文化。由于西方世界对新生的人民共和国实施封锁,加之社会主义文化与西方资本主义文化天然存在斗争性的一面,特殊历史条件下西方文化成分在新中国受到极大削弱。

党的十一届三中全会之后,中国领导人对国外进行了多次访问,在接触了亚洲、欧洲及美国的资本主义形态后,对其所成就的经济活力表示了赞赏,但他们反而因此更加坚定了走社会主义道路的信念。他们坚信,如果中国能适当借鉴资本主义中的创新优势,社会主义的内在优越性必然能更好地引领中国经济现代化建设高速发展,甚至超越西方。②资本主义企业的高效和活力,给访问团留下了深刻的印象。③以经济建设为中心,学习和借鉴以发展商业和市场经济见长的西方文化,成为无法回避的课题。

从当时社会发展实际来看,一方面,打开国门之后的中国,既不可能无视历史上西方文化对中国的浸染和影响,也不可能对西方主导的世界经济发展大潮视而不见;另一方面,对西方文化中体现人类社会进步本质要求的、有益的文明成果(也即"优秀文化"),进行消化、转化、融合和创新,使之与中国实际相结合,为社会主义服务④——本身也是中国文化先进性的充分体现。早在《新民主主义论》中,毛泽东就强调了对外国进步文化的学习:"中国应该大量吸收外国的进步文化,作为自己文化食粮的原料,这种工作过去还做得很不够。这不但是当前的社会主义文化和新民主主义文化,

---

① 《关于若干历史问题的决议》《关于建国以来党的若干历史问题的决议》,中共党史出版社,2010年,第63页。
② [英]罗纳德·哈里·科斯、王宁:《变革中国:市场经济的中国之路》,徐尧、李哲民译,中信出版社,2013年,第64页。
③ [英]罗纳德·哈里·科斯、王宁:《变革中国:市场经济的中国之路》,徐尧、李哲民译,中信出版社,2013年,第66页。
④ 中共中央宣传部《党建》杂志社编:《文化中国》,红旗出版社,2011年,第31—32页。

还有外国的古代文化,例如各资本主义国家启蒙时代的文化,凡属我们今天用得着的东西,都应该吸收。"①

改革开放使西方优秀文化更多进入中国。当时,中国需要获取西方的技术、资金乃至理念、思想,西方则希望获得资本赖以增殖的中国巨大市场,两者一拍即合。中国由此获得了难得的和平发展机会,此时西方优秀文化与中华传统文化以及社会主义文化进一步走向融合。

1992年1月18日—2月21日,邓小平视察武昌、深圳、珠海、上海等地,发表了南方谈话,针对人们思想中普遍存在的姓"社"还是姓"资"的疑虑,重申了深化改革、加速发展的必要性和重要性,并提出了许多改革开放的新观点、新思路和著名的论断,比如:革命是解放生产力,改革是发展生产力,应把解放生产力和发展生产力讲全;判断改革开放姓"社"姓"资",标准应该主要看是否有利于发展社会主义生产力,是否有利于增强社会主义国家的综合国力,是否有利于提高人民的生活水平;计划和市场都是经济手段,不是社会主义与资本主义的本质区别;社会主义的本质是解放生产力,发展生产力,消灭剥削、消除两极分化,最终达到共同富裕;社会主义要赢得与资本主义相比较的优势,必须大胆吸收和借鉴人类社会创造的一切文明成果,包括资本主义发达国家的一切反映现代社会化生产规律的先进经营管理方式;中国要警惕"右",但主要是防"左";抓住有利时机,发展自己,关键是发展经济,要注意稳定协调地发展,但发展才是硬道理。② 邓小平以强调经济发展重要性的方式,化解了"姓社"和"姓资"的争论问题,将人们的思想和注意力拽到经济发展的轨道上,为西方优秀(商业)文化进一步融入中国腾出了空间。

---

① 《毛泽东选集》(第二卷),人民出版社,1991年,第706—707页。
② 迟福林主编,苗树彬、张娟副主编:《伟大的历程:中国改革开放40年实录》,广东经济出版社,2018年,第182—184页。

1992年6月9日,江泽民在中央党校省部级干部进修班上讲话,针对建立什么样的经济体制问题,明确表示倾向于使用"社会主义市场经济体制"的提法①——这从根本上解决了姓"社"和姓"资"的对立问题,将两者统一到社会主义初级阶段上来。事实上,这一体制安排非常有利于社会主义文化和西方优秀文化在政治秩序、经济管理秩序中发挥各自的优势。1992年10月12日—18日,中国共产党第十四次全国代表大会举行,明确了中国经济体制改革的目标是建立社会主义市场经济体制。这样就进一步明确了社会主义文化的政治统领和核心地位,也为借鉴、融合西方先进文化提供了条件,在将中国经济发展再一次引入快车道的同时,较好地解决了姓"社"和姓"资"的问题,使中国的治理秩序获得了政治、经济和社会全面发展的稳定架构。总之,"中国文化从晚明以来的四百年历史有着一个一以贯之的逻辑和思想:学习西方、走自己的路,这样的自觉性使得中国文化获得新生"②。

社会主义文化的统领。社会主义文化融合于中国文化仿佛是一次"天外来仙"。从19世纪中叶到20世纪初,中华民族现代化的历程在奋斗与挫折、希望与失望中跌宕起伏,一批又一批仁人志士的救国蓝图乃至自身的鲜血头颅付诸东流。对此,毛泽东曾评价道:"自从一八四〇年鸦片战争失败那时起,先进的中国人,经过千辛万苦,向西方国家寻找真理……中国人向西方学得很不少,但是行不通,理想总是不能实现。多次奋斗,包括辛亥革命那样全国规模的运动,都失败了。国家的情况一天一天坏,环境迫使人们活不下去。怀疑产生了,增长了,发展了。"③ "不仅如此,长期以来被先进的中国人奉为楷模的西方资本主义文化自身也陷入深刻的危机。

---

① 迟福林主编,苗树彬、张娟副主编:《伟大的历程:中国改革开放40年实录》,广东经济出版社,2018年,第186页。
② 张西平:《从学习西方到中国文化的自觉和复兴》,《红旗文稿》,2014年第22期。
③《毛泽东选集》(第四卷),人民出版社,1991年,第1469—1470页。

世界大战的烽火燃遍欧洲大陆,给人类以空前的浩劫。这就给人们以双重的困惑。学西方七十年,不但未获成效,到头来连西方值不值得学,都发生疑问。中华文化向何处去?恪守旧道,显然没有前途,而追赶新潮,又方向茫然。"[1] 就在中华民族救亡图存饱受挫折、前途一片迷茫之际,北方强邻俄国爆发的社会主义革命获得了空前胜利,给了中国人民以新的希望。

经历两次鸦片战争的惨败之后,当时先进的中国人先后开展了洋务运动、戊戌变法、辛亥革命等一系列向西方学习的资产阶级改良或革命运动,但都没有取得实质意义上的成功。其根本原因就在于中国资产阶级力量在以农耕文明为主体的中国社会一直比较孱弱,以"自由、民主、平等、人权"为口号的资产阶级核心价值观无法获得受中华传统文化浸透的广大农民的支持。即使西方文化凭借现代先进思想、科学技术和强大的军事实力击碎了东方这片古老大陆的"天朝"迷梦,也激发了精英人士向西方学习以救亡图存的理想,但仍无法征服扎根于辽阔国土和四万万心灵之上的中华传统文化。少数精英人士对西方文化的推崇和狂飙突进式的革命安排,根本难以穿透传统文化厚实的堡垒,于是两者呈现破与立、生与亡的对峙和冲突,中国大地因此混战不休,凋敝不堪。此时,社会主义文化进入中国恰逢其时,它至少从三个方面改变了中国革命的面貌。

一是为革命指明了方向。中国共产党人在中国革命具体实践中,认识到中国"半殖民地半封建"社会现实和"工人阶级依然弱小,农民占绝大多数"的阶级现状,提出了"打倒军阀,打倒列强""从前是牛马,现在要做人""打土豪,分田地"的革命口号,同时又将"无产阶级联合起来""解放全人类,实现共产主义"的宏大愿景时时置于革命的背景板上。这使得与中国革命现实和中国社会现状相

---

[1] 冯天瑜、何晓明、周积明:《中华文化史》,上海人民出版社,2005年,第823页。

结合的共产主义思想，既对中国社会占据主体力量的农民阶级具有了极强的吸引力和号召力，同时又因其具有人类普世价值和远大理想光环，使中国共产党人领导的新民主主义革命为中国发展指明了方向，汇聚起社会各阶层的革命力量。

二是为革命注入了血性和胆气。 自古以来，深受"温良恭俭让"和"三纲五常"儒家文化影响，"中国人的'身'是静态的，也是不能自主的，必须由人伦与集体关系去'定义'它、组织它、完成它，而中国人的人伦与人情关系也都是趋于稳定的"①。即使被改造的中国宗教，也普遍缺乏将民众动员起来的内在动力和强大号召力。

被社会主义文化武装起来的共产党人，"要不断革命，直到把一切大大小小的有产阶级的统治全都消灭，直到无产阶级夺得国家政权，直到无产者的联合不仅在一个国家内，而且在世界一切举足轻重的国家内都发展到使这些国家的无产者之间的竞争停止，至少是发展到使那些有决定意义的生产力集中到了无产者手中"②。共产党人的革命宗旨和革命手段，决定了干革命不是含情脉脉的请客吃饭，必须时刻面对牺牲，接受血和火的淬炼和考验。中国共产党在革命事业中，始终强化队伍的纯洁性，加强组织建设和思想作风建设，弘扬"乐于奉献，不怕牺牲"的共产主义精神，由此在中华传统文化"温良恭俭让"的"善"和"仁"的内核中，在士大夫儒雅心性和缺少竞争意愿的血脉里注入了激昂的血性，在中国传统文化中楔入了刚性筋骨。

三是为革命提供了强大的组织力。 在中华传统文化，特别是道家文化的"表层结构"意义上，往往反映出个体爱惜羽毛、明哲保身、不要出头的倾向，因此，在一般人的日常生活中往往表现为活命哲学或乌龟哲学。③ 显然地，中国社会无力作出自我组织，而必

---

① [美] 孙隆基：《中国文化的深层结构》，中信出版社，2015 年，第 53 页。
② 《马克思恩格斯选集》（第一卷），人民出版社，2012 年，第 557 页。
③ [美] 孙隆基：《中国文化的深层结构》，中信出版社，2015 年，第 22 页。

第四章　当今帝国势力的转移与嬗变

须由国家去维持"大一统"的控制。①更何况是在西方文化强势入侵、中国社会一盘散沙的特殊历史时期。

社会主义文化进入中国，使在"深层结构"上具有静态"目的"意向性的中华传统文化，获得了在"深层结构"上具有动态"目的"意向性的新文化所提供的变革和社会组织动力。列宁主义政党的本质是组织的作用和组织纪律的严肃性。②苏俄国家行政组织中高效的政党组织机制和强大的社会动员和组织能力，为发展中的中国共产党提供了有效借鉴。同时，在将马克思主义和中国革命实践相结合的过程中，中国共产党创新和建立了一系列的建党、建军和建国的组织体系和组织原则。在重建国家秩序的过程中，共产党把在战争年代形成的党—军关系自然地转移为党—政关系，形成了以党为核心的国家权力组织体系，关键词是党委制、党组制、党管干部制度和归口管理制度，把曾经一盘散沙的中国彻底组织了起来。③而在亨廷顿看来，"20世纪中期最突出的政治成就之一，就是1949年中国在经过百年的动乱后首次建立了一个真正能治理中国的政府"。④

社会主义文化进入中国后，数万万劳苦大众被组织起来，中国革命面貌焕然一新，社会主义文化在中国思想意识领域的统领性地位也进一步得以确立。新中国成立之后，中国共产党领导的人民军队先后赢得抗美援朝、中印边境自卫反击战、珍宝岛战斗、对越自卫反击作战一系列的胜利，而这些胜利是在中国总体实力还比较弱和外部环境比较恶劣的背景下取得的。这也进一步说明，社会主义文化在与中国传统文化融合、发展的过程中，中国共产党获得了超

---

① [美]孙隆基：《中国文化的深层结构》，中信出版社，2015年，第53页。
② 杨光斌：《中国政治认识论》，中国社会科学出版社，2018年，第163页。
③ 杨光斌：《中国政治认识论》，中国社会科学出版社，2018年，第170页。
④ [美]塞缪尔·亨廷顿：《变化社会中的政治秩序》，王冠华等译，上海人民出版社，2008年，第280页。

强的组织和动员能力。

新中国成立后，中国共产党领导人民在建设社会主义事业中取得了很大的成就，但也一度遭受严重挫折。进入改革开放新时期后，中国共产党"围绕什么是社会主义、怎样建设社会主义这一根本问题，借鉴世界社会主义历史经验，创立了邓小平理论，解放思想，实事求是，作出把党和国家工作中心转移到经济建设上来、实行改革开放的历史性决策，深刻揭示社会主义本质，确立社会主义初级阶段基本路线，明确提出走自己的路、建设中国特色社会主义"[1]。

改革开放过程中，学习西方的经济运行办法以及西方文化进入中国，就不可避免地出现一些问题，比如资产阶级自由化、生活腐朽、党性松弛，或以种种不同形式动摇人们对社会主义的信念，制造动乱，破坏稳定，等等。对此，改革开放之初党和政府就作出了战略部署。为了正确地实施改革开放的方略，党及时地重申必须坚持社会主义道路，坚持人民民主专政，坚持中国共产党的领导，坚持马克思列宁主义、毛泽东思想这四项基本原则。通过坚定不移贯彻四项基本原则，中国共产党不断强化和发挥了社会主义文化的统领作用。

正是中国共产党始终坚持马克思主义在意识形态领域的指导地位，发挥社会主义文化统领和核心作用，既有效防止了中华传统文化因"深层结构"上具有静态"目的"意向性，而对经济发展形成阻滞作用、使国家经济建设落后于世界发展的大潮，又坚决扼制了西方文化因"深层结构"上具有动态"目的"意向性，而使国家面临资产阶级自由化、社会动乱、颜色革命、领土分裂等潜在危机，确保了改革开放和社会主义建设事业的稳步推进。

---

[1]《中共中央关于党的百年奋斗重大成就和历史经验的决议》，人民出版社，2021年，第3页。

中国文化先进性

美国学者杜赞奇根据复杂性理论的思想,将人类活动的主要领域划分为由三种相互依赖又相对地互相独立的权力逻辑所组织的三个类型。这三个"逻辑"是:经济逻辑(交换和资源的控制)、政治逻辑(暴力和统治的管理)和文化逻辑(符号和意义的秩序化)。所有的制度和实践都包括三者的某种组合。① 这三种逻辑在国家和社会治理中,则相应地形成了经济秩序、政治秩序、社会生活及文化秩序。而看似巧合,实则为中国发展道路所必然选择的是,中国特色社会主义文化的"三元"中的每"一元",都是人类社会不同发展阶段创造的优秀文化成果,且分别在这三种秩序中发挥着各自突出的优势:政治秩序——社会主义文化,经济秩序——西方优秀文化,社会生活及文化秩序——中华传统文化。为进一步细化和深入分析三者之间的互动关系、支撑条件和相互影响,我们绘制了《"三元一体"文化优势示意图》,并对此模型稍作分析说明,以便更为直观而清晰地说明当代中国文化的先进性。

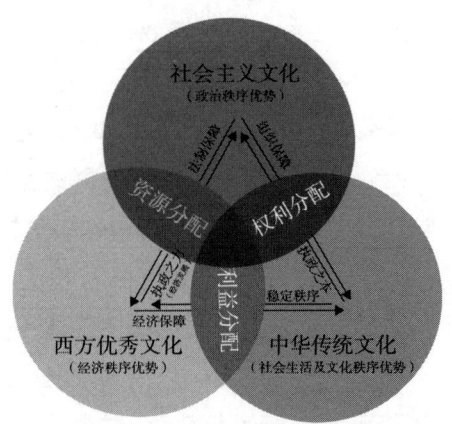

"三元一体"文化优势示意图

---

① [美]杜赞奇:《全球现代性的危机:亚洲传统和可持续的未来》,黄彦杰译,商务印书馆,2017年,第113页。

在中国整个国家治理体系的政治领域、经济领域和社会及文化领域，社会主义文化、西方优秀文化和中华传统文化既相互融为一体，又各自突出地在相应领域发挥着自身的优势。三者之间不是机械的、物理性的分离着，而是既相互依存又相对发挥一定独立性的作用。中华传统文化是中国农耕社会千百年来的主体文化，其"深层结构"具有静态"目的"意向性，吸纳并融合西方优秀文化，有利于形成公平、法治的市场经济竞争环境，有利于现代经济秩序的建立和发展。西方优秀文化与中华传统文化的殊异性特质，决定了两者遭遇后的冲突，而消解这种冲突离不开社会主义文化的强力黏合和统领。另一方面，当现代西方商业文化和法律制度因为理性和刚性而呈现冷酷无情的一面并使人工具化时，中华传统文化的伦理安排却能为之提供调和、温润的空间。历史选择它成为中国特色社会主义文化的重要组成部分，使中国文化的"三元"形成和谐、稳定的结构。

从模型中可以看出，社会主义文化、西方优秀文化、中华传统文化相互之间有重叠和冲突的部分，形成相互促进的保障系统。三者之间形成结构的稳定性，既能有效协调矛盾，又能促进相互提升。

从历史实际进程来看，鸦片战争之前，中国是自给自足的农耕社会，传统文化一元独大，呈现为低水平发展的稳定状态。鸦片战争后至中国共产党成立，引领世界发展潮流的西方文化涌入国门，并迅速占领强势地位，但中华传统文化根深叶茂，两者高强度对峙。中国共产党成立后，社会主义文化在中国取得一席之地，中国初步形成"三元一体性"的文化架构。中国人民在中国共产党领导下，迅速找到了中国革命的正确道路，经过艰苦卓绝的奋斗和牺牲取得了新民主主义革命的伟大胜利，建立了中华人民共和国。新中国成立后，中国共产党强化了政治秩序，实行社会主义计划经济。在后来的"文化大革命"中，"民主和法制遭到严重破坏，人民生命财产的安全失去保障,大批干部和群众遭受残酷迫害,造成众多令人痛心的悲剧;社会经济屡经挫折,拉大了中国同世界发达国家之间的差距;极端严重的思想混乱,导致社会风气和人们道德水准显著下降"①。我们国家在组织保障、法制保障、经济保障等方面均面临突出问题。

改革开放之后,以发展商业见长的西方优秀文化进一步进入中国,中国特色社会主义文化建设不断推进,形成"三元一体"文化的稳定结构。1993年11月11日—14日,中共十四届三中全会召开,通过了《中共中央关于建立社会主义市场经济体制若干问题的决定》,勾画了社会主义市场经济体制的基本框架,为西方优秀商业文化的融入提供了政策保障。与此同时,中国共产党在社会意识形态建设方面,又进行了一系列强本固基工作。1993年12月26日召开的毛泽东诞辰一百周年纪念大会,强调毛泽东思想永远是中国共产党人的理论宝库和中华民族的精神支柱,阐述了邓小平继承、丰富和发展毛泽东思想,创立建设有中国特色社会主义理论的重大意义,扫清了否定毛泽东思想的思潮。1996年10月7日—10日,中共十四届六中全会召开,通过《中共中央关于加强社会主义精神文明建设若干重要问题的决议》,将精神文明建设放到从未有过的历史高度。

我们可以看出,中国共产党在这一时期对中国特色社会主义文化的建设和强化,是在稳慎中谋划和推进的。既要避免西方文化在嵌入过程中对执政根基产生负面影响、诱发颜色革命,又要防止其对中华传统文化形成无法修复的毁伤,同时还要防止社会主义文化的强化冲击"以经济建设为中心"的主要任务。正是在这种不断调适和优化之中,中国逐步找到了适合自身国情和发展实际要求的政治、经济和社会生活领域的治理之道,即以"社会主义文化"侧重

---

① 金冲及:《二十世纪中国史纲》(第三卷),社会科学文献出版社,2009年,第1110页。

协调政治秩序，发挥强大的思想引领和组织功能；以"西方优秀文化"侧重协调经济秩序，发挥商业规范和市场建设作用；以"中华传统文化"侧重协调社会治理和文化秩序，发挥调和人际关系、解决社会矛盾的作用。社会主义文化、西方优秀文化、中华传统文化这"三元"文化经过长期交流、融合，使当代中国文化既传承了封建社会、资本主义社会和社会主义社会等人类不同发展阶段形成的优秀文化基因，又聚拢了东西方文化的优势，代表了当前人类先进文化的发展方向。"富强、民主、文明、和谐；自由、平等、公正、法治；爱国、敬业、诚信、友善"的24字社会主义核心价值观，正是社会主义文化、西方优秀文化和中华传统文化"三元"文化既融为一体、不可分割，又充分发挥各自优势最为直观的体现。

改革开放以来，"三元一体"的中国特色社会主义文化经过四十多年不断融合、调整、优化和发展，越来越稳定和成熟，在全球范围内相较其他文明显示出巨大的先进性。这种先进性主要体现在三个方面。

首先，具有世界性。中华传统文化，历史上先后融汇了周边的草原游牧文化、佛教文化和南方海洋文化。但在鸦片战争之前，中国主体文化基本独立于世界其他主要文化，一直在东亚大陆孕育、成长和成熟，是世界东方文化的代表。西方文化，发育、生成于欧洲大陆，成熟于英美，工业革命后成为世界性主流文化。而（科学）社会主义文化发端于19世纪的欧洲，1917年社会主义革命在俄国获得了成功，使社会主义文化跨入全新发展阶段，并在世界范围获得广泛传播。1840年的鸦片战争中，西方世界以坚船利炮打开了中国国门，西方文化长驱直入；而俄国"十月革命"一声炮响，又将社会主义文化送进了中国，从此这"三元"文化在中国大地上开始了碰撞、渗透和融合，并阶段性整合为一体。因此，毫不夸张地说，中国特色"三元一体"文化，融世界东西方主流文化于一体，是世界文化与中华传统文化交融的结晶——而这种结晶是通过无数次革命的高昂代价内化于中国文化血脉的硕果,这是以美国文化为代表的西方文化所不能比拟的。

其次,具有博采众长性。无论是中华传统文化,还是西方优秀文化、社会主义文化都各有特点,各具所长,中国特色社会主义文化将三者融合为一体,可以更好地发挥三者的各自优势。为更好说明中国特色社会主义文化的这一特点和三者的各自优势,我们在这里尝试分别用一个字来概括这三种文化的特征。

"中华传统文化"最大的特征在于"群"。中国古代社会,人们长期居住、生活在东亚内陆,从事农耕,平时结舍而依,阖家而居,情长理短;而春耕秋收劳作时,则组群结队,抢收抢种,因农耕特点而形成了"群体文化"。这一文化特性,人们多安土重迁,不喜独立活动,平时较为散漫,而遇重大事项或危机,却能凝心聚力,焕发斗志。因"依群而立",相处之时自然要多为他人着想,否则"群"不到一起,也"群"不长久。因此,中华传统文化特别注重"礼制",文化的核心思想"仁、义、礼、智、信",均是出于尊重他人、有利他人的"仁爱"情怀。这也决定了中华传统文化在协调人们之间的关系,稳定社会秩序方面拥有特别的功效和优势。

"西方优秀文化"最大的特点在于"独"。"独"在这里有两层意思,一是个体的单一;另一个是自私,以自我利益为重。西方文化发端于古希腊爱琴海和西北欧沿海一带,为临海商业性生活特点。渔民、商人经常挂帆出海、摇船捕鱼,他们往往形单影只,颠沛流离,生死难卜,争强好利。因此,这一文化的特点是"个体性"和"逐利性",珍爱自由,喜欢户外活动,享受独立时光;重利轻别离,渴望爱情,却又不会囿于爱情;争强好胜,乐于商业经营,自私自利,不断寻求自身利益最大化。与中华传统文化"仁义礼智信、温良恭俭让"的利他思想所不同的是,"西方优秀文化"的核心思想本质上是"利己主义"。作为资本主义核心价值观的"民主、自由、人权",是出于对自身利益的争取和维护。西方文化在发展经济、营造公平有序的市场经济环境方面拥有独特优势,特别适应资本主义社会发展阶段的经济建设需求——而它本身也正是在资本主义发展过程中不断发展、完善起来的。

"社会主义文化"最大的特点是"公"。19世纪三四十年代,法、英、德等国无产阶级开展了独立的政治运动,即法国里昂工人起义、英国宪章运动、德国西里西亚纺织工人起义。三大工人运动的失败,从反面提出了创立科学的革命理论的迫切要求。为更好地指导无产阶级革命运动,1848年马克思和恩格斯为成立的第一个无产阶级政党——共产主义同盟起草纲领,即《共产党宣言》。由此,《共产党宣言》成为社会主义文化的主要指导思想。马克思、恩格斯曾经对未来社会主义社会的经济特征作出了设想。在他们看来,社会主义经济制度的特征应当主要有这样几点:1.实行生产资料公有制,消灭私有制;2.根据社会需要有计划地组织生产,消灭商品货币;3.在社会主义阶段,对个人消费品实行按劳分配,高级阶段实行按需分配。[①]马克思、恩格斯对社会主义社会经济特征的设想,表明社会主义文化具有强烈的斗争性、群众运动性以及社会资源公有性和劳动成果分享性等特征。而这个特征也使得社会主义文化在组织群众、开展社会运动、维护更广大人民群众利益的国家治理方面具有空前的优势。

在人类社会发展进程中,中华传统文化是为解决人们基本生存条件,而在封建社会发展、成熟起来的;西方资本主义文化是人们为获得更多财富、实现更快发展,而在资本主义社会发展和成熟起来的;共产主义文化则是人们为实现财富的更公平分配和更好享受美好生活,而在消灭剥削阶级的斗争中形成的。中国特色社会主义文化将这三种文化融为一体,可以充分发挥三者的各自优势——

[①] 杨金海、李惠斌主编:《马克思主义经典作家关于资本主义、社会主义、共产主义社会一般理论的基本观点研究》,人民出版社,2017年,第135页。

以社会主义文化在政治秩序的治理中发挥更大优势，把控国家发展方向，凝聚社会全员力量；以西方优秀文化在经济秩序的治理中发挥更大优势，推动市场经济发展，提升市场主体的竞争实力；以中华传统文化在社会生活和文化秩序治理中发挥更大优势，促进社会文明，维护社会稳定、和谐。经过不断磨合、融合，中国"三元一体"文化越来越显示出强大威力。中国经济持续高速增长、社会秩序高度稳定、政府能够集中资源办大事，正是中国文化先进性的有力体现。

最后，具有结构的稳定性。中国特色社会主义文化是历史发展的阶段性产物，它既是中国近现代以来社会急遽变化的直观体现，也表明因为演化时间还较为短暂，"三元"文化并没能真正融化为无形，还呈现着各自结构性特征。随着三者融合的进一步深入，"三元"的特性将进一步弱化而最终化为普世文化——共产主义文化的一元性。但正是这种鲜明的结构性特征，使中国文化既具有新鲜的活力，又具有内在结构的稳定性。任何一个国家和组织，都具有政治、经济和社会生活及文化的三种秩序。当三种秩序和谐稳定时，国家繁荣发展；而当三种秩序混乱时，国家则存在失序的风险。社会主义文化、西方优秀文化和中华传统文化，分别在政治、经济和社会生活及文化秩序治理中，既紧紧融为一体，又侧重发挥各自优势，形成了中国特色社会主义文化内在的稳定性结构。

当然，我们应该认识到，当代中国将中华传统文化、西方优秀文化和社会主义文化融会贯通为一体，并非历史发展的水到渠成。它是中华民族自整胎衣后的涅槃重生，是山河破碎、国家危难后的绝地新生——无数仁人志士毅然打破旧有的文化枷锁，砸碎世代相传的祖制宗法，为中国文化的变革和重生打开了面向时代和面向世界的窗口，用热血和生命为中国文化的复兴高举起燎原的火把。

第五章　帝国的终结与后帝国时代

当下强国势力正从美国发生不可逆转的转移。由于中国原本就是帝国闭环上最大的统一市场，是世界生产和贸易的"成本洼地"，中国崛起无须通过对外扩张和殖民掠夺，从而结束了国强必霸的历史。中国成为传统帝国的终结者，人类由此进入以"服务"为主要特征的后帝国时代。

一、服务强国

人类历史上世界性帝国在崛起之初，通常是守成帝国的边缘小国。对这些国家而言，要形成引流帝国势力的"成本洼地"，形成足够大的市场和强劲的竞争实力，就必须成为人口流入地——无论是农业帝国时期的波斯帝国、马其顿帝国、罗马帝国、阿拉伯帝国，还是殖民和工商帝国时期的葡萄牙帝国、西班牙帝国、荷兰帝国、大英帝国、美利坚帝国，都是如此。葡萄牙和西班牙帝国崛起，既受益于南欧和西欧贸易发展，也受益于蒙古人西征将欧洲大陆人口驱赶至伊比利亚半岛；西班牙归宗运动和低地地区的开发，为荷兰人口膨胀提供了机会；大西洋贸易的蓬勃发展，为英国人口快速增长创造了条件；而数量可观的欧洲移民，则为北美带来了繁荣的局面。

但仅有人口的流入还不够，这些帝国的崛起无一不伴随着残酷的对外战争和殖民掠夺，而中国则不同。中国大多数历史时期一直就是世界上人口最为众多的单一化的大市场。只要生产势力符合时代发展要求，地理势力和文化势力被充分激发出来，中国的崛起根本无须依靠血腥的对外扩张。因此，中国的崛起将与以往任何时代不同，它给世界带来的变化和影响更加巨大和深远。这是因为：

一是中国是人类社会发展史上罕见的不以领土扩张和民族征服获取强国势力的国家。"天下大同""怀柔致远"的文化观，疆域辽阔、人口众多的巨大规模，以及自食其力、重视生产的历史传统，使得中国自带和平发展的强国基因。

二是近现代世界性帝国文化的母体均为西方文明，当早已吸纳、内化了西方优秀文化的中国文化重新走向世界时，它为东西方文明真正整合为世界一体的全球文明提供了动力和平台。

三是世界性帝国变迁史，实际上就是地理世界和人文世界的进化史。此前，世界性帝国已经完成全球大部分地理空间和市场空间的整合。当中国成为世界性强国、世界性帝国变迁实现全球闭环后，将极大加快世界人文、地理的整合，并有力推动人类命运共同体事业的发展。

历史上不同的世界性帝国为人类缔造了不同样式的文明——波斯的大陆帝国文明、罗马的海洋文明、阿拉伯的东西方商贸文明、葡萄牙西班牙的航海文明、荷兰的海洋贸易文明、英国的工商文明和美国的金融文明。正是由于缔造了不同样式的文明，这些世界性帝国从而建立起了自身的文明优势，获得了巨大的强国势力，既由此确立了自身的历史地位,丰富了人类文明的样式和内容,也在不同时期推动了人类文明的发展与进步。那么,作为帝国的终结者,中国在瓦解了与战争、欺凌如影随形的霸权主义后,将为人类贡献怎样的新文明形态呢?或许,服务强国正是中国最为重要的特征。这是由历史发展大趋势、全球文明建设需求和中国的基础与条件等诸多因素共同决定的。

历史发展大趋势

赫尔弗里德·明克勒认为:"帝国的诞生,或通过统治空间的扩张,或通过贸易体系的强化,它们代表帝国在其边缘地带榨取剩余价值的两种不同方式:要么基本上诉诸军事手段,要么以商业手段为主。以军事手段榨取剩余价值的典型例子为草原帝国,而海洋帝国则是商业手段榨取剩余价值的代表。两者的区别不在于其剥削程度,而在于直接暴力的表现程度。在这一点上,草原帝国的程度要远甚于海洋帝国。海洋帝国的核心剥削机制不在于烧杀掳掠,而在于通商和交易。"①

上述观点从榨取剩余价值视角区分了两种不同类型帝国诞生的方式。事实上,世界性帝国形成的不同阶段,其保障自身存在和发展的手段并不相同。农业帝国时期,大多数国家为自给自足的小农经济,土地是最重要的生产资料,人口是最主要的生产力,人们跨地区之间的交流也很少,财富的积累极为缓慢。因此,农业帝国的诞生必定建立在对他国财富赤裸裸掠夺的基础上,从而实现自身财富的快速积累。大航海之后,人们实现了更远距离和更广空间的联系,一方面海洋强国可以掠夺和占有的财富更多,另一方面不同区

---

① [德]赫尔弗里德·明克勒:《帝国统治的逻辑:从古罗马到美国》,程卫平译,社会科学文献出版社,2021年,第73页。

域所生产的差异化的农副产品推动了更大规模的贸易需求。因此，殖民帝国对财富的获取早期主要依靠殖民掠夺，后期逐渐转为贸易，而贸易的发展推动了自我生产变革的需求。工业革命之后，世界性帝国主要通过工业生产创造的剩余价值获得财富。随着工业生产的规模不断扩大，人们对交通运输、通信联络、培训保障、维修护理、银行金融等配套服务提出了更多的需求，这在工商帝国后期表现得十分明显。简而言之，不同历史时期、不同形态的世界性帝国，其获取财富的方式大体呈以下对应关系：农业帝国"占有、掠夺"——殖民帝国"掠夺、贸易"——工商帝国"贸易、生产、服务"。由此可见，不同形态的帝国获取财富的方式呈现以下规律性。

其一，军事的强制性因素不断弱化，而软实力发挥的作用不断提升。农业帝国对他国实施土地占领和财富掠夺，这种零和博弈必然导致你死我活的战争行动。殖民帝国早期，对殖民地进行财富掠夺依旧是帝国诞生的主要手段，军事行为仍然是帝国攫取利益和占领市场的重要选项。随着商业经济的长足发展，贸易逐渐成为后期殖民帝国诞生的主要手段，军事主要用以保障海洋航线和贸易据点的安全。工商帝国时期，军事主要用于市场扩张和对贸易秩序的维护，战争对帝国的重要性进一步弱化。当然，不管军事的重要性如何弱化，军事实力永远是帝国诞生和存续十分重要的保障。

其二，一种新形态的帝国获取财富的方式，往往诞生于前一种形态帝国的后期。正是前一种方式获得的财富积累到一定阶段，为财富获取方式的变革创造了条件——大量掠夺的财富催生了贸易，贸易积累的财富促进了生产，生产创造的财富又推动了服务。人类社会也正是在这种财富获取方式的不断改进过程中，生活水平和文明程度逐步得以提升的。

由此可见，历史发展的趋势决定了"服务"将成为世界性帝国的终结者——中国的最为重要的特征。而从当今社会发展趋势看，"服务"的特性更加突出。

从生产力发展看，人类已经走过生产力低下、物资贫乏的历史阶段，需要更加和谐、美好的文明样式的引领，从而推动人类走向更高层阶的文明，而服务型文明适应了这一发展要求。从保障力量看，人类走过了野蛮的军事征服阶段，进入全球文明时代、信息时代和智能时代，政治上的更加开明、经济上的相互依赖以及恐怖的核平衡，制约了军事作用的发挥。如果当前信息革命所引发的经济和社会趋势继续延续下去，软实力在军事、经济这三种互相关联力量中的地位将越来越突出，[1]而"服务"正是软实力最为重要的体现方式。从世界贸易发展趋势看，世界贸易组织界定的商业服务、通信服务、建筑及相关工程服务、金融服务、旅游及旅行相关服务、娱乐文化与体育服务、运输服务、健康与社会服务、教育服务等12大领域的服务贸易，增长速度远远超过了实物贸易，它表明服务业态和服务型文明已成为历史发展大趋势。

全球文明建设需求

世界性帝国变迁本质上就是推动人类走向全球文明共建的路径。原生态的世界是割裂的、原子化的。农业帝国时代，随着各地区强国特别是世界性帝国不断对外征战和扩张，其疆域日益扩大，它自身所创造的文明不断对外输出，同时外部文明也被输入本国。波斯帝国在对巴比伦和埃及王国征服的过程中，波斯文明进一步扩张到中东和东非。马其顿亚历山大东征之时，推动了东方文明的"希腊化"。与此同时，他又大力倡导学习波斯文化，形成了东西方文明第一次大规模的互融共建。罗马帝国时期，随着帝国对伊比利亚半岛、北非地区和欧洲内陆的扩张，凯旋门、角斗场、大澡堂等罗马文明标志性建筑被带到这些地区。罗马文化特别是基督教因此获得

---

[1] [美]约瑟夫·奈:《软实力》，马娟娟译，中信出版社，2013年，第40页。

了在欧洲各地传播的机会，不仅奠定了近现代欧洲地缘政治和文化形态的基础，对世界文明样貌的构成和演化也产生了深远影响。阿拉伯帝国崛起后的帝国文化也深刻影响了东西方文明的融合。

人类进入殖民帝国后，不断变迁的世界性帝国推动着西方文明的全球化。随着欧洲国家对外大规模殖民，西方文化传播到非洲、亚洲、美洲及世界各地，西班牙、英国先后成为"日不落帝国"。按照正常逻辑，一个统治疆域更广大、综合实力更强大的世界性帝国应该在大英帝国的基础上，实现对世界更大范围的统治，世界文明也将由此实现更为充分的一体化。然而，事实并非如此。由于西欧国家普遍本土体量较小，当时的生产力发展水平并不足以支撑将世界文明置于同一个国家进行治理和建设。

1648年10月，众多欧洲国家签订了《威斯特伐利亚和约》，为解决各国之间的矛盾和争端，建立了一个相对合理的世界秩序。然而，正是在威斯特伐利亚体系的框架和影响下，世界文明一体化建设似乎走向了"回头路"——越来越多的国家实现了独立。"二战"之后，世界上的独立国家从63个激增到当前的197个（主权国家195个）[①]，世界变得更加破碎和原子化——而这正是生产力发展水平还无法实现世界一体化建设需求的反映。走向人类命运共同体，是人类社会向前发展的必然逻辑。不过，其前进的路径发生了改变——不再以强制性的军事征服实现普世一体化的目标，而是通过经济和文化发展的柔性手段（即软实力）达成最终的结果。

我们还应该对1648年发生的另一件事给予关注：英国内战结束，从君主制向共和制转变。《威斯特伐利亚和约》的签订，一方面，导致欧洲国际体系和世界国际体系的重构，世界被民族国家的国界划出一条条鸿沟；另一方面，资本主义生产关系的确立，使人类生产力进入快速发展阶段，西方国家此后又用产品和贸易穿透了民族

---

① 截至2023年底。

国家之间的鸿沟,并力图行使全球霸权。"这一由资本主义经济和现代科技带动的整体性进程,以远超单个国家和社群的政治意志的方式塑造着人类生活。"①

由此,世界经济既凌驾于民族国家之上,又将有形的国家穿透成多孔的世界,这就为通过经济的全球一体化推动世界一体化提供了有效的路径。而互联网及数字技术的发展,通过对现实世界的全方位渗透和虚拟世界的无限营造,既将人类物质世界和精神世界交融为一体互动的世界,同时又将不同国家生存的现实世界整合为不可分割的整体,为世界一体化建设提供了另一种渠道和动力。目前,人类各种文化与文明正随同经济交流和发展,在世界不同区域和不同国家实现交融与互建,在其带来的可能的改变中,最重要的莫过于"跨过文化的界限、政治的分界线、物质的障碍,冲破所有强大的壁垒和限制"②。

很显然,推进全球文明建设需要世界强国具有浓烈的服务意识。以往的世界性帝国,均是通过对外征服和扩张获取了霸权。在生产力水平较为低下的时代,各大帝国客观上也只有依靠和使用强权,从他国甚至整个世界汲取利益才能维护自身的霸权。因此,世界帝国在客观上推动了全球化的同时,也给世界带来了更多的战争和混乱。中国则不会走西方传统帝国国强必霸的老路,一方面,中国自古就有"颁布统一的礼乐于天下诸侯,以统一的礼制融摄多元的地方之俗"的传统③,以王道"怀柔天下",决不以霸权争利于世界;另一方面,人类社会发展到今天很大程度上解决了人们生存和生活的基本需求问题,接下来着重解决的将是舒适性生活和个人价

---

① [英]佩里·安德森:《原霸:霸权的演变》,李岩译,当代世界出版社,2020年,总序第Ⅶ页。
② [美]保罗·马利、马克·特里布尔:《技术改变世界——全球管理的艺术》,史宝辉、柴晚锁译,社会科学文献出版社,2014年,第4页。
③ 姚中秋:《世界历史的中国时刻》,海南出版社,2019年,第28页。

值实现的问题。因此，人们关注的重点不再是国家、民族、政治、阶级、霸权等宏大叙事，而是把更多的注意力投向家庭、教育、消费、休闲等个人发展问题。这种背景下，只有服务和满足人们的需求，才能适应时代发展的要求。更为重要的是，中国并非以征服和扩张成为世界强国，无须依托霸权来维护和支撑自身的生存发展，世界海陆枢纽的地位、超大的规模、勤奋的传统和面向世界的服务能力，就足以使中国保持强国地位，并以此"兼济天下"。

推进全球文明建设，还需要世界强国具有服务全球的精神。世界性帝国变迁，是将世界联为一体并最终实现全球文明一体化建设的过程。农业帝国时代，由于科技不发达和认识的局限性，世界各地区总体来看是彼此孤立的，国家和族群之间的利益显然是分裂的。殖民和工商帝国时代，人们认识到世界是一体的，世界走向了地理上的一体化。但由于生产力仍然落后、资源始终有限，不同的国家将彼此视作争夺利益的竞争对手，世界因为利益纷争依旧呈现事实上的割裂状态。中国走向世界舞台中央后，成为帝国终结者，世界性帝国变迁形成了全球地理闭环，全球交通在地理上已经深度一体化，而互联网又将人们的工作和精神世界联为一体，人类由此超越以往任何时候，成了利害攸关的命运共同体，面临着全球范围内共同的发展问题、治理问题、环境问题、卫生问题、自然灾难问题，等等。中国倡导"人类命运共同体"理念，提出"全球文明倡议"[①]，既是中国高站位的发展自觉性的体现，也是人类社会从工商帝国时代迈向服务强国时代的必然要求。

推进全球文明建设，需要世界强国提供全球公共服务产品。人类正在走向全球文明深度一体化，有更多的共同项目、共同矛盾、共同危机需要解决，这就为全球公共服务提供了巨大需求。首先，

---

① 2023年3月15日，中共中央总书记、国家主席习近平在北京出席中国共产党与世界政党高层对话会，并发表题为《携手同行现代化之路》的主旨讲话，首次提出"全球文明倡议"。

一体化的世界需要为人们提供基础的服务产品,如共建互联互通互利的交通网、通信网、能源网和物联网等基础设施,提供基础健康和卫生产品的供应体系,促进经济健康、协调发展的保障体系,实施基础教育的制度体系,等等。其次,随着互联网、人工智能及空间技术的发展,世界上大多数国家根本无力参与地球之外的宇宙空间的开发和利用,但是每个人有关这些技术的服务的需求却是日益增长的。而人类可能遭遇的全球公共环境和卫生问题、大自然灾难、核危机、科技发展的正义性问题,并不是某一个国家或组织所能够独自解决的。全球性公共设施的建设、公共服务的提供和公共问题的解决,无不需要世界强国发挥积极的引领作用,和世界各层级治理组织一道,整合各方力量和资源,从而推动全球文明建设和整个人类的发展进步。近年来设立"亚投行"和"丝路基金"、推进"一带一路"项目建设、向贫穷和不具备相应开发技术的国家提供新冠疫苗、向有需要的国家提供空间站科学实验服务等,都说明中国有意愿也有能力为世界提供更多的公共服务产品。而随着强国势力进一步向中国转移,中国推进全球文明建设的意愿和能力也将随之增强。

中国的基础与条件

中国成为服务强国既是人类社会发展客观规律起作用的必然走向,也是中国自身优势条件得以发挥的结果。中国传统文化的利他主义精神、世界海陆枢纽地位、超大规模的体量以及社会主义国家性质,都赋予了中国成为服务强国的基因和条件。

中国自古以来以"天下秩序"构建国家秩序,这为中国成为当今世界服务强国注入了核心层面的和平理念。古代帝国都有将自身视为"天下"的情怀,并就此形成了一套治理"天下"的理念和方案。但中国的"天下"与西方的"天下"并不相同。中国将"天下"

视为大同世界,周边的蛮、狄、戎、夷不过是化外之地,是需要中华文化布化之所,"天下"是大家共同的"天下"——西方则将"天下"看作是由诸多割裂的单位组成的共同体,其间充斥着竞争和征服。在这种"天下观"的文化体系下,管子说"以天下为天下"、老子说"以天下视天下",并以此为天下方法论,把世界看成同一个世界的主体。① 在"天下"世界观和秩序观支配下,中国帝王和圣贤向来秉持"大道之行也,天下为公"的信念;对于不同国家和其他族群,帝尧愿意以其大德"亲九族""平章百姓""协和万邦"(《尚书·尧典》)。而对于边远国家乐于"怀柔致远""修文德以来之"。一种混合着制度治理、多元认同和道德理想的秩序安排相互契合,浑然一体,形成人类历史上最具持久连续性的普遍秩序。② 汤因比也认为,尽管西方一直以来都期望能达成世界政治的统一和持久的和平,但西方的政治传统自罗马帝国解体之后就偏向了容易导致分裂的民族主义(中间还有个大一统宗教的时期),难以促使人类统一为一个整体。③ 也正是在中国这种"天下观"的支配下,郑和下西洋才不会走上殖民扩张的道路,而当代中国也才没有对外发动过一次战争,侵占他国一寸土地。中国奉行的"和平、发展、合作、共赢"的世界价值观,既具有引领世界文明发展的价值指向,也具有来自现实的社会基础。

中国传统文化中的"利他主义",是服务强国的意识根源。西方分裂的"天下观"、浓厚的商业文化以及重视个性自由的道德伦理,使自身走上了争霸和竞争的发展方向。"西方自由思想来源于它关于人类与世界关系的理解,个人作为人性的具体代表,以争取自由与

---

① 参见赵汀阳:《天下的当代性:世界秩序的实践与想象》,中信出版社,2016年,导论第3页。

② [英]佩里·安德森:《原霸:霸权的演变》,李岩译,当代世界出版社,2020年,总序第Ⅰ页。

③ 王义桅:《人类命运共同体:新型全球化的价值观》,外文出版社,2021年,序言第Ⅲ页。

实现自我价值为目标,受到社会的保护,而西方社会重视私有财产保护,突出个人价值,以表现自我能力与特点为荣。"[1]这种文化传统和道德伦理,造就了西方人追逐私利的本性,客观上推动了生产力发展和近代资本主义生产关系的确立。资产阶级革命倡导的"民主、自由、人权",本质上是自我主义的体现——强调自身利益的维护和扩张。而中华传统文化主体形成于农耕时代,群体生活和宗族血缘关系的特性,决定了利他主义思想和对道德规范的需求。而"道德不仅是社会政治和社会制度的正当性基础,也是判断每个人言行对错的标准,从而塑造了至今为止依然牢不可破的中国文化历史大传统"[2]。中国传统文化核心思想"仁义礼智信""温良恭俭让",均出于尊重他人、有利于他人的"仁爱"情怀和利他主义精神。这使得中国更能够将国与国之间并不视作零和博弈对手,而是视为我中有你、你中有我、各美其美、美美与共的命运共同体,通过有效合作、相互服务,使人类共享世界发展的成果。

中国的世界枢纽地位,为服务强国建设提供了支撑条件。农耕帝国时代,中国有利的海洋地理势力并没有被激发出来;而殖民帝国时代,西方国家又取得了海洋主导权,中国一直作为内陆大国而存在。随着强国势力转移,中国的海洋势力被激发出来,而欧亚大陆一体化进程又使原有的大陆势力得以向亚欧腹地拓展,中国由此成为世界交通运输条件最为优越的海陆枢纽——通过海洋有利于将中东、南美、大洋洲、非洲等资源输出地的资源低价运入,通过西部陆地又可以将工业制成品及时输往亚欧各地。海陆互通的条件,为"一带一路"建设奠定了基础。中国向世界提供的产品越多,则说明相应的服务体系就越丰富和健全,这是建立服务强国的基础和优势。

中国超大规模效应,为服务强国建设提供了坚实基础。中国向

---

[1] 方汉文:《西方文化概论》,中国人民大学出版社,2010年,第111页。
[2] 金观涛、刘青峰:《中国思想史十讲》(上卷),法律出版社,2015年,第6页。

来疆域辽阔、人口众多，规模足够大，资源足够多样，历史上通常奉行"厚往薄来"原则和"协和万邦"策略，财政上给予的多，获得的少，专注寻求和平的环境。①随着强国势力转移，中国"面朝大洋，背依大陆"的地理势力被充分激发出来，使得超大规模的特性和优势愈加明显。如今，中国自身的超大规模和世界产品及原辅物料的运输、加工、销售的枢纽地位，加上互联网将人的能力和资源的配置进行极致化整合，这些独特的条件合起来将中国生产的几乎所有产品的利润空间压缩到了极致，中国成为当仁不让的"生产成本洼地"，从而使得中国产品在国际上的竞争力独占鳌头。

"全球化"概念最早提出者之一，英国社会科学院院士马丁·阿尔布劳面对新冠疫情所作的思考认为：1. 人类是一个命运共同体（公民社会或人类大家庭）。2. 世界需要领导力（不论是由美国、中国还是其他行为体带来；与种族和意识形态无关，取决于具体的问题）。3. 中国政府组织与团结中国人民坚持抗疫体现了其卓越的领导力。4. 各国需要在人类面临的重大问题上合作，维护人类家园，共同参与全球治理。②这些年，中国所倡导的"人类命运共同体"理念和中国政府的组织领导力得到了广泛认可，人们期待中国在世界未来的建设中发挥更大的服务职能。

二、地缘政治

生产势力、地理势力和文化势力的不断变化和重新组合，推动着帝国势力的转移和发展，从而对世界地缘政治产生了极为重大的影响。可以说，帝国变迁是影响世界地缘政治最直观的力量——并非控制了麦金德所强调的"世界岛"、马汉所推崇的"海权通道"以

---

① 姚中秋：《世界历史的中国时刻》，海南出版社，2019年，第58页。
② 王义桅：《人类命运共同体：新型全球化的价值观》序，外文出版社，2021年。

及斯皮克曼述及的"边缘地带"就能掌控整个世界，这些影响地缘政治的所谓"关键因素"，只有契合世界性帝国发展规律，并在特定的历史时期才能发挥被学者们所津津乐道的重大作用。

从波斯帝国到美利坚帝国，世界性帝国变迁对地缘政治的影响呈现如下规律性。

一是集团化对抗。世界性帝国变迁本质上是世界治理权力和利益再分配的过程，守成帝国、新兴帝国以及第三方国家都有利益攸关的共同体，随着帝国势力转移，各方对权益争夺的激化便以战争或霸权欺凌的形式体现出来。"一战"和"二战"正是这种因世界性帝国变迁，带来集团化对抗的最为突出的例子——尽管其并非发生在两个新旧帝国之间。

二是对抗烈度在降低。在早期帝国变迁过程中，新兴帝国和守成帝国为争夺帝国势力，往往进行旷日持久的惨烈战争。但自荷兰帝国开始，当新兴的帝国势力得以明显巩固，守成帝国则以结盟的方式与新兴帝国形成利益共同体，从而使二者之间对抗强度明显降低，以往你死我活的对决式战争几乎消失了。

三是帝国必然崩溃。每一个帝国的发展和强大，都依托于大规模对外征服。被统治的民众并非依存于深厚的历史血脉而形成的命运共同体，当帝国光辉散尽时，基于霸权强制和笼络的国家实体必将分崩离析，每一个帝国概莫能外。

四是影响范围更加广泛。农业帝国时期，波斯、马其顿、罗马、阿拉伯等世界性帝国变迁，对地缘政治的影响是区域性的。地理大发现之后，这种影响则真正具有了全球意义，葡萄牙、西班牙、荷兰及英国等世界帝国势力的每一次变迁，均是对全球地缘政治的一次大调整、大洗牌。而强国势力从美国转移到中国，其对全球地缘政治的影响将更加全面和深入，将会带来全球性经济、政治、文化势力的整合和重构。随着网络世界和太空探索的发展，世界性强国变迁的影响甚至超出了地球现实的地理空间。

五是带动落后区域大踏步赶上。世界强国变迁，必然推动全球经济重心和治理权力的调整和转移。正是以往世界性帝国的变迁，推动了世界经济、政治和文明中心由地中海一带转移到西欧，再由西欧转移到北美，原先经济落后、文明不彰的地区因此获得了难得的发展机遇。当世界性帝国变迁在全球形成完整的地理闭环之后，世界各地区的经济发展将更加均衡，而文明也将更加协调和融洽。

在上述世界帝国变迁规律和中国的服务强国性质的共同影响下，从世界宏观层面看，后帝国时代的地缘政治将发生诸多重大变化，比如：世界政治、经济重心向中国转移，亚欧大陆市场一体化加快，全球命运共同体建设获得大多数国家响应和参与，区域联盟化和国家社区化同步推进，世界贫富差距缩小，西亚、非洲和南美成为经济发展较快的区域，等等。而具体分区域看，世界地缘政治将发生如下演化和变迁。

CIR

20世纪下半叶以来，中国和印度的崛起对世界地缘政治产生了重大影响。而随着世界强国势力继续向欧亚大陆转移，这种影响力还将得到进一步增强。作为传统的大陆帝国并在亚欧大陆占据核心位置的俄罗斯，也将受益于陆权兴起而在亚洲和欧洲扮演更为重要的角色。中国、印度和俄罗斯的主体均据亚洲，三者英文首字母拼成的"CIR"在英文语境中有"圈子，圈层"的意思，中印俄如果高瞻远瞩地展开深度合作，推动建设中印俄"CIR"核心圈层体（世界将围绕地域、经济、民族、文化和价值观形成众多的"圈层体"），世界政治、经济和文明面貌将为之一新，珠穆朗玛峰不仅是世界的地理高峰，还将成为世界政治、经济和全球文明的高峰。①

打造中印俄"CIR"核心体，不仅因为三者在地理上相互毗邻，更重要的是三国综合实力强大，而且具有广泛的代表性和互补性。一是人口众多。截至2023年5月，印度14.267亿人，中国14.257亿人，俄罗斯1.445亿人，均是过亿的人口大国，中国、印度位居世界人口大国的前两位，俄罗斯列第九位，总人口近30亿，占世界总人口80.32亿的37.35%。二是国土辽阔。俄罗斯1710万平方千米，中国960万平方千米，印度298万平方千米，分列世界国土面积最大国家的第一、第三和第七位，共计2968万平方千米，占世界陆地总面积的22%（不含南极洲）。三是经济实力雄厚。2023年，中国GDP 17.89万亿美元，位居世界第二位；印度3.73万亿美元，位居世界第五位；俄罗斯1.99万亿美元，位居世界第十一位。四是均为有核国家。五是在人种、宗教、语言等方面具有丰富的代表性。特别是在经济领域，中国资本充足、工业制造能力强、高端技术发展迅猛，俄罗斯地域广大、资源丰富、粮食生产潜力巨大，而印度消费市场潜力大、劳动力充足，三者产业互补和市场互补性强。

除了中间隔了蒙古、尼泊尔等实力相对弱小的国家，中国、俄罗斯、印度（可兼及东南亚国家）和北美大陆的美国、加拿大、墨西哥，相互之间的地域关系、产业和市场互补情形极为相似，只是中俄印的体量比美加墨要大得多，且前者的外部边界还联结着众多的欧亚国家。加拿大位于美国北边的地球高纬度地区，地域广阔，气候寒冷，人口稀少，但物产丰富，长期以来都充当着美国重要的原材料、矿藏来源地和产品市场的角色，现在美国20%的进口来自加拿大，而23%的出口也流向了这个北方邻国；而美国南方邻国

---

① 一些人认为，中国、俄罗斯和印度由于历史原因，走向深度合作并非易事。但是，真正影响国家间关系走势的，并非双方历史的情结或文化的差异，生产势力的发展和地理势力的影响才是主导因素。况且，进入后帝国时代，合作、发展、共赢将成为各国关系的主旋律。

墨西哥位于低纬度地区，气候炎热，人口众多，经济相对落后，长期为美国提供劳动力资源和阶梯化的市场。俄罗斯与加拿大、墨西哥与印度、中国与美国三组国家的地球纬度位置、物产种类以及劳动力和市场互补情形，极为类似。未来随着中国强国势力进一步发展，中俄印会逐步形成如美加墨那样的互补互惠关系。加之有亚欧大陆甚至非洲大陆的加持，前三者组合所形成的"圈子共同体（CIR）"效应以及对人类社会和平发展所发挥的作用将远胜于后三者，可以称得上是一个"小世界"。

中印俄三国是"圈子共同体（CIR）"的核心层，次核心层是将三国传统盟友和影响力范围内的国家吸纳进来，主要包括东亚、东南亚、南亚、西亚、中亚和中东欧国家。"CIR"一旦以某种形式建成，或将成为全球最大的经济体和全球文明的发展引擎，世界其他任何一个联合体都无法与之相抗衡。

"CIR"并非只是空想主义产物，它形成的条件和动力主要存在于以下几点。一是陆权回归和帝国变迁实现闭环，推动亚欧大陆经济、文化更趋一体化，从而有助于三国摒弃历史恩怨和国界纠纷，为构建某种联合体提供了良好条件。二是三国都是世界大国，但不同的地理条件和各自文化传统决定了三国具有不同的优势，三者团结合作构建CIR新型"圈子共同体"，守则无惧任何外部竞争，进则能引领世界发展走向，并为动荡不安的世界筑牢和平的柱石。三是三国具有市场空间大、资源互补性强、发展层级丰富的特性，无疑为三者和周边国家乃至整个世界的经济发展提供了不竭的增长动力，这也是三国合作最为现实的空间。四是三国合作所形成的市场体量和流量，为未来互联网和信息化深度发展提供了巨大的竞争优势。五是依托铁路、高铁等新型交通技术，建设环珠穆朗玛（青藏高原）高速交通圈，并与中欧铁路、泛亚铁路、中国—西亚铁路等交通体系对接，形成欧亚大陆广覆盖、全开放、强互通的高速交通网络，将根本改变世界地缘政治面貌，为全球文明建设提供压舱石。

展望未来，CIR 及周边地区将成为中国面向未来的能源合作及地缘政治建设的主轴，而以非洲、中东和中东欧重点国家为西翼，以拉美重点国家为东翼①，使中国形成以"一带一路"为基础的"一轴两翼"发展格局。美国霸权崩溃后，短期内世界会走向多极化。联合国作为一个非国家实体并不能有效领导整个世界，它需要一个无比强大的国家或国家联盟组织为其提供强力保障——CIR 或许就是值得期待的这样一个组织。

亚洲

尽管在封建时代中国在东亚及东南亚建立过以中国为中心的朝贡体制，但从来没有一个政治实体对这一地区进行过长期而实质性的统治。这也使得东亚、东南亚乃至整个亚洲成为民族、语言、文化、价值观、归属感最为破碎的地区之一，至今没能形成经济、社会、政治各层面的一体化运行机制。当世界各大洲众多国家被西方帝国轮流统治数百年之后，世界日益西方化，但由于中国的存在，世界文明的多样性色彩才显得浓郁。今天，当世界强国势力向中国转移时，其对亚洲的影响显然是最为直接和巨大的。

日本及朝鲜半岛。日本及朝鲜半岛地缘政治的演变，可以直观反映世界强国变迁和海权陆权变化对地缘政治所形成的巨大影响。日本寄居东亚大陆的海洋一隅，深受大陆的中华文明影响。大航海及大殖民之后，海权日益兴起，日本以西方为师，提出了"文明开化、殖产兴业、富国强兵"的三大方针，开启了"脱亚入欧"进程，从此进入海洋势力范畴，并借助海权的崛起实现了"富国强兵"。

明治维新的成功使日本野心急剧膨胀。1927 年，日本人依据地缘政治，提出了"欲征服支那，必先征服满蒙；欲征服世界，必先

---

① 张江河：《地缘政治与世界变局》，世界知识出版社，2021 年，第 302 页。

征服支那""倘支那完全可被我国征服,其他如小亚细亚及印度、南洋等异服之民族,必畏我敬我而降于我"的主张。① 然而,国土狭小且位居体量远胜自身的中国的身旁,注定了日本这样的野心只能在海权隆盛的时代偶露峥嵘。农业帝国时代,日本势力被中国压缩在东海边缘。大英帝国执掌世界霸权时期,其为获取更多的东方利益而选择与日本结盟,加之此时正是海洋势力隆盛时期,日本获得了胜过中国的强国势力。但日本与中国相比,终究体量弱小,其势力始终无力深入中国广阔的内陆腹地。"二战"后的美利坚帝国时代,美国以与日本结盟的方式,既限制日本重新崛起,又利用日本制衡中国发展。

尽管日本之于亚洲大陆的位置,与英国之于欧洲大陆的位置极为相似,且日本面积和人口都胜于英国,但日本既无法获取英国那样的世界帝国势力,也无法像英国长期所做的那样对大陆国家实行均势战略以制衡中国崛起。这一方面是因为中国在东亚大陆国家中所占的体量和区位优势,不是欧洲大陆破碎化的列国形势所能比拟的;另一方面则是由于英国之所以成长为世界性帝国,是因为当时帝国势力正处于从陆地向海洋发展的阶段,其地理势力契合这一走势。时移则势易,当历史已经走过海洋强国的时代,日本根本已无法从地处海洋的地理条件中获得更多优势。相反,随着以亚欧大陆为基础的世界一体化深度推进,日本面临着因身居海洋而被迫安于明治维新之前偏居东亚一隅的宿命。随着强国势力进一步发生转移,"日本经过一段时间痛苦的自我反省将疏远美国而向中国靠拢,与美国的安全纽带也将削弱——尽管日本可能永远不会正式挑明这一点"②。日本投入巨额军费以谋求突破"战后体制",增强军事外向化,远不如将资金用于对马海峡的隧道建设或加入中国倡导的"一

---

① 王绳祖:《国际关系史》(第5卷),世界知识出版社,1995年,第55页。
② [美] 塞缪尔·亨廷顿:《文明的冲突与世界秩序的重建》,周琪、刘绯、张立平、王圆译,新华出版社,2010年,第216页。

带一路"体系,将自身纳入大陆交通的大体系,从而在后帝国时代获得更多的陆权发展溢出效益。

朝鲜半岛的北纬 38 度分界线,是陆权势力与海权势力博弈的结果。如果当时中国没有以伤亡 36 万志愿军为代价①,将以美国为首的海洋势力从中国边界线推出一段距离,现在划在朝鲜半岛的这条分裂线也许就划在了中朝边境线上,甚至会划到中国长江沿岸,中国将面临分裂、破碎的局面。那样的话,世界确实可能出现被西方一统的局面,而这并非没有可能。毛泽东早在谋划抗美援朝之初就深信,"一旦美国在中朝之间的鸭绿江沿岸驻扎下来,下一步便是进入越南,完成对中国的包围。四年后,美国果然卷入了印度支那问题"②。

同样因为海洋势力和大陆势力争霸而被肢解的德国于 1990 年 10 月实现了重新统一,那是因为在欧洲海洋强国的势力完全压倒了大陆强权的势力,但朝鲜半岛的统一进程却步履蹒跚。2000 年 6 月 14 日,朝鲜和韩国最高领导人金正日和金大中共同推进"阳光政策",同意寻求和解与统一,建立和平,两国推进了家属访问制度和文化交流,恢复两国铁路与公路交通。莫斯科甚至计划把朝鲜和韩国的太平洋沿岸的铁路网和西伯利亚铁路终点站符拉迪沃斯托克(海参崴)连接起来,中国对朝韩铁路连接,并由此实现从东北直接通到韩国也十分感兴趣。③ 然而,只要在大陆离岸区域,海洋势力还占有主导地位,作为海洋势力和大陆势力分界线的北纬 38 度线就不会被轻易抹去——美国、日本、中国和俄罗斯都需要一个保持军事中立或承担军事缓冲的地带。今天,陆权走在回归的路上,世界

---

① 志愿军伤亡人数有关资料并不统一,此处数据引自林蕴晖、范守信、张弓《凯歌行进的时期(1949—1956)》,人民出版社,2009 年,第 154 页。
② [美]亨利·基辛格:《世界秩序》,胡利平、林华、曹爱菊译,中信出版社,2015 年,第 382 页。
③ [美]索尔·伯纳德·科恩:《地缘政治学:国际关系的地理学》,严春松译,上海社会科学院出版社,2011 年,第 301 页。

强国势力正由美国向大陆变迁,海洋势力不可避免从亚洲离岸地区逐步撤离。朝鲜半岛走向统一是必然趋势,但是何时统一、以什么方式统一,则是由世界强国变迁的节奏、半岛国家的战略抉择,以及中国、俄罗斯、日本等周边国家的力量均势所决定的——但显然时间越久,越有利于属于大陆势力的北方。

东南亚。东南亚地区包括中南半岛和马来群岛两大部分,与中国的远近以及与海洋关系的亲疏,大体决定了相关国家被殖民的"成色"。1511年,葡萄牙人阿尔布克尔克夺取了马六甲王朝的首都马六甲城,开始了西方对东南亚的殖民历史。1898年美西战争后,失败的西班牙以2000万美元优惠价将菲律宾出售给美国,开始了美国对东南亚国家的殖民历史。1896年,英法签订《英法关于暹罗和湄公河上游的宣言》,承认泰国为中立国家,使泰国成为东南亚11个国家中唯一没有被殖民的国家。

随着世界强国势力的变迁,作为与中国近邻的东南亚其地缘政治所受到的影响极为显著。索尔·伯纳德·科恩认为,东南亚国家——印度尼西亚加上三个印度支那国家越南、柬埔寨和老挝——即不在新的亚洲离岸地区之列的国家不久就将变成欧亚大陆和海洋辖区之间相互争夺的区域,然后呈现一种破碎地带形式。[①] 事实的发展应该正好与此相反——这一区域不仅不会走向破碎,反而会在中国强国势力的统合中走向一体化。

东南亚地区原本就存在着"大中华区"的概念,华人世界主导着新加坡、菲律宾、印度尼西亚、泰国、马来西亚等国的经济。然而,未来将东南亚和中国联结为"命运共同体"的根本条件,并非紧密互动的历史传统和强大的华人经济力量,而是山水相依的地理现实。当越南希望确保自身的独立性而拒绝采用中国的轨道标准,

---

① [美] 索尔·伯纳德·科恩:《地缘政治学:国际关系的地理学》,严春松译,上海社会科学院出版社,2011年,第70—71页。

将一条贯穿国土南北的铁路干线交给日本建设之后,它就不得不面对这样的现实——当采用了中国标准的中老、中泰、中缅甚至中新铁路,将东南亚大部分国家联为铁路交通一体化网络时,越南要么采用中国标准,要么将被排除于高速一体发展的区域之外。改革开放之后,中国遵循"韬光养晦"策略,专注于内部建设,较少有能力和意愿将力量和资源运用到整合"大中华区"的擘画之中。而现在,这种能力和意愿随处可见,并取得极大成功,且东南亚人感受最为深切。新加坡李光耀总理最初到访中国时不愿用汉语发表演讲。2023年4月,新加坡与中国建立了全方位高质量的前瞻性伙伴关系,这种前瞻性伙伴或许正是东南亚与中国未来关系的恰当定位。

东南亚是美利坚帝国衰落或者强盛具有标志性的地区。在人类进入21世纪之后,美国先是高调提出重返东南亚,继而张扬要打造"美国的太平洋世纪",随后又公然抛出所谓的"印太战略"。① 美国以东南亚为基石的战略纷纷出笼,恰恰说明美国在东南亚势力的衰退已难以挽回。当四通八达的公路网和高铁网将中国与东南亚联结成共同发展的命运共同体,宽阔的南海被打造成"和平之海""发展之海"和"友谊之海",再返东南亚的美国只能是一位不速之客。

南亚。南亚共有印度、巴基斯坦、孟加拉国、尼泊尔、不丹、斯里兰卡和马尔代夫7个国家,其中巴基斯坦、孟加拉国2个大国还是从印度分离出来的。由于印度洋盛行季风,当年葡萄牙探险者越过好望角抵达非洲东部,季风就能很方便地将殖民者送达南亚岛屿和大陆沿岸,1506年葡萄牙人就抵达斯里兰卡。从此,南亚就成为西方殖民者继续向东开展殖民掠夺和将茴香、胡椒、丁香、肉豆蔻、肉桂等香料运回欧洲的中转站。

作为南亚大国,古印度的完整性和大国地位像中国一样受益于

---

① 张江河:《地缘政治与世界变局》,世界知识出版社,2021年,第57页。

地理的相对封闭性。印度北面是高耸的喜马拉雅山脉，西面为酷热的印度大沙漠，南面则濒临印度洋，而东段则面对海拔大多在 2000 米以上的若开山脉。农业帝国时期的波斯、马其顿、阿拉伯等世界性帝国，以及 11 世纪和 12 世纪的突厥人和阿富汗人、13 世纪和 14 世纪的蒙古人，都曾侵入过印度。由于印度独特的地势地貌，使得从陆地方向的入侵者难以依靠大陆通道运送庞大的后勤物资，而印度的体量虽不足以与入侵的帝国相抗衡，但富庶而相对广大的疆域足以使其在持久的抗争中获得最终的胜利。因此，亨利·基辛格认为，印度长期处于不同世界秩序的交叉点，逐渐形成了自己的特质，既受世界秩序变化的影响，又反过来影响世界秩序的变化。①

然而，印度对世界秩序的影响终归有限：一方面，因其独特的地理条件虽有利于维护印度作为大国的完整性，但也制约了其成为世界性强国的可扩展性；另一方面，世界性强国无一例外位于适宜人类居住、生活的亚热带和温带地区，印度热带地区的气候条件不利于广大人群的高效组织、柔耐心性与精细手艺的养成。此外，印度虽然披上了民主的外衣，但固化的阶层结构——种姓制度和安天乐命的心性，实在不利于市场经济创新活力的释放。尤为关键的是，随着亚欧统一大市场的形成和民族国家主权的弱化，历史已不会给予印度崛起为世界性强国的机会。

随着世界强国势力由北美向亚洲转移，美国十分看重南亚的地缘政治地位，总要将印度纳入其围堵中国的圈子。然而，印度从来就不是安于结盟的国家。它既是世界不结盟运动的主导者，不结盟已成为其重要的政治文化，而其自身能力和实力也无法支撑其在可能的联盟中获得大国地位。因此，有印度参加的重要的国际组织往往效率低下，难以形成共同目标。美国拉拢印度、日本和澳大利亚组建"四国联盟"，意图对中国实施围堵，而印度会是最早退出

---

① [美] 亨利·基辛格：《世界秩序》，胡利平、林华、曹爱菊译，中信出版社，2015 年，第 245 页。

"四国联盟"的国家——印度与中国在"金砖国家""上合组织"等机制内开展合作,甚至与中国、俄罗斯组建"CIR"联盟所得受益,要比围堵中国强得多。

在南亚国家中,巴基斯坦是地缘政治极为特殊的国家。它是域外大国掌控"世界岛"的跳板,又是影响中东产油区和中国西北地区稳定的门户。印巴分治以来,美国在巴基斯坦经营颇深,但巴基斯坦也是中国在域外培植的几个少有的"战略地缘区"。如果中国与巴基斯坦在当前合作的基础上再迈进一步,中国就能更好地取得立足亚洲、影响欧洲、深入非洲的战略主动权。

中亚。狭义上的中亚,是指哈萨克斯坦、吉尔吉斯斯坦、塔吉克斯坦、乌兹别克斯坦、土库曼斯坦五国。从地理区位、地缘特点上看,阿富汗也应纳入中亚地区。1904年,麦金德提出"世界岛"理论,认为欧亚大陆内部区域(包括阿富汗在内的中亚一带)是世界的心脏地带。为控制这一地区进而统治整个世界,英国、苏联、美国等强国都对这一地区展开了争夺。但正如麦金德所警告的那样,这是以海上力量不能渗透为特征的世界政治的"枢纽"区域,所有入侵的强国最终在这里走向了失败,从而为这一地带留下了"帝国坟场"的名声。

对历史上的中国来讲,中亚似乎成为衡量国力强弱的"游标卡尺"——国力强大时,中国的影响力延及中亚一带;反之,中国的影响力则被拒于中亚之外。远在公元前103年,汉武帝任李广利为将军发兵攻占了距离长安一万两千多里的大宛(今乌兹别克斯坦境内),大汉势力不输彼时国力正盛的罗马;而唐朝在其强盛时控制的疆域也伸延到中亚咸海一带。与域外大国相比,中国对中亚一带发挥影响的地缘优势得天独厚:其一,中国新疆等大片国土本就毗邻中亚地区,且中国与这一地区的人文交流历史悠远;其二,中亚地区作为中国西向发展的纽带和桥头堡,对于中国东西部比翼齐飞、打破海洋势力围堵和推进陆权回归至关重要;其三,作为近邻的中国，经济发展已惠及这一地区，可以帮助中亚地区改变现代化程度较低的落后面貌。

随着强国势力进一步向中国转移，中国在中亚地区影响力和所能发挥的作用越来越大。2023年5月在西安市举行的中国—中亚峰会以及"上合组织"的发展壮大（中亚地区的哈萨克斯坦、吉尔吉斯斯坦、塔吉克斯坦、乌兹别克斯坦均为上合组织的重要创始成员国）。正是中国影响力得以有效发挥的有力体现。而这似乎也佐证了1915年英国地理学家詹姆斯·斐格莱（又译作费尔格里夫）所表达的观点——中国具有极佳的条件统治欧亚大陆。[①] 然而，中国这种影响力并非以区域控制或政治霸权的形态出现，而是付诸互惠合作和构建中国—中亚命运共同体的实践。中亚地区是中国主导的"一带一路"国际公共服务的重要参与者，更是构建中国与欧洲、西亚甚至非洲陆地交通网络的关键节点和交通枢纽。这使得中国通过中亚走向欧洲和西亚的同时，也带动了中亚走向中国和世界。中国无需像英国、苏联、美国那样实施霸权，就完成了对中亚地区势力的整合。这是世界强国变迁历史上的第一次，也是人类走向全球文明一体化的关键。正因如此，未来的中亚将以一个新的经济增长极的面貌——而不是过去那种破碎地带的形象展现在世界面前。

西亚及中东。 欧亚非三大洲交汇地带以及水陆交通要冲，为中东及西亚提供了全球最为重要的战略地位，所有的世界性农业帝国几乎都诞生于此。随着世界性帝国向海洋国家变迁，这一地区逐渐沦为海洋强国与陆地强国争霸交锋的地带。1453年，奥斯曼土耳其攻占君士坦丁堡，奥斯曼帝国的诞生给了中东4个世纪统一的历史。第一次世界大战之后，随着奥斯曼帝国的衰落，"这一地区的很多地方被欧洲殖民列强瓜分成了一个个比较完整的'亚个体'——巴勒斯坦、外约旦、伊拉克、南也门（亚丁保护国）、埃及和苏丹等为英

---

① [美] 索尔·伯纳德·科恩：《地缘政治学：国际关系的地理学》，严春松译，上海社会科学院出版社，2011年，第16页。

国地盘，黎巴嫩和叙利亚属法国地盘，利比亚为意大利所控制"①。"二战"后随着冷战的到来，美国和苏联的势力分别渗透到这一地区，并形成各自的势力范围，使其成为霸权争夺前沿的破碎之地。

尽管摩尼教、犹太教和伊斯兰教均起源于这一地区，基督教脱胎于犹太教并在此拥有巨大影响力，但该地区发挥主导作用的依旧是伊斯兰教。15—16世纪，西方近现代国家葡萄牙和西班牙正是在反抗伊斯兰教侵袭和阿拉伯人霸权统治中，获得国家独立并最终实现世界强国伟业的。以海洋秩序为特征的基督教和以大陆秩序为根基的伊斯兰教，二者价值观并不相同，这也是近现代伊斯兰地区与西方霸权统治长期陷于纷争的根源之一。亨廷顿认为，随着中国崛起，儒教—伊斯兰教国家之间的联系将会继续，或许还会扩大和加深，形成"儒教—伊斯兰教联盟"。②尽管中国对建立这一联盟并不热衷，但对于推动双方的经济合作和维护区域和平还是倾注了热情——中国不仅成为最大的石油出口国沙特石油的最大买家，而且成功撮合了两个伊斯兰教的地区强国沙特和伊朗的和解。这表明，中国在西亚及中东获得了巨大影响力，它既是强国变迁和陆权转移的结果，也将进一步深化和巩固两者形成的成果。

在中国斡旋下，沙特和伊朗恢复邦交，已经预示了这一地区的发展前景。中国—巴基斯坦—伊朗—沙特所构成的合作线将贯通亚洲大陆东西两端发展的通道，并由此将中东破碎地带联结成"和平与发展"的"三洲五海之地"。与此相对应的是，美国势力将从这一地区不断收缩——美国从阿富汗撤兵，说明美国无力通过军力整合亚欧大陆的核心地区，标志着美国军事霸权的衰退；而美国在帝国光晕中将逐渐失去对西亚及中东的控制力，说明建立在"石油

---

① [美]索尔·伯纳德·科恩：《地缘政治学：国际关系的地理学》，严春松译，上海社会科学院出版社，2011年，第370页。

② [美]塞缪尔·亨廷顿：《文明的冲突与世界秩序的重建》，周琪、刘绯、张立平、王圆译，新华出版社，2010年，第214—215页。

美元"基础之上的美元霸权正走向解体。位于东西方交界处的土耳其,因深受东西方传统文化和经济发展需求的影响,而被亨廷顿归为无所适从的国家。他甚至认为苏莱曼·德米雷尔总统将土耳其称为"一个从西方延伸到东方,即从欧洲延伸到中国的地区中的一座非常重要的桥梁",也正委婉地证实了土耳其的无所适从。[1] 然而,世界性强国势力的变迁,正使像土耳其一样位于东西方交界处的中东地区,将建设东西方联系的桥梁作为自身发展战略的一部分成为可能。

欧洲

在地缘政治方面,不能不说欧洲是一个矛盾组合体:它是世界上国家林立、最为破碎的大陆,却拥有一体化的欧盟;还是文明最发达的地区,却是20世纪90年代以来战争频繁爆发的区域;拥有经济实力强盛的联盟,但在国际事务上很少有政治话语权;欧盟成员不断扩充,但其一体化能力和对成员管控力却不断下降。诸多矛盾出现的根源,就在于随着世界性帝国势力远离欧洲,欧洲作为破碎化个体的结合体,在海洋势力和大陆势力的争锋中,根本无法主宰自身的命运。作为亚欧大陆西端的主体,随着亚欧经济一体化的深入和大陆势力的崛起,欧洲的地缘政治将再一次经历深刻的演化。

大国影响。世界上真正能对欧洲整体形势产生影响的大国,只有中、美、俄三国。当世界性帝国势力离开欧洲转移到美国之后,作为海洋强国的美国、作为大陆强国的俄国(苏联)和传统强国聚集的欧洲组成了世界地缘政治的跷跷板,而夹缝中的欧洲则不幸成了承载压力的那个支点。不论跷跷板两端的美国和俄国(苏联)谁

---

[1] [美]塞缪尔·亨廷顿:《文明的冲突与世界秩序的重建》,周琪、刘绯、张立平、王圆译,新华出版社,2010年,第129页。

强谁弱，欧洲都得经受分裂和破碎的痛苦。20世纪初，世界性强国在向美国变迁的过程中，美国和俄国分别走向强大，作为支点的欧洲无法承受两者的重压，爆发了两次世界大战，欧洲走向破碎。"二战"之后，苏联与美国分庭抗礼，欧洲东西两边走向分裂。而随着美国帝国势力的衰落，俄罗斯将加快"脱欧入亚"进程，身处内陆的东欧以及传统农业帝国发祥地南欧，与西欧之间的离心力将进一步增强。

美国在"二战"后成为世界性帝国，但由于其远离欧亚大陆的客观条件限制，使其只有借助对欧洲的管控才能行使世界霸权，而措施主要有四个。一是拉拢。美国通过"二战"中及其后对英国的政治和经济支持，使这个老牌帝国心甘情愿成为"跟班小弟"；通过1947年的"希腊—土耳其援助方案"和1948年的"马歇尔计划"重新启动了欧洲经济[①]，其后又通过安排产业分工让利欧洲，将欧洲收服在自己的麾下。二是均势。与英国结为核心联盟，借助其力量与欧洲大陆的俄国（苏联）、法国、德国等大国形成均势，使这些势力无法形成挑战美国霸权的能力。当欧洲走向深度一体化，欧盟的政治力量和欧元区的经济实力有可能对美国形成挑战之后，英国在美国或明或暗的挑唆下最终脱离欧洲，使统一欧洲的力量显著削弱。三是围堵。主要针对苏联（俄罗斯），以北约军事联盟围堵日益强大的苏联力量，以欧盟和北约东扩压缩俄罗斯生存空间。四是扰乱。苏联解体后，美国为进一步打压俄罗斯生存空间，大举向高加索地区渗透，插手车臣问题，加深了高加索地区的民族矛盾。1999年3月，美国为打压声势鹊起的欧元，迅即发动了科索沃战争。欧洲发生动乱有利于美国从中获利，以维护其自身的霸权地位。

然而，美国对欧洲的掌控是建立在大陆力量相对弱小的基础之

---

① ［美］亨利·基辛格：《世界秩序》，胡利平、林华、曹爱菊译，中信出版社，2015年，第104页。

上的。当亚洲大陆势力崛起之后，欧洲地缘政治的跷跷板将会明显向大陆势力倾斜，美国对欧洲的掌控力随之走弱——美元势力衰退，使其无力对易变的东欧实施拉拢的策略；大陆力量崛起使离岸的英国更加虚弱，日益走向封闭的美国与英国乃至西欧的结盟，难以发挥对俄罗斯以及崛起的南欧的均势作用；美军霸权地位的削弱，也再难对走向亚洲的俄罗斯形成有效围堵；而本已破碎的中东欧，将不会再给自身日益虚弱的美国提供扰乱的空间。随着亚欧东西方陆路交通联为一体，区内贸易远超与美国的跨洋贸易，美国对欧洲的影响走向衰落。这一趋势将从俄乌冲突中，北约及欧盟不能彻底取胜而加速开始。

就像其国徽上双头鹰所表明的那样，俄罗斯一直张望和徘徊在东西方交叉的路口：辽阔的疆域大部分位于亚洲，政治、文化中心却位于欧洲；自称是"第三罗马帝国"，渴望进入欧洲人主导的政治和文化体系，却总被欧洲人排除在外；濒临大西洋、北冰洋和太平洋，拥有最长的海岸线，却是最缺乏优良港口的大国；拥有丰富的资源和完整的工业体系，但其产品在欧洲市场上却鲜有竞争力。俄罗斯的这一系列特征，决定了其具有强国的基因，却难以成为世界性强国，其对欧洲的影响也更多地具有了平衡色彩——大英帝国时期，作为平衡欧洲陆地强国的力量而存在；美利坚帝国时期，作为平衡美国全球霸权的大陆力量而存在。

陆权回归，推动了俄罗斯"脱欧入亚"的进程。20世纪90年代初苏联解体，继承其衣钵的俄罗斯不再具有压制中国的实力。而这一时期世界新经济蓬勃兴起，中国进入发展最快的历史阶段。一方面基于自身发展的需要，另一方面迫于破解西方围堵的需要，俄罗斯开启了融入东方的进程。如果说苏联解体只是俄罗斯"脱欧入亚"的试水期，那么"俄乌冲突"则迫使俄罗斯加速度"脱欧入亚"。这对中国、俄罗斯和欧洲来说，是三方多赢的结果：中国市场优势与俄罗斯资源优势相结合，为两者提供了长期发展的战略保障，而对欧洲来说也减少了来自东方的战略压力。俄罗斯不再作为欧洲的某种平衡势力而存在，而是作为中国与欧洲之间的"门户"而存在——既是中国与欧洲之间的交通枢纽，也是中国和欧洲相互开放的窗口，还是中国文化与西方文化交流的中间人。位于俄罗斯周围的欧洲地带，再不会因其与海洋势力竞争而陷入破碎的境地——欧洲作为海洋势力与大陆势力竞争主导权的"跷跷板"支点的压力将悄然消解。

作为传统大陆强国的中国，在接受了海洋势力的洗礼之后，自身的海洋势力被激发出来，从而完成了由陆地强国向海陆两栖强国的华丽转身。尽管中国与欧洲疆域面积大体相当，人口规模相差也不算多，但中国是一个高度统一的政治实体，欧洲则是一个破碎的联合体，两者在世界上的经济竞争力和政治话语权不可同日而语。农业帝国时期，中国和欧洲分居亚欧大陆遥远的两端，两者通过"丝绸之路"在商业上偶有联系。殖民帝国时期，欧洲国家对中国发动了殖民战争，并进行文化输出，中国被动接受欧洲的强势文明。而在新的陆权时代，中国对欧洲地缘政治的影响将是深远而积极的，主要体现在三个方面：一是削弱美国势力，使欧洲获得更多自主发展的空间；二是通过"一带一路"与欧洲对接，带动南欧、中东欧更好发展，均衡欧洲发展格局；三是消解海洋势力与大陆势力的对峙，为欧洲提供持久和平的环境。

破碎。欧洲总体上是个破碎区域，各国本土疆域狭小，人口总量不大，大多数时期缺少体量和实力均雄厚的强国，大航海和工业革命为一些欧洲国家提供了成为殖民帝国的机会。因为破碎性，欧洲帝国的崛起势必需要通过对外扩张和殖民征服才能得以实现；又因为破碎性，强国势力难以在这些国家持久，因此近现代欧洲帝国均为殖民帝国和"迁徙式"帝国。而"迁徙式"帝国又反过来使这一地区更为破碎，欧洲由此陷入反复破碎的状态。

20世纪上半叶，两次世界大战彻底结束了欧洲作为全球政治、经济霸主的中心地位,破碎的欧洲为了获得与海洋强国美国和大陆强国苏联相抗衡的力量,走上了一体化发展道路。欧洲的一体化显然不是为了展示这一地区的团结与合作。恰恰相反,它所反映的是帝国势力的转移使这一地区各国陷入了经济衰退和安全秩序的不安之中。由此看,欧洲一体化进程并非源于内在的发展需求,而是为了增强抵抗外来压力的能力。这就造成欧洲一体化的主体欧盟缺少凝聚力——"它的超国家特征与成员国对本国的忠诚互相冲突。而欧盟既是一个统一体,内部又有东西欧之别和南北欧之分,对挑战国家统一的自治运动(加泰罗尼亚、苏格兰)持理解宽容的态度"①。加之,法国反对采取高度集权统治,而德国一直是一个强大的中央集权的欧洲联邦的坚定支持者,波兰和斯堪的纳维亚半岛的成员国,则一直反对任何过多的淡化国家主权之举。② 这些因素都使得欧盟在外部势力发生重大变化时,可能面对巨大的破碎化压力。

  与以往世界强国变迁所不同的是,中国对强国势力的获得无需对外扩张和殖民。这也使得同在大陆的欧洲不再是海洋势力与大陆势力争霸的支点,欧洲外部的安全压力显著减少,欧盟存在的必要性和吸引力无疑会走弱。特别是对中东欧和南欧国家来说,受地缘政治影响将产生更多的离心力。

  欧洲作为海洋势力与大陆势力相互争夺的地区,两种势力撕扯形成的排斥力,足以在其交接区形成破碎地带:帝国势力转移至美国,接连发生的"一战""二战"使整个欧洲沦为破碎地带;苏联解体分裂为15个国家,又使中东欧成为破碎地带。同样,陆权回归使大陆交通的关键节点和陆地交通通道获得崛起的势能,这又反过来削弱了海洋地区的势力。在两者张力作用下,欧洲不同区域将再次

---

① [美]亨利·基辛格:《世界秩序》,胡利平、林华、曹爱菊译,中信出版社,2015年,第109—110页。
② [美]索尔·伯纳德·科恩:《地缘政治学:国际关系的地理学》,严春松译,上海社会科学院出版社,2011年,第199页。

面临破碎化的可能：西班牙、英国这些曾经的帝国，其内部历史传统、风俗文化、地理条件迥异的区域，当初因为屈服于强大王国的势力并希冀分享帝国荣耀，而半推半就成为帝国的组成部分。当帝国势力消逝，这些区域就又强化了独立倾向，英国的北爱尔兰甚至苏格兰，西班牙的巴斯克自治区、加泰罗尼亚地区、加利西亚，英国管辖的直布罗陀，法国的布列塔尼和科西嘉，比利时的佛兰芒地区，丹麦的格陵兰岛等，均会因为大陆势力和海洋势力的调整，使分裂势力得以兴起和壮大。不过，由于已经经过多次反复破碎以及中国的和平性质，欧洲的破碎化将不会比以往更加剧烈。

索尔·伯纳德·科恩认为，急剧展开的地缘政治重组将使从波罗的海延伸穿经东欧、外高加索中亚和蒙古的汇合区可能要么变成新破碎地带，要么演变成为一个西方与俄罗斯之间的门户。① 这显然是世界强国变迁短期内给东欧和东南欧地缘政治带来的重大影响。但从长远看，亚欧大陆交通的互联互通、经济的一体化及其受惠于中欧之间的纽带地位，将有效遏止东欧和东南欧破碎化走势。

均势。欧洲的均势主要分成三个层面：一是美国和欧洲部分国家的联盟、俄罗斯和欧洲部分国家的联合，以及欧洲与中国的关系所形成的世界性的均势；二是西欧、南欧、中东欧等区域一体化的推进所形成的区域间的均势；三是欧洲强国之间形成的均势。从世界性均势层面讲，基辛格认为，美国若在政治、经济和防御上与欧洲分家，就地缘意义而言，就会成为欧亚大陆对岸的一个岛国，欧洲自己可能也会成为亚洲和中东势力范围的附庸。② 陆权的回归和日益彰显，注定了欧洲即使与美国结盟，也无法担当海洋势力与大陆势力的平衡力量。其中所要关注的是，这种平衡力量的消退是在

---

① [美]索尔·伯纳德·科恩：《地缘政治学：国际关系的地理学》，严春松译，上海社会科学院出版社，2011年，第33页。
② [美]亨利·基辛格：《世界秩序》，胡利平、林华、曹爱菊译，中信出版社，2015年，第113页。

很短的时间内实现，还是在各种势力反复拉锯之后才成为事实。

在世界性帝国势力转移到荷兰之后，西欧引领的工业革命获得了巨大成功，奠定了西欧经济强大的基础。即使美国成了世界性帝国，西欧依旧是欧洲经济最为发达的地区。但是，原有的西欧发达、南欧次之、中东欧欠发达的经济版图将会因大陆势力崛起而发生改变——中东欧既是中国和俄罗斯货物输送至西欧的陆上交通通道和货物集散地，又可以更多地承接中国和俄罗斯经济发展的辐射能量；而南欧将成为东方和欧洲之间以及这两个地区前往非洲大陆的陆上交通枢纽，加之临近丰富的能源产区，其经济发展将有较大改观。

除了俄罗斯之外，欧洲传统强国英国、法国、德国、意大利、西班牙的国家势力将随着陆权和海权的转换而出现较大调整。长期以来，英国为谋取自身战略利益实施离岸平衡政策——联合欧洲大陆原有大国对新崛起大国进行制衡，以维系大陆均势。然而，远离大陆的英国已经从"日不落帝国"收缩为中等规模的岛国，且颓势并未就此结束。海洋势力的退却，将使英国进一步面对北爱尔兰乃至苏格兰分裂势力的困扰，进一步走向沉沦是其宿命。而海洋势力的衰落，使德国终于有机会摆脱美国的束缚。作为拥有较大体量和优良地理位置的国家，德国将在欧洲事务中发挥更加突出的领导作用。但这种作用也只有在联合了法国、荷兰等西欧国家之后，才能与美英、俄罗斯及东欧、南欧等区域性组织集团形成一定的均势。作为失落的帝国，大陆势力的兴起将帮助西班牙获得再次崛起的机会，一方面，因为其本身为欧洲的海陆大国，西临大西洋，东临地中海，发展经济的基础条件优越；另一方面，直布罗陀海底隧道开通后，将使其成为联系欧洲大陆和非洲大陆的陆地通道，西班牙海陆交通的枢纽优势将得以激发出来。

法国可能会成为"三头鸟"国家，是与英国友好，成为维护海洋势力与欧洲内陆势力均势的力量；还是与德国深入合作，推动欧盟深度一体化；抑或与西班牙加深关系，助推地中海经济圈发展？

法国与英国、德国、西班牙都有深厚的历史恩怨，作为欧洲传统大国，与谁缔结更紧密的共同体都将使原有的均势被打破。欧洲均势的形成，在欧洲不断变化的历史进程中有一点是相同的——各大国与任何一个国家结盟绝非出于关系的亲疏，也非出于理想主义情怀，而主要出于本国的核心利益。所不同的是，在终结了霸权主义的后帝国时代，和平、发展和构建全球文明成为世界各国建设的主旋律，均势的作用和可靠性将显著减小。

一体化。帝国势力转移形成的张力，在欧洲内部同时制造了破碎化和一体化，两者并不矛盾：衰弱的海洋势力圈及其与崛起的大陆势力圈的交接地带，将更多呈现破碎化特征，而受益于大陆势力崛起的地区将更多呈现一体化倾向。即便是欧盟体系之内，破碎化和一体化共存状态并非格格不入。在西欧与东欧、南欧区域之间形成破碎化的同时，各自区域内部却可能走向一体化。从2023年4月1日起，荷兰陆军第13轻型旅并入德国第10装甲师，开始了欧盟成员国国防力量的整合进程。① 未来德国与荷兰（甚至低地国家）走向深度联合也并非没有可能，全球文明建设、区域国家化、联邦制特点以及两国扩大发展空间的意愿，为这种可能提供了动力。

一体化成效显著的地区可能会出现在南欧。南欧又可分为两个地带，一个是地中海沿岸地区，这一地区包括葡萄牙、西班牙、意大利、希腊4个半岛国家，都是旧日世界性帝国和古文明重地。随着帝国势力西移，这一地区逐渐衰落，沦为"欧猪四国"②。随着大陆势力崛起和直布罗陀海峡隧道通车，南欧与北非地区将形成更紧密的环地中海经济带，这一地区发展空间和一体化建设将获得极大提升。而南欧另一地带是巴尔干地区。苏联和南斯拉夫的解体使

---

① 《参考消息》：《西媒：历史性一步！荷兰旅级部队将并入德军》，2023年2月8日。
② 欧猪四国，又称PIGS，是指欧元区的葡萄牙（Portugal）、意大利（Italy）、希腊（Greece）、西班牙（Spain）4个南欧国家，这些国家的英文首字母合起来是"PIGS"，意为"猪"。这是一种带有讽刺意味的称呼，是因为这些国家在经济上出现了高债务水平和财政赤字等一系列问题。

这一地区分裂为许多小国,而强国势力向大陆转移为其开启一体化进程提供了更好的条件:一是这一地区本身已经极为破碎,寻求和解、合作和一体化建设将成为各国共同的需求;二是原属奥斯曼帝国所蕴含的共同的文化基因和历史传承,为这一地区提供了整合动力;三是优越的陆地位置,使这一地区成为亚洲、非洲和欧洲联系的交通枢纽,有利于推动区域发展和一体化建设。

作为曾经的海洋帝国与大陆帝国交锋的最前沿,东欧成为破碎和衰落之地。虽然陆权回归难以改变东欧国家大多位于内陆的不利位置,但海洋势力与大陆势力此消彼长,还是为这一地区发挥联系中国、俄罗斯和西欧的陆地交通优势、接受大陆势力辐射和一体化建设提供了良好的条件。

美洲

1492年,哥伦布发现美洲新大陆,开启了世界强国变迁的新起点和人类文明的全球化,世界也由此进入了西方主导的五百多年的发展时期。得益于优越的地理条件和历史机遇,美国引领了人类半个多世纪的文明发展大潮。与其他帝国崛起并无二致的是,美国同样通过不断的霸权扩张获得了世界性帝国地位。1776年7月4日,美国刚刚宣布独立时,其国土仅仅包括北美东部大西洋沿岸的13个州,面积约80万平方千米。建国后的一百多年时间里,美国国土面积扩张了将近10倍,达到了937万平方千米。

在人们的印象中,美国对外扩张的侵略性似乎并没有此前的欧洲殖民帝国那么明显,主要由几个原因造成:其一,美国建国初期领土扩张主要在周边,人们或许以为这是其建国和立国顺理成章的组成部分;其二,不少扩张的领土是通过金钱购买获得的,尽管这只是行使强权的伪装,但虚假的交易性还是降低了征服的血腥感;其三,美国参与太平洋战争具有一定的正义性,使其对领土的占有拥有了合法性外衣；其四，在美国崛起过程中，世界殖民地基本被欧洲列强瓜分殆尽，美国并无军事上强取豪夺的空间；其五，"二战"后美国长期掌握着世界的话语权，其殖民和扩张的历史被人为地淡化和美化了。

不管采用了怎样的扩张手段，世界帝国们将不同所有者、不同历史文化传统的土地据为己有的扩张本质并没有变。随着强国势力向亚欧大陆转移，美国走向衰落乃至分崩离析在所难免——就和此前其他的所有世界帝国一样，无论是波斯、罗马帝国，还是西班牙、大英帝国，所有世界帝国都在帝国势力衰落之后不断走向瓦解，西班牙、英国至今还不得不面对分裂势力的威胁。由于下列因素的存在，美国分裂可能比人们想象的来得更为迅速和猛烈：建国不长的历史文化传统，不足以凝聚起人们面对巨大灾难时患难与共的民族情怀；原本存在的东西差别、南北差距，成为割开帝国躯体的难以抹平的鸿沟；种族和文化的多样性往往是共享帝国荣耀的礼花，却又是加快帝国崩溃的火药；社会撕裂、政党分歧和经济差别巨大，使帝国的分裂会从外部压力转化为内部的需求；而美国的联邦体制，为这种分裂提供了文化传统和法律操作的空间。

受美国崩溃的影响，加拿大和加勒比地区将是走向破碎的地带。加拿大作为美国的坚定盟友，得益于地广人稀、资源丰富的优势，为美国提供工业原料及矿产资源，并因此享受美国帝国势力的溢出效益。但随着美国帝国势力的衰弱，加拿大内部的分裂势力将获得强大的机会，除了曾经的法国殖民地、经济最强的省份魁北克之外，石油资源丰富的艾伯塔省和重要粮食产地萨斯喀彻温省也有独立倾向——这种倾向由于美帝国的衰落而不断加强。

加勒比地区扼守着美国南大门，向来是美国着力经营的地带，美国衰落必然对这一地区地缘政治产生重大影响。这一地区，大多国家弱小，有众多岛屿归属未定，而一些国家之间边界也比较模糊，加之中部美洲的各个国家和依附性地区，都具有地缘政治不成熟的特征。① 因此，破碎化将成为这一地区在美国衰落之后的重要特征。1945 年联合国有 51 个成员国，1991 年增加到 165 个国家，而今天全世界共有近 200 个国家被国际普遍承认。今后新增加的国家，将主要来自美国衰落对世界地缘政治产生的影响，而包括加勒比地区在内的中北美洲则是重点。

与中北美洲所不同的是，美国帝国势力的衰落不太会使南美洲国家陷入破碎的境地。这一方面得益于美国 1823 年开始推行的门罗主义，它客观上推动了美洲国家的独立发展，如今南美国家的独立与统一已经经受了时间和社会变迁的考验；另一方面是因为南美洲多为体量较大的国家，且资源丰富，无需和美国进行深入的政治绑定。美国虽将南美洲视作自己的后院，但其无法像对加拿大那样形成近乎垄断性的影响。这使得美国衰落和崩溃不会使南美洲形成新的权力真空，进而造成政治形态和民族国家的破碎化。

与之相反的是，美国的衰落和崩溃使南美洲不再受到意识形态和霸权主义的影响，而更有利于走上一体化建设的道路。成立于 2004 年的南美洲国家联盟，由玻利维亚、哥伦比亚、秘鲁 3 个安第斯共同体成员国和阿根廷、巴西、乌拉圭、巴拉圭和委内瑞拉 5 个南方共同市场成员国，以及厄瓜多尔、智利、圭亚那和苏里南共 12 个南美国家组成，2019 年共同体成员一度减少至 5 国；2023 年 3 月和 4 月，阿根廷和巴西相继决定重新加入南美洲国家联盟，这表明南美洲一体化进入了新的发展阶段。

作为南美洲面积、人口和资源大国，巴西的命运决定着这一地区的发展前景和地缘政治演变的格局。在历史上，巴西的主要地缘政治重点一直是与阿根廷争夺对拉普拉塔的领导权，以及对作为两国之间缓冲地带的乌拉圭、巴拉圭和玻利维亚的主导地位，使两国

---

① [美] 索尔·伯纳德·科恩：《地缘政治学：国际关系的地理学》，严春松译，上海社会科学院出版社，2011 年，第 148 页。

第五章　帝国的终结与后帝国时代

多有龃龉。今天，巴西与阿根廷重归于好，为这一地区走向一体化以及确保和平与稳定提供了极好的条件。①2023年5月30日，在巴西首都巴西利亚开幕的南美洲国家联盟峰会上，巴西总统卢拉再次提议抛弃美元，创立南美洲共同货币。②这表明南美洲国家在探索一体化建设、防范美元霸权和美国衰落风险方面，将会采取更为积极的共同措施。

南美洲面积广阔，人口众多，资源丰富，但长期以来南美洲在地缘政治方面的重要性，并没有被大国给予足够的重视。颇具政治远见的美国前总统尼克松，曾在冷战最为激烈的1980年带着抱怨的口吻警告说："由于我们的眼睛盯在北约—欧洲、中东、东南亚和非洲接连出现的危机，我们忽视了我们南面的拉丁美洲日益发展的力量。从地理（缘）政治方面来看……它值得我们像给予欧洲、亚洲和非洲那样的注意，在某种程度上，甚至应给予更大的注意，因为它离我们太近，拥有大量天然资源。"③然而，美国并没有因为尼克松的警告而深化对南美洲国家的影响力，南美洲丰富的资源才是美国最为关注的。这也造就了南美洲经济发展的间歇性特征——资源型国家最容易陷入受美国操纵的经济发展周期性怪圈而遭受"割韭菜"。苏联对南美洲（美洲）的重视，更多的则是基于与美国对抗而进行意识形态的渗透。尽管美国未能实现对南美国家的民主化改造，而苏联当年推动的共产主义扩张也没能成功颠覆美国支持的南美国家政府。现今苏联已经解体，而美国对南美洲的地缘政治影响也渐行渐远——不能基于互惠共赢基础上的合作，注定走不了太远。

随着强国势力向中国转移，中国在南美洲的影响力必然增强。

---

① [美]索尔·伯纳德·科恩：《地缘政治学：国际关系的地理学》，严春松译，上海社会科学院出版社，2011年，第177页。
② 中华网：《巴西总统向十一国喊话：抛弃美元团结起来，创立共同货币与之抗衡》，https://news.china.com/socialgd/10000169/20230601/45028639.html。
③ 张江河：《地缘政治与世界变局》，世界知识出版社，2021年，第188页。

但这种影响力并非以意识形态挂帅的排他性为出发点,而是在双方资源互补、互利共赢的基础上,共同推进全球文明建设。过去20年来,在美国专注于阿富汗和伊拉克战争的同时,中国在南美洲购买了大量铜矿、肉类和大豆,并修建了许多公路、铁路和桥梁,从而超越美国,成为该地区以及巴西、智利、秘鲁等国的最大贸易伙伴。[1]当前,智利和秘鲁已与中国签署自贸协定,其他国家正在寻求成立中国和南美洲自由贸易区。在世界强国势力转移的进程中,如果南美洲国家能够抓住中国经济转型的机遇,充分吸收"一带一路"建设投资,积极应对投资环境、人力资源、项目管理、运作透明和问责制等所提出的挑战,[2]就能够在世界百年大变局中获取更大的发展主动。

非洲

颇具悲情色彩的是,非洲是人类活动较早的地区,但非洲至今却是经济最为落后、政治最为破碎的大陆。广阔的撒哈拉大沙漠、围绕在四周的大山高原以及深峡大河,将非洲大地分割成破碎地带;非洲沿海低地纵深狭小,不适合人口大规模居住和现代城市发展;炎热的气候和丰富的植物,也使当地人养成了无欲无求、看天吃饭的心性,这些地理的、自然的和人文的条件,都是造成非洲经济长期落后的原因。

然而,更重要的原因却源于各大帝国对非洲人民的反复蹂躏。从第一个世界性帝国波斯开始,马其顿、罗马、阿拉伯等每一个农业帝国都将非洲的土地纳入征服范围。而发轫于15世纪的大殖民运动,正是始于葡萄牙对北非沿海城市休达的征服。此后,列强掀起

---

[1] 国际在线网:《美媒:中国在南美击败美国》,2022年2月19日。
[2] 张江河:《地缘政治与世界变局》,世界知识出版社,2021年,第190页。

了一轮又一轮对非洲的征服和瓜分运动。"二战"前后，非洲大陆几乎被英法等欧洲强国瓜分殆尽，只有埃塞俄比亚还保持着政治上的独立。美苏冷战时期，非洲成为苏联与美国及其盟友争夺地缘政治势力的舞台，使本来就存在部落、宗教、种族、贫困、腐败、暴力、疫情诸多问题交织的非洲，又陷入意识形态争端的旋涡。

殖民帝国不仅强占殖民地和争夺势力范围，给非洲带来了无休无尽的战争，他们还掠夺资源、贩卖奴隶——至今非洲大西洋沿岸一些地区，还因为当时人口大量被贩卖而人烟稀少。即使殖民帝国最终被迫离开了非洲，但其随意或有意埋下的国界划分的祸患，直到今天仍然成为非洲众多国家陷入战争、混乱和冲突状态的导火索。

自然条件和海权时代的殖民统治，造就了非洲大陆破碎和落后的状态。随着陆权时代的到来，非洲将发生巨大而明显的变化。

破碎面貌获得改观。非洲破碎的原因极其复杂，有自然的原因，也有殖民的原因，还有非洲政治进程所具有的历时性与共时性的原因，"如非洲既有古代至今的部族、部落、种族、宗族统治体系，又有所谓的现代国家治理和政党政治的运作；既有军人强力统治的传统，又有民选文人执政的现象；既处于此起彼伏的内战和不同烈度的混乱之中，又发生着接二连三的国家分裂和地区暴乱；既有宗教势力与现代政体争夺统治权的明暗较量，又有各种宗教间诱引皈依信徒的奋力角逐，甚或发生惨无人道的集体屠戮，如此等等，不一而足"[①]。"二战"后，非洲有五十多个国家获得了独立。20世纪90年代以来，非洲一些国家依然需要面对严峻的分离主义倾向，被氏族争斗弄得四分五裂的索马里，在1991年内战中分裂成好几个不稳定的部分；1993年4月，厄立特里亚经过全民公决与埃塞俄比亚分离；而2011年，苏丹作出的独立公投，又使南北苏丹分离。

---

① 张江河：《地缘政治与世界变局》，世界知识出版社，2021年，第193页。

有人给解决非洲混乱和贫困问题拿出的方案是，认可非洲国家进一步原子化，建立相同种族、相同文化、相同宗教的更小、更加同质化的国家，以减少冲突；另外有人给出的方案却是，将非洲政治地图分为7个国家，让几个在种族和宗教上存在差异但经济上能够自立的国家之间形成均势，这样能够促进政治稳定。[1]然而，这些方案的提出者并没有认识非洲破碎的本质——它是海权国家崛起与陆地国家争夺土地管理权和资源配置权的结果。随着陆权回归，海洋国家势力退缩，必然使两者之间的纷争减少。而不断获得强国势力转移的中国，则以构建人类命运共同体为己任，并不会对非洲开展殖民和掠夺。曾经对非洲进行过殖民的强国，即使仍然对非洲资源有需求，也无法依靠殖民和掠夺手段，只能通过贸易的形式进行交易。新的陆权时代或者说海陆融合时代，非洲大陆交通建设将掀开全新的一页，同一国家内部和不同国家之间的交流不断加强，有利于不同种族、部族和宗教群体的融合。全球化背景下进一步加强的对外开放和经济发展，也使非洲不同区域进一步加快文明发展进程。另外，从世界地缘政治总体来看，欧陆内部一体化进程加快以及海权势力消弱将使非洲在欧洲列强的地缘战略上更加边缘化，这客观上有利于非洲加强自身的内部建设。

经济版图得以重塑。由于长期被殖民，非洲国家一直处于被掠夺、被剥削的地位，加之地理条件和气候条件的制约，非洲的城市化建设和现代经济发展相当落后。近些年，在非洲大西洋沿岸、印度洋沿岸的国家和地区发现了丰富的石油、天然气、钻石、铜矿等资源，且大多位于临海低地、境内有较大河流的国家，如尼日尔河河口的尼日利亚、几内亚湾沿岸平原国家、拥有刚果河出海口的刚果（布）和刚果（金）、东部海岸的坦桑尼亚以及岛国马达加斯加。

---

[1]［美］索尔·伯纳德·科恩：《地缘政治学：国际关系的地理学》，严春松译，上海社会科学院出版社，2011年，第409页。

这些国家国土面积较大，人口较多，拥有了良好的发展条件。

交通依然是影响非洲经济未来发展的重要环节。尽管非洲拥有漫长的海岸线，但往往由于进出口岸浅、水域狭窄，且缺少大江大河开展水陆联运的条件，限制了大型船只进出和港口经济发展。而铁路运输更是存在致命弱点。非洲铁路货运运费率比其他发展中国家及地区要高得多——比拉美高50%，是亚洲的2倍。公路系统甚至问题更大，因为它们面临保养不足而持续退化的危险，而这又被与气候、植被和地形相关的不利条件进一步恶化了。① 如果我们把眼光放得更为遥远一些，倘若非洲建成环大陆高铁线和分别贯通南北、东西的"十字"铁路线，那么非洲经济发展面貌将焕然一新。

即使实现如此宏伟的交通发展规划还很遥远，但陆权时代的到来会在很大程度上改变非洲的经济版图。一是非洲东北通过西奈半岛和亚丁湾大桥，强化与阿拉伯半岛的陆上交通，从而将东北非洲纳入亚欧一体化进程的辐射区；而非洲西北通过直布罗陀海峡隧道，将马格里布地区纳入地中海一体化发展进程，进而形成环地中海经济圈的大格局。二是陆权兴起，必然促进高铁和高速公路建设，在陆地交通的枢纽地区、交汇地带、交通站点和矿藏地带，将会形成新的交通枢纽城市和中心城市。三是亚欧大陆经济一体化，将弱化海洋交通地位，地处偏远、缺少内陆纵深支撑的国家如南非的经济将相对走弱。

一体化建设加快。 与海洋文化"开拓、竞争、获利、超越"的价值观不同，大陆文化更强调"团结、合作、统一、互利"的价值理念。而陆权兴起加上陆上交通的改善，有利于不同种族、民族、宗教和文化群体以及国家之间消除矛盾，开展合作，推进国家和区

---

① [美]索尔·伯纳德·科恩：《地缘政治学：国际关系的地理学》，严春松译，上海社会科学院出版社，2011年，第415页。

域一体化建设。非洲大陆曾多次尝试通过联邦或合并形式创造新的更大的国家，1959年马里与塞内加尔组成马里联邦；1958年几内亚和加纳形成联盟，1961年又将马里包括进来。这两个国家的创建最终没有获得成功，但也有合并成功的：黄金海岸与英属多哥兰1957年联合，当时两个殖民地都获得独立——组成了加纳；1961年，英属喀麦隆的南部并入法属喀麦隆组成喀麦隆，而英属喀麦隆的原北边则给了尼日利亚；1964年，桑给巴尔岛与坦噶尼喀合并组成坦桑尼亚；等等。① 这些成功合并组建国家的案例，对于消解分离主义运动发挥了很好的示范作用。

尽管非洲联盟成立时希望像欧盟那样，通过建立共同的议会、金融货币组织、最高法院和办事机构推动非洲一体化建设，但是发展极不平衡的地区差异、不时出现的分离势力、异常猖獗的组织犯罪和暴力犯罪、活跃的恐怖主义、驱离不散的索马里海盗、种类繁多的传染病、恶化的气候环境和纷争的政治环境，严重阻碍着一体化推进的努力。但正因如此，非洲联盟的工作才被赋予了更大的价值和意义。随着陆权时代的到来，亚欧一体化的积极意义不只体现在亚欧大陆。在非盟努力下，非洲一体化也将获得更好的外部环境。西非经济共同体、南部非洲发展共同体、东南非共同体市场和中非国家经济共同体等区域性组织，受限于相关国家的保护主义政策的制约，在推进地区经济一体化方面几乎乏善可陈。但是随着奉行"和平、发展、合作、共赢"宗旨且与非洲国家长期保持友好关系的中国带领大陆势力走强后，将为这些组织推进区域一体化建设提供更为丰富的空间。

大国影响此消彼长。 由于撒哈拉大沙漠和大山、高原的阻隔，北非地中海沿岸向来就是世界农业帝国反复征服的地区，而撒哈拉

---

① 参见［美］索尔·伯纳德·科恩：《地缘政治学：国际关系的地理学》，严春松译，上海社会科学院出版社，2011年，第412页。

以南非洲则在殖民帝国崛起之后才被染指。随着欧洲列强的势力不断向南部非洲扩展,到"二战"前非洲几乎被瓜分殆尽。如果说"二战"前各殖民帝国征服非洲主要是为了掠夺原料和劳动力,那么"二战"后争霸世界的美苏需要的则是非洲的资源、市场和霸权影响力。也正因如此,为实现自我政治目的,且不愿看到欧洲老牌帝国对非洲的殖民占领长期固化下来,美苏化身为"正义使者",要求实行"民族自决",使非洲诸多被殖民的国家获得了独立的机会。传统的世界性帝国葡萄牙、西班牙、荷兰和英国以及后崛起的德国的殖民势力,也因此被排挤出非洲。

冷战时期,海洋强国美国和大陆强国苏联为了实现对彼此的围堵和反围堵,将争霸战场推进到了非洲。尽管苏联采取战争扩张、物资支援和意识形态输出等诸多手段,一度在非洲占据了优势,但由于苏联没能实现"南向突破"——通过阿富汗打通印度洋出海口,且其国力也无法支撑长期的单向利益输出,因而被作为海洋帝国的美国采取分割、围堵的策略所击退。美国最终实现了独霸非洲的企图,并获得了冷战的胜利。但恰恰是苏联的解体和美国的获胜,使亚欧大陆加快了一体化进程,这又反过来削弱了美国的海洋帝国势力。"美国在伊拉克的困境和其未能在阿富汗清除塔利班以及基地组织的活动,已削弱了美国成为非洲的一个有效的和平缔造者与和平维护者的能力。"① 随着陆权时代的到来,美国在非洲大陆的霸权不断衰弱。

与行使霸权和掠夺资源的美国、苏联不同,中国与非洲国家的交往采取"不干涉内政""合作共赢"的方针,为非洲提供建设资金、开展基础设施建设、帮助消除贫困、解决公共卫生问题、维持和平环境等,以"天下观"和构建"人类命运共同体"的责任感,推进

---

① [美]索尔·伯纳德·科恩:《地缘政治学:国际关系的地理学》,严春松译,上海社会科学院出版社,2011年,第433—434页。

"一带一路"和"中非命运共同体"建设,得到了非洲国家广泛赞赏和认同。非洲与中国的贸易以惊人的速度增长。1950 年,中非双边贸易额仅为 1214 万美元,但到 2021 年贸易额已达到 2540 亿美元,而美国与非洲的贸易额仅为 643 亿美元。人们似乎已经有了如此共识:中国在非洲的影响力正超过美国。①

大洋洲

大洋洲位于太平洋中部及中南部赤道南北的广大海域中,北与亚洲近邻,西隔印度洋、东隔太平洋,分别与非洲大陆和南美大陆遥遥相望。该洲由世界上面积最小的澳大利亚大陆和 1 万多个面积大小悬殊的岛屿组成,岛屿面积占全洲总面积的 13.8%,陆地总面积约 897 万平方千米,其中澳大利亚 769.2 万平方千米,约占该洲总面积的 85.75%。大洋洲地理条件和位置特点,决定了其在世界地缘政治格局中存在如下特点:

边缘性,由于其面积和人口体量较小,对世界政治、经济发展格局影响较小;入亚性,该洲与东南亚岛屿相连,与亚洲大陆毗邻,且两者资源形成优势互补关系,亚洲对该洲地缘影响较大;一强多元性,澳大利亚无论是面积、人口,还是政治影响力,在这一区域都是超强的存在,其他国家大多是面积不大的岛国,民族、语言呈多样化特征,且历史上经受过不同帝国的殖民统治。

传统帝国势力对大洋洲地缘政治影响较大。随着大航海、大殖民运动的兴起,西方列强纷纷在大洋洲建立了自己的殖民地。到 19 世纪末,各帝国将大洋洲瓜分一空。"一战"和"二战"以来,澳大利亚、新西兰以及巴布亚新几内亚、所罗门群岛、瓦努阿图、帕劳

---

① 瑞典乌普萨拉大学教授阿肖克·斯温:《中国如何在非洲超越美国》,海外网,2022 年 12 月 2 日。

等共 14 个大洋洲国家获得了独立。但这些国家与前宗主国依旧关系密切，且有 10 个地区尚在美、英、法等国管辖之下，而夏威夷则于 1959 年成为美国的一个州。

随着强国势力由美国向中国转移以及陆权崛起，大洋洲将经历"二战"以来整体性地缘政治重大调整。不过大洋洲地缘博弈相对简单——从地理空间上看，大洋洲远离欧洲传统的殖民帝国，尽管曾经的宗主国英国、葡萄牙、西班牙、法国对一些岛屿国家还有一定影响，但不断推进的帝国变迁已经将这些帝国还原为地理小国，是以它们对大洋洲地缘政治的实质影响力有限。而邻近的地区性强国巴西和印度，前者与澳大利亚都为资源输出型国家，后者与这一地区贸易量较小，两者对大洋洲地缘政治发展走向并不能产生重大影响。当下，真正对大洋洲地缘政治产生重大影响的只有中、美两国。

显而易见的是，尽管美国在大洋洲布局较早，且夏威夷群岛成为美国打入该地区地缘政治中的一根楔子，但强国势力的此消彼长足以消解美国此前建立的优势，中国将在大洋洲地缘政治演化中发挥更为重要的作用，原因主要有：一是陆地势力崛起而海洋势力衰落，使美国对这一地区的号召力和控制力明显削弱。二是中国与大洋洲地理位置更接近，拥有明显的地利之便。三是中国与以澳大利亚为主体的大洋洲国家资源互补性明显。中国是澳大利亚及新西兰铁矿石、煤炭、羊毛、葡萄酒等主要贸易产品输入国，而中国又是这些国家生活用品和工业制成品的最主要提供者，且这一地位难以改变。中国已多年成为澳大利亚最大的贸易国，2022 年澳大利亚与中国进出口贸易额达 2842 亿美元，占澳大利亚贸易总额的 28.1%；而同年澳大利亚与美国的贸易额为 624 亿美元，仅占其贸易总额的 6.2%，中国是美国的 4.55 倍。① 四是大洋洲国家将逐步融入亚洲。

---

① 数据来源于澳大利亚国家统计局：《2022 年澳大利亚前十大贸易伙伴货物进出口情况简表》。

大洋洲与亚洲邻近,澳大利亚、新西兰将更多地参与亚洲国际事务,面向亚洲的趋势十分明显。除美国之外,澳大利亚前十大贸易国都为亚洲国家和地区。在与美国对大洋洲地缘政治影响力的博弈中,中国既拥有客观上的地理优势,还拥有亚洲一体化所形成的整体地缘优势,这是美国所无法比拟的。

从现实政治看,美国在大洋洲的影响力依旧巨大,特别是澳大利亚与美国关系极为紧密。澳大利亚既是盎格鲁—撒克逊国家"五眼联盟"成员,也是美国组建围堵中国"亚太四国联盟"的成员。在经济上,澳大利亚融入中国并依赖中国,在政治上却又跟随美国围堵中国,这种分裂局面的形成原因是多方面的。从文化传统看,澳大利亚主体是盎格鲁—撒克逊人后裔,与美国同文同种,有天然的亲近感;从地缘政治的历史看,美国"一战"后成为世界经济最强大的国家,对澳大利亚的影响巨大而深远;另外,孤悬海洋的地理现实和令其痛苦的历史事件,也使澳大利亚对美国产生了更多的依赖。20世纪30年代,澳大利亚成为日本的重要贸易伙伴,但第二次世界大战中日本对澳大利亚的达尔文、纽卡斯尔工业化港口以及杰克逊海港(悉尼港)进行了狂轰滥炸,造成重大人员伤亡和财产损失。澳大利亚人这才发现深陷遥远的海洋孤立无援,宗主国英国也鞭长莫及,他们已经做好了放弃北部和西部的打算。危局之下,澳大利亚政府向美国求助。1942年,美国海军和空军在珊瑚海战役中击败日本舰队,才阻止了日本人南进步伐。由此,澳大利亚人患上安全"焦虑症",并十分依赖美国的安全保障。①

然而,时代总会超越历史。陆权与海权逆转的大势以及中国和澳大利亚贸易互利的现实,必然促使其向亚洲转向,以获取更大的地缘政治影响力和赢得前景更为光明的未来。

---

① 参见[美]索尔·伯纳德·科恩:《地缘政治学:国际关系的地理学》,严春松译,上海社会科学院出版社,2011年,第314页。

三、全球秩序

秩序是指按照某种规范和要求，有条理和有组织地安排各构成部分达到正常运转或良好的状态。从世界帝国变迁的视野看，在生产势力、地理势力和文化势力共同推动下，全球秩序的发展变化历经了自然秩序、区域秩序、全球化秩序三个阶段，并最终将走向世界大同阶段。

自然秩序。这一阶段从人类诞生到奴隶制国家的建立。人类秩序的起源，可能最早始于9000年前定居社会和农业出现之后的部落时代。在私有制出现之前，社会成员高度平等，不存在任何现代意义上的私人财产，更没有关于权力的观念，权力所导致的暴政或霸权也就不存在，因此这一时期的人类社会秩序就是家庭和亲戚关系，即"长幼秩序"，与外界环境没有太大的关系。[①] 这一时期，人类大多数时间处于刀耕火种的原始生存状态，没有产生不平等的阶级和形成国家形态的组织，人们对世界缺乏整体性认知，相互交往也仅限于家庭和部族之间，全球秩序是自然而互不相干的。

区域秩序。这一阶段从奴隶制国家建立到哥伦布发现新大陆。尽管具体的组织形态各异，但拥有财富不等的阶级、强有力的统治工具、共同的文化认同和相对边界划分的国家组织，已经在全球各地陆续建立了起来。在此基础上，出现了领土辽阔并不断扩张的帝国，以及具有区域特征的世界性强国，如波斯、马其顿、罗马等。这一时期，尽管在地中海一带出现了区域性的世界帝国，国家之间的贸易发展也很大程度上打开了人们的认知视野，但此时的全球秩序仍是破碎断裂的、无体系的。

全球化秩序。这一阶段从哥伦布发现新大陆到当下。哥伦布发现新大陆后不久，1494年在罗马教皇见证下，葡萄牙人和西班牙人

[①] 向晓凌：《冲突与未来》，华夏出版社，2022年，第228页。

签署了《托尔德西拉斯条约》,以将地球治理权力一分为二的方式,正式开启了全球治理秩序的先河。有一些学者将《威斯特伐利亚和约》和《维也纳和约》作为建构世界秩序的基础性条约,这是站在西方历史发展的角度看问题的,事实上这些条约调整的对象和范围并不具有世界性。从世界性帝国变迁视角来看,葡萄牙帝国、西班牙帝国、荷兰帝国和大英帝国的殖民扩张,不断推动着国际秩序向全球化方向发展,美利坚帝国的霸权势力更是将全球治理秩序推进了一大步——1945年10月24日,在美国主导下成立的联合国,标志着人类真正形成了统一组织下的全球治理秩序,尽管它所能发挥的作用还远远不足以解决世界所面临的诸多问题。这一时期,人类普遍走出了蒙昧的、孤立的、以自我为中心的狭窄视野,各地区日益联结为一体,世界秩序逐渐走向全球化、全面化和体系化。

从狭义上讲,真正意义的世界秩序应是以全球为一个组织和管理的整体,人类成为一个沟通顺畅而有效、拥有大体一致的文化价值观、经济相互依存、以暴力为基础的国家和以贫富分化为特征的阶级已经消亡或弱化的命运共同体。当今世界秩序仍处于全球化发展阶段,其基础和框架形成于第二次世界大战之后——其基本呈现为这样一种秩序:美国的军事实力为全世界提供了安全盾牌,在基本上由美国单方面提供的军事保护伞下,大部分发达国家结成了一个联盟体系,而发展中国家则免于遭受它们有时没有认识到,更不要说承认的某种威胁。全球性经济得以发展,美国提供了融资、市场和大量创新。① 具体而言:政治上,以《联合国宪章》为基础,美国及其西方盟友很大程度上把持着联合国及相关机构的领导权;经济上,世界贸易组织(WTO)、国际货币基金组织(IMF)、世界银行成为"三大支柱",美国及其西方盟友具有左右这"三大支柱"

---

① [美] 亨利·基辛格:《世界秩序》,胡利平、林华、曹爱菊译,中信出版社,2015年,第475页。

的力量；而世界的市场秩序和安全秩序更在极大程度上仰仗美元和美军。

每一次世界性帝国的变迁都会给世界秩序带来结构性冲击和调整，对区域性和国家间的利益（经济）、权力（政治）和意识形态（文化和宗教）进行重新切割和整合，并因此调整、优化或形成新的世界治理秩序。总体而言，在世界性帝国变迁过程中，全球秩序变得越来越文明、开放和具有法制性。当今世界像葡萄牙、西班牙那样进行血腥殖民扩张的帝国已经不复存在，像英国那样大规模进行海盗抢掠和贩卖黑人奴隶也绝无可能。而美国也放弃了建立在霸权基础上的殖民统治，其对霸权的行使除了运用武力保障之外，更多地使用规则、制度、价值观等软实力。富兰克林·罗斯福总统认为，第二次世界大战将"结束单边行动体系、排他性的联盟、均势和所有其他已尝试了许多世纪但总是遭到失败的权术"[1]。联合国成立之后，美国人积极鼓吹和推行各国人民有权选择自己的政府形式、停止违背当地人民意愿进行领土扩张、免除恐惧和匮乏、推动最终放弃使用武力和建立一个更普遍更持久的全面安全体系等《大西洋宪章》所表述的八项"共同原则"，[2] 同时致力于建立以法律规范为基础的国际秩序。但由美国主导的世界秩序并不像富兰克林·罗斯福总统最初祈愿的那样美好。显而易见的事实是，建立在以美元和美军为基础上的全球化秩序，正好使美国得以有意愿和能力建立排他性联盟、开展单边主义行动，致使其严重缺乏公正性。

随着强国势力转移和时代发展，美国主导下的全球化秩序的落后性和缺陷越来越凸显：当今全球秩序形成于"二战"之后，协调的重点在于防止战争、调整战胜国和战败国利益、保障经济发展，

---

[1] [美] 塞缪尔·亨廷顿：《文明的冲突与世界秩序的重建》，周琪、刘绯、张立平、王圆译，新华出版社，2010年，第10页。

[2] [美] 亨利·基辛格：《世界秩序》，胡利平、林华、曹爱菊译，中信出版社，2015年版，第352页。

而对于今天各国普遍所面临的全球性公共卫生事件、环境灾难、文明冲突、全球文明建设以及由互联网革命带来的新经济发展问题，缺少相应的组织设计和有效的应对方案。它的基础设计和需要解决的诉求主要来自"二战"的战胜国，并不具备普世主义的价值基础。而当今全球秩序的形成和维护依托以美国为首的西方霸权，其权力的来源缺少正义性和合法性，且权力的行使也不具有公共性、公平性，公权私用、公器盗用的情况难免发生。简而言之，这一秩序设计和运营的宗旨，并非为了解决基于全球公平性发展而遇到的公共问题，而在于美国希望以此为抓手，在前一个世界帝国大英帝国倒台之后，顺利而及时地攫取治理世界的霸权。当今全球治理秩序的落后性和缺陷，既是美国本身的帝国性质所决定的，也源于时代发展的局限性。

世界由迷乱走向秩序

从地理大发现开始，人类走上了全球化的世界秩序建设道路。这种建设是跟随着世界性帝国变迁的过程而得以实现和展示的，更多地贯穿于各帝国对世界的发现、探索和征服，以及落后地区与帝国之间开展的反侵略和反征服的进程之中。一方面，由于帝国本身所处的优势地位，全球秩序总体呈现为对帝国侵略、扩张以及所攫取利益的维护并使其合理化；另一方面，由于世界性帝国处于不断变迁之中，新兴帝国为获取更多的支持力量以构建有利于自身的治理体系，其在新秩序建设过程中将照顾更多国家和民族的利益，客观上使全球治理秩序向着开放化、文明化和普惠化的方向发展。

1494年葡萄牙和西班牙签署的《托尔德西拉斯条约》，使原来因走在大航海前面而拥有独家殖民权力的葡萄牙，不得不向西班牙分享殖民世界的权力。1648年欧洲各国签订的《威斯特伐利亚和约》，确立了国家主权至上的基本准则，本质上是面对西班牙帝国势力衰落而对其势力范围进行分割,客观上为更多强国崛起并拥有在世界殖民的权利创造了条件。荷兰人格劳秀斯奠定了国际法和海洋法基础,其主张公海可以自由航行,主要目的是为当时新崛起的荷兰提供相关法律基础,以突破西班牙和葡萄牙对海洋贸易的垄断,客观上使更多的国家拥有了行使海洋权力的法理依据。而1846年英国废除贸易保护主义象征的"谷物法",推动世界自由贸易的兴起,世界进入货物、资本和人员自由流动的时期,根本原因在于自由贸易更有利于当时帝国势力强大的英国工业产品占有世界市场。类似地,1945年6月26日,在美国旧金山签署的《联合国宪章》,表面上鼓励民族自主、自决,实质是新晋的世界性帝国美国出于削弱原有强国对世界各国殖民的势力,以满足自身掌控新的国际治理秩序的需要。尽管每一次全球秩序的调整,其出发点无一不是帝国为攫取自身利益的需要,但正是在新兴帝国牟取世界霸权利益的驱使下,更多的国家得以分享世界治理的权力。

而每一次世界性帝国的变迁,都是世界生产势力、地理势力和文化势力的大转移,也是宗教变革和革命集中爆发的时间窗口,必然带来战争的频繁发生和治理秩序的重构。农业帝国时代,波斯帝国、马其顿帝国、罗马帝国和阿拉伯帝国在帝国变迁过程中,分别爆发了波希战争、亚历山大东征、布匿战争、大征服运动等旷日持久的战争,有的长达数十年之久,地中海及中东地区也陷入长期的混乱之中。1492年哥伦布发现美洲大陆之后,世界秩序真正进入了全球化阶段,世界性帝国变迁所带来的战争和混乱具有了更强的世界性和危害性。在西班牙、荷兰、英国、美国等帝国变迁过程中,所爆发的西荷战争、英荷战争、英法战争、英美战争、第一次世界大战、第二次世界大战等,其烈度和范围往往拾级而上,给人类社会带来了深重灾难。

当前,人类又一次面临世界强国变迁的转折点。各国实力的消长、利益的失衡、地缘政治的整合、文明冲突的加剧,使世界秩序变得更加混乱的可能性增加。多数美国评论人士认为,美国世界秩序的衰落对任何人都不是件好事,它的终结可能导致严重的多极对立,并将世界碎片化为相互竞争的地区集团,就像19世纪和20世纪初期的欧洲一样。①逆全球化、反建制、贸易保护主义、美国退出一些由自己创立的国际组织,以及西方发达国家此起彼伏的罢工运动,特别是影响深远的俄乌冲突和中东新一轮战争爆发,似乎证实了美国衰落将给世界带来的波动和混乱。

然而,这次世界强国由美国向中国变迁的过程中,守成帝国美国对霸权的眷恋和对中国的打压所给世界带来的混乱是短暂、可控的。这是由以下一系列因素所决定的。一是从人类社会发展和世界性帝国变迁的走势看,守成帝国与新兴强国之间权力的交接相对越来越文明。英国在其崛起过程中与荷兰发生了战争,但也获得了荷兰的帮助;而美国在成为世界帝国的进程中,并没有与守成帝国英国发生直接且激烈的战争,全球秩序管理权的转移正在向和平方向变化——我们有理由期待美国与中国在潜移默化中实现世界强国的变迁。二是此前的世界性帝国变迁过程中,由于帝国固有的强权性、掠夺性和贪婪性等特点,往往因对霸权的争夺而引发区域性或世界性的惨烈战争,而中国则不同,中国的崛起无需对外发动战争。三是当代守成强国与新兴强国都拥有环球摧毁的军事能力,进而使两者"以战止战"成为可能。

另一个使当今世界强国变迁不至于形成严重混乱局面的原因是,人类社会经过近百年探索和实践,依托联合国和欧盟等一些国际组织和区域组织,已经积累和掌握了丰富的世界治理经验,并形成了广泛的共识和相应的法律体系,为世界强国和平变迁及未来合作提供了坚实的基础。况且,自然法则决定了人类最终会通过理性思考

---

① [加拿大]阿米塔·阿查亚:《美国世界秩序的终结》,袁正清、肖莹莹译,上海人民出版社,2017年,第8页。

"逐渐走向一个权力联合体系,一个世界性的政治安全体系"和"一个完美的人类公民联盟"。①

以近现代国家兴起而建立的秩序走向衰落

全球从来没有形成真正的世界秩序,充其量是走在全球化的进程中。1648年,统治西班牙、神圣罗马帝国的奥地利哈布斯堡王朝和法国、瑞典以及神圣罗马帝国内的勃兰登堡公国、萨克森选侯国、巴伐利亚等诸侯邦国为结束"三十年战争",签订了《威斯特伐利亚和约》。该和约及其后签订的一系列条约,为处理国际关系确立了民族独立、主权完整和平等、国家利益及内政不容干涉等原则。这些原则的确立,为协调和处理国与国之间的关系,进而为推动全球秩序的建立打下了良好的基础。此后,分别形成于不同历史发展时期,对全球秩序建设产生深远影响的维也纳体系、凡尔赛—华盛顿体系和雅尔塔体系以及联合国,其基本方针和协调原则均以此为基础,客观上推动了国际秩序的建设与发展。

但是,威斯特伐利亚体系对于建立世界秩序而言有一个无法调解的内在矛盾。它将世界割裂成一个个互不相干而又互相竞争甚至相互敌对的国家实体,从而难以站在世界一体化和人类命运共同体的高度,统筹世界的发展和解决人类整体所面临的问题。威斯特伐利亚体系的确立,使民族、王国、主权、领土和人民成为近现代历史的鲜明印记,明晰而刻板的主权界线反而使敌对行为和战争拥有了更多的触发点。正是这一体系形成的原则使包括欧洲在内的众多国家得以独立,相应地,这些国家为维护主权独立和完整、获取更多的国家利益展开了旷日持久的争斗和战争,并在第一次世界大

---

① [美]亨利·基辛格:《世界秩序》,胡利平、林华、曹爱菊译,中信出版社,2015年,第273页。

战和第二次世界大战时达到顶峰。这也佐证了美国社会学家查尔斯·蒂利"国家制造了战争,并且战争又制造了国家"[①]的著名论断。

尽管国际关系经过多次重大调整和优化,并为解决国际矛盾提供了制度化解决方案,但目前的秩序仍不是真正的世界秩序,它所协调和处理的关系仍囿于国与国之间的窠臼,这从《联合国宪章》所明确的联合国宗旨不难看出来。《联合国宪章》确定的联合国最重要的宗旨有四项:维持国际和平与安全,发展各国间的友好关系,促进国际经济、社会及文化等方面的合作,构成协调各国行动的中心等。这些宗旨使当前的联合国难以担当起超越于国家之上的构建人类命运共同体的职责。

今天国家的特性以及世界所面临的问题,与威斯特伐利亚体系建立之时已截然不同。

一是国家主权多维度。随着英国及美国推动的全球商业及金融秩序的发展,民族独特的个性被消解,经济规则实现了普世化,国家发展利益更深刻地捆绑在一起,而一国公民基本成为可以自由流动的世界居民,大多数国家主权的壁垒早已被洞穿成网状结构。

二是世界人文一体化。尽管一些国家和民族之间的矛盾还难以调和,但随着帝国变迁的演进,世界不仅实现了交通的互建互通,更多的国家融为统一的大市场,而且帝国势力把不同地区和民族的文化传播到世界的几乎每一个角落,人类正在逐步实现全球价值观的趋同和人文的互建互融,全球文明和世界国家建设正凝聚起更多的共识。

三是国家问题世界化。正是世界地理和人文地理的一体化,使得每一个国家根本不可能独善其身——美国 2008 年金融危机波及全世界、俄乌冲突击碎了欧洲长期和平的梦想、日本福岛核电站核污

---

① [瑞士] 安德烈亚斯·威默:《国家建构:聚合与崩溃》,叶江译,格致出版社、上海人民出版社,2019 年,第 18 页。

水排放影响着全球生态和人类的饮食安全、朝鲜半岛的紧张局势往往会绷紧人们不安的神经。

四是国家组织能力出现了混乱。国际经济体系已经全球化,而世界政治结构还是以民族国家为基础,[①] 每个国家处理经济问题的能力与其政治能力并不同步,致使不同国家在经济活动中的话语权和财富分配权难以做到公平合理,世界贫富差距日益扩大。

五是世界命运一体化。世界上的国家已经无法分割成政治、人文、利益和命运等方面孤立的个体——每一个国家既无法完全独立,主权也难以做到平等,相互利益又彼此依存,这与威斯特伐利亚体系所确立的原则相去甚远。况且像新冠疫情那样的公共卫生事件、全球气候变暖、全球性核风险、全球经济周期性危机、网络虚拟世界带来的伦理和安全挑战、智能和生物技术等新科技带来的不确定性等,既是单个国家所无法独立解决的,又是难以回避的,人类从没有像今天这样被捆绑在同一辆共命运的战车上。

显然,以现代民族国家兴起为基础而建立的国际秩序,已不适应当前世界发展的要求。欧洲国家的一体化和多边合作框架的建立,正是推动这一秩序进行调整的体现,况且这一秩序是以西方为主体的而并非世界的。中国古代建立的朝贡制度,就与这一秩序大相径庭。朝贡体系的雏形是古代中国的"畿服制度"——中原王朝的君主(或国王)对中心地区直接统治,而对边缘地区或蛮夷之地则以"册封"进行管理,由此形成了世界共主的"天下"观念。朝贡制度在明朝更趋成熟。在这一体系中,王朝政权成为一元的中心,对朝贡国实行"厚往薄来",而朝鲜国、日本国、大琉球、小琉球、安南国等各朝贡国承认中国的中心地位,并由此构成中央政权的外藩,从而形成了有别于西方国际体系的东方世界的国际关系

---

① [美] 亨利·基辛格:《世界秩序》,胡利平、林华、曹爱菊译,中信出版社,2015年,第483页。

体制。在费正清①看来,"中国的世界秩序"是以中国为中心、由中国主宰直至被西方强权毁灭的温和霸权。这一秩序"围绕着优越感和等级制度建立,不涉及主权、以领土划界的民族国家或均势等概念,相反,这种秩序和统一体是由天子赋予的"②。

中国古代的朝贡制度显然并不能为超越于国家之上的世界秩序提供良好的范式,但其"世界共主"的天下观以及由此形成的"世界秩序反映的是全球的等级制,而不是互相竞争的主权国家之间的平衡"③的理念,为以民族国家为基础向以全球为基础、建立新型世界秩序提供了富有意义的参考。随着世界强国由北美大陆向亚洲大陆转移,一方面,新兴强国必然要求构建更能符合广大国家利益和诉求的世界新秩序,以获得更多国家的支持,并为解决更为广泛的世界性问题创造条件;另一方面,世界帝国变迁实现了全球地理闭环,世界已经形成日益紧密的整体,全球文明进入快速发展期,以现代民族国家兴起为基础而建立的国际秩序将逐步走向衰落,真正意义上的世界秩序将得以建立。

区域分裂与世界融合

变动不居的世界推动了世界性帝国的变迁。反过来,世界性帝国的变迁又使世界充满了更多的不确定性。政治整合、同盟分裂、国家建构和地缘政治调整,在帝国变迁的窗口期日益频繁和强烈。而以地域、民族、种族和文明建构的人文断裂线,也因之不断破碎、调整和移位。实际历史进程中,往往是守成帝国势力范围和国

---

① [美] 费正清(1907—1991年),美国历史学家,哈佛东亚研究中心创始人,成名代表作《美国与中国》和集大成之作《剑桥中国史》,奠定了他在美国现代中国学研究上的地位。
② [加拿大] 阿米塔·阿查亚:《美国世界秩序的终结》,袁正清、肖莹莹译,上海人民出版社,2017年,第4页。
③ [美] 亨利·基辛格:《世界秩序》,胡利平、林华、曹爱菊译,中信出版社,2015年,第277页。

家联盟不断走向解体和崩溃,而在更大的范围内,认同新兴帝国的势力则不断和解与融合。正是在这种不断重复且涉及范围不断扩大的冲突——和解——崩溃——融合的螺旋式上升的历史进程中,世界日益走向一体化,全球文明日益普世化。

波斯帝国的崛起,推动了斯巴达、雅典等希腊众多城邦的联合和融合,也正是这些城邦的融合为马其顿的快速崛起创造了条件。罗马帝国的崛起使整个地中海沿岸和大半个欧洲融入统一的帝国秩序之中。然而,罗马帝国的分裂和崩溃又为现代欧洲国家的形成奠定了基础。如果没有阿拉伯人大征服的铁蹄碾过遥远的伊比利亚半岛,并将东西方辽阔的领域整合到统一的政治组织之中,使东西方先进文化得到有效的传播和整合,也不会出现独立之后的葡萄牙和西班牙在世界范围内进行殖民扩张的机会。同样显而易见的是,正是西班牙和荷兰帝国的毁灭,成就了英国"日不落帝国"的世界大融合。

美国的崛起和衰落,为我们考察世界性帝国变迁导致区域分裂和融合提供了更为直观的样本。第二次世界大战之后,美国代替英国确立了世界性帝国地位,欧洲暂时出现权力真空,而在一些边缘地区又出现了力量失衡,从而带来世界范围内的区域分裂——欧洲出现了以美国为首的北约组织和以苏联为首的华沙组织相对抗的两大军事阵营,朝鲜半岛出现了以"三八线"为界的两国对峙,而越南出现了南北相异的两派文化。与此同时,在美国不断扩张的势力范围内,不同区域的国家却走向了深度融合——欧洲建立了国家联盟,开启了深度一体化进程;北美形成了自贸区,走向经济一体化;美国与亚洲的日本、韩国、菲律宾分别签订了共同防御条约,形成了军事领域的结盟;等等。

事实上,无论是分裂或结盟,都为未来更大范围的融合奠定了基础。分裂为新生势力的崛起创造了条件,而融合使更大区域的经济、文化、政治走向一体化,这又为新兴强国在更大范围、更广深度推进一体化建设提供了可能。美苏冷战，本质上是以美国为主体的海洋国家集团与以苏联为主体的大陆国家集团对强国势力的争夺而形成的博弈。1949年4月4日，美国为遏制苏联，巩固世界帝国的主导地位，联合西欧一些国家成立了北大西洋公约组织；而为对抗北大西洋公约组织，1955年5月14日，苏联联合除南斯拉夫以外的东欧社会主义国家，在波兰首都华沙签署《华沙公约》，正式成立了华沙公约组织。两大军事对抗组织的成立，从外部看是欧洲区域的分裂，而分别从两者组织的内部看，却加深了国家间的融合和一体化进程。最终，随着东欧剧变、华沙组织解散、苏联解体，美国由此成为世界唯一的超级大国。苏联的解体使美国登上了世界帝国巅峰，然而这却是美国由盛而衰的开始——正是苏联的解体和美国的获胜，撕碎了因东西方对抗而形成的铁幕。在强大资本的驱使下，亚欧大陆经济一体化得以更好推进，世界生产的"成本洼地"也才得以更快地在中国和亚欧大陆形成。这又反过来使美国不得不面对来自亚欧大陆越来越强大的竞争压力，并致使强国势力不断向亚欧大陆转移。

随着强国势力的转移，世界必然迎来新一轮区域分裂和融合的大潮。从短期看，由于新旧势力的碰撞与抗争，分裂和融合将在世界各地频繁发生，并呈现如下趋向性。

一是世界"心脏地带"将走向融合。包括阿富汗在内的中亚一带由于地域荒僻，成为东西方难以逾越的天堑。而近代以来，这里又成为海洋帝国与大陆帝国争霸的焦点，致使其经济和社会事业发展远远落后于亚欧大陆其他地区，并因此制约着亚欧大陆一体化的发展。强国势力的转移和陆权回归，特别是现代陆上交通技术早已克服了昔日天堑的阻隔，联结东西方的中亚其交通枢纽地位日益凸显。交通地位的提升、矿产资源的开发和经济发展的加速，将有利于这一地区国家走向融合。

二是海洋国家与大陆国家走向抗争。由于陆权兴起，世界治理的权力中心由海洋国家向大陆国家转移,原有的世界秩序被打破,大陆国家将获得更多的经济发展权和世界治理的政治话语权。而海洋国家为了维护既有权益,两者必然形成对峙和抗争的局面。英国脱欧、俄乌冲突、欧盟分裂倾向加剧,以及英国、日本、加拿大、澳大利亚、韩国等海洋型国家与美国一道成为最为抗拒中国崛起的势力,均缘于此。

三是西亚及中东地区走向融合。西亚、中东及地中海一带是人类文明发祥地,也是诸多世界农业帝国发源地。近代以来随着帝国势力向大西洋转移,这里成为大陆势力和海洋势力、欧洲势力与亚洲势力、伊斯兰势力与基督教势力、逊尼派势力和什叶派势力等多种势力集中争夺的地区,也是矛盾多发地和战争频发地带。随着陆权回归和海洋国家霸权消退,西亚及中东作为亚欧非三块大陆的地理中心和世界能源中心的地位,将有利于其化解国家间的恩怨和矛盾,以阿盟为主导的一体化进程将加快。

四是美国联盟逐步瓦解。盛极而衰是每一个世界帝国摆脱不了的厄运,印度裔加拿大学者阿米塔·阿查亚认为,美国治下的单极秩序已经终结。[①] 帝国势力的转移,使守成帝国难以维持既有的统治结构,原有联盟不可避免走向瓦解。大英帝国的衰落,先后经历了日不落帝国的崩溃、英联邦的瓦解、本土闹分裂等圈层性的联盟瓦解和国家分裂;美国的衰落自然也难逃脱类似的命运——泰国、沙特、阿联酋、韩国等边缘盟国相继脱离美国军事联盟、北约解体、五眼联盟解散、美国本土部分州独立将成为趋势。

需要说明的是,在新旧强国变迁的时间窗口,世界将出现分裂和融合的激烈震荡期。而从未来30年到100年中长期的历史视野看,世界将在更大范围、更深层次走向融合——这既是由世界强国

---

① [加拿大] 阿米塔·阿查亚:《美国世界秩序的终结》,袁正清、肖莹莹译,上海人民出版社,2017年,中文版序言第1页。

变迁推动更大区域一体化的规律所决定的，也是人类文明普世化融合发展的需求所决定的，还是中国作为世界性帝国终结者所具有的独特性所决定的。

地区世界和世界国家

根据威斯特伐利亚体系基本精神建立的国际秩序，并没能阻止强国争霸和世界战争。在该体系确立 200 多年后，由于世界帝国势力由英国向新大陆的美国转移，欧洲出现了权力真空，对霸权的争夺引发了两次世界大战，导致欧洲处于覆灭的边缘。阻止强国争霸和永葆和平，有两条道路可走：一条是打造地区世界，一条是建设世界国家。①

地区世界可能在没有霸权组织的情况下出现，或者甚至会对抗霸权组织。② 它是指在某些特定的地理区域，通过国家联盟或均势政治，将区域内民族国家的部分权力让渡出来，形成一体化的政治框架和小型世界，从而抑制民族国家对主权和利益的绝对主张以及对不断膨胀的霸权的渴望。亨廷顿认为，以前文明的普遍国家是帝国，但自从民主制成为西方文明的政治形式以来，正在出现的西方文明的普遍国家便不再是帝国，而是联邦、邦联以及国际政权和组织的混合物。③ 让·莫内 ④ 是欧洲地区世界的倡导者。"二战"期间，为了联合英、法两国力量共同对抗法西斯德国，让·莫内提出将法

---

① 英国历史学家汤因比坚信未来的人类只有走向一个"世界国家"，才能避免民族国家的狭隘，才能避免民族国家因为追求狭隘国家利益而带来人类社会的灭亡。

② [加拿大] 阿米塔·阿查亚：《美国世界秩序的终结》，袁正清、肖莹莹译，上海人民出版社，2017 年，第 131 页。

③ [美] 塞缪尔·亨廷顿：《文明的冲突与世界秩序的重建》，周琪、刘绯、张立平、王圆译，新华出版社，2010 年，第 32 页。

④ 让·莫内（1888—1979 年），法国政治家，第二次世界大战后欧洲统一运动的"总设计师"，享有"欧洲之父"的美誉。

英两国合并成一个国家，拥有一个政府、一个议会和一支军队。由于法国过早溃败，致使这一提议无疾而终，但其实欧洲联合的想法最终还是获得了部分实现。"二战"结束后的1949年，让·莫内又提出把法、德两国的煤和钢资源合并在一起经营的构想，并将其置于超越于国家的管理之下——这样既可以剥夺一方特权地位，又可以为另一方消除战争威胁，使两国共同实现和平。1951年4月18日，在让·莫内构想的基础上，由法国、西德、意大利、荷兰、比利时、卢森堡6国参加的"欧洲煤钢共同体"条约在巴黎签订，欧洲在走向统一的道路上迈出了关键的一步，这也为其后的欧盟建设奠定了扎实的基础。"欧洲煤钢共同体"的成立，结束了欧洲特别是西欧战争连绵不断的历史，营造了和平稳定的发展环境。在欧洲一体化影响下，世界各地先后成立了地区世界的组织，阿盟、东盟、非盟、上海合作组织、南美国家联盟等相继成立，有效扼制了强国争霸的冲动。

世界国家建设同样可以起到反制强国争霸的成效。早在"一战"进行期间，一些政府和组织就已开始提出改变国际关系的计划，以避免世界大战的再度发生。1919年4月28日，有44个国家签订了以美国总统伍德罗·威尔逊为首草拟的《国际联盟盟约》，1920年1月10日《凡尔赛条约》生效，国际联盟（简称"国联"）正式成立。但因与英、法争夺领导权失败，美国最终并未加入国联。这也表明，尽管这一时期世界帝国势力已向美国转移，但其还不具备驾驭欧洲国家的权力，同时这也为国际联盟于1946年4月18日宣告解散埋下了伏笔。第二次世界大战结束以后，人们期望尽早建立一个维护世界和平与安全的国际机构。1945年10月24日，各国在美国旧金山签订《联合国宪章》，"二战"后第一个由主权国家组成的政府间国际组织——联合国正式成立，世界国家建设由此迈出了重要一步。

从帝国变迁的角度看，世界性帝国扩张和发展的最终目标，是在全球建设以自身强权为主导的世界国家，从而实现国家与世界的统一。但这种努力因为国家众多、文化各异、利益诉求不同，世界性帝国根本无法运筹必要且充足的资源以实现国家间的整合。而威斯特伐利亚体系经过数百年的运行，民族独立、主权完整和平等、国家利益不容干涉的理念已深入人心，它是任何一个妄想称霸世界的帝国所难以撼动的，这就造成了两难局面：一方面，世界发展的终极目标是世界一体，人类"大同"；另一方面，民族国家不愿放弃自身独立身份，而世界性帝国也无力依靠自身力量推动世界一体。因此，地区世界和世界国家建设正是解决这一矛盾的天然途径。

同一区域或者经济相互依存、文明相近、价值一致的国家，在自愿的前提下通过协调和组织，将大部分国家权力交给地区组织，而使自身成为"社区化"国家，地区世界事实上发展成为地区国家，这些一体化的国家也因此避免了亡族灭国的尊严问题。与此同时，世界国家建设不断加强，行使世界国家的职能权力既可一定程度上阻止霸权国家发动战争，又能协调解决人类所面临的共同矛盾和问题。当社会发展到一定历史阶段，两者将获得自然整合的机会，人类便由此完成了由民族国家向世界国家的飞跃。

当然，人类并不会轻松地走向世界国家的终点。欧洲国家很早就走上了联盟或共同体的进程，但是欧洲一体化和地区世界化却很难再深入一步，一方面，是因为没有世界文明的一体化，单个区域就无法真正实现一体化；另一方面，欧洲一体化原本就是均势和制衡的结果，这种均势和制衡在外部势力的变动和冲击下，很难保持稳定的发展趋势。当强国势力由美洲向亚欧转移时，欧洲国家就将面临是守住海洋国家的势力范围还是拥抱新兴大陆势力的选择——短期内欧洲遭遇一体化的逆流在所难免。而作为唯一的世界国家组织的联合国，因为缺少权力实体和经济实力支撑，其权力往往被霸权国家所攫取——就像美国曾经和现在的所作所为那样。当然，这也不单是美国蓄意为之，而是人类普世化诉求与世界强国霸权追求在现有历史阶段平衡折中的结果。

帝国势力由守成国家向新兴国家转移，必然推动区域世界和世界国家建设进行调整甚至重构。此前，世界性帝国由英国向美国变迁后，推动了欧洲一体化进程，并促使美国在国际联盟解散后另起炉灶，主导成立了联合国。中国在崛起的过程中，对世界秩序建设和联合国发展有着清晰的认知：高举"和平、发展、合作、共赢"旗帜，倡导人类命运共同体，充分尊重联合国权威地位，推动世界多极化发展。世界多极化无疑会推动区域世界的发展，中亚国家联盟、阿盟、非盟、东盟等欧亚非大陆的一些区域组织将得以强化，欧盟、美洲国家联盟等与西方传统帝国势力交织紧密的组织将进行重大调整，而以美国为核心组建的北约、五眼联盟、G7将逐步衰落甚至解体。

而联合国作为唯一的普世性的政治组织，已经形成和创立了完整的组织体系、法律体系和工作体系，是人类社会的宝贵资产，将在世界国家建设中发挥不可替代的重要作用。然而，联合国同样也面临着巨大的改革压力：调整发展宗旨，将创造普世主义的人类文明新形态与维护世界和平与发展并重；倡导人类命运共同体，打造新型普世主义价值观；优化权力来源和经济来源，提升工作权威和工作效率；改造组织体制，调整权力分配以适应业已发生重大变化的政治、经济发展形势；转变工作作风，提高职能服务水平，并将工作置于有效的监督之下，世界将因之迎来世界国家建设的新局面。

后记

能开拓世界地理和人类历史宏观视野，思考全球主导力量的变迁，我不得不感谢多年之前工作过的一个长江边上的小村和那里的人们。那个叫永联的村庄，原先只是从长江围垦出来的贫瘠滩涂，面积只有0.54平方千米，在吴栋材、吴耀芳等创业者持续努力下，发展成为"华夏第一钢村"，成为中国最富庶、文明程度最高的村庄之一——我的老师、著名报告文学作家何建明先生据此专门著有《江边中国》一书。

永联的创业者虽然出身贫寒，身在小村庄，但是他们始终心怀大世界、关注国家发展大势、情系村民冷暖，使他们的创业具备了更为广阔的视野和更为崇高的站位——得益于耳濡目染，我观察世界的视野和观照人类的情怀，也得到更大拓展。正是在那一时期，我获得了前往欧洲、非洲、美洲等曾经和当今的世界强国游历，以及聆听一些国家领导人报告的机会，使我获得了将世界历史、地理纳入视野的自觉，并能够更深切地感受作为全球主导性力量的世界强国变迁的脉动。还让我心怀感激的是，在吴惠芳先生教导下，我的思维格局和文字组织能力都获得了较大提升——而这些正是本书今天得以面世的重要基础和条件。

事实上，像永联这样身在小地方而面向大世界的创业者和企业家并不在少数，我所熟知的沈文荣、李兴华、黄庭明、高德康、季丙元、陈建华、崔根良、缪汉根等诸先生都是如此。正是他们拥有立足江南而放眼世界的大视野，赢得了乘中国强国之势崛起的契机，同时，也正是和他们一样的千千万万创业者的共同努力，使强国势力向中国转移得更为显明和坚实。

我要特别感谢李雪飞和杜晓宇老师的帮忙和支持。当我把并不成熟的部分文稿提供给雪飞老师时，她给了我莫大鼓励，并积极与出版社联系和推荐；杜晓宇老师也为书的编辑、出版，提出诸多宝贵意见。刘伟先生在本书编辑、出版过程中给予我诸多指导，他知识渊博、生性友好，因其"知识渊博"让我避开了一些贻笑大方的史料错误，又因其生性友好，使我能更好吐露或许并不成熟的想法，并使一些得以实施，而无需担心他会给以白眼或埋怨。令人感动的是，他给予的帮助远远超出了工作范畴，不仅帮我梳理了书稿的架构，对我的疑问和请教有问必答，还为我寄送了不少史料书籍，甚至将其中可能用到的史料用笔一一画杠出来。2023年底，他获得了到泰州出差的机会，专程赶到苏州为我送来一提袋画满了杠杠的书籍。他无私的指导和帮助，是本书得以面世的重要条件。本书编辑闫妮老师在我修改本篇后记时，还未曾谋面，但她热情严谨、行事果断的作风，已经给我留下了深刻印象。我还要感谢外交学院杨晖副教授，对全书做了最后的通读把关。

我应该借此机会向方正来、范爱兰伉俪专门表达感激之情——他们的关心、支持已经化作了这本书的每一个文字。数年之前，在苏州市宣传部任职的黄晓先生，专门给我和正来送来了一分为二的两块鱼化石——他说被我和正来的兄弟情谊深深感动，赞誉我们是"中国兄弟"。他特地送来两块一模一样且形成上亿年的鱼化石，就是希望我俩兄弟同心，情谊永存。这本书从开始写作到最终出版，都得到了正来的大力支持，我想，这也正是黄晓先生美好祝福的生动体现。我还应该向众多同学、朋友表示感谢，杨芳、徐惠东、钱晓东、姚东、樊家驹、张中付、殷其君、王春保、杨敏等友人，十分关心本书的写作进程，在我写作遇到困难的时候，不吝给以鼓励和帮助。

相识并不久的李相岭兄对本书的写作和出版给予了极大关注，他索要了书稿导读后，多次发来微信，催促尽快出版。他言之过誉地说，这本书的出版很有意义，我现在走到哪都跟朋友讲这本书的内容，推荐这本书，出版后我要多给朋友们送一些，让大家更多获得中国崛起的自信。友人的关心，着实给了我不断克服写作困难的巨大动力。

特以致谢！

初稿于 2023 年 7 月 23 日
修改于 2025 年 7 月 12 日

参考文献

《马克思恩格斯选集》，北京：人民出版社，2012年。
《共产党宣言》，北京：人民出版社，2014年。
《毛泽东选集》，北京：人民出版社，1991年。
《邓小平文选》，北京：人民出版社，1993年。
《关于若干历史问题的决议》《关于建国以来党的若干历史问题的决议》，北京：中共党史出版社，2010年。
《中共中央关于党的百年奋斗重大成就和历史经验的决议》，北京：人民出版社，2021年。
《中国共产党简史》，北京：人民出版社、中共党史出版社，2021年。
杨金海、李惠斌主编：《马克思主义经典作家关于资本主义、社会主义、共产主义社会一般理论的基本观点研究》，北京：人民出版社，2017年。
《党建》杂志社编：《文化中国》，北京：红旗出版社，2011年。
郑永年：《郑永年论中国：中国的文明复兴》，北京：东方出版社，2018年。
成振珂主编：《世界帝国简史：人类变迁中的文明与真相》，北京：中国商业出版社，2017年。
张蕴岭主编：《百年大变局：世界与中国》，北京：中共中央党校出版社，2019年。
金冲及：《二十世纪中国史纲》，北京：社会科学文献出版社，2009年。
杨光斌：《中国政治认识论》，北京：中国社会科学出版社，2018年。
于凌炜：《新时代中国特色社会主义文化自信研究》，北京：知识产权出版社，2020年。
邹广文等：《当代中国文化自信研究论纲》，北京：中国青年出版社，

2020年。

施展:《枢纽:3000年的中国》,广西:广西师范大学出版社,2018年。

周绍杰、胡鞍钢:《中国跨越中等收入陷阱》,浙江:浙江人民出版社,2018年。

迟福林主编:《伟大的历程:中国改革开放40年实录》,广东:广东经济出版社,2018年。

冯天瑜、何晓明、周积明:《中华文化史》,上海:上海人民出版社,2005年。

王义桅:《人类命运共同体:新型全球化的价值观》,北京:外文出版社,2021年。

赵汀阳:《天下的当代性:世界秩序的实践与想象》,北京:中信出版社,2016年。

葛兆光:《宅兹中国:重建有关"中国"的历史论述》,北京:中华书局,2011年。

许倬云:《中国文化的精神》,北京:九州出版社,2018年。

武寅主编:《简明世界历史读本》,北京:中国社会科学出版社,2014年。

金观涛、刘青峰:《中国思想史十讲》,北京:法律出版社,2015年。

方汉文:《西方文化概论》,北京:中国人民大学出版社,2010年。

韩庆祥、黄相怀等:《中国道路能为世界贡献什么》,北京:中国人民大学出版社,2018年。

高洪雷:《另一半中国史》,北京:人民文学出版社,2015年。

朱维铮:《音调未定的传统》,北京:中信出版社,2018年。

姚诗煌:《高铁经济》,上海:上海科学技术文献出版社,2016年。

钱桂枫、蔡申夫、张骏、毛晓君:《走近中国高铁》,上海:上海科学技术文献出版社,2019年。

朱民主编:《未来已来:全球领袖论天下》,北京:中信出版社,2021年。

寒竹:《中国道路的历史基因》,上海:上海人民出版社,2018年。

程裕祯:《中国文化要略》,北京:外语教学与研究出版社,2017年。

张岱年、方克立主编:《中国文化概论》,北京:北京师范大学出版社,2004年。

黄高才:《中国文化概论》,北京:北京大学出版社,2016年。

何晓明、曹流:《中国文化概论》,北京:首都贸易经济大学出版社,2011年。

向晓凌:《冲突与未来》,北京:华夏出版社,2022年。

张江河:《地缘政治与世界变局》,北京:世界知识出版社,2021年。

冯玮:《日本通史》,上海:上海社会科学院出版社,2019年。

王伟:《一本书看懂地缘世界:全球政治势力全解析》,北京:中信出版社,2017年。

姚中秋:《世界历史的中国时刻》,海南:海南出版社,2019年。

顾卫民:《葡萄牙海洋帝国史(1415—1825)》,上海:上海社会科学院出版社,2018年。

顾卫民:《荷兰海洋帝国史(1581—1800)》,上海:上海社会科学院出版社,2020年。

[新加坡]马凯硕:《中国的选择:中美博弈与战略抉择》,全球化智库(CCG)译,北京:中信出版社,2021年。

[英]佩里·安德森:《原霸:霸权的演变》,李岩译,北京:当代世界出版社,2020年。

[日]宫崎正胜:《大国霸权》,米彦军译,浙江:浙江人民出版社,2020年。

[英]休·肯尼迪:《大征服:阿拉伯帝国的崛起》,孙宇译,北京:民主与建设出版社,2020年。

[美]A.T.奥姆斯特德:《波斯帝国史》,李铁匠、顾国梅译,上海:上海三联书店,2017年。

[美]简·伯班克、费雷德里克·库珀:《世界帝国史:权力与差异政治》,柴彬译,北京:商务印书馆,2017年。

[英]詹姆斯·费尔格里夫:《地理与世界霸权》,胡坚译,浙江:浙江人民出版社,2016年。

[英]保罗·肯尼迪:《大国的兴衰:1500—2000年的经济变革与军事冲突》,王保存、王章辉、余昌楷译,北京:中信出版社,2013年。

[德]克里斯蒂安·迈耶:《自由的文化:古希腊与欧洲的起源》,史国荣译,北京:文化发展出版社,2019年。

[英]彼得·伯克:《文化杂交》,杨元、蔡玉辉译,江苏:译林出版社,

2016年。

［美］史景迁:《追寻现代中国:1600—1949》,温洽溢译,四川:四川人民出版社,2019年。

［美］亨利·基辛格:《世界秩序》,胡利平、林华、曹爱菊译,北京:中信出版社,2015年。

李筠:《西方史纲:文明纵横3000年》,湖南:岳麓书社,2020年。

王艳峰:《文化桥梁:阿拉伯帝国的兴衰》,吉林:长春出版社,2012年。

［美］彭慕兰、史蒂文·托皮克:《贸易打造的世界——1400年至今的社会、文化与世界经济》,黄中宪、吴莉苇译,上海:上海人民出版社,2018年。

［美］彼得·图尔钦:《历史动力学:国家为何兴衰》,陆殷莉、刁琳琳译,北京:中信出版社,2020年。

［加拿大］阿米塔·阿查亚:《美国世界秩序的终结》,袁正清、肖莹莹译,上海:上海人民出版社,2017年。

［英］尼尔·弗格森:《帝国》,雨珂译,北京:中信出版社,2012年。

［美］彼得·卡赞斯坦:《地区构成的世界:美国帝权中的亚洲和欧洲》,秦亚青、魏玲译,北京:北京大学出版社,2007年。

［美］塔米姆·安萨利:《无规则游戏:阿富汗屡被中断的历史》,钟鹰翔译,浙江:浙江人民出版社,2018年。

孙力主编:《中亚黄皮书:中亚国家发展报告》,北京:社会科学文献出版社,2021年。

［美］塞缪尔·亨廷顿:《美国政治:激荡于理想与现实之间》,先萌奇、景伟明译,北京:新华出版社,2017年。

［美］詹姆斯·斯通:《美国社会经济五个基本问题》,忠华译,北京:中信出版社,2017年。

［美］伊莎贝尔·威尔克森:《美国不平等的起源》,姚向辉、顾冰珂译,湖南:湖南文艺出版社,2021年。

赵林:《走向理性:西方思想文化大视野》,湖南:湖南人民出版社,2020年。

［英］阿尔弗雷德·考尔德科特:《大英殖民帝国》,周亚莉译,北京:华文出版社,2019年。

［以色列］尤瓦尔·赫拉利：《人类简史：从动物到上帝》，林俊宏译，北京：中信出版社，2014年。

［英］查尔斯·辛格、［英］埃里克·约翰·霍姆亚德、［英］阿尔弗雷德·鲁珀特·霍尔等主编：《技术史》，辛元欧、刘兵主译，北京：中国工人出版社，2021年。

［美］詹姆斯·罗姆：《王座上的幽灵：亚历山大之死与马其顿帝国的分裂》，葛晓虎译，北京：社会科学文献出版社，2022年。

［美］林肯·佩恩：《海洋与文明》，陈建军、罗燚英译，天津：天津人民出版社，2017年。

［英］阿德里安·戈兹沃西：《罗马和平：古代地中海世界的暴力、征服与和平》，薛靖恺译，广东：广东旅游出版社，2022年。

［德］瓦尔特·伯尔奈克：《西班牙史：从15世纪至今》，陈曦译，上海：上海文化出版社，2019年。

［英］雷蒙德·卡尔：《不可能的帝国：西班牙史》，潘诚译，上海：东方出版中心，2019年。

［美］拉尔斯·布郎沃斯：《拜占庭帝国：拯救西方文明的东罗马千年史》，吴斯雅译，北京：中信出版社，2016年。

张笑宇：《技术与文明：我们的时代和未来》，广西：广西师范大学出版社，2021年。

张笑宇：《商贸与文明：现代世界的诞生》，广西：广西师范大学出版社，2021年。

［美］伊曼纽尔·沃勒斯坦：《现代世界体系》，郭方、刘新成、张文刚译，北京：社会科学文献出版社，2013年。

［美］威廉·伯恩斯坦：《伟大的贸易：贸易如何塑造世界》，郝楠译，北京：中信出版社，2020年。

［美］许田波：《战争与国家形成：春秋战国与近代早期欧洲之比较》，徐进译，上海：上海人民出版社，2018年。

赵鼎新：《国家战争与历史发展：前现代中西模式的比较》，浙江：浙江大学出版社，2015年。

［美］斯文·贝克特：《棉花帝国》，徐轶杰、杨燕译，北京：民主与建设出版社，2019年。

［美］塞缪尔·亨廷顿：《文明的冲突与世界秩序的重建》，周琪、刘绯、

张立平、王圆译，北京：新华出版社，2010年。

［瑞士］安德烈亚斯·威默：《国家建构：聚合与崩溃》，叶江译，上海：格致出版社、上海人民出版社，2019年。

［挪威］约翰·加尔通：《美帝国的崩溃》，阮岳湘译，北京：人民出版社，2013年。

［美］索尔·伯纳德·科恩：《地缘政治学：国际关系的地理学》，严春松译，上海：上海社会科学院出版社，2011年。

［美］亨利·基辛格：《论中国》，胡利平、林华、杨韵琴、朱敬文译，北京：中信出版社，2012年。

［美］杰罗米·什科尔尼克、埃利奥特·柯里主编：《美国社会危机》，楚立峰译，上海：上海社会科学院出版社，2020年。

［美］约翰·卡尔：《美国社会问题》，刘仲翔、吴军译，北京：中国人民大学出版社。

［美］杜赞奇：《全球现代性的危机：亚洲传统和可持续的未来》，黄彦杰译，北京：商务印书馆，2017年。

［美］保罗·马利、马克·特里布尔：《技术改变世界：全球管理的艺术》，史宝辉、柴晚锁译，北京：社会科学文献出版社，2014年。

［美］柯浩德：《交换之物：大航海时代的商业与科学革命》，北京：中信出版社，徐晓东译，2022年。

［美］弗雷德里克·刘易斯·艾伦：《大变革时代：光荣与梦想（1900—1950）：全方位变革，走向全球权力之巅》，秦传安译，江苏：江苏人民出版社，2019年。

［英］亚当·斯密：《国富论》，杨伟超译，北京：北京时代华文书局，2020年。

［美］曼瑟·奥尔森：《国家的兴衰：经济增长、滞胀和社会僵化》，李增刚译，上海：上海人民出版社，2018年。

［美］斯塔夫里阿诺斯：《全球通史：从史前到21世纪》，吴象婴、梁赤民译，北京：北京大学出版社，2020年。

［德］赫尔弗里德·明克勒：《帝国统治的逻辑：从古罗马到美国》，程卫平译，北京：社会科学文献出版社，2021年。

［英］迈克尔·曼：《社会权力的来源（第四卷）：全球化（1945—2011）》，郭忠华、徐法寅、蒋文芳译，上海：上海人民出版社，2015年。

［美］蔡美儿：《帝国的终结：从大历史的角度解读美国霸权兴衰的历程》，刘海清、杨礼武译，北京：新世界出版社，2012年。

［法］帕特里斯·格尼费、蒂埃里·伦茨主编：《帝国的终结》，邓颖平、李琦、王天宇译，广东：海天出版社，2018年。

［美］威廉·麦克尼尔：《竞逐富强：公元1000年以来的技术、军事与社会》，孙岳译，北京：中信出版社，2020年。

［英］阿诺德·汤因比：《历史研究》，郭小凌等译，上海：上海人民出版社，2016年。

［德］费尔巴哈：《宗教的本质》，王太庆译，北京：商务印书馆，2010年。

黄陵渝：《犹太教学》，北京：当代世界出版社，2000年。

［英］罗素：《宗教与科学》，徐奕春、林国夫译，北京：商务印书馆，2010年。

［美］刘易斯·霍普费、马克·伍德沃德：《世界宗教》，辛岩译，北京：北京联合出版公司，2018年。

［日］出口治明：《帝国与文明》，黄哲昕译，河北：花山文艺出版社，2021年。

［美］孙隆基：《中国文化的深层结构》，北京：中信出版社，2015年。

［德］马克斯·韦伯：《中国的宗教：儒教与道教》，上海：上海三联书店，2020年。

［英］罗纳德·哈里·科斯、王宁：《变革中国：市场经济的中国之路》，徐尧、李哲民译，北京：中信出版社，2013年。

［美］约瑟夫·奈：《软实力》，马娟娟译，北京：中信出版社，2013年。

［日］山本新等编：《未来属于中国：汤因比的中国观》，吴栓友译，北京：世界知识出版社，2018年。